Paul Michael Lützeler
Die Schriftsteller und Europa

SERIE PIPER
Band 1418

Zu diesem Buch

Die Diskussion über eine europäische Identität und ein Gesamt-Europa wurde am engagiertesten von den Schriftstellern in Gang gebracht. Seit der napoleonischen Ära führen die Dichter des Kontinents einen publizistischen Kampf gegen den Nationalismus und für ein einiges Europa. Ihre Polemiken, ihre Visionen sind von verblüffender Aktualität. Ob es um Schwierigkeiten Englands oder Rußlands mit Europa, um den gemeinsamen Markt oder die einheitliche Währung und Verteidigung geht: Fragen, die sich heute stellen, sind in den Europa-Essays bereits aufgeworfen worden. Hier wird erstmals eine Gesamtdarstellung dieser Texte vorgelegt.

Paul Michael Lützeler, geboren 1943, Professor für deutsche und vergleichende Literaturwissenschaft und Direktor des European Studies Program an der Washington University in Saint Louis, USA.
Veröffentlichungen u. a.: Hermann Broch. Eine Biographie, Frankfurt a. M. 1985; Zeitgeschichte in Geschichten der Zeit, Bonn 1986; Geschichte in der Literatur. Studien zu Werken von Lessing bis Hebbel, München 1987 (SP 758); Spätmoderne und Postmoderne. Beiträge zur deutschsprachigen Gegenwartsliteratur, Frankfurt a. M. 1991. Editionen und Aufsätze zur deutschen und europäischen Literatur des 18., 19. und 20. Jahrhunderts.

Paul Michael Lützeler

Die Schriftsteller und Europa

Von der Romantik bis zur Gegenwart

PN
452
.L87
1992

Kbs

Piper
München   Zürich

Für Thilo und Andrea

INDIANA-
PURDUE
WITHDRAWN

SEP 1 4 1993

FORT WAYNE

ISBN 3-492-11418-0
Originalausgabe
Oktober 1992
© R. Piper GmbH & Co. KG, München 1992
Umschlag: Federico Luci,
unter Verwendung des Gemäldes »Europa« (1952)
von Edgar Ende (Privatbesitz)
Satz: Uwe Steffen, München
Druck und Bindung: Clausen & Bosse, Leck
Printed in Germany

Inhalt

Einleitung
9

»Diese Poeten« – Weltfremde oder Realisten? Zum Beispiel Victor Hugo. Historische Streiflichter: Vorschläge zur politischen Einigung des Kontinents bei Autoren des 18. und 17. Jahrhunderts (Saint-Pierres Projekt des Ewigen Friedens und des Herzog von Sullys Großer Plan). Zur europäischen Kulturdebatte im Zeitalter der Aufklärung: Herder, Goethe, Rousseau, Voltaire, Diderot – Eurozentrismus und Europa-Kritik. Gattungsprobleme: Essay oder Traktat? Formen und Funktionen des Essays. Europa-Essayistik und die neue Proteus-Mythologie.

Die napoleonische Ära (1799–1814)
33

Novalis auf der Suche nach vergangener und künftiger Christenheit in Europa. Friedrich Schlegels »Reise nach Frankreich« als Beginn seiner Exkursion ins Reich indischer Sprache und Weisheit. Von der politischen Analyse zur Dämonisierung: Napoléon Bonaparte und seine streitbaren Gegner unter den Dichtern. Die Europa-Visionen bei Arndt, Gentz, Coleridge, Wordsworth, August Wilhelm Schlegel, Görres, Kleist, Madame de Staël. Der Schriftsteller Napoleon oder die Europa-Idee als Robinsonade.

Metternichs Restaurationsepoche (1815–1829)
72

Saint-Simons und Thierrys Utopie vom vereinigten Europa. William Hazlitt als Kritiker des Wiener Kongresses. Joseph Görres' Angriff auf die Restaurationspolitik in *Europa und die Revolution*. August Wilhelm von Schlegel und die europäisch-kosmopolitische Literatur. Franz von Baader entdeckt Rußland als Vorbild Europas. Einheit statt Gleichgewicht: Conrad Friedrich von Schmidt-Phiseldeks Amerika-Ängste und sein Vorschlag eines Europäischen Bundes. Victor Hugo sieht die Vereinigten Staaten als Retter der Alten Welt. Reisebilder: Heinrich Heines »europäisches Vaterland« mit Napoleon I. als Pater patriae.

Die Jahre nach der Revolution von 1830 (1830–1839)
105

Ludwig Börnes *Briefe aus Paris* und Heinrich Heines *Französische Zustände* als Analysen europäischer Politik. Börnes Idee einer deutsch-französischen Union; Heines Heilige Allianz der Nationen. Giuseppe Mazzinis europäischer Republikanismus gegen Metternichs dynastischen Absolutismus. Das Junge Europa und die beiden Jungen Deutschlands. Mazzinis Essay »Über eine europäische Literatur«. August Lewalds *Europa*. *Chronik der gebildeten Welt*: das erfolgreichste kulturelle Wochenblatt des Biedermeiers. Die positiven England-Berichte und das literarische Feuilleton im *Europa*-Jahrgang von 1838.

unterschiedliche Auffassungen von europäischer Repräsentanz. Die erneute Europa-Asien-Debatte bei André Gide, Alfons Paquet und Gustav Wyneken. Walter Benjamin und Robert Musil zum Zustand Europas.

Vor und nach der Weltwirtschaftskrise (1924–1932)
312

Richard Nicolas Graf Coudenhove-Kalergis *Pan-Europa* und die Dichter (Heinrich, Thomas und Klaus Mann, Kurt Hiller). Karl Anton Prinz Rohans *Europäische Revue*. Rudolf Olden, Annette Kolb, René Schickele unterstützen Aristide Briand und Gustav Stresemann. Carl von Ossietzkys spätes Bekenntnis zu Briand. Gottfried Benn, Kurt Tucholsky, Arnold Zweig und die Brüder Mann über die französisch-deutsche Kooperation. Die Kritik am Modethema Europa bei Robert Walser und Hermann Kasack. Afrika versus Europa: Rudolf Leonhards Sexualutopie. Hermann Brochs »Zerfall der Werte«. Europa und Amerika als Partner bei Emil Ludwig, Otto Flake und Max Rychner. Europäismus statt Extremismus: Klaus Mann, Rudolf Pannwitz und Stefan Zweig. Die Europäer scharen sich um Goethe.

Die Zeit der Hitler-Diktatur (1933–1945)
365

Alfred Rosenberg lehnt die Europa-Idee ab. Julien Bendas Plan eines französisch geprägten Europa. Ferdinand Lion definiert die europäische Kultur als permanente Mutation. Ernst Tollers, Fritz von Unruhs, Erich von Kahlers und Heinrich Manns Warnungen vor Adolf Hitler als dem Zerstörer Europas. Thomas Manns Plädoyer für einen »militanten Humanismus«. Europa als Thema im europäischen Widerstand. Kurt Hiller bekennt sich erneut zum sozialistischen Europäertum. Alfred Döblin setzt auf ein demokratisch vereinigtes Europa. Die Europa-Vorstellungen der Brüder Mann im amerikanischen Exil. Der Europäische Jugendkongreß der Nationalsozialisten. Hans Friedrich Bluncks Ariernachweis der europäischen Geschichte.

Die Nachkriegszeit (1945–1960)
402

Ernst Jünger: Metaphysik und Europäisches Imperium. T. S. Eliot oder das Christentum. Alfred Andersch und Hans Werner Richter plädieren für einen sozialistisch geeinten Kontinent. Die Verdrängungsfunktion der Europa-Idee bei Frank Thiess und Werner Bergengruen. Jean-Paul Sartre wünscht Europas Selbstbehauptung. Klaus Manns Verzweiflung im kalten Krieg. Pragmatische Einigungsvorschläge Eugen Kogons. Ferdinand Lion fordert die deutsch-französische Kooperation. Salvador de Madariagas Charakteristik der Nationen. Max Frischs »globaler Mensch«. Rudolf Pannwitz konstruiert die westeuropäische Identität. Kasimir Edschmid, Reinhold Schneider und George Saiko über Rußland. Lion und die EWG.

Vom Mauerbau bis zum Ende des kalten Krieges
(1961–1991)
442

Milan Kundera, György Konrád, György Dalos: Emanzipation von der sowjetischen Dominanz durch die Mitteleuropa-Debatte. Karl Schlögels mitteleuropäische Neutralitätsvorstellungen. Günter Grass sieht die beiden deutschen Staaten als Vermittler zwischen den Machtblöcken. Die Schweiz und die EG: Hans Jörg Mettler, Adolf Muschg, Peter Bichsel. Die Schwierigkeiten der DDR mit der intereuropäischen Zusammenarbeit: zum Beispiel Hermann Kant. Bundesrepublikanische Autoren rufen den Berliner Europa-Kongreß von 1987 zusammen. Die Dritte Welt und Westeuropa. Hans Magnus Enzensbergers *Ach Europa!* als Einwand gegen die europäische Integration im Sinne Brüssels.

Nachwort
483

Problemstellungen synchronisch betrachtet: Raumfragen (die englische und die russische Frage). Zeitkonzepte (Entwicklung und Kairos). Identitätsdiskussionen (Einheit und Vielheit, Individualismus und Kollektivismus). Der Friede als Motivation. Politische Wege und Formen der europäischen Einheit. Die nationalen Sonderwegdiskurse und die Europa-Debatte. Aktuelle Diskussionen über Eurozentrismus, Dialogik, Solidarität und Subsidiarität in Europa. Zur Verschränkung von Kosmopolitismus, Europäismus, Nationalismus und Regionalismus.

ANHANG

Einleitung

> Aber auch das übernationale Gemein-
> schaftsgefühl der Europäer ist reine Er-
> findung der Dichter – nur von ihnen
> erhalten und aufbewahrt während der
> feindlichsten Zeiten.
> (Heinrich Mann, *Unser Einfluß und diese
> Zeit*)

»Diese Poeten!« schrie Louis Mathieu Graf Molé entsetzt ins
Plenum der französischen Nationalversammlung. Molé,
den man sonst nur als würdigen älteren Herrn kannte,
Abgeordneter und vormals Ministerpräsident des Bürgerkönigs, hatte sichtlich die Contenance verloren. Die Gemüter waren ohnehin erhitzt an diesem 17. Juli des Jahres
1851, ging es doch um das brisante Thema einer Verfas-
sungsänderung, mit der dem Präsidenten Louis Napoléon
die nach geltendem Recht nicht durchführbare Wiederwahl
ermöglicht worden sollte. Und nun hob Victor Hugo, dieser
Romaneschreiber und Phantast, auch noch ab ins Reich der
Utopien, um den konsternierten Volksvertretern seine unpatriotische Vision von den Vereinigten Staaten von Europa
zu präsentieren. Das war zuviel. In den Augen der Kämpfer
für französische »gloire« war Hugo ohnehin ein Renegat,
der von der konservativen Fraktion zur Linken abgedriftet
war, wo Nationalistisches nicht hoch im Kurs stand. Vom
rechten Flügel her rief der einflußreiche Charles de Monta-
lembert, Interessenvertreter der katholischen Kirche, dem
Autor zu, daß er wohl verrückt geworden sei. Hugos Vorstoß ging in lautstarken Ausbrüchen von Unwillen und
Gelächter unter. Schon bald hatten die Mitglieder der As-
semblée Nationale noch mehr Grund zum Zorn, wenn auch
nichts mehr zu lachen: Sie wurden – jedenfalls als Volks-
vertreter – beschäftigungslos. Während die Abgeordneten
sich über die weitsichtigen und zukunftsträchtigen Pläne
Hugos amüsierten oder aufregten, ihre Köpfe schüttelten
und mit den Händen die stickige Parlamentsluft durch-
fuhren, um dem Redner auch auf gestische Weise Un-
freundlichkeiten zu signalisieren, bereitete Hugos Gegner,
Präsident Louis Napoléon, die Reaktion vor: die Abschaf-

fung der Republik und eine imperiale Außenpolitik. Viereinhalb Monate später, am 2. Dezember 1851, erfolgte der Staatsstreich mit der Auflösung der Nationalversammlung. Louis Napoléon regierte jetzt mit diktatorialer Macht, und ein Jahr später ließ er sich als Napoleon III. zum erblichen Kaiser der Franzosen ausrufen. Als einer der ersten wurde Hugo geächtet, der in derselben Rede vom 17. Juli 1851 es gewagt hatte, den Prinz-Präsidenten als »Napoléon le Petit« zu verspotten. Hugo floh auf die zu England gehörenden normannischen Inseln im Ärmelkanal, und mit ihm emigrierte aus dem politischen Denken Frankreichs die Idee eines friedlich geeinten Europas, in dem kein Land die übrigen Staaten zu beherrschen sucht. Erst drei Jahrzehnte später – nach der 1870 erfolgten Absetzung des Kaisers – kehrte Hugo in sein Heimatland zurück, wo der Autor die Idee einer politischen europäischen Union in den kommenden Jahren leidenschaftlich verfocht und von wo aus sie – mit Unterbrechungen – bis heute zielbestimmend gewirkt hat. Suchte Napoleon III. das Rad der Geschichte zurückzudrehen, eilte Hugo mit seiner Vision von den Vereinigten Staaten Europas seiner Zeit weit voraus. Es dauerte genau 100 Jahre, bis mit der Gründung der Europäischen Gemeinschaft für Kohle und Stahl im April 1951 die ersten bescheidenen Schritte in Richtung auf eine europäische Föderation hin unternommen wurden, und die Konkretisierung seiner Utopie mag nochmals vergleichbar lange auf sich warten lassen.

Im Gegensatz zu Hugos Zeitgenossen bezweifelt heute kaum noch jemand die Realitätsgerichtetheit eines politischen Denkens, dessen Zentrum die wirtschaftliche und politische Integration demokratischer Staaten zu einer kontinentalen Einheit ausmacht. Im Gegenteil: Die europäische Kooperation und Angleichung auf vielen Gebieten gehen mit solch großen Schritten voran, daß sie – nicht zuletzt aus den Reihen der Schriftsteller – bereits Widerstände hervorrufen, die sich der Vorstellungswelt Hugos noch entzogen. Der französische Dichter sah in der europäischen Unifikation zum einen das probate Mittel gegen chauvinistische Kulturarroganz einzelner Länder und zum anderen eine Maßnahme gegen die potentielle kriegerische Selbstzerstörung des Weltteils, wie sie in dessen nationalstaatlicher

Struktur angelegt war. Heute dagegen, so argumentieren Autoren wie Hans Magnus Enzensberger, sollte es auf dem pazifizierten Kontinent bei souveränen Nationalstaaten bleiben, denn die politische Europäische Union könnte nach innen zu einer Nivellierung der kulturellen Vielfalt in den unterschiedlichen Teilen, Nationen und Regionen führen und nach außen mit ihrer ungeheuren wirtschaftlich-militärischen Macht den Weltfrieden eher gefährden als sichern.

Die Propagierung der Idee vom vereinten Europa ist älter als Hugos Parlamentsrede von 1851, und in Opposition gegen sie ging man – aus den unterschiedlichsten Gründen – lange vor Enzensbergers Stellungnahmen aus den achtziger Jahren. Auffallend ist, wie engagiert sich während der letzten 200 Jahre gerade die Schriftsteller in den europäischen Ländern mit der Europa-Idee auseinandergesetzt haben. Heinrich Mann, einer ihrer prominenten Anhänger, ging so weit zu behaupten, daß das Gemeinschaftsgefühl der Europäer eine Erfindung der Dichter sei. In dieser Entschiedenheit und Verallgemeinerung läßt sich die Behauptung wohl kaum halten, denn auch Philosophen, Pädagogen, Wissenschaftler und nicht zuletzt Politiker gehören zu den Wegbereitern der – mit Benedict Anderson zu sprechen – »imagined community« Europa. Richtig ist aber, daß die Schriftsteller während der letzten beiden Jahrhunderte wichtige Beiträge zum Thema der kulturellen und politischen Einheit Europas geleistet haben. Ihre Arbeiten in der Historie dieses Unifikationsprozesses zu ignorieren beziehungsweise ihre Leistungen zu unterschätzen käme einer Geschichtsverfälschung gleich. Wie Hugo sind sie oft genug verlacht worden von jenen kurzsichtigen Intellektuellen und Politikern, die sich als »Pragmatiker« auf das »Machbare« beriefen, um den Weg des geringsten Widerstandes und des momentanen Erfolgs entlangtrotten zu können. Und wie im Falle Hugos hat man – häufig erst nach Jahrzehnten – eingesehen, daß sie die Zeichen der Zeit klarer erkannten als die Leute in den Zentralstellen der öffentlichen Meinungsbildung und der politischen Entscheidung, daß bei Beachtung ihrer Empfehlungen und Warnungen historische Fehlentwicklungen hätten vermieden werden können. Nicht immer jedoch waren die literarischen Äußerungen den politischen Zielsetzungen voraus. Zuweilen – wie in den späten zwanziger Jahren während der Briand-Stresemann-Ära – kam es zu einem Gleichklang und zu gegenseitiger Inspiration von dichterischer Europa-Vision und politischer Praxis, und manchmal – wie in den sechziger und siebziger Jahren unseres Jahrhunderts – mußte man auf dem Gebiet europäischer Integration ohne eine Diskussion mit den Schriftstellern auskommen.

Unter der hier behandelten Europa-Essayistik werden solche Beiträge von Schriftstellern und Schriftstellerinnen verstanden, in denen auf bewußt übernationale Weise zu europäischen Fragen in Kultur und Politik Stellung genommen wird. In diesen Essays werden also die Belange des einzelnen Nationalstaates nicht den Interessen der anderen Länder Europas übergeordnet, sondern im Sinne einer kontinentalen Zusammenarbeit diskutiert. Dabei wird die europäische Kooperation begriffen als Voraussetzung der Friedenssicherung und der Wahrung einer gemeinsamen Kultur, die aber keineswegs immer als einheitlich betrachtet wird.

I.

Die Europäer entdeckten Amerika und Europa zur gleichen Zeit, und in beiden Fällen handelte es sich um Wiederentdeckungen. Im frühen und hohen Mittelalter hatte es – nicht zuletzt wegen der Konfrontationen mit dem Islam – ein ausgeprägtes Bewußtsein abendländischer Eigenheit gegeben. Aber wie die Kenntnis der Neuen Welt, an deren Küste nordische Seefahrer bereits Jahrhunderte vor Christoph Kolumbus gelandet waren, so verlor sich im Europa der Folgezeit mit der Erstarkung sich befehdender Dynastien das europäische Zusammengehörigkeitsgefühl. Erst in den beiden Jahrhunderten zwischen 1492 und 1683 verlief – parallel zur Erkundung Amerikas – die Wiedergeburt europäischer Identität. Sie hatte vor allem drei Gründe: Erstens schärfte der Gegensatz von Neuer und Alter Welt das Wissen um das kulturelle Anderssein der Europäer; zweitens wurde Europa durch das expandierende Osmanische Reich bedrängt; und drittens drohte dem Kontinent die Selbstzerstörung durch religiöse und dynastische Konflikte, die im Dreißigjährigen Krieg sich verquickten und in ihm kulminierten. Seit dieser Wiederentdeckung durch sich selbst stand der Kontinent in ständiger Gefahr, seine Solidarität erneut preiszugeben. Das Bewußtsein von der kulturellen Alterität Amerikas verlor sich mit der Kolonisierung der Neuen Welt durch Europäer, und die Furcht vor den Übergriffen des Osmanischen Reiches schwand nach 1683. Desto größer wurde die Gefahr des nationalen Bazillus, der den kontinentalen Körper immer erneut infizierte und aufs Krankenlager warf. Als die Verheerungen der napoleonischen Ära und der beiden Weltkriege Europa in den Ruin trieben, waren es vor allem Schriftsteller, die die europäischen Gemeinbürgschaften erneut bewußt machten und auf die Einigung des Kontinents als Mittel zu seiner Pazifizierung drängten. Von diesen literarischen Wiederentdeckungen eines kontinentalen Verantwortungsbewußtseins und einer europäischen Identität handelt dieses Buch.

Wo immer man Zeitpunkte im Strom der Geschichte fixiert und bestimmte Ereignisse als Orientierungsmarken kennzeichnet, stets liefen dem ins Auge gefaßten historischen Abschnitt Entwicklungen voraus, an deren Wirkungen zu erinnern ist, wenngleich sie nicht im Detail beschrieben werden können. Unsere Darstellung beginnt mit der Analyse eines literarischen Dokuments, das an der Wende vom 18. zum 19. Jahrhundert entstand. Damals zerfiel das Heilige Römische Reich Deutscher Nation als kontinentale Ordnungsmacht endgültig, und Bonaparte begann von Paris aus eine Außenpolitik zu betreiben, deren Ziel die Dominanz Frankreichs in Europa war. Novalis reagierte in seiner *Christenheits*-Rede von 1799 auf beide geschichtlichen Phänomene. Hier setzte die intensive essayistische Auseinandersetzung deutschsprachiger Autoren mit dem Europa-Thema ein, und auf keine andere vergleichbare Studie wird während der folgenden 200 Jahre in den Europa-Essays deutschsprachiger Schriftsteller so häufig zurückgegriffen. Novalis' Rede ist durch ihre vielfältige Rezeption mit Zustimmung und Ablehnung, Affirmation und Kontroverse zu so etwas wie einem Leuchtturm im Meer deutschsprachiger Europa-Essays geworden: Die einen steuern auf ihn los, weil er rettende Ufer verspricht; den anderen signalisiert er eine Gefahrenzone, von der man sich möglichst weit entfernt hält; und dritte halten ihn für ein Museumsstück, dessen Leuchten nur noch Unterhaltungswert besitzt. Novalis' Schrift wiederum ist undenkbar ohne die Vorarbeiten der deutschen Kosmopoliten zur Aufklärungszeit wie Johann Gottfried Herder, Christoph Martin Wieland und Immanuel Kant. In Opposition zum politischen Absolutismus des 18. Jahrhunderts favorisierten sie kontinentale und globale Bündnisse, durch die willkürlich begonnene Kriege verhindert werden könnten. Um dieses Ziel zu erreichen, hatten Kant und Wieland einen Staaten- beziehungsweise Völkerbund gefordert. Herder sah in der Eroberungssucht der Länder die Ursache des Kulturverfalls. Kant, Herder und Wieland wiederum waren beeinflußt durch David Hume, den Ekelgefühle anwandelten, wenn er über kriegführende Staaten räsonierte; durch Jean-Jacques Rousseau, der sich ebenfalls zur Idee des europäischen Zusammenschlusses äußerte und Saint-Pierres Entwurf für seine Zeit überarbeitete; durch Voltaire, der nach Möglichkeiten globaler Friedenssicherung Ausschau hielt, als er sich für die Etablierung eines Parlaments der Großmächte und für die Freiheit des internationalen Handels einsetzte. Sie alle sind – direkt und indirekt – im 17. Jahrhundert geborenen Denkern wie Fénelon, Leibniz, Penn und Saint-Pierre verpflichtet. Ihnen standen zum einen die Bevölkerungsdezimierungen und Verwüstungen des Dreißigjährigen Krieges vor Augen, und zum anderen erlebten sie die Expansion des Osmanischen Reiches nach Norden als konstante Bedrohung. Fénelon inaugurierte einen Kongreß aller Fürsten und einen internationalen Staatenbund, der den Frieden sichern sollte. Gottfried Wilhelm Leibniz träumte lange vor Novalis von einer erneut geeinigten Christenheit, wobei klarer als im Mittelalter die Kompetenzen abgegrenzt werden sollten: Der Papst hätte als geistiges, der Kaiser als weltliches Oberhaupt des Abendlandes zu fungieren. William Penn propagierte die Idee eines europäischen Staatenbundes mit einem Europa-Rat, dessen Delegierte Streitigkeiten zwischen den Mitgliedsländern schlichten sollten. Seine föderalistischen Vorstellungen wurden – wenn auch nicht mehr zu seinen Lebzeiten – in Amerika fruchtbar, wo Penn als englischer Kolonialherr unter anderem Pennsylvania erwarb und die Stadt Philadelphia gründete.

Das wirkungsmächtigste Dokument des frühen europäischen Einheitsdenkens legte der Abbé de Saint-Pierre mit seinem *Projet de paix perpetuelle entre les souverains chrétiens* vor, dessen erste Fassung 1713 erschien, also im Jahr des Utrechter Friedens, der den Spanischen Erbfolgekrieg beendete. In dieser wegweisenden Studie, von der Saint-Pierre immer neue Fassungen vorlegte, ging es darum, das traditionelle Gleichgewichtsdenken der Monarchen zu ersetzen durch einen europäischen Staatenbund, dem die 24 wichtigsten Länder Europas angehören sollten. Der Bund würde eine Freihandelszone darstellen und Staaten- wie Bürgerkriege verhindern. Ein wichtiger Aspekt war auch das militärische europäische Bündnis gegen Angriffe des Osmanischen Reiches. Saint-Pierre, der übrigens mit Leibniz über dessen Europa-Projekt korrespondiert hatte, dachte wie dieser bereits in den Kategorien einer kontinentalen Weltgliederung; für Asien schlug er eine asiatische Union vor. Was die Verfassungen der einzelnen europäischen Länder betraf, war Saint-Pierre ein ausgesprochener Status-quo-Denker. Je geringer der militärische Aufwand für äußere Kriege sei, so rechnete er den absolutistisch regierenden Potentaten vor, desto intensiver könnten sie sich um die Niederschlagung eventueller Revolutionen in ihren eigenen Ländern kümmern und damit ihre Macht sichern. Daniele Archibugi erkennt in den Ausführungen des Autors einen ersten Entwurf zur Heiligen Allianz. Gegen Ende seines Lebens sagte Saint-Pierre voraus, daß die Verwirklichung der europäischen Einheit noch etwa 200 Jahre (also bis zur Mitte des 20. Jahrhunderts) auf sich warten lassen werde. Das war nicht schlecht geschätzt, denn um 1950 begannen Robert Schuman, Konrad Adenauer und Alcide De Gasperi mit dem Bau jenes europäischen Hauses, dessen Grundriß Saint-Pierre entworfen hatte. Auch er profitierte von Vorarbeiten. Ohne Hugo Grotius' grundlegende Studien zum Völkerrecht und dessen Schrift *De jure belli ac pacis* (1625) ist sein Entwurf nicht denkbar, und auch er konnte auf ältere Pläne zur Errichtung einer Union Europas zurückgreifen. Saint-Pierre war fasziniert vom »Grand Dessein«, den er aus den Memoiren des Herzogs von Sully kannte, die – mitten im Dreißigjährigen Krieg – 1638 erschienen waren.

Sully hatte am Hof König Heinrichs IV. erfolgreich als Chef der Finanzen und Großmeister der Artillerie gedient, war also mit der politischen, militärischen und wirtschaftlichen Praxis seiner Zeit vertraut. Im »Grand Dessein« entwarf er das Bild einer christlich-europäischen Bundesrepublik, in der man die Bekenntnisse des Katholizismus, Protestantismus und Calvinismus als gleichberechtigt anerkennt, in der freier Handel praktiziert wird und die – mit Hilfe einer gemeinsam gebildeten Polizeimacht – den Frieden zwischen ihren Mitgliedsländern garantiert. Der Union würden 15 gleichberechtigte europäische Staaten angehören, die eine Balance der Mächte gewährleisten und somit das Übergewicht einzelner Herrscherhäuser verhindern sollten. Sully schlug bereits eine Einschränkung der Souveränität der Mitgliedsstaaten in seiner »Grande Alliance« vor. Als Führungsspitze der christlichen Republik war ein Generalrat vorgesehen, in den die 40 bedeutendsten Männer Europas entsandt würden. Er behauptete, daß dieser Plan von Heinrich IV. selbst stamme, der ihn zu verwirklichen gesucht hätte, wäre er nicht 1610 einem Attentat zum Opfer gefallen. (Heinrich Mann wurde nicht zuletzt durch diese Legende zu seinem in der französischen Emigration abgeschlossenen *Henri-Quatre*-Roman angeregt.) Sullys Aussage über die Autorschaft des »Großen Plans« ist zu Recht bezweifelt worden, doch können vergleichbare, wenn auch unsystematischere Vorstellungen am Hof Heinrichs IV. diskutiert worden sein. Sully übertrug gleichsam die Prinzipien der nationalen Politik seines Königs auf die Verhältnisse in Europa: Heinrich IV. hatte dem Bürgerkrieg im Land ein Ende bereitet, den Handel von Schranken befreit und die Industrie gefördert sowie mit dem Edikt von Nantes religiöse Toleranz gesetzlich sanktioniert. Wichtiger Bestandteil des Sullyschen Planes war zudem die Entmachtung Habsburgs als in Europa dominierender Dynastie; vor allem sollten Mitglieder ihres Hauses nicht mehr zu Kaisern gewählt werden. Auf dieses Ziel abgestellte Schritte waren seit Jahr und Tag Bestandteil französischer Außenpolitik und blieben es noch lange. War Habsburg geschwächt, wurde es um so wichtiger, eine vereinte europäische Abwehr gegen die türkische Expansion auf dem Kontinent zu organisieren, was ein weiteres Ziel Sullys war. Heinrich IV. wollte die habsburgische Vormacht 1610 durch jenen Krieg brechen, der als Folge des Jülich-Kleveschen Erbfolgestreits entbrannt war, doch wurde er ermordet, kurz bevor er zur Hauptarmee der geplanten Feldzüge abreisen konnte. Der »Grand Dessein« ist von Sully aber vor allem als Friedensschrift verfaßt worden. Er artikulierte hier nach 20 Kriegsjahren die Wünsche des überwiegenden Teils der europäischen Bevölkerung, die ein Ende von Mord und Zerstörung herbeisehnte. Voraussetzung für die Beendigung des Krieges waren religiöse Toleranz, Friedensbereitschaft und freier Handel – lauter Zielsetzungen in Sullys Vision von Europas Zukunft. »Le Grand Dessein« ist der erste Entwurf einer europäischen Union, in dem es weder um zu eng konzipierte Zweckbündnisse einzelner Länder geht noch um zu weit gefaßte Phantasien von globaler Herrschaft. Im Chaos des Dreißigjährigen Krieges entwickelte Sully – erstmals in der Neuzeit – einen umfassenden Plan über die politische, wirtschaftliche und konfessionelle Neuordnung des Kontinents.

Dante hatte mehr als 300 Jahre zuvor in *De monarchia* noch seine ganze Hoffnung auf den Kaiser des Sacrum Imperium Romanum als globale Ordnungsmacht gesetzt. Sully legte seinen Entwurf in dem Moment vor, als das mittelalterliche Kaisertum nicht nur die Ansprüche auf Universalherrschaft aufgeben mußte, sondern auch seine dominierende Rolle in Europa einbüßte. Damit begann – der Dreißigjährige Krieg führte es vor Augen – ein Kampf der europäischen Dynastien, Regionen und Nationalitäten, der nur eingeschränkt oder vermindert werden konnte, wenn an der Stelle des mittelalterlichen Kaisertums eine neue kontinentale, übernationale Ordnungsmacht installiert wurde. Sully war es, der sie mit dem Generalrat der europäischen Bundesrepublik im »Grand Dessein« imaginierte. Damit ist er als Begründer eines auf Frieden in Europa abgestellten Einheitsdenkens zu betrachten, als Vorläufer jener Europa-Essayistik, von der in diesem Buch die Rede sein wird. Die wichtigsten der hier vorgestellten Texte sind in historischen Abschnitten europäischer Staaten- und Bürgerkriege geschrieben worden, die jener Geschichtsphase ähneln, auf deren Hintergrund Sullys Vorschläge zu sehen sind: Sie entstanden während der Feldzüge Napoleons, als Folge der Revolutionen von 1830 und 1848, zur Zeit des Deutsch-Französischen Krieges, in und unmittelbar nach den beiden Weltkriegen sowie im Zuge der konfliktreichen Umwälzungen im Mitteleuropa der achtziger Jahre.

Ein auffallendes Kennzeichen der Europa-Essayistik ist die Spannung zwischen der Analyse geschichtlich gegebener beziehungsweise als Nahziel avisierter national-staatlicher Strukturen und einem in der Zukunft zu verwirklichenden transnationalen Ordnungssystem. In den antiken und mittelalterlichen Vorstellungen von kontinentaler oder universaler Herrschaft fehlt das spezifisch neuzeitliche Denken in nationalen Kategorien. Auf diese Konzepte aus griechischer, römischer und karolingischer Zeit wird deswegen an dieser Stelle nicht Bezug genommen. Mit ihnen beschäftigen sich aber einige der in der Folge vorgestellten Essays, und so finden sie auf indirekte Weise Erwähnung.

II.

In der Europa-Essayistik seit der Romantik geht es aber nicht nur um staatspolitische Entwürfe für eine künftige europäische Föderation. Von gleicher Bedeutung und zuweilen gar von größerem Gewicht ist die parallel laufende und mit der politischen Debatte eng verknüpfte Diskussion zum Thema der europäischen kulturellen Identität. Die politischen Argumente für eine kontinentale Kooperation und Integration werden nun – stärker als in früheren Jahrhunderten – mit dem Nachweis einer gemeinsamen Geschichte, Religion und Kunst unterstützt. Wie die politischen Entwürfe sind auch Ideen zur kulturellen Identität nicht naturwüchsige Phänomene, sondern bewußte Konstruktionen, sind je nach historischer Situation unterschiedlich eingesetzte Mittel subjektiver Selbstvergewisserung und einer gemeinschaftsfördernden Bewußtseinsbildung. Am Prozeß der Identitätsfindung mit ihrer Überprüfung von Geschichtsdeutungen, Mythen und Symbolen waren die Schriftsteller führend beteiligt.

Auch die Kulturreflexionen der hier zu Wort kommenden Essayisten haben ihre lange Vorgeschichte. Läßt sich der verzweigte Stammbaum des politischen Nachdenkens über die künftige Unifikation Europas noch relativ eindeutig bestimmen, trifft die Forschung zur Genealogie der kulturphilosophischen Reflexionen auf unverhältnismäßig größere Schwierigkeiten. Nicht die Organik und Einheit suggerierende Metapher des Baumes bezeichnet hier die Sachlage, sondern eher der Vergleich mit dem Wurzelstock, dem Rhizom, also dem unterirdischen Sproßabschnitt bei Kräutern. Als Metapher zur Verdeutlichung kultureller Prozesse wurde das Rhizom von Gilles Deleuze und Félix Guattari in die Diskussion gebracht und als solche von Hanns-Josef Ortheil aufgegriffen. Das Rhizom verästelt sich auf vielfältige Weise, und jeder seiner Punkte kann sich auf Zeit mit einem anderen berühren. Aus seinen End- und Seitenknospen entwickeln sich neue Sprosse, die als Laubtriebe oder Blütenstengel über die Erde treten. Zur Aufgabe des Rhizoms gehört die Speicherung von Reservestoffen, die durch die Assimilationstätigkeit der oberirdischen Sprosse erzeugt und in den unterirdischen Teilen abgelagert werden. So kann sich die Pflanze den Wirkungen niedriger Temperaturen während des Winters wie auch großer Trockenheit während der Sommerhitze entziehen. In der Regel sterben die ältesten Teile des Wurzelstocks in dem Maße ab, als er sich an der Spitze verjüngt. Dadurch erreicht er zwar keine größeren Dimensionen, hat sich aber – ein Proteus der Pflanzenwelt – völlig verändert. Die Rhizommetapher scheint mir die Situation der Europa-Essayistik mit ihrem Aufkommen und Verschwinden, ihrem unterirdischen Fortdauern und periodischen Auftauchen, ihrem Überwintern und Aufblühen, ihrem Weiterleben bei allen Abbrüchen und Diskontinuitäten treffend zu bezeichnen. Besonders naheliegend ist das Bild vom Wurzelstock bei jenem Teil der Europa-Diskussion, in dem es um die kulturelle Identität geht. Es gibt kaum einen europäischen Philosophen, Historiker und Schriftsteller von Rang, der sich nicht auf die eine oder andere Weise vergleichend über die Eigenart der abendländischen Welt den Kopf zerbrochen hätte. Der Verlauf dieser Kulturkomparatistik kann hier nicht ausführlich dargestellt werden. Erinnert sei lediglich an einige Autoren, deren Traktate und Dichtungen besonders für die Generation der Romantiker noch unmittelbar anregend oder provozierend wirkten. Da ist zunächst Herder zu nennen, der vor allem mit seinen beiden Abhandlungen *Auch eine Philosophie der Geschichte zur Bildung der Menschheit* (1774) und *Ideen zur Philosophie der Geschichte der Menschheit* (1784–91) sowohl die europäisch-kosmopolitische Frühromantik wie die national argumentierende Berliner Romantik inspirierte. Die Jenaer Romantiker nämlich fanden in dessen Geschichtsphilosophie die Kluft, die Rousseau zwischen Natur und Geschichte aufgerissen hatte, überbrückt durch den Begriff der Humanität. Der Prozeß der Humanisierung bezog nach Herder seine Kräfte aus Natur und Geschichte. Die positive Einstellung zur Geschichte und die Reserve gegenüber der Rousseauschen Glorifizierung des ganz der Natur verhafteten »edlen Wilden« geht bei den Frühromantikern vor allem auf den Einfluß Herders zurück. Bei ihm fanden sie auch ihre Skepsis gegenüber dem aufklärerischen Denken vorformuliert, dessen Rationalitätsglaube und optimistisch-teleologisches Geschichtsbewußtsein sie nach den Erfahrungen mit der Französischen Revolution nicht mehr teilten. Daß nicht die Geschichte vernünftig, sondern die Vernunft geschichtlich sei, daß es keine idealen und unwandelbaren Normen, sondern nur historisch relative Wertsetzungen gab, leuchtete ihnen unmittelbar ein. Zudem gab Herder ihnen ein Schema zum Verständnis der Menschheitsgeschichte an die Hand, dem sie entnahmen, daß Asien die Kindheit, Ägypten die Adoleszenz, Griechenland die Jugend und Rom das Erwachsenenalter der Menschheit vorstellte. Wenn also schon zurück zu den Ursprüngen, dann nicht zu Rousseaus Wilden in Feuerland (über die man durch Augenzeugen wie Georg Forster schon zuviel Ernüchterndes gehört hatte), sondern mit Herder zur Wiege Europas, nach Asien. Wie Musik klang es ihnen in den Ohren, wenn sie durch Herder erfuhren, daß es sich bei Europa um einen großen Nationenverein handle, dessen Völker wie in einem Schmelztiegel vermischt worden seien, so daß es unmöglich wäre anzugeben, ob man von Goten, Mauren, Juden, Römern, Galliern, Franken, Sachsen oder Slawen abstamme. Im Detail wurde jedoch längst nicht alles, was Herder ausführte, akzeptiert. Novalis scheint seine *Christenheits*-Rede geradezu gegen Herders ausgesprochen negative Auffassung vom mittelalterlichen Papsttum als römisch-christlichem Bastard angeschrieben zu haben.

Schauten die europäischen Kosmopoliten unter den Romantikern gebannt auf Herders Genealogie der europäischen Kultur mit den imponierenden asiatisch-ägyptisch-griechisch-römischen Jahrtausendringen am europäischen Geschichtsstamm, so interessierte sich die folgende Romantikergeneration in erster Linie für die Zweige und Äste dieses Baumes. Seine zahlreichen Triebe nämlich stellten Herder zufolge Völker dar, die sich in nachrömischer Zeit auf dem Kontinent in einem Prozeß der Differenzierung organisch entwickelt hatten. Nach der Schlacht von Jena im Jahre 1806, nach der vernichtenden Niederlage Preußens, setzten vor allem die Berliner Romantiker auf die »Nation« statt auf den Nationenverein, auf »Deutschland« statt auf Europa. Auch für sie war in Herders Ideenmagazinen reichlich Rüstzeug deponiert. Der Begriff des »Volkes« und des »Volksgeistes« hatte die Detonationskraft einer Bombe, die es mit dem gesamten Waffenarsenal Napoleons aufnehmen konnte. Sachverständig eingesetzt, war sie dazu angetan, das europäische Imperium des französischen Kaisers in die Luft zu sprengen. Mit Herder argumentierte man jetzt, daß die gegenwärtigen Völker und Nationen lebendige Ganzheiten mit eigenen Individualcharakteren seien, mit organisch sich unter je besonderem Klima entwickelten Eigenheiten, mit jeweils besonderer Tradition, sozialer Struktur, Regierungsform, Sprache, Religion, Rechtsauffassung und Kunst. Die nationalen Spezifika sollten nach Herder durchaus konserviert werden. Hinweg also, meinten die Befreiungskrieger, mit dem radikalen Gleichmacher Napoleon, der in zu vielen Bereichen (etwa in denen der Verwaltung, der Regierung, des Militärs, des Rechtswesens, der Ausbildung) auf Unifizierung, Rationalisierung und Zentralisierung pochte. Was man allerdings nicht bei Herder lernen konnte, waren Nationalismus und Chauvinismus im Sinne der Überhebung eines Volkes über ein anderes. Im Gegenteil: Herder lehrte, daß die Menschheit nicht in einer, sondern in tausend Gestalten, in zahllosen Partikeln existiere, daß es wohl einen göttlichen Geschichtsplan gebe, daß dieser aber von Menschen nicht durchschaut werden könne, daß jede einzelne Nation sich irrtümlicherweise für den Mittelpunkt der Welt und für besonders bevorzugt halte, daß sie aber lediglich ein Glied in einer unendlich langen Kette bilde.

Betonte Herder die nicht überbrückbaren Gegensätze zwischen den Kulturen der Völker, so hob Johann Wolfgang von Goethe die Gemeinsamkeiten hervor. Mit seiner Vorstellung, daß man durch die Literatur imstande sei, die Unterschiede von Jahrtausenden, die Differenzen von Rasse, Sprache und Kultur zu überwinden, daß es also einen geistigen Austausch und Wechselwirkungen über die Grenzen von Raum und Zeit hin gebe, daß die Völker eben nicht nur auf Selbstverständigung angewiesen wären: diese kosmopolitischen Auffassungen, die Goethe den Begriff der Weltliteratur über den der Nationalliteratur setzen ließen, hatten auf das Kulturverständnis der Europa-Essayisten der folgenden Jahrzehnte und Jahrhunderte einen nachhaltigen Einfluß.

Eigens zu erwähnen sind hier auch die vier großen französischen Schriftsteller des aufgeklärten 18. Jahrhunderts: Montesquieu, Rousseau, Voltaire und Diderot. Sie alle waren führend am Distanzierungsprozeß gegenüber der eigenen Kultur beteiligt, einer Selbstkritik, die von den Frühromantikern um 1800 bis zu den Neoromantikern um 1900 vor allem im Sinne des Europa-Asien-Vergleichs aufgegriffen und variiert wurde. Charles de Montesquieu kontrastierte in seinen *Lettres persanes* (1721) die europäische Gesellschaft des Absolutismus mit der des Orients, und dabei schnitt der Westen mit seiner Heuchelei und Eitelkeit nicht gut ab. Wie erwähnt, hatte Rousseau in seinem *Discours sur l'origine de l'inégalité parmi les hommes* (1755) die These verfochten, daß – gleichsam wie im Märchen vom Hasen und Igel – der unzivilisierte Wilde schon immer an jenem Ziel eingetroffen sei, dem der Europäer mit größtem Kraftaufwand zustrebe, nämlich dem gesellschaftlichen Zustand von Harmonie und Glück. Nicht in der europäischen Kultur sei das Telos der Menschheitsentwicklung zu sehen, sondern bei den edlen Wilden in exotischen fernen Ländern. Voltaire, der von Vernunft- und Fortschrittsgläubigkeit nicht abzubringen war, höhnte gegen Rousseau, er habe keine Lust, wieder auf allen Vieren zu kriechen oder sich nach Amerika einzuschiffen, um dort von den Indianern am Missouri in die Praxis des glückseligen Lebens eingewiesen zu werden. Doch auch in seinen Schriften – etwa in *Candide* (1759) oder in *L'Ingénu* (1767) – finden sich fundierte Kritiken an der okzidentalen Mentalität. Wie Montesquieu benutzte auch Denis Diderot die Technik, bei seiner Analyse westlicher Verhältnisse die Perspektive eines Nichteuropäers einzunehmen. In seinem postum erschienenen *Supplément au voyage de Bougainville* werden europäische Gesetze und Sitten mit solchen auf Tahiti konfrontiert. Ohne die polynesischen Gepflogenheiten im Sinne Rousseaus zu glorifizieren, distanziert Diderot sich von europäischen Wertvorstellungen, denen er Naturwidrigkeit attestiert. Im Abschnitt »Les adieux du vieillard« hält ein tahitischer Greis beim Absegeln der französischen Fregatte an seine eigenen Landsleute eine Strafpredigt, weil sie sich mit den Kolonisatoren eingelassen haben, deren fremde Zivilisation seiner Insel nur Unglück gebracht habe.

Am Ende des 18. Jahrhunderts verschärfte sich die aufgeklärte Selbstkritik der europäischen Moral und Tradition in einem solchen Maße, ging der Erosionsprozeß abendländischer Wertvorstellungen so weit, daß die junge Generation der in den siebziger Jahren geborenen Schriftsteller quasi vor einer Ruine europäischer Identität stand. Bei ihrer Neukonstruktion werden sie jene Begriffsmittel aus Mythos, Religion und Geschichte (vor allem der Historie des europäischen Mittelalters) verwenden, die von den Aufklärern mit ihrem rationalistischen, utopistischen, wertabsoluten und universalistischen Denken als Bausteine verworfen, von Herder jedoch aufgesammelt, bearbeitet und bereitgestellt worden waren. Allerdings kamen den Frühromantikern beim Projekt des Neubaus auch Stützen und Querbalken mit Aufschriften wie Toleranz, Kritik und Wissenschaft zugute, die sie relativ unversehrt in der Identitätsruine der Aufklärer gefunden hatten.

III.

In keiner anderen literarischen Gattung sind die drängenden politischen und kulturellen Fragen Europas so direkt und vielfältig angegangen worden wie im Essay. Es gibt durchaus eine Reihe von Romanen, Gedichten und Dramen, in der politische Aspekte des Kontinents behandelt werden (etwa die des Befreiungskampfes einzelner europäischer Staaten) oder kulturphilosophische Deutungen der europäischen Gegenwart zum Tragen kommen (zum Beispiel die Vorstellung von westeuropäischer Dekadenz). Auf sie kann im Rahmen dieses Buches nur kurz hingewiesen werden. Sich auf die Darstellung des Europa-Essays zu beschränken war insofern gerechtfertigt, als es die spezifische Verflechtung von geschichtlicher Analyse, kulturphilosophischer Deutung und politischer Vision nur in dieser Gattung gibt.

Doch was ist ein Essay? Er scheint unter den literarischen Gattungen das Chamäleon zu sein. Die Forschung zu diesem Genre ist sich darin einig, daß sich die Form des Essays so sehr wie die keiner anderen Gattung einer definitorischen Erfassung entzieht (Gerhard Haas). Weder historische Analysen noch phänomenologische Beschreibungen des Essays gelangen zu eindeutigen Resultaten. Michel de Montaigne in Frankreich und Francis Bacon in England waren bekanntlich die ersten, die mit ihren *Essais* (1580) beziehungsweise *Essayes* (1597) die Gattungsbezeichnung für ihre Arbeiten einführten. Aber waren sie wirklich die Begründer einer neuen Gattung? Und waren jene Arbeiten, die sich unter dem gleichen Etikett verbargen, ihrem Genre nach wirklich identisch? Hatte nicht Montaigne von Erasmus von Rotterdam gelernt, und waren nicht Plutarchs *Moralia* seine Vorbilder gewesen? Handelte es sich bei Bacons Studien überhaupt um Essays im Sinne Montaignes oder – wie Ruth Schirmer-Imhof meint – eigentlich um Traktate, also um eine Gattung, die sich historisch über die Scholastiker, die Kirchenväter bis zu Dichtern, Philosophen und Politikern der römischen und griechischen Antike zurückverfolgen läßt? Löste sich bei näherem Hinsehen Montaignes Essay nicht in die Bestandteile anderer Formen wie Exempla, Sentenzen, Dialoge, Briefe und Diatriben auf? So

24

geschehen unter der Expertenlupe des Romanisten Hugo Friedrich. Als Herman Grimm 1859 mit seinen Essays die Gattungsbezeichnung in Deutschland einführte, wählte er – geschulter Philologe, der er als Sohn Wilhelm Grimms war – mit Bedacht die englische und nicht die französische Schreibweise. Damit schloß er an die damals blühende angelsächsische Essayistik in der Tradition Bacons an, deren führende Vertreter der Amerikaner Ralph Waldo Emerson und der Schotte Thomas Carlyle waren. Auch Montaigne hatte im Frankreich der gleichen Zeit seine Nachfolger gefunden. Ihr prominentester war wohl Charles Augustin de Saint-Beuve, in dem Theodor W. Adorno den Begründer des jüngeren Essays erkennt.

Ob man die Prosa in der Manier Montaignes oder Bacons durchsieht, ihre Formen sind äußerst heterogen, und die Forschung muß einbekennen, daß unter den Etiketten von Essay und Traktat alle möglichen pragmatischen Prosaformen vorkommen können: Artikel, Aufsatz, Studie, Abhandlung, Versuch, Feuilleton, Betrachtung, Reportage, Skizze, Streitschrift, Diatribe, Rundfrage, Aufruf, Manifest, Exemplum, Monolog, Dialog, Epistel, (offener) Brief, Tagebuch, Aphorismensammlung, Rede, Vortrag, Predigt. Beim Essay gibt es sogar Legierungen mit anderen Gattungen, etwa mit der lyrischen (Friedrich Schlegel definierte ihn als »intellektuelles Gedicht«) und der epischen (Robert Musil unternahm es, im *Mann ohne Eigenschaften* den essayistischen Roman zu schreiben). Max Bense wies bereits darauf hin, daß weder der »schöngeistige Essay« in der Tradition Montaignes noch der traktathaft »feingeistige Essay« in der Manier Bacons primär von seiner Form her zu bestimmen sei. Auch Haas setzt bei seinen Erörterungen nicht bei ihr, sondern bei der Methode der Erkenntnisgewinnung an. Es sind die philosophische Einstellung, Denkstruktur, intellektuelle Vorgehensweise und das Verhältnis zum Leser, in denen sich die Verfasser von Essays und Traktaten voneinander unterscheiden. Um diese Differenzen zu verdeutlichen, seien charakteristische Merkmale gegenübergestellt, die beim Abfassen von Essays beziehungsweise Traktaten zum Tragen kommen. Dabei werden Anregungen aus der Sekundärliteratur (besonders von Bense und Haas) aufgegriffen und weitergeführt. Daß es sich um heuristische

Unterscheidungen und idealtypische Charakterisierungen handelt, die in solcher Eindeutigkeit in der Geschichte dieser Gattungen nicht vorkommen, versteht sich. Als Oberbegriff, der Essay und Traktat umgreift, benutze ich den der »Essayistik«. Bezeichnet werden also auf der Skala essayistischen Schreibens lediglich die »Essay« und »Traktat« genannten Extrempunkte. In der literarhistorischen Realität der Essayistik mischen sich die Merkmale von »Essay« und »Traktat« auf die bunteste Weise, das heißt im konkreten Fall der Analyse eines einzelnen essayistischen Textes wird er auf irgendeinem Punkt der Skala auszumachen sein, der entweder in größerer Nähe zum »Essay«- oder zum »Traktat«-Pol angesiedelt ist. Dies vorausgeschickt, seien die Unterschiede der philosophischen Einstellung bei Autoren von Essays und Traktaten so umschrieben: Skeptisch : überzeugt; kritisch : autoritär; rebellisch-ketzerisch : konservativ; selbstkritisch : selbstsicher; agnostisch : totalitätssüchtig; spielerisch-ironisch : ernst; relativistisch : dogmatisch-axiomatisch; offen-revisionsbereit : weltanschaulich fixiert; phantasievoll : diskursiv verfahrend; Widersprüche ertragend : widerspruchsfrei; multiperspektivisch : einsinnig; viele Wahrheiten akzeptierend : eine Wahrheit vertretend; anthropozentrisch : systemgläubig; pluralistisch : doktrinär; sinnbildend : sinnstiftend. Die intellektuelle Arbeitsweise der Verfasser von Essays und Traktaten läßt sich dann so unterscheiden: unmethodisch : methodisch; scheinbar willkürlich : auf System und Ordnung abzielend; annähernd umspielend : definierend; in Frage stellend : Thesen aufstellend; denkend in Sprüngen : lückenlos argumentierend; induktiv vorgehend : deduktiv arbeitend; suchend : Vorgaben akzeptierend; von vielen Seiten angehend : monokausal argumentierend; Möglichkeiten durchspielend : Ziel direkt anstrebend; synthetisierend : analysierend; koordinierend : subordinierend; experimentierend : theoretisierend; assoziierend : ableitend; testend : bestimmend. Einige Metaphern, die das unterschiedliche Vorgehen veranschaulichen, drängen sich auf: Spaziergang (das ist ein Vergleich Montaignes) : Gewaltmarsch; Schmetterlingsflug : Elefantentrott; Reise im Versuchsballon : Flug in einer Verkehrsmaschine; abenteuerliche Entdeckungsreise : wissenschaftliche Exkursion; frische Brise : Schweißgeruch;

belebendes Elixier : Stärkungsmittel; Champagner : Soda-
wasser; Teppichmuster/Mäander/Arabeske : klare Linie
wie Kreis oder Quadrat; Viola/Laute : Trompete/Kessel-
pauke. Die Differenzen in Einstellung und Arbeitsweise
haben auch eine unterschiedliche Rhetorik zur Folge, die
sich so kennzeichnen läßt: literarisch : akademisch; sprach-
gewandt/brillant : hölzern/ledern; eingängig : sperrig; hu-
morvoll : verbissen; locker/luftig/leicht : verkrampft/prä-
tentiös; voller Esprit : geistesschwer. Im Ergebnis ist der
Essay vorläufig und ungedeckt, der Traktat hingegen will
definitiv und abgesichert erscheinen. Schließlich sei noch
die Leserbezogenheit der Verfasser von Essays und Traktaten gegenübergestellt: kommunikativ : schwer zugänglich; dialoghaft : monologisch; unterhaltend : belehrend/
überredend; Salonatmosphäre : Stubenluft; an Freiheit er-
innernd : an Pflicht gemahnend; zur wiederholten Lektüre
reizend : einmalige Kenntnisnahme reicht.
   Der mittlere Punkt auf der breiten Skala essayistischen
Schreibens zwischen den idealtypischen Extremmarken
von Essay und Traktat bezeichnet in etwa den Ort angel-
sächsischer Essayistik; ihm zur Linken siedelt sich die französische, ihm zur Rechten die deutschsprachige an. Zu
dieser Verallgemeinerung lassen sich ausreichend viele
Ausnahmen benennen, um die Regel als solche zu bestätigen. Einen besonders unharmonischen Anblick bietet die
Landschaft der deutschsprachigen Essayistik dar. Gotthold
Ephraim Lessing wird gemeinhin als ihr Begründer gefeiert, und in der Tat hat kaum jemand – worauf Klaus
Weissenberger hinwies – die Wahrheitsauffassung des Essayisten so klar bezeichnet wie er in seiner berühmten »Du-
plik I« von 1778: »Nicht die Wahrheit, in deren Besitz irgendein Mensch ist, oder zu seyn vermeynet, sondern die
aufrichtige Mühe, die er angewandt hat, hinter die Wahrheit
zu kommen, macht den Werth des Menschen« (23). Treffen-
der läßt sich die Haltung kritischer Suche und Offenheit, die
den Essayisten ausmacht, kaum benennen. Und doch war
gerade Lessing in seinen Abhandlungen (das Etikett »Essay« hat er nicht verwendet) so umständlich, langatmig und
rechthaberisch wie kein französischer oder englischer Kollege. Während die besten Dialoge seiner Dramenfiguren im
Stil essayistischer Florettfechterei geschrieben sind, trat er

selbst auf der Bühne seiner antiquarischen Briefe und gelehrten Dramaturgien beziehungsweise Streitschriften wie ein barocker Kriegsheld auf: in schweren Stiefeln und mit klobigem Zweihänder. Lessings Vorbild hat, was im Positiven die kritische Einstellung und im Negativen die sperrige Form betrifft, in der deutschsprachigen Essayistik lange nachgewirkt. Ein Blick in die Texte Herders, Hamanns, Schillers zeigt es. Dunkelheit wurde, wie Madame de Staël befremdet feststellte, als Tiefsinn gepriesen, und elegante und eingängige Formulierungen fielen unter den Verdacht der Oberflächlichkeit. (Nach Ludwig Rohner ist diese Einstellung in deutschen Gelehrtenkreisen noch immer verbreitet.) Nirgendwo in der europäischen Essayistik des 18. Jahrhunderts konfrontierte man den Leser mit so viel Arkanem, nirgendwo wird das Mitzuteilende mit so viel Barrikaden verquerer Rhetorik umgeben wie in der deutschsprachigen. Ab und an gab es einen Hoffnungsschimmer, etwa in einigen Texten Lichtenbergs, Mercks, Goethes und Forsters. In der ersten Hälfte des 19. Jahrhunderts gleicht sich mehr als zuvor die deutschsprachige der französischen Essayistik an. Das hat wohl damit zu tun, daß markante Vertreter der Gattung wie Friedrich Schlegel, Ludwig Börne und Heinrich Heine – zumindest vorübergehend – in Paris lebten und schrieben, wo der Geist historischer Veränderung sie umwehte, der noch immer die kräftigsten essayistischen Inspirationen vermittelt hat. Nach der Reichsgründung trocknete im Klima der Saturiertheit, der Selbstsicherheit und des nationalistischen Hochmuts der Boden aus, auf dem Essays gedeihen. Friedrich Nietzsche, gleichsam ein Rufer in der Wüste, war der einzige deutsche essayistische Schriftsteller von Rang in jenen Jahrzehnten. Die Krisenjahre nach der Jahrhundertwende sowie die Katastrophenzeit im Ersten Weltkrieg und während der jungen Republiken in Deutschland und Österreich brachten eine Renaissance des deutschsprachigen Essays mit sich: Hofmannsthal, Borchardt, Pannwitz, Stefan Zweig, Thomas und Heinrich Mann, Broch, Musil und Benjamin gehören zur neuen Generation großer Essayisten, und sie alle sind Autoren von Europa-Essays.

Seit Montaigne wiederholt sich in immer neuen Variationen eine Grundkonstellation: Bei der Erfahrung eines geschichtlichen Bruchs, im Durchleben einer historischen Diskontinuität greift der aus früheren Sicherheiten weltanschaulicher und gesellschaftlicher Art herausgestoßene Autor zu einer Gattung, in der er die neue Unsicherheit, die subjektive Suche nach anderen Orientierungen als den ehemals vertrauten artikulieren kann. Zur Zeit Montaignes und Bacons gaben Kopernikanische Wende und Reformation den Hintergrund ab; bei den Autoren des 18. und 19. Jahrhunderts brachten vor allem die drei Revolutionen von 1789, 1830 und 1848 mit ihren Modernisierungsschüben auf fast allen Gebieten philosophische und soziale Verfestigungen in Fluß; und in unserem Jahrhundert markierten die beiden Weltkriege historische Phasen grundstürzender Veränderungen in den deutschsprachigen Ländern beziehungsweise in Europa und auf dem Globus allgemein. Rascher und unmittelbarer als mit anderen Gattungen reagierten die Autoren im Essay auf die Zeitbrüche. Das hat auch mit der Arbeitsökonomie bei der Niederschrift zu tun: Romane und Dramen brauchen zu ihrer Fertigstellung meist wesentlich länger als die literarische Kurzform des Essays. Das zeigte sich auch Ende der achtziger Jahre, als während der Umwälzungen in Mitteleuropa Schriftsteller wie Martin Walser, Günter Grass, Peter Schneider und Patrick Süskind mit ihrer Essayistik die Irritationen zu bewältigen versuchten; bis sie in ihren Romanen die neuen Wirklichkeiten beschreiben, wird noch eine Weile vergehen.

Es fällt auf, daß fast alle Verfasser deutschsprachiger Essayistik von Rang im 19. und 20. Jahrhundert zum Thema Europa Stellung genommen haben. Das war in Frankreich mit Hugo, Valéry, Rolland und Gide, um nur die bedeutendsten zu nennen, nicht anders. Die Europa-Idee nämlich gab in den Zeiten eines konvulsierenden Nationalismus sowohl als Kulturbegriff wie als politische Utopie eine alternative Zukunftsorientierung ab. In sie ließen sich Erwartungen unterschiedlichster Art projizieren: theologische, philosophische, politische, soziale und erzieherische. Entsprechend warteten Autoren divergierender weltanschaulicher Richtungen in ihrer Essayistik mit immer neuen Füllungen dieser Hoffnungsformel auf. Europa als Thema und der Essay als Form mußten sich als Wahlverwandte finden, denn beiden war als gemeinsames Drittes das Flexible, nicht Festlegbare, das Proteushafte eingeschrieben. Für O. B. Hardison ist der Essay der Proteus unter den literarischen Gattungen, und nach Ferdinand Lion ist Proteus die europäische Symbolgestalt schlechthin. Proteus war als Robbenhüter der Amphitrite, der Gemahlin des Poseidon, nur einer der untergeordneten Meeresgötter. Aber er war alt und erfahren und kannte die Geheimnisse von Vergangenheit und Zukunft. Wer sie ihm entlocken wollte, mußte ihn in Ketten legen, bevor er auf seine Fragen Antwort bekam. Angebunden suchte Proteus die Fesseln abzuschütteln, indem er sich in immer neue Gestalten verwandelte. Menelaos gelang es, den Alten zur Prophetie zu zwingen. Der Essay ist in dreifacher Hinsicht eine proteische Gattung: Erstens steht ihm wie Proteus eine erstaunliche Variationsbreite unterschiedlicher Formen zur Verfügung, die er ständig wechseln kann; zweitens ist eine bündige Definition des Essays so schwierig wie die Ankettung des Meergreises; und drittens soll der Essay wie Proteus auf drängende Fragen Antworten erteilen, in denen die Vergangenheit enträtselt und die Zukunft vorausgesagt wird. Und in Fortführung der Lionschen These ließe sich – läßt man essayhafter Phantasie einmal kurz die Zügel schießen – mythologisch spekulieren: Vielleicht war es gar nicht Zeus, der sich in einen Stier verwandelte, um Europa nach Kreta zu entführen. Vielleicht war es der in Metamorphosen geübte Proteus, der als Bulle die Mädchen am phönikischen Strand aufscheuchte, um eine von ihnen mit sich und dem neuen Erdteil zu beglücken. Unter Umständen liegt hier ein Irrtum, ein kleiner Hör- oder Schreibfehler, eine Verwechslung von Zeus und Proteus in der Sagenüberlieferung vor. Es mag auch sein, daß die stolzen Cäsaren des Imperium Romanum eine Legende nicht dulden wollten, die verbreitete, der Name des von ihnen dominierten Kontinents sei auf die erotische Eskapade eines Lustgreises zurückzuführen, der innerhalb der griechischen Götterhierarchie als Subalterner galt. Ihr heimatlicher Erdteil konnte sich nur dem erotischen Drang des obersten der Götter verdanken. Vielleicht wurde auf Befehl Kaiser Augustus' ein Geheimedikt an alle Schriftkundigen erlassen, das Wort Proteus in den betreffenden Texten in »pro Zeus« umzuformulieren. Das ließ sich sowohl in den römischen Übersetzungen wie in den griechischen Vorlagen leicht einrichten. (Womit, was Jacob Grimm dann übersehen hätte, Augustus zum Erfinder der Lautverschiebung von t zu z würde.) Die Graeculi kamen der Aufforderung nur allzugern nach, denn was – so meinten sie schon lange – dem Zeus als Stier gestattet sei, wäre jenem Robben hütenden Ochsen, der sich sogar von Menelaos hatte hereinlegen lassen, noch lange nicht erlaubt. Vielleicht blieb Europa so jung und wandlungsfähig, weil sie ihrem sich ständig ändernden Proteus nachstrebte. Der hatte sich für den Raub der Schönen selbstverständlich verjüngt. Erst nach fast zwei Jahrtausenden, als man seine Europa immer häufiger und zutreffender Abendland nannte, fühlte auch er sich an sein früheres Alter gemahnt. Er wurde weise, abgeklärt, entdeckte die Literatur, wählte sich das schöne Périgord in Frankreich zum Alterssitz, erschien unsichtbar in Montaignes Stammschloß und flüsterte dem gelehrten Skeptiker die Devise »Que sais-je?« ins Ohr, wandelte sich dann zum Essay, probierte als solcher alle denkbaren Formen und Themen aus, bis er einen Weg gefunden hatte, der alten Geliebten seine ungebrochene Zuneigung, die sich physisch nicht mehr ausdrücken ließ, zumindest auf platonische Weise zu verdeutlichen: 1799 inkarnierte er auf dem Schreibpult des jungen Novalis als Europa-Essay. Ihn wie seine zahllosen unterschiedlichen Nachkommen in allen Sprachen ihres Erdteils widmete er nun der Verehrten. Jene Texte, in der sie auf deutsch traktiert wurde, versah er häufig mit einer französisch geschriebenen kleinen Entschuldigungsnotiz. Proteus bat um Pardon, indem er den teutonischen Stil mit dem Einfluß des Ledergewerbes auf die Geistesgeschichte dieses Landes erklärte und darauf hinwies, daß sogar der *Deutsche Gelehrtenkalender* nach einem Kürschner benannt sei.

Doch zurück aus dem Reich essayhafter Phantasie in die sachlichen Gefilde des Traktats: Dem Thema des Buches wurden nicht nur zeitliche, sondern auch räumliche Grenzen gesetzt. Die Europa-Essayistik der Schriftsteller ist international so angewachsen, daß sie in einer Einzelstudie kaum noch dargestellt werden kann. An sich liegt es nahe, in einer Arbeit, die einen Beitrag zur Geschichte der Europa-Idee leistet, die Limitierung des Forschungsobjekts nicht unter nationalliterarischen Kriterien vorzunehmen. Jene Autoren, über deren Essays hier referiert wird, verstanden sich durchweg als europäische Kosmopoliten und haben nationale Schranken nie als Barrieren ihres intellektuellen Austausches akzeptiert. Nichtsdestoweniger waren sie de facto – und zuweilen wider Willen – stärker mit der Kommunikationsgemeinschaft ihrer Muttersprache als mit andersprachigen Teilen des Kontinents verbunden. Wenn ihr Bildungshintergrund auch europäisch und international war, so schrieben die Autoren – von wenigen Ausnahmen abgesehen – doch in erster Linie für ihr Publikum in den deutschsprachigen Ländern, und diese Leserschaft mit ihren historisch sich wandelnden Erwartungen und Befürchtungen beeinflußte in starkem Maße Thematik, Ton und Form ihrer Äußerungen über Europa. Mochte die individuelle kulturelle Verbundenheit eines Autors mit einem anderen Land auch stärker sein als jene mit Deutschland, Österreich oder der Schweiz, so ergab sich im Hinblick auf Rezeption und Wirkung der Essays doch eine primäre Bindung an die Leserschaft in den deutschsprachigen Staaten. Allerdings sind die Reflexionen über Vergangenheit, Gegenwart und Zukunft des Kontinents ein gesamteuropäisches Phänomen, und eine Reihe von deutschsprachigen Beiträgen wurde in anderen Ländern gelesen und beachtet, wie auch ausländische Essays zum Thema in Deutschland publiziert wurden. Um der doppelten Bindung an die primäre deutschsprachige und die sekundäre europäische Kommunikationsgemeinschaft Rechnung zu tragen, wurden die deutsch geschriebenen Essays in den Mittelpunkt der Untersuchung gestellt, gleichzeitig aber auch besonders prominente und auf dem ganzen Kontinent wahrgenommene parallele Äußerungen in anderen Sprachen – besonders aus dem Nachbarland Frankreich – berücksichtigt. Es ist dies die erste Darstellung des literarischen Europa-Essays überhaupt, und so ist zu hoffen, daß mit ihr Anregungen zu weiteren Einzelstudien gegeben werden.

Die napoleonische Ära
(1799–1814)

Es bricht die neue Welt herein
Und verdunkelt den hellsten Sonnen-
schein,
Man sieht nun aus bemoosten Trümmern
Eine wunderseltsame Zukunft schim-
mern.
(Novalis, *Heinrich von Ofterdingen*)

I.

Mehr als die mediävale Vergangenheit faszinierte Novalis die »neue Welt« der unmittelbaren Gegenwart Europas. Die Papst- und Kaiserherrlichkeiten lagen viele Jahrhunderte zurück; sie konnte und sollte man historisch erforschen, dichterisch imaginieren und zu aktuellen Vergleichen nutzen. Die Veränderungen aber, welche die späten neunziger Jahre mit sich brachten, galt es in aller Intensität zu durchleben, zu begreifen, ihre Chancen zu nutzen und ihre zukunftsträchtigen Entwicklungskeime zu stärken. Auch die Entstehungsgeschichte von Novalis' Europa-Rede zeigt – Hans-Joachim Mähl weist darauf hin –, daß in ihrem Zentrum nicht die Glorifizierung mittelalterlicher Vergangenheit, sondern die Erfassung des historisch-gegenwärtigen Augenblicks steht. Der gleichen Generation wie Napoléon Bonaparte angehörend, war er wie dieser darauf versessen, die Gegenwart zu verstehen, um das neue Jahrhundert mitprägen zu können. Novalis zeigte auf dem Gebiet der Dichtung jene entschiedene Ablehnung des bisherigen Denkens, jene Gabe, die neuen Wirklichkeiten auf überraschende Formeln zu bringen, die neu klangen und doch Altes meinten, wie das auf politischem Terrain der junge Korse glänzend vorführte. Beide waren Kinder eines revolutionären Zeitalters, dessen Chaos sie an sich als fruchtbar begrüßten und das nichtsdestoweniger überwunden werden mußte, sollten die historischen Errungenschaften nicht durch eine sich verselbständigende Revolution und den damit verbundenen permanenten Kriegszustand gefährdet werden. Beide schließlich bezogen den Impetus zu ihren Aktionen beziehungsweise Reflexionen aus Einheitsvorstellungen, die sie mit Rückgriffen auf vergangene Phasen europäischer Geschichte verdeutlichten und legitimierten. Interessant ist der zeitliche Zusammenfall der Fertigstellung von Novalis' Europa-Rede mit Bonapartes 18. Brumaire (November 1799). Auch Novalis' Rede hatte mit ihrem Frontalangriff auf das Denken der Aufklärung und das Kulturverständnis der deutschen Klassik das Zeug zu einem Staatsstreich in sich. Anders als in Paris scheiterte dieser auf Weimar zielende Coup d'état allerdings am Widerstand der etablierten Macht: Goethe unterband durch sein Veto die Veröffentlichung in Friedrich Schlegels *Athenäum*. Als die Rede ein Vierteljahrhundert später erschien, ging ihr im Klima der Restauration der kritische Biß, die Oppositionsschärfe, ab. Bezeichnend ist, daß Novalis Europa und seine Geschichte ins Zentrum der Reflexion rückte, als Napoleon gerade sein Leitbild Alexander gegen das Karls des Großen auszutauschen begann: Die Eroberung des Orients wurde zugunsten der Beherrschung und Neugestaltung Europas aufgegeben. Napoleon wird in der Rede nicht namentlich genannt, doch findet sich auf seinen Ägyptenfeldzug eine Anspielung, die verdeutlicht, daß der deutsche Autor den Zug des französischen Generals in den Orient mit interessierter Sympathie verfolgt hatte. Wenn Novalis nämlich jene ersten Anzeichen registrierte, die seiner Meinung nach auf den Beginn einer neuen religiösen Phase in der Geschichte Europas schließen lassen, zählte er »die Näherung ans Morgenland durch die neuern politischen Verhältnisse« (518) dazu. Die religiöskulturelle Interpretation dieser Kampagne war ein eklatantes Mißverständnis. Bonaparte hatte den Ägyptenfeldzug unter machtpolitischen und imperialistisch-kolonialen Zielsetzungen unternommen: Großbritannien sollte in seiner Mittelmeerposition geschwächt werden. Diese Fehlinterpretation verdeutlicht die engen Grenzen, die einem Vergleich zwischen Novalis und Napoleon gesetzt sind.

Die Zeit um 1800 bietet dem Kulturhistoriker das Bild einer Schwellenepoche. Der literarischen Intelligenz wurde die aufklärerische Idee der bürgerlichen Emanzipation suspekt. In der Ernüchterungsphase des Übergangs von der nachrevolutionären Zeit zur napoleonischen Ära verlor die Utopie der bürgerlichen Gesellschaft mit ihren Freiheits- und Verbrüderungspostulaten an Überzeugungskraft, und dies nicht etwa deswegen, weil jene Forderungen von der neuen Generation an sich abgelehnt worden wären, sondern weil ihre Einlösung von den Vertretern des Bürgertums nicht mehr überzeugend verfochten wurde. Hier ist die Nahtstelle, an der sich die literarische Intelligenz vom Bürgertum als einer politisch-wirtschaftlichen Gruppe absetzt. Die Unterschiede zwischen Wirtschafts- und Bildungsbürgertum, die zur Zeit eines Lessing und Wieland sowie in den ersten Schaffensperioden Goethes und Schillers noch nicht hervorgetreten waren, zeichneten sich nun als unüberbrückbare Gegensätze ab. Mit der Idee der bürgerlichen Gesellschaft verband die junge Künstlergeneration nicht mehr den Kampf gegen die Bevormundung durch den absolutistischen Staat, sondern gegen Bürokratie, Eigennutz, Materialismus und Philistertum. Die Frühromantiker (wie Wackenroder, Schlegel, Novalis und Tieck) zogen sich auf eine Position gesellschaftskritischer Esoterik zurück. Im Namen persönlicher Freiheit, im Zeichen von Subjektivität und Individualität wurde gegen Kaltsinn, hypertrophierte Rationalität und bürgerliche Geldideologie opponiert. Den Schriftstellern schien es, als seien sie vom Regen aristokratischer Unterdrückung in die Traufe bürgerlicher Erwerbszwänge geraten. Sie erkannten bereits den für die Moderne bezeichnenden Prozeß der wachsenden Entfremdung zwischen den Menschen und der Vereinsamung des Individuums als Folge der Segmentierung und Atomisierung aller gesellschaftlichen Bereiche. Ihre Arbeiten dokumentierten das Bewußtsein von der Schattenseite der Moderne mit ihrer verselbständigt-funktionalen Rationalität, ein Gespür für die metaphysische Krise als Folge aufgeklärter Religionskritik.

Dem Prozeß der konfliktreichen Partikularisierung der Lebenswelt wollten sie sich entgegenstellen, indem sie die Utopie einer harmonischen Sozietät entwarfen. In seiner Europa-Rede zeichnete Novalis die Umrisse einer idealen gesellschaftlichen Zukunft, von der man hoffte, daß in ihr Einheit mit Individualität versöhnt würde, daß sie als »neue goldne Zeit«, als »heilige Zeit des ewigen Friedens« (519, 524) die alten Widersprüche aufheben und die bisherigen inneren Kämpfe revolutionärer und kriegerischer Art ausschalten könne. Die Sonne »universeller Individualität« sah Novalis am Horizont des neuen Kulturmorgens mit seiner Einheit und seinem Frieden aufgehen (519). Er beschwor die Wiederkunft einer politischen, kulturellen, weltanschaulichen und – vor allem – religiösen Einheit, von der er annahm, daß sie im europäischen Mittelalter einmal existiert habe. Novalis gehörte keineswegs zu jenen Kulturkritikern, für die die Gegenwart eine Zeit bloßen Verfalls darstellte. Im Gegenteil, er war überzeugt, daß die Auflösungssymptome bereits durch Zeichen einer in der Entstehung befindlichen neuen Einheit aufgewogen würden. Nicht die Gegenwart als solche, sondern die bis an sie heranreichende Neuzeit seit der Reformation galt als Epoche des kulturellen Niedergangs. Die von ihm enthusiastisch begrüßte Gegenwart brachte seiner Diagnose zufolge das Ende des zivilisatorischen Trennungs- und Spaltungsprozesses mit sich, weil sich in ihr die Geburt einer neuen Religion ankündigte. Die Gegenwart stünde nämlich im Zeichen einer beginnenden »zweiten Reformation«, die »umfassender« sei als die erste. Als »günstigstes Zeichen ihrer Regeneration« sei das Chaos der Gegenwart zu werten, aus dem heraus die Religion als »neue Weltstifterin [...] ihr glorreiches Haupt« erheben werde. Ähnlich wie sein Freund Schlegel war Novalis überzeugt, daß »wahrhafte Anarchie [...] das Zeugungselement der Religion« sei (517). »Mit voller Gewißheit« meinte er »die Spuren einer neuen Welt aufzeigen« zu können. Solche Spuren deuteten sich ihm an in der größeren Innerlichkeit und stärkeren Beschäftigung mit den Wissenschaften und Künsten, wie er sie in Deutschland konstatierte. Eine »neue Geschichte« mit einer »neuen Menschheit« und einer neuen Religion sei im Werden begriffen und in statu nascendi zu beobachten; ihr »neuer Messias« wird von Novalis bereits angekündigt (519). Diesen »Heiland« stellte er sich nicht als konkrete Person, sondern als abstrakte Konfession vor: Er werde »nur geglaubt nicht gesehen«. Die mit der Aufklärung heraufgekommene »transzendentale Obdachlosigkeit« (Georg Lukács) kam Novalis schier unerträglich vor. Mit dem Diktum »Wo keine Götter sind, walten Gespenster« (520) wollte er die Hörer beziehungsweise Leser von der geschichtlichen Notwendigkeit eines erneuerten Christentums überzeugen. Von den Umbrüchen im Religiösen schloß Novalis auf grundsätzliche Veränderungen im Gesellschaftlichen und Politischen. Dazu heißt es: »Alte und neue Welt sind in Kampf begriffen, die Mangelhaftigkeit und Bedürftigkeit der bisherigen Staatseinrichtungen sind in furchtbaren Phänomenen offenbar geworden.« Die Religion stellt nach Novalis das kulturelle Band vor, das alle Bereiche des Lebens umfaßt und prägt. Daher müsse – so die idealistische Argumentation – aus einer Erneuerung der Religion eine Innovation im Sozialen folgen. Novalis war überzeugt, daß sich im »bisher schlummernden Europa« auch eine politische Einheit als »Staatenverein« vorbereite, den er den »Staat der Staaten« nannte (522). Dieser Staatenverein werde die Garantie für jenen Frieden abgeben, nach dem sich der ganze Erdteil sehne. Die Idee des Völker- als eines Friedensbundes hatte er Kants *Zum ewigen Frieden* entnommen.

Novalis dachte graduell stärker in europäischen Zusammenhängen als Kant, der einen ständig zu erweiternden, letztlich weltumspannenden Staatenbund für die Zukunft ins Auge faßte. Hier dürften bei Novalis Anregungen Saint-Pierres nachwirken. Aber die universelle Dimension fehlte auch bei Novalis nicht ganz. Zum Schluß deutete er die Erwartung an, daß der europäische »ewige Friede« sich dem ganzen Globus mitteilen werde, wenn dereinst »das neue Jerusalem die Hauptstadt der Welt seyn wird« (524). Novalis führte die Idee des »Staatenvereins« jedoch nicht weiter aus, wie denn alles Konkret-Politische nur angedeutet wird. Um die Priorität der Religion gegenüber der Politik zu unterstreichen, hob er hervor: »Es ist unmöglich daß weltliche Kräfte sich selbst ins Gleichgewicht setzen, ein drittes Element, das weltlich und überirdisch zugleich ist, kann allein diese Aufgabe lösen« (522). Der politische Revolutionär leiste vergebliche Arbeit, wenn er den neuen Staat nicht auf der Basis einer neuen Religion errichte. Novalis fuhr fort: »Kommt ihm der Staatsumwälzer nicht wie Sisyphus vor? Jetzt hat er die Spitze des Gleichgewichts erreicht und schon rollt die mächtige Last auf der andern Seite wieder herunter. Sie wird nie oben bleiben, wenn nicht eine

Anziehung gegen den Himmel sie auf der Höhe schwebend erhält« (517). In Anspielung auf den im März 1799 begonnenen Zweiten Koalitionskrieg zwischen den europäischen Mächten Frankreich gegen Österrreich, Rußland, Großbritannien und Preußen heißt es im gleichen Sinne weiter: »Unter den streitenden Mächten kann kein Friede geschlossen werden, aller Friede ist nur Illusion, nur Waffenstillstand; auf dem Standpunkt der Kabinetter, des gemeinen Bewußtseyns ist keine Vereinigung denkbar« (522). Dieser resignative Stoßseufzer ist aus der Situation der Zeit heraus zu verstehen: Nicht nur, daß ein zweiter gesamteuropäischer Krieg begonnen hatte; auch die Verhandlungen über die Entschädigungsforderungen des Ersten Koalitionskrieges waren im April 1799 abgebrochen worden. Novalis hatte alles Vertrauen in die Politik als Instanz der Friedenssicherung verloren. Er war überzeugt, daß »nur die Religion [...] Europa wieder aufwecken und die Völker sichern« könne. Deshalb möchte er »die Christenheit [...] in ihr altes friedenstiftendes Amt« wieder eingesetzt sehen. Der »Geist der Christenheit« (523) sei dazu angetan, »Europas Versöhnung« herbeizuführen, auf die auch »die andern Weltheile warten«. »Die Christenheit« müsse »wieder lebendig und wirksam werden« in einer »sichtbaren Kirche ohne [...] Landesgränzen«. Was für ein Bekenntnis diese Kirche haben könnte, wurde nicht näher ausgeführt. Jedenfalls sollten Katholizismus und Protestantismus im neuen Christentum nicht weiterhin als sich befehdende Bekenntnisse existieren, sondern in einem neuen Dritten aufgehoben werden. Rom sei nur noch »eine Ruine«, und der Protestantismus habe »einer dauerhafteren Kirche« Platz zu machen. Im Kampf der »alten und neuen Welt«, wie er in den Kriegen zum Ausdruck komme, werde die neue Kirche die »Vermittlerin« sein und als solche ein »Füllhorn des Seegens wieder über die Völker ausgießen« (524).

Montaignesche Skepsis und Baconsche Überzeugungsgewißheit mischten sich in dieser essayistischen Arbeit des jungen Autors auf die eigenartigste Weise. Die Skepsis gegenüber der Friedenswilligkeit zeitgenössischer Politiker war angebracht, aber die Sicherheit, mit der Novalis alles auf die Karte der neuen Religion setzte, basierte auf Wunschdenken, blieb eine Projektion ohne überzeugende

Begründung. Die Gewißheit konnte ihre Kraft kaum aus positiven Anzeichen beziehen, sondern aus der Kritik an einer unglaubwürdig gewordenen Aufklärung, deren Philosophie (inklusive Religionsfeindschaft) als leer und oberflächlich empfunden wurde. Die Fixierung auf das Thema des Christentums hatte nicht lediglich mit Novalis' spezifisch religiöser Erziehung in der Brüdergemeine zu tun; sie war allgemein (häufig in der Variante quasi religiöser Kunstverehrung) für die romantische Generation in Deutschland kennzeichnend. Mit dem zentralen religiösen Thema ist auch der Predigtton von Novalis' Ausführungen verbunden.

Novalis' Rede reiht sich ein in die Friedensschriften des späten 18. Jahrhunderts; man denke an Kants *Zum ewigen Frieden* (1795), Friedrich Schlegels *Versuch über den Begriff des Republikanismus* (1796), Fichtes *Zum ewigen Frieden* (1796) und Görres' *Der allgemeine Friede, ein Ideal* (1798). Im Gegensatz zur Europa-Rede wurde in den übrigen Abhandlungen das Kriegs- und Friedensthema in den konkreten zeithistorischen, völkerrechtlichen und gesellschaftspolitischen Kategorien von Französischer Revolution, Republikanismus und intereuropäischer beziehungsweise internationaler Rechtspflege diskutiert. Nur Novalis verankerte das Friedensprojekt religiös, gab ihm nicht den politischen Republikanismus, sondern die »neue Kirche« zum Fundament. Die Idee, daß die Religion die Totalität stiftende Kraft vorstelle, die These, daß nicht in der Rationalität, sondern in der unteilbaren Kirche die wirkliche Einheit der gesamten Kultur begründet sei, diese Vorstellung hatte Novalis Friedrich Schleiermachers *Über die Religion. Reden an die Gebildeten unter ihren Verächtern* entnommen, die 1799, also im Jahr der Niederschrift des Europa-Essays, anonym erschienen waren. Allerdings konnte der protestantische Schleiermacher Novalis nicht zu einer Schrift anregen, die ihr Telos mit dem Rückgriff auf den mittelalterlichen Katholizismus verdeutlichte. Diesbezüglich war Novalis originell.

Novalis strebte erstmals eine Renaissance an, die ihre Vorgaben nicht aus Parametern antiker, sondern mittelalterlicher Ideale bezog. Was den Autor an der mediävalen Vergangenheit als einem Modell für die Zukunft interessierte, war in erster Linie der – seiner Meinung nach – formale

Einheitscharakter jener Kultur. Als geübter Rhetoriker hob er gleich zu Beginn seiner Rede hervor, was ihm besonders wichtig war, nämlich die mittelalterliche Ausrichtung auf Einheit: »Es waren schöne glänzende Zeiten«, so heißt es in den ersten beiden Sätzen, »wo Europa ein christliches Land war, wo *Eine* Christenheit diesen menschlich gestalteten Welttheil bewohnte; *Ein* großes gemeinschaftliches Interesse verband die entlegensten Provinzen dieses weiten geistlichen Reichs. – Ohne große weltliche Besitzthümer lenkte und vereinigte *Ein* Oberhaupt, die großen politischen Kräfte« (507). Novalis war nicht Max Weber, und das Denken in Idealtypen war ihm noch unbekannt. Er glaubte, daß in den Dekaden um die Jahrtausendwende die heile christliche Einheitswelt des Mittelalters wirklich bestanden habe. Diese Meinung bildete er sich, wie Richard Samuel belegt, durch Studien zeitgenössischer historischer Arbeiten, die eine solche Interpretation nahelegten. Novalis erkannte dem Geschichtsstudium in seiner Rede den höchsten Rang unter den Wissenschaften zu; er stellte es über die Beschäftigung mit Philosophie und Philologie (515, 512). Es ging ihm – wie Gerhard Schulz betont – nicht um die Rückkehr in etwas Vergangenes, sondern darum, den »Verheißungen und Winken« der Geschichte zu folgen (518). Das Symbol des kulturellen Einheitsideals war ihm die frühmittelalterliche Kirche. Auf sie wurde – was Mähl hervorhebt – zur Verdeutlichung der Idee von Einheit verwiesen. Das Mittelalter und seine Kirche sollten zwar nicht in ihren alten Strukturen und Formen eine Wiederbelebung erfahren, aber letztlich trug Novalis' Einheitsutopie doch Züge von Restauration. Er behauptete: »Nur die Religion kann Europa wieder aufwecken und die Völker sichern, und die Christenheit mit neuer Herrlichkeit sichtbar auf Erden in ihr altes friedenstiftendes Amt installiren« (523). Die Religion mit ihrer sichtbaren Institution der Kirche sollte also ihre dominierende, allen übrigen Lebensbereichen übergeordnete Rolle wieder erhalten. Damit würde der Prozeß der Säkularisation rückgängig gemacht werden, würden zentrale Errungenschaften von Humanismus und Aufklärung in Frage gestellt werden. Bei aller Subtilität und Differenziertheit, die Novalis' Argumentation eigen ist: die Schrift war grundsätzlich angelegt als antimodernistisches

Pamphlet, war durchdrungen von der Idee, daß man die verlorene kulturelle Einheit, die vergleichbar in der Vergangenheit existiert haben sollte, wiederherstellen könne. Die Rede schloß bis zu einem gewissen Grad an Rousseaus Frühschrift *Discours sur les sciences et les arts* (1750) an, in der ebenfalls die Vergangenheit nobilitiert wurde, wenngleich dort in der Gegenwart – anders als bei Novalis – keine Hoffnungskeime, nicht der Beginn einer großen Zukunft zu erkennen waren. Mit seinen *Discours* wurde Rousseau zum Vater aller Entdecker vormoderner heiler Vergangenheiten: Winckelmann – und in seinem Gefolge Goethe – pries die klassische Antike, Nietzsche die vorklassische griechische Welt und Wagner schließlich ein opernhaftes Germanentum.

So viel wie mit der Klageschrift Rousseaus hatte Novalis' Rede aber auch mit utopischen Entwürfen zu tun, die erst nach seinem Tode entstanden. In Fichtes *Grundzügen des gegenwärtigen Zeitalters* (1806) und Marx' diversen Arbeiten wurden die Versöhnung aller Widersprüche und die Aufhebung der Entfremdung in der Zukunft versprochen. Aber auch hier wurde die Gegenwart – wieder im Gegensatz zu Novalis – pauschal abgelehnt; bei Fichte als »Zeitalter der vollendeten Sündhaftigkeit«, bei Marx als die Epoche kapitalistischer Ausbeutung. Novalis stand in der Mitte zwischen präteritalem und futuralem Antimodernismus (Odo Marquard). Seine Modernismuskritik war präsentisch in dem Sinne, daß sie erstens mit der in die Gegenwart reichenden Neuzeit als Vergangenheit abrechnete und zweitens die Kraft zu dieser Kritik aus einer Zukunft bezog, von der Novalis annahm, daß sie in der Gegenwart bereits keimartig enthalten war. Aus diesem Gegenwartsverständnis resultierte die Zukunftsgewißheit, die sich ausdrückte in Wendungen wie »sie wird, sie muß kommen die heilige Zeit des ewigen Friedens« (79). Nur bei ihm erfuhr das triadische Denken der Romantik jene spezifische Ausprägung, in der die Gegenwart als Schnittpunkt von Vergangenheit und Zukunft positiv gewertet wurde: Sie bedeutete ihm den Beginn der utopischen Zukunft und werde dereinst den Vergleich mit der großen Vergangenheit des Mittelalters aushalten können. Damit nahm Novalis eine Gegenwartsbejahung vorweg, wie sie erst drei Jahrzehnte später – unter anderen Vorzeichen – wieder für die Jungeuropäer und Jungdeutschen zur Zeit der Revolution von 1830 charakteristisch wurde. Wirklich zukunftsweisend war Novalis' Rede aber von Anfang an nicht. Gegen die Errungenschaften der Aufklärung (Verteidigung von Pluralismus und Perspektivismus, Toleranz vieler Wahrheiten) ließ sich mit einer neuen Einheitsreligion nicht argumentieren, ohne auf überholte Stufen europäischen Denkens zurückzufallen; und im Bereich faktischer Politik ließ sich gegen das konfliktreiche Durchsetzen von Interessen glaubwürdig keine Kulturvision von perfekter Harmonie setzen. Mit der Wirklichkeitsfremdheit, mit der prophetisch-messianischen Gespanntheit der Rede hatte wohl auch Goethes Reserviertheit ihr gegenüber zu tun. Zudem mußte Goethe den Modellcharakter, den die mittelalterliche Kultur zugesprochen erhielt, als direkten Angriff auf sein am Klassikideal ausgerichtetes Menschenbild deuten. Goethes Gotikverehrung lag lange zurück, und zu solchen Mythisierungen wie bei Novalis hatte er sich auch in den stürmischsten und drängendsten Momenten seiner Straßburger-Münster-Begeisterung nicht hinreißen lassen. Als schön formulierter poetischer Traum von der neuen Christenheit, als Parteinahme für den Frieden und gegen den Krieg, als partiell zutreffende Kritik an den politischen Gegebenheiten der Zeit, an der Habsucht des Bürgertums, an Verflachungserscheinungen der Aufklärungsphilosophie, an der protestantischen Überschätzung der Philologie auf Kosten der Geschichte und als Attacke auf die generelle Poesielosigkeit seiner Gegenwart: als all das bleibt Novalis' Rede ein bemerkenswertes Dokument. Als Grundlage einer europäischen Kulturdiskussion (ganz zu schweigen von einer politischen Friedensstrategie für Europa beziehungsweise die Welt) aber hat sie nie dienen können. Nicht die vormodernen Einheitspostulate der Romantiker konnten in der Folge wegweisend wirken, sondern moderne – und in ihrer Steigerung postmoderne – Vorstellungen von einer positiven Einstellung gegenüber individuell unterschiedlichen Weltanschauungen und Religionsauffassungen, gegenüber maximaler kultureller Vielfalt und gesellschaftlichem Pluralismus.

Faktisch leistete Novalis dem kommenden politischen Konservatismus Vorschub. Seine Gegenwartsanalysen wa-

ren zu vage, zuwenig überzeugend und seine Zukunfts-
visionen zu verschwommen, als daß sie Orientierungs-
hilfen hätten abgeben können. Was haften blieb, was in der
Rezeption des 19. Jahrhunderts eine Rolle spielte, waren die
Verherrlichung mittelalterlicher Verhältnisse und der Ruf
nach einem erneuerten Christentum als restituierter Le-
bensmitte. Die zum Katholizismus konvertierten Protestan-
ten Friedrich Schlegel und Adam Müller entdeckten bereits
während der napoleonischen Epoche die Herrlichkeiten
von Religion, Christenheit und Papsttum. 1810 veröffentlichten sie ihre Wiener beziehungsweise Berliner Vorlesungen *Über die neuere Geschichte* und *Die Elemente der Staatskunst*. Schlegel stilisierte – wie Novalis – den Papst zum
schiedsrichterlichen Friedensfürsten der mittelalterlichen
Christenheit, und Müller schwebte ein religiöses Verhältnis
unter den Staaten, eine Art realisierter Civitas dei als Ziel
der Europa-Politik seiner Zeit vor Augen. Unter Berufung
auf Novalis griff Müller rationalistisch statt religiös begründete Friedensvorstellungen an. In den *Elementen* liest man:
»Treibt nur immer, ihr Staatsverbesserer, euer abgesonder-
tes, hoffnungsloses Geschäft so fort; stützt euch bald auf
den Begriff absoluter Freiheit, bald auf den Begriff absoluter
Unterwerfung: ihr werdet nichts bauen, als was ihr morgen
wieder einreißen müßt. Novalis vergleicht diese unnützen
Geschäftigen mit dem Sisyphus, dessen Stein, kaum hinauf-
gewälzt, von der andern Seite des Berges wieder hinab-
stürzte« (144). Hatte Novalis noch relativ abstrakt von der
neuen Religion beziehungsweise dem erneuerten Christentum als Zentrum der kommenden Kultur gesprochen, wurde Müller deutlicher. Für ihn war Christus der »im Mittelpunkte der Weltgeschichte stehende Mittler« (398).
Ähnlich wie Schlegel und Müller verhielt sich ein ganzes
Heer europäischer Romantiker, von denen Clemens Brentano, François René de Chateaubriand, Victor Hugo, Joseph
de Maistre und Alphonse de Lamartine nur die bekanntesten sind. Im napoleonischen wie im Restaurations-Frank-
reich fand das Papsttum seine begabtesten Apologeten. Im
1802 erschienenen *Génie du christianisme* beschwor Chateaubriand wie Novalis den »Geist der Christenheit« gegen den
aufgeklärten Atheismus. Im Kapitel über die Päpste und
den römischen Hof suchte der französische Autor seine

Leser davon zu überzeugen, daß Europa dem Heiligen Stuhl seine Kultur verdanke. Lassen sich zwischen Novalis und Chateaubriand noch einige Ähnlichkeiten in der ideologischen Orientierung ausmachen, unterschieden sich die übrigen Schriftsteller des Nachbarlandes grundsätzlich von Novalis. Ihm ging es ja nicht um eine Restauration des gegenwärtigen Papsttums in Rom, sondern um eine Zukunftsvision, in der die momentanen Verhältnisse überwunden sein würden. Maistre aber war in seinem 1819 veröffentlichten Buch *Du Pape* der wortgewaltige Verfechter einer für die Gegenwart postulierten europäischen Einigung unter der Führung des Heiligen Stuhls.

Auch der junge Victor Hugo glaubte – ohne Klerikalist zu sein –, daß einzig der Katholizismus die Kraft habe, Europa zu regenerieren, und wünschte die Vereinigten Staaten von Europa unter der Leitung des Papstes herbei. Louis de Bonald, der führende Vertreter des französischen Klerikalismus, sah – worauf Friedrich Heer hinweist – das Heil Europas und besonders Frankreichs in der Allianz der alten Mächte von Thron und Altar. Die Bewegungsrichtung der deutschen und französischen Romantik verlief allerdings, wie bereits Fritz Strich feststellte, entgegengesetzt. Während erstere sich von ihren aufklärerischen Anfängen lösten und in den Dienst konservativ-restaurativer Kräfte begaben, vollzog sich die Geschichte der französischen Romantik so, daß die meisten ihrer führenden Köpfe – man denke an Hugo – sich von dem ursprünglich verfochtenen katholischen Royalismus trennten und ins Lager der Liberalen begaben, wo sie die Prinzipien der Französischen Revolution in gemäßigter Weise wiederaufnahmen. Mit dem päpstlich-französischen Konzept zur Erneuerung Europas konkurrierte die protestantisch-preußische Heilsbotschaft Georg Wilhelm Friedrich Hegels. In dessen *Vorlesungen über die Philosophie der Geschichte* ist nachzulesen: »Die Weltgeschichte geht von Osten nach Westen, denn Europa ist schlechthin das Ende der Weltgeschichte, Asien der Anfang« (168). Nicht im römischen Katholizismus, sondern im germanischen Protestantismus erfüllte sich ihm die Entwicklung der Menschheitsgeschichte. Nach Hegel versöhnen sich im Protestantismus des »germanischen Reiches« Staat und

Kirche, Individuum und Gemeinschaft sowie Glauben und Wissen.

II.

Reise nach Frankreich – schon im Titel dieses Essays Friedrich Schlegels aus dem Jahre 1803 klang eine Distanzierung von dem inzwischen verstorbenen Freund Novalis an. Dieser hätte es als abwegig empfunden, nach Frankreich zu pilgern, um die Entfaltung der neuen europäischen Kultur mitzuerleben. Seiner Auffassung nach war Deutschland der begünstigte Erdstrich, in dem sich das Utopia der neuen Religion am deutlichsten abzeichnete. Bei allem Europäismus war Novalis' nationaler Stolz keineswegs unterentwickelt, wie folgende Stelle aus der Europa-Rede illustriert: »Deutschland geht einen langsamen aber sichern Gang vor den übrigen europäischen Ländern voraus. Während diese durch Krieg, Spekulation und Parthey-Geist beschäftigt sind, bildet sich der Deutsche mit allem Fleiß zum Genossen einer höhern Cultur, und dieser Vorschritt muß ihm ein großes Uebergewicht über die Andere[n] im Lauf der Zeit geben« (519). Beim jungen Schlegel lassen sich (das ist bei seinem Bruder August Wilhelm nicht anders) genügend Belege für einen unterschwelligen oder auch offensichtlichen deutschen Kulturnationalismus finden, und schon wenig später wird Schlegel sich der Novalisschen Position nähern. In der *Reise nach Frankreich* war davon aber noch nichts zu spüren, und er wies die »Einbildungen von der Herrlichkeit und dem Vorrange unsers Landes« ausdrücklich als »töricht« zurück (77). Von einer Superiorität Deutschlands gegenüber Frankreich, meinte Schlegel, könne keine Rede sein. In beiden herrsche »Gewinn und Wucher«: »Gegen diese europäische Gleichheit«, so hielt er resigniert fest, »verschwindet in der Tat jeder Nationalunterschied«. So war die Schrift auch nicht gerade als Kompliment an das Nachbarland gedacht. Wenn Schlegel über die Franzosen sagte, daß »ihr Charakter und ihre Lebensweise [...] ganz dem Genius der Zeit gemäß« seien, so klang das zunächst bewundernd. Da »die Zeit« sich jedoch dadurch auszeichnete, daß »überall nichts als Gewinn und

Wucher« herrschte und ihr der »Charakter der Nullität« zu attestieren sei (72), konnte es auch mit ihrem »Genius« nicht weit her sein. In seiner Ablehnung der Gegenwartskultur ging Schlegel weiter als Novalis. Das vorherrschende »absolute Nichtgefühl für alles Große« und die verbreitete »Geschwätzigkeit« müsse, meinte Schlegel, »den denkenden Mann mit einer Verachtung gegen sein Zeitalter erfüllen«. Die Schärfe der Kritik am Utilitarismus und Rationalismus der bürgerlichen Gesellschaft im besonderen und an der Prosa der Verhältnisse im allgemeinen konnte es mit der jedes anderen Frühromantikers aufnehmen. »Im Mechanismus« habe man es »in der Tat sehr weit gebracht«, schrieb Schlegel, so weit, daß »der Mensch selbst fast zur Maschine geworden« sei (76). Wenn er also Paris den »Mittelpunkt« des so charakterisierten Europas nannte, besagte das eigentlich nur, daß er die französische Hauptstadt als Zentrum der kulturellen Dekadenz betrachtete. Was ihn dorthin lockte, war eine negative Faszination: die Überzeugung, daß Paris die Avantgarde des europäischen Niedergangs verkörpere. Offenbar zog er den Aufenthalt in Frankreich dem in Deutschland vor, weil in seinem Heimatland »die heterogenen Elemente der alten und der gegenwärtigen Zeit [...] wunderlich und konfus durcheinander gemischt« seien (72). Da war ihm der Nachbarstaat Frankreich schon lieber, in dem man die Hand am Puls der Zeit hatte.

Paris, führte Schlegel aus, sei der Mittelpunkt Europas in doppelter Hinsicht. Geographisch liege es im Zentrum zwischen dem nördlichen und dem südlichen Teil des Kontinents. Diese beiden großen Regionen seien »zwei durchaus verschiedene Länder«, weswegen er – mit einer deutlichen Spitze gegen Novalis – feststellte, daß Europa »mit Unrecht so durchaus als Einheit« betrachtet werde. Nordeuropa und der Mittelmeerraum verkörperten, erklärte Schlegel in Herderscher Terminologie, »jedes seinem innern Wesen nach ein eigenes Individuum für sich«, und die beiden Teile seien »nur äußerlich gewaltsam verbunden« worden (73). Da Paris die Zeitverhältnisse am sinnfälligsten zum Ausdruck bringe, stelle es auch die temporale Mitte des Kontinents vor. Wieder konträr zu Novalis bezeichnete Schlegel die Jetztzeit als das »wahre Mittelalter«. Die Gegenwart nämlich bezeichne die »Grenze zweier sehr verschiedenen Zeitalter« (72), und in Paris trete dieser Grenzverlauf am sinnfälligsten zutage. Die transitorische Phase, von der auch Novalis berichtete, wurde im Gegensatz zu ihm bei Schlegel äußerst negativ gesehen. Begrüßte Novalis die Gegenwart als Zeit der beginnenden Zukunft, sah Schlegel lediglich ihre negative Verhaftung an die Vergangenheit. Für ihn war die Übergangsphase auf allen Gebieten eine Zeit der »Trennung« (76) und des »Zwiespalts« (73).

Schlegel geißelte die zeitgenössischen Zustände auf ähnliche Weise wie Johann Gottlieb Fichte drei Jahre später mit seinem Diktum von der Gegenwart als dem »Stand der vollendeten Sündhaftigkeit« *(Die Grundzüge des gegenwärtigen Zeitalters)*. Gegen die Aufklärer gerichtet, nahm er Stellung gegen die »kindischen Vorurteile von der unerhörten Vortrefflichkeit unsers Zeitalters« (77). Der Kulturzerfall war nach Schlegel bereits in der Antike angelegt. Das klassische Altertum wurde bei Schlegel zwar nicht wie in Novalis' Europa-Studie schlicht ignoriert, aber vom Griechenenthusiasmus seiner Anfänge war nichts mehr zu spüren. »Absonderung, Trennung und immer weiter getriebene Trennung des Einen und Ganzen aller menschlichen Kräfte und Gedanken« sei bereits im Denken und in der Kunst der griechischen und römischen Antike angelegt. Die Gegenwart wurde als Resultat eines jahrtausendealten Desintegrationsprozesses begriffen, und diese Entwicklung treibe gegenwärtig ihrem Kulminationspunkt entgegen. »Die Trennung«, so Schlegel, »hat nun ihr Äußerstes erreicht; der Charakter Europas ist ganz zum Vorschein gekommen und vollendet, und eben das ist es, was das Wesen unsers Zeitalters ausmacht.« Kein positiver Rückgriff auf die heidnische Antike wie in den zahlreichen vorausgegangenen Renaissancen der Klassik, kein Rekurs auf eine postulierte christliche Glanzzeit des Mittelalters wie bei Novalis, überhaupt keine Rückversicherung bei irgendeiner Phase abendländischer Geschichte fand sich in Schlegels Reflexionen. Wiederum indirekt gegen Novalis gewandt, sprach er von der »gänzlichen Unfähigkeit zur Religion« (75), von der »absoluten Erstorbenheit der höhern Organe«. Aber nicht nur im Bereich der Metaphysik sah es Schlegel zufolge schlimm aus, auch im konkreten gesellschaftlichen

Leben war man der Katastrophe nahe, und in absehbarer Zeit war kein Heil zu erwarten. Zu jenen, die vom Regime des Ersten Konsuls Napoleon den Beginn einer neuen Ära erhofften, gehörte Schlegel nicht. Seine Europa-Diagnose war bedrückend und lautete dahin gehend, daß »die innere Verderbtheit endlich auch äußerlich in einen Zustand von Schwäche und Elend versinken werde, der nun nicht höher steigen kann, und in dem sie alsdann vielleicht Jahrhunderte unverändert beharren, oder doch erst durch eine Einwirkung von außen herausgezogen werden möchten«. Der Prozeß der kulturellen Dekomposition, jene »Tendenz der Trennung«, könne »als vollendet angesehen werden, da sie bis zur Selbstvernichtung gekommen« sei (77). Schlegels zeitkritisches Fazit lautete: »Tiefer kann der Mensch nun nicht sinken; das ist nicht möglich.« Anzeichen für eine Wendung zum Besseren waren nach Schlegel – anders als bei Novalis – nicht festzustellen, im Gegenteil, er hielt ausdrücklich fest: »Daraus aber, daß es so weit gekommen ist, folgt mitnichten, daß es nun bald besser werden müsse« (76). Was blieb, war die Hoffnung auf die »Einwirkung von außen«. Schlegel richtete – wie vor und nach ihm viele Vertreter europäischer Selbstkritik – die Augen nach Asien beziehungsweise Indien: Aus dem Orient wurde das Licht zur Erhellung abendländischer Finsternis erwartet. »Die Lichtglut des Orients« solle sich »in mächtigen Strömen überall um uns her verbreiten; moralisch oder physisch« (78). Dem Novalis-Anhänger unter seinen Lesern riet er: »Man möchte demjenigen, der Religion sehen will, raten, er solle [...] nach Indien reisen, wo er gewiß sein darf, wenigstens noch Bruchstücke von dem zu finden, wonach er sich in Europa zuverlässig vergeblich umsehen würde« (74). Der Europa-Asien-Gegensatz wurde in aller Deutlichkeit und Einseitigkeit herausgestellt, und wiederum fand sich eine mittelbare Kritik an Novalis, dessen Hoffnung als »voreilig« abqualifiziert wurde: »Sollte es wirklich Ernst sein mit einer Revolution, so müßte sie uns wohl vielmehr aus Asien kommen, als daß wir fähig wären, wie wir zu voreilig wähnen, den Geist der Menschen über den ganzen Erdkreis von hier aus lenken zu wollen. Eine wahre Revolution kann nur aus dem Mittelpunkte der vereinigten Kraft hervorgehen, sonach ist das Organ für dieselbe in Europa bei der Menge gar nicht vorhanden; im Orient aber sind wir der Meinung, daß die Möglichkeit des Enthusiasmus nie so bis auf die letzte Spur vertilgt werden könne, weil die Natur selbst eine ursprüngliche und nie ganz zu versiegende Quelle desselben dorthin gelegt hat.«

Wie vorher in den *Athenäums*-Fragmenten gebrauchte Schlegel hier den Begriff der Revolution in einem umfassenden, nicht auf das Politische beschränkten Sinn. Gemeint war, wie auch bei Richard Brinkmann nachzulesen ist, jene alle Lebensbereiche umgreifende Veränderung, jene völlige Erneuerung des Lebenszentrums, das Novalis und Friedrich Schlegel mit Religion als dem Band der ganzen Kultur bezeichneten. Für Schlegel gestaltete sich der erwartete Zivilisationsimport auf einer Einbahnstraße. Hatte Novalis erwartet, daß die neue christliche Religion mit ihrer Friedensmission über Europa hinaus universal wirksam werden könne, stritt Schlegel Europa jede Fähigkeit zum Kulturtransfer ab. »Seit Alexander«, so hielt er fest, »sind alle Versuche, sowohl die der Römer, als auch der Deutschen, zur Zeit der Kreuzzüge, Asien zu besitzen, neu zu bilden und gleichsam zu europäisieren, gänzlich mißlungen« (76). Umgekehrt aber habe Europa seine Kultur Asien zu verdanken. »Aber wir können es doch nicht vergessen haben«, mahnte er seine Leser, »woher uns bis jetzt noch jede Religion und jede Mythologie gekommen ist, d. h. die Prinzipien des Lebens, die Wurzeln der Begriffe.« Beim Versuch, in Europa »eine neue Welt aus der Zerstörung aufzubauen« (77 f.), müsse man von Asien beziehungsweise Indien lernen. Novalis hatte Indien im Sinne der Ganzheitsvorstellung zwar positiv, aber doch nur ganz am Rande in seiner *Christenheits*-Rede erwähnt. Für ihn war im mittelalterlichen Europa selbst einmal vorhanden gewesen, was Schlegel mit Indien assoziierte, nämlich kulturelle Unversehrtheit statt Auflösung, Harmonie statt Zerrissenheit. Diese Sicht des Mittelalters teilte der Schlegel von 1803 noch nicht. Er hob hervor, daß »das eigentliche Europa« wegen seiner von der Antike bis heute bestehenden und sich verschärfenden »Trennungen« noch nie existiert habe, daß es »erst noch entstehen« müsse (78). Auch der Schluß seiner *Reise nach Frankreich* kann im Sinn einer Abgrenzung von Novalis gedeutet werden. War Novalis vom Beginn der neuen Religion in der Gegenwart ausgegangen, konnte Schlegel sich die Entwicklung zum indischen, zum »eigentlichen Europa« nur in Jahrmillennien vorstellen. Mit einer für ihn sonst nicht typischen Bescheidenheit hieß es: »Die weitere Ausführung dieser Idee bleibt einer andern Zeit vorbehalten. Hier will ich nur noch erinnern, daß wir die Fortschritte und Annäherungen zu diesem Ziele nicht nach Jahrhunderten, sondern nach Jahrtausenden zu zählen haben« (79).

Deutlich wird, daß Schlegel den Abdruck von Novalis' Europa-Rede nicht nur wegen Goethes Einspruch unterband. Die Sicht des Mittelalters, der Optimismus, den Beginn der neuen Religion betreffend, die Hochschätzung der europäischen Geschichte insgesamt, die Ausklammerung der Diskussion über die Antike, die Marginalisierung des für Schlegel zentralen Indienthemas: all das waren Gründe, Goethes Hinweis zu beachten. Seine *Reise nach Frankreich* stellte eine Art indirekter Rechtfertigung für die Nichtpublikation der Rede des Freundes dar.

Sicher ging es Schlegel in der *Reise nach Frankreich* aber nicht bloß um eine Kritik an Novalis, die ohnehin nur den Freunden aus dem Jenaer Romantikkreis verständlich sein konnte. Ingrid Oesterle hat gezeigt, wie Paris als »capital de l'univers« in den Jahrzehnten zwischen den beiden Revolutionen von 1789 und 1830 anderen Hauptstädten des Kontinents – wie Wien, Rom und London – den Rang ablief. Rom hatte sich bis zur Zeit der Bonaparteschen Kriege in Italien als Kunststadt behaupten können, doch als der General, Erste Konsul und Imperator aus allen heimgesuchten und eroberten Ländern – besonders aus Italien – immer mehr Kunstwerke in die französische Hauptstadt entführte, wurde Paris ebenfalls zu einem Mekka der Kunstbeflissenen, die besonders zahlreich aus den deutschen Staaten anreisten. In erster Linie aber – Schlegel sprach es in seinem Essay direkt aus – war Paris im Verständnis der literarischen Intelligenz jener Ort, in dem man die geschichtlichen Zeitbewegungen am intensivsten erlebte. Die politischen Entscheidungen, die hier gefällt wurden, wirkten sich im Positiven wie im Negativen auf den gesamten Kontinent aus, weswegen für ganze Generationen zeitkritischer Autoren von Georg Forster über Friedrich von Schlegel bis Lud-

wig Börne und Heinrich Heine Paris das große zeitgeschichtliche Faszinosum darstellte.

Schlegel hatte 1803 die *Reise nach Frankreich* als Eröffnungsbeitrag für das erste Heft seiner in Paris neu gegründeten Zeitschrift *Europa* geschrieben, womit der Essay
einen manifesthaften Charakter erhielt. Wie ganze Teile des
Aufsatzes war auch der Titel dieses neuen Journals zugleich
in Anspielung auf Novalis' Rede wie in Opposition zu ihr
gewählt worden. Stand nämlich im Mittelpunkt der Rede
der Begriff der künftigen »Einheit«, so ging es, wie Ernst
Behler herausstellt, in der Zeitschrift zentral um das Thema
der gegenwärtigen »Mannigfaltigkeit« der europäischen
Kultur. Die neue Ganzheit im asiatisch-indischen Sinne
hatte Schlegel ja nur als vages Ziel einer Jahrtausende
währenden Entwicklung avisiert. Im Augenblick war es
ihm um Realitätserfassung zu tun, darum, das Spektrum
Europas in seinen Trennungen, seiner Zersplitterung und
Vielfalt wahrzunehmen. Ernst Robert Curtius meinte,
Schlegel sei es um die Vermittlung französischer Kultur an
ein deutsches Publikum zu tun gewesen. Weder darum
noch um die Information der Franzosen über das kulturelle
Deutschland ging es; Schlegel war nicht Heine. Im gelehrten Paris blieb es nicht aus, daß einem Ideen zur Begründung von Enzyklopädien und Akademien kamen. Der
unternehmenslustige Autor sah sich bereits als Diderot der
europäischen Romantik. Jedenfalls sollte *Europa* auf enzy-
klopädisch umfassende Weise Aufsätze über europäische
Literatur, Malerei, Architektur, Philosophie, Linguistik und
Naturwissenschaft bringen, deren Gesamtbild dann einen
Eindruck von den europäischen Kulturverhältnissen vermitteln würde. Nach zwei Jahren schon scheiterte das ehr-
geizige Projekt: 1805 mußte das Journal sein Erscheinen
einstellen. Die Gründe dafür lagen sowohl in der Produktion wie in der Rezeption der Zeitschrift. Im Alleingang war
die zu groß angelegte Arbeit nicht zu bewältigen, und zudem zeigte man sich in Paris wie in anderen Städten des
Kontinents an dieser auf deutsch erscheinenden Zeitschrift
relativ uninteressiert. Von heute aus betrachtet hat *Europa*
im deutschen Sprachbereich durchaus einen Beitrag zum
besseren Verständnis europäischer Kultur geleistet, und
zwar nicht zuletzt wegen der Essays über spanische, portu-

giesische, italienische und französische Literatur und Kunst. Ein anderes Projekt des Autors, der französischen Regierung die Gründung einer Gelehrtenakademie mit dem Ziel einer europäischen (besonders deutsch-französischen) Zusammenarbeit auf geistigem Gebiet anzutragen, kam über das Planungsstadium nicht hinaus. Schlegel hatte nicht ausreichend berücksichtigt, daß zur Zeit seines Parisaufenthalts (1802–04) alles Deutsche verpönt war. Das hatte nicht zuletzt mit der Verachtung der Franzosen für ein Land zu tun, das die linksrheinischen Gebiete hatte abtreten müssen und dessen rechtsrheinische Staaten durch Napoleon in einen Vasallenstatus gedrängt wurden.

Schlegels Reise nach Frankreich entpuppte sich bald als Pilgerfahrt zur Nationalbibliothek, als Philologenexpedition in indische Sprach- und Philosophiegefilde. Offenbar trieb es ihn, mit dem Jahrtausendprojekt der indischen Transformation Europas zumindest in Form einer Propädeutik anzufangen: Mit linguistischen und literarischen Studien begann er sich in indisches Denken zu vertiefen. In Widerspruch zu seinem Projekt, die Mannigfaltigkeit der europäischen Kultur in seiner Zeitschrift zu reflektieren, standen seine Indieninteressen nicht. Denn sowohl im Sprachlichen wie Religiösen betrachtete er Indien als Wiege Europas, ja als Ursprung und Grundlage menschheitlicher Kultur und Bildung überhaupt. Die gesamte abendländische Kultur wurde gegenüber der Indiens abgewertet, wurde als Verfallsform indischer Spiritualität aufgefaßt, in der Poesie und Religion noch auf ideale und ursprüngliche Weise unvermischt vorzufinden waren. Wollte man den Weg zum fernen Telos erneut religiös gebundener kultureller Ganzheit einschlagen, hieß es Sanskrit lernen und sich mit der indischen Poesie beschäftigen. In Paris studierte Schlegel das Sanskrit bei dem in Indien aufgewachsenen Schotten Alexander Hamilton, beim denkbar besten Lehrer, den er sich wünschen konnte. Zwei Hauptwerke der indischen Literatur erregten damals auch in Deutschland allgemeines Interesse: das Drama *Sakuntala* des Dichters Kalidasa aus dem 4. Jahrhundert und das in Indien außerordentlich populäre religiöse Buch *Bhagavadgita*. Letzteres war 1785 von Charles Wilkins, ersteres 1789 von William Jones ins Englische übersetzt worden. Herder, Wilhelm von

Humboldt und Goethe hatten sich, worauf Ronald Taylor hinweist, enthusiastisch über die Weisheit und Schönheit dieser Werke geäußert. Die Vorstellung, Asien als Wiege der Kultur zu betrachten, hatte Schlegel von Herder übernommen. Herder hatte noch einem eurozentristisch-aufgeklärten Fortschrittsdenken gehuldigt, dem zufolge Asien auf der Kindheitsstufe der Kultur stehengeblieben war, Europa jedoch die lineare Fortentwicklung der Menschheit vor Augen führte. Dieses Denkschema kehrte Schlegel um: Europa verkörperte die Dekadenz, und das indische Ursprungsland hatte Vorbildcharakter, stellte die höchste Stufe menschheitlicher Zivilisation vor. Das fern in der Vergangenheit Angenommene und das in weiter Zukunft Imaginierte fielen in einem Ursprungsdenken zusammen, für das die Parole »Zukunft in der Vergangenheit« zu gelten schien, wie Novalis sie im zweiten Teil seines Romans *Heinrich von Ofterdingen* ausgegeben hatte.

Erst im Lauf seiner philologischen und mythologischen Studien wurde Schlegel klar, daß es mit dem indischen Ideal dann doch nicht so weit her war. In dem Maße, wie er sich zum ernstzunehmenden Kenner von Sanskrit und indischer Dichtung bildete, verlor sich seine überspannt-sehnsüchtige Auffassung von Indien als dem Land der Urpoesie, des Sehertums und der kulturellen Ursprünglichkeit. Die Ernüchterung setzte, wie Behler zeigt, ein, als Schlegel während der Spurensuche nach der indischen Urreligion anstelle des erhofften schlichten Monotheismus auf ein kompliziertes Mythologiegeflecht von Pantheismus, Dualismus, Astrologie, Metempsychose und Emanation stieß. So wandte er sich nach 1804 wieder dem Christentum zu, womit er sich Novalis' Position näherte. Die distanzierte Sicht der indischen Religionstradition spricht deutlich aus dem »Von der Philosophie« überschriebenen zweiten Teil der 1808 veröffentlichten Studie *Über die Sprache und Weisheit der Indier*, mit der er seine indologischen Forschungen zum Abschluß brachte. Als er sie publizierte, lag die Phase seiner Indienverklärung also bereits hinter ihm.

Damals begann sich in Deutschland allgemein ein dichterisches wie wissenschaftliches Interesse an indischer Mythologie zu regen, was in den Arbeiten von Leslie Willson und René Gérard dokumentiert ist. Eine Deutsche Morgenländische Gesellschaft wurde gegründet, und seit 1809 erschien ihr Periodikum *Fundgruben des Orients*. Georg Friedrich Creuzer veröffentlichte im selben Jahr in den *Heidelbergischen Jahrbüchern* die Studie »Philologie und Mythologie, in ihrem Stufengang und gegenseitigen Verhalten«, in der er gleich anfangs herausstellte, daß er Indien für das Mutterland der Religion halte. Ein Jahr später publizierte Joseph Görres seine *Mythengeschichte der asiatischen Welt*, und auch er stellte sich, wie Werner Halbfass zeigt, die Mythenforschung als Weg zu Gott vor, auch er gehörte zu jenen, die das Land der Inder mit der Seele suchten, auch er frönte dem romantischen Kindheits- und Einheitsmythos. Schlegel selbst – als Avantgardist der Romantik seinen Kollegen immer eine Nasenlänge voraus – sah die Dinge damals schon anders. Seiner Form der Kritik am Christentum, es auf ältere und ehrwürdigere Überlieferungen zurückzuführen, setzte er selbst ein Ende; er konvertierte 1808 zum Katholizismus. Mit der gleichen Inbrunst, mit der er zuvor seine indologischen Studien betrieben hatte, verschrieb er sich nun dem Dienst der konservativ-katholischen Kräfte. Was sich nicht änderte, war die Kritik an der Aufklärung mit ihren Folgen des rein Verstandesmäßigen, des Mechanischen, Utilitaristischen und Quantifizierbaren; und was sich durchhielt, war die Suche nach der Einheit und Ganzheit des Lebens, die er nun in der Kosmologie des Katholizismus statt in der indischen Weisheit fand.

An der Art der Auseinandersetzung mit Asien und Indien, wie sie im Europa des 19. und frühen 20. Jahrhunderts üblich war, hat Edward Said in seinem 1979 erschienenen Buch über den Orientalismus scharfe Kritik geübt. Die Bewertung asiatischer Lebensweise schwanke in der Zeit des Kolonialismus zwischen Dämonisierung und Idealisierung, und beide Formen der Beschäftigung seien gleichermaßen ein Zeugnis dafür, daß man sich nicht wirklich auf das andere und Fremde des Orients eingelassen, sondern europäische Ängste und Sehnsüchte relativ willkürlich in die unbekannte Kultur projiziert habe. Bezeichnend für die frühe Forschung in Deutschland sei zudem das rein Akademische, das Spekulative, die Unkenntnis konkreter Lebensverhältnisse und tatsächlicher gesellschaftlicher Gegebenheiten in den asiatischen Ländern. Schlegels *Über die Sprache und Weisheit der Indier* zum Beispiel sei das Produkt bloßer tagträumender Textarbeit in Bibliotheken gewesen, voller Voreingenommenheiten und ideologischer Verblendungen. Schlegels Idee, daß am indischen Wesen Europa genesen sollte, zeuge nicht von einem dezidierten Interesse an asiatischer Kunst und Religion an sich, sondern von einer Fixierung auf die europäische Kulturproblematik. Im Ideenzentrum der Romantiker habe letztlich ihre eigene spezifische Auseinandersetzung mit Christentum und Säkularisation gestanden, nicht jedoch eine genuine Wissensneugier auf die Philosophie und Literatur Indiens. Bezugspunkte ihrer Thesen und Studien seien immer europäische Schlagworte, Moden, Trends gewesen, die dann die Art der Verfügung über asiatische beziehungsweise indische Bildungselemente diktiert habe. Die Asien- und Indienfaszination europäischer Schriftsteller und Kulturphilosophen habe die eigenartigsten Blüten getrieben, die sich wiederum zu einem Konstrukt, einem Ideologiegestrüpp, zu einer eigenen Mythologie verdichtet hätten, der Said die Bezeichnung »Orientalismus« gibt. Diesen Orientalismus sieht Said im Kontext des europäischen Kolonialismus, als dessen untergeordnetes Instrument er ihn einschätzt, auch wenn die an seinem Zustandekommen beteiligten Autoren sich dessen nicht bewußt gewesen seien. In Schlegel erkennt er einen der deutschen Begründer dieser Ideologie. Die Argumente Saids sind keineswegs von der Hand zu weisen, doch sind sie einseitig, weil sie das historische Verdienst Schlegels nicht würdigen. Es sollte nicht vergessen werden, daß der Autor – bei allen Irrtümern im Detail, bei allen zeitbedingten ideologischen Fehlurteilen – mit seinem Enthusiasmus für das Sanskrit und das Persische, für indische Mythologie und Literatur außerordentlich anregend wirkte. Wie Ursula Oppenberg gezeigt hat, sind Schlegel Meriten als Indologe nicht abzustreiten. Und ohne die Begeisterung seines Bruders für das Fach wäre August Wilhelm Schlegel kaum einer der Begründer der deutschen Indologie geworden, der man nicht pauschal Orientalismus im Sinne Saids vorwerfen kann. Saids Hinweis auf die bloße Textarbeit in Bibliotheken trifft einen wunden Punkt in Schlegels Beschäftigung mit Indien. Hier war er ein Kind seiner Zeit und ihrer Vorstellung von Sprach- und Literaturwissenschaft. Die Deutschen waren, sieht man von den üblichen innereuropäischen Abstechern ab, an der Wende vom 18. zum 19. Jahrhundert insgesamt kein Reisevolk; Georg Forster und Alexander von Humboldt stellten rühmliche Ausnahmen einer insgesamt reiseunwilligen beziehungsweise -unfähigen Intelligenz in Deutschland dar. Schon die Reise nach Paris galt als großes Unternehmen, und auf die Idee, sich nach Indien einzuschiffen, wäre der Philologe Schlegel nie gekommen. Was interessierte, waren Bibliotheken, nicht Land und Leute. Richtig ist auch Saids Einwand, daß Schlegels Interesse an Indien immer motiviert blieb durch spezifisch europäische Themenstellungen. Sobald er seine Fragen nicht mehr durch das Studium der indischen Kultur beantwortet fand, wandte er sich von ihr ab und der eigenen deutschen oder europäischen Geschichte zu. Das aber ist ein Verhalten, wie es im intellektuellen Austausch zwischen den Völkern und Kontinenten nicht unüblich ist. Wie oft erlebte und erlebt man bei nichteuropäischen Schriftstellern eine Europa-Ernüchterung, wenn bestimmte Erwartungen unerfüllt bleiben, die sich im Heimatland den Westen betreffend gebildet haben. Die erneute Entdeckung der eigenen Kultur ist dann eine häufig vorkommende und verständliche Reaktion.

III.

Zwischen 1800 und 1815 kristallisierte sich die Europa-Essayistik der Schriftsteller um das Thema der Politik Bonapartes. Damals erwartete das Bürgertum in Frankreich und in den französisch besetzten Teilen des Kontinents die Erfüllung des von Napoleon propagierten weltlichen Dreieinigkeitsdogmas: rechtliche Gleichheit, religiöse Toleranz und eine pragmatische einheitliche Verwaltung. Dieses Kredo wurde mit Waffengewalt verbreitet von einem aggressiven Politiker, der eine abgewandelte Losung Maximilien de Robespierres auszugeben schien: daß nämlich die Aufklärung durch den Despotismus zu herrschen habe. Das Janusköpfige des neuen französischen Europa-Programms hatte sich bereits während der voraufgehenden Dekade abgezeichnet. Schon die Außenpolitik der Jakobiner war widersprüchlich gewesen, hatte einerseits, wie Luigi Salvatorelli gezeigt hat, den Geist der Verbrüderung zwischen den Völkern beschworen und Kriege nur als Defensivmaßnahmen beziehungsweise als Befreiungsaktionen zulassen wollen, andererseits aber auch im Sinne des alten Richelieuschen Eroberungskonzepts Ziele militärischer Expansion verfolgt.

Napoleon selbst war an der Transformierung der revolutionären Kriege zur Verteidigung der Landesgrenzen in militärische Unternehmungen beteiligt, die auf die Besiegung der europäischen Staaten hinausliefen. Spätestens 1801 nach dem Frieden von Lunéville, als das linksrheinische Gebiet an Frankreich abgetreten wurde und das Ziel der Landessicherung durch »natürliche« Grenzen erreicht war, mußte sich zeigen, ob die revolutionär-aufklärerische und nationale oder die aufklärerisch-despotische und imperialistische Komponente der französischen Politik in der Herrschaft Napoleons die Oberhand gewinnen würde. Innen- wie außenpolitisch stand der französische Kaiser am Scheideweg: Er hatte zu wählen zwischen Parlamentarismus und Diktatur, zwischen europäischer Mächtebalance und französischem Übergewicht in Europa. In beiden Fällen entschied er sich nicht für die erste, sondern für die zweite Möglichkeit. Die Ziele, die der Erste Konsul in Paris verfolgte, konnten weder das Bürgertum zufriedenstellen noch die Vertreter des alten legitimistischen Systems beruhigen. Er besiegte und demütigte willkürlich die bisher etablierten Monarchien, ohne sie zu beseitigen, und er schuf keine republikanisch strukturierten Nationalstaaten, die das Fundament einer neuen europäischen Ordnung hätten abgeben können. Statt dessen jagte er dem Phantom einer Universalmonarchie nach und sah sich als eine Kombination von Karl dem Großen, Cäsar und Alexander. Despotismus statt Republikanismus, Universalmonarchie statt Errichtung von Nationalstaaten innerhalb eines auf Gleichgewicht bedachten Staatenkonzerts: dieses Konzept mit seinem polizeistaatlichen Unterdrückungssystem nach innen und einer kriegerischen Politik nach außen brachte sowohl die getäuschten bürgerlichen Schichten als auch die unterjochten Monarchien in Europa gegen Napoleon auf. Was er provozierte, war die Massierung unterschiedlichster

Gegenkräfte, die sich zum Kampf gegen ihn verbanden. Propagandistisch wurde den europäischen Völkern die Despotie des Korsen durch das Zurückgreifen auf solche historischen Vorbilder schmackhaft zu machen versucht, als deren Testamentsvollstrecker Bonaparte sich gerieren zu können glaubte. Für Italien und die klassisch enthusias-mierten Bildungsschichten Europas kleidete er sich rö-misch-republikanisch (später römisch-cäsaristisch), und Frankreich sowie den deutschen Ländern präsentierte er das ideologische Feuerwerk eines Karls-Mythos: Phönix-gleich stieg aus der Asche des großfränkischen Reiches Napoleon als Rechtsnachfolger Karls des Großen (»Notre prédecesseur«) auf. Viele Schriftsteller ließen sich über die Ziele und Beweggründe der bonapartistischen Politik hinwegtäuschen. Wie hätte es auch anders sein können bei der komplizierten Verquickung von menschheitlichen, ge-sellschaftlichen und mythischen Erwartungen, die man gegenüber dem angeblichen Neuerer Europas hegte, Hoff-nungen, auf die der Despot geschickt zu reagieren wußte. In Deutschland wurde das Verhältnis zu Napoleon nicht zuletzt durch wirtschaftliche Gegebenheiten bestimmt. Die Rheinbundstaaten waren traditionell am Handel mit Frank-reich interessiert und fürchteten den Konkurrenten Eng-land. Preußen hingegen exportierte beträchtliche Teile sei-ner landwirtschaftlichen Produkte nach Großbritannien. Es war nicht nur die militärische Niederlage vom Oktober 1806, sondern auch die einen Monat später durch Napoleon errichtete Kontinentalsperre, die den schwelenden Haß der Preußen auf den französischen Herrscher zum Lodern brachte. Darauf wies Kurt Eisner bereits 1907 hin.

Sowohl im Lager der bürgerlich-patriotischen Anhänger des Nationalstaatsgedankens wie auch bei den Ideologen des Ancien régime gab es Köpfe, die Napoleons Verwirr-spiel früh durchschauten. Zu ihnen zählten der Schrift-steller Ernst Moritz Arndt und der spätere Chefideologe der Restauration Friedrich von Gentz. In ihren essayistischen Arbeiten traten die Konzepte des damals fortschrittlichen Nationalstaatsprogramms (Freiheit und Nation waren im Verständnis der Intelligenz noch zwei Seiten derselben Me-daille) und des Gleichgewichtsdenkens zutage. In seiner 1803 erschienenen und während eines Aufenthalts in

Schweden verfaßten Schrift *Germanien und Europa* bemühte Arndt sich um eine vergleichende Typologie der europäischen Nationen. Diese Völkerpsychologie war, wie auch Karl Heinz Schäfer hervorhebt, frei von nationalistischen Voreingenommenheiten. Klimatische und linguistische Unterschiede grenzten seiner Meinung nach die Länder im Sinne eines »Naturgebots« voneinander ab. Mit diesen Theorien stand er in der Tradition Herderscher Völkerpsychologie. Origineller und brisanter waren die kritischen Kapitel über Napoleon. Man vergegenwärtige sich, daß sie 1803 veröffentlicht wurden, also vor der Kaiserkrönung, lange vor Rheinbund, Tilsit und Kontinentalsperre. Ähnlich weitsichtig war auch Görres gewesen, der bereits in den drei Jahre zuvor publizierten *Resultaten meiner Sendung nach Paris im Brumaire des achten Jahres* voraussagte, daß in Napoleon Europa eine Tyrannei erwachse, wie man sie seit der Römerzeit nicht mehr gekannt habe. Während Görres aber resignierte und sich bis zur bereits absehbaren Niederlage Napoleons zu Anfang 1814 (Gründung des *Rheinischen Merkur*) aus der politischen Journalistik zurückzog, hielt Arndt während der ganzen napoleonischen Ära seinen publizistischen Davidskampf durch.

Arndt war kein blinder Eiferer gegen den Korsen; die Angriffe waren fundiert, und sie klangen um so überzeugender, als den Herrscherfähigkeiten des Ersten Konsuls Reverenz erwiesen wurde. »Ich gestehe«, schrieb e r, »es liegt etwas in ihm, was große Menschen immer karakterisirt hat: eine kühne und klassisch gehaltene Weise, zu handeln und zu sprechen, eine gewaltige Naturkraft, welche die Herzen bezwingt, und selbst die Widerstrebenden zum Gehorsam zügelt; kurz, das Talent, zu herrschen, in einem hohen und energischen Karakter« (404). Was Arndt bei Napoleon vermißte, waren die übergreifenden, zukunftsträchtigen politischen Konzepte. »Buonaparte«, so hieß es, »ist nicht verständiger als die mittelmäßigen Regenten vor ihm; und jene Affektation von Philosophie, von Nachdenken über alles, ist auch nichts als elende Aefferei, den Dummen nur Sand in die Augen streuend« (405 f.). Karrieresucht, Verrat an den Idealen der Aufklärung, Despotismus und Rassismus waren die Vorwürfe, die Bonapartes Innenpolitik trafen. In den außenpolitischen Plänen erkannte er

die Züge des militaristisch-imperialistischen Expansions-
strebens. Für jene, die Napoleons »glänzende carrière« (403)
bewunderten, hatte er nur Spott übrig angesichts der Kosten, die zu Lasten dieser Laufbahn gingen. »So etwas von
allgemeinen Menschen- und Staatsrechten, wie man im ersten Enthusiasmus der Revolution geträumt hatte, konnte
man unter dieser Regierung nicht gebrauchen«, stellte
Arndt fest (382). Die »Bewunderung aller Schwachköpfe«
(380 f.) gehöre einer »Despotie, so eigenmächtig, als wenige
in Europa sind« (373).

Arndt hatte bereits drei Jahre zuvor eine Schrift mit dem
Titel *Über die Freiheit der alten Republiken* veröffentlicht, und
seine Anklagen und Fragen in *Germanien und Europa* wiesen
ihn als engagierten Republikaner aus, der die Tyrannei Napoleons bereits durchschaute, als dieser sich noch mit der
Robe des römischen Konsuls schmückte: »Jedes freie Wort
ist ein Verbrechen; die Preßfreiheit ist auf das engste eingeschränkt, und es giebt für die Kühnen Kerker genug, –
nur unter andern Namen, als die alten. [...] Alles wickelt sich
in die Dunkelheit politischer Geheimnisse« (373–375). Gegen das von Joseph Fouché begründete neue Polizeiwesen
gewandt fuhr er fort: »Was ist diese geheime Polizei? was
sind die Cromwellschen Sicherheitsanstalten, die Menge
von Trabanten und Wächtern, als das Verderben des Geistes
der Nation?« (409). Napoleon, der »frische Begründer des
Despotismus« (406) und »große Sünder an seiner Zeit«
(371), verschulde, daß auch auf dem Gebiete des Rechts »so
vieles wieder den Krebsgang« gehe (401). Er bezichtigte ihn
des Rassismus und prangerte die Maßnahmen gegen die
Farbigen an: »Welche Grundsätze hat diese Regierung
wieder aufzustellen gewagt über die Negern und farbigen
Menschen! Davor erschrickt man doch wie vor scheuß-
lichen Gespenstern im Anfange des 19ten Jahrhunderts. Wie
war dies selbst in dem elenden Jahr 1799 noch schön in
Frankreich! Man dachte an keinen Aristokratismus der
Farbe mehr, und unsre schwarzen und olivenfarbigen Brüder waren auf gleichem Fuß allenthalben unter den Weis-
sen, im Spiel, wie im Ernst. Ein Dekret hat diesen Sommer
alle Negern und Mulatten aus Frankreich getrieben«
(402 f.). Jenen »gedungenen und ungedungenen Stimmen«
außerhalb Frankreichs, die Napoleon als den »Beglücker

und Wiederhersteller Europens« (369) feierten, hielt er entgegen: »Selbst die Erklärungen und Proklamationen der Regierung in den letzten beiden Jahren sprechen nicht mehr von Bürgerlichkeit und Freiheit, als den ersten Gütern des Volks, sondern vom Ruhm, von der Ehre, von der Furchtbarkeit des französischen Namens; elenden Idolen, wodurch Eroberer die Völker unglücklich gemacht haben« (391 f.). Als das »größte Uebel« bezeichnete Arndt »die 600 000 Mann, die der erste Consul hält. [...] Buonaparte belastet durch dieses ungeheure Heer nicht allein sein eignes Land; auch wir übrigen Europäer werden über ihn seufzen müssen« (396, 399). Hinter dem Aufbau des riesigen Heeres erkannte Arndt die »despotischen Absichten« (396) eines politischen Willens, der nichts kenne »als herrschen durch bloße Gewalt« (401).

Das war die Analyse eines klarsichtigen Republikaners, der den Überblick über die politischen Entwicklungen in Europa besaß und vor dessen Kritik die unter Schriftstellern verbreitete Napoleon-Verehrung, über die ich an anderer Stelle referiert habe, den Charakter wirklichkeitsfremder Ideologien annahmen. Aber tat Arndt dem Korsen nicht Unrecht? Besaß Napoleon nicht ein Europa-Konzept, das, wäre es verwirklicht worden, den Frieden des Kontinents garantiert hätte? Unterwerfen und Unmündighalten waren aber schon immer die schlechtesten Friedensvoraussetzungen. Napoleon hatte an eine umfassende Neuorganisation Europas gedacht, aber er sah sie, wie Luigi Salvatorelli belegt, unter dem Aspekt eines feudal gegliederten Reiches seiner Familie. Das Ende der napoleonischen Politik zeigte einmal mehr, daß jeder Plan, der darauf abzielt, Europa mit den Mitteln der Annexion und Hegemonie zu organisieren, zum Scheitern verurteilt ist. In den folgenden Jahren fand Arndt seine Prognosen bestätigt, und es ist verständlich, daß er die Propaganda gegen Napoleon mit aller Energie weiterbetrieb. Er selbst entging dabei allerdings nicht der Dialektik des Kampfes gegen den Kampf, des Hasses gegen den Haß, des Krieges gegen den Krieg. Hatte er 1803 in *Germanien und Europa* noch den französischen Nationalismus als fatal für Europa angeprangert, so zeigte er sich im zweiten Teil des 1809 erschienenen Bandes *Geist der Zeit* – also auf dem Höhepunkt seiner Agitation gegen Napoleon

– selbst als Vertreter einer nationalistischen Ideologie. Wie in Fichtes gleichzeitig entstandenen *Reden an die deutsche Nation* kompensierte sich hier ein nationales Unterlegenheitsgefühl. Beide Schriften waren, wie Theodor Schieder festhält, Zeugnis eines hypertrophierten Nationalismus, auf welchen wenig mehr als ein Jahrhundert später die Hitler-Anhänger propagandistisch zurückgreifen konnten. Die nationalen Grundpositionen behielt Arndt auch nach 1815 bei, doch nahm er nun von dem um 1809 gepredigten Völkerhaß Abstand. Das Wegweisende in der Staatskonzeption Arndts von 1803 lag darin, daß er die Rechte der Völker auf nationale Identität und eigene souveräne Regierungen betonte. Obwohl Arndt in *Germanien und Europa* keine Strategie für die Aufrechterhaltung eines Friedens zwischen den Nationalstaaten entwarf, wurde deutlich, daß er alle Hegemonialbestrebungen einer einzelnen europäischen Macht ablehnte. Seine Europa-Vision war das Wunschbild friedlich existierender Nationalstaaten.

Nicht minder hellsichtig als Arndts Napoleon-Kritik war die etwa gleichzeitig geschriebene Studie von Samuel Taylor Coleridge über das Frankreich zur Zeit des Ersten Konsuls, die im Herbst 1802 in mehreren Folgen in der englischen Zeitschrift *The Morning Post* erschien. Coleridge überprüfte den Anspruch Bonapartes, aus Paris ein zweites Rom, das Zentrum eines im Entstehen begriffenen neuen Weltreichs gemacht zu haben. Die Imitation römisch-republikanischer Formen dekuvrierte er wie Arndt und Görres als Maskerade, hinter der ein politischer Wille sich verberge, der viel mit Cäsarenwahn und nichts mit republikanischer Tugend zu tun habe. Coleridge erwies sich als Prophet, wenn er mit einem Krieg zwischen Frankreich und England rechnete, wenn er seiner Überzeugung Ausdruck gab, daß Britannien sich bei diesem Konflikt behaupten werde, und wenn er den Untergang des napoleonischen Systems voraussagte.

Mit Arndt teilte Gentz die Feindschaft gegenüber Napoleon und das politische Denken in Gleichgewichtskategorien. Ansonsten aber taten sich zwischen ihnen soziale und weltanschauliche Abgründe auf. Gentz hatte sich vom Kant-Schüler mit jakobinischen Neigungen zum deutschen Edmund Burke und Kämpfer für ein Restaurations-Europa entwickelt. Wie viele Zeitgenossen in den Übergangsjahren der Spätaufklärung zur Frühromantik hatte auch Gentz sich mit Kants *Zum ewigen Frieden* auseinandergesetzt und durch ihn in den Dimensionen eines europäischen Völkerbundes als Friedensgaranten denken gelernt. Der Utopie eines einheitlichen und von allen Staaten anerkannten Völkerbundstatuts stand jedoch der Pragmatismus aufgeklärt-absolutistischer Politik im Wege, einer Praxis, die sich, worauf Heinz Gollwitzer hinweist, auf das ganz anders geartete politische Konzept vom Gleichgewicht der Mächte gründete. Gentz hatte sich in den Jahren nach 1800 – nicht zuletzt durch sein Burke-Studium – vom Völkerbundidealisten zum Gleichgewichtspragmatisten gewandelt. Beides, Völkerbund- und Gleichgewichtsdenken, waren Produkte aufgeklärter Politikwissenschaft. Im ersten kamen die menschheitlich-emanzipatorischen, im zweiten die mechanistisch-rationalen Züge der Epoche zum Ausdruck. Die europäische Pentarchie des 18. Jahrhunderts (Rußland, Preußen, Österreich, Frankreich und England) akzeptierte und praktizierte die equilibristische Politik. Entsprechend fand sich in der Diplomatenschule der Aufklärung keine beliebtere außenpolitische Konstruktion als die der »balance of power«. Napoleons universalmonarchischer Ehrgeiz störte jenes Mächtegleichgewicht erheblich, und England gebrauchte das alte Prinzip der Harmonie der Kräfte als Hauptargument gegen die Hegemonialansprüche Frankreichs. Es konnte sich dabei auf eine gelehrte Tradition politischen Denkens von Bacon bis Burke berufen. Obgleich die romantischen Ideologen des Organischen – wie etwa Adam Müller – sich vom mechanistischen Denken distanzierten, stützten sie trotzdem das englische Konzept des Gleichgewichts der Mächte, ja es kam bei Müller *(Elemente der Staatskunst)* und Gentz zu einer Glorifizierung Englands ganz allgemein, was nur auf dem Hintergrund ihres Kampfes gegen Napoleon zu verstehen war. Anders als die Völkerbundstrategen am Ende des 18. Jahrhunderts hatten die Gleichgewichtsapologeten zu Anfang des 19. mit ihrer Gegnerschaft zu den kommenden demokratisch-nationalstaatlichen Strömungen freilich nicht die Zukunft für sich. Gentz war viel eher ein reaktionärer Europäer als ein nationaler Patriot. Das Zurück zur Legitimität Alteuropas, zur »aurea aetas« des Ancien régime war seine Losung, und es ist kein Wunder, daß er zum Berater und Sekretär des österreichischen »comte de balance« Metternich avancierte. Unter dem Panier der Gleichgewichtspolitik versammelten sich jene, die sowohl den gesellschaftlichen Umsturz durch die nationalen Demokraten und liberalen Konstitutionalisten als auch die Entmachtung der Monarchien von seiten der Universaldespotie Napoleons befürchteten. Das propagandistische Verwirrspiel seiner Gegner, nämlich mit revolutionären Argumenten die Sache der Monarchen zu betreiben, beherrschte Gentz so geschickt wie die Wortführer des Bonapartismus. 1805 publizierte er in Sankt Petersburg – dem konservativen Zentrum der antinapoleonischen Fronde – die Schrift *Fragmente aus der neusten Geschichte des Politischen Gleichgewichts in Europa*.

In ihrer Einleitung, aus der hier zitiert wird, attackierte Gentz im Namen »des Vaterlands, des Europäischen Gemeinwesens, der Freiheit und Würde der Nationen, der Herrschaft des Rechtes und der Ordnung« (XLV) die »Lobredner der vollkommensten Sclaverei, die jemals die Völker gebeugt hatte« (XXXIV). Viel war die Rede vom »schmählichen Verfall von Europa« (XXXVII) und seiner »Unterjochung« (XXX). Dagegen wurden die »Starken, Reinen und Guten« aufgerufen, deren »heiliger Bund« die »einzige unüberwundne Coalition« sei, »die heute noch der Waffengewalt trotzen, die Völker befreien, und die Welt beruhigen« könne (XL). An die Adresse der deutschen Patrioten gerichtet, hieß es: »Das eigentliche Werk der Befreiung muß auf Deutschem Boden gedeihen. Von hier muß die Wiederherstellung ausgehen, so wie hier die Zerrüttung entschieden, das Verderben zur Vollendung gebracht ward. Europa ist durch Deutschland gefallen; durch Deutschland muß es wieder emporsteigen« (XLVI). Trotz allen Befreiungs- und Patriotismusvokabulars konnte es dem Leser nicht entgehen, daß es Gentz letztlich um die Wiederherstellung des »ehemaligen Föderativ-Systems von Europa« (III) zu tun war, deren Regenten anzuklagen er als »das Werk der Ungerechtigkeit« brandmarkte (XXXIX). Was vorherrschte, waren emotionale Appelle an die republikanischen Tugenden der europäischen und deutschen Patrioten, die sich dann auf den für die Monarchen geführten »Befreiungskrieg« einließen.

In seinem europaorientierten und antinapoleonischen Engagement eher dem frühen Arndt als Gentz verwandt, griff 1809 Coleridges Freund William Wordsworth in die politische Diskussion ein, und zwar mit einem Pamphlet zum Vertrag von Sintra. Am 31. August 1808 hatte der englische General Hew Whitefoord Dalrymple im Namen der britisch-portugiesischen Streitkräfte mit Napoleons General Andoche Junot in Sintra bei Lissabon einen Vertrag geschlossen, der es den geschlagenen Franzosen erlaubte, unbehelligt (samt Ausrüstung und Beute) aus Portugal abzuziehen. London war über diesen Vertrag aufgebracht; es empfand ihn als Verrat am sich gerade auf der Iberischen Halbinsel entwickelnden Widerstand gegen den Despotismus und die Fremdherrschaft der Franzosen. Dalrymples Entlassung folgte auf dem Fuße. 1809 wurde der Herzog von Wellington, der als untergeordneter Offizier bereits am Sieg gegen Junot beteiligt gewesen war, von der britischen Regierung beauftragt, die englischen Truppen in Portugal und Spanien zur Befreiung der beiden Länder zu führen, was ihm in den fünf Jahren bis 1814 auch gelang. Wordsworth dokumentierte in seinem umfangreichen Pamphlet sowohl den Widerstandswillen der Portugiesen und Spanier als auch die Unterdrückungspolitik der französischen Besatzungsmacht. Schließlich argumentierte er mit menschen- und völkerrechtlichen Bedenken gegen diesen Vertrag, den abzuschließen der englischen Generalität nicht erlaubt gewesen sei. Wordsworths Abhandlung war das beredteste Zeugnis vom Kampf der englischen Romantiker gegen die napoleonische Politik. Was Coleridge und Arndt Jahre zuvor prophezeit hatten, nämlich die Unterwerfung der meisten europäischen Völker unter das Diktat des Kaisers, war inzwischen Wirklichkeit geworden. Gleichzeitig bedeuteten die Jahre 1808/09 aber auch eine Wende, denn nun wuchs, stärker als je zuvor, der Widerstand in Portugal, Spanien (Sturz Manuel de Godoys), Tirol (Andreas Hofer) und Preußen (Schillsche Aktion).

Englandfreundlich und vom Grundsatz des Gleichgewichts der Mächte ausgehend wie Gentz' Buch war auch die von August Wilhelm Schlegel 1813 in seiner Eigenschaft als Sekretär des schwedischen Kronprinzen Karl Johann verfaßte Schrift *Über das Continentalsystem und den Einfluß desselben auf Schweden*. Die Akzente waren freilich anders gesetzt. Weniger glänzend in der Rhetorik, benannte er doch präziser die Folgen des bonapartistischen Regimes. Politisch habe Napoleon nicht die Erfüllung, sondern das Ende des Republikanismus bedeutet, und wirtschaftlich führe die Kontinentalsperre zur Verelendung der Ökonomie im nördlichen Deutschland. Für vorbildlich hielt er, was ihre politische Struktur betraf, die Vereinigten Staaten von Amerika, die er als »neues Europa« bezeichnete. Amerikas »kräftige Jugend« sei dabei, die alte Welt zu beschämen (76).

Als Napoleon 1814 ins Exil geschickt wurde und seine Macht auf den winzigen Bereich der Insel Elba reduziert worden war, veröffentlichte Görres in seinem *Rheinischen Merkur* die fiktive Ansprache »Napoleons Proclamation an die Völker Europas vor seinem Abzug auf die Insel Elba«. Sie wurde bei ihrem Erscheinen für authentisch gehalten und erregte großes Aufsehen. Wie viele Autoren der Romantik dämonisierte auch Görres den Politiker zum fleischgewordenen Bösen, zum Antichristen. Sein Selbstverständnis, seinen Auftrag, formuliert der Görressche Napoleon so: »Nur wenn ich rathlos euch unglücklich weiß, und alle Welt wieder in Verwirrung und Unheil sich gelöst, dann erst ist meine Sendung zu ihrem End gekommen. [...] Ist das erst zu seinem Schluß gediehen, dann werd ich mit grimmiger Hohnlache von dannen fahren, und wieder kehren, von wo ich hergekommen« (408). Der »Banalität des Bösen« (Hannah Arendt) war man zu Görres' Zeiten noch nicht auf die Spur gekommen, und so unterstellte er dem Kaiser einen ausgeklügelt-raffinierten Satanismus: »Daß auf Lug und Trug ein Werk sich gründen möge, wollt ich erweisen« (405). Die Niederlage in Rußland wurde als von ihm selbst geplant geschildert. Der Görressche Napoleon bekennt: »Als ich vom Kremlin ins Feuermeer von Moskau niedersah, da bewegte sich mein Herz zuerst in froher Lust [...]. Was Nero in verrücktem Spiele sich erkünstelt, das und mehr war als eine ernste Geschichte mir geworden. In der Mitte dieser Feuerfluthen hätt' ich auf ehernem Throne sitzen mögen [...]. Dort wo diese Flammen schlugen, fühlt ich war meiner

Herrschaft Sitz, es war als seien die Pforten meines Reiches zum erstenmale aufgegangen, und in seine Herrlichkeit die Aussicht mir eröffnet« (397 f.). Nacheinander werden durch den Kaiser die europäischen Länder charakterisiert, und dabei trifft arger Hohn die Deutschen: »Ein Volk ohne Vaterland, eine Verfassung ohne Einheit, Fürsten ohne Charakter und Gesinnung, ein Adel ohne Stolz und Kraft, das Alles mußte leichte Beute mir versprechen. [...] Als ich sie mit Peitschen schlug, und ihr Land zum Tummelplatz des ewigen Kriegs gemacht, haben ihre Dichter als den Friedensstifter mich besungen« (391).

Das französische Pendant zu Görres' Rede stellte ein antinapoleonisches Pamphlet François René de Chateaubriands dar. Die Argumentation war allerdings rationaler und hob nicht in religiöse Sphären ab. Chateaubriand hatte zunächst zu den Anhängern Bonapartes gehört. 1802 widmete er ihm sein Hauptwerk *Génie du christianisme*, und 1803 ging er als sein Gesandter nach Rom. Dieses Amt legte er schon ein Jahr später nieder. Seit 1811 gehörte er zu den ausgesprochenen Gegnern des Kaisers. Noch war Napoleon nicht geschlagen, arbeitete er an einer Schimpfrede auf den Tyrannen, der er den Titel *De Buonaparte et des Bourbons* gab. Hier forderte er die Restauration des alten Königtums, die Rückkehr der Bourbonen, und er krönte auf metaphorische Weise den künftigen König Ludwig XVIII. mit Vorschußlorbeeren, die bekanntlich besonders rasch welken. Die Schrift erschien sofort bei Napoleons Sturz 1814, und ihr Einfluß auf die öffentliche Meinung in Frankreich, besonders in Paris, ist nicht zu unterschätzen. Bonaparte, so las man, werde sich nie ändern; von ihm seien nichts als immer absurdere und kriminellere Dekrete zu erwarten. Besonders strich der Autor heraus, daß Napoleon Ausländer, Italiener, sei. Demgegenüber wurde betont, daß die Bourbonen nicht nur die seit Jahrhunderten legitimen Herrscher Frankreichs, sondern vor allem auch Franzosen gewesen seien. Es fehlte auch nicht der bei fast allen Napoleon-Feinden parate Vergleich mit Attila und Nero. Ein weiterer Makel war für den antirevolutionär gesinnten Chateaubriand die Tatsache, daß Bonaparte ein Produkt des Umsturzes, ein »enfant de notre révolution« sei (43). Der Kaiser habe ganz Europa gegen Frankreich aufgebracht, und das

Resultat sei das Einströmen feindlicher Mächte nach Frankreich und Paris. »Les Russes sont à Paris«, hieß es voll Entsetzen (11).

Waren die bisher genannten essayistischen Europa-Arbeiten Ergebnisse einer politisch motivierten Napoleon-Feindschaft, ist noch ein Werk hervorzuheben, das die Gegnerschaft zum Regime des Kaisers als Angriff auf die zeitgenössische französische Zivilisation vortrug. In ihm wurden die Pariser Leser nicht mit der Penetration ihrer Stadt durch das russische Militär konfrontiert, sondern mit dem Eindringen der deutschen Kultur in ihre Bildungstempel. Germaine de Staël versuchte mit ihrer essayistischen Studie *De l'Allemagne* von 1810 zum Abbau von nationalen Vorurteilen beizutragen. Robert Minder schrieb über das Werk: »Ihr Buch [...] ist die früheste, brillanteste, von warmer Herzlichkeit erfüllte und kongenialste Kulturgeschichte der Goethezeit. Sie hat das Deutschlandbild von Frankreich, England, ja von Amerika, Rußland, Polen entscheidend umgestaltet, indem sie den Vorhang wegzog und den erstaunten Völkern zeigte, welches Dichtungs- und Gedankengebäude Deutschland seit 1750 errichtet hatte. Das Buch war mehr als nur die Leistung einer hohen kritischen Intelligenz: es war eine moralische Tat, die Absage des Geistes an die Gewalt, die spontane Konstituierung einer klassisch-romantischen, europäischen Front gegen die Militärdiktatur Napoleons.«

Die Zensur verhinderte ein Erscheinen des Buches im Frankreich der Empirezeit. Stellen wie diese mit ihrem Affront gegen das polizeistaatliche Frankreich wurden vom Zensor beanstandet: »Denn dahin, will ich hoffen, ist es bei uns nicht gekommen, daß man um das literarische Frankreich die große Mauer von China ziehen wolle, um allen Ideen von aussen den Eingang zu verwehren« (I,5). Daß eine Französin die Sterilität der epigonalen Gegenwartsliteratur Frankreichs beklagte, eines Landes, das die politische Führungsrolle in Europa übernommen hatte; daß sie gegen die von Napoleon favorisierte Dichtung der französischen Klassiker die Literatur des Nachbarlandes ausspielte, galt in Frankreich als unpatriotische Tat. Den Ehrentitel einer »von Natur literarischen und philosophischen [...] Nation« (I,15) verlieh Madame de Staël den Deutschen; und ihre Philosophen und Schriftsteller bezeichnete sie als »die gelehrtesten Männer, die denkendsten Köpfe Europa's«, deren Werken »einige Aufmerksamkeit« (I,5 f.) zu schenken durchaus verlohne. »Die Deutschen«, so fuhr sie fort, der Nachbarnation ihren Respekt zu zollen, »bilden gleichsam den Vortrab der Armee des menschlichen Geistes, sie schlagen neue Wege ein, versuchen ungekannte Mittel; wie sollte man nicht begierig seyn zu erfahren, was sie bei ihrer Rückkehr von den Reisen in das Unendliche zu erzählen haben?« (II,9) Nichts lag ihr ferner, als negative Klischees lediglich in positive umzuwandeln. Bei den Vergleichen, die sie zwischen der französischen und der deutschen Kultur zog, bemühte sie sich, historische Gründe für die unterschiedlichen Entwicklungen in den beiden Ländern aufzufinden. Während die französische Kunst jener Tradition angehöre, deren Ziel es stets war, die Literatur der »Alten«, der griechisch-römischen Antike, mit ihrer Betonung des Diesseits nachzuahmen, verdanke die deutsch-romantische Kultur ihre Entstehung dem »wesentlich-spiritualistischen [...] Geist des Mittelalters« (I,3). Entsprechend gälte »Klarheit [...] in Frankreich für eins der hauptsächlichsten schriftstellerischen Verdienste«, wohingegen das »Mysterium« es sei, das in der deutschen Literatur fasziniere. Hier setzte die Kritik von Madame de Staël an modischen Tendenzen ein: »Die Deutschen«, schrieb sie, »gefallen sich in Dunkelheiten: oft hüllen sie, was klar am Tage lag, in Nacht, bloß um den geraden Weg zu meiden. [...] Die deutschen Schriftsteller geniren sich nicht mit ihren Lesern; da ihre Werke wie Orakelsprüche aufgenommen und ausgelegt werden, so können sie sie in so viel Wolken hüllen, als ihnen gefällt« (II,4). An den deutschen Philosophen bemängelte sie das zu geringe gesellschaftliche Engagement: »Die aufgeklärten Köpfe in Deutschland streiten lebhaft mit einander«, so beobachtete sie, »um die Herrschaft im Gebiet der Speculation; hier leiden sie keinen Widerspruch; überlassen übrigens gern den Mächtigen der Erden alles Reelle im Leben. [...] Der Geist der Deutschen scheint mit ihrem Charakter in keiner Verbindung zu stehen; jener leidet keine Schranken, dieser unterwirft sich jedem Joche; jener ist unternehmend, dieser blöde; die Aufklärung des ersten giebt selten dem zweiten Kraft.« Die »größte Kühnheit im Denken« verbinde sich »mit dem folgsamsten Character« (I,25 f.). Was in Deutschland ihrer Meinung nach not täte, wäre »Mittelpunct und Gränzen jener hervorstechenden Denkkraft anzuweisen, die sich in den leeren Raum versteigt und verliert, in die Tiefe eindringt und verschwindet, vor gar zu großer Unparteilichkeit zu Nichts, vor gar zu feiner Analyse zum Chaos« werde (I,15). Was Frankreich und Deutschland voneinander lernen könnten, faßte sie so zusammen: »Wenn die vorzüglichen Menschen beider Länder den höchsten Grad der Vollkommenheit erreichen sollten, müßten die Franzosen religiös, die Deutschen ein wenig weltlich werden« (II,6).

Wie sahen Napoleons eigene Europa-Vorstellungen aus? Während seiner Herrschaft hat er kein umfassendes politisches Konzept für die Ordnung des Kontinents vorgelegt. Das Ziel seiner militärischen Aktionen war, wie erwähnt, offensichtlich die Vorherrschaft Frankreichs auf dem Kontinent. Erst als politischer Zwangspensionär auf Sankt Helena, erst als er seine Aktivitäten aufs Briefeschreiben und auf die Memoirenschriftstellerei einschränken mußte, entdeckte er die Europa-Idee. Wie Hans Gustav Keller berichtet, hatte er noch unmittelbar nach seiner Abdankung im April 1814 Benjamin Constant anvertraut, daß die eigentliche Motivation seiner Machtakkumulation die Weltherrschaft gewesen sei. Als politischer Robinson aber, der Schiffbruch erlitten und den es auf eine einsame Insel verschlagen hatte, sah er rückblickend seine Taten und Ziele ganz anders. Die letzte Schlacht, die Napoleon wagte und in seiner Zeit auch gewann, führte er als Schriftsteller um seinen Nachruhm. Er schlug sie, als er dem getreuen Emmanuel de Las Cases während der ersten Jahre der Verbannung seine Gedanken vortrug beziehungsweise sein Leben interpretierte. Das 1823 erschienene *Mémorial de Sainte Hélène* wurde der größte Bestseller des 19. Jahrhunderts. Die Unzufriedenheit mit dem reaktionären Bourbonensystem wuchs damals in Frankreich und Europa, und das Empire vergoldete sich in der Erinnerung zu einer Zeit des Wohlstands und des Ruhms. Mit ihren innen- und außenpolitischen Botschaften waren Napoleons Erinnerungen auf die wachsende liberale Leserschaft abgestellt. Wie Napoleon als Feldherr und Herrscher um die Selbststilisierung als Cäsar bemüht war, so ging es ihm jetzt um eine Darstellung des Empires als organischer Fortsetzung der Revolution. Der antiliberale Cäsar-Mythos wurde zugunsten der Legende vom demokratisch-volkstümlichen Kaiser aufgegeben. Zudem entpuppte sich der Korse nun als großer Europäer. Von seinen Weltherrschaftsplänen war keine Rede mehr: Jetzt nannte er die föderal gegliederten Vereinigten Staaten von Europa als Ziel. Wie bei Rolf Hellmuth Foerster nachzulesen ist, gab Napoleon die Idee eines europäischen Föderativsystems als Losung seiner Politik erstmals nach der Rückkehr von Elba während der Hundert-Tage-Regierung aus. Aber erst auf Sankt Helena wurde aus der Vorstellung der Europa-Föderation seine Lieblingsutopie. Wie dem *Mémorial* zu entnehmen ist, hätte er nach dem erfolgreichen Rußlandfeldzug mit der Organisierung des vereinten Europas begonnen. Zu seinen Plänen habe die Schaffung eines europäischen Kongresses, eines Europa-Gesetzbuches, eines obersten europäischen Gerichtes, die Einführung von Maß- und Gewichtseinheit, freie Schiffahrt sowie – man höre und staune – die Abschaffung der stehenden Heere gehört. Die Europäer hätten sich dann wie *ein* Volk in einem einigen Vaterland gefühlt. Kann man diese Aussagen für bare Münze nehmen? War der siegreiche Napoleon nicht stets mehr darauf bedacht gewesen, die Heroen Plutarchs nachzuahmen, statt sich mit Saint-Pierreschen Utopien herumzuschlagen? Verfiel nicht erst der Verlierer Napoleon auf den Gedanken, seine kriegerische Politik im nachhinein mit grandiosen Friedensprojekten zu rechtfertigen? An der Echtheit seiner Europa-Pläne ist mit Recht gezweifelt worden, und sogar der devote Las Cases stellte Majestät die Frage, warum – halten zu Gnaden – sie nicht während der Kaiserzeit geruht habe, jene hehren Ziele Europen und dem Erdkreis kundzutun. Nie um eine Antwort verlegen, entgegnete Napoleon, daß die Verheimlichung der Absichten ihre Erfolgsaussichten vergrößern sollte; sie wären sonst dem Geschwätz, den Intrigen und Gegenaktionen ausgeliefert gewesen – ein sozusagen schlagendes Argument.

Metternichs Restaurationsepoche
(1815–1829)

Manchmal kommt mir in den Sinn
Nach Amerika zu segeln,
Nach dem großen Freiheitsstall,
Der bewohnt von Gleichheitsflegeln –
(Heinrich Heine, *Jetzt wohin?*)

I.

Es ist eine Legende, daß der Hundert-Tage-Kaiser und Gefangene auf Sankt Helena eine Geheimkammer seines zur Empirezeit tresorartig verschlossenen Busens öffnete, um ihr endlich coram publico die Europa-Idee zu entnehmen. Napoleon verdankte sie wohl eher Claude Henri Graf von Saint-Simon, dem großen Stichwortgeber der folgenden Jahre. Im Oktober 1814 veröffentlichte der französische Utopist – gemeinsam mit seinem damaligen Sekretär Augustin Thierry – den wohl ausgreifendsten Europa-Plan des 19. Jahrhunderts, der ganze Generationen französischer Europäer von Victor Hugo bis Edouard Herriot inspirieren sollte. In Saint-Simon fand Saint-Pierre nach 100 Jahren seinen würdigen Nachfolger und Aktualisierer. Der Titel des Buches lautete *De la réorganisation de la société Européenne,* und die deutsche Übersetzung, die noch im selben Jahr erschien, hieß *Von dem Wiederaufbau der europäischen Staaten-Gesellschaft.* Hier wurde ein Entwurf vorgelegt, der es an Realitätssinn nicht fehlen ließ und der auf Dauer tragfähiger sein würde als alles, was zur gleichen Zeit von den Weichenstellern des Wiener Kongresses für die nächsten Jahrzehnte in die Wege geleitet wurde. Auch Metternich hatte seine Europa-Vision, aber sie folgte den traditionellen Bahnen von Dynastieinteressen und Gleichgewichtsdenken. Ihm schwebte, wie Werner Näf zeigt, ein funktionierendes Mitteleuropa vor, in dem die Habsburger und Hohenzollern sich verständigen sollten, um potentiellen Gegnern wie Frankreich und Rußland entgegentreten zu können. Dieses Konzept war überwölbt von der Idee eines größeren europäischen Staatenvereins, in dem die Pentarchie-Mitglieder im gerühmten Equilibrium nolens volens miteinander auskommen würden. Metternich brachte sogar eine Zentralstelle für europäische Angelegenheiten und ein europäisches Büro in Wien in die Diskussion, um diesem lockeren Mächteklub ein administratives Zentrum zu geben. Es blieb allerdings beim Plänemachen. Was bei diesen übernationalen Bemühungen der Restaurationspolitiker herausschaute, war die sogenannte Heilige Allianz, der »brüderliche und christliche Bundesvertrag« vom September 1815 – ein hübsch formuliertes Gesinnungsbekenntnis, das nur bemüht wurde, wenn es darum ging, international Jagd auf Demokraten und Republikaner zu machen, das aber eine dauerhafte Friedensregelung nicht garantierten konnte.

Metternichs Europa-Ideen interessieren nur noch die Historiker; Saint-Simons und Thierrys Plan dagegen ist in seinen Grundzügen bis heute nicht überholt. Die Kritik der beiden Franzosen an den Friedensbemühungen des Wiener Kongresses war so scharf wie zutreffend: »Von allen Seiten wird das Privat-Interesse als Maßstab des allgemeinen Interesses angegeben. [...] Alles, was ihr thun werdet, wird blos dazu dienen, den Krieg herbeyzuführen, den Garaus werdet ihr ihm nicht machen« (30 f.). Als Voraussetzung für den Frieden betrachteten sie das Ende des Absolutismus und die Einführung parlamentarischer Systeme in den europäischen Einzelstaaten. Die nationalen Parlamente sollten dann Delegierte zu einem europäischen Gesamtparlament entsenden, das »über das gemeinschaftliche Interesse der europäischen Gesellschaft entscheiden« werde (49). Das Europa-Parlament müsse mit der Macht ausgestattet werden, die Streitigkeiten der Einzelländer zu schlichten (50). Voraussetzung für die Tragfähigkeit eines europäischen Parlaments sei die Entwicklung eines »europäischen Patriotism« (51). Beim Entwurf des Modells für eine europäische Regierung orientierten sich die Verfasser am englischen Vorbild mit Könighaus, Oberhaus und Unterhaus. In das Unterhaus wollte Saint-Simon durch Korporationen Kaufleute, Gelehrte, Staatsbeamte und obrigkeitliche Personen entsenden lassen (je einer pro Million Einwohner). Während die Mitglieder des Unterhauses für zehn Jahre zu wählen wären, sollte die Würde der Pairs im Oberhaus und die des europäischen Königs erblich sein. Wie bei ihren Vorgängern Rousseau und Kant schlossen sich auch bei Saint-Simon und Thierry Republikanismus und – hier freilich konstitutioneller – Monarchismus nicht aus. Wichtige Aufgabe des Europa-Parlaments werde es sein, ein für alle europäischen Staaten gültiges Rechtssystem zu schaffen: »Ein Gesetzbuch, welches sowol die allgemeine als nationale und individuelle Sittenlehre enthält, wird unter der Aufsicht des großen Parlements abgefaßt werden, damit es ganz Europa zur Lehre diene. [...] Das große Parlement wird gänzlich Gewissensfreyheit und freye Ausübung aller Religionen zulassen« (56). Saint-Simon und Thierry waren sich dessen bewußt, daß sie einen noch nicht realisierbaren Entwurf verfaßten. Als Vorbedingung betrachteten sie die Schaffung von parlamentarisch regierten Nationalstaaten in ganz Europa. »Die Zeit«, so hielten die Autoren fest, »wo alle europäischen Völker durch National-Parlemente regiert seyn werden, ist unstreitig der Zeitpunkt, wo das allgemeine Parlement, ohne Hindernisse zu finden, wird eingeführt werden können. [...] Aber dieser Zeitpunkt ist noch fern von uns, und schreckliche Kriege, vielfältige Revolutionen müssen Europa noch geißeln während dem Zwischenraum, der uns davon trennt« (57).

Den Aufbau des vereinigten Europas dachten sich die beiden Autoren in Schritten. Die erste Etappe sollte die Union England–Frankreich bilden, da jene Länder bereits Parlamentsregierungen besäßen. Die zweite Stufe könnte deren Assoziation mit Deutschland bringen. Saint-Simon und Thierry, die Germaine de Staëls *De l'Allemagne* gelesen hatten, legten eine außerordentliche Hochachtung gegenüber dem deutschen Nationalcharakter an den Tag, eine Achtung, die allgemein im frühen 19. Jahrhundert in den Nachbarländern Europas verbreitet war. »Die deutsche Nation«, schrieben sie, »ist, vermöge ihrer Bevölkerung, die beynahe die Hälfte von Europa ausmacht, durch ihre Lage im Mittelpunkte Europens, und noch mehr durch ihren edeln und großmüthigen Charakter bestimmt, die erste Rolle in Europa zu spielen, sobald sie unter einer freyen Regierung in einen einzigen Körper vereint seyn wird. Wenn die Zeit gekommen seyn wird, so die englisch-französische Gesellschaft durch den Zutritt Deutschlands sich vergrößert, wo man ein allen drey Nationen gemeinschaftliches Parlement errichtet, dann wird der Wiederaufbau der übrigen europäischen Staaten schneller und leichter von Statten gehen, denn diejenigen Deutschen, welche man berufen wird, an der gemeinschaftlichen Regierung Theil zu nehmen, werden in ihre Meinungen jene Reinheit der Moral, jenen Seelenadel übertragen, der sie auszeichnet, und durch die Macht des Beyspiels werden sie die Engländer und die Franzosen zu sich erheben, die ihres Handels-Verkehrs wegen mehr an ihre eigne Person denken, und sich nicht so leicht von ihrem Privat-Interesse losmachen können, dann werden die Prinzipe des Parlements freysinniger, ihre Arbeiten uneigennütziger, ihre Politik den übrigen Nationen günstiger seyn« (84 f.). Die europäische Regierung und das europäische Parlament sollten nicht die nationalen Regierungen und Parlamente ersetzen. Die Souveränität der Nationalstaaten bliebe nach dem Konzept von Saint-Simon und Thierry weitgehend erhalten. Aufgabe der europäischen Institutionen sei es, die übernationalen Belange rechtlicher, handelsmäßiger und militärischer Art zu diskutieren und zu entscheiden. Keine europäische Einheitsnation, sondern eine Konföderation einzelner Staaten sollte geschaffen werden. Die vorrangigen Aufgaben der Europa-Regierung würden bestehen in der Friedenssicherung, der Angleichung des Rechts, der Garantie religiöser Toleranz, der Beaufsichtigung des öffentlichen Unterrichts in den Mitgliedsländern und der Schaffung einer kontinentalen verkehrsmäßigen Infrastruktur.

Obgleich Saint-Simon und Thierry sich des utopischen Charakters ihres Entwurfs bewußt blieben, waren sie doch überzeugt, daß sie einen Weg wiesen, den die europäische Geschichte der kommenden Jahrhunderte beschreiten würde. Diese Zuversicht, die sich sogar mit Novalis' Hoffnung von der »goldenen Zeit« berührte, ließ sie abschließend vermächtnisartig festhalten: »Es kommt zweifelsohne eine Zeit, wo alle Völker Europens fühlen werden, daß die Punkte des allgemeinen Interesses geordnet werden müssen, bevor man zu dem besondern Interesse jeder Nation übergeht, dann wird das Elend anfangen, sich zu vermindern, die Unruhen werden sich besänftigen, die Kriege erlöschen;

das ist das Ziel, wonach wir unaufhörlich streben, dahin treibt uns die Richtung des menschlichen Geistes! [...] Das goldne Zeitalter ist nicht hinter uns, es ist vor uns, in der Vollkommenheit der gesellschaftlichen Ordnung; unsre Väter haben es nicht gesehen, unsre Nachkommen werden einst dazu gelangen; uns kommt es zu, ihnen den Weg dahin zu bahnen« (87).

Wie Saint-Simon war auch William Hazlitt, der Freund von Coleridge und Wordsworth, voller Skepsis gegenüber den Europa-Plänen, die vom Wiener Kongreß unter Metternichs Leitung diskutiert wurden. Er gab seiner Kritik Ausdruck in dem 1814 erschienenen Essay *Whether the Friends of Freedom can Entertain any Sanguine Hopes of the Favourable Results of the Ensuing Congress?*. Die großen Fragen der Zeit (Polen, Norwegen, der Sklavenhandel, Sachsen, Italien, die Vorherrschaft Englands auf den Meeren), so schrieb er, würden nicht offen genug angegangen, und doch könne nur ihre Lösung zu einer Befriedung des Kontinents führen. Die Gunst der Stunde, die sich nach Brechung der französischen Vorherrschaft in Europa ergeben habe, bliebe von den Siegermächten ungenutzt. Was eintreten werde, sei ein Rückfall in die monarchistische Politik der vornapoleonischen Ära. Hazlitt war – bis auf die massiven Vorurteile gegenüber der Nachbarnation Frankreich – ein nüchterner und klarsichtiger Kritiker, aber seiner Analyse fehlte, was die Schrift von Saint-Simon und Thierry auszeichnete: das alternative, zukunftsgerichtete und umfassende Konzept eines Vereinten Europas.

Wie Friedrich Heer und Rolf Hellmut Foerster gezeigt haben, kristallisierten sich im Denken von Joseph Görres seit 1810 (damals veröffentlichte er Aufsätze im *Vaterländischen Museum*) Vorstellungen heraus, die auf die Forderung nach europäischer Einheit hinausliefen. Was bei ihm nachwirkte, war das inzwischen überholte alte Modell des Heiligen Römischen Reiches Deutscher Nation: Der neue europäische Völkerbund sollte – wie im christlich-germanischen Alteuropa – Deutschland als Kern enthalten. Wie viele seiner Freunde und Zeitgenossen schwärmte er etwas vage von einem wieder zu etablierenden deutschen Kaiserreich als Zentrum und Rückgrat des vereinten Erdteils. Bei ihm mischten und vereinbarten sich Nationalismus und Europäismus, Patriotismus und Kosmopolitismus, worauf schon die Titel seiner beiden 1819 und 1821 publizierten Bücher schließen lassen: *Teutschland und die Revolution* und *Europa und die Revolution*. Gleich in der Einleitung der letzteren Publikation deutete der Autor an, daß er sich für die Einigung des Kontinents einsetze: »*ein* Band der Gemeinschaft« müsse »alle Glieder im Verbande« umschlingen, und dieses Band bestehe aus »Friede, Liebe, Eintracht« (30). Manches in *Europa und die Revolution* ist in mildem Mahnton, anderes im Stil einer aggressiven Kapuzinerpredigt geschrieben, einiges wurde abgewogen-vorsichtig oder auch doppelbödig-anspielungsreich formuliert und ist indirekt kritisch gehalten, vieles aber (besonders in der ersten Hälfte des Buches) ausgesprochen dunkel-verworren vorgebracht. Bei der Lektüre der ersten beiden Teile, die mit »Orientierung« und »Vergangenheit« überschrieben sind, fragt man sich, warum die Zensoren Preußens beziehungsweise der Heiligen Allianz diesen Rätselbastler mit solchem Haß verfolgten. Liest man aber die letzten beiden Kapitel, die »Gegenwart« und »Zukunft« heißen, beantwortet sich die Frage von selbst, denn hier nahm Görres bei seiner Kritik an Preußen und Österreich kein Blatt vor den Mund. Zu erklären waren die Scherereien, die man ihm bereitete, auch mit den vorangegangenen Publikationen. 1814/15 war Görres noch lieb Kind in Berlin und Wien gewesen, kämpfte er doch gegen den französischen »Wüterich«, »Tamerlan«, »Attila«, »Dschingis Chan«. Napoleon tat Görres die Ehre an, dessen *Rheinischen Merkur* als »fünfte Macht« anzuerkennen, eine Gewalt, die er zu fürchten gelernt hatte. Was man in den Kreisen der Heiligen Allianz dem Publizisten verargte, war, daß er auch nach dem Fall des »Abenteurers aus Korsika« für die Ideale der Pressefreiheit, der Erneuerung des deutschen beziehungsweise europäischen Kaisertums und für die Einführung von Konstitutionen in den deutschen Ländern kämpfte. Das paßte der preußischen Regierung, der durch den Wiener Kongreß das Rheinland zugefallen war, gar nicht, und so wurde Görres Berufsverbot erteilt: Die Herausgabe des *Rheinischen Merkur* mußte er 1816 aufgeben. In *Teutschland und die Revolution* erlaubte er sich, die revolutionären Bewegungen im Lande zu befürworten, woraufhin die Hetzjagd auf ihn eröffnet wurde. Der preußischen Verhaftungsorder entzog er sich durch die Flucht ins schweizerische Aarau, damals ein Treffpunkt von Oppositionellen aus ganz Europa. 1821 schrieb er dort innerhalb von sechs Wochen das Buch *Europa und die Revolution*, das im selben Jahr bei Metzler in Stuttgart erschien. Reinhard Wittmann hat die mit dem Buch verbundenen Zensurprobleme, die Bespitzelung des Autors durch Informanden im einzelnen geschildert und über die politischen Schwierigkeiten berichtet, die dem Verlag wegen der Publikation bereitet wurden.

Von den einzelnen europäischen Ländern in ihrer Situation zwischen Restauration und Umsturz ist in *Europa und die Revolution* ausführlich die Rede, vom politischen Zusammenschluß der europäischen Staaten jedoch nicht. Wer das Buch in die Hand nahm, um etwas Wegweisendes im Sinne Saint-Simons über die künftige politische Kooperation der europäischen Länder zu finden, wurde enttäuscht. Interessant in dem Buch waren vor allem die in ihm enthaltenen Nationalcharakteristiken. Görres ging es darum, die übrigen Völker des Kontinents in einem günstigen Licht erscheinen zu lassen. Dabei repetierte er zwar zum Teil gängige Klischees, aber er trug damit auch zum Abbau von Ressentiments bei, die über die verschiedenen slawischen, romanischen und germanischen Nationen Europas in Deutschland umliefen. »Wo in die Runde der Blick« in Europa auch hinfiel, registrierte Görres, herrsche »Unfriede, Haß und wechselseitige Befehdung« (339). Dagegen anzuschreiben war eines der Ziele seines Buches. Die Komplimente, die er über die Nationalcharaktere der einzelnen Länder vorbrachte, waren so gewählt, daß sie meistens als Spitzen gegen die Regierungen der Heiligen Allianz verstanden werden mußten.

Der Autor beschrieb zum Beispiel den vorhandenen europäisch-asiatischen kulturellen Dualismus in Rußland. Den Prozeß der Europäisierung hielt er dort für unaufhaltbar. »Es ist langsam, wie ein großes, thauendes Eisfeld, in der Strömung mitgeschwommen«, hieß es über Rußlands Situation in der europäischen Geschichte. Und voll Optimismus für die Entwicklung in Rußland fügte er hinzu: »Vorzüglich aber seit in neuester Zeit große Schicksale ihm nahe getreten, und nun wirklich eine großartige Geschichte für dasselbe begonnen, hat die Rückwirkung des thätigen historischen Verkehrs auch auf seine innern Verhältnisse sich geäußert, und man muß die Verdienste der jetzigen Regierung in dieser Hinsicht, und ihre milde, menschliche Gesinnung rühmend anerkennen« (269). Görres erinnerte mit dieser Charakterisierung an das Bild des aufgeschlossenen Zaren, das Alexander I. als Sieger über Napoleon geboten hatte, das aber inzwischen vom Bild des reaktionären Initiators der Heiligen Allianz überlagert wurde. »Treue, stolzes Selbstgefühl und Vaterlandsliebe« (249) zeichneten nach Görres die Spanier aus. Dieses Selbstbewußtsein sei der Grund dafür, daß sich auf der Iberischen Halbinsel »die junge Democratie in die alte, kindisch gewordene Monarchie« dränge und »nach Befestigung in dem wieder erwachten Selbstgefühl« strebe (259). Görres nahm hier für die spanische Revolution vom März 1820 Partei, die gegen den Willen des absolutistisch regierenden Königs Ferdinand VII. die Verfassung von 1812 (ein Ergebnis des Kampfes gegen Napoleon) durchgesetzt hatte. Von solchen politischen Früchten der Befreiungskriege konnten die Liberalen in Preußen und Österreich nur träumen. Von Italien sprach er als von »einem vulkanischen Lande voll schlafenden Brennstoffs« (204), dessen öffentliches Leben durch Freiheitsstreben bestimmt werde. »Diesen Freyheitssinn«, hieß es, »haben die Italiäner durch ihre ganze Geschichte wohl bewährt, und er ist, nachdem sie Jahrhunderte lang unter willkührlichen Regierungsformen gelebt, noch bis auf diesen Tag unvertilgbar in ihrer Brust geblieben« (200). Italienischen Freiheitswillen hervorzuheben mußte den Argwohn der Regierung in Wien erregen, denn in Italien wollte man weder Einfluß noch Besitz fahren lassen, und die Anhänger des italienischen Risorgimento wurden unnachsichtig verfolgt. 1820 und 1821 hatte es – vorübergehend erfolgreiche – Revolutionen der Carbonari, die auf italienische Einigkeit und konstitutionelle Monarchie drängten, in Neapel und Savoyen gegeben, die Österreich mit Hilfe seines Militärs rückgängig machte. Görres ging auf diese Aufstände direkt ein. Er sah in ihnen das Fanal zu einer europäischen Revolution, die zwar momentan verhindert worden sei, auf Dauer aber kommen werde, wenn weiterhin die »unheilbringende Verzögerung des Verfassungswerkes« die Politik der Heiligen Allianz bestimme (327). »*Religiöser Instinkt*« (196), »feinsinniges Empfindungsvermögen«, eine »brennende Imagination« sowie »ein zartes Naturgefühl für Schönheit und Ebenmaß« (197) machten für Görres das »Vorherrschende des Volkscharakters« (196) Italiens aus. Die »germanischen Völker«, die »in Anlage und Ausbildung beynahe in Allem das Gegentheil« Italiens vorstellten, habe die Geschichte diesem Lande »zu stetem Antagonism [...] beygesellt« (197 f.), einem Gegensatz, der sich als starke Bewegungskraft der europäischen Geschichte erwiesen habe. Österreich sah Italien aber nicht als Gegensatz, sondern als seine Einflußsphäre und den nördlichen Teil des Landes als Bestandteil seines Staates.

Besonders lobend und ausführlich ließ Görres sich über Frankreich als europäische Präferenzregion aus, eine Passage, mit der in Preußen kein Verdienstorden zu erwerben war. »Man kann sagen«, schrieb er, »daß kein Volk auf Erden so recht eigentlich zu Hause sey, wie das Französische, so daß man füglich diesen Stamm, den eigentlich irdischen, oder wenigstens vorzugsweise Europäischen nennen könnte. Keinem Andern ist ein solcher Weltverstand zu Theil geworden« (206). Aus dem Franzosenfresser von 1814 war der Bewunderer der »Diplomatik« und »Politik« Frankreichs geworden, das in diesen Gebieten »seine größte Meisterschaft« bewiesen habe (208). Den »beweglichen« Franzosen stellte Görres »nun die Teutschen« gegenüber: »schwerfällig« seien sie »und ungelenk, als ob sie auf Vieren giengen«. »In allem Thun und Sinnen«, fuhr er fort, »in sich gekehrt; unverständig bey starker Vernunft, lebendige Phantasie bey stammelndem Organ, tiefe Empfindung ohne Takt, große Willensstärke, ohne äußeres Geschick, ihn auszulassen; lebend in der Zukunft oder der Vergangenheit, darum nie in der Gegenwart heimisch; strebend in allen Dingen nach dem Höchsten und dem Tiefsten, darum immer verlierend das Erreichbare, das in der Mitte liegt, und nichts vollführend bis zum Ende« (207 f.). Der Deutschland-Frankreich-Vergleich klang wie ein Echo der Ausrufe in Madame de Staëls Deutschlandbuch, nur daß diesmal der Nachhall lautstärker – und damit im Sinne von Görres »teutscher« – ausfiel als der dezentere Originalton der französisch erzogenen Schweizerin. Im Hinblick auf die für

Görres so enttäuschende jüngste Entwicklung in der Politik hieß es, daß die Deutschen »langmüthig bis zur Einfalt, und passiv bis zum Blödsinn« seien (211).

Bei den Engländern erkannte der Autor einen romanisch-germanischen Mischcharakter. Wie die Franzosen pflegten sie nach Görres die »höhere Geselligkeit eines lebendigen Gemeingeistes«, und wie die Deutschen seien sie »finster, verschlossen, abstoßend, kalt und stolz im gewöhnlichen Leben«. Ihr »Doppelcharakter« bringe es mit sich, daß sie »karg, gewinnsüchtig und oft geizig im Privatleben, in ihren öffentlichen Anstalten aber menschenfreundlich, großmüthig und liebreich« seien. Mit »wilden, reißenden Thieren« verglich er die Engländer »in ihren Bürgerkriegen«, doch lerne man sie »im Frieden mild, emsig, betriebsam und leicht sich fügend« kennen (226 f.). Über die Inselbewohner als Forscher erfährt man: »Wenn in der Wissenschaft ihnen die speculative Höhe der Teutschen verschlossen geblieben, und sie die analytische Fertigkeit der Franzosen nicht erreicht: so hat ein offener Natursinn und eine scharfe Beobachtungsgabe sie zu den bedeutendsten Entdeckungen in den Naturwissenschaften geführt« (228). Zum Ärger der Zensoren in Berlin und der Spitzel in Stuttgart pries Görres die konstitutionelle Monarchie des Landes als Frucht der glorreichen Revolution von 1688. »In der Disciplin einer solchen Verfassung«, stellte der Autor fest, »hat der Nationalcharakter die Festigkeit, Kühnheit, Sicherheit, und das stolze Selbstgefühl erlangt« (238). Wenn Görres auch die fortgeschrittene Industrialisierung auf der Insel lobte, prangerte er doch die sozialen Mißstände des Landes an. In der Situation des »Contrasts der drückendsten Armuth mit dem hochmüthigsten Reichthum« (242) müsse »hier wie überall sich eine Revolution bereiten« (243).

Am Schluß des Buches betonte Görres, daß jedes der genannten Länder sich auf einem Gebiete besonders auszeichne: Italien sei das Land der Priester, Frankreich das der Staatsmänner, England das der Kaufherren, Spanien das der Edelmänner und Rußland das der Bauern und Soldaten (283). Nur Deutschland zeichne sich durch nichts aus. Madame de Staëls Buch erwähnte Görres nicht, sonst hätte er mit ihr (wie später Heine) die Deutschen als Philosophen und Dichter hinstellen können. Nach Görres herrschte in Deutschland »Auflösung und Verwirrung« (285) sowie »religiöse Confusion« (287). Der »teutsche Charakter« sei »ein verworrenes, trübes, unklares Gemisch« (284). »Dieser Charakter des Chaotischen« gehe »durch alle Verhältnisse des teutschen öffentlichen Lebens« (285). In Deutschland – »einer untergeordneten Macht vom dritten Range« (293) – gebe es »Peripherie ohne Mittelpunkt«, herrsche »Eigenwille ohne Autorität« (292). Alles sei »unheilbar, verschoben und verrückt«. Der Deutsche habe »kein Vaterland«, denn, so klagt er über das Ergebnis des Wiener Kongresses: »Teutschland ist nur eine diplomatische Fiction geworden« (293). Ganz ohne Hoffnung war Görres allerdings nicht. »Die Nation«, meinte er, habe »sich selbst wieder zu finden angefangen«, und »der Wendepunkt« sei abzusehen (307). Als Rezept für die Verbesserung der Verhältnisse in Deutschland speziell wie in Europa allgemein empfahl Görres erstens die Verminderung beziehungsweise Abschaffung der stehenden Heere (342), zweitens den freien Handel nicht nur in Europa, sondern in der ganzen Welt (344) und drittens die Einführung von Verfassungen (346), wobei er England mit dem System der »doppelten Kammer« (352) als Vorbild hinstellte. Görres vertrat – wie vor ihm Saint-Simon und nach ihm Heine – mit dem Plädoyer für die konstitutionelle Monarchie eine Position der Mitte. Er argumentierte sowohl gegen die extreme Linke wie gegen die radikale Rechte. Zu den rhetorischen Glanzstücken des Buches gehört die Gleichsetzung von Mitgliedern einer »absoluten Regierung« und revolutionären »Demagogen«; von Vertretern der »politischen Inquisition« der restaurativen Mächte und Anhängern eines verschwörerischen »Terrorism« (348); von Verfechtern der »angebornen Herrschaft« und Propagandisten der »ursprünglichen Gleichheit« (349). Der Görres von 1821 verkörperte aufs überzeugendste die kosmopolitische, europäisch eingestellte, konstitutionell gesinnte und sozial engagierte Linke der katholischen Publizistik in Deutschland. Wenn er auch weniger radikal eingestellt war, so stand Görres doch in manchem dem 30 Jahre jüngeren Giuseppe Mazzini nahe: Beide drangen auf die politische Einigung ihrer Nation, beide kämpften für die verfassungsmäßige Sanktionierung bürgerlicher politischer Rechte, und bei beiden schlossen sich nationales und europäisches Engagement nicht aus, sondern bedingten einander.

Wie Saint-Simon als Utopist und Görres als politischer Kritiker, so erarbeitete sich August Wilhelm von Schlegel im Gebiet der Literaturkritik einen europäischen Standpunkt. In seinem *Abriß von den Europäischen Verhältnissen der Deutschen Litteratur* von 1825 lag ihm daran, die europäische und internationale Offenheit der Gegenwartsdichtung in Deutschland zu demonstrieren. In seinem für das englische Publikum geschriebenen Überblick tat er, der Freund und Reisebegleiter Madame de Staëls, dies auf diplomatische und zurückhaltende Weise. Er räumte ein, daß der deutsche Gelehrte es nicht verstehe, seinen Gegenstand »zu einer edeln und zierlichen Form« zu verarbeiten. Bei dem »unverkennbaren Tiefsinn des Gedankens« vermisse »man nicht selten anschauliche Klarheit der Darstellung«. Dem von ihm als »beredten und geistvollen Werke« (13) bezeichneten Buch seiner Freundin beipflichtend, stellte er fest, daß »der Geist der Deutschen mehr eine speculative als praktische Richtung genommen« habe (6). An die Adresse der Engländer gewandt fuhr er fort: »Vielleicht könnte daher die Bekanntschaft mit unsrer Litteratur für eine Nation, bei welcher gerade das Gegentheil Statt findet, als ein heilsames Gegengewicht betrachtet werden« (6). Er bedauerte, daß die deutsche Literatur im Ausland immer noch Terra incognita sei, daß man von den Werken Klopstocks, Lessings, Winckelmanns, Wielands, Bürgers, Goethes, Herders und Schillers zuwenig wisse. Schlegel gehörte zu jenen Romantikern, die es als das typisch Europäische an der geistigen Arbeit ihrer Zeit ansahen, daß die nationale und europäische Historie im Gesamtzusammenhang der Menschheitsgeschichte untersucht werde. Als Aufgabe des Gelehrten betrachtete er es – darin Goethe verwandt –, »die gegenwärtigen Zustände des Menschengeschlechts in allen Welttheilen aus der Vergangenheit, und zwar so viel möglich aus der entferntesten Vergangenheit zu erklären« (9). In diesem Sinne war sein Bekenntnis zu verstehen: »Es war immer mein Bestreben, mich zu einem Europäischen Gesichtspunkte für alle Erscheinungen des Jahrhunderts zu erheben« (5). Von der Intention und Wirkung her kann man Schlegel als den europäischen Romantiker schlechthin be-

zeichnen. Er regte Madame de Staël zu ihrem Deutschlandbuch an; in Frankreich setzte sich nach seiner *Phädra*-Schrift
die freie, entbundene Dichtungsform zumindest vorübergehend gegen die strengen Regeln des Klassizismus durch;
in England propagierte Samuel Taylor Coleridge, und in
Italien verkündete Alessandro Manzoni seine Ideen. Umgekehrt gab es kaum einen lerneifrigeren, weltbürgerliche-
ren Schüler und Vermittler anderer Kulturen als ihn. »Wir
fragen«, so stellte er im *Abriß* heraus, »gar wenig darnach,
in welchem Lande zuerst eine neue Wahrheit ans Licht
gefördert worden ist; wir werden durch keine Parteilichkeit
oder Beschränktheit gehindert, jeden irgendwo gemachten
Fortschritt in der Wissenschaft sofort anzuerkennen und zu
benutzen« (4). Der Ehrentitel, mit dem er die Angehörigen
seiner zeitgenössischen Bildungsschicht in Deutschland
charakterisierte, traf ebenfalls auf ihn zu: Auch er zählte zu
den »Kosmopoliten der Europäischen Cultur« (4).

II.

Hatte Saint-Simon ein besonderes Augenmerk auf England
als Modell für das künftige Europa gerichtet, und war Görres von der Vorstellung eines in Deutschland zentrierten
Erdteils ausgegangen, empfahlen andere, in der Minderheit
verbleibende, Schriftsteller Rußland und Amerika als Vorbilder für den Kontinent. In Frankreich war der Widerstand
gegen einen möglichen russischen Einfluß auf Europa groß.
Heinz Gollwitzer weist darauf hin, daß Joseph de Maistre
Rußland als großes Hindernis einer abendländischen Regeneration betrachtete. Maistre argumentierte, daß das Zarenreich erst seit Peter dem Großen europäisiert worden sei –
und dies nur an der Oberfläche –, daß ihm also jenes abendländische Fundament fehle, welches in den romanischen
und germanischen Ländern die geschichtliche Tradition
stütze. Franz von Baader aus Bayern dagegen erschienen
die geistigen Kräfte des russisch-orthodoxen Christentums
als Quell der Erneuerung des Westens, dessen christliche
Kultur durch die Französische Revolution unterhöhlt worden sei. Daß in Zar Alexander I. messianische Erwartungen
gesetzt wurden, kann nur auf dem Hintergrund des Zeit-

geschehens erklärt werden. Die Befreiungskriege, in denen Rußland die entscheidende Rolle gespielt hatte, bedeuteten die endgültige Integration des Landes in das europäische Mächtekonzert. Seitdem betrachtete man in einigen konservativen Kreisen den Zaren als Retter Europas. Im Zentrum der Baaderschen Gedankenwelt stand eine irenisch-unionistische Konfessionspolitik, der Plan, die drei großen christlichen Bekenntnisse wieder zu vereinen. Durch diese Vorstellungen geriet er zwar mit der Kurie in Konflikt, doch lieh Alexander I. ihm vorübergehend sein Ohr. Über seinen Kultusminister Alexandr Fürst Golizyn ließ er Baader wissen, daß er ihn zum »Literarischen Korrespondenten« des Zarenreiches ernennen wolle. Beflügelt durch die Resonanz aus Rußland, unterbreitete er das Projekt einer in Sankt Petersburg zu errichtenden Akademie, deren Ziel er darin sah, die »Restauration der öffentlichen Doctrin durch Reunion oder Wiederverständigung der Religion und Wissenschaft« (90) herbeizuführen und damit die Trennung der beiden Bereiche zu beenden, wie sie durch die Aufklärung verursacht worden sei. Er hat dieses Projekt im »Kurzen Bericht« über seine Rußlandreise von 1822 erörtert. Die »Reunion der Religion und Wissenschaft« müsse »im Abendlande« auf breiter Basis betrieben werden, um »die bereits tief eingedrungene Infection jener falschen Aufklärung« zu bekämpfen (94). Der Zar war jedoch mit ihm dringlicher erscheinenden Aufgaben beschäftigt, und weder erfolgte Baaders Ernennung zum »Literarischen Korrespondenten«, noch fand er in Sankt Petersburg Gehör für seine Akademiepläne.

Die genauen Gründe für die Abfuhr, die Baader erteilt wurde, sind nicht mehr eruierbar. Vielleicht hing das mangelnde Interesse an seinen Ideen mit westlich orientierten Zirkeln im Kultusministerium zusammen, denen dieser Kurs zu reaktionär war. Innerhalb des katholisch-publizistischen Spektrums markierten die Schriften von Görres und Baader in den frühen zwanziger Jahren des 19. Jahrhunderts die Extrempole. Stand Görres den sozial motivierten Revolutionen positiv gegenüber, so forderte Baader, den »zerstörenden Geist des Revolutionismus« an »seiner Wurzel zu tilgen«. Wahrscheinlich dachte er unter anderem an Görres, wenn er fortfuhr: »In der That ist nicht zu leugnen, daß, wenn schon die Deutschen in der Praxis der Revolution ganz hinter den Franzosen zurückblieben, mehrere Gelehrte und Schriftsteller dieses Landes doch die Theorie dieser schlimmen Praxis gründlicher und hiemit verbrecherischer als ihre Nachbarn ausbildeten« (85). Baader verlangte eine kulturelle Roll-back-Strategie, forderte die intellektuelle »Contrerevolution« gegen »die französische Revolution mit all' ihren schlimmen [...] Folgen« (91).

Daß solche gegenaufklärerischen Sprüche keine Zukunftsparolen für Europa abgeben konnten, wußte man in der Lessing-Stadt Wolfenbüttel schon lange. Dort hatte 1770 – in dem Jahr, als Lessing die Leitung der herzoglichen Bibliothek übernahm – Conrad Friedrich von Schmidt-Phiseldek das Licht der Welt erblickt. Sein Vater war braunschweigischer Hofrat. Mit dem ein Jahr älteren Bruder Wilhelm Justus, der später für den noch unmündigen Herzog Karl die Landesgeschäfte führte, studierte Conrad Friedrich im nahen Helmstedt Jura. Als Zwanzigjähriger siedelte er 1790 über nach Dänemark, promovierte in Philosophie und Theologie, wurde dänischer Staatsbürger und trat in die Dienste von König Friedrich VI. Von 1813 bis 1818 leitete er die neu gegründete dänische Reichsbank. Danach wurde er mit dem eindrucksvollen Titel eines wirklichen Etatrates Direktor der Königlichen Witwenkasse, was ihm genügend Zeit zum Schriftstellern ließ, das er offenbar leidenschaftlicher betrieb als Bankgeschäfte und Kassenverwaltung. Er verfaßte Gedichte, gab Lyrikanthologien heraus, schrieb ästhetische, philosophische sowie theologische Abhandlungen und setzte sich publizistisch für die Versöhnung von Christen und Juden ein. Einen Namen machte er sich seinerzeit mit seinen politischen Büchern, vor allem mit dem in mehrere Sprachen übersetzten Werk *Europa und Amerika* (1820) und der Schrift *Der Europäische Bund* (1821).

15 beziehungsweise 20 Jahre bevor Alexis de Tocqueville sein Werk *De la démocratie en Amérique* in zwei Teilen (1835, 1840) vorlegte, sagte Schmidt-Phiseldek in seinem Buch über die USA voraus, daß Amerika Europa den Rang ablaufen und sich in absehbarer Zeit zur dominierenden Weltmacht entwickeln werde. Mit dem nüchternen Blick des Bankiers und Ökonomen, dessen er fähig war, stellte er fest, daß in wirtschaftlicher Hinsicht Amerika Europa, nicht aber

Europa Amerika entbehren könne. Die Amerikaner verfügten über alle Rohstoffe und Naturprodukte sowie über die Techniken und Arbeitskräfte zu ihrer Ausbeutung. Die Alte Welt aber bliebe, wolle sie ihren Lebensstandard halten, auf Einfuhren angewiesen. Europa müsse den ersten Platz in der Weltpolitik behalten und zu seiner Sicherung zweierlei unternehmen: Erstens solle es eine expansive Kolonialpolitik betreiben, um sich für den amerikanischen Verlust schadlos zu halten; zweitens müsse es sich politisch einigen. Unterließe es diese beiden Schritte, sei »an kein kräftiges Verjüngen unseres Welttheils zu gedenken«, schrieb er, »und Europa geht *stückweise* zu Grunde, in dem Maaße als Amerika *durch Eintracht* und gesetzlich freie Entwicklung seiner Kräfte das Zepter in seiner Hand befestigt« (129). Was den Kolonialaspekt seiner Schrift betrifft, drückte sie Tendenzen aus, die sich abzeichneten und in späteren Jahrzehnten gewaltsam durch die europäischen Mächte realisiert wurden. Nordafrika zum Beispiel beanspruchte Schmidt-Phiseldek als selbstverständlichen Tummelplatz europäischer Ausbeutung, und der theologisch gebildete Beamte scheute auch vor der Empfehlung nicht zurück, »größere Heeresmassen« zur Gewinnung Nordafrikas einzusetzen: »Arbeit für ein Jahrhundert«, meinte er (140). Sollte der Erwerb neuer Kolonien aggressiv betrieben werden, stellte sich Schmidt-Phiseldek die anschließende Verwaltung der Dominien paternalistisch-human vor. Auch Asien wurde auf dem Papier bereits vereinnahmt. »Behält nur der Europäer die Superiorität seiner Intelligenz und seines Unternehmungsgeistes«, tröstete der Autor seine Leser, »so werden Colonien entstehen, wo jetzt barbarische Horden in Wüsteneyen umherstreifen, und Asien und Afrika, unter Europäische Bearbeitung genommen, werden vielleicht reichere Schätze, als vorhin der neue Continent, zu den Füssen des Erdenkönigs niederlegen« (107). Wahrscheinlich sah der phantasiereiche Beamte sich bereits als hofrätlicher Oberkassenwart eines europäischen Erdmonarchen. Mit der zweiten Empfehlung, der Vereinigung des Kontinents, war es dem Autor genauso ernst, auch wenn kaum ein Politiker seines Jahrhunderts einen Gedanken auf seine Ausführung verschwendete. Gerade in diesen Teilen zeigte Schmidt-Phiseldek sein Talent als

Futurologe. Der Neid auf Amerika schärfte ihm offenbar den Blick für die sich anbahnenden Entwicklungen. Die USA wurden sowohl als Vorbild wie als Konkurrent hingestellt. Nicht daß er alles und jedes an Amerika lobte. Er sah ein Vierteljahrhundert vor dem Bürgerkrieg die Spaltung der Vereinigten Staaten voraus, wußte, daß sich »mehrere Centralpunkte« im Lande mit antagonistischen Staatengruppen bilden würden (218). Wenig vorbildlich kam ihm auch der »amerikanische Nationalcharakter« vor, den er mit »Kälte und Entfremdung und mercantilem Sinn« sowie einer »Gleichgültigkeit gegen Wissenschaft und edlere Genüsse« umschrieb (247). Zudem wollte er von der Monarchie als Regierungsform nicht lassen; demokratische Ideen konnte er sich als braver Untertan seines Königs nicht leisten. Was ihn an Amerika vor allem beeindruckte, war die Einheit des Landes, worauf er Stärke und Expansionskraft der Vereinigten Staaten zurückführte. Wie Amerika, so riet er den Europäern, müsse auch Europa sich endlich »als ein Staaten-Ganzes begreifen« (125).

Dem Thema der europäischen Einigung widmete er dann seine Schrift *Der Europäische Bund* von 1821. Hier führte er im einzelnen die »Idee einer Föderalvereinigung der Europäischen Völkerschaften« aus (41). Mit Kassandrarufen und prophetischen Drohungen vom Niedergang Europas wollte er die Leser aufrütteln und sie von der Notwendigkeit der kontinentalen Unifikation überzeugen. Es stehe »die Civilisation Europa's auf dem Spiel«, es drohe »vom Innern der Staten heraus Gefahr«, wenn mit der Vereinigung nicht bald begonnen werde. Sei die Einheit vollzogen, werde sich die Bevölkerung unseres Erdteils als »Musterbild unserer Gattung immer vollendeter« darstellen (74).

Wie sehen Schmidt-Phiseldeks Vorschläge zur Vereinigung im einzelnen aus? Weitsichtigkeit ist ihnen nicht abzusprechen, und da sich zahlreiche Überschneidungen mit den Ideen Saint-Simons und Thierrys ergeben, ist zu vermuten, daß er deren Schrift kannte, obwohl sie mit keinem Wort Erwähnung fand. Gefordert wurden ein ständig tagender europäischer »Congreß« (288) und eine »*Europäische Bundesversammlung*«, ein »Bundesgericht« (287), die Einführung eines Grundgesetzes des »Europäischen Statenbundes« (285) sowie eines »Europäischen Bürgerrechts«

(293), ein gemeinsames Militär als »Bundesmacht« (287), eine einheitliche Kolonialpolitik, die Beseitigung der europäischen Binnenzölle und die Einführung einer gemeinsamen Währung mit dem »Europäischen Thaler« (317) als Zahlungsmittel. Sogar solche Details wie die Gründung der europäischen Hauptstadt und die Einführung einer europäischen Flagge wurden bedacht. Wie Saint-Simon schwebte Schmidt-Phiseldek eine Staatenkonföderation vor Augen, in der die nationalen Regierungen nur gewisse Teile ihrer Souveränität an die Bundesversammlung beziehungsweise den Bundeskongreß delegieren würden. Ihm gehe es, schrieb er, um die Propagierung »einer freien Verbindung der Statskörper«, nicht jedoch um »eine *Regierung* über ein Volk« (288). Mit der Vereinigung der Streitkräfte, der Angleichung des Rechtswesens, der Durchsetzung des zollfreien Binnenmarktes und des einheitlichen Zahlungs- und Kreditwesens käme dieses Europa dem Vorbild der Vereinigten Staaten sehr nahe, ja in Hinsicht auf das Rechtswesen ginge die Unifikation über jene in den USA noch hinaus. Schmidt-Phiseldek forderte in dieser Schrift – anders als noch in seinem Amerikabuch – die konstitutionelle Monarchie als Regierungsform, womit er auch in dieser Hinsicht dem Denken im restaurativen Kopenhagen vorauseilte. Zwei Modelle bot der Autor für den europäischen Staatenverein an: zum einen Amerika, zum anderen den Deutschen Bund. Um möglichen Einwänden zu begegnen, die ihm Tagträumerei vorwerfen könnten, hielt er fest: »Was wir für Europa's Zukunft als Ziel der Bestrebungen hingestellt haben, existirt und ist faktisch gegeben in Nord-Amerika« (194). Im Deutschen Bund sei ebenfalls »in roher Gestalt« das »bereits vorhanden«, worauf Europa sich hinentwickeln müsse (162). Wie Frankfurt am Main die Hauptstadt des Deutschen Bundes sei, so sollte sie die gleiche Funktion für die »Europäische Union« (333) übernehmen. Erstens liege die Stadt ohnehin in der Mitte des Kontinents, und zweitens sollte es sich bei der europäischen Kapitale um Frankfurt handeln, weil sie als freie Reichsstadt an »das alte Supremat des Römisch-Deutschen Kaiserthums über die Europäischen Häupter« erinnere. Nach wie vor nämlich – hier dachte er wie Görres – würden »die Schicksale Europa's zumeist in Deutschland« entschieden (162).

In dieser Schrift fundierte Schmidt-Phiseldek die Forderung nach dem Zusammenschluß der europäischen Staaten mit zwei Argumenten, einem außenpolitischen und einem innereuropäischen. Den außenpolitischen Hinweis auf die amerikanische Konkurrenz wiederholte er: »Ein Weltheil ist in die Schranken getreten, der mit stets wachsender Riesenkraft dem ganzen Europa die Fehde bietet. Dieser Umstand macht [...] die von uns geforderte Einheit des Europäischen Statssystemes nothwendig.« »Die neue Welt«, so fügte er mit Nachdruck hinzu, könne sonst »zur siegreichen Nebenbuhlerin der alten« werden (147). Mit der innereuropäischen Begründung machte er die wohl wichtigste und zutreffendste Aussage seines Buches: »Europa ist als ein civilisirter Völkerstat dermaßen in allen seinen Theilen verbunden und ineinander verschlungen, daß jeder Einzelne nur in der Wohlfahrt Aller gedeihen kann, und das Leiden eines einzelnen Gliedes das Wohl aller übrigen fühlbar angreifen muß; eine isolirte Existenz ist für keinen Stat mehr gedenkbar, und würde uns in den ursprünglichen Zustand der Rohheit und Uncultur unfehlbar zurückwerfen« (138). Die Konstituierung des vereinigten Europas habe mit einem »*allgemeinen Congreß*« (171) zu beginnen, der die Folgen des Wiener Kongresses rückgängig machen solle (durch den übrigens Dänemark auf den Rang einer drittrangigen Macht hinabgestuft worden war). Das neue Einheitsdenken müsse die alten Vorstellungen vom Gleichgewicht der Kräfte ablösen. Die Politik der »balance of power« habe zu einer »*Staten-Oligarchie*« geführt, und bei einem »Conflicte« würden deren »*ungeheure Massen zusammenstürzen, und die Wohlfahrt des ganzen Welttheils und die Cultur seiner Völker unter ihren Ruinen begraben*« (117 f.). Wie die übrigen Einheitsstrategen war auch Schmidt-Phiseldek vor allem auf die Sicherung des Friedens bedacht. Zu den Einschränkungen einzelstaatlicher Souveränität zählte er vor allem die Preisgabe des Rechts auf Kriegführung (84). Nach der Etablierung der »*gewaffneten Bundesmacht*« (300) würden die stehenden Heere in den Mitgliedsländern aufgelöst werden. Bis auf die Abschnitte zur Kolonialpolitik und über die konstitutionelle Monarchie hat die Abhandlung bis heute wenig an Aktualität eingebüßt: Was Schmidt-Phiseldek über die wirtschaftliche Integration (ganz zu schweigen von der militärischen Zusammenarbeit) schrieb, wird in mancher Hinsicht auch nach 1992 zu den Langzeitzielen der europäischen Integrationspolitik gehören.

Im selben Jahrzehnt, als Schmidt-Phiseldek den Machtzuwachs in den USA voller Neid wahrnahm, fand das Land die ungeteilte Bewunderung Victor Hugos. 1829 verfaßte er sein *Fragment d'Histoire*, in dem er eingangs drei Kulturverschiebungen von Asien über Afrika bis Europa nachzeichnete. Anschließend beobachtete er – darin dem Kopenhagener Autor verwandt – das Streben der Zivilisation von Europa weg nach Amerika. Das »Gesetz der Menschheit«, so reflektierte Hugo als Geschichtsphilosoph, offenbare sich in der Neuzeit als das »Prinzip der Emanzipation«, des »Fortschritts und der Freiheit« (448), und in Amerika fände im Vergleich mit den übrigen Erdteilen »dieses Prinzip am weitestgehenden« Anwendung. Wenn Hugo über die Amerikaner schrieb: »Nichts behindert sie. Sie stolpern nicht bei jedem Schritt über Bruchstücke alter Institutionsruinen«, so erinnerte das an die fast gleich lautenden Zeilen des Goethe-Gedichts *Den Vereinigten Staaten*: »Amerika, du hast es besser / Als unser Kontinent, das alte, / Hast keine verfallene Schlösser / Und keine Basalte.« Weil das Prinzip der Emanzipation dazu berufen sei, die Menschheit zu erneuern, werde Amerika »ihr Zentrum« werden (449). Was Hugo wie viele seiner Zeitgenossen an der alten Welt abschreckte, war ihre mangelnde Einheit. Noch entwickelte der Autor keine eigenen Vorstellungen über die künftige Unifikation des Kontinents, noch klagte er lediglich über die Zustände Europas und bewunderte jene Amerikas um so mehr. Seine Beschreibung der europäischen kulturellen Gegebenheiten klang zutiefst pessimistisch: »Unser Gebäude ist recht alt. Es ist an vielen Stellen rissig. Rom ist nicht mehr sein Zentrum. Jedes Volk zieht in die eigene Richtung. Es gibt keine Einheit mehr, weder in der Religion noch in der Politik. Der Glaube ist der Meinung gewichen« (448). Hugo stimmte ein in das Klagelied der Moderne über den Verlust von Einheit, Zentrum, Mitte und Sinn. Daß er all dies in Amerika restituiert wähnte, zeugt davon, wie wenig er mit der Realität des neuen Kontinents vertraut war. Er kannte ihn so wenig, daß er seine Wünsche auf die USA wie auf ein Utopia projizieren konnte. Sein Lob steigerte sich zu einem

Hymnus auf Amerika als dem Ort der Freiheit: »Den drei aufeinanderfolgenden Theokratien Asiens, Afrikas und Europas wird die universale Familie folgen. Das Prinzip der Autorität wird dem der Freiheit Platz machen, das, wenngleich menschlicher, nicht weniger göttlich« sei. Von Amerika aus werde »sich über die alte Welt das neue Licht ergießen«, das ihr »Wärme, Leben und Jugend wiedergibt« (449). Ludwig Börne sah die Abfolge der Kulturen und die Beziehung zwischen Amerika und Europa ganz ähnlich wie Hugo, wobei er – anders als Hugo – glaubte, die Geschichte der Menschheit werde sich in Afrika beschließen. In den *Aphorismen und Miszellen* schwärmte Börne von »jenen unermäßlichen Wäldern voll Blüten und Düften, die uns aus Amerika zulocken« (262), und fuhr als Geschichtsphilosoph – Herder weiterdenkend – fort: »Asien war die Wiege des menschlichen Geschlechts; Europa sah die Lust, die Kraft, den Übermut der Jugend. In Amerika entwickelt sich die Fülle und Weisheit des männlichen Alters, und nach Jahrtausenden erwärmt die greise Menschheit ihre kalten, zitternden Glieder in Afrikas Sonne und sinkt endlich lebensmatt als Staub in Staub dahin« (263).

Die Schicksale Martin Luthers und Christoph Kolumbus' sah Hugo auf geheimnisvolle Weise miteinander verbunden. Luther verkörperte für ihn den Zerfall der kulturellen europäischen Einheit. Mit seiner Reformation habe die Einheit der Religion ein Ende gefunden, und die Französische Revolution, die er als Fortsetzung der Reformation verstand, transponierte dann den Auflösungsprozeß ins Gebiet der Politik. Die aus Europa »fliehende Zivilisation« habe jedoch im geschichtlichen Augenblick der Reformation »ein zukünftiges Asyl« in der Neuen Welt gefunden: »Christoph Columbus fand eine Welt in dem Moment, in welchem Luther eine andere zu zerstören im Begriff war« (449).

Rußland und Amerika werden auch in der Europa-Essayistik der folgenden Dekaden bis weit ins 20. Jahrhundert hinein noch öfter als mögliche Alternativen zu Europa eine Rolle spielen, und zwar (wie bei Baader und Hugo) weniger in ihrem tatsächlichen politischen Sosein denn als Hoffnungsträger für Utopien persönlicher oder gesellschaftlicher Freiheit, auf deren Realisierung man irgendwann in der Zukunft setzte. Im Lauf der Zeit schliffen sich solche

Erwartungshaltungen ab, was dazu führte, Gegenwart und Zukunft des eigenen Kontinents genauer unter Augenschein zu nehmen. Diese Bewegung hin auf die europäischen Gegebenheiten und die in ihnen angelegten Entwicklungsmöglichkeiten zeichnete sich schon Ende der zwanziger Jahre in Heines Schriften ab.

III.

In den zwischen 1826 und 1831 publizierten *Reisebildern* gab Heinrich Heine auf die selbstgestellte Frage »Was ist aber diese große Aufgabe der Zeit?« die gleiche Antwort wie Victor Hugo: »Es ist die Emanzipation.« Und er fügte hinzu, daß es »absonderlich« um die Emanzipation von »Europa« gehe, einem Erdteil, der »mündig geworden« sei, weil er »sich jetzt losreißt von dem eisernen Gängelbande der Bevorrechteten, der Aristokratie« (307). Anders als für Hugo stellte Amerika für Heine nicht die vierte Weltzivilisation dar, die Europa überrundet und abgelöst habe und in deren Schule die Alte Welt nun gehen müsse. Die Vereinigten Staaten waren ihm höchstens ein »Loch zum Entschlüpfen«, sollte der Emanzipationsprozeß in Europa völlig scheitern, sollte »ganz Europa ein einziger Kerker« werden (312). Aber zu solch pessimistischen Voraussagen sah der Heine der *Reisebilder* keinen Anlaß. Er musterte in dem Buch die verschiedenen europäischen Länder unter dem Aspekt der aktiven Beförderung der bürgerlichen Emanzipationsbewegung, das heißt unter dem Gesichtspunkt der wachsenden Freiheit. Darin ähnelte sein Buch der Schrift *Europa und die Revolution* von Joseph Görres, der bei seinen vergleichenden Nationalcharakteristiken den revolutionären Freiheitsbestrebungen besondere Aufmerksamkeit gewidmet hatte. Im Detail erscheinen in den *Reisebildern* viele Aussagen ironisch gebrochen, changieren zwischen Scherz und Pathos, Satire und Ernst. Das Thema von Freiheit und Emanzipation bleibt jedoch immer der Bezugspunkt seines Engagements und macht das Zentrum seiner Reflexionen aus. »Die Freiheit ist eine neue Religion, die Religion unserer Zeit« (583) – das klingt wie eine Antwort auf Novalis, der für Europa die »neue Religion« als innoviertes Christentum ersehnt hatte. Novalis' Bestimmung der »neuen Religion« war vage und formal geblieben; bei Heine wurde ihr eine säkularisierte Prägung gegeben, indem die innerweltliche Freiheit zu ihrem Zentrum deklariert wurde. Das Christentum sollte nach Heine weder mit Novalis erneuert noch mit Jacques René Hébert abgeschafft, sondern – um es mit Hegel auszudrücken – dialektisch aufgehoben werden. So dürfte wohl Heines Diktum zu verstehen sein: »Wenn Christus auch nicht der Gott dieser Religion ist, so ist er doch ein hoher Priester derselben, und sein Name strahlt beseligend in die Herzen der Jünger« (583). Das war eine Zitatanspielung auf Hegel, die gleichzeitig Übereinstimmung mit wie Distanzierung von dem Philosophen signalisierte. Hegel hatte in den *Vorlesungen über die Philosophie der Geschichte* seinen Schülern klarzumachen versucht, daß der Menschheitsprogreß als Fortschritt im Bewußtsein der Freiheit zu begreifen sei, und im Kapitel »Das Christentum« deutete er Jesus als »die Angel, um welche sich die Weltgeschichte dreht« (440). Heine erkannte Christus zwar auch eine wichtige Rolle im Prozeß der Freiheitsentwicklung zu, aber indem er ihn nicht als Gott, sondern nur als Propheten der neuen Kirche gelten ließ, stufte er ihn – anders als Hegel – in seiner Bedeutung herab.

Bei den faktischen und imaginären Reisen durch die Länder Europas, deren Bilder Heine festhielt oder entwarf, galt seine besondere Aufmerksamkeit der Verbreitung der »Freiheitsreligion«. Die weitaus meisten Anhänger, meinte er, habe sie in Frankreich gefunden. »Die Franzosen sind aber«, so hieß es, »das auserlesene Volk der neuen Religion, in ihrer Sprache sind die ersten Evangelien und Dogmen verzeichnet«, und entsprechend erhielt »Paris« den Ehrentitel des »neuen Jerusalems« (583) zuerkannt, eine Auszeichnung, die von den Christen traditionellerweise für Rom reserviert worden ist. Mit den »ersten Evangelien und Dogmen« sind die Menschenrechte gemeint, wie sie während der Französischen Revolution verkündet wurden. Die Ära dieser Umwälzung war nach Heine »jene Weltepoche, wo die Lehre der Freiheit und Gleichheit so siegreich emporstieg«. Diese auf »Vernunft« begründete Revolutionslehre sei »vorzüglicher« als die »überlieferte Offenbarung« des Christentums. Während sich nämlich letztere »nur in wenigen Auserlesenen«, den Aposteln, bekundet habe, »von der großen Menge« aber »nur geglaubt werden« könne, handle es sich bei der Freiheitslehre um »eine unaufhörliche Offenbarung, welche sich in jedem Menschenhaupte wiederholt« (580). Die unmittelbare Plausibilität und Überzeugungskraft der Menschenrechte habe zu ihrer raschen Verbreitung in Europa geführt und werde zu universaler Wirkung gelangen. Die Expansion der Freiheitsreligion wiederum sei die Voraussetzung dafür gewesen, daß »die Völker selbst« die »Helden der neuern Zeit« werden konnten. Die Völker hätten »eine heilige Allianz« geschlossen, die sich von jener der Restaurationspolitiker radikal unterscheide. Ihre Grundlage sei nicht das jeweils opportune politische Gleichgewichtskalkül der Mächte, sondern »das Völkerrecht der religiösen und politischen Freiheit«. Die »Idee« der Freiheit vereinige »alle Völkerherzen« (569). Heines Hochachtung Frankreichs hatte damit zu tun, daß die Freiheitsidee dort seiner Ansicht nach stärker zur Realisierung drängte als in anderen Ländern Europas. Dabei übersah er weder die Fehlentwicklungen der Revolution, die er sarkastisch kommentierte, noch vermeintliche Schwächen des französischen Volkes, über die er sich ironisch ausließ (308). Ludwig Börne schätzte in den zwanziger Jahren die Rolle Frankreichs ähnlich ein, wenn er bei seinen Vergleichen auch keine Anleihen bei der Metaphorik der christlichen Religion machte. Für ihn war Frankreich »das Zifferblatt Europens« (287) beziehungsweise »die Hauptstadt Europas«, weil von diesem Land »die französische Revolution als eine europäische Angelegenheit« ihren Ausgang genommen habe (1095). Deutschland stellte nach Heine in vielem den Widerpart zu Frankreich vor. Den Rhein verglich er mit dem Jordan, »der das geweihte Land der Freiheit« von »dem Lande der Philister« (583) trenne. Die Deutschen verkörperten nach Heine den autoritären Charakter: Ihre »Sprache« sei die »des Befehlens«, weil »der Gehorsam am besten die deutsche Sprache versteht« (464). Ins Bild der Wechselwirkung von Befehl und Gehorsam passe auch, daß statt der Religion der Freiheit die »Staatsreligion« (478) in Deutschland herrsche. »Durch Schwächerwerden im Glauben« an die staatlich verordneten Religionen, meinte der Autor, »könnte Deutschland politisch erstarken« (479).

Heine griff auch Typisierungen der Deutschen auf, wie er sie in Germaine de Staëls *De l'Allemagne* gefunden hatte. Er wiederholte sie jedoch nicht einfach, sondern gab ihnen eine prononciert negativere Bedeutung. Wenn er zum Beispiel wie Madame de Staël die Deutschen »ein spekulatives Volk« nannte, »Träumer, die nur in der Vergangenheit und in der Zukunft leben, und keine Gegenwart haben«, so benutzte er diese Charakterisierung, um bewußt überspitzt zu begründen, daß sie »weder der Freiheit noch der Gleichheit« bedürften. Damit – räumte Heine ein – sei nicht gesagt, daß die Deutschen keine Beziehung zur Freiheit hätten. »Es läßt sich nicht leugnen«, fuhr er in bewährt ironischer Tonart fort, »daß auch die Deutschen die Freiheit lieben«, sie äußerten diese Emotion nur auf andere Weise als die übrigen Völker des Kontinents. Darauf folgten jene einprägsamen Nationalcharakteristiken, die auch den Beifall des kritischen Kollegen Börne in dessen *Briefen aus Paris* fanden: »Der Engländer«, führte Heine aus, »liebt die Freiheit wie sein rechtmäßiges Weib, er besitzt sie, und wenn er sie auch nicht mit absonderlicher Zärtlichkeit behandelt, so weiß er sie doch im Notfall wie ein Mann zu verteidigen [...]. Der Franzose liebt die Freiheit wie seine auserwählte Braut. Er glüht für sie, er flammt, er wirft sich zu ihren Füßen mit den überspanntesten Beteuerungen, er schlägt sich für sie auf Tod und Leben [...]. Der Deutsche liebt die Freiheit wie seine alte Großmutter [...]. Der Deutsche wird aber seine alte Großmutter nie ganz vor die Türe stoßen, er wird ihr immer ein Plätzchen am Herde gönnen, wo sie den horchenden Kindern ihre Märchen erzählen kann« (504 f.). Nur in Deutschland friste die Freiheit ein Leben als Märchenerzählerin, bei den übrigen Völkern bezeichne sie konkrete Errungenschaften. Anders als in Frankreich, wo Freiheit und Gleichheit in eins gesehen würden, gehe es den Briten in erster Linie um die Wahrung individueller Freiheit. »Der Engländer«, so Heine, sei »mit jener Freiheit zufrieden, die seine persönlichsten Rechte verbürgt und seinen Leib, sein Eigentum, seine Ehe, seinen Glauben und sogar seine Grillen unbedingt schützt« (302). Den »Anblick einer bevorrechteten Aristokratie« ertrage er daher »weit geduldiger als der Franzose«, denn er »tröstet sich, daß er selbst Rechte besitzt«, die es dem Adel »unmöglich machen, ihn in seinen

[...] Lebensansprüchen zu stören« (503). Im Hinblick auf den Entwicklungsstand persönlicher und gesellschaftlicher Freiheit verglich Heine England und Rußland. Erstaunlicherweise gab er dabei dem Zarenreich den Vorzug. Wie er andeutete, hatte dies zwei Gründe, die innen- und außenpolitischer Natur waren. Außenpolitisch war Rußland damals die Schutzmacht des um seine Unabhängigkeit kämpfenden Griechenlands, das sich von der jahrhundertelangen Bevormundung und Unterdrückung durch das Osmanische Reich befreite. Was die Innenpolitik betrifft, so war auf Alexander I., den Besieger Napoleons und Erfinder der Heiligen Allianz, nach dessen Tod im Dezember 1825 Zar Nikolaus I. auf den Thron gelangt. Daß Heine wie alle guten Philhellenen »Kaiser Nikolas« als den »Ritter von Europa« sah, weil er »die griechischen Witwen und Waisen schützte«, wodurch er sich in »gutem Kampfe seine Sporen verdient« habe (310), kann man noch verstehen. Wenn er aber glaubte, daß »die russische Regierung [...] durchdrungen« sei von »liberalen Ideen«, daß sich »die russische Freiheit« täglich »weiter entfalte«, daß Rußland »ein demokratischer Staat« sei und seine Bevölkerung aus »Kosmopoliten« bestehe (312), wurde er Opfer eines verbreiteten Wunschdenkens. Da hatte sogar der bayrische Konservative Franz von Baader mit seinem phantastischen Akademieprojekt mehr Realismus bewiesen. Baader und Börne waren in den zwanziger Jahren – im Gegensatz zu Heine – darin einer Meinung, daß die russische Regierung antirevolutionär, antiaufklärerisch, antiliberal und antidemokratisch eingestellt sei und daß sie damit eine kulturelle Befindlichkeit des russischen Volkes verkörpere. Während Baader diese russische Konstellation begrüßte und für das restliche Europa als vorbildhaft pries, wies Börne den Gedanken eines in Moskau zentrierten Erdteils weit von sich. In seinen »Aphorismen und Miszellen« liest man: »Rußland wird Europa nie beherrschen [...]. Nachdem Rußland ein Jahrhundert die Schule europäischer Bildung besucht hat, möge es nach Asien zurückkehren, wie Peter der Große selbst nach vollendeten Lehrjahren in seine Heimat zurückgekehrt war. In Asien kann es Lehrer werden, in Europa aber wird es immer nur ein gering geachteter Schüler bleiben. [...] Rußlands Untertanen werden als asiatische Bürger

97

sich frei und glücklich fühlen und ihren Beherrscher lieben, als europäische aber sich mit den liberaler beherrschten Deutschen, Franzosen und Engländern vergleichen und das Joch der Regierung drückend finden« (334). Nikolaus' erste Tat als Herrscher war Ende 1825 die Niederschlagung des Aufstandes der Dekabristen gewesen, also der Revolte jener Offiziere, die 1814/15 während der Pariser Besatzungszeit vom – mit Heine zu sprechen – heiligen Geist der Emanzipation erleuchtet worden waren und in Rußland eine freie Verfassung durchsetzen wollten. Daß die Unterstützung der Griechen nichts mit Liebe zur Freiheit und alles mit außenpolitischen Großmachterwägungen zu tun hatte, zeigte sich 1830/31, als Nikolaus die Unabhängigkeitsbewegung der Polen unterdrückte, womit er dann auch in den Augen Heines den Titel eines »Ritters von Europa« nicht mehr verdiente. Heine tendierte dazu, Prinzipien gegenüber der Geschichte Präferenz einzuräumen. Die englische Art der Freiheitspraxis imponierte ihm deswegen weniger als die russische, weil letztere – angeblich – »aus Prinzipien hervorgegangen« sei, erstere jedoch »aus historischen Begebenheiten«. In England sei die Freiheit »erstarrt in unverjüngbaren mittelalterlichen Institutionen, wohinter sich die Aristokratie verschanzt und den Todeskampf erwartet« (312). Weder kämpfte die englische Aristokratie ums Überleben, noch erwiesen sich die staatlichen Institutionen Großbritanniens als unflexibel.

Mit dem zentralen Thema der Freiheitskomparatistik in enger Verbindung steht die leitmotivartige Diskussion von Napoleons politischer Funktion in der Geschichte Europas beziehungsweise der Menschheit. Nachdem er sich seitenweise in Lobeshymnen über seinen Halbgott ausgelassen hatte, wandte Heine an einer Stelle relativierend ein: »Ich bitte Dich, lieber Leser, halte mich nicht für einen unbedingten Bonapartisten: meine Huldigung gilt nicht den Handlungen, sondern nur dem Genius des Mannes. Unbedingt liebe ich ihn nur bis zum achtzehnten Brumaire – da verriet er die Freiheit« (305). Ganz ähnlich sagte es übrigens Stendhal in seinem Buch *Vie de Napoléon* (1816–18). Fast alle Unternehmungen und Taten Napoleons, die Heine schätzte, fielen in die Zeit nach 1799, denen zwar nicht seine »unbedingte«, aber offenbar doch seine bedingte Liebe galt.

Hätte die Laufbahn des Korsen vor dem 18. Brumaire ein Ende gefunden, wäre er kaum in den *Reisebildern* erwähnt worden. Wie konnte der Genius des Kaisers imponieren, wenn Napoleon ausgerechnet die »Freiheit« verriet, die Heine als das Wichtige, Heilige, Religiöse schlechthin betrachtete und deren Verbreitung er zum Bewertungskriterium der europäischen Völker erhob? In den Jahren nach 1815 hatte sich – wie ich in meiner Arbeit über die Napoleon-Legenden gezeigt habe – aufgrund der Enttäuschung über den illiberalen Kurs der restaurierten Dynastien eine Napoleon-Verehrung herausgebildet, die sich 1821 nach dem Tod des gefangenen Kaisers und besonders 1823 nach Erscheinen des *Mémorial de Sainte-Hélène* ins Sagenhafte und Mythische steigerte. An dem neuen Napoleon-Kult, der ein gesamteuropäisches Phänomen war, beteiligten sich vor allem die Schriftsteller. Sogar ehemalige Gegner des Imperators wie Chateaubriand, Hugo und Byron äußerten sich nun milder, abgewogener, positiver über den entmachteten Kaiser. Hazlitt, Manzoni, Goethe, Chamisso, Lamartine, Grillparzer, Puschkin, Balzac, Stendhal: sie alle errichteten in ihren Gedichten, Romanen und Biographien dem »Titanen« und »Prometheus« (Epitheta, die Heine ebenfalls benutzte) Denkmäler für die Nachwelt. Zudem webten Autoren wie Méry, Nerval, Delavigne und Quinet in Frankreich sowie Schwab, Hauff, Spitteler und die Freiherren Zedlitz und Gaudy in Deutschland an einem populären Napoleon-Legendenteppich, der im Lauf der Zeit die Wohnzimmeranrichten zahlloser groß- und kleinbürgerlicher Häuser in beiden Ländern schmückte. So war Heine, als er die *Reisebilder* schrieb, umgeben von einer pronapoleonischen Atmosphäre. Einer der wenigen, die noch Kritik am Halbgott und Märtyrer wagten, war Walter Scott: Seine Biographie *The Life of Napoleon Buonaparte* (1827) blieb – international gesehen – ein relativ erfolgloses Werk, und William Hazlitt schrieb prompt eine positive Bonaparte-Biographie dagegen. Auch Heine kanzelte das Buch von Scott ab und diffamierte seinen Autor als »Complicen« der »kleinen Henker« des »toten Kaisers«. »Die Welt«, meinte er, »betrachtet den Tod Napoleons als die entsetzlichste Untat.« Was man mit Recht erwarte, sei »die Heiligsprechung« des Helden, nicht Kritik. »Die Musen werden bessere Sänger zur Feier ihres

Lieblings begeistern«, um »den Jahrtausenden seine ungeheure Geschichte« zu erzählen, tröstete Heine seine Leser (528). Für die Napoleon-Verehrung hatte fast jeder der genannten Schriftsteller eigene Gründe privater oder politischer Art, die hier im einzelnen nicht überprüft werden können. Heine stimmte in den Napoleon-Hymnus sicher nicht ein, weil das gerade opportun war. Was motivierte diesen kritischen Kopf zu seinen enthusiastischen Auslassungen, was trieb diesen Entmythologisierer dazu, daran mitzuwirken, daß aus Napoleons »Geschichte [...] endlich ein Mythos« wurde (304).

In den *Reisebildern* fällt auf, daß Heine in den Bemerkungen über Napoleon immer wieder die europäische und die universale Dimension herausstellte. »Alle edeln Herzen des europäischen Vaterlandes« (528) schlagen angeblich dem verstorbenen Helden noch nachträglich entgegen. Napoleons Name sei bereits »ein Losungswort geworden unter den Völkern, und wenn der Orient und der Okzident sich begegnen, so verständigen sie sich durch diesen einzigen Namen« (574). Heine zählte Napoleon mit Christus zu den Propheten der Freiheitsreligion, wenn er von »Sankt Helena« als dem »heiligen Grab« sprach, »wohin die Völker des Orients und Okzidents wallfahrten« werden (185). Der Begriff des »europäischen Vaterlandes« kam in der übrigen Europa-Essayistik der Zeit kaum vor. Wahrscheinlich hatte Heine ihn von Saint-Simon und Thierry übernommen, die in ihrer Schrift auf die Entstehung eines europäischen Patriotismus gesetzt hatten. Die meisten Europa-Strategen (man denke an Schmidt-Phiseldek) verbanden mit dem »Vaterland« nach wie vor in erster Linie die einzelne Nation, sahen den vereinigten Kontinent als ein Europa der Vaterländer. Heines Identität umgriff neben den von Walter Hinck herausgestellten jüdischen, deutschen und französischen Teilen auch die umfassendere europäische Komponente. Selbstverständlich hatte Heine das *Mémorial* gelesen. Wenn er »die Taten des weltlichen Heilands« erwähnte, »der gelitten unter Hudson Lowe, wie es geschrieben steht in den Evangelien Las Cases, O'Meara und Antommarchi« (185), so handelt es sich hier nicht nur um eine Parodie auf das apostolische Glaubensbekenntnis, sondern auch um eine Anspielung auf den Titel des *Mémorial*, der vollständig lautete: *Le Mémorial de Sainte-Hélène par le Comte de Las Cases suivi de Napoléon dans l'exil par O'Meara et du séjour du Dr. Antommarchi à Sainte-Hélène.* Wie seine Zeitgenossen verband Heine mit Napoleon die großen gesamteuropäischen liberalen Projekte, die der Gefangene auf Sankt Helena als Losungsworte künftiger Politik ausgegeben hatte. Heines in den *Reisebildern* ausgeführte Charakteristiken europäischer Länder zeigen, daß auch ihm ein Denken in nationalen Kategorien nicht fremd war. Das Allgemein-Europäische aber, das ihn in den verschiedenen nationalen Ausprägungen interessierte, war der Zuwachs an Freiheit, an »Emanzipation«. Die Verbreitung der »Freiheitsreligion« war in seinen Augen keine aufs Nationale beschränkte Angelegenheit, letztlich auch keine bloß europäische, sondern eine universale. Heine war mit seinem Glauben an die »Religion der Freiheit« dem Fortschrittsoptimismus der Aufklärer verpflichtet, die – bei allen Selbstzweifeln, die aufkamen – von der Grundannahme ausgingen, daß Europa die Avantgarde der Menschheitsentwicklung repräsentiere und daß von hier aus sich die auf dem Kontinent erstarkte Freiheit in Zukunft global verbreiten werde.

Intellektuelle utopische Fluchtbewegungen in die Südsee, nach Asien oder Amerika waren Heines Sache nicht. Die Affinität, die er zu Napoleon empfand, war wohl darin begründet, daß er glaubte, der Politiker hätte – wie er selbst – vorzugsweise in europäischen statt in nationalen Dimensionen gedacht; und zudem habe der Kaiser – wieder wie Heine – über den europäischen Horizont hinaus auf globale Entwicklungen geschaut. Wahlverwandtschaftliche Empfindungen kommen selten ohne Projektionen aus, und man fragt sich, ob Heine nicht die ausgeprägte nationalfranzösische Komponente in Napoleons Politik übersehen hat. Das jedoch muß keineswegs der Fall gewesen sein. Die Franzosen galten ja nach Heine mit ihrem Heiland Napoleon als das auserwählte Volk des neuen Freiheitsevangeliums. Der Autor gab zu, daß Napoleon sich nicht gezielt um die Verbreitung der Freiheit bemüht, ja daß er sie zeitweise bewußt unterdrückt habe. Durch seine europäische und intentional universale Politik sei er nichtsdestoweniger de facto zu einem Beförderer der »Emanzipation« geworden. Bonapartes »Verstand«, meinte Heine, sei nicht »diskursiv« und

»analytisch« gewesen, vielmehr habe er »intuitiv« den »Geist der Zeit« als »Ganzes« erfaßt. Bei den Ausführungen über den »Geist der Zeit« wird deutlich, warum Heine gerade Napoleon als einen Propheten der Freiheitsreligion sah, dem in der neuen Kirche die Ehre der Altäre zu erweisen sei. »Da aber dieser Geist der Zeit«, so führte er aus, »nicht bloß revolutionär ist, sondern durch den Zusammenfluß beider Ansichten, der revolutionären und der contrerevolutionären, gebildet worden, so handelte Napoleon nie ganz revolutionär und nie ganz contrerevolutionär, sondern immer im Sinne beider Ansichten, beider Prinzipien, beider Bestrebungen, die in ihm ihre Vereinigung fanden, und demnach handelte er beständig naturgemäß, einfach, groß, nie krampfhaft barsch, immer ruhig milde« (131). Mit Hilfe dieser Doppelstrategie habe Napoleon »das vielköpfige Ungeheuer der Anarchie gebändigt« (184), hätten Emanzipation und Freiheit das Chaos der Revolution, in dem sie unterzugehen drohten, überleben können. In jener Textpassage, wo Heine begründete, warum er dem »Genius« Napoleons huldige (305), folgt die berühmte Definition dessen, was er unter der »Aufgabe« verstand, die dem »Geist der Zeit« gestellt sei: »die Emanzipation der ganzen Welt, absonderlich Europa« (307).

Heine war, auch wenn er – was Rolf Hosfeld nachweist – mit einzelnen Aussagen Hegels spielerisch-parodistisch umging, grundsätzlich, wie Jean Pierre Lefebvre zeigt, der Geschichtsphilosophie Hegels verpflichtet. So sah Heine Napoleon – mit Hegel zu sprechen – als »Geschäftsführer des Weltgeistes« (76). Als solchem oblag es ihm, von Europa ausgehend der Weltgeschichte zu dienen gemäß der Hegelschen Devise vom »Fortschritt im Bewußtsein der Freiheit« (61). Hegel hatte in der Einleitung seiner *Vorlesungen über die Philosophie der Geschichte* im Hinblick auf Alexander, Cäsar und Napoleon gesagt: »*Dies sind die großen Menschen in der Geschichte, deren eigne partikulare Zwecke das Substantielle enthalten, welches Wille des Weltgeistes ist.*« Heine verstand die Aufgabe der welthistorischen Persönlichkeiten gemäß dem Hegelschen Diktum: »Solche Individuen hatten in diesen ihren Zwecken nicht das Bewußtsein der Idee überhaupt, sondern sie waren praktische und politische Menschen. Aber zugleich waren sie denkende, die die Einsicht hatten von dem, was not und was *an der Zeit ist.*« »Die welthistorischen Menschen«, so fuhr Hegel fort, »die Heroen einer Zeit, sind darum als die Einsichtigen anzuerkennen; ihre Handlungen, ihre Reden sind das Beste der Zeit« (75). Auch Hegel schaute über die Leidenschaften und Vergehen welthistorischer Individuen hinweg. Was ihn für sie einnahm, war die – wie er es sah – »Tatsache«, daß sich in ihnen die historische Notwendigkeit als Geist der Zeit verkörperte. Die Schuld großer Persönlichkeiten, die der Philosoph ihnen als Ehre anrechnete, wurde durch die »List der Vernunft« plausibilisiert. »Das ist die *List der Vernunft* zu nennen«, schrieb er, »daß sie die Leidenschaften für sich wirken läßt, wobei das, durch was sie sich in Existenz setzt, einbüßt und Schaden leidet« (78). Heines Exkulpation Napoleons als Unterdrücker der Freiheit läßt sich durch die Hegelsche Geschichtsphilosophie erklären. Es ging Heine nicht darum, die Taten Napoleons im Detail zu bilanzieren und nach dem Gewinn und Verlust von Freiheit als Folge einzelner Aktionen zu fragen. Solche Rechnungen wurden von Historikern – berechtigterweise – oft aufgemacht, wobei man die Verbreitung des Code Napoléon und die Emanzipation der Juden in seinem Machtbereich als Positivposten, die Unterdrückung von Unabhängigkeitsbewegungen, das Polizeistaatswesen und die Kriegsverbrechen, an die Joachim Müller erinnert, als Negativa verbuchte. Daran, daß Heine Napoleon als eine der größten Figuren der Weltgeschichte betrachtete, kann kein Zweifel bestehen, verglich er ihn doch – wie Hegel – vorzugsweise mit Alexander und Cäsar (574). Solche Vergleiche gehörten übrigens deshalb zum Standardrepertoire der positiven Napoleon-Legende, weil schon der General Napoleone Buonaparte sie suggeriert und der Kaiser Napoleon sie kräftig propagiert hatte. Börne, der Napoleon nicht mit den Augen des prinzipiengläubigen Geschichtsphilosophen Hegels, sondern mit jenen des abwägenden Historikers sehen wollte, kam entsprechend zu ab- und ausgewogeneren Urteilen. Ähnlich wie viele Zeitgenossen – und wie Heine bis zu einem gewissen Grade selbst – unterschied Börne bei dem Politiker zwischen der »Bonapartschen« Phase vor und der »Napoleonischen« Ära nach dem Staatsstreich von 1799: »*Bonaparte*«, schrieb Börne, »war groß, edelmütig, hochherzig, er hatte für Freiheit und Recht gekämpft; aber *Napoleon* war herrschsüchtig, eigenmächtig, schlecht und trugvoll« (255). Doch auch Napoleon als Kaiser, den Börne an gleicher Stelle »diesen ruchlosen, fluchbeladenen Mann« nannte, ließ er als Historiker Gerechtigkeit widerfahren, wenn er festhielt, daß die Französische Revolution durch ihn »nicht unterbrochen, sondern befördert worden« sei: Napoleon habe »den ganzen Vorrat der französischen Freiheit« genommen, um »ihn als Saatkorn in Europa auszustreuen« (1095). Napoleons historische Funktion wurde also letztlich von Börne und Heine ähnlich gesehen.

Die Jahre nach der Revolution
von 1830 (1830–1839)

> Ich habe wenig Zeit; Europa wartet auf
> mich.
> (Ludwig Börne, *Briefe aus Paris*)

I.

Wie ein Magnet zog die Revolution von 1830 deutsche
Schriftsteller und Publizisten in die französische Hauptstadt. Diese Reisen beziehungsweise die daraus resultierenden Berichte hat Rutger Booß dokumentiert. Den Pilgern
zum Mekka der politischen Freiheit gesellten sich Ludwig
Börne und Heinrich Heine hinzu. In deren Vorstellungen
machte Frankreich schon lange die Avantgarde der europäischen Gegenwartsentwicklung aus. Für beide verwandelte sich wegen der Verschärfung des Reaktionskurses in
den deutschen Ländern der Paris-Bummel, wie Ludwig
Marcuse ihn nannte, in ein lebenslanges Exil. Börne traf im
September 1830 und Heine im Mai des folgenden Jahres in
der Metropole Frankreichs ein. Die Juli-Revolution selbst
hatten sie nicht miterlebt; was sie beobachten konnten,
waren die Macht- und Stimmungskämpfe während der
jungen Herrschaft des Bürgerkönigs Louis Philippe. Börne
kannte, im Gegensatz zu Heine, Paris bereits; schon 1819
hatte er die Stadt für längere Zeit besucht. Die Gemeinsamkeiten und Verwandtschaften zwischen Börne und Heine
waren nicht zu übersehen: Beide stammten aus wohlhabenden Bürgerfamilien in Frankfurt beziehungsweise Hamburg und hatten ein wirtschaftswissenschaftliches beziehungsweise juristisches Studium absolviert, beide waren
zum protestantischen Christentum konvertierte Juden, beide verstanden sich als kosmopolitische Publizisten und
Schriftsteller, die politische Prinzipien in Anlehnung an die
aufklärerisch-revolutionäre Tradition vertraten, bei beiden
stand der Begriff der Freiheit im Zentrum des Denkens, und
beide setzten ihre Prosa als Zweckform im Dienst der Zeit-

und Ideenbewegung ein, bekannten sich also zu einer Ästhetik, die auf den Abschied von der Goetheschen Kunstperiode hinauslief.

Heine und Börne waren seit Jahren miteinander bekannt, und es war selbstverständlich, daß man sich in Paris zu Gesprächen verabredete. Ein Jahr nach Börnes Ankunft begegneten sie sich wieder – bezeichnenderweise im Hôtel de l'Europe, wo Börne Logis genommen hatte. Bei diesem Treffen unterbreitete Börne dem elf Jahre jüngeren Kollegen den Plan, gemeinsam ein Journal herauszugeben. Heine fand das Angebot offenbar nicht sehr verlockend. Das Agitatorische, radikal Apostelhafte an dem Haupt der in Paris versammelten deutschen Republikaner ließ Heine auf Distanz gehen. Ein halbes Jahr später hatte sich das Verhältnis der beiden bereits so verschlechtert, daß an eine Kooperation nicht mehr zu denken war. In der Folge wuchs sich die Entfremdung zu Feindschaft und Haß aus. Börne führte seinen Journalplan erst 1836 mit der auf französisch erscheinenden *La Balance* durch, von der allerdings nur zwei Hefte erschienen. (Eine Zeitschrift gleichen Namens hatte er auf deutsch schon ein Jahrzehnt früher – von 1818 bis 1821 – herausgegeben: *Die Wage. Blätter für Bürgerleben, Wissenschaft und Kunst*.) Er setzte sich in der *Balance* für die Verbrüderung Deutschlands und Frankreichs ein. In der »Einleitung« zur *Balance* schrieb er: »Der wäre ein geschickter Diplomat, dem es gelänge, den Frieden zwischen beiden Nationen zu vermitteln, dadurch, daß man sie bewegte, ein neues gleichartiges Ganze zu bilden, ohne ihre bezeichnenden Eigenschaften aufzuopfern« (70). Als Demokratien vereint, würden die beiden Länder das Schicksal Europas und damit der damaligen Welt bestimmen. Der Titel war im Hinblick auf einen möglichen Ausgleich zwischen Frankreich und Deutschland gedacht: Das Destruktiv-Revolutionäre der Franzosen sollte ergänzt werden durch Konstruktiv-Aufbauendes der Deutschen. Börnes demokratische Vorstellungen orientierten sich dabei zunehmend am Begriff der Volkssouveränität, wie er von Félicité Robert de Lamennais vertreten wurde. Mit dem Journal *L'Avenir* hatte der Abbé Lamennais 1830 seine ehemals katholisch-klerikale Position verlassen. Jetzt forderte er die Demokratisierung der Gesellschaft, die Trennung von Kirche und Staat sowie die Religionsfreiheit für alle Bekenntnisse, woraufhin die Schriften des ehemaligen römischen Günstlings mit dem päpstlichen Bann belegt wurden. Geschieden wurden Börne und Heine – wie Johannes Weber nachweist – durch die weltanschaulich-politischen Fronten, die gleichsam quer durch das liberale Paris verliefen. Börne nämlich war von Lamennais als Apostel der Demokratie und des christlichen Sozialismus fasziniert und übersetzte die 1833 erschienenen *Paroles d'un croyant* des streitbaren Theologen ins Deutsche. (Manfred Schneider weist darauf hin, daß auch Ludwig Weidig, der Weggefährte Georg Büchners, zu den Anhängern Lamennais' zählte.) Heine dagegen hatte sich der Position des utopischen Sozialismus der Saint-Simonisten genähert. Während Heine 1832 die konstitutionelle Monarchie als Staatsform favorisierte, tendierte Börne entschiedener zum antimonarchistischen Republikanismus. Börne brachte erneut seine Abneigung gegenüber Napoleon zum Ausdruck, Heine erkannte in ihm nun einen saint-simonistischen Kaiser. Heine war Hegel-Anhänger, Börne verachtete Hegel als »Knechtphilosophen«. Börne war beim Hambacher Fest 1832 anwesend und setzte große Hoffnungen auf die kommende Revolution in Deutschland, Heine dagegen war skeptisch und gab den Hambachern keine Chance. Heine glaubte an eine Mission Rußlands, für Börne dagegen verkörperte der Zar die Reaktion schlechthin. Nicht zuletzt schieden sich die Geister in Fragen der Frauenemanzipation (von der Börne nichts wissen wollte) und der christlichen beziehungsweise unchristlichen Ehemoral.

In dem halben Jahr zwischen Herbst 1831 und Frühjahr 1832 verkehrte man miteinander und sprach unter anderem über die damals erscheinenden *Briefe aus Paris* und die *Französischen Zustände*. Börnes Werk hätte man auch *Europäische Briefe* und Heines Buch vergleichsweise *Europäische Zustände* nennen können. Das Mittelstück der *Briefe aus Paris*, nämlich die Aufzeichnungen von September 1831 bis März 1832, erschien ursprünglich unter dem aus Zensurgründen gewählten, aber keineswegs unpassenden Titel *Mittheilungen aus dem Gebiete der Länder- und Völkerkunde* 1833 zweibändig bei dem fingierten Verlag L. Brunet in Offenbach, wobei es sich – wie bei den ersten zwei Bänden – um Hoffmann & Campe in Hamburg handelte. Heine hob in der Vorrede zu den *Französischen Zuständen* hervor, daß die Augsburger *Allgemeine Zeitung,* in der seine Zustandsbeschreibungen 1832 erschienen, »die ,Allgemeine Zeitung' von Europa« (91) genannt werden könne. Paris war ihnen beiden eine Art Hochsitz, von dem aus die europäischen Geschehnisse und Verhältnisse überblickt werden konnten. »Hier ist man im Mittelpunkte«, schrieb Börne an Jeanette Wohl, die Adressatin seiner Briefe, »Europa hat die Augen auf Paris gerichtet, man sieht den Begebenheiten in das Angesicht« (255). Und Heine, der nach wie vor in Paris das neue Jerusalem der Freiheitsreligion sah, feierte auch in den *Französischen Zuständen* diese »Stadt der Freiheit, der Begeisterung und des Martyrtums« als »Heilandstadt, die für die weltliche Erlösung der Menschheit schon so viel gelitten!« (180).

Was die Analyse der politischen Vorgänge in der Hauptstadt betraf, fällt auf, daß Börne nur sehr allgemein urteilte, während Heine versuchte, dem Leser einen Durchblick durch die Parteienkämpfe im bürgerköniglichen Frankreich zu vermitteln. Gleich zu Anfang seiner Briefe verdeutlichte Börne, daß er mit den Erwartungen eines deutschen Jakobiners an die Seine geeilt sei, eines Revolutionärs, der hoffte, daß der Umbruch von 1789 eine erneute Chance der geschichtlichen Bewährung erhalten werde. Als er in Kehl die »erste französische Kokarde« sah, »entzückte« ihn der »Anblick«. »Er erschien mir«, heißt es, »wie ein kleiner Regenbogen nach der Sündflut unserer Tage, als das Friedenszeichen des versöhnten Gottes.« Ähnlich enthusiasmierte ihn das nationale Symbol der Trikolore: »Das Herz«, bekannte er, »pochte mir bis zum Übelbefinden, und nur Tränen konnten meine gepreßte Brust erleichtern.« Im Hinblick auf die deutschen Verhältnisse fügte er hinzu: »Gott! könnte ich doch auch einmal unter dieser Fahne streiten« (5). Schon auf diesen ersten Seiten wird deutlich, daß das revolutionäre Frankreich in den Augen Börnes das Modell für die übrigen Länder Europas abgibt, besonders für Deutschland. Darauf, daß die *Briefe aus Paris,* die solche Botschaften enthielten, zu einem Ärgernis ersten Grades bei den Regierungen Preußens und Österreichs werden mußten, weist Walter Hinderer hin. Börne erkannte bald, daß der Rekurs auf die Geschehnisse von 1789 verfehlt war. An ihnen gemessen, handle es sich bei den Juli-Vorfällen eigentlich gar nicht um eine Revolution; die sei vielmehr noch zu erwarten. »Da nun die letzte Revolution«, schrieb Börne, »ihren Zweck nicht erreicht hat (denn die jetzigen Machthaber wollen darin nur eine Veränderung der Dynastie sehen) und man den Franzosen nicht freiwillig gibt, um das sie gekämpft haben, wird eine neue Revolution nötig werden; und die bleibt gewiß nicht aus« (61). Doch diese Hoffnung wurde enttäuscht, und am Ende des Buches drückte Börne seine verlorenen Illusionen im post- beziehungsweise pseudorevolutionären Pariser Alltag aus: »Die Julirevolution, ein Zornvulkan, von dem Himmel selbst geladen, damit die Könige zu schrecken und zu strafen, ist ein wasserspeiender Berg geworden, den Völkern zum Verdrusse und den Fürsten zum Gespötte!« (692) Sarkastischer noch äußerte Börne sich über die »Erfolge« dieser Revolution in den deutschen Ländern. Er hielt sie in sechs Punkten fest: »1. Die Cholera. 2. In Braunschweig hatten sie sonst einen Fürsten, der es wenigstens nicht mit dem Adel hielt; jetzt haben sie einen, der sich vom Adel gängeln läßt. 3. Die Sachsen haben statt einem Fürsten jetzt zwei. 4. Die Hessen haben statt der alten fürstlichen Mäträsse eine junge bekommen. 5. In Baden konnte man früher eine Zeitung schreiben ohne Kaution, jetzt muß man eine leisten. 6. Wer in Bayern den König beleidigte, mußte früher vor dessen Ölbilde Abbitte tun; jetzt kommt der Beleidiger auf fünf Jahre in das Zuchthaus« (337).

Heine beobachtete mit Argusaugen das Lavieren des neuen Königs sowie seines Premierministers Casimir Périer zwischen den Legitimisten und Liberalen, Republikanern und Konstitutionalisten. Ein schier unerschöpfliches Repertoire an literarischen und mythologischen Anspielungen stand dem Autor zur Verfügung. Ende 1831 wurde Giacomo Meyerbeers Oper *Robert le diable* mit großem Erfolg in Paris uraufgeführt, und so verglich er Louis Philippe beziehungsreich mit Robert dem Teufel: »Von dem Geiste seines Vaters zum Bösen, zur Revolution, und von dem Geiste seiner Mutter zum guten, zum alten Regime hingezogen, in seinem Gemüte kämpfen die beiden angeborenen Naturen, er schwebt in der Mitte zwischen den beiden Prinzipien, er ist Justemilieu« (150). Seine Erwartungen formulierte Heine in einer Art Königsspiegel, doch dachte der Adressat nicht im Traum daran, sich ihn vorzuhalten. Das Wunschverhalten des Bürgerkönigs hätte nach Heine so ausgesehen:»Ludwig Philipp mußte an die Spitze der europäischen Freiheit treten, die Interessen derselben mit seinen eigenen verschmelzen, sich selbst und die Freiheit identifizieren, und wie einer seiner Vorgänger ein kühnes ‚L'Etat c'est moi!' aussprach, so mußte er mit noch größerem Selbstbewußtsein ausrufen: ‚La liberté c'est moi!'« (159). Aber Louis Philippe hatte weder die Statur eines Sonnenkönigs oder eines Grafen von Mirabeau noch die eines europäisch dimensionierten Herrschers wie Karl der Große, und so konnte er auch keine Mischung der drei Aristokraten abgeben, eine Kombination, wie Heine sie für die ideale Persönlichkeit des konstitutionellen Monarchen vor Augen schwebte. Am Ende der *Französischen Zustände* bezweifelte er, ob Louis Philippe »als der erste Bürgerkönig« der »Stifter eines neuen Herrschertums« – also der konstitutionellen Monarchie – werden könne. Die Bedingung wäre: »wenn er Thron und ehrliche Gesinnung bewahrt«, doch gerade das sei »ja eben die große Frage« (279).

Wie die Herren, so die Knechte. Périer, der die Republikaner im Kreis um den Marquis de La Fayette düpiert hatte, wurde als »verkehrter Prometheus« tituliert, der »den Menschen das Licht« stehle, »um es den Göttern wiederzugeben« (145). Kein Wunder, daß Heine nach Périers Tod dem Politiker einen allen rhetorischen Gepflogenheiten widersprechenden Nachruf schrieb, in dem er hervorhob, daß dem Premier die »Börsenkurse« wichtiger als »die Freiheit von Europa« gewesen seien, daß »die Fahne der Freiheit« durch »seine Schuld so viele Beleidigungen erlitten« habe (191, 195). Périer war, mit Heine zu sprechen, in allem das genaue Gegenteil des Prometheus und Freiheitspropheten Napoleon. Die »grande révolution« von 1789 hatte den großen Napoleon und die kleine Revolution von 1830 den mittelmäßigen Périer hervorgebracht.

Bei aller Ernüchterung über die Verhältnisse im Justemilieu des Frankreichs zu Anfang der dreißiger Jahre waren Heine und Börne doch der Meinung, daß Paris jedem anderen Aufenthaltsort in Europa vorzuziehen sei. »Man ist hier«, schrieb Heine, »de facto seines Leibes und seines

Eigentums immer noch sicherer als im übrigen Europa, mit Ausnahme Englands und Hollands. Obgleich Kriegsgerichte instituiert sind, herrscht hier noch immer mehr faktische Preßfreiheit, und die Journalisten schreiben hier über die Maßregeln der Regierung noch immer viel freier, als in manchen Staaten des Kontinents, wo die Preßfreiheit durch papierne Gesetze sanktioniert ist« (249). Von einer engeren Verbindung Frankreichs und Deutschlands würden letztlich beide Länder profitieren. Wie Harald Weinrich zeigt, schwebte Heine das Gedanken-Tat-Modell vor Augen, dem zufolge Frankreich die politische Avantgarde und Deutschland den geistigen Fortschritt in Europa vertraten: Wie auf die französische Gedankenperiode der Aufklärung die Tat der Revolution von 1789 gefolgt sei, so werde auch in Deutschland nach der Geistesepoche von klassisch-romantischer Literatur und idealistischer Philosophie eine Ära der politisch-gesellschaftlichen Aktion eintreten. Darauf könnten die Deutschen vorbereitet werden, indem man sie in die Schule der gegenwärtigen französischen Umbruchszeit schicke. Heine selbst sah sich in einer Vermittlerrolle zwischen den beiden Ländern. Den Deutschen gedachte er mit den *Französischen Zuständen* politische Lektionen zu erteilen, und den Franzosen wollte er deutsche Geistigkeit nahebringen unter anderem mit der im Pariser *L'Europe littéraire* abgedruckten Artikelserie »Zur Geschichte der neueren schönen Literatur in Deutschland«, die später zur *Romantischen Schule* erweitert wurde. Schon nach einem Jahr Parisaufenthalt glaubte Heine, eine positive Zwischenbilanz ziehen zu können: »Wir haben beide, Franzosen und Deutsche, in der jüngsten Zeit viel voneinander gelernt; jene haben viel deutsche Philosophie und Poesie angenommen, wir dagegen die politischen Erfahrungen und den praktischen Sinn der Franzosen« (211). Was bei den politischen Nachhilfestunden für die Deutschen herausschauen sollte, waren nach Heines Auffassung aber nicht Revolution und Republik wie bei Börne (jedenfalls nicht als realisierbare Nahziele), sondern konstitutionell-monarchische Verfassungen. »Ich glaube nicht so bald an eine deutsche Revolution«, bekannte er, »und noch viel weniger an eine deutsche Republik; letztere erlebe ich auf keinen Fall« (210). Zur Begründung wies Heine ähnlich wie in den *Reisebildern* auf die Autoritätsgläubigkeit der Deutschen hin. »Deutschland«, schrieb er, »kann keine Republik sein, weil es seinem Wesen nach royalistisch ist« (212). »Der Glaube an Autoritäten«, fuhr er fort, sei bei den Deutschen noch nicht »erloschen, und nichts Wesentliches drängt sie zur republikanischen Regierungsform. Sie sind dem Royalismus nicht entwachsen« (215). Das »konstitutionelle Königtum« dagegen sei für die Deutschen die zeitgemäße Verfassung, werde »von der Gegenwart, von Uns in Deutschland, verlangt« (238).

Heine prophezeite das Scheitern der revolutionären Bewegung, wie sie von deutschen Republikanern wie Philipp Jacob Siebenpfeiffer und Johann Georg August Wirth im Umkreis des Hambacher Festes von 1832 in Gang gesetzt worden war. Anspielend auf die Aktivitäten des Revolutionärs Wirth meinte er in Verkehrung des bekannten Sprichworts: »Armer Wirth! du hast die Rechnung ohne die Gäste gemacht!« (215) Zweifellos räumte Heine dem Republikanismus in Frankreich eine viel größere Chance ein als in Deutschland. Aber auch hier hatte er beobachten müssen, daß die Republikaner die großen Verlierer der Revolution von 1830 gewesen waren. Im Grunde hielt er – wiederum im Gegensatz zu Börne – die konstitutionelle Monarchie auch für die adäquate politische Repräsentationsform Frankreichs. Diese Verfassung existierte bisher mehr in der Idee als in der Wirklichkeit; unter dem Bürgerkönig war sie noch keineswegs durchgesetzt worden. Nur England hatte eine Konstitution, die sich diesem Ideal zumindest näherte. Dort ermöglichte sie liberalen, ausgesprochen antiabsolutistischen Politikern wie dem von Heine verehrten George Canning ein erfolgreiches Wirken. Dem langjährigen britischen Außenminister (als solcher unterstützte er den Befreiungskampf der Griechen) gewährte Heine sogar die Ehre des Vergleichs mit Napoleon (147). Beim Studium der Revolution von 1789, wie er sie damals betrieb, gelangte Heine zu der Auffassung, daß der Konstitutionalist Mirabeau »der eigentliche Repräsentant seiner Zeit« gewesen sei, »daß Mirabeau seine Zeit am tiefsten begriffen« habe, »daß er nicht sowohl niederzureißen als auch aufzubauen wußte« (235–237). An Präzision ließ Heine es nicht fehlen, wenn er die konstitutionelle Monarchie definierte. »Indem

ich das Wesen des Absolutismus dadurch bezeichne«, dozierte er, »daß in der absoluten Monarchie der Selbstwille
des Königs regiert, bezeichne ich das Wesen der repräsentativen, der konstitutionellen Monarchie um so leichter,
wenn ich sage: diese unterscheidet sich von jener dadurch,
daß an die Stelle des königlichen Selbstwillens die Institution getreten ist«, also »ein System von Staatsgrundsätzen,
die unveränderlich sind« (186).

Börne stimmte mit Heine darin überein, daß Deutschland
zur Beförderung des politischen Fortschritts im Sinne wachsender bürgerlicher Freiheiten eine Schulung an und Bekanntschaft mit französischen Zuständen nur guttun könne. In den *Briefen aus Paris* begann er, gegen Heine als
milden, unsicheren Ästheten zu sticheln, sah sich als »Ge-
schichtstreiber« im Gegensatz zum bloßen »Geschichts-
schreiber« Heine (156). Solche Abgrenzungen klangen wenig überzeugend. Milde politische Urteile hätten die Regierung Metternich nicht veranlaßt, Heine so viel Scherereien
zu bereiten. Ähnlich wie Heine schon in den *Reisebildern*
fragte auch Börne in den *Briefen aus Paris*: »Liegt Frankreich
in dem nämlichen Europa, in dem auch Deutschland liegt?
Ein Fluß, über den jeder Hase schwimmt, kann er die Freiheit von der Tyrannei abhalten oder Sklaven, herüberzu-
kommen?« (121) Während Frankreich »seit vierzig Jahren
der Krater Europas« sei, der »Feuer« werfe, zittere man
östlich des Rheins, »wenn einige Franzosen mit liberalen
Reden in ihrer Maultasche durch Deutschland reisen«, und
schreie »entsetzt: Propaganda, Propaganda!« (368 f.). Die
Vorstellung, daß Frankreich von einem Philosophieimport
aus Deutschland profitieren könne, war bei Börne weniger
ausgeprägt als bei Heine. Ihm ging es vor allem um eine
Vermittlung revolutionären, demokratischen, republikanischen Denkens aus Frankreich nach Deutschland. Wenn
irgend möglich, sollte der politische Fortschritt der Franzosen den Deutschen zugute kommen. Eine Konföderation
der beiden Staaten propagierte Börne, wie Elmar Werner
gezeigt hat, auch aus einem außenpolitischen Grund: Nur
ein geeintes westliches Europa werde sich vor den Übergriffen Rußlands schützen können. Eine solche Vereinigung
dachte Börne sich als Nahziel. Börne verzichtete beim Vorschlag dieses Projektes auf die republikanische Staatsform

und schlug – nicht ohne revolutionäre Hintergedanken – statt dessen die konstitutionelle Monarchie vor. Er führte dazu aus: »Wir haben nämlich den Plan gemacht, Frankreich und Deutschland wieder zu einem großen fränkischen Reiche zu vereinigen. Zwar soll jedes Land seinen eigenen König behalten, aber beide Länder eine gemeinschaftliche Nationalversammlung haben. Der französische König soll wie früher in Paris thronen, der deutsche in unsrem Frankfurt und die Nationalversammlung jedes Jahr abwechselnd in Paris oder in Frankfurt gehalten werden« (26 f.). Die französisch-deutsche konstitutionelle Monarchie wäre auf eine faktische Entmachtung der Monarchen hinausgelaufen, denn ein einiges Parlament hätte mit zwei Königen leichtes Spiel gehabt.

Daß Börne mit dieser Idee nicht durchdringen werde, muß ihm selbst klar gewesen sein. Er schloß damit an die Europa-Utopie Saint-Simons und Thierrys an, die ebenfalls von einem Nukleus-Europa als Voraussetzung der künftigen Vereinigung des Kontinents ausgegangen waren. Hatten sie die Kombination Frankreich–England vorgeschlagen, ging Börne von der französisch-deutschen Union aus; hatten Saint-Simon und Thierry auf die in beiden Ländern existierende demokratische Tradition verwiesen und als Verfassungstheoretiker argumentiert, brachte Börne als Historiker die ehemals existierende Einheit der zwei Völker im karolingischen Reich ins Spiel. »In wenigen Jahren wird es ein Jahrtausend«, schrieb er, »daß Frankreich und Deutschland, die früher nur *ein* Reich bildeten, getrennt wurden. Dieser dumme Streich wurde, gleich allen dummen Streichen in der Politik, auf einem Kongresse beschlossen, zu Verdun im Jahre 843« (26). Mit den ausgearbeiteten Europa-Plänen Saint-Pierres oder Saint-Simons lassen sich die eingestreuten Ideen zur Unifikation beziehungsweise Pazifizierung des Kontinents bei Börne und Heine nicht vergleichen. Beide verstanden ihre publizistisch-literarische Arbeit als Propädeutik in die politische Kunst der Vereinigung Europas. Ingrid Oesterle hat daran erinnert, daß innerhalb der Literaturgeschichte die Jungdeutschen die Zeitdimension der Gegenwart entdeckten und in erster Linie das Verstehen aktueller Vorgänge (nicht primär jene der Vergangenheit) zur Voraussetzung sinnvollen politischen Handelns erklärten. Jürgen Brummack weist darauf hin, daß bei den Jungdeutschen – anders als bei den Romantikern – die Masse als zukünftige politische Kraft anerkannt wurde. Im Sinne des positiven Gegenwarts- und Masseverständnisses ist Heines Bekenntnis zum Völkerbündnis zu verstehen. Dazu führte er aus: »Wenn wir es dahin bringen, daß die große Menge die Gegenwart versteht, so lassen die Völker sich nicht mehr von den Lohnschreibern der Aristokratie zu Haß und Krieg verhetzen, das große Völkerbündnis, die Heilige Allianz der Nationen, kommt zu Stande, wir brauchen aus wechselseitigem Mißtrauen keine stehenden Heere von vielen hunderttausend Mördern mehr zu füttern, wir benutzen zum Pflug ihre Schwerter und Rosse, und wir erlangen Friede und Wohlstand und Freiheit. Dieser Wirksamkeit bleibt mein Leben gewidmet; es ist mein Amt« (91).

Selten schlug Heine einen feierlich-ernsteren Ton an. Hier verdeutlichte er mit Nachdruck, daß die Kombination von Freiheit, Einheit und Friede auf dem Kontinent das Telos seiner schriftstellerischen Arbeiten ausmachte. Wie in den *Reisebildern* entwarf er auch hier im Gegenzug zur equilibristischen Machtpolitik der Restaurationspolitiker das Bild eines freiheitlichen, entmilitarisierten, unifizierten und pazifizierten Europas, einer im Wortsinne »Heiligen Allianz der Nationen«. Daß man bei dieser Propädeutik nicht nur die Rolle des Lehrenden, sondern auch die des Lernenden einnahm, nicht nur den Status des Wissenden, sondern auch den des unsicheren Erkunders innehatte, zeigt eine Stelle in Börnes Briefen, an der es heißt: »Ich kann es Ihnen nicht länger verschweigen, daß die europäischen Angelegenheiten, die ich, wie Sie wissen, so gut auswendig kannte als das Einmaleins, anfangen, mir über den Kopf zu steigen. Anfänglich hielt ich sie unter mir, indem ich mich auf den höchsten Stuhl der Betrachtung stellte; aber da sind sie mir bald nachgekommen, und ich kann jetzt nicht höher« (249 f.). Daß sie als jüdische Kosmopoliten es für ihre Aufgabe hielten, gegen nationale Beschränkungen anzukämpfen und für die Vereinigung der Völker zu streiten, wurde von Börne direkt ausgesprochen. Wie bei Heine stand auch bei Börne der Kampf für die Freiheit im Mittelpunkt der schriftstellerischen Aktivitäten. Inge und Peter Rippmann belegen, daß der Kampf des Judentums um Emanzipation

Börne zum Paradigma der Befreiung des Menschen allgemein wurde. Börne bekannte: »Ja, weil ich als Knecht geboren, darum liebe ich die Freiheit mehr als ihr. Ja, weil ich die Sklaverei gelernt, darum verstehe ich die Freiheit besser als ihr. Ja, weil ich in keinem Vaterlande geboren, darum wünsche ich ein Vaterland heißer als ihr« (511). Dieses Vaterland wünschte Börne sich wie Heine als ein europäisches und kosmopolitisches.

Mit den deutschen Staaten, wie sie faktisch bestanden, konnotierten Börne und Heine durchweg Unterdrückung, Beschränkung, Limitierung, Zensur, Haft. Das wird besonders deutlich bei ihren Auslassungen über Preußen und Österreich. Was den Zuwachs an Freiheit in »Österreich und Preußen« betraf, war nach Börne »keine Hoffnung zum Bessern« zu erwarten (83). Ähnlich lautete die Zeitdiagnose Heines, der Preußen mehr als Österreich verachtete. Die österreichische Regierung dachte zwar auch nicht daran, den Bürgern eine Verfassung zuzugestehen, aber der preußische König hatte sein Versprechen, eine Konstitution einzuführen, gebrochen (101). Nationalstaatliche Bestrebungen wurden von Heine und Börne nur unterstützt, wenn sie einen Zugewinn an bürgerlicher Freiheit versprachen. Das war ihrer Meinung nach beim Kampf der Polen um ihre Unabhängigkeit der Fall. Der polnische Aufstand wurde überall in Europa, mit besonderer Intensität aber im Paris Louis Philippes diskutiert, der – allerdings nur verbal – die Polen unterstützte. Börne sah die Vorgänge in Polen differenzierter als Heine, der auf allzu einseitige Weise Preußen die Schuld am Unglück der Polen zuschob (95). Die Bemerkungen über Polen in den *Briefen aus Paris* zeigen den politischen Scharfblick und Realitätssinn ihres Autors. Schon im Dezember 1830 bezweifelte Börne, daß die Polen ihre Sache durchsetzen könnten, da die Russen »zu mächtig« seien. Daß es »dort ein erschreckliches Gemetzel geben« werde, war für ihn keine Frage (82). Über das Mächteverhältnis zwischen Adel und Bürgertum in Polen war Börne informiert. Er schrieb darüber: »Ich kann nicht wissen, wie es im Lande aussieht. Mächtig dort ist nur der Adel allein, der Bürgerstand ist noch schwach. Wenn nun dem Adel mehr daran gelegen wäre, Polens Unabhängigkeit als Polens Freiheit zu erlangen!« (173) Weniger als der Realismus des Berichterstatters ist das philosophische Verständnis des Autors vom Fortschritt der Freiheit zu bewundern. Börnes Sendungsbewußtsein ließ es offenbar nicht zu, den Ausgang des polnischen Aufstandes als das zu interpretieren, was es war: eine Niederlage in vieler Hinsicht. Im März 1831 notierte er: »Es sollte nicht sein, es ist zu Ende mit den Polen! Wir wollen darum nicht verzweifeln, die Freiheit verliert nichts dabei. Die Erben haben sich vermindert, desto größer wird die Erbschaft. Schmerzlich ist es, daß Polen sich als Saatkorn in die Erde legen mußte; aber der Same wird herrlich aufgehen« (222). Dieses Verbuchen des »Gemetzels« als »Same« und Freiheitsgewinn für die Zukunft (Ernst Jünger wird später ähnlich über die Opfer des Zweiten Weltkriegs urteilen) ist in hohem Maße irritierend.

Börnes und Heines Parisnachrichten fanden eine Art Fortsetzung in Theodor Mundts *Tagebuch aus Paris* und in seinen Mitteilungen *Deutschland in Frankreich*, die beide 1838 erschienen. Doch sind diese Reportagen weniger von allgemein europäischem Interesse, wollen den Leser vielmehr vor allem über spezifisch französische Entwicklungen auf dem laufenden halten. Das war nicht anders in Heines zwischen 1840 und 1843 für die Augsburger *Allgemeine Zeitung* geschriebenen Berichte, die der Autor 1854 in überarbeiteter Fassung unter dem Titel *Lutetia* publizierte.

Auffallend wenig berichteten Börne und Heine als die beiden Seismographen europäischer Freiheitsbewegungen Anfang der dreißiger Jahre vom italienischen Risorgimento. Heine war zutiefst enttäuscht, daß Louis Philippe, statt den Italienern gegen die österreichische Unterdrückung beizustehen, 1832 lediglich Ancona besetzte, das nun sechs Jahre lang unter französischer Herrschaft stehen sollte. Statt zu Befreiern waren die Franzosen damit zu Besatzungskumpanen der Österreicher in Italien geworden. »Nie stand Frankreich so tief in den Augen des Auslandes«, stellte Heine fest (149). Börne beließ es beim Ausdruck der Schadenfreude Österreich betreffend und einem so verunglückten wie unpassenden Vergleich: »Die italienische Revolution«, meinte er, »greift um sich wie ein Fettfleck, und nicht mit der ganzen Erdkugel wird Österreich das reinigen können« (195). Vom Geheimbund der aufrührerischen Karbonari wußte in Paris jeder kritische Kopf. Als Charbonnerie hatte sie zwischen 1815 und 1830 auch in Frankreich eine wichtige Rolle gespielt, und einflußreiche Anhänger waren Mitglieder der Juli-Regierung geworden. Unter Louis Philippe löste sich die Charbonnerie fast gänzlich auf. Ihre Reste spalteten sich in den gemäßigteren Bund der Kosmopoliten und in die radikale Charbonnerie démocratique. Die Kosmopoliten wurden nach außen durch La Fayette gedeckt, mit dem Börne persönlich Kontakt aufgenommen hatte. Das Haupt der Kosmopoliten war Henry Misley aus Modena, der die Befreiung aller lateinischen Völker von der Fremdherrschaft erstrebte. Nach Erreichung dieses Zieles war an eine bundesstaatliche Vereinigung als lateinische Großrepublik gedacht. Die Charbonnerie démocratique erklärte die republikanische Verfassung zu ihrem Projekt. In ihr wurden François Noël Babeufs Ideen einer absoluten Gleichheit ventiliert, und Babeufs ehemaliger Mitverschwörer Filippo Buonarroti stand an ihrer Spitze. Buonarroti hatte den Ehrgeiz, den ganzen europäischen Geheimbund mit seinen diversen nationalen Filiationen von der französischen Hauptstadt aus zu dirigieren. Börne und Heine waren über die Ziele der Karbonari und die Schriften Babeufs und Buonarrotis informiert, doch die Fanfarenstöße des jungen Giuseppe Mazzini klangen damals offenbar noch nicht durchdringend genug, um den beiden Deutschen in Paris zu Gehör zu kommen.

II.

»Ich hatte gegen den größten Feldherrn zu kämpfen, es gelang mir, Kaiser, Könige, einen Zaren, einen Sultan, einen Papst zu einigen. Aber niemand auf Erden hat mir größere Schwierigkeiten bereitet, als ein Schuft von einem Italiener, mager, blaß, zerlumpt, aber beredt wie der Sturm, glühend wie ein Apostel, abgefeimt wie ein Dieb, frech wie ein Komödiant, unermüdlich wie ein Verliebter, und der hieß Giuseppe Mazzini« (Hans Gustav Keller). Klemens Wenzel Fürst Metternich, von dem diese Zeilen stammen, übertrieb mit der Charakterisierung Mazzinis keineswegs. Der österreichische Haus-, Hof- und Staatskanzler und der italienische Revolutions-, Risorgimento- und Nationalschriftsteller verkörperten die dominanten gegensätzlichen politischen Prinzipien des europäischen 19. Jahrhunderts. Mazzini stand für Republikanismus, nationale Souveränität und solidarische Kooperation europäischer Staaten; Metternich vertrat die Legitimität, den Absolutismus der Dynastien und das politische Gleichgewicht in Europa. Beide konnten zu ihren Lebzeiten Erfolge ihrer Prinzipien verbuchen: Metternichs Politik beherrschte die Szene zwischen 1815 und 1848, und Mazzini erlebte noch die Wiedereinführung der republikanischen Verfassung in Frankreich sowie die nationale Einigung Italiens. Was ihre Europa-Vorstellungen betraf, so scheiterten sie in ihrem Jahrhundert beide: Das politische Gleichgewicht ließ sich auf Dauer nicht mehr austarieren, und von einer engen Kooperation der Einzelländer in Form einer europäischen Konföderation, von der Mazzini geträumt hatte, konnte schon gar keine Rede sein. Fragt man danach, welchen von beiden Prinzipien die Zukunft gehörte, so fällt die Antwort zugunsten Mazzinis aus: Der Legitimismus als Leitgedanke der Politik in Europa ist tot, der Absolutismus der europäischen Dynastien eine Sache der Vergangenheit, und von einem Gleichgewicht der europäischen Staaten untereinander ist keine Rede mehr. Mazzinis Republiken sind längst realisiert worden, die Nationalstaaten eine Realität und die europäische Zusammenarbeit ständig im Wachsen begriffen.

Im Gegensatz zu Metternich war Mazzini in erster Linie nicht Politiker, sondern Schriftsteller. Seinem literarischen Talent verdankte er es, wie Edward Elton Young Hales berichtet, daß die Karbonari ihn zur Mitarbeit aufforderten: Er war der junge Mann mit der vorzüglichen Bildung, der Fähigkeit zu formulieren, in mehreren Sprachen zu korrespondieren und wirkungsvolle Aufrufe zu verfassen. Seinen frühen literaturkritischen Essay *Über eine europäische Literatur* von 1829 verfaßte er als Mitglied der genuesischen Carbonaria. Seine politische Prägung erfuhr der junge Rechtsanwalt durch diese politische Geheimgesellschaft, die man in Deutschland den Köhlerbund nannte. Ziel der Karbonari waren die Beseitigung der Fremdherrschaft und die Einigung Italiens.

Die Mitglieder nannten sich Köhler, weil sie ihre Symbolik dem Köhlerwesen entnahmen. Die Farben ihrer Bundesfahne waren Schwarz, Blau und Rot, wobei Schwarz die Kohle (den glühenden Eifer), Blau den Rauch des Meilers (die Hoffnung) und Rot das Feuer (den Patriotismus) symbolisierten. Zu ihrem Schutzpatron hatten sie Sankt Theobald erkoren, einen Einsiedler aus dem 11. Jahrhundert, von dem die Legende berichtete, daß er im Wald als Köhler gelebt habe. Die Karbonari führten ihre Entstehung auf das Jahr 1515 zurück, also den Beginn der französischen Fremdherrschaft in Italien unter König Franz I. Tatsächlich waren sie eine jüngere Vereinigung, die erstmals 1807 von sich reden machte, als sie in Neapel einen – vom Polizeipräfekten aufgedeckten und verhinderten – Aufstand gegen den von Napoleon eingesetzten neuen König Joachim Murat planten. Untereinander nannten sich die Karbonari »buoni cugini« (gute Vettern). Das Königreich Neapel blieb ein Zentrum ihrer Aktivitäten, und 1820, als das Feuer der spanischen Revolution auf Neapel übergriff, gelang es ihnen vorübergehend, eine konstitutionelle Verfassung einzuführen, die allerdings unter dem Druck des von Metternich beorderten österreichischen Militärs ein Jahr später wieder rückgängig gemacht wurde. Um 1830 sollen der Geheimgesellschaft in ganz Italien über eine Million Mitglieder angehört haben.

1805 in Genua geboren, war schon der sechzehnjährige Mazzini am Freiheitskampf der Karbonari von 1821 in Savoyen beteiligt. Genua gehörte damals zum Machtbereich der von 1720 bis 1861 bestehenden sardinischen Monarchie, eines italienischen Königreichs, das die Insel Sardinien, das Herzogtum Savoyen, das Fürstentum Piemont, die Herzogtümer Aosta, Montferrat und Genua sowie die Grafschaft Nizza umfaßte. Auch der Aufstand von 1821 in Savoyen, für den sogar der präsumptive Thronfolger Prinz Karl Albert von Savoyen-Carignan gewonnen worden war, wurde durch Metternichs Truppen niedergeschlagen. Viele Karbonari flohen 1821 nach Frankreich, wo der Florentiner Buonarroti sich ihrer annahm, der zehn Jahre später zum Führer der französischen Charbonnerie wurde. Als Carbonaro verraten, verbüßte Mazzini 1830 ein halbes Jahr Kerkerhaft in Savona. Nach der Entlassung wurde er verbannt und suchte das Exil im nahen französischen Marseille. Hier entfaltete der junge Schriftsteller eine aktive Verschwörerarbeit. Er wollte die Basis der Karbonari erweitern und gleichzeitig die Befreiungsbewegung verjüngen. Dem Kampf um die nationale Unabhängigkeit gab er eine stärkere europäische Ausrichtung, und was die Verfassungsfrage betraf, sollte das Ziel nicht lediglich die konstitutionelle Monarchie, sondern die Republik sein. Vor allem war dem erst Fünfundzwanzigjährigen daran gelegen, seine eigene Generation für die Sache zu gewinnen. So löste er sich von den Karbonari und gründete 1831/32 die neue, sehr bald weitverzweigte Organisation des Jungen Italien, »La giovine Italia«, mit einer gleichnamigen Zeitschrift. Durch die Trennung von den Karbonari wollte Mazzini auch verhindern, daß Buonarroti von Paris aus die Fäden der italienischen Revolutionsbewegung in die Hände bekam. Im Frühjahr 1831 war Karl Albert als Thronfolger König der sardinischen Monarchie geworden. Von der zehn Jahre zurückliegenden Zusammenarbeit mit den Karbonari wollte er längst nichts mehr wissen; er herrschte jetzt unter österreichischer Protektion mit absoluter Machtvollkommenheit. Mazzini richtete damals einen berühmt gewordenen offenen Brief an den neuen Monarchen, in dem er ihn aufforderte, sich zum Führer der Befreiungs- und Einigungsbewegung Italiens zu machen. Erst in den späten vierziger Jahren emanzipierte Karl Albert sich von der Bevormundung Metternichs. Im Revolutionsjahr 1848 führte er sogar die konstitutionelle Verfassung in seinem Königreich ein und stellte sich tatsächlich an die Spitze der Einheitsbewegung. Sicher hat Mazzinis früher offener Brief dazu direkt nichts beigetragen, aber er belegt die Weitsichtigkeit ihres Autors. Wieder waren es die Österreicher (diesmal unter dem siegreichen General Joseph Wenzel Graf Radetzky), die die Einigungsbewegung militärisch behinderten. Karl Albert mußte zugunsten seines Sohnes Viktor Emanuel II. zurücktreten. Viktor Emanuel wird als erster König der neuen italienischen Monarchie 1861 annähernd verwirklichen, was der junge Mazzini in seinem offenen Brief 30 Jahre zuvor gefordert hatte.

1831/32 etablierten sich nach dem Mazzinischen Vorbild des Jungen Italien gleichgerichtete Gruppen in anderen europäischen Ländern, die sich das Junge Frankreich, Junge Polen, Junge Spanien, Junge Irland, Junge England und

Junge Deutschland nannten. Es handelte sich dabei um keine Massenorganisation. Das Junge Deutschland, dem vor allem Handwerker und einige Studenten angehörten, hatte, wie Keller berichtet, 168 Mitglieder; seine Ziele waren die Republikanisierung Deutschlands und die Errichtung eines vereinigten Reiches. Zum Mazzinischen Verschwörerkreis gehörte damals auch Louis Bonaparte, der 20 Jahre später als Kaiser Napoleon III. nicht gerade das realisierte, was sein italienischer Revolutionsfreund in seinen Manifesten verkündete. 1833 war Mazzini wieder in Genua, um dort eine Verschwörung mitzumachen, die dann aufgedeckt wurde. Zum Tode verurteilt, floh er in die Schweiz. Ermuntert durch das europaweite Echo auf das Junge Italien, gründete er in Bern mit einer Gruppe von sieben Italienern, fünf Polen und fünf Deutschen am 15. April 1834 das Junge Europa. Es war als Dachorganisation der autonomen Gruppierungen des Jungen Italien, des Jungen Deutschland und des Jungen Polen geplant. Die Gründungsurkunde sprach vieles von dem aus, was damals auch Heine und Börne zum Ziel europäischer Politik erklärt hatten: Auch hier war von der »Heiligen Allianz der Völker« und der »Freiheit und Gleichheit« der Nationen die Rede, auch hier sprach man von Humanität und Solidarität (Gwilym Griffith). In seinem zwei Jahre zuvor entstandenen Manifest *Verbrüderung der Völker* hatte Mazzini – auch darin den beiden Deutschen verwandt – klargemacht, daß es ihm nicht nur um die Freiheit einer Nation oder um die Europas gehe, sondern letztlich um den globalen Menschheitsfortschritt insgesamt. Europa hatte er dort als »Hebel der Welt« gesehen. »Die Geschicke der Welt« seien derzeit in die Hände der Europäer gelegt, und ihre Pflicht sei es, sie »auf den Weg des Fortschritts« zu bringen (Rolf Hellmut Foerster). Wie Heine sah Mazzini Christus als den Propheten der menschlichen Gleichheit, und ähnlich sprach auch Mazzini von der säkularisierten »Religion der Humanität« (Hales), die es zu begründen gelte. Mazzini verfaßte 1834/35 die Schrift *Glaube und Zukunft*. Hier propagierte er einen postchristlichen Humanitätsglauben in einer neuen Kirche und wandelte sich somit vom politischen Revolutionär zum Propheten. Daß er mit seinen politischen und religiösen Vorstellungen beim päpstlichen Kirchenstaat auf schärfste Ablehnung stieß, versteht sich. Ein »Drittes Rom« war es, das Mazzini anstrebte: Auf das Rom der Cäsaren und der Päpste sollte das republikanische Rom als Hauptstadt Italiens und kulturelles Zentrum eines erneuerten Europas folgen.

Das Junge Europa war nicht gegründet worden, um einen europäischen Einheitsstaat herbeizuführen. Mazzini war ein Theoretiker, der vor die Einigung Europas als vordringliches Ziel die Schaffung von Nationalstaaten auf seine Agenda setzte. So war er gleichzeitig Nationalist und Kosmopolit, der sich der Notwendigkeit bewußt war, daß die europäischen Nationalstaaten in einem übernationalen Verband zusammenzuarbeiten hätten und daß Europa wiederum den gewichtigsten Beitrag zur Humanisierung und Pazifizierung der Welt leisten müsse. Der Idee nach sollten die Jungen Europäer sich bei ihren nationalen Kämpfen in einer Art Schutz- und Trutzbündnis beistehen, wobei ihnen – als Negativfolie – das Modell der Heiligen Allianz vor Augen schwebte. Wie die allerchristlichsten Monarchen beriefen sich auch die Jungen Europäer auf Gott und Religion, dies allerdings in einem abstrakt-säkularisierten Sinne. So wolkig wie das Schriftstück der Heiligen Allianz des Fürstenbundes war auch das des revolutionären Zirkels formuliert. »La giovine Europa« hat als Gruppe wenig zustande gebracht. Mazzini war ein brillanter Formulierer, prophetischer Visionär, aber – wie Apostel oft sind – als Politiker unflexibel und in seiner Führung uneffektiv. Der Putschversuch des Jungen Europa von 1834 in Savoyen scheiterte kläglich. Mazzini, der von militärischer Taktik wenig verstand, hatte ihn von Genf aus geleitet und dafür an die 1 000 europäische Republikaner gewonnen, von denen nur die Hälfte über die Schweizer Grenze gelangte. 1835 legte Mazzini seine Ämter als Leiter des Jungen Europa und des Jungen Italien nieder. Im selben Jahr wurde die Schweizer Sektion des Jungen Europa gegründet, die Junge Schweiz mit ihrer liberalen Zeitschrift *La Jeune Suisse*. Auch sie war kurzlebig und löste sich ein Jahr später wieder auf. Das geschah einerseits, weil die eidgenössische Sektion sich dem Apostel Mazzini nicht unterordnen wollte, andererseits, weil die Monarchien in Frankreich und Österreich auf die Schweizer Regierung Druck ausübten und sie dazu brachten, ein Verbot des Jungen Europa und der mit ihm affiliierten nationalen Verbände zu erlassen. Auch das Junge Deutschland mit seinem Sitz in Zürich wurde 1836 nach zweijähriger Existenz verboten. Metternich sah sich als Arzt Europas. Keller referiert, wie der österreichische Politiker nach eigenen Worten die in die Schweiz geflohenen Republikaner als Krankheitserreger Europas betrachtete, weshalb um die Eidgenossenschaft ein »moralischer Gesundheitskordon« zu legen sei, vergleichbar den »Quarantänen gegen die Pest des Orients«. So errichtete er 1834 (zusätzlich zur 1819 gegründeten Mainzer Überwachungsbehörde des Deutschen Bundes) eine hauseigene Spitzelorganisation, das Wiener Central-Informations-Comité, dessen Leitung er persönlich innehatte. Metternich konnte zwar 1836 die Ausweisung der Mitglieder des Jungen Europa aus der Schweiz erreichen, womit die Gruppe als Organisation zerschlagen war, aber die sie tragenden Ideen vermochte er nicht einzudämmen, und ihre Wirksamkeit wird zwölf Jahre später zu seiner Entlassung führen.

Mitte der dreißiger Jahre gab es zwei Junge Deutschlands, einmal die politische Assoziation in der Schweiz, zum anderen die literarische Gruppe mit den Schriftstellern Gutzkow, Laube und Wienbarg als Wortführern. Ein direkter Kontakt zwischen den beiden Vereinigungen existierte nicht. Es ist aber keine Frage, daß die literarische Gruppe ihre Namensgebung in Anlehnung an Mazzinis Junges Italien wählte. Karl Gutzkow sprach schon im November 1833 in einem Brief an den Verleger Cotta vom Jungen Deutschland und, wie Gunther Eyck belegt, in seiner Korrespondenz vom März 1834 vom »Giovine Germania«. 1834 veröffentlichte Ludolf Wienbarg seine *Ästhetischen Feldzüge*, die er »dem jungen Deutschland« widmete. Bei diesen 1833 an der Universität Kiel gehaltenen Vorlesungen handelte es sich um die programmatische Ästhetik des Jungen Deutschland. Hier wurde das postuliert, was Börne und Heine seit Jahren vorexerzierten: daß nämlich die Literatur einer Zeitperiode den gesellschaftlichen Zustand der Gegenwart auszudrücken habe. 1833 und 1837 erschienen Heinrich Laubes Zeitromane *Die Poeten*, *Die Krieger* und *Die Bürger*, die er später als Trilogie unter dem Obertitel *Das junge Europa* publizierte. Der Titel des Buches war gut gewählt, beschäftigte es sich doch mit den Themen politischer Freiheit, nationaler Souveränität und europäischer Solidarität, wie sie für das Junge Europa Mazzinis bestimmend waren. Die Handlung des Briefromans spielt in Frankreich, Deutschland und Polen (der Kampf um die Unabhängigkeit von Rußland wird detailliert geschildert). Wenn auch keine konkreten personellen Beziehungen zwischen den beiden Jungen Deutschlands bestanden, so war die geistige Verwandtschaft nicht zu übersehen. Wie Mazzini waren auch die jungdeutschen Schriftsteller liberal und republikanisch eingestellte europäische Kosmopoliten. Mazzini wußte von den deutschen Autoren, wie einem Brief vom Oktober 1835 zu entnehmen ist, aber er unternahm keine Schritte, die zu einer Zusammenarbeit hätten führen können (Eyck). Auch die literarische Gruppe traf mit dem Verbot ihrer Schriften (Bundestagsbeschluß vom Dezember 1835) der Bannstrahl des Metternichschen Systems. Davon waren neben den genannten Autoren auch Heinrich Heine und Theodor Mundt betroffen. Der Gruppe des Jungen Deutschland wurden damals ferner Ludwig Börne, Gustav Kühne und Ernst Adolf Willkomm zugerechnet. Willkomms Zeitroman *Die Europamüden* von 1838 drückte die Verfassung der kritischen, revolutionsbereiten Intelligenz jener Jahre aus, deren Aktivitäten überwacht und unterdrückt wurden. Die Lieblingslektüre des Romanhelden Bardeloh sind Börnes *Briefe aus Paris*, und er unterhält eine Korrespondenz mit deutschen Emigranten in der französischen Hauptstadt. Das reicht aus für eine Denunziation, die dem Protagonisten die Polizei ins Haus bringt, und so beschließt er – europamüde, wie er ist – die Auswanderung nach Amerika. Walter Imhoof hat die Erzählliteratur der Zeit nach dem Motiv des Europamüden durchgesehen und führt weitere vergleichbare Beispiele an.

In der Sekundärliteratur wird Mazzini zuweilen als ewiger Jüngling oder gealtertes Kind bezeichnet (Griffith). Vielleicht hing es mit seiner kindlichen Gläubigkeit und seinem stets jünglingshaften Optimismus zusammen, daß sich bei ihm keine Europa-Müdigkeit einstellte. Trotz aller Rückschläge, Todesurteile, Verfolgungen, Emigrationen und Isolierungen hielt er an seinen Zielen fest und wies jeden Gedanken einer Auswanderung nach Amerika von sich. Revolutionsgenossen wie Carl Schurz, die sich nach der gescheiterten Revolution von 1848 nach New York einschifften, konnte er nicht verstehen. (Die beiden begegneten sich 1851 im Londoner Exil, wie Schurz in seinen *Lebenserinnerungen* mitteilte.) 1836 mußte Mazzini die Schweiz verlassen, und von 1837 bis 1848 lebte er in London. William James Linton berichtet über Mazzinis vielfältige literarische Arbeiten zur Zeit des englischen Exils. Er schrieb für verschiedene Zeitschriften Artikel über prominente europäische Autoren wie Goethe, Hugo, George Sand und Byron. Zu seinen Meisterleistungen gehörte, daß er Ugo Foscolos Kommentar zu Dantes *Göttlicher Komödie* rettete, publizierte und fortsetzte. Zudem verfaßte er Arbeiten über die politischen Verhältnisse in Italien und Europa, unterhielt eine umfangreiche Korrespondenz mit italienischen Aufstandswilligen und redigierte seine Zeitschrift *L'Apostolato popolare*. Die März-Revolution von 1848 führte ihn wieder auf seinen alten italienischen Kampfplatz zurück; zunächst nach Mailand, dann nach Florenz und schließlich nach Rom. Im März 1849 wurde er hier zum Triumvir der Republik Rom mit dem Aufgabengebiet der Verteidigung ernannt. Nach dem Fall der Stadt im Juli 1849 (diesmal waren es die Franzosen, denen die »Befreiung« zu verdanken war) floh er in die Schweiz und ging anschließend wieder nach London. Erst zwölf Jahre später erfolgte mit der Gründung des italienischen Königreichs der von ihm ersehnte Wendepunkt in der italienischen Politik, und innerhalb einer Dekade wurde dann die Einigung des Landes vollzogen. Mazzini wandelte sich immer entschiedener zum Antimonarchisten, und so blieb er auch nach der Einigung des Landes in seiner Heimat Persona non grata. Erst kurz vor seinem Tod kehrte er nach Italien zurück. In Mazzini ist nicht nur einer der geistigen Väter des vereinten Italiens, sondern auch der Visionär eines Europas republikanischer Vaterländer zu verehren. Durchblick und Weitsicht bewies er nicht nur als politischer Propagandist, sondern auch als Literarhistoriker. Das zeigte schon der frühe Essay von 1829 mit dem Titel »Über eine europäische Literatur«, der hier vorgestellt sei.

Wenn Mazzini auf politischem Gebiet die Organisationsform des Nationalstaats für unerläßlich hielt, bedeutete das nicht, daß er in kultureller Hinsicht in nationalistischen

Kategorien gedacht habe. Im Gegenteil, er kreidete es den Nationalisten als Irrtum an, »die Unabhängigkeit einer Nation mit ihrer intellektuellen Isolierung« gleichzusetzen. Wenn man die »Fundamente für eine Literatur [...] des 20. Jahrhunderts« (390) legen wolle, müsse man in den Kategorien »einer europäischen Literatur« denken (391). Vielleicht machten sich hier Einflüsse Friedrich Schlegels bemerkbar, der schon 1803/04 in seiner *Geschichte der europäischen Literatur* konstatiert hatte: »Die europäische Literatur bildet ein zusammenhängendes Ganzes, wo alle Zweige innigst verwebt sind, eines auf das andere sich gründet, durch dieses erklärt und ergänzt wird. Dies geht durch alle Zeiten und Nationen herab bis auf unsere Zeiten. [...] Sich nur auf die Literatur einer gewissen Zeit oder einer Nation einschränken wollen, geht gar nicht an, weil eine immer auf die andere zurückführt und alle Literatur nicht allein vor- und nacheinander, sondern auch nebeneinander innig zusammenhängend ein großes Ganzes bildet« (5, 11). Wie fünf Jahre später Wienbarg in seinen *Ästhetischen Feldzügen* forschte Mazzini nach dem »geheimen Band, das das Wesen und den Fortschritt der Literatur mit den Ereignissen des bürgerlichen und politischen Lebens verbindet« (392). Wie Wienbarg wollte er sich von den Leitgedanken der Klassik emanzipieren. Voraussetzung für die Erkenntnis und Gestaltung der Gegenwart sei die Überwindung der »Sterilität der antiken Normen«, sei es, dem »Verlangen nach literarischen Innovationen« (389) nachzugeben, sei vor allem der Blick über die Grenzen der Nationalliteratur. In Italien stelle sich bei der Überwindung der »nationalen Eitelkeit« auf literarischem Gebiet als starre Barriere die These vom »absoluten Einfluß des Klimas« in den Weg. Bei der Bevorzugung der italienischen Dichtung, bei der Verachtung anderssprachiger Werke würden als Argument ständig »die feierlichen Worte vom ‚klassischen Boden und schönen Himmel Italiens'« ins Feld geführt (393). Mazzini verwandte viel Scharfsinn auf die Widerlegung der Klimatheorie, die in Herders vergleichenden Kulturstudien noch eine zentrale Rolle gespielt hatte. Dazu hielt er fest: »Dem kalten Klima schrieb man die tief meditative Natur, die Tendenz zur Abstraktion der Nordeuropäer zu, und das Studium, das man heute den asiatischen Dingen widmet, enthüllt einen dem ähnlichen kontemplativen Geist, einen Idealismus im Glauben und in den Religionssystemen des Orients, im besonderen Indiens« (395). Die Klimatheorie wurde bei Mazzini ersetzt durch eine Institutionentheorie, wobei er sich als ein Literarhistoriker im engeren Sinne erwies. Mit der ihm eigenen Bestimmtheit dozierte er: »Wer eine Erklärung für die Elemente, den Charakter und den Fortschritt einer Literatur woanders als in der Geschichte ihres Volkes sucht, der jagt Phantasmen nach.« Er spielte die Institutionentheorie gegen die Klimathese aus mit dem Hinweis auf die Gegebenheiten im antiken Griechenland: »Die verschiedenen Institutionen, unter dem Einfluß desselben Himmels, schufen eine Literatur in Athen und ließen in Sparta keine zu« (396). Wie ein Literatursoziologe argumentierte er, daß die gesellschaftlichen »Institutionen die Besonderheiten einer jeden Literatur« schüfen, daß diese die »Resultate der sozialen und politischen Umstände« der jeweiligen Epoche seien. Mazzini entfernte sich also nicht nur von der Position der Neuklassiker, sondern, wie Fernand Baldensperger gezeigt hat, auch vom Genieglauben der Romantiker an die göttliche Inspiration des individuellen Künstlers. Die Beziehung zwischen der Literatur und den Institutionen gestaltet sich nach Mazzini in der Form einer Wechselwirkung: Die dichterischen Werke würden nicht lediglich passiv durch die gesellschaftlichen Verhältnisse geprägt, vielmehr müsse auch von einem Einfluß der Literatur auf die sozialen Institutionen ausgegangen werden. In Italien seien die Institutionen »bald grausam, bald korrupt, oftmals ohnmächtig, noch häufiger tyrannisch«. Es komme aber darauf an, sie derart zu gestalten, daß sie »dem Gemeinsinn entsprechen« (399). So müsse die Dichtung ihren Beitrag dazu leisten, »das Verhängnisvolle in der Tradition« zu beseitigen (400). Wie Montesquieu ging Mazzini von einer besonderen Wirkungsmächtigkeit der Gesetze aus, denen daher bei Reformprojekten besondere Aufmerksamkeit zu schenken sei. Selbstverständlich könne die Literatur keine unmittelbare gesellschaftliche Wirkung haben, doch sei sie integraler Bestandteil der »Macht der öffentlichen Meinung« (402), und als solche trage sie zu Veränderungen der Institutionen bei. Eine der primären Aufgaben der Literatur sei der Abbau von nationalen Vorurteilen.

Dadurch könne sie ihren Beitrag leisten beim Aufbau neuer übernationaler Institutionen, könne die »Nationalfeindschaften« überwinden und die »Verbindung aller [...] Völker«, die »große Bruderschaft« vorbereiten helfen (403). »Es gibt eine europäische Bewegung«, meinte Mazzini; »die Literatur« solle sich »in diese Bewegung eingliedern« und »europäisch werden« (427 f.).

Fünf Jahre vor dem Manifest des Jungen Europa sprach Mazzini bereits hier von der »ewigen Allianz [...] der Völker«, die den »Pakten und Verträgen [...] der Fürsten« entgegenzusetzen sei (426). Die Voraussetzungen für die direkte Zusammenarbeit der Völker sah Mazzini in seiner Zeit gegeben. Die Freiheitsbewegung in den europäischen Nationen nehme ständig zu. Von der Magna Charta Englands und der Unabhängigkeitserklärung der Schweiz über die Reformation bis zur Französischen Revolution und den Befreiungskriegen gegen Napoleon sei ein ständiges Anwachsen der Liberalität in den Staaten Europas zu konstatieren (419–426). Schon Mazzinis frühe Schrift zeugt von seinem Geschichtsoptimismus, von seiner hegelianisch zu nennenden Überzeugung vom Fortschritt menschlicher Freiheit. »Die Zivilisation bewegt sich in einer Spirale vorwärts«, schrieb er, »und ihre Rückläufe sind nur scheinbar« (426). »Weshalb widersetzen sich in Italien«, fragte Mazzini seine Landsleute, »eine intolerante Boshaftigkeit und eine untätige Mittelmäßigkeit den Geistern, die versuchen, Sprecher der europäischen Bewegung zu sein?« (430) Als »Aufgabe Italiens« betrachtet er es, »eine neue Literatur« in dem von ihm genannten europäischen und kosmopolitischen Sinne zu schaffen (431). Wenn er bekannte: »Wir entsagen jedem nationalen Vorurteil« (432), so tat er dies als ein Autor, der die Entwicklung der Zeit erkannt zu haben glaubte, als ein Denker, der davon überzeugt war, daß »die Eigengeschichte der Nationen zu Ende geht« und »die europäische Geschichte beginnt« (431). Als »Modell eines europäischen Dichters« sah er Lord Byron, weil dessen »Eingebungen [...] ganz Europa aufs höchste bewegt« hätten (428). Ähnlich liege der Fall beim Werk Goethes. Die Frage nach den »Formen dieser europäischen Literatur« will Mazzini nicht beantworten. »Vorschriften ersticken das Genie«, meinte er. Er hielt es für wahrscheinlich, daß »der wahre europäische Schriftsteller« gleichzeitig »ein Philosoph sein wird« (433). Sicher sei auch, daß man es bei der Kenntnis der eigenen Nationalliteratur nicht bewenden lassen könne. So forderte er am Schluß des Essays die jungen Autoren auf: »Durchforscht deshalb die Bibliotheken aller Nationen; wer nur eine Literatur kennengelernt hat, kennt nur eine Seite des Buches, in dem die Geheimnisse des Genies enthalten sind« (435). Ähnlich hatte das August Wilhelm von Schlegel vier Jahre zuvor in seinem *Abriß von den Europäischen Verhältnissen der Deutschen Litteratur* gesagt. Wie er zählte Mazzini zu den europäischen Kosmopoliten.

Um zu verdeutlichen, daß die eigene italienische Dichtung schon immer europäischen und weltweiten Einflüssen ausgesetzt gewesen sei, baute Mazzini einen kulturhistorischen Rückblick in seinen Essay ein. Darin erkannte er vier maßgebliche Einflüsse auf die Zivilisation Italiens: das klassische Griechenland, das antike Rom, das Christentum und die arabische Kultur. Anders als seine deutschen Kollegen von Herder bis Friedrich Schlegel sah Mazzini nicht in Asien, sondern in Griechenland »die erste Epoche des menschlichen Zivilisationsprozesses«. Mit Hilfe seiner »weisen [...] Institutionen« habe es eine Kulturhöhe erreicht, die »wir zu großen Teilen ihm noch neiden müssen« (406). Rom habe in der Dichtung Vergils einen »Schritt in die Richtung der Erkundung des menschlichen Inneren« getan; hier sei die »Sphäre der Poesie [...] größer geworden« (410). Wie Novalis verstand Mazzini das Christentum als Institution, die »in einem einzigen religiösen Bund die Völker« (414) vereinigt und »die Basis für eine universale Gerechtigkeit« geschaffen habe (412). Zum Teil durch die Vermittlung Spaniens und Portugals, zum Teil durch direkten Kontakt während der Kreuzzüge hätten die »eminenten Schönheiten« der arabischen Literatur auch in Italien Eingang gefunden. Die Araber beschrieb Mazzini als »großzügiges Volk von lebendigstem Geist und höchst poetischer Einbildungskraft« (416). Das einzig Positive an dem »Wahnsinnsunternehmen« der Kreuzzüge des Mittelalters seien die kulturellen »Beziehungen mit den Arabern« gewesen, denen Italien wie ganz Europa »Kunstformen, Bücher und Entdeckungen« verdanke (418).

Mazzini war weder ein origineller Philosoph noch ein Schriftsteller jenes Formats, wie er ihn als Wunschbild in seinem frühen Essay geschildert hat. Doch er stellte, wie Benedetto Croce es sieht, eine moralisch-intellektuelle – und damit auch politische – Macht im Europa des 19. Jahrhunderts vor, eine Prophetenpersönlichkeit, in der die Freiheitskämpfer des Kontinents ihren Meister erblickten.

III.

»Zahlreiche Zeitschriften, einzig und allein dem Studium der ausländischen Dinge gewidmet, erscheinen in Frankreich und in England« (429), stellte Mazzini mit Befriedigung fest, und diese Tatsache war ihm ein weiteres Indiz für das kulturelle Zusammenwachsen Europas. Wahrscheinlich dachte er an Kulturjournale wie die *Revue de Paris* (sie war 1829 ein neu erscheinendes Journal), die *Revue encyclopédique*, *The Westminster Review* oder *The Edinburgh Review*. 1831 wurde in Paris die *Revue des deux mondes* gegründet und ein Jahr später *L'Europe littéraire*. Diese Zeitschriften beschäftigten sich zwar keineswegs ausschließlich mit nichtfranzösischen beziehungsweise nichtenglischen Themen, aber sie erschienen für ein Publikum, das an europäischen Entwicklungen und internationalen Kontexten interessiert war. In Deutschland fehlte bislang ein vergleichbares literarisch-kulturelles Periodikum, doch war es nur eine Frage der Zeit, wann diese Lücke von einem Kenner des Kulturmarktes entdeckt wurde. 1835 war es soweit: August Lewald startete *Europa. Chronik der gebildeten Welt*, die im Stuttgarter Literatur-Comptoir erschien. Lewald, der Heine gut kannte, hatte sich 1831 in Paris aufgehalten. Dort kam ihm die Idee, eine Zeitschrift zu gründen, durch die man das französische Lesepublikum mit deutschem Geistesleben bekannt machen könnte. Ein Jahr später brach in Paris die Cholera aus, und Lewald ließ, wie Ulrich Cruse berichtet, sozusagen aus Gesundheitsgründen den Plan fallen. Wäre er durchgeführt worden, hätte er wahrscheinlich wie 30 Jahre zuvor Friedrich Schlegel mit seiner *Europa* Schiffbruch erlitten. Was an deutscher Kultur interessierte, wollten die neuen Pariser Journale wie *Revue des deux mondes* und *L'Europe littéraire*, bei denen Heine mitarbeitete, selbst bringen.

Lewald wurde 1792 in Königsberg geboren. Gegen seinen Willen mußte er als junger Mann eine kaufmännische Ausbildung absolvieren, doch beschäftigten ihn Literatur, Sprachen und Kunst intensiver als Verwaltungs- und Buchhaltungsangelegenheiten. Während der Befreiungskriege arbeitete er als Sekretär in russischen Diensten im Warschauer Hauptquartier. Als Mittzwanziger wandte er sich dem Theater zu und war ein erfolgreicher Schauspieler und Theaterdirektor mit Engagements unter anderem in München, Hamburg, Paris und Stuttgart. Gleichzeitig schrieb er Novellen, Dramen, Reisebücher sowie Stadtporträts von Warschau, Paris, München und Hamburg. Zu seinen Passionen zählte das Reisen, und kurz vor Gründung der *Europa* hatte er Tirol und Norditalien besucht. Wenn die meisten seiner Leser auch nicht selbst auf große Tour gehen konnten, wollte Lewald ihnen doch durch anschaulich und eingängig geschriebene Artikel Bilder anderer Länder vermitteln. Mit den zahlreichen Reiseberichten, Landschafts- und Stadtporträts war *Europa* so etwas wie ein früher Vorläufer der in den USA seit über 100 Jahren populären Monatsschrift *National Geographic*. Aber anders als diese war Lewalds Journal auch immer eine literarische Zeitschrift. Die – wie man heute sagen würde – multidisziplinäre Ausrichtung wurde graphisch schon auf dem Deckblatt verdeutlicht, indem der Titel mit einer Vignette umgeben war, in der auf allegorische Weise Wissenschaft, Poesie, bildende Kunst, Theater, Architektur und Musik dargestellt wurden. Schon bald fügte Lewald der *Europa* auch Modebilder bei: kolorierte Stiche von Damen und Herren, die nach »le dernier cri« des Pariser »chic« gekleidet waren. Mit der Mischung aus populärwissenschaftlichen Arbeiten, Novellen und Gedichten samt Illustrationen, Musikbeilagen, Oper-, Konzert- und Theaterberichten aus den Metropolen des Kontinents, Reisejournalen und Modebildern, mit der europäischen Ausrichtung, die dem Journal die zarte Duftnote biedermeierlichen Kosmopolitismus verlieh, mit diesem Flair von Großstadt und eleganter Welt, worauf man auch im beunruhigend ruhigen Restaurationsjahrzehnt zwischen 1835 und 1845 nicht verzichten wollte, hatte Lewald den Geschmack des gutsituierten Bildungsbürgertums in den deutschen Ländern getroffen.

Eine dem Jungen Deutschland vergleichbare kritische Einstellung sprach nur ganz selten aus den veröffentlichten Beiträgen. Ähnlich wie *L'Europe littéraire* (und im Gegensatz zur *Revue des deux mondes*) war *Europa* ein ausgesprochen unpolitisches Blatt. Kontroverse gesellschaftspolitische Themen wurden kaum berührt. Nichtsdestoweniger erhielt Lewald von der preußischen Zensur ein Verkaufsverbot für die Jahre 1836–38. Das passierte wohl, weil der Herausgeber auch (zahme) Arbeiten rebellischer Autoren wie Georg Herwegh und Karl Gutzkow aufgenommen hatte. Die meisten Beiträge erschienen ohne Verfassernamen. Schriftsteller und Autorinnen, die namentlich gezeichnete Artikel veröffentlichten, waren unter anderem Berthold Auerbach, Alexander von Ungern-Sternberg, Sidonie Freiin von Seefried, Wilhelm von Chézy, Adolf Stahr und Levin Schücking. Im Zusammenhang der übersetzten Auszüge französischer Neuerscheinungen sind Namen wie Edgar Quinet, Alexandre Dumas, George Sand und Alfred de Vigny zu nennen. Bei den Musikbeilagen handelte es sich meistens um Vertonungen von Gedichten zeitgenössischer Autoren wie August Graf von Platen, Ludwig Uhland, Friedrich Rückert, Heinrich Heine und Wilhelm Friedrich Waiblinger. Die Illustrationen bekundeten eine Vorliebe für die katholisierenden Nazarener. Lewald, der aus einer jüdischen Familie stammte, konvertierte 1851 zum Katholizismus. *Europa* war die erste deutsche Zeitschrift, die ein Feuilleton brachte, und zwar nach dem Muster des *Journal des débats*, das es um 1800 eingeführt hatte. Lewalds Blatt galt als eines der erfolgreichsten seiner Art auf dem Kontinent. Cruse berichtet von Börnes Glückwunschbrief vom 5. Juni 1836 an den Herausgeber, in dem er ihm zur hohen Auflage von 2 300 Exemplaren gratulierte. Von solchen Verkaufszahlen könnten die Editoren vergleichbarer Journale in Paris nur träumen; die *Revue des deux mondes* zum Beispiel sei nicht in der Lage, mehr als 1 000 Hefte abzusetzen. Bei solchen Erfolgen blieben Angriffe der Neider nicht aus. Ausgerechnet die Augsburger *Allgemeine Zeitung*, deren europäische Tendenz Heine so gelobt hatte, kritisierte 1841 Lewalds Zeitschrift als zuwenig national, ja als »antinational« (Cruse). Einem kritisch-satirischen Autor wie Ludwig Kalisch, der 1848 zum Revolutionär wurde und emigrieren mußte, war die Zeitschrift einfach zu brav, zu naiv, zu biedermeierlich. In seinem Gedicht *August Lewald's Europa* spottete er: »In einen Stier hat sich ein Gott verwandelt, / Um Kadmus' schöne Schwester zu entführen; / In Ochsen müssen Menschen sich verwandeln, / Um die Europa Lewalds zu berühren.« Seit 1841 wohnte Lewald in Baden, und die Zeitschrift, die sich seitdem noch eine Note betulicher gab, erschien nun in Karlsruhe beim Verlag des Artistischen Instituts F. Gutsch & Rupp.

Einen Höhepunkt der Popularität erreichte das Journal Ende der dreißiger Jahre. Die erste Nummer von 1838 eröffnete Lewald mit dem Vorwort »Europa. 1838«. Darin visierte er ein neues Ziel an, nämlich *Europa* als mehrsprachige Zeitschrift im Sinne von Goethes Weltliteraturkonzept zu edieren. So könnte das Journal »die verbindende Brücke zu den Literaturen der verschiedenen Nationen« werden, »das vermittelnde Glied einer [...] Weltliteratur«. Die sprachlichen Barrieren hielt er für überwindbar. Er führte dazu aus: »Nirgends als in Deutschland wäre der Boden für ein solches Journal; denn nirgends als bei uns sind die höhern und gebildeten Classen der Gesellschaft im Stande, sich der Lectüre fremder Sprachen ohne Mühe hinzugeben. Eine Revue, die daher das, was ich bis jetzt in Uebersetzungen zu geben beabsichtigte, in spanischen, französischen, englischen und italienischen Original-Artikeln bringen würde, eine solche Polyglotte eigener Art ist in meinen Augen in jetziger Zeit und für Deutschland keine Unmöglichkeit mehr, und ich traue mir die Kraft zu, sie zu redigiren« (2). Diesen Plan realisierte Lewald nicht. Wahrscheinlich fand er bald heraus, daß er die Sprachkenntnisse des Publikums überschätzt hatte. Ansonsten drückte er in dieser Einleitung seine Präferenz für »Genrebilder aus dem Leben« der Gegenwart aus, die er »fossilen Gemälden vergangener Jahrhunderte« vorziehe (3). Zum Thema Feuilleton hieß es: »Mein Feuilleton wird in Zukunft vier Rubriken, Literatur, bildende Kunst, Theater und Gesellschaft umfassen, und hoffentlich dann zeigen, was ein Feuilleton für eine Bedeutung haben kann, und haben soll« (4). Stolz berichtete er über die kontinentale, ja globale Verbreitung der Zeitschrift. »Sie zählt ihre Freunde«, vermeldete er, »außer Deutschland, in Sankt Petersburg und Moskau, wie in Stockholm und Kopenhagen, in Riga und Warschau, in Amsterdam und London, in Paris und Mailand, in Verona und Venedig, in Ungarn bis zur türkischen Gränze, in Athen und auf den griechischen Inseln; ja selbst außerhalb Europa, in New York und Rio-Janeiro wird diese Chronik der gebildeten Welt angetroffen« (5). Wenn Lewald sich jedoch als avantgardistischer Zeitkritiker gerierte, versprach er mehr, als er halten konnte. Hochgemut tönte es da: »Ein Redacteur und seine Mitarbeiter müssen im großen Kampfe der Zeit stets auf der Bresche die Ersten seyn. Partei muß genommen werden [...]. Wir werden [...] freimüthig und unabhängig unsere Gesinnung äußern« (7). Die Barrikadenschlacht-Rhetorik des Biedermannes Lewald klang eher komisch als überzeugend. Zutreffender fiel da schon der Rückblick nach 25 Jahren aus, den die Zeitschrift anonym im Januar 1860 unter dem Titel »An die Leser« publizierte. Dort hieß es über das Gründungsjahr 1835: »Die Zeitblätter des sogenannten jungen Deutschlands, in dessen Litteratur die socialen Zuckungen der Julirevolution noch nachbebten, hatten sich entweder aufgelöst oder waren der Tummelplatz principieller Leidenschaftlichkeit und persönlicher Klopffechterei geworden. Dessen müde, hatte die Lesewelt das Bedürfniß nach einem Gesellschaftsblatt, in welchem der gute Ton waltet.« Die Zeitschrift in ihren Anfängen wurde dort als »lyrisches Album« und »europäische Rundschau« mit »bescheidenen politischen Blicken« zutreffend charakterisiert.

Um einen Eindruck von Lewalds *Europa* zu vermitteln, sei hier über den Jahrgang 1838 der Zeitschrift berichtet, die damals wöchentlich erschien. Im Juni 1837 hatte Königin Viktoria die Thronfolge angetreten, und ein Jahr später erfolgte die Krönung. England entpuppte sich immer mehr als die führende politische und kommerzielle Macht in Europa, und London begann als Metropole Paris Konkurrenz zu machen. So überraschte es nicht, wenn der Herausgeber das Augenmerk des Publikums auf den Inselstaat lenkte. Er konnte sicher sein, daß man auf Nachrichten aus Großbritannien neugierig war. Im Heft vom 17. Januar wurde über den neuen Themsetunnel als technisches Mirakel berichtet. Gleichzeitig war eine Zeichnung abgebildet, die den »Empfang der Königin Victoria in der City von London« festhielt. Am 31. Januar stand in einem Reisebericht über Edinburgh zu lesen, daß die schottische Hauptstadt gegenwärtig »zu den prächtigsten, bestbewohnten Städten Europas« zähle. In der Lieferung vom 28. Februar fand sich ein Essay über Irland abgedruckt, in dem, was in *Europa* selten genug vorkam, auch die gravierenden politischen Konflikte angesprochen wurden: Irland teile sich quasi in zwei Nationen auf; die Insel bestehe aus der »beraubenden, erobernden« englisch-protestantischen und der »beraubten, besiegten« irisch-katholischen Nation. Dieser Bericht wurde fortgesetzt. Am 28. März las man: »Seit Heinrich VIII. haben die Engländer die grausamsten Versuche gemacht, die irische Nationalität zu ersticken und dabei griffen sie vor Allem das vaterländische Idiom, den schützenden Heerd jeder Nationalität an.« Die Ausgabe vom 4. April wies eine Lithographie mit dem Titel »Brand der Londoner Börse 10ten Jan. 1838« auf. Eine Woche später wurde ein Beitrag über »Die Londoner Newsmen«, das heißt die Zeitungsausträger, gebracht, deren Tempo und Effektivität bewundernswert seien. Am 23. Mai folgte eine biographische Skizze über Lord Durham, der aufgrund seines Besitzes an Kohlenminen einer der reichsten Aristokraten Großbritanniens war. In derselben Ausgabe erfuhr man Positives über eine Londoner Opernaufführung (*The Gipsy's Warning* von Julius Benedict, einem Schüler Carl Maria von Webers).

Ausführlich beschrieb man die Vorbereitungen zur Krönung der Königin. Das geschah am 6. Juni in den »Briefen aus London«, wobei der Titel offenbar in Anlehnung an Börnes *Briefe aus Paris* gewählt worden war. Von der kritischen Schärfe eines Börne war allerdings in den Londoner Briefen wenig zu spüren. Unter der Kapitelüberschrift »Im Mai« war zu lesen: »Die Season hat dieß Jahr mit Aussichten begonnen, wie sie seit lange nicht geboten wurden; ein ungewöhnlicher Glanz wird während der Monate entfaltet werden, in welchen die Mode die aristokratischen Familien in London zusammenführt, und wo die Hauptstadt die durch eine Reise in's Ausland oder durch den Aufenthalt in Provinzialstädten und auf dem Lande ersparten Capitalien wieder zu verschlingen pflegt. Eine um so größere Masse Geldes wird aber dießmal in Umlauf kommen, da die bevorstehende Krönung außer der Aristokratie Englands die reichsten und mächtigsten Unterthanen Ihrer jugendlichen Majestät aus den überseeischen Besitzungen in Schaaren bereits herbeigezogen hat. Jeder günstige Wind führt ostindische Nabobs oder reiche Kaufleute und Pflanzer aus dem Cap, Westindien, kurz aus allen Welttheilen in unsere Häfen; wer es kann, will die junge Königin von Angesicht schauen, seine Huldigung darbringen und zugleich die Vergnügungen der Season vollkommen genießen.« In der Fortsetzung der »Briefe aus London« vom 4. Juli wurde der devote Hofberichterstatterton fallen gelassen. Hier wurde deutlich, wie der technische Fortschritt und der Reichtum des Landes faszinierten. Den Londoner Hafen sah man als Tor zur Neuen Welt, und die Überlegenheit der englischen Technik wurde am Beispiel eines neuen Ozeandampfers illustriert. Man las dort: »In der Stadt wogt unterdeß das gewohnte immerwährende Gewühl; eine Vergnügung verdrängt die andere; ein neues Ereigniß folgt auf das des vorhergehenden Tages und läßt den Bewohnern, den Zeitungsschreibern und den sich Vergnügenden kaum noch Zeit übrig, sich des Gegenstandes zu erinnern, der am gestrigen Tage in den Clubhäusern, Tavernen, Routs u.s.w. ihr Gespräch in Anspruch nahm. [...] Der Greatwestern und der Sirius sind von New-York zurückgekehrt und haben somit die lang ersehnte Verbindung durch Dampfschiffahrt mit dem fernen Westen eröffnet, welche eine Reise nach Nordamerika zur kurzen und bequemen Lustfahrt machen wird [...]. Vor Kurzem wurde ein ungeheures Dampfschiff, ,The British Queen', welches die Verbindung zwischen London und New-York unterhalten soll, in Limehouse, unter dem Zulauf von ungefähr 30 000 Menschen, vom Stapel gelassen und liegt jetzt, um zur Reise eingerichtet zu werden, in den westindischen Docks. Die innere Einrichtung wird die prächtigste und bequemste seyn, welche jemals ein Dampfschiff aufzuweisen vermochte; die Staats-Cajüte soll ein palastartiges Gemach werden. [...] Sie ist das größte Schiff, welches jemals in der britischen Marine existierte. [...] Die Länge betrug auf dem längsten Punkte 275 Fuß, die Breite auf dem breitesten 64, die Tiefe 27, der Kiel ist 223 Fuß lang.

Die Kraft des Dampfes kommt der von 500 Pferden gleich. [...] Die Einrichtung soll für die Aufnahme von zweihundert und achtzig Passagieren getroffen werden. [...] Die armen Luftschiffer [...]. Das durch den Dampf gewonnene Resultat nimmt allein die Köpfe ein.«

Im selben Heft kamen auch die Erwartungen zur Sprache, die sich bei den Vertretern der Kultur an die neue Regentschaft knüpften. Es hieß dort: »Sheridan Knowles, der beliebte englische Theaterdichter, hat eine Denkschrift an die Königin Victoria gerichtet, worin er sie bittet, der englischen Nationalbühne ihre Gunst zu gewähren, und Mittel vorschlägt, das höhere Drama wieder aus seinem tiefen Verfall zu erheben.« Der Berichterstatter fügte hinzu: »Einem deutschen Sheridan Knowles würden auch gegründete Ursachen zu solchen Klagen nicht fehlen.« Aus gegebenem Anlaß war im Heft vom 18. Juli ein historischer Rückblick über die »Krönung der Königinnen von England« abgedruckt. Gleichzeitig wurden die Leser über die »Ausgaben des Palastes und der königlichen Familie von England« informiert. Unter den Miscellen dieser Ausgabe fand sich der Hinweis: »Man schreibt aus London: am 21. Juni fand in der italiänischen Oper eine Vorstellung der Hochzeit des Figaro statt, die dort seit fünfundzwanzig Jahren nicht gegeben worden. Der Andrang war ungeheuer.« Am 22. August wurde der Hunger nach Informationen über die englische Herrscherin mit dem Artikel »Pimlico. Residenz der Königin Victoria« gestillt. Wie bereits die Irlandreportage verdeutlichte, wurde längst nicht alles an England bewundert. Die Verquickung von Literatur und Politik zum Beispiel war den biedermeierlichen Beiträgern der *Europa* nicht ganz geheuer. In der Abhandlung »Gegenwärtiger Stand der periodischen Presse Englands« von Georg Muhl stand zu lesen: »In einem so politisch durchgebildeten Lande, wie Großbritannien, kann es wohl nicht anders erwartet werden, als daß auch eine große Sympathie zwischen Literatur und Politik herrsche, und es ist hier selbst bei rein wissenschaftlichen Erzeugnissen durchaus wichtig, zu wissen, ob der Verfasser ein Tory oder Whig oder Radicaler sey, und wie man bei uns etwa frägt, welcher Schule oder welchem Systeme der Verfasser eines gelehrten Werkes angehöre, so ist es bei jeder Erscheinung der englischen Presse durchaus die erste Frage, welches politische Glaubensbekenntniß der Autor abgelegt habe.« Der Verfasser des Artikels sah den Konnex negativ und sprach von dem »verderblichsten Einfluß auf die Literatur« (17. Oktober).

Wie neugierig man damals in Deutschland auf Nachrichten aus England war, belegen auch Theodor Mundts ebenfalls 1838 erschienene *Briefe aus London*. Auch hier wurde über die junge Königin Viktoria berichtet, auch hier erfuhr man Neues über das kulturelle und gesellschaftliche Leben in der englischen Hauptstadt. Darüber hinaus wurde – anders als in *Europa* – von Mundt auch das soziale Elend in London geschildert und über die gravierenden Klassengegensätze in Großbritannien gehandelt.

Eine politische Fixierung konnte man dem Feuilleton der *Europa* nicht entnehmen. Hier kamen die unterschiedlichsten Stimmen zu Wort, ohne daß irgend jemand ein weltanschauliches Kredo abgegeben hätte. Um einen Eindruck vom literarischen Teil der Zeitschrift zu geben, sei aus einigen Rezensionen des Jahrgangs 1838 zitiert. Besprochen wurden Neuerscheinungen aus verschiedenen europäischen Ländern. Dabei dominierten Rezensionen deutscher, französischer und englischer Bücher, was am Umfang und an der Differenziertheit des Buchmarktes in diesen Ländern lag. Die meisten der angezeigten Werke sind heute vergessen, und ihre Titel sagen den Lesern nichts mehr. So beschränke ich mich auf die Erwähnung symptomatischer Besprechungen über deutschsprachige Werke der spätromantischen und jungdeutschen Literatur.

Damals erschien Clemens Brentanos Kunstmärchen *Gockel, Hinkel, Gackeleja*, mit dem der anonyme Rezensent offenbar nicht viel anzufangen wußte. »Ein Afterdichter«, hieß es im Heft vom 28. Februar, »ist etwas Schreckliches, aber ein ächter Dichter, der wahnwitzig geworden, ist noch schrecklicher.« Ähnlich vernichtend fiel das Urteil über Willkomms Roman *Die Europamüden* am 21. März aus. Dort las man: »Nur ungern zeige ich dieses Buch hier an [...], in dem jedes Wort eine geschraubte Künstlichkeit und Affectation in sich schließt.« Der Kritiker rügte, daß »man durch die moderne Phraseologie hindurch wieder bei dem Bombast und Schwulst Hofmannswaldaus ankomme«. Der

Romanheld Bardeloh, hieß es weiter, rede »tagtäglich, vom frühen Morgen bis an den Abend von nichts anderem, als vom Weltschmerze und der Erlösung davon«; er sei »eine bloße Theaterfigur«. Aus dem Buch spreche die »Lust an der Schaffung grasser Fratzengebilde«, und das seien »die Todeskeime, die den Producten der sogenannten Modernen innewohnen«. Daß eine proeuropäisch eingestellte Zeitschrift nicht allzu positiv auf eine europamüde Literatur reagierte, ist verständlich. Noch heute fällt das Urteil über den Roman ausgesprochen negativ aus, wie der Darstellung Friedrich Sengles über die Literatur des Biedermeiers zu entnehmen ist.

Der Kosmopolitismus der *Europa* kam auch darin zum Ausdruck, daß sich die Zeitschrift uneingeschränkt zur Emanzipation der Juden bekannte. In der Lieferung vom 18. April findet sich eine Besprechung von Gabriel Riessers Schrift *Einige Worte über Lessings Denkmal, an die Israeliten Deutschlands gerichtet*. Riesser, Herausgeber der Zeitschrift *Der Jude, periodische Blätter für Religions- und Gewissensfreiheit* wurde darin als ein Autor bezeichnet, »der sich durch seine unabweisliche Vertheidigung der Judenemanzipation eine der ehrenvollsten Stellen in unsern socialen und literarischen Verhältnissen erworben«. 1838 gab Heinrich Laube die ersten beiden Bände der *Sämmtlichen Schriften* von Wilhelm Heinse heraus. Der Rezensent sparte nicht mit Lob, wenn er schrieb: »Heinse wurde wie Lessing und Andere oft genannt, und selten gelesen. Somit ist es ein zweckmäßiges Unternehmen, die Werke dieses einst so beliebten Schriftstellers durch eine Gesammtausgabe bei unsern Zeitgenossen auf's Neue zu verbreiten.« Als damals das *Conversations-Lexicon der Gegenwart* bei Brockhaus in Leipzig erschien, fand auch dieses Werk den Beifall des Feuilletons. Es dürfe, hieß es im Heft vom 23. Mai, »eine glückliche, und die Cultur wahrhaft fördernde Idee genannt werden, die dem Conversations-Lexicon [...] zu Grunde liegt«. Die »neue Encyklopädie« erhalte »einen eigenthümlichen Werth« besonders dadurch, daß sie »biographische Mittheilungen über hervorragende Zeitgenossen« enthalte. Für die Dichtung von Matthias Claudius, die damals bei Perthes in Hamburg als Werkausgabe in der fünften Auflage erschien, mochte man sich nicht erwärmen. Claudius stelle nur »eine Lichtseite jenes beschränkten, in sich vergnüglichen Philisterthums dar, über das ein heiterer, poetischer Schmelz ausgegossen« sei (30. Mai). Wenn auch Einwände vorgebracht wurden, fiel das Urteil über Christian Dietrich Grabbes Drama *Die Hermannsschlacht* insgesamt positiv aus. In der Besprechung vom 13. Juni war zu lesen: »Die letzte, großartige Dichtung Grabbe's ,die Hermannsschlacht' [...] ist ein Riesenbau, dessen Kuppel von glänzender Höhe prangt, aber das Gebälke steht mitunter noch kahl, die Treppen im Innern fehlen«, doch sei »die Herrschaft des im Germanismus aufgegangenen Christenthums und der Untergang der römischen Weltherrschaft [...] in echt poetischer Weise zusammengefaßt«. Das Stück sei »mit offenbarer Hintansetzung der Bühnenverhältnisse ausgearbeitet, aber nach Gehalt und Gestalt« entspreche es »den Anforderungen an ein deutsches Nationalepos«.

Der Europäismus der Zeitschrift schloß deutschen Patriotismus nicht aus, was auch der Rezension über Ludolf Wienbargs *Helgoland*-Buch zu entnehmen ist. »Ludolph Wienbarg«, war in der Besprechung vom 27. Juni zu lesen, »hat ein Herz für's Volk [...]. Gebt dem Volke tüchtigen Unterricht, gebt ihm Raum und Luft, sich frei und kräftig zu entfalten, und ihr braucht nicht dafür zu sorgen, daß es fest und treu am Vaterlande und an den Erinnerungen unserer Geschichte hange.« Ein ähnliches Interesse an vaterländischen Dingen sprach aus der Rezension des Bandes *Denkwürdigkeiten und vermischte Schriften* Karl August Varnhagen von Enses, die am 11. Juli erschien. »Varnhagen nahm«, schrieb der Kritiker, »während der napoleonischen Herrschaft an den hauptsächlichsten Bestrebungen Theil, die fremde Regierung von deutschem Boden zu verdrängen; somit gerieth er in eine Menge Verbindungen, die ihn in Stand setzten, gegenwärtig interessante Aufklärungen über die Triebfedern der Ereignisse, über die Charaktere der handelnden Personen u.s.w. zu ertheilen.« Mundt edierte damals in Hamburg eine inzwischen vergessene Zeitschrift mit dem Titel *Der Freihafen*, die bei Hammerich in Altona erschien. Sie wurde in der Runde kosmopolitischer Journale willkommen geheißen. In der Besprechung vom 22. August hieß es: »Der zweite Band dieser schon früher angezeigten Zeitschrift, welcher nach Art der englischen Reviews sowohl Originalaufsätze verschiedener Art, als auch literarische Beurtheilungen und mannigfache Notizen enthält, bringt dießmal unter dem Bemerkenswerthen eine Reise durch die sächsische Schweiz bis Sonnenstein, von König, und eine Abhandlung über die Weltstellung des Islam, von Rosenkranz.« Kritischer wurde geurteilt über Gutzkows *Götter, Helden, Don Quixote. Abstimmungen zur Beurtheilung der literarischen Epoche.* Hier handle es sich, meinte der Rezensent im Heft vom 29. August, um ein »bengalisches Titelfeuer auf zusammengelesenen Journalartikeln«. Das Leserinteresse bremste er mit der Frage: »Was sollen solche Bücher, die fast nur für Literaten Interesse haben?« Am 17. Oktober wurden zwei Bände von Luise Mühlbach, der Gattin Mundts, vorgestellt. Während *Erste und letzte Liebe* als »schöner Roman« gelobt wurde, lehnte man *Die Pilger der Elbe* ab. »Die Verfasserin«, hieß es, »hätte dieses Buch nicht schreiben sollen, es ist nur eine sehr mißlungene Nachahmung von Bulwer's berühmter dichterischer Rheinreise.«

Auch der *Europa*-Jahrgang von 1838 war voll von Berichten über Länder wie Griechenland, Spanien, Holland, Frankreich, Rußland, die Schweiz, Deutschland, Dänemark, Finnland, Ungarn, Schweden, Italien. Zudem wurde über das kulturelle Leben in vielen europäischen Großstädten berichtet: über Kunstausstellungen, Opernaufführungen und literarische Ersterscheinungen. Besonders ausführlich informierte der junge Dramatiker Ludwig Feldmann in den »Bildern aus Griechenland« über das neu erstandene unabhängige Hellas. Die Serie erschien in Fortsetzungen und konnte des Interesses bei den Lesern sicher sein, hatte doch ein deutscher Fürst, der junge Prinz Otto von Bayern, im August 1832 die Krone des neuen griechischen Königreiches angenommen. Gut kamen auch immer Berichte aus Italien an. Lewald reservierte dieses Ressort für sich selbst. In einer Folge von Artikeln veröffentlichte er von Oktober 1838 an seine »Briefe aus Italien«. Hier faßte er gleich anfangs alle Argumente zusammen, mit denen er seine Leser und Leserinnen zu einer ähnlichen Fahrt animieren wollte: Kunstgenuß, historische Belehrung und Erholung.

Lewalds Journal enthielt keine Projekte zur Vereinigung des Kontinents in der Gegenwart oder der Zukunft. Alles

Utopische wurde ausgeklammert. Worum es dem Herausgeber ging, war der Nachweis einer bereits vorhandenen europäischen Kultur, war die ständige Demonstration eines zivilisatorischen Common sense auf dem Kontinent. Die europäischen Wirklichkeiten betrachtete er mit der Brille seiner Leser aus dem wohlhabenden liberalen mitteleuropäischen Bildungsbürgertum, das zwar an Veränderung, aber nicht an Revolution, an Fortschritt, aber nicht an dessen Kosten interessiert war. Als sich Mitte der vierziger Jahre das soziale Klima wieder verschärfte, als die gesellschaftlichen Konflikte auf die Revolution von 1848 zusteuerten, war die Zeit des biedermeierlichen Kosmopolitismus, des freundlich-kultivierten Europäismus abgelaufen: Lewald übergab 1846 *Europa* an Gustav Kühne. Mit ihrer genuin europäischen Ausrichtung blieb Lewalds Zeitschrift einzigartig; weder vorher noch später hat es eine der Struktur nach vergleichbare deutsche Zeitschrift gegeben.

Im Umkreis der Revolution von 1848 (1840–1870)

> Ganz Europa ist eine Kaserne, Alles Dressur und Disciplin.
> (Heinrich Hoffmann von Fallersleben, *Ideen zu einer europäischen Völkergeschichte*)

I.

Gustav Kühne wird in den Literaturgeschichten zu den Randfiguren des Jungen Deutschland gezählt. Das ist insofern berechtigt, als er, der Freund Theodor Mundts, sich literarisch weniger durchsetzte und politisch eine minder radikale Position bezog als die meisten Mitglieder dieser Gruppe (er verstand sich zeitweise als »Korrektor« der Jungdeutschen). Ansonsten aber wies sein Schriftstellerprofil die typischen Merkmale seiner Generation auf: Wie sie war er mehr an Aktualität als an Vergangenheit, mehr an Kritik als an Fiktion, mehr am Journalismus als an Kunstproduktion, mehr an Politik als an Ästhetik, mehr an »Zuständen« als an Einzelschicksalen interessiert. Als Kühne Lewalds *Europa* übernahm, hatte er sich bereits einen Namen sowohl als Schriftsteller wie als Herausgeber gemacht. Nach dem 1830 abgeschlossenen Literatur- und Philosophiestudium in Berlin (unter anderem bei Hegel und Schleiermacher) arbeitete er eine Weile mit bei der *Preußischen Staatszeitung* und den *Jahrbüchern für wissenschaftliche Kritik*. Gleichzeitig erschienen einige Bände Gedichte und Erzählungen von ihm, wovon heute nur die Novelle *Eine Quarantäne im Irrenhaus* noch nicht völlig vergessen ist. Bekannt wurde Kühne als Redakteur der *Zeitung für die elegante Welt*, die er sieben Jahre lang, von 1835 bis 1842, betreute und zu einem Sprachrohr der Jungdeutschen machte. Seine eigenen Dichtungen vernachlässigte er dabei nie. Gern gelesen wurden in den vierziger und fünfziger Jahren seine biographischen Porträts und Novellen; nicht erfolgreich war er mit seinen historischen Dramen. Am 14. September 1846 übernahm er als Herausgeber und Besitzer die Redaktion der *Europa*, die er nach Leipzig verlegte (1856 zog er nach Dresden um). Die jungdeutsche Periode ging mit der Biedermeierzeit, deren andere Seite sie war, zu Ende. Für Kühne stellte sich 1846 die Frage, was er aus dem Blatt machen sollte. Im Vorwort der ersten von ihm redigierten Nummer betonte er, daß die Zeitschrift den belletristischen Charakter beibehalten werde. Aufgrund ihres Unterhaltungswertes interessiere ein schöngeistiges Journal auch Leser, die mit rein politischen Gazetten nicht zu erreichen seien. Wichtig waren ihm Lebensnähe und Gegenwartsbezogenheit, und so sollten auch politische und weltanschauliche Themen diskutiert werden. Wie bisher, betonte Kühne, werde es in *Europa* darum gehen, Skizzen über Länder und Völker zu bringen. Die Modebeilagen rangierte Kühne bald aus; an ihre Stelle traten in den Jahren 1848/49 die Radierungen und politischen Karikaturen aus der Paulskirche von Friedrich Pecht. Nicht zuletzt diese Zeichnungen sind es, die Kulturhistoriker immer wieder auf jene Jahrgänge der *Europa* zurückgreifen lassen.

Als sich 1848 die Ereignisse im revolutionären Tempo beschleunigten, machte Kühne Mitte des Jahres aus dem Wochenblatt eine Tageszeitung. Kurt Haß berichtet, daß dies eine Fehlentscheidung war: Die Zahl der Abonnenten fiel rapide von einigen tausend auf einige hundert. Nach einem halben Jahr gab er das Experiment wieder auf, so daß *Europa* ab 1849 wieder wöchentlich erschien. In den nächsten zehn Jahren, bis zum Ende seiner Herausgebertätigkeit 1859, versuchte Kühne das alte Profil mit den Nachrichten aus Kultur, Politik und Wissenschaft sowie Belletristik und Essayistik beizubehalten. Die Krise der Zeitschrift war nach 1849 bald wieder überwunden, und *Europa* blieb unter seiner Leitung eine der wichtigsten deutschsprachigen Kulturzeitschriften in der Mitte des 19. Jahrhunderts. Stärker als bei Lewald traten unter seiner Redaktion nationale deutsche Belange und Interessen in den Vordergrund. Nachdem Kühne 1859 die Herausgeberschaft an den Schriftsteller Friedrich Steger abgegeben hatte, wurde der europäische Aspekt vollends vernachlässigt, und die Zeitschrift begann ihren Namen fast zu Unrecht zu tragen; sie hätte genausogut *Deutschland* heißen können. Während des preußischfranzösischen Krieges von 1870/71 zum Beispiel unterschied sich *Europa* von keinem anderen deutschnationalen Periodikum, und das änderte sich nicht bis 1885, als die Zeitschrift, die damals von Hermann Kleinsteuber redigiert wurde, nach immerhin fünfzigjähriger Existenz ihr Erscheinen einstellen mußte. Im Klima des grassierenden Reichsnationalismus schränkte ihr Name offenbar derart die Verkaufschancen ein, daß an eine Fortführung nicht mehr zu denken war.

Einen guten Eindruck von Kühnes politischen Überzeugungen vermitteln die beiden *Europa*-Jahrgänge 1848/49. Schon vor Ausbruch der Revolution in Deutschland brachte er von Januar bis März eine Artikelserie mit dem Titel »Zur Beurtheilung des Socialismus«, in der Positives zu Leben, Werk und Denken von Utopisten wie Charles Fourier, Robert Owen und Etienne Cabet zu lesen war. Die europaweite Revolution von 1848 begann im Januar mit Unruhen in Palermo und Neapel, woraufhin Ferdinand II., König beider Sizilien, bereits am 29. Januar seinem Volk eine Verfassung zugestand. In Italien wiederholte sich ein Umbruch, wie er bereits 1820/21 einmal erfolgt, dann aber revidiert worden war. Auch in der sardinischen Monarchie erließ König Karl Albert eine Woche später, am 8. Februar, eine für ihre Zeit mustergültige monarchisch-repräsentative Verfassung, die 1861 zum Grundgesetz Italiens erklärt werden sollte. Giuseppe Mazzini gaben solche Erfolge Auftrieb. In der *Europa*-Nummer vom 19. Februar 1848 erschien ein offener Brief von ihm an den seit zwei Jahren amtierenden Papst Pius IX., der sich einen Namen als politischer Reformer gemacht und damit revolutionären Kräften in Italien Auftrieb gegeben hatte. Mazzini forderte ihn in beschwörenden Worten auf, sich an die Spitze sowohl des sozialen Fortschritts in Europa wie der Einigungsbewegung in Italien zu stellen. Wie so oft verhallten seine Worte ungehört. Durch die Revolution von 1848, die den Nachfolger Petri und Herrscher im Kirchenstaat in arge Bedrängnis brachte, wurde Pius IX. zu einem der konservativsten Päpste der Neuzeit, und Sozialismus wie Risorgimento waren Bewegungen, die er aufs schärfste bekämpfte. Am 23. Februar begann in Paris die Revolution: Die Herrschaft des Großbürgertums war vorläufig beendet, und Louis Philippe mußte bereits am folgenden Tag abdanken.

Von Frankreich aus schwappte der revolutionäre Elan über die Grenze ins Badische, wo am 27. Februar mit den sogenannten Märzforderungen von Mannheim die Revolution in Deutschland begann. Verlangt wurden eine konstitutionelle Verfassung, Pressefreiheit und soziale Reformen (Aufhebung der Feudallasten), und diese Forderungen waren auch die Losungen, die in *Europa* ausgegeben wurden. In der Nummer vom 25. März 1848 veröffentlichte Kühne einen von ihm selbst gezeichneten Artikel »Deutschland's Wiedergeburt«. Gleich zu Anfang stellte der Autor die Bedeutung des Umsturzes in Frankreich für Deutschland heraus: »Der feurige Sanguinismus des französischen Hahns«, hieß es, »hat das schläfrig in sich dämmernde, still in sich grollende Deutschland wachgerufen. [...] Reden wir ohne Schminke! Nicht ohne den Hahnenschrei Frankreichs ist Deutschland zu der Besinnung gekommen: es müsse tagen!« (210) Kühne forderte, was damals fast alle Bürger in Europa wünschten: nationale Einheit und eine Konstitution für das neue Deutschland. Was die Verfassung betraf, schwebte ihm das englische Vorbild als Modell vor Augen. Er führte dazu aus: »Kein Fürstenkongreß, nur ein Parlament mit Oberhaus und Unterhaus kann jetzt Deutschland politisch einig feststellen. Es gilt den deutschen Staatenbund in einen Bundesstaat zu verwandeln, die deutschen Fürsten zu Lords im Oberhause zu machen, ihnen ein Unterhaus deutscher Bürger zur Seite zu stellen« (213). Kühne vertrat in seinen Beiträgen die liberal-bürgerliche Mitte, die sich sowohl nach links (von Radikalrepublikanern und Kommunisten) wie nach rechts (von den Legitimisten) abgrenzte. Als im Juni in Paris der Aufstand der Arbeiter durch das von der Nationalversammlung beorderte Militär niedergeschlagen wurde und damit die soziale Revolution in Frankreich scheiterte, fand das seinen Beifall. Kühnes Kommentar in der Nr. 23 der *Europa* lautete: »Der tollkühne Versuch der Ultrarepublikaner und Communisten [...] bringt die Franzosen zur Besinnung. Wir nennen es ein Heil, daß das Treiben jenes Pöbels *schon so bald* an's Licht getreten ist« (380). Was die Situation in Deutschland betraf, so wünschte er wie die Mehrheit in der Paulskirche die Einführung der konstitutionellen Monarchie. Deshalb ergriff er Partei für den gemäßigten Kurs des Liberalen Heinrich von Gagern, des Präsidenten der Nationalversammlung in der Frankfurter Paulskirche. Hingegen konnte er sich mit den republikanischen Zielen Arnold Ruges nicht befreunden. Am liebsten hätte er wie Gagern eine Einigung Deutschlands unter dem österreichischen Erzherzog Johann als Reichsverweser gesehen, wie er in einem Beitrag vom 4. Juli 1848 verdeutlichte. Kühne publizierte in *Europa* zahlreiche Angriffe auf die radikale Linke, die er des mangelnden Patriotismus zieh. Enttäuscht zeigte er sich aber auch von der österreichischen Politik, der er den gleichen Vorwurf machte.

Wie viele Liberale ging er allmählich von der großdeutschen Lösung unter Einschluß Österreichs zur kleindeutschen Einheitsversion unter preußischer Führung über. Dem immediaten Ziel der Einheit ordnete er – im Gegensatz zur revolutionären Linken – die Verfassungsfrage mehr und mehr unter. Er ließ sie aber keineswegs fallen, betrachtete ihre Lösung aber als Fernziel nach erfolgter Vereinigung. Hatte Kühne zunächst auf Österreich und dessen Erzherzog Johann als Garanten der Vereinigung Deutschlands gesetzt, ließ er nach der Erschießung Robert Blums alle in diese Richtung gehenden Hoffnungen fahren. Nicht daß Kühne mit der politischen Richtung Blums als des Führers der Linken im Vorparlament übereingestimmt hätte. Aber zum einen war Blum wie Kühne ein in Leipzig tätiger Schriftsteller und Zeitschriftenherausgeber, dessen dichterische und politische Publikationen er in den Jahren vor 1848 geschätzt hatte, und zum anderen war der Befehl zur Hinrichtung des Revolutionärs, eines Abgeordneten in der Paulskirche, das denkbar brutalste Signal der Wiener Regierung, daß sie von den Verfassungs- und Einheitsträumen der Frankfurter Nationalversammlung nichts wissen wollte. Am 17. November 1848, also acht Tage nach Blums Tod, schrieb Kühne in *Europa*: »So hat denn Östreich mit Blut bewiesen und besiegelt, wie *deutsch* es ist und fühlt! Hat Östreich sich mit den drei Kugeln in der Brigittenau, welche Blum's Brust durchbohrten, von Deutschland losgesagt? [...] *Das* der Neubau Östreichs, *das* der Geist der neuen Centralisation des Kaiserstaates!« Wien habe »in der Hinrichtung eines deutschen Parlamentsmitglieds eine offenbare Verhöhnung alles Völkerrechtes und der nationalen Einheit Deutschlands an den Tag« gelegt. »Will Östreich sich für sich centralisiren«, schloß Kühne, »so hört für seine Vertreter in Frankfurt alle fernere Berechtigung auf« (477, 479). Mit dem Hinweis auf die Zentralisierung der Donaumonarchie spielte Kühne auf die Erklärung des österreichischen Ministerpräsidenten Felix Fürst zu Schwarzenberg an, er wolle ein »Großösterreich« schaffen und keinesfalls die Gebiete außerhalb des Deutschen Bundes abtreten. Kühne brachte den Stimmungsumbruch des Frankfurter Parlaments zum Ausdruck, das Ende März 1849 in seiner Mehrheit für das Angebot der deutschen Kaiserkrone an den preußischen König Friedrich Wilhelm IV. stimmte, der sie allerdings ablehnte. Seitdem war Erzherzog Johann offen gegen das Einheitsprojekt eingestellt und unternahm alles, um das Zustandekommen einer Reichsverfassung zu verhindern. Schließlich blieb als Ausweg nichts anderes als die Wiederherstellung des Deutschen Bundes übrig. Am 10. Mai 1849 schrieb Kühne in dem Artikel »Rundschau über Wien«: »Aus Eifersucht und Ehrenneid gegen Preußen stößt Östreich Deutschland von sich, verhöhnt die Paulskirche, schüttelt die deutsche Freiheit von sich, macht die Einheit zum Spott vor den Augen Europa's« (257).

Wie früher in *Europa* unter Lewalds Herausgeberschaft England als Vorbild in wirtschaftlicher und technischer Hinsicht gesehen worden war, wies Kühne immer wieder auf die mustergültige Verfassung Großbritanniens hin. In der Nummer vom 5. Juli 1848 hieß es in dem Artikel »England und seine Reform«: »Während auf dem Festlande die Throne wankten«, sei der englische Bürger »stolz auf sein Eiland an welchem sich die Brandung des Meeres bricht«. Seit »der Reform von 1832 habe das Unterhaus aufgehört von der Aristokratie gegängelt zu werden«, es sei »ein Ausdruck der öffentlichen Meinung« (13). Mehrfach wurde die britische konstitutionelle Monarchie als vorbildlich auch für das künftige geeinte Deutschland hingestellt. »In England«, schrieb Kühne am 29. November 1848, »gouvernirt das Königtum nicht; die Nation regiert sich selbst in ihrem Parlamente, hat ihre Entwickelung im Prozeß ihrer Parteien; die Krone ist [...] der Punkt über dem I. [...] Der Fürst repräsentirt dort die Majestät im Interesse, im Namen und im Auftrage des Volkes, und indem er das Princip der Vermittelung und der Gnade vertritt, hat er als versöhnendes Princip die schöne Mission, harmonisch zu wirken« (513). Leitmotivartig durchziehen positive Berichte über England die damaligen Nummern der Zeitschrift. In einem Artikel über »Das musikalische London« vom 31. Juli 1848 stand zu lesen: »Mitten im politischen Sturme der die Welt durchschüttelt, ist England, die meerumbrauste Felseninsel, ein stolzes, sicheres Asyl für die Kunst geworden« (101). Ähnlich hieß es über »Die englische Tagespresse« am 30. Oktober 1848: »Über ganz Europa mögen die Tagesblätter sich zu einer der ersten Gewalten im Völkerleben erhoben haben, in keinem Staate zu einer mächtigeren als in England, dort zu einer die in jede andere eingreift, sie beaufsichtigt und deshalb ebenso bedeutungsvoll als wahr der vierte Stand geheißen wird. Ihrer Allgegenwart steht nichts zu hoch – sie faßt darnach; nichts zu niedrig – sie beachtet es« (413).

Vergleichbar Positives wie über England wurde aus denselben Gründen über Norwegen, Belgien, Griechenland und Schweden gesagt. Am 6. September 1849 hieß es in dem Beitrag »Ein Besuch in Norwegen«: »Bemerkenswerth ist es daß gerade Norwegen und Griechenland die beiden einzigen Länder Europa's sind, welche keinen Adel haben, – keinen Adel und keine Bettler. Seit einem Jahr habe ich überall in Europa Unruhen und Unzufriedenheit gefunden, nur in Norwegen und Belgien fand ich allgemeine Zufriedenheit und Ruhe. Auf meine diesfallsige Bemerkung sagte ein hiesiger Offizier: weil gerade diese beiden Länder die freisinnigsten Constitutionen haben. Hätte er dies in Berlin geäußert, so wäre er vielleicht wegen radikal roth republikanischer Gesinnungen vor ein Ehrengericht gestellt worden« (527). Ergänzend hieß es dazu im Bericht »Ein Besuch in Schweden« am 13. September 1849: »Eben so war diese schwedische Gesellschaft frei von der Servilität des deutschen Mittelstandes, der den Adel vermeidet, weil er einen Unterschied anerkennt. Hier sah man, daß ein solcher Unterschied nicht anerkannt ward« (549). Im Vordergrund des europäischen Ländervergleichs standen immer wieder Kühnes Visionen von der Einheit der Nation,

der Abschaffung der Adelsprivilegien und die Einführung
einer Verfassung.

Obgleich während des Revolutionsjahres von 1848 die
Berichterstattung über die Paulskirche im Mittelpunkt der
Zeitschrift stand, wurde der europäische Kontext nicht
außer acht gelassen. Ein politisches Zukunftsprogramm für
den gesamten Kontinent ist in *Europa* weder unter Lewald
noch unter Kühne veröffentlicht worden. Doch kam einem
solchen Projekt der am 17. August veröffentlichte »An-
dreasnachttraum 1840. Das Jahr 1840 in 10 Geboten« des
»Friedrich Wilhelm Müller. Landesgefangener in Hubertus-
burg« am nächsten. Die doppelte Literarisierung als Traum
und Dekalog ermöglichte in ihrer Indirektheit die direkte
Formulierung dessen, was Kühne auf dem Gebiet von Konstitution, Politik und Wirtschaft für Europa im allgemeinen
wie Deutschland speziell als Ziel der Revolutionen von
1848 vor Augen stand. Der relativ kurze Text sei hier in
Gänze wiedergegeben: »*1stes Gebot*. Alle Aristokratie in
Europa hört von nun an auf. *2tes Gebot*. Es gilt völlige
Glaubens- und Gewissensfreiheit. *3tes Gebot*. Alle Privile-
gien, Monopole, Regalien u.s.w. mögen sie verjährt oder
unverjährt sein, gelten von nun an nicht mehr. *4tes Gebot*.
Das Volk gibt die Gesetze und die Regierung handhabt sie.
5tes Gebot. Es bleibt sich gleich, ob ein erblicher König, ein
König auf Lebenszeit, ein Fürst, ein Präsident, oder wer er
sei, die Regierung bilde. *6tes Gebot*. Alle indirekten Auflagen
hören auf, blos direkte Grundsteuern bestehen zur Bestrei-
tung der Staatsbedürfnisse und des Kultus. *7tes Gebot*. Alle
stehenden Heere in Europa gehen auseinander; sämmtliche
Kanonen und Waffen werden eingeschmolzen, zu Eisen-
bahnen, Luftbahnen, zu Schiffahrt und Wegebesserung verwendet. *8tes Gebot*. Alle Zoll und Mauthlinien in Europa
stürzen nieder und der Verkehr ist völlig frei. *9tes Gebot*. Alle
Gerechtigkeit ist öffentlich und die Herrschaft des Rechts
ist unbeschränkt. *10tes Gebot*. Die Presse ist völlig frei.« Der
Text schließt mit der Nachbemerkung: »Nur immer langsam voran, auf daß die östreichische Landwehr nachkommen kann. Dieses Traumes halber bin ich zu 6 Monat
Gefängniß verurtheilt worden, welche Strafe ich seit dem
4ten November 1842 verbüße« (163 f.). Im Bild des Gefangenen, der einem strafwürdigen Traum von Europa

nachhängt, wurde auf die denkbar einprägsamste Weise der Widerspruch von dynastisch-reaktionärer Gegenwartspolitik und demokratisch-kontinentaler Zukunftsvision ausgedrückt. Wenn diesem »Traum« auch nicht das Gewicht der Europa-Traktate eines Saint-Simon oder Schmidt-Phiseldek zuzusprechen ist, wurden hier doch ganz ähnliche, zum Teil sogar weitergehende Postulate formuliert: Abschaffung der Adelsprivilegien, Religionsfreiheit, Einberufung von Parlamenten, Etablierung einer konstitutionellen Monarchie oder einer Präsidentschaft (letzteres wohl nach amerikanischem Vorbild), Abrüstung, Steuergleichheit, freier Handel auf dem ganzen Kontinent, Rechtssicherheit und freie Presse. Nur eine Forderung fehlte, die bei Saint-Simon, Schmidt-Phiseldek und Mazzini wichtig gewesen war: die nach der politischen Vereinigung des Kontinents.

II.

Diese Forderung wurde aber während der Revolution von 1848 mehrfach laut: eigenartigerweise zuerst in England, wo man immer das Prinzip der »balance of power« gepredigt, sich aber aus Unifikationsprojekten tunlichst herausgehalten hatte. Charles Mackay war 1814 im schottischen Perth geboren worden. Als Schriftsteller veröffentlichte er Bände mit seinen Liedern, Gedichten, Novellen und Romanen, wovon *Legends of the Isles* (1845) die bekanntesten waren. Später unternahm er ausgedehnte Reisen in die USA, die er vor allem ihrer föderativen politischen Struktur wegen bewunderte. Als Ergebnis dieser Aufenthalte publizierte er kulturgeschichtliche Studien wie *Life and Liberty in America* (1860) und *The Founders of the American Republic* (1885). Als in Italien, Frankreich und den deutschen Staaten die Revolution ausbrach, lebte er in London. Dort hatte im Februar 1848 Herbert Ingram die neue Tageszeitung *The London Telegraph* begründet, ein Journal, das sich – wie die revolutionäre Aufbruchsstimmung, der es sich verdankte – nur ein halbes Jahr hielt. Hier sollten die aktuellen Zeitströmungen des radikalen Liberalismus, der Völkerverständigung, des Pazifismus, des wissenschaftlichen Fortschritts und des Freihandels im Sinne von Richard Cobden artikuliert werden. Ingram gewann den vierunddreißigjährigen schottischen Schriftsteller für die Mitarbeit, und der leistete ganze Arbeit, als er seinen Essay über die Vereinigten Staaten von Europa in zwei Teilen (am 28. März und am 1. April 1848) in der neuen Zeitung abdrucken ließ.

Dieser Aufsatz brauchte den Vergleich mit Äußerungen anderer Europa-Visionäre nicht zu scheuen. Mackay war der erste Schriftsteller, der in einem Europa-Essay den Begriff »The United States of Europe« in direkter Analogie zu »The United States of America« benutzte. »Wohin also marschiert Europa?« so fragte er im ersten Teil des Essays. Weil das politische Ziel noch nicht klar auszumachen war, suchte er die Richtung anzugeben, die man den neuen Entwicklungen geben sollte. »Welche Beziehungen«, fuhr er fort, »sollen zwischen den verschiedenen Staaten geschaffen werden? Soll Rußland mit einbezogen werden? Was hat an die Stelle der gegenstandslos gewordenen Vereinbarungen des Wiener Kongresses zu treten?« Das waren die zentralen Fragen jener Umbruchsmonate, und Mackay war um kühne Antworten nicht verlegen. Wie bei fast allen Strategen europäischer Einheit stand auch bei ihm die Verhinderung von Kriegen der europäischen Nationen untereinander im Mittelpunkt. »Alle ohne Ausnahme erklären sich gegen den Krieg«, schrieb er, »alle sind von Grauen vor den Blutbädern erfüllt, und alle sind durchdrungen von den großen christlichen und demokratischen Grundsätzen der Freiheit, Gleichheit und Brüderlichkeit.« Diese Parolen der französischen Revolution sollten jedoch nicht nur für einzelne Nationen, sondern für ganz Europa gelten. Mackay brachte auch seine weiteren Überlegungen zunächst als Fragen vor, wenn es hieß: »Ist nicht die Zeit gekommen, daß jene Länder, die sich Verfassungen republikanischer oder monarchischer Art geben, sich zu einer Heiligen Allianz der Völker vereinigen und die *Vereinigten Staaten von Europa* begründen?« Mackay benutzte mit »holy alliance of the people« den gleichen Terminus wie vor ihm Heine und Mazzini, die von der »Heiligen Allianz der Völker« beziehungsweise der »Santa alleanza dei populi« gesprochen hatten, um damit ihre Gegenkonzepte zu den Ergebnissen des Wiener

Kongresses zu verdeutlichen. An den Vereinigten Staaten von Amerika fand Mackay nicht etwa den Status der dortigen Freiheit vorbildlich (damals waren die USA noch ein Sklavenhalterstaat), sondern die Tatsache, daß keiner der Einzelstaaten Krieg gegen einen anderen erklären konnte. Das sei auch in Europa anzustreben. Als vorbildlich für Europa pries Mackay an den USA auch den Freihandel innerhalb der Union, die liberale Presse, die Praxis der Volksvertretung und das Rechenschaftsprinzip der Regierung.

Im zweiten Teil des Artikels ging Mackay vor allem auf das Problem Rußland ein. Der Autor meinte, daß »es keine Möglichkeit gebe, den Absolutismus in seiner letzten europäischen Bastion mit den Mitteln von Vernunft und Aufklärung zu überwinden«. Mit einem Angriff Rußlands auf das demokratisierte Europa müsse gerechnet werden, und man müsse sich auf einen schwierigen Verteidigungskrieg einstellen. In allen Ländern des Kontinents, außer in Rußland, würden die Revolutionen der Gegenwart zur Überwindung des im Wiener Kongreß restaurierten Absolutismus führen. Großbritannien, das wiedererstandene Polen, das befreite Italien, das geeinte Deutschland und das republikanische Frankreich würden in Zukunft zusammenarbeiten. Mackay sprach – im Gegensatz zu Saint-Simon – nicht von einer einheitlichen Regierung für das vereinte Europa. Jedes europäische Land könne – solange es eine Verfassung besitze und die absolutistische Regierungsform aufgegeben habe – Mitglied des Europa-Bundes werden. Diesen Bund sah er mehr als Konföderation souveräner Einzelstaaten denn als Föderation mit einer starken Zentralregierung wie in den USA. »Der Tag wird kommen«, beschloß Mackay seinen Artikel, »so hoffen wir innig und glauben wir ernsthaft, wenn ein Krieg zwischen irgendeiner Nation der *Vereinigten Staaten von Europa* als gänzlich widersinnig betrachtet wird.« Vieles von dem, was im Frühjahr 1848 zum Greifen nahe schien, rückte bald wieder in weite Ferne, und so erwies sich auch Mackays Beitrag mehr als Botschaft an das nächste und übernächste Jahrhundert denn als Grundlage für eine aktuelle Diskussion. Indem er die USA weiterhin als Vorbild für Europa hinstellte, hat Mackay mit seinen Amerikabüchern aber indirekt auch später Einfluß auf seine englischen Leser im Sinne der Vereinigten Staaten von Europa zu üben versucht.

Mackay war in seinen Europa-Visionen von 1848 sicherlich durch Mazzini beeinflußt, der bereits seit elf Jahren im Londoner Exil lebte. Andererseits kann aber auch von einer Rückwirkung des Artikels im *London Telegraph*, wie Anton Ernstberger meint, auf Mazzini ausgegangen werden. Als Mackays Essay erschien, brach Mazzini nach Italien auf. Die Wahrscheinlichkeit ist groß, daß der italienische Revolutionär den Essay des Schotten zu Gesicht bekam. Mazzinis 1849 in Lausanne erschienene Flugschrift »La Santa Alleanza dei Populi« wiederholte viele seiner bekannten Thesen, aber auffallend ist, daß auch er hier die Gründung der Vereinigten Staaten von Europa forderte. Im Unterschied zu Mackay, der vom englischen Verfassungsmodell der konstitutionellen Monarchie für Europa ausging, bestand Mazzini nach wie vor auf der Durchsetzung demokratischer Republiken. Weiterhin betrachtete der Italiener den Nationalstaat als die naturgegebene Lebensform eines Volkes, doch sollten sich die europäischen Länder zu einer Staatenfamilie zusammenschließen. Wie bei Mackay lief der von Mazzini entworfene Zusammenschluß auf eine Konföderation souveräner Einzelstaaten hinaus. Nicht eine eigentliche Regierung soll für Europa geschaffen werden, sondern ein Oberster Rat *(consiglio supremo)*, bestehend aus Vertretern der Nationalversammlungen der Einzelländer, die sich zur europäischen Assoziation zusammengeschlossen haben. Die Aufgabe der obersten europäischen Ratsversammlung sei dann, die politische Landkarte Europas neu zu entwerfen und im Sinne des demokratischen Republikanismus umzugestalten. Dabei sollte England seine traditionelle Nichteinmischungspolitik aufgeben. Großbritannien und das demokratische Amerika wurden aufgefordert, bei der Befreiung der noch unterdrückten europäischen Völker mitzuhelfen. Die Neuordnung des Kontinents müsse gegebenenfalls mit kriegerischer Gewalt erfolgen – womit der italienische Revolutionär sich von Mackay und den meisten Europa-Visionären unterschied. Nach dem Scheitern der Revolution in Italien kehrte Mazzini nach London zurück. Dort gründete er Anfang der fünfziger Jahre das »Comitato Europeo«, in dem er mit anderen Revolutionären die Sache der Demokratie in Europa zu befördern suchte. Die prominentesten Mitarbeiter waren der Franzose Alexandre Ledru-Rollin, der Deutsche Arnold Ruge und der Ungar Lajos Kossuth. Ihre Ziele umrissen Mazzini, Ledru-Rollin und Ruge in dem gemeinsam formulierten Artikel »Comitato Centrale Democratico Europeo« vom Juli 1850. Auch in ihm spielte der Begriff der »Santa alleanza dei populi« die zentrale Rolle.

Wenige Monate nach Mackays Vorstoß im *London Telegraph* hielt Ruge in der 45. Sitzung der Deutschen Nationalversammlung in der Paulskirche eine Europa-Rede, in der fast die gleichen politischen Ziele für den Kontinent formuliert wurden. Bevor auf die dort erhobenen Forderungen eingegangen wird, sei Ruges Werdegang als Europa-Theoretiker kurz skizziert. Wie Kühne, der etwa gleich alt war, hatte Ruge Philosophie und Literatur studiert. Er bezog aber von Anfang an radikalere Positionen als Kühne und war als Burschenschafter zu mehreren Jahren Gefängnis verurteilt worden. Nach der Haftentlassung im Jahre 1830 veröffentlichte er das historische Drama *Schill und die Seinen*, in dem er das Leben eines Freiheitskämpfers mit deutlichem Bezug auf sein eigenes Schicksal darstellte. Im selben Jahr erhielt er eine Lehrerstelle am Pädagogium in Halle. 1832 habilitierte Ruge sich im Fach Philosophie mit der Arbeit *Die Platonische Ästhetik*, woraufhin er zum Privatdozenten an der Universität Halle ernannt wurde. Fünf Jahre später gründete er mit dem Kritiker Ernst Theodor Echtermeyer, einem ehemaligen Kollegen am Pädagogium, die *Halleschen Jahrbücher für Kunst und Wissenschaft*, eine Zeitschrift, die zum führenden Organ des Junghegelianismus wurde. Während seiner Jahre in Halle erschien 1839 die umfangreiche Schrift von Wolfgang Menzel *Europa im Jahr 1840*. Menzel, der gleichen Generation wie Ruge angehörend, war wie dieser Burschenschafter gewesen, hatte Philosophie und Geschichte studiert, schlug sich einige Jahre wie Ruge als Lehrer durch und wurde dann Schriftsteller, Kritiker und Historiker. Seit 1826 lebte er in Stuttgart, wo er bis 1848 die Beilage *Literaturblatt und Kunstblatt* zum *Morgenblatt für gebildete Stände* (ab 1838 *Morgenblatt für gebildete Leser*) herausgab. Seit 1830 wurde er als Liberaler wiederholt in die württembergische Ständeversammlung gewählt, in der er mit Ludwig Uhland und Paul Pfizer zur Opposition zählte. Gemeinsam mit ihnen verließ er 1838 die Versammlung aus Protest gegen die württembergische Politik. Zwischen 1832 und 1834 hatte Karl Gutzkow Beiträge für Menzels Stuttgarter *Literaturblatt* geschrieben. Als der agile Gutzkow aber 1834 in Frankfurt am Main sein eigenes *Literaturblatt* zum *Phönix* leitete, sich zum Führer der Jungdeutschen aufschwang und als ihr Organ eine großangelegte Zeitschrift mit dem Titel *Die Deutsche Revue* plante (Mitherausgeber sollte Ludolf Wienbarg sein), war es mit der Freundschaft vorbei. 1835 erschien Gutzkows Roman *Wally, die Zweiflerin*. Er enthielt freisinnige Betrachtungen und – vom bürgerlich-biedermeierlichen Standpunkt aus betrachtet – »gewagte« sinnliche Schilderungen. Menzel, den die jungdeutsche Emanzipation des Fleisches an sich wenig interessierte, nahm die Gelegenheit wahr, den Konkurrenten Gutzkow auszuschalten, indem er sich zum Tugendwächter der Nation aufwarf. Menzels literaturpäpstliche Rezension des Romans kam einem Bannstrahl gleich und hatte die gewünschte Wirkung. Nicht nur landete das Buch auf dem politischen Index Preußens, und nicht nur mußte Gutzkow nach erfolgter Klage eine dreimonatige Gefängnisstrafe abbüßen; die Besprechung zog auch den Bundestagsbeschluß vom 10. Dezember 1835 nach sich, dem zufolge die vorliegenden und zukünftigen Publikationen der Jungdeutschen verboten wurden.

Die meisten deutschen Liberalen bewunderten die Verfassungen Englands und Frankreichs als vorbildlich, wobei zuweilen – wie etwa im Falle Kühnes – die Sympathien für England, öfter aber – wie etwa bei Ruge – die Übereinstimmung mit französischen Verhältnissen überwogen. Diese Aufteilung der deutschen Intellektuellen in Sympathisanten englischer Evolution beziehungsweise französischer Revolution war keine neue Erscheinung; es gab sie in Deutschland seit Edmund Burkes *Reflections on the Revolution in France* von 1790. Menzel war von der zweiten französischen Revolution von 1830 im nahen Frankreich schockiert. Er zog den evolutionären Weg von Verfassungsreformen, wie sie sich in England vollzogen, den gewaltsamen Eruptionen im Nachbarland vor. So war er einer der liberalen deutschen Publizisten, die in politischen Dingen eindeutig gegen Frankreich und unzweideutig für England Stellung bezogen. Nach seiner vernichtenden Rezension von Gutzkows Roman galt Menzel in jungdeutschen Kreisen als Renegat und Denunziant, und er mußte heftige Angriffe von David Friedrich Strauß, Heine, Wienbarg und Börne über sich ergehen lassen. Heines Schrift gegen Menzel von 1837 trug bezeichnenderweise den Titel *Über den Denunzianten*. Walter Hinck weist darauf hin, daß Heine damit auch auf die 1836 erschienene zweite, erweiterte Auflage von Menzels Abhandlung *Die deutsche Literatur* antwortete, die antisemitische Ausfälle gegen ihn enthielt. Börne teilte – anders als die übrigen Jungdeutschen – mit Menzel eine tiefe Abneigung gegen Goethes Dichtungen. Das hielt ihn aber nicht davon ab, nach dem *Wally*-Prozeß dem Stuttgarter Autor mit der polemischen Schrift *Menzel, der Franzosenfresser* den Fehdehandschuh hinzuwerfen. Gutzkow dankte dem Autor nach dessen Tod mit der im verehrungsvollen Ton geschriebenen Biographie *Börne's Leben*, die 1840 von Hoffmann & Campe in Hamburg publiziert wurde. Zwei Jahre später wandelte Gutzkow auf Börnes Spuren in Paris und veröffentlichte unter dem von Börne übernommenen Titel *Briefe aus Paris* Aufzeichnungen aus der französischen Hauptstadt von März bis Mai 1842. Sie erschienen in zwei Teilen im selben Jahr bei Brockhaus in Leipzig und sind ebenfalls ein Versuch, Politisches und Kulturelles aus Paris zu vermitteln, doch entbehren die Nachrichten der europäischen Relevanz, wie sie bei Börne gegeben war. Auf Menzels Schrift *Europa im Jahr 1840* antwortete Ruge, einer der feurigsten Verehrer der Werke Börnes, sozusagen stellvertretend für die deutsche Linke. Was waren 1839 die Europa-Thesen Menzels, und was setzte Ruge ihnen ein Jahr später entgegen?

Menzel analysierte auf relativ nüchterne Weise die politischen Machtverhältnisse und Verfassungsformen in den europäischen Ländern. Seine Schrift enthielt – im Gegensatz zu der drei Jahre zuvor erschienenen literaturkritischen Arbeit – keine antisemitischen Äußerungen. Menzel versuchte Aufschluß zu geben über das momentane Verhältnis der Staaten des Kontinents zueinander, und obgleich deutliche Symphathie- und Antipathieakzente gesetzt und hie und da Wünsche für die Zukunft geäußert wurden, enthielt sie sich jeder geschichtsphilosophischen Spekulation oder utopischen Vision. Das Ganze liest sich wie die Vorlesung an einer deutschen Diplomatenschule, wo es um Praxis und Realität und nicht um Theorie und ferne Zukunft geht. Hintereinander beleuchtete Menzel die politischen Gegebenheiten in den einzelnen europäischen Staaten. Dabei achtete er auf das Zusammenspiel von fünf Kräften, die in den Ländern eine je besondere Macht-konstellation bildeten. Er nannte diese fünf Kräfte »die eigentliche Pentarchie Europa's« und verstand darunter *erstens* »die Macht der Nationalitäten«, *zweitens* »die Macht des Glaubens und der Kirchen«, *drittens* »die Macht politi-scher Principe«, *viertens* »die Macht der materiellen Inter-essen« und *fünftens* die »Macht der bestehenden Dynastieen und Staatsregierungen« (4). Indem er Aspekte der nationa-len Identität, der Regierungsformen, der gesellschaftlichen Mächte beziehungsweise Verbände wie Herrscherhaus, Kir-che, Handel und Industrie analysierte, erstellte er gleich-sam eine Frühform soziologisch-politologischer Unter-suchung.

England war seiner Meinung nach die erste Nation Euro-pas, und so ließ er sich gleich zu Anfang im Detail über diesen seinen Lieblingsgegenstand aus. Gleich Joseph Gör-res lobte er den »National-Charakter der Engländer«, der sich auszeichne durch »strenge Zucht, gute Sitte, ernste Männlichkeit und Verläßigkeit«. Als vorbildlich betrachtete Menzel das relativ harmonische Zusammenspiel von »Monarchie, Aristokratie und Demokratie« in der neueren Geschichte des Landes. »In andern Staaten«, fügte er mit einem Seitenblick auf Frankreich hinzu, lägen diese Mächte »nur mit einander im Streite« und brächten nichts zustande, als sich »wechselseitig [zu] schwächen« (16). England ver-trete wie kein anderes Land Europas »das Princip der Frei-heit und des Fortschrittes«. In Anspielung auf die Be-freiungskriege gegen Napoleon hieß es weiter, daß »die Völker, wenn sie von irgend einer Tyrannei bedrängt sind und England ihnen Hülfe bietet, Englands Schutz vertrau-en« könnten (18). Diese Protektion zu übernehmen sei Großbritannien deshalb in der Lage, weil es »durch Pflege der materiellen Interessen zum reichsten Lande der Welt«, zum »mächtigsten Staat in Europa« geworden sei (19). Wieder mit Hinweis auf Frankreich stellte er fest, »daß keine rivalisirende Seemacht« England gefährlich werden könne. Die englische Politik des Gleichgewichts der europäischen Mächte fand Menzels Zustimmung. Sie allein garantiere, daß »nicht eine Continentalmacht Alles verschlinge und wie Frankreich unter Napoleon das berühmte Continental-system« erneuere (20). Ähnlich wie später bei Mackay, Hugo und Fröbel drückten sich in Menzels Schrift ein Un-behagen an und eine ausgesprochene Furcht vor Rußland aus. England und Rußland verstand der Autor als die bei-den großen Gegensätze Europas, wobei er aus seiner Partei-nahme für England nicht den geringsten Hehl machte. Eng-land verkörpere »das Princip« des »constitutionellen und liberalen Westens«, während Rußland das »absolutistische und legitime Princip« des Ostens vorstelle (22). Menzels Angst vor einem Übergreifen Rußlands auf das mittlere und westliche Europa wurde nur beschwichtigt durch den Ge-danken an England. Wie Großbritannien der »thätigste Geg-ner Napoleons« gewesen sei, so würde es auch der Behin-derer »Rußlands seyn, wenn eine europäische Usurpation und Universalmonarchie von dort zu besorgen wäre« (20). Auch über den russischen Nationalcharakter hatte Menzel nichts Gutes zu vermelden. Bei allem Respekt vor der Aus-dauer und Tapferkeit der russischen Soldaten meinte Men-zel festhalten zu müssen, daß der »russischen Nation« die »moralische Kraft, die Fähigkeit, nicht bloß durch physi-sche Massen, sondern auch durch etwas Geistiges zu impo-niren«, fehle, weswegen »sie aller Sympathie bei andern Völkern« entbehre (25).

Was Frankreich betraf, stellte Menzel fest, daß die Stärke des französischen Nationalcharakters, nämlich die aus-geprägte »Tugend des Patriotismus«, gleichzeitig der wun-de Punkt und die Schwäche des Landes ausmache. Der Patriotismus verleite das Land immer wieder zur Expan-sion, zur Vorstellung, daß es in Europa dominieren müsse. Nach Menzels Ansicht war Frankreich jedoch »nicht von Natur zur Hegemonie in Europa berufen, es konnte sich dieselbe nur zeitweise und auf kurze Dauer anmaßen, um sie immer bald wieder zu verlieren« (52). Die französischen politischen Verfassungsprinzipien im Bürgerkönigtum fan-den an sich Menzels Zustimmung, doch sah er sie keineswegs so fest begründet wie die konstitutionellen Verhältnisse in England. In die Stabilität des französischen Bürgerkönigtums setzte er – nicht zu Unrecht – kein allzu großes Vertrauen. An Österreich stellte Menzel die »Doppelnatur als europäischer und als deutscher Staat« heraus (70). Die Politik dieses Landes charakterisierte er als »conservativ und defensiv« (71). Das läge an seinem absolutistischen Staatsprinzip sowie an seiner geographischen Lage zwischen den westlich-liberalen Ländern und dem zaristischen Rußland. Dadurch, daß Österreich »an die constitutionellen Staaten des Westens« grenze, sei es »der Wirkung der Reibung und des Beispiels mehr ausgesetzt, als Rußland, das abgeschlossen im Hintergrund Europa's« stehe (74). Mit Österreich und Rußland teile Preußen die absolutistische Verfassung. Als Einzelstaat sei dieses Land »schwächer als die übrigen vier« Mächte des Kontinents, und »seine Stellung« wäre »im Fall eines großen Continentalkampfes vielseitig bedroht« (97). Frankreich, das folge aus der Geschichte dieses Landes, sei der Gegner Preußens. »Von jeher«, meinte Menzel, »lag den Franzosen alles daran, die Deutschen von einander zu trennen, und jeden einzeln mit ihrer alsdann überlegenen Macht zu schlagen« (98). Dieser Absicht müsse Preußen durch eine gezielte Bündnispolitik mit Österreich und den deutschen Staaten des Südens und Südwestens begegnen. In seiner Analyse ging Menzel von den Erfahrungen mit dem Frankreich Napoleons und dessen Rheinbundpolitik aus, und er sah bereits jene Konfliktsituation voraus, wie sie 30 Jahre später mit dem Deutsch-Französischen Krieg gegeben sein sollte. Menzel hatte nichts gegen den Liberalismus französischer Prägung. Er beobachtete allerdings mit Argwohn, daß Frankreich dieses politische Prinzip als Hebel für seine Außenpolitik, als Mittel der Spaltung Deutschlands und der Verhinderung politischer Einheit des deutschen Bundes einsetzte. Dazu schrieb er: »In dem Maaß, in welchem die kleinen deutschen Fürsten dem französischen Protectorat nicht trauen würden, würde sich Frankreich unfehlbar an den Liberalismus in der deutschen Bevölkerung adressiren« (116). Diese These erläuternd hieß es weiter: »Frankreichs Interesse ist nur, Deutschland zu schwächen, und dieses Interesse ändert sich nie, und bleibt das nämliche bei allen Wechseln des

Princips. Als Königreich, als Republik, als Kaiserthum wollte es nie etwas anders, als in Deutschland erobern« (120).

Menzel war in erster Linie deutscher Nationalist und in zweiter Linie ein Vertreter des Liberalismus. Obwohl ihm der Absolutismus Preußens und Österreichs an sich zuwider war und er sich wohl am liebsten englische Zustände für ganz Deutschland gewünscht hätte, sah er den »Bestand der deutschen Föderation« (122) als erste Forderung deutscher Politik an, der Verfassungsfragen unterzuordnen seien. Damit nahm er eine Position vorweg, wie sie für die Mehrzahl der deutschen Liberalen nach 1848 – man denke etwa an Kühne – typisch wurde. Menzel warnte die kleineren deutschen Länder jedoch nicht nur vor einem erneuten Anschluß an Frankreich im Stil des Rheinbundes, sondern auch vor einer offensiven russischen Außenpolitik. Dazu hieß es: »Er [der russische Zar] schmeichelt den kleinen deutschen Staaten mit einer größern Unabhängigkeit, wenn sie sich von der österreichischen und preußischen Doppelvormundschaft im deutschen Bunde, wie 1806 von der Reichsverfassung, lossagen, und eine besondere Föderation unter sich (eine sogenannte europäische Centralassociation) unter russischem Protectorate bilden würden, wie einst den Rheinbund unter dem Protectorate Napoleons« (47). Nur aufgrund zäher französischer Außenpolitik seien im Lauf der Jahrhunderte Länder wie Holland, Belgien und die Schweiz aus dem Heiligen Römischen Reich Deutscher Nation herausgebrochen worden. Die alte Bindung dieser Kleinstaaten an ihr ehemaliges Mutterland sei jedoch nie ganz abgerissen, und Menzel hoffte, daß sich jene Grenzländer »dem deutschen Staatenbunde anschließen« würden (131). Menzel ging, was bei seiner Verehrung Englands nicht überraschte, in seiner Europa-Analyse vom Gleichgewichtsdenken aus. Er freute sich, daß ein mächtiges liberales England der absolutistischen Großmacht Rußland Paroli bieten konnte, und er wollte gegen ein seiner Meinung nach expansionsfreudiges Frankreich die »deutsche Föderation« setzen, die französische Kriegsambitionen neutralisieren könnte. Die deutsche Föderation dachte Menzel sich nicht als ein deutsches Reich mit einer Zentralregierung. Ein solches Modell hätte die Entscheidung für die groß- oder kleindeutsche Lösung nach sich gezogen mit einer

Parteinahme entweder für Preußen oder für Österreich als Führungsmacht. Von solchen Alternativen hielt Menzel nichts. Status-quo-Denker, der er war, glaubte er an die Lebensfähigkeit des bestehenden Deutschen Bundes, von dem er im Lauf der Zeit eine stärker werdende Kooperation und Integration der Mitgliedsstaaten erwartete. Als Conditio sine qua non für das Funktionieren des Deutschen Bundes betrachtete er die möglichst enge Allianz zwischen Preußen und Österreich. Preußen und Österreich, als Alliierte vereint, seien in der Lage, »jeder feindlichen Macht zu trotzen« (85).

Menzels tendenziell soziologisch-politologischer Analyse setzte Ruge eine junghegelianische geschichtsphilosophische Deutung europäischer Zustände entgegen. Mit Börne und Heine teilte er die Gallophilie, weil sie Frankreich als Träger des Zeitgeistes verstanden, weil sich nach ihrem Verständnis in der französischen Nation die Fortschrittstendenz der Epoche offenbarte. Die Hegemonie Frankreichs wurde als geschichtsnotwendig im Sinne der Hegelschen Vorstellung von der weltgeschichtlichen Sendung eines Volkes betrachtet, das in einem bestimmten historischen Moment die Idee des Weltgeistes durch seine Taten ausdrücke. Wie Heine um 1830 war Ruge um 1840 der Überzeugung, daß für ihre Gegenwart die politisch fortschrittlichste Idee die der konstitutionellen Monarchie sei. So teilte sich ihm Europa in zwei Lager: ein fortschrittlich konstitutionelles mit Frankreich und England und ein reaktionär-absolutistisches mit Preußen, Österreich und Rußland. »Die europäische Welt«, hieß es gleich zu Beginn, sei »zwiefach getheilt, in politisch mündige und politisch unmündige Völker« (341). Und etwas später hieß es in simplistischer Manier: »Wir haben nun *Revolution* und *Reaction* gegen einander« (361). Bis zur Verfälschung vereinfachend war diese Gegenüberstellung, weil ihr die imperialistische Außenpolitik der europäischen Länder Hohn sprach. Auf diesem Gebiet kamen die eigenartigsten Koalitionen zustande; man denke an die Londoner Quadrupelallianz vom 15. Juli 1840, mit der Großbritannien, Preußen, Österreich und Rußland den Schutz des Osmanischen Reiches vor den Expansionsbestrebungen des – vorübergehend durch Frankreich unterstützten – Ägypters Mehmet Ali übernahmen. Der nüchternen Einschätzung französischer Innen- und Außenpolitik Menzels setzte Ruge hegelianischen Geistenthusiasmus entgegen. Wie sein philosophischer Lehrmeister ging Ruge davon aus, daß es »nur Eine Macht in der Welt« gebe, »den Geist, und daß der Geist, wie er sich geschichtlich gebildet, in den verschiedenen Staaten verschiedene Formen seiner Existenz« annehme (352). Die Inkarnation des Weltgeistes als Geist der Zeit in Frankreich beschrieb Ruge so: »*Frankreich und die Hegemonie des historischen Geistes* bildet den Kern von Westeuropa; diese Hegemonie ist eine europäische und eine ideelle [...]. Das französische Volk hat das Princip der Staatsfreiheit, die Herrschaft des Gedankens auf dem Gebiete des Lebens, in die neueste Geschichte eingeführt und in seinen Verhältnissen verwirklicht« (353). Paris war somit in den Augen Ruges eine Art europäisches Munsalvaesche, wo die Gralshüter des Weltgeistes die reine Form des historisch notwendigen Konstitutionalismus schufen. »Frankreich verkennen«, so kritisierte er Menzel, heiße, »die neuste Geschichte verkennen, und es wäre eine verhängnißvolle Blindheit, wenn man einen Nationalgeist verachtete, der sich unter so schwierigen Verhältnissen so entschieden die Initiative der europäischen Bewegung wiedererobert hat« (367). Das Großartige am Frankreich Louis Philippes sei, daß man mit der Formel »*le roi regne, il ne gouverne pas*« die »große constitutionelle Frage gelöst« habe (368). Mit diesem Schlagwort hatte Adolphe Thiers als Herausgeber des *National* und Wortführer der Liberalen 1830 die Massen in Paris elektrisiert, und unter dieser Devise stand die Juli-Revolution, die dem Absolutismus der Bourbonen ein Ende setzte und das Bürgerkönigtum begründete. Auf graduell niedrigerer Stufe als Frankreich befand sich nach Ruge England, das jedoch durch den positiven französischen Einfluß »die großen Maßregeln der Verfassungsreform beschleunigt« habe (353).

Nur in einem Punkt stimmten Menzel und Ruge überein: in der Ablehnung Rußlands, in der Sorge um »die Sicherung der westeuropäischen Cultur« vor dem »barbarischen Andrang dieser Großmacht« (393). Hier bestand der Unterschied lediglich darin, daß Menzel Rußland als absoluten Gegensatz zu England, Ruge dagegen als extremen Kontrast zu Frankreich verstand. Österreich und Preußen stünden dem Osten Europas näher als dem Westen. Dazu hieß es: »Dem historischen Andrang des romanisch-germanischen Europa und seinen freien Staatsformen widersetzt sich *Rußland, Oestreich* und *Preußen*«. Als Hegelianer vermeinte Ruge jedoch zu wissen, daß Preußen – im Gegensatz zu Österreich und Rußland – »in der Bewegung des historischen Geistes« stecke (355). Von einer Bündnispolitik des protestantischen und daher – so die Argumentation – virtuell liberalen und konstitutionellen Preußen mit dem katholischen und als reaktionär abzuschreibenden Österreich wollte Ruge – im Gegensatz zu Menzel – nichts wissen. Menzel hatte den deutsch-europäischen Dualismus der Donaumonarchie herausgestellt, Ruge dagegen schrieb Österreich bereits 1840 (und nicht wie Kühne erst 1849) als deutschen Staat ab. Aus seinem Ressentiment gegenüber Österreich machte der norddeutsche Protestant Ruge nie einen Hehl. »Deutsch-Oestreich«, so glaubte er feststellen zu können, »ist liebenswürdig, lebenslustig, anmuthig-drollig, aber geistlos und ohne eingreifendes Verhältniß zu deutscher Wissenschaft und deutscher Staatsentwicklung« (386). »Wenn wir hier von Deutschland reden«, räsonierte er, »so können wir Oestreich aus dem Grunde nicht mit darunter verstehn, weil es beide Weltbegebenheiten, die Reformation sowohl, als die Revolution, dem Grundsatze nach zurückweist« (377 f.).

Die Fortschritte im Bewußtsein der Freiheit zeigten sich für den Hegelianer Ruge in der deutschen Reformation und der Französischen Revolution. Länder wie Österreich und Rußland, in denen diese zwei Befreiungsschübe nicht zutage getreten seien oder unterdrückt worden waren, zählten nicht im Hinblick auf den Menschheitsfortschritt. Staaten, in denen beide Phänomene mit gleicher Wucht Ausdruck gefunden hätten, gab es noch nicht: Deutschland war das Land der Reformation, Frankreich das der Revolution. England hatte eine schwächere Revolution als Frankreich und eine minder konsequente Reformation als Deutschland vorzuweisen. Von einem in Deutschland aufgehenden Preußen erhoffte Ruge die kommende Revolution. Wenn Deutschland aber nach der vergangenen welthistorischen Reformation eine künftige Revolution von der Kraft der französischen vorzuweisen habe, dann werde es mit Recht – qua historischer Mission – seinen Führungsanspruch in Europa und der Welt geltend machen. So dachte man damals allgemein in junghegelianischen Kreisen (weshalb es nicht überrascht, daß man sich unter österreichischen Intellektuellen für die Hegelsche Philosophie nicht erwärmen konnte). Karl Marx und Friedrich Engels knüpften mit ihren Revolutionsvorstellungen hier an. Auch sie erwarteten, daß die künftige Weltrevolution in Deutschland beginnen und dann auf die anderen europäischen Länder übergreifen werde. Bei Ruge mußte diese Revolution allerdings nicht mit Bürgerkriegen, Barrikadenkämpfen und Blutvergießen verbunden sein. Ihm ging es nur um die Erreichung dessen, was seiner Meinung nach der Französischen Revolution als Ziel gesetzt war: die Abschaffung des Absolutismus und die Etablierung des Konstitutionalismus. Mit einer Revolution von oben, mit einer Selbstrevolution der Monarchie vom Absolutismus zum Konstitutionalismus, mit einer administrativen Beschlußfassung, sich eine Verfassung zu geben, wäre nach Ruge der entscheidende Schritt in Preußen getan. Als er 1840 seinen Europa-Essay verfaßte, hatte gerade ein neuer Monarch in Preußen, Friedrich Wilhelm IV., den Thron bestiegen. Wie das in Monarchien so üblich war, knüpften sich große Erwartungen an das neue Regiment. Offenbar hoffte Ruge, daß Preußen jetzt den »Entschluß zur constitutionellen Durchbildung« fassen werde, wodurch es die Grundlage zur »freien deutschen Weltmacht« schaffen könnte. Das derart im liberalen Sinne verpreußte Deutschland stelle dann »die Spitze der europäischen Menschheit« vor und werde »an Sicherheit und innerer Kraft bei weitem die französische und englische« übertreffen (382). Im Stafettenlauf der Völker durch die Weltgeschichte werde Preußen-Deutschland dann als der »absolut freie Staat« (382) den Stab des historischen Geistes als Geist der Zeit von Frankreich übernehmen.

Sieht man einmal von den revolutionsutopischen Aspekten ab, lief Ruges Replik auf ein Plädoyer für die kleindeutsche Lösung unter preußischer Führung hinaus. Nicht der »Franzosenfresser« und »Teutomane« Menzel, sondern der angebliche Frankreich-Verehrer Ruge träumte 1840 von einer Europa dominierenden »deutschen Weltmacht«. Ruges Vorliebe für Frankreich bezog sich nur auf die dort gegebene politische Verfassung. Im Gegensatz zu Menzel war Ruge in erster Linie Ideologe des Konstitutionalismus und erst in zweiter Linie deutscher Patriot. Aber für den Fall, daß Preußen beziehungsweise ein preußisches Deutschland die gleichen Errungenschaften aufzuweisen habe, hätte sich Ruges unübersehbarer Patriotismus voll entfalten können, und es ist nicht ausgeschlossen, daß er sich dann bereits 1840 zu jenem Nationalismus bekannt haben würde, den er 1866 und 1871 nach den militärischen Siegen über Österreich und Frankreich an den Tag legen wird. (Otto von Bismarck zeigte sich 1877 für die unerwartete Unterstützung seiner Politik erkenntlich, indem er dem ehemaligen Revolutionär einen jährlichen Ehrensold von 1000 Mark aus Reichsmitteln bewilligte.) Weder Menzel noch Ruge kamen 1839 beziehungsweise 1840 – im Gegensatz zu ihren Zeitgenossen Börne, Heine, Mazzini, Mackay und Hugo – in ihren Europa-Studien letztlich über das Denken in deutschnationalen Kategorien hinaus. So boten ihre Europa-Studien keine Alternative zum englischen Konzept des Gleichgewichts der Kräfte oder zum napoleonischen Dominanzstreben eines Einzelstaates.

Das geschichtsphilosophische Denkschema Hegels schärfte zwar Ruges Blick für tatsächliche und virtuelle Freiheitsbewegungen in Europa, aber gleichzeitig verstellte es auch die Sicht auf faktische Machtkonstellationen und tatsächliche Intentionen der damals Regierenden. Mit seinen Befreiungsträumen taumelte Ruge im Lauf der nächsten zehn Jahre von einer Illusion beziehungsweise Desillusion in die andere. Dem neuen preußischen König, auf den der Autor so schöne Hoffnungen projiziert hatte, war Ruges Zeitschrift ein Dorn im Auge. Walter Neher berichtet, wie man die *Halleschen Jahrbücher* damals als eine der preußischen Regierung ebenbürtige Macht verstand. Der Herausforderung des Kräfteduells stellte sich die neue Regierung in Berlin rascher und entschiedener, als es Ruge lieb sein konnte. Schon ein Jahr nach seiner Europa-Studie mit ihrer Zukunftsphantasie über das liberale Preußen wollte sie sein Periodikum der Überwachung durch die Zensur unterwerfen. Halle lag im preußischen Herrschaftsgebiet, und obwohl Ruge dort wohnte und die Zeitschrift redigierte, brachte er sie wohlweislich im sächsischen Leipzig heraus. Um den preußischen Zensurzwängen zu entgehen, mußte er Halle verlassen. 1841 zog er nach Dresden um, wo er das Journal nun unter dem Namen *Deutsche Jahrbücher* fortführte.

Ruge insistierte in seiner Zeitschrift weiterhin auf der Überführung von Republikanismus, Demokratie, Liberalismus und Konstitutionalismus aus dem luftigen Reich der Theorie in die harte Realität der Praxis. Auf solche politischen Umwälzungen konnten sich jedoch die beiden Mächte, die im Deutschen Bund das Sagen hatten, nicht verstehen. Man legte Ruges Artikel, wie Neher mitteilt, als kommunistische Propaganda aus, was ihr Verbot nach sich zog. Der Schriftsteller emigrierte daraufhin 1843 in das von ihm nach wie vor als Verfassungsparadies glorifizierte Frankreich. Erneut nannte er seine Zeitschrift um; sie hieß jetzt *Deutsch-französische Jahrbücher*. Was Preußen und Deutschland betraf, verhielt sich Ruge wie der enttäuschte, abgewiesene Liebhaber: Die französischen Verhältnisse wurden über den grünen Klee gelobt, und an Preußen und Deutschland ließ er kein gutes Haar mehr. Der Weltgeist hatte es sich offenbar doch anders überlegt und gab nun durch die *Deutsch-französischen Jahrbücher* kund, daß an Preußen beziehungsweise Deutschland Hopfen und Malz verloren sei und Paris die Wiege des neuen Europas bleibe. Wie der Titel der Zeitschrift andeutete, glaubte Ruge eine intellektuelle Allianz zwischen den beiden Ländern herbeiführen zu können. Ähnlich wie Heine dachte er in den Dimensionen des Gedanken-Tat-Modells. Nach Peter Wende war Ruge überzeugt, daß die politische Freiheit der Franzosen erst durch die Deutschen philosophisch vertieft werden müsse, bevor sie auf einer höheren Stufe welthistorisch wirksam werden könne. Aber auch die Paris-Begeisterung hielt nicht lange vor. Das Zeitschriftenprojekt scheiterte; es blieb beim Erscheinen eines Doppelheftes von 1843. Die Gruppe der deutschen Emigranten in Paris, die Ruge als Beiträger gewinnen wollte, war zu heterogen und wies mit Marx (als Mitherausgeber), Engels, Heine, Georg Herwegh und Moses Heß zu eigen-sinnige und zu starke Persönlichkeiten mit zu unterschiedlichen Wirkungsintentionen auf, als daß sie sich auf Ruges Herausgeberpolitik hätten einigen können. Weder die deutschen Emigranten noch die französischen Intellektuellen, die sich ihre Freiheit offenbar nicht hegelianisch vertiefen lassen wollten, griffen nach dem neuen Periodikum. Ruge mußte sogar das Erscheinen des einen Doppelhefts aus seiner Privatschatulle finanzieren. Hinzu kam das Zerwürfnis mit dem schwierigen Marx, dessen absolutistischem Theorieanspruch Ruge sich nicht beugen wollte. So verließ er 1845 gekränkt und verbittert die französische Hauptstadt, um nach Zürich überzusiedeln.

Die dritte französische Revolution vom Februar 1848 begrüßte Ruge in gewohnter Frankophilie als größtes Ereignis der Weltgeschichte. Wie 1840 war ihm auch jetzt die politische Freiheit wichtiger als die deutsche Einheit, und er plädierte bei Ausbruch der März-Revolution in Deutschland für eine Neuauflage des Rheinbundes, falls Preußen sich noch immer weigerte, auf die Forderungen der Demokraten einzugehen. Im Mai 1848 wurde Ruge in Breslau als Vertreter dieser Stadt in die Paulskirchen-Versammlung gewählt. Dort gehörte er der Linken an, die von der konstitutionellen Monarchie als Minimalzugeständnis der Regierungen ausging und die Einführung der republikanischen Verfassung in einem geeinten Deutschland zu ihrem Ziel erklärte. In seiner Funktion als Abgeordneter hielt er die einzige wirkliche Europa-Rede in diesem Parlament, das seiner Natur nach primär mit nationalen Belangen beschäftigt war. In seiner Rede vom 22. Juli 1848 forderte Ruge einen »europäischen Völkercongreß« und die »allgemeine Entwaffnung« der europäischen Staaten (110). Was er propagierte, war eine europäische Konföderation im Stil der Schweiz. Er schrieb dazu: »Der Völker-Congreß von Abgeordneten der freien Völker zur friedlichen Schlichtung ihrer Angelegenheiten, das ist der Gegensatz des bisherigen Systems; es ist das nordamerikanische System; es liegt also kein Utopien in dem Völkercongresse« (102). Der Hinweis auf die USA betraf mehr die Verfassung als die Form des Staatenbündnisses. Ruge strebte keine Zentralregierung für alle europäischen Staaten an. Er dachte eher in den Kategorien einer Allianz der Nationen im Sinne Mazzinis als an eine enge Föderation. Wie bei Mazzini und Mackay war auch bei Ruge die Voraussetzung der Mitgliedschaft in diesem europäischen Völkerkongreß eine freiheitliche, nichtabsolutistische Regierungsform, und ähnlich wie Mazzini dachte er sich den Bund der Nationen als demokratische Alternative zur Heiligen Allianz. Wie auf den Kongressen der Monarchen werde es bei den Tagungen des Völkerkongresses um die Friedenssicherung auf dem Kontinent gehen. Aber im Gegensatz zu den absoluten Monarchien sollten die neuen Regierungen der europäischen Staaten diese Friedenssicherung mit radikaleren Mitteln betreiben. Die neue Konföderation habe durchzusetzen, verlangte Ruge, daß in den Einzelstaaten das Kriegswesen überhaupt abgeschafft werde. Die Militärausgaben brächten für die Bürger zu große Steuerlasten mit sich, und stehende Heere führten immer wieder zu Kriegen mit den inhumansten Verwüstungen. Er folgerte: »Also muß das Militär überhaupt aufhören, damit die Unbewaffneten nicht mehr unterdrückt, damit die Städte nicht mehr bombardirt werden, damit die ganze schlechte Wirthschaft des alten Regiments aufhöre« (111). Im Gegensatz zum Wiener Kongreß der Restauration solle der neue Völkerkongreß die Fragen der Zeit, wie sie sich in Polen und Italien stellten, im Sinne freier Verfassung und nationaler Einheit lösen. Ruge fand für seinen Europa-Antrag in der Paulskirche keine Mehrheit. Mit dem Gedanken des europäischen Internationalismus waren die meisten Abgeordneten überfordert; sie wußten ja nicht einmal, ob sie mit ihren Ideen zur Bestellung des eigenen deutschen Hauses durchdringen würden. Diskutiert wurde Ruges Antrag von linken und bürgerlich-liberalen Abgeordneten wie Robert Blum, Karl Vogt, Friedrich Daniel Bassermann und Hermann von Beckerath. Beckerath fand, wie Veit Valentin berichtet, die Idee eines »allgemeinen Völkerbundes« in Europa an sich sehr gut. Er wies Ruges Plan nicht als unpraktikable Utopie zurück, doch nannte er ihn eine Antizipation; seine Realisierung werde erst in einer späteren Zeit erfolgen.

III.

Voll von Antizipationen steckten auch die Europa-Visionen zweier Schriftsteller, die damals von der französischen Außenpolitik starke Impulse zu einer Beförderung des Projekts der Einigung Europas erwarteten. In Frankreich war dies Victor Hugo und in Deutschland Julius Fröbel. Hugo war von den beiden der unverhältnismäßig bedeutendere Dichter, Fröbel dagegen der über die internationale Politik besser informierte Essayist. Beide mußten als Republikaner emigrieren: Hugo nach England und Fröbel in die USA. Die ungewollte und häufig genug als schmerzlich empfundene Distanz zu den Heimatländern schärfte ihren Blick für europäische und globale Interdependenzen.

Hugo hatte bereits im Epilog seines Rheinbuches, das 1842 unter dem Titel *Le Rhin. Lettres à un ami* erschienen war, die geographischen Umrisse eines künftigen Europas skizziert, wie sie in der 80 Jahre später publizierten Schrift *Paneuropa* von Richard Nicolas Graf Coudenhove-Kalergi nachgezogen wurden. Nach dieser Skizze sollten – vergleichbar dem Vorschlag Börnes – Frankreich und Deutschland eine enge Allianz eingehen, um das Zentrum eines einigen Kontinents als zentraleuropäischem Block ohne England und ohne Rußland zu bilden. Voraussetzung des gallo-germanischen Bundes sei jedoch, fügte Hugo hinzu, daß Deutschland die linksrheinischen Gebiete an Frankreich abtrete, eine Forderung, die damals niemand ernsthaft diskutierte, nachdem der Außenminister Adolphe Thiers zwei Jahre zuvor mit demselben Plan am Widerstand des eigenen Königs gescheitert war.

Hugos Dichterruhm war zur Zeit des Bürgerkönigtums rasch gewachsen: 1841 wurde er als Mitglied in die Académie-Française gewählt und zwei Jahre später zum Pair von Frankreich ernannt. Das gesellschaftliche Ansehen, das er genoß, trug dazu bei, daß er nach der Februar-Revolution von 1848 in die konstituierende Nationalversammlung gewählt wurde. Die Errungenschaften der republikanischen Revolution vom Februar 1848 wurden nach vier Monaten im Bürgerkrieg, der vom 24. bis zum 26. Juni dauerte, bereits wieder zerstört. Als Mann der Mitte suchte Hugo zur Versöhnung zwischen der geschlagenen Arbeiterschaft und dem siegreichen Bürgertum beizutragen. Da die Nationalversammlung jetzt von Monarchisten und Klerikalisten beherrscht wurde und die Republikaner allen Einfluß verloren hatten, schuf Hugo sich mit seiner im Juli 1848 gegründeten Zeitung *L'Evénément* ein Organ außerparlamentarischer Opposition. Das politische Geschehen lief unverkennbar auf eine Unterhöhlung der Zweiten Republik hinaus. Am 10. Dezember 1848 wurde Louis Napoléon zum Präsidenten der Republik gewählt, der nun alles daran setzte, das Kaisertum wieder einzuführen, was ihm nach vier Jahren im Dezember 1852 auch gelang.

1849 ergab sich für Hugo die Gelegenheit, seine Vorstellungen von einer zukunftsträchtigen Politik vor großem Publikum darzulegen. Der Zweite Internationale Friedenskongreß, der vom 21. bis zum 24. August 1849 in Paris tagte, wählte Hugo zum Präsidenten und bat ihn, die Eröffnungsansprache zu halten. Die Friedensbewegung, 1815 von amerikanischen Quäkern begründet, hatte inzwischen globale Dimensionen angenommen. Nachdem verschiedene nationale Kongresse vorausgegangen waren, fand 1848 in Brüssel der Erste Internationale Friedenskongreß statt, an dem berühmte Persönlichkeiten wie Richard Cobden aus London (er wurde zum Vizepräsidenten der Tagung von 1849 gewählt) und Alexander von Humboldt aus Berlin teilgenommen hatten. Die Europa-Bewegung, soweit ihr die Friedenssicherung wichtigstes Anliegen war, entwickelte sich zum Teil aus solchen Kongressen heraus. Hugo hielt am 21. August 1849 eine Jahrhundertrede. Auf keine Europa-Stellungnahme hat man sich in der Folge so häufig und so zustimmend bezogen wie auf sie. Keine Europa-Veranstaltung der zwanziger oder der fünfziger Jahre unseres Jahrhunderts kam ohne Reverenz vor diesem Monument an Weitsichtigkeit und Weitherzigkeit aus, und noch der sowjetische Präsident Michail Gorbatschow zitierte im November 1989 in einer Adresse vor dem Europarat in Straßburg die Hugo-Rede zur Illustration seiner Vorstellung vom gemeinsamen europäischen Haus. In der nachrevolutionären Kombination von großbürgerlicher Geschäftemacherei, Klerikalismus und Chauvinismus sah Hugo die Keime zukünftiger Kriege angelegt. Mit seiner Friedensrede wollte er demonstrieren, wie kosmopolitisch man im nichtoffiziellen Frankreich zu denken verstand. Obwohl es unwahrscheinlich ist, daß Mackays Artikel aus dem *London Telegraph* Hugo je vor Augen gekommen ist, gibt es in seinem Text Stellen, die stark an den Essay des Schotten erinnern. Das Kernstück der Ansprache lautete:

»Wir sagen zu Frankreich, zu England, zu Preußen, zu Oesterreich, zu Spanien, zu Italien, zu Rußland: Es wird ein Tag kommen, wo auch euren Händen die Waffen entsinken werden! Es wird ein Tag kommen, wo der Krieg zwischen Paris und London, zwischen St. Petersburg und Berlin, zwischen Wien und Turin ebenso thöricht erscheinen und ebenso unmöglich sein wird, als er zwischen Rouen und Amiens, zwischen Boston und Philadelphia unmöglich wäre und thöricht erscheinen würde. Es wird ein Tag kommen, wo du Frankreich, du Rußland, du Italien, du England, du Deutschland, wo ihr Nationen des Kontinents alle, ohne eure besonderen Eigenschaften und eure ruhmreiche Individualität einzubüßen, euch innig in eine höhere Einheit verschmelzen und die europäische Brüderlichkeit bilden werdet, absolut so wie die Normandie, die Bretagne, Burgund, Lothringen, das Elsaß, alle unsere Provinzen, sich zu Frankreich verschmolzen haben. Es wird ein Tag kommen, wo es keine anderen Schlachtfelder mehr geben wird als die Märkte, welche sich dem Handel, und die Geister, welche sich den Ideen öffnen werden, – ein Tag, wo die Kanonenkugeln und Bomben durch die Abstimmungen, durch das allgemeine Stimmrecht der Völker, durch das ehrwürdige Schiedsgericht eines großen souveränen Senats ersetzt sein werden, welcher für Europa dieselbe Stelle vertreten wird, welche in England das Parlament, in Deutschland der Bundestag, in Frankreich die gesetzgebende Versammlung einnehmen! Es wird ein Tag kommen, wo man in den Museen eine Kanone zeigen wird, wie man daselbst jetzt ein Folterwerkzeug zeigt, mit dem Staunen, wie dies jemals hat sein können« (320 f.).

Hugo sah aber nicht nur den europäischen Frieden, den freien Markt der Güter und Ideen sowie das europäische Parlament voraus, sondern auch die enge Kooperation zwischen Europa und den USA. In diesem Zusammenhang sprach auch er – wie ein Jahr zuvor Mackay – von den Vereinigten Staaten von Europa. Zur amerikanisch-europäischen Kooperation führte er aus: »Es wird ein Tag kommen, wo man jene beiden ungeheuren Gruppen: die Vereinigten Staaten von Nord-Amerika und die Vereinigten Staaten von Europa einander gegenüber gestellt, sich die Hände über den Ocean hinüber wird reichen, ihre Produkte, ihren Handel, ihren Gewerbfleiß, ihre Künste wird austauschen, den Erdball urbar machen, die Wildnisse besiedeln, die Schöpfung unter dem Blicke des Schöpfers verbessern und – um daraus das allgemeine Wohl zu ziehen, – jene beiden unendlichen Gewalten: die Brüderlichkeit der Menschen und die Macht Gottes, mit einander wird verbinden sehen.« Hugo war kein Phantast; er wußte sehr wohl, daß der Weltfrieden nur in jahrhundertelanger Arbeit zu erreichen sein werde. Ihm kam es auf die Realitätstüchtigkeit seiner Voraussage an, und über sie hegte er keinen Zweifel. »Um diesen Tag herbeizuführen«, so lautete seine Prophezeiung, »wird es nicht mehr vierhundert Jahre bedürfen, denn wir leben in einer rasch vorwärts schreitenden Zeit, in der ungestümsten Strömung von Begebenheiten und Ideen, die noch jemals die Völker mit sich fort gerissen hat, und in der Epoche, worin wir leben, vollbringt ein einziges Jahr zuweilen das Werk eines Jahrhunderts« (321). Die Vorstellung, daß man bereits jetzt die Grundlagen für die Schaffung eines vereinten Europas mit dem weiteren Ziel der Pazifizierung des Globus legen müsse, beherrschte in den folgenden Jahren und Jahrzehnten Hugos politisches Denken. Immer wieder kam er in Reden und Essays auf dieses Ziel zu sprechen. In der Einleitung habe ich Hugos Rede vom 17. Juli 1851 in der Nationalversammlung bereits erwähnt. Im Exil gedachte er am 24. Februar 1854 des Jahrestages der Revolution von 1848. Ihm schien nun, daß es wichtiger sei, die kommende Revolution zu beschwören statt der vergangenen zu gedenken. »Möge das künftige Datum herrlich, die künftige Revolution unüberwindlich sein! möge es die Vereinigten Staaten von Europa gründen!« rief Hugo aus. Der Autor dachte sich diesen Umbruch als umfassende Revolution im staatspolitischen, sozialen und völkerübergreifenden Sinne. »Möge es«, fuhr Hugo fort, »wie der Februar, das Menschenrecht bestätigen, aber auch das Recht der Frau verkünden und das Recht des Kindes dekretieren, d. h. die Gleichheit für die eine und die Erziehung für das andere!« (63) Für das vereinigte Europa forderte Hugo ferner »das Recht auf Arbeit«, »die Abschaffung von Zöllen und Grenzen« sowie der »stehende Heere«, und »die alten entehrten Staatseinrichtungen« sollten »zertrümmert« werden (64). Erneut verkündete er hier die Vision von den

»durch eine Central-Versammlung« geleiteten »Vereinigten Staaten von Europa«, in denen »jeder im eigenen Hause frei und Herr« sein solle (66). Im darauffolgenden Jahre hielt Hugo erneut aus dem gleichen Anlaß eine Gedenkrede. Diesmal schlug er eine gemeinsame Währung für Europa vor und strich die wirtschaftlichen Vorteile heraus, die ein geeinter Kontinent für die Mitgliedsländer mit sich bringen würde.

Auf ein niedriges Niveau sank in den sechziger Jahren die Popularität Napoleons III., und zwar sowohl zu Hause in Frankreich wie auch im Ausland. Bei der Vereinigung Italiens hatte er eine zwielichtige Rolle gespielt, und seine Mexikopolitik führte ihn an den Rand des Staatsbankrotts und isolierte ihn außenpolitisch. Wie bereits mit der zweiten Weltausstellung von 1855 wollte er auch mit der vierten 1867 sein Bild als mächtiger Potentat aufpolieren. Paris stand durch sie einige Monate im Mittelpunkt der internationalen Aufmerksamkeit, und wenn auch Napoleon III. an Größe und Glanz nicht mehr alle übrigen Monarchen übertraf, so tat es doch diese Ausstellung im Vergleich mit den ihr vorausgegangenen. Mit elf Millionen Besuchern zog sie ein fast doppelt so zahlreiches Publikum an wie jede bisherige. Speziell zur Ausstellung brachten ihre Veranstalter einen Parisführer heraus, und sie baten den in englischer Verbannung lebenden Hugo, das Vorwort dafür zu schreiben. Von den Gegnern Napoleons III. wurde das als bewußte Provokation verstanden, von seinen Freunden jedoch die Duldung des Vorworts als Zeichen der »magnanimitas« Ihrer Majestät ausgelegt. Hugo selbst nutzte diese Veröffentlichung für die europäische Sache. Gerade das aber mußte dem Kaiser gelegen kommen. Wie sein politisches Über-Ich Napoleon I. suchte er sich bereits am Beginn seiner politischen Laufbahn zum »Protector Europae« zu stilisieren. Schon 1840, als er nach einem mißglückten Staatsstreich in der Festungshaft Zeit zum Schriftstellern fand, knüpfte er mit der Broschüre *Idées Napoléoniennes* an die Europa-Vision seines Onkels an, wie dieser sie im *Mémorial* künftigen Europa-Politikern als Hausaufgabe vermacht hatte. Allerdings gestaltete sich sein Europa-Konzept so wenig überzeugend wie das seines großen Vorgängers. Auch bei ihm hatte das französische Interesse absoluten

Vorrang, auch er setzte die Europa-Ideologie instrumentell zur Machterweiterung seines Staates ein. Der Krimkrieg gab ihm Gelegenheit, seinen europäischen Ambitionen nachzugeben. Durch diesen Feldzug konnte er gleichsam die Karten in Europa neu mischen: Sowohl die 1815 durch Metternich begründete Gleichgewichtspentarchie wie auch die für Frankreich potentiell bedrohliche Quadrupelallianz von 1840 wollte er damit durch ein Europa-System ersetzen, das Frankreich erneut die dominierende Stellung sicherte. Im Verein mit England hatte Napoleon III. die Expansion Rußlands auf Kosten der Türkei verhindert und damit indirekt Österreich und Preußen den Rücken gegenüber dem Zarenreich gestärkt. Rußland galt nach dem Scheitern der Revolutionen von 1848 als unangreifbare, expansionslüsterne und erdrückend mächtige Festung der europäischen Reaktion. Diese Supermacht in die Schranken verwiesen zu haben war für das liberal gesinnte mittlere und westliche Europa eine Tat von heroischen Ausmaßen. Einen solchen Sympathiezuwachs, wie ihn Napoleon III. damals in ganz Europa erlebte, hat nach ihm kaum ein anderer Politiker nochmals für sich verbuchen können. Auch in Italien flogen ihm damals die Herzen zu. Für die sardinische Monarchie nämlich, die der Kaiser als weiteren Koalitionspartner gewonnen hatte, bedeutete das siegreiche Ende des Krimkrieges einen unübersehbaren Prestigegewinn, und König Viktor Emanuel II. beziehungsweise sein Außenminister Camillo Graf Cavour nutzten ihn zur Erreichung der Vereinigung Italiens unter ihrer Führung. Als am 30. März 1856 mit dem Frieden von Paris der Krimkrieg beendet wurde, erreichte Napoleon III. den Höhepunkt seiner Laufbahn. Er galt als der einflußreichste Herrscher des Kontinents, um dessen Gunst und Unterstützung sich die Regierungen der europäischen Länder bemühten. Ein Jahrzehnt später, als Hugo seine Einleitung für den Parisführer schrieb, hatte der Kaiser die Chancen für eine konstruktive Europa-Politik sämtlich verpaßt und alle Kontinentaltrümpfe, die ihm der Krimkrieg zugespielt hatte, durch seine hektische und abenteuerliche Politik verspielt. Die Mächtekonstellation in Europa hatte sich erneut verändert: Nach der Niederlage Österreichs gegen Preußen rechnete Frankreich mit einer kriegerischen Auseinandersetzung mit Preußen. Die konnte man angesichts der eigenen Schwäche nur bestehen, wenn man auf die mittelbare oder auch direkte Unterstützung europäischer Partner rechnen konnte. Eine publikumswirksame Inszenierung von Paris als geheimer europäischer Hauptstadt der Gegenwart, tatsächlicher Metropole des Kontinents im nächsten Jahrhundert und »capital de l'univers« in weiter Zukunft sowie eine Imagepflege Frankreichs als Anwalt gesamteuropäischer Interessen mußte dem Kaiser gelegen kommen, auch wenn sie aus der Feder eines verjagten Feindes stammte, der ihn 15 Jahre zuvor verächtlich als »Napoléon le petit«, als Möchtegern-Imperator lächerlich zu machen versucht hatte. Was Hugo aus Anlaß der Weltausstellung schrieb, konnte dem Kaiser in seiner prekären Situation nur recht sein. In der Einleitung prophezeite Hugo: »Im 20. Jahrhundert wird es eine Nation geben, wie man sie noch nie gesehen hat; diese Nation wird groß sein, aber das wird sie nicht hindern, frei zu sein. Diese Nation wird als Hauptstadt Paris haben, aber sie wird nicht Frankreich heißen, sondern Europa. Sie wird Europa heißen im 20. Jahrhundert; in den folgenden Jahrhunderten wird sie sich nochmals verwandeln und wird ,Die Menschheit' genannt werden.« Wie in dieser Rede bettete Hugo seine Vision von den Vereinigten Staaten von Europa stets ein in das Konzept einer »universalen Föderation«, einer »Verbundenheit aller Völker«. Letzter Bezugspunkt blieben bei ihm immer der Weltfriede und seine Sicherung, womit er an die großen Friedenskonzepte der Aufklärung von Saint-Pierre bis Kant anknüpfte. 1869, also zwei Jahre später, wurde Hugo erneut zum Präsidenten der Jahrestagung des Friedenskongresses gewählt, der sich diesmal in Lausanne traf. Die Eröffnungsrede beendete er mit den Worten: »Wir wollen die große kontinentale Republik, wir wollen die Vereinigten Staaten von Europa, und ich schließe mit dem Worte: die Freiheit ist das Ziel; der Friede ist das Ergebniß« (270).

Der Nimbus, den die Weltausstellung mit den Besuchen der Souveräne vieler Länder dem Kaiser einbrachte, war bald wieder verflogen. Den Krieg mit Preußen verstand Napoleon III. nicht zu verhindern. Bereits nach sechs Wochen war Anfang September 1870 die Niederlage des kaiserlichen Heeres perfekt. Die neue republikanische Regierung verteidigte sich zwar noch weitere fünf Monate lang, mußte aber im Januar 1871 den Waffenstillstand und im Mai desselben Jahres den für sie ungünstigen Friedensvertrag in Frankfurt am Main unterzeichnen. Sofort nach dem Sturz Napoleons III. eilte Hugo aus dem englischen Exil zurück nach Frankreich. Im Februar 1871 wurde er zum Mitglied der sich in Bordeaux konstituierenden neuen Nationalversammlung gewählt. In seiner Rede vor diesem Parlament vom 1. März 1871 kam er auf sein altes Konzept von 1842 zurück, auf die Börne-Idee der Vereinigung Frankreichs und Deutschlands als des Nukleus-Europas, an das sich im Lauf der Zeit die übrigen Länder anschließen würden. Diesmal stand das Thema der Versöhnung der beiden Nationen im Vordergrund.

Was Hugo formulierte, war ein Angebot, an dessen Realisierung weder in Paris noch in Berlin gearbeitet wurde, dessen sich zu erinnern für beide Länder in ihren kommenden Konflikten und Kriegen jedoch ratsam gewesen wäre. Der Autor warnte und beschwor Franzosen und Deutsche: »Nunmehr wird es in Europa zwei fürchterliche Nationen geben; die eine ist furchtbar, weil sie gesiegt hat, die andere, weil sie verloren hat.« Statt sich in deutschem Siegestaumel gehen zu lassen beziehungsweise französischen Revanchephantasien nachzuhängen, empfahl der Dichter, »daß wir in Zukunft ein einziges Volk bilden«, eine »einzige Republik«. Voraussetzung dieser Union sei ein radikales Abrüstungsprogramm. »Ich zerstöre meine Befestigungen, zerstöre Du die Deinigen«, riet der Autor. Was den Kampf um Grenzverläufe betraf, gab Hugo demonstrativ die ehemaligen Gebietsansprüche auf, und er verband diesen Verzicht mit der Aufforderung, die Idee des geeinten Europas zu realisieren. »Keine Grenzen mehr!« rief er aus, »der Rhein gehört allen! Seien wir eine Republik, bilden wir die Vereinigten Staaten von Europa, die kontinentale Republik! Gründen wir die europäische Freiheit, den Weltfrieden! Du, Deutschland, hast uns unseren Kaiser genommen [...], wir werden den deinigen nehmen.« Daß Hugo für die deutschfranzösische Union auf der Staatsform der Republik bestand, konnte ihm nach den Erfahrungen mit einem Kaiserreich niemand verübeln. Der Krieg hatte Frankreich die Republik, Deutschland jedoch ein Kaiserreich beschert.

Sechs Wochen vor seiner Rede in Bordeaux war am 18. Januar 1871 in Versailles – zehn Tage vor dem offiziellen Ende des Krieges – das deutsche Kaiserreich proklamiert worden. Daß unter den gegebenen Umständen kaum jemand in Deutschland an die Einführung der Republik dachte, mußte Hugo voraussehen. Offensichtlich waren seine Europa-Reden nicht für den Tag bestimmt, sondern wollten Leitlinien vorgeben für eine über die Generationen hin gültige kontinentale Politik. Auf den Augenblick war die Rede nur insofern berechnet, als sie der Nationalversammlung und dem französischen Volk den Verzicht auf Revanche nahelegte. Den Friedensschluß in der vorgesehenen Form lehnte Hugo ab, weil er den Rachefeldzug Frankreichs gegen Deutschland darin angelegt sah, und er warnte sein Land vor der »Stunde«, in der »Frankreich das Elsaß wieder ergreift«.

Friedrich Heer weist darauf hin, daß Ernest Renan, der sich vor dem Krieg ebenfalls für eine Allianz Deutschland–Frankreich (allerdings mit prononciert antienglischer Zielsetzung) ausgesprochen hatte, nun nach der Niederlage Frankreichs eine Jahrhunderte dauernde Feindschaft zwischen den beiden Ländern voraussah. Renans Prognose bestätigte sich wenn auch nicht für Jahrhunderte, so doch für die folgenden Jahrzehnte. Auch in den Nachkriegsjahren wiederholte Hugo mit Bestimmtheit, daß die Zukunft die Vereinigung Europas mit sich bringen werde. Wegen seines Verständnisses, das er für die Pariser Kommune gezeigt hatte, wurde er 1872 nicht erneut in die Nationalversammlung gewählt. Er zog sich daraufhin vorübergehend auf seine Exilinsel Guernsey zurück. Von dort aus schickte er eine Briefadresse an den 1872 in Lugano tagenden Friedenskongreß, in der er wieder darauf hinwies, daß die beste Arbeit am Frieden die an der Unifaktion des Kontinents sei. Anzustreben seien die Vereinigten Staaten von Europa als Krönung der historischen Entwicklung der Alten Welt, als ein Vaterland ohne Grenzen mit einem Staatshaushalt ohne Parasiten, einem Handel ohne Barrieren und einer Jugend ohne Kasernen. Der alte Hugo von 72 Jahren gab zu, daß er nicht mit baldigen Schritten der Regierungen auf das von ihm angegebene Ziel rechnete. Am 4. September 1874 richtete er einen Brief an die Mitglieder des Genfer Kongresses der Internationalen Liga für Frieden und Freiheit. Das war eine linke Gruppe, in der sich Radikalrepublikaner, Sozialisten und Anarchisten verschiedener Länder gefunden hatten und zu dessen Gründungsmitgliedern 1869 so prominente Persönlichkeiten wie Giuseppe Mazzini und Michail Bakunin gehört hatten. Ihr Ziel stimmte mit dem von Hugo überein: Auch sie setzten sich für die Schaffung der Vereinigten Staaten von Europa ein, die sie als Rahmen zur Durchsetzung ihrer gesellschaftlichen Vorstellungen verstanden. Die Hauptziele der Liga waren, wie Rolf Hellmut Foerster berichtet, radikale Abrüstung, allgemeines Wahlrecht, gleiche Rechte für Frauen, Pressefreiheit, Versammlungsrecht, die Trennung von Staat und Kirche sowie die Abschaffung der Todesstrafe. Das Publikationsorgan dieser Vereinigung verdeutlichte mit seinem Titel *Les Etats-unis d'Europe* ihr Programm. Die Liga verlor Ende der siebziger Jahre mit dem Wachsen des Chauvinismus in den europäischen Ländern an Unterstützung und mußte wegen mangelnden Leserinteresses das Erscheinen ihrer Zeitschrift einstellen. In seinem Brief an die Liga sah Hugo den großen europäischen Krieg voraus, der genau 40 Jahre später beginnen sollte. Diese »große Schlacht« werde der »Gipfel des Schreckens für das Menschengeschlecht« sein, und er war sicher, daß »die Könige« für jene »schlechte Aktion« würden »büßen müssen«, daß sie das Ende der Monarchien mit sich bringen werde. »Der Wiederaufbau« danach müsse jedoch »die Föderation« herbeiführen, und »die Lösung des Knotens« werde »Vereinigte Staaten von Europa« heißen. Bei aller Weit- und Klarsicht blieb Hugo ein Kind des 19. Jahrhunderts und damit ein ausgesprochener Eurozentrist, ja letztlich ein Frankozentrist. Der junge, der mittlere und der alte Hugo waren gleichermaßen überzeugt, daß Europa (im Verein mit den USA) zur Führung der Welt bestimmt sei und daß Frankreich (im Verbund mit Deutschland) innerhalb Europas die Avantgarderolle zu übernehmen habe.

Gleichzeitig in europäischen und globalen Kategorien wie Hugo dachte auch Julius Fröbel. Aber weder Hugo noch Fröbel erkannten die Potenzen eines eigenständig werdenden Asiens mit unabhängigen Staaten wie Indien, China und Japan. Während Hugo auf europäische Belange fixiert war und Amerika nur als künftigen Partner denken konnte, gliederte sich die Welt für Fröbel in die drei Weltmächte USA, Europa und Rußland.

Hört man heute den Namen Fröbel, denkt man meistens an Friedrich, den Pädagogen und Erfinder des Kindergartens. Anders als sein Onkel interessierte sich Julius mehr für die Welt der Erwachsenen, für Revolution und Barrikadenkampf. Schon mit seinem republikanischen Engagement während der frühen dreißiger Jahre hatte Julius Fröbel sich so exponiert, daß er sich 1833 zur Emigration in die Schweiz gezwungen sah, wo er in Zürich Mineralogie an der Industrieschule lehren konnte. 1838 wurde er Bürger Zürichs, betätigte sich auch hier politisch und redigierte eine Zeitlang den linksgerichteten *Schweizerischen Republikaner*. Im Alter von 39 Jahren gab er 1844 seine Professur auf, um Schriftsteller und Verleger zu werden. Er begründete das Literarische Kontor in Zürich und Winterthur, in dem er Gedichte von Georg Herwegh, Robert Prutz und Heinrich Hoffmann von Fallersleben sowie Schriften demokratischer Autoren publizierte, die damals in Deutschland keine Verleger fanden. In Preußen durfte Fröbel sich nicht sehen lassen (bei einem Besuch wurde er prompt des Landes verwiesen), doch erhielt er 1847 in Dresden eine Aufenthaltsgenehmigung. Dort veröffentlichte er im Revolutionsjahr 1848 das damals häufig aufgeführte Freiheitsdrama *Die Republikaner*. Es war ein Stück, das sich in seiner Struktur, Sprache und Botschaft stark an Schillers *Wilhelm Tell* anlehnte. Was bei seiner Schweizer Bürgerschaft nicht überraschte, wählte auch Fröbel einen Stoff aus der Geschichte des Freiheitskampfes in der Alpenrepublik. Das Drama spielt im Jahre 1519 und zeigt den Kampf der Bürger Genfs um ihre Unabhängigkeit von Herzog Karl III. von Savoyen. Vielleicht wäre Fröbel der Schiller der fünfziger und sechziger Jahre geworden, wäre er nicht nach Ausbruch der März-Revolution als Vertreter des sächsischen Herzogtums Reuß in die Frankfurter Paulskirche entsandt worden. Hier schlug er sich auf die äußerste Linke, wodurch es zur Zusammenarbeit mit Robert Blum kam, dem wichtigsten Vertreter des demokratischen Sachsens im Vorparlament. (Wie Ruge und Fröbel hatte auch Blum seine Laufbahn als Schriftsteller und Revolutionär mit einem

Freiheitsstück begonnen, mit dem 1836 in Leipzig erschienenen Drama *Die Befreiung von Candia*.)

Von der Linken des Frankfurter Parlaments wurden Blum und Fröbel mit einer Adresse in das Wien der Oktoberrevolution geschickt, wo sie am 17. Oktober 1848 von den Aufständischen begeistert begrüßt wurden. In der österreichischen Hauptstadt war gerade Fröbels Broschüre *Wien, Deutschland und Europa* erschienen. In ihr entwarf der junge Revolutionär »ein neues europäisches Staatensystem« (7) auf republikanisch-demokratischer Grundlage. Fröbel schwebte ein »mitteleuropäischer Staatenbund« (8) vor Augen, der die deutschen Länder und die vom österreichischen Kaiserhaus regierten Staaten umfaßt hätte. Als Modelle für diesen republikanischen Staatenbund nannte Fröbel die USA und die Schweiz. Wien sollte die Hauptstadt der zentraleuropäischen Föderation werden. Damit wäre die deutsche Frage (klein- oder großdeutsche Lösung) auf mitteleuropäische Weise gelöst worden. Angefeuert von den Wiener Bürgern ließen Blum und Fröbel sich in Barrikadenkämpfe verwickeln, die mit ihrer eigentlichen Mission nichts zu tun hatten. Knapp drei Wochen nach ihrer Ankunft wurden sie am 4. November verhaftet und nach vier Tagen zum Tode verurteilt. Sie beriefen sich auf ihre Immunität als Abgeordnete, doch wiesen die österreichischen Richter dieses Argument zurück mit dem Hinweis auf den bewaffneten Kampf der beiden gegen kaiserliches Militär. Blum wurde bereits einen Tag nach dem Urteilsspruch erschossen. Fröbel hingegen blieb dieses Schicksal erspart; er rettete sein Leben mit dem Hinweis auf seine antikleindeutschen und mitteleuropäischen Überzeugungen. Dem Fürsten Alfred zu Windisch-Grätz, der das Oberkommando der Armee innehatte, die Truppen gegen das revolutionäre Wien führte und den Aufstand niederschlug, war an sich nach Gnadenerlassen nicht zumute. Seine eigene Frau und sein ältester Sohn waren von Aufständischen während der Revolutionszeit erschossen worden. Als er von Fröbels europäischer Gesinnung erfuhr, sprach er dennoch die Begnadigung aus. Er tat dies sicher in der Hoffnung, daß der begabte Publizist in Zukunft für Österreich Nützliches schreiben werde, was tatsächlich ein Jahrzehnt später geschah. Wien entronnen, floh Fröbel in die Vereinigten Staaten, wo er in New York und San Francisco deutsch-sprachige Zeitungen herausgab. Die USA bedeuteten auch für andere führende Vertreter der Revolution von 1848 die Rettung; man denke an Friedrich Hecker, Gustav von Struve und Carl Schurz. Überhaupt wurde nach der Niederschlagung der Aufstände Deutschland von einer Auswanderungswelle erfaßt. Wie bei Walter Imhoof nachzulesen ist, emigrierten 1852 146 000 und 1854 sogar 215 000 Deutsche in die USA. Nach knapp einem Jahrzehnt kehrte Fröbel 1857 nach Europa zurück, publizierte von Wien aus einiges im großdeutschen Sinne und veröffentlichte zwei Bände über seine Erfahrungen in den Vereinigten Staaten.

Seine Kenntnisse auf dem Gebiet der internationalen Politik dokumentiert Fröbels beachtenswerte Schrift *Amerika, Europa und die politischen Gesichtspunkte der Gegenwart* von 1859. Hier wiederholte der Autor Alexis de Tocquevilles Prophezeiung, daß »in weniger als hundert Jahren Nordamerika und Rußland die mächtigsten Reiche der Erde sein werden« (12), und über Tocqueville hinausgehend gab er den Europäern den Rat, sich zum dritten Weltblock zusammenzufügen. »Selbst der intelligentere Europäer«, so führte Fröbel Beschwerde, verhalte sich »gedankenlos« zu der »wachsenden Macht und Bedeutung der Vereinigten Staaten« (3), und »eben so äußerlich und fremd« komme ihm Rußland vor (52). »Wenn es nicht ohne Rettung sein eignes geistiges Leben einbüßen« wolle, müsse »das ganze außerrussische Europa, sich zu einem politischen Körper«, zu »einem europäischen Staatenbunde« vereinigen (13). Als Fernziel visierte Fröbel wie vor ihm Mackay und Hugo die Vereinigten Staaten von Europa an. Doch sprach er vom vereinigten Europa mehr im Konditional, mit weniger Selbstsicherheit als Hugo. Er schrieb zum Thema europäischer Identität und kontinentaler Einheit: »Stände dabei die Gruppe der europäischen Staaten geschlossen da, wären die ,Vereinigten Staaten von Europa', um einen kurzen Ausdruck zu gebrauchen, eine Wirklichkeit, statt eine bloße wenn auch historisch begründete und mit der Zeit historisch wirksame Idee zu sein, so wäre freilich für diese Gruppe nicht die Gefahr vorhanden die Selbstständigkeit ihres geistigen Lebens und ihre hohe culturhistorische Stellung zu verlieren« (209). Fröbel vertrat die These vom europäischen Eigenweg zwischen Amerika und Rußland. Anders als Hugo, der gerne die denkbar engste Zusammenarbeit zwischen Europa und den USA gesehen hätte, ging Fröbel von einer deutlichen Interessenabgrenzung zwischen den beiden Weltmächten aus. Auch für die künftige Gestalt des Zusammenschlusses solle Europa aus sich heraus Modelle entwickeln und sich nicht zu unpassenden Imitationen verleiten lassen. »Die europäische Staatengruppe«, so forderte er, solle »sich weder nach amerikanischem noch nach russischem Muster politisch organisiren«, müsse vielmehr »für ihr eignes Leben ihre eignen staatlichen Formen suchen« (128). Gleichwohl machte er deutlich, daß den Europäern der »Individualismus der amerikanischen Demokratie« näherstehe als der »gouvernementale Communismus«, auf den Rußland hinsteuere (125). (Fröbel sprach von der Tendenz zur kommunistisch verwalteten Welt in Rußland bereits ein halbes Jahrhundert vor der Oktoberrevolution von 1917.) Aus seiner persönlichen Bewunderung für die amerikanische Verfassung machte er keinen Hehl, doch war er nicht der Meinung, daß sie ohne weiteres von europäischen Staaten übernommen werden könnte. Für das Verhältnis Rußlands zu Europa, für die innereuropäischen Gegebenheiten, für die Beziehung Europas zu Amerika wie auch für die Regionen Nordamerikas selbst, so beobachtete Fröbel, gelte die Regel, daß »mit jedem Schritte westwärts« der »Menschengeist« sich »von den Residuen einer früheren Periode der Weltgeschichte« emanzipiere. »Je weiter man nach Westen kommt«, erklärte er, »desto mehr sind die Menschen realistisch, desto mehr gilt unter ihnen das Individuum, desto weniger die Einrichtung, die Tradition.« »Der Westen«, fuhr er fort, »stellt auf diese Weise immer die neueste, die jüngste Entwickelungsform der Cultur dar« (135). Die »verwegene und jugendlich übermüthige Gesellschaft« schlechthin sei daher »in Californien« anzutreffen (136).

Fröbel ging bei seiner Annahme, daß Europa sich als einheitlicher politischer Block zwischen Amerika und Rußland etablieren werde, nicht etwa von der Einsicht oder Voraussicht der Europäer aus. Vielmehr werde die Macht der Verhältnisse selbst diesem Kontinent die Unifikation aufzwingen. Dazu schrieb er: »Rußland auf der einen und

Amerika auf der anderen Seite drängen der westeuropäischen Staatengruppe das Bewußtsein auf, ein zusammengehöriges Drittes zu sein, und werden sie nöthigen ihrer Zusammengehörigkeit eine Form, und ihren solidarischen Interessen, den beiden äußeren Gliedern der großen Dreiheit gegenüber, die Organe der Wirksamkeit zu geben« (65). Für die »große Dreiheit« der Mächte prägte Fröbel in diesem Buch den Terminus der »Welt-Triarchie« (209). Die Bedeutung dieser Trias für die Kultur der Menschheit könne gar nicht hoch genug eingeschätzt werden. Hugos harmonische »one-world«-Vorstellung von der Verbrüderung aller Nationen der Welt teilte Fröbel nicht. »Höhere politische Cultur«, so meinte er, »entwickelt sich nur in einem Systeme von Staaten, in welchem geistige und materielle, historische und geographische Gegensätze bestehen. Es kann daher«, so argumentierte er, »keinen irrigeren Gedanken geben als die Hoffnung auf den ewigen Frieden durch die Vereinigung aller Menschen unter einem einzigen höchsten Tribunale« (131).

Was Fröbel für die globale Mächtekonstellation annahm, galt seiner Meinung nach in abgeschwächter Form auch für die innereuropäischen Verhältnisse. Daß jedes der Einzelländer auch im vereinigten Europa eine gesonderte Rolle spielen werde, war Fröbel klar. England sollte »das Vermittelungsglied zwischen Europa und Nordamerika« abgeben. Dazu schien ihm Großbritannien prädestiniert, sei es doch »die Mutter des amerikanischen, also des praktischen und individualistischen Realismus«. England werde »fortfahren dieses Prinzip in gemilderter Form dem europäischen Leben nahe zu halten« (126). Deutschland möge weiterhin Kunst und Wissenschaft betreiben, »Innerlichkeit und Idealität« pflegen (158). Allerdings müsse es sich vereinigen, um vollwertiges Mitglied im europäischen Staatenkonzert zu werden. Diese Einheit dachte Fröbel sich in der Form einer großdeutschen Föderation von vier Staaten: Preußen, Österreich, Sachsen-Thüringen und dem deutschen Süden beziehungsweise Südwesten. Frankreich übernahm in Fröbels Vorstellung den Part des »Centralstaates« (140). Diese Funktion sei vom »deutschen Reich«, das »seine culturhistorische Rolle ausgespielt« habe, an das Nachbarland übergegangen (142). Wie viele seiner Zeitgenossen teilte Fröbel die Hochachtung vor Napoleon III. nach dessen siegreicher Beendigung des Krimkrieges. Allerdings gab es nach wie vor genügend Gegner des Kaisers, die an seiner imperialistischen Politik Anstoß nahmen. Zu ihnen gehörte Theodor Mundt, der den Sommer 1856 in Paris verbrachte und über diesen Aufenthalt im folgenden Jahr einen kritischen Bericht in Buchform unter dem Titel *Pariser Kaiserskizzen* vorlegte. Anders als Mundt hatte Fröbel, der ehemalige Radikaldemokrat, gegen das diktatorische System Napoleons III. nichts einzuwenden. Im Gegenteil, er pries »das französische Kaiserthum« als »nothwendige und wesentliche historische Bildung« (143), das »den ersten festen Punkt zu einer Reorganisation des europäischen Abendlandes gesetzt« habe (145). Gallozentrisch wie Hugo eingestellt, war Fröbel der Meinung, daß Frankreich das Zentrum des europäischen Staatensystems ausmache. Im Sinne der von Fröbel gewünschten globalen »balance of power« mußte Europa mehr Gewicht erhalten. In Napoleon III. glaubte er jenen Politiker zu erkennen, der die Auffassung des Weltequilibriums teile und der durch den Krimkrieg dafür gesorgt habe, daß Rußland sein Übergewicht in Europa verloren habe.

Anders als Hugo setzte Fröbel seine Hoffnungen auf Napoleon III. als Neuordner des Kontinents. Die vagen Andeutungen des Kaisers, daß er wie sein Onkel auf das europäische Einigungsprojekt lossteuere, nahm der Autor für bare Münze. Damit unterstützte Fröbel die Vorstellung Napoleons I., daß das Unifikationsprojekt nur durch den mächtigsten europäischen Einzelstaat bewerkstelligt werden könne. Das Gleichgewichtsdenken vertrat Fröbel also nur im Hinblick auf die Weltpolitik. Für Europa dagegen verwarf er es zugunsten der einzelstaatlichen Führungsrolle, die bis zur Vollendung der Vereinigung andauern sollte. Da das Zarenreich von Fröbel als nichteuropäischer Staat betrachtet wurde, kamen Baadersche Fragestellungen über Rußland als Führungsmacht erst gar nicht auf. Die englisch-deutsch-französische als gesamteuropäische Kulturkomposition erschien Fröbel vielversprechend, weil in ihr durch England die »realen«, durch Deutschland die »idealen« und durch Frankreich die »formalen« Gegensätze vermittelt würden (166). Ähnlich wie früher bei Menzel und

Ruge spielten auch in Fröbels Überlegungen die iberische wie die apenninische Halbinsel und Skandinavien für Europa nur eine ganz untergeordnete Rolle, und kleinere Länder wurden kaum erwähnt. Auf die Schweiz kam Fröbel nur ihres Modellcharakters wegen zu sprechen. Wenn Frankreich auch die Avantgarde beim Einigungsprozeß vorstellen sollte, dachte er nicht etwa an einen zukünftigen Kontinent unter der Diktatur des französischen Staatsoberhauptes. Vielmehr empfahl Fröbel (wie andere Europa-Theoretiker vor und nach ihm) die demokratische Schweiz als Modell für die Vereinigten Staaten von Europa. Realist, der er war, ging auch er davon aus, daß der Unifikationsprozeß noch lange auf sich warten lassen werde. Mit der historischen Analogie zur Entstehung der Schweiz sprach er den Einheits-Europäern Mut zu: »Die Staaten des europäischen Abendlandes«, so führte er aus, »können im Dämmerlichte der Zukunft nur noch als die Cantone einer großen Eidgenossenschaft erscheinen. Auch die schweizerische Eidgenossenschaft ist aus den mannigfaltigsten Separatbündnissen entsprungen, und es hat einer Reihe von Jahrhunderten bedurft, bis sich aus diesen ‚Bünden‘ der eine Bund in seiner jetzigen ruhmwürdigen Ausbildung entwickelt hat. Wie in vielen anderen Beziehungen, wird vielleicht auch in dieser die Schweiz ein Vorbild Europa's sein« (210 f.). Auch Fröbel bedachte die ökonomischen Aspekte der kontinentalen Vereinigung. Er sah eine gesamteuropäische Wirtschaftsgemeinschaft voraus, in der das »Prinzip der Assecuranz« gelten werde. Mit diesem Prinzip »gegenseitiger Unterstützungsgesellschaften« (149) betrete Europa den Weg der Mitte zwischen amerikanisch-kapitalistischem Individualismus und russisch-kollektivistischem Kommunismus (125). Der Autor schlug damit eine Art dritter Weg der Ökonomie vor.

Um die Neuartigkeit des globalen und die Verwerfung des kontinentalen Gleichgewichts deutlich werden zu lassen, sei ein kurzer Vergleich mit dem ebenfalls 1859 erschienenen Buch *Untersuchungen über das Europäische Gleichgewicht* von Constantin Frantz angestellt. Auf die Studien des Politikers und Staatstheoretikers Frantz kann in dieser Untersuchung nur am Rande hingewiesen werden, weil er nicht zur Kategorie der hier behandelten Schriftsteller zählt. Frantz dachte noch ganz in den ausgefahrenen Gleisen des europäischen Gleichgewichts. Um es zu konservieren, empfahl er eine Koalition des Deutschen Bundes mit England. Beide Länder könnten sich dadurch vor Übergriffen Frankreichs und Rußlands schützen. England brächte die mächtigste Marine und der Deutsche Bund das stärkste Landheer in diese Allianz ein. Von einer Einigung des Kontinents zur Verhinderung von Kriegen war keine Rede.

Fröbel war einer der ersten Europa-Strategen, der in der postromantischen Epoche seine politischen Argumente für die europäische Einheit wieder kulturhistorisch untermauerte. Wie später Paul Valéry und andere ging er vom Zusammenwirken dreier Kulturen (der griechischen, jüdisch-christlichen und römischen) aus, die sich zur europäischen Zivilisation fusioniert hätten. Von der griechischen Kultur sei die Philosophie, von der jüdischen die Religion und von der römischen die Politik besonders wirksam geworden. Während das Römertum Europa die Vorstellung der äußeren politischen Einheit vererbt habe, sei durch das Christentum die jüdische Vorstellung innerer religiöser Einheit traditionsbildend geworden (91–93). Wie Novalis ging Fröbel davon aus, daß die europäische Kultur im Mittelalter einen Gipfelpunkt innerer und äußerer Einheit erreicht habe, und wie Novalis, dessen Name nicht erwähnt wurde, betrachtete Fröbel die mediävale Welt als gänzlich durch die Religion geprägt. Allgemein akzeptierte und plausible Verstehenskategorie sei im Mittelalter die Symbolik gewesen. In diesem Sinne führte Fröbel zum Zusammenhang von Religion und Politik jener Epoche aus: »Der wesentliche Charakter dieses Systems ist der, daß seine ganze Ethik eine *symbolische* ist, – d. h. die gesellschaftlichen Einrichtungen dieser ganzen Culturperiode sollen nicht die wirkliche sittliche Welt *sein*, sie sollen dieselbe nur *bedeuten*. Die wahre Wirklichkeit liegt für diese Lebensansicht in einer ‚anderen' Welt, und dieses irdische und zeitliche Dasein wird nur für ein unvollkommenes Spiegelbild derselben ausgegeben. [...] Es entstand der symbolische Universalstaat mit dem Statthalter Gottes auf Erden an seiner Spitze, und dem christlichen Kaiser als seinem ersten Minister und mindestens symbolischem Haupte aller weltlichen Vollziehungsgewalt. Der Plan zu diesem gesellschaftlichen Gebäude war der größte und umfassendste praktisch-sittliche Gedanke zu dem es die Menschheit bis auf die Ideen der neuesten Zeit gebracht hat« (95 f.). Im Gegensatz zu Novalis strebte Fröbel eine vergleichbare kulturelle Einheit nicht mehr an. »Das symbolisch-supranaturalistische Gebäude« mittelalterlichen Denkens sei »durch den überhandnehmenden Realismus der letzten Jahrhunderte zertrümmert« worden (124). So war für Fröbel der kulturelle Pluralismus der Neuzeit, wie er sich in den Weltmächten Rußland, Europa und USA einerseits und innerhalb des Kontinents mit den graduell unterschiedlichen Kulturen Englands, Frankreichs und Deutschlands bemerkbar machte, eine irreversible Tatsache. Nicht eine gegebene quasimittelalterliche kulturelle Einheit des Kontinents sei es, die den politischen Zusammenschluß Europas nahelege, sondern das gemeinsame Erbe.

Im 1864 erschienenen Essay *Das europäische Staatensystem und die politische Weltordnung der Gegenwart* hat Fröbel seine Thesen nochmals zusammengefaßt. Seine Europa-Ideen weiter auszubauen gab er nach 1870 auf, da er im Kaiserreich keine Unterstützung dafür finden konnte. Bismarck war ein Leben lang in erster Linie Preuße, in zweiter Hinsicht Deutscher. Ob er in dritter Linie Europäer war, ist schwer zu sagen, jedenfalls wußte er mit Fröbelschen Europa-Perspektiven nichts anzufangen. Der europäische Gallozentrismus und das großdeutsche Plänemachen wurden Fröbel vom Vollstrecker der kleindeutschen Lösung nachgesehen. Wie so manchen ehemaligen Revolutionär nahm der Reichskanzler auch ihn in seine Beamtenriege auf. Als Fröbel in den Ruhestand trat, konnte er auf eine Reihe von Jahren als Konsul in Smyrna und Algier im Dienst des Deutschen Reiches zurückblicken, auf Jahre, die ihn zeitlich wie örtlich in denkbar größte Entfernung von seinen republikanischen Träumen und europäischen Visionen gerückt hatten.

Die Friedenszeit nach dem Deutsch-Französischen Krieg (1871–1913)

> Über alle diese nationalen Kriege, neuen »Reiche« und was sonst im Vordergrunde steht, sehe ich hinweg: was mich angeht – denn ich sehe es langsam und zögernd sich vorbereiten – das ist das Eine Europa.
>
> (Friedrich Nietzsche, *Nachgelassene Fragmente*)

I.

Nicht vereinnahmen vom Eisernen Kanzler ließ sich der Philosoph mit dem Hammer. Wie die Epitheta aus dem Bereich der Metallurgie andeuten, schrieben die Zeitgenossen Bismarck und Nietzsche vergleichbare Härtegrade in den Gebieten politischer Praxis und philosophischer Kritik zu. Dem Machiavellismus des Reichsgründers erwies der Dichterphilosoph zwar seine Reverenz, doch Bismarcks politischen Deutschlandperspektiven glaubte der Europäer Nietzsche sich weit überlegen. Der Denker zählte sich zu den »unzeitgemäßen Typen par excellence, voll souverainer Verachtung gegen Alles, was um sie herum ‚Reich‘, ‚Bildung‘, ‚Christenthum‘, ‚Bismarck‘, ‚Erfolg‘ hiess« (6.317). Bismarck war für ihn einer jener deutschen »*Nachzügler*«, die »den großen Gang der europäischen Cultur [...] verderben« (11.43).

In einem Essay aus dem Jahre 1938 gibt Karl Jaspers jenen, die sich mit dem Werk Friedrich Nietzsches beschäftigen, zu bedenken: »Jede Niederschrift, jeder *Augenblickseinfall* gehören bei Nietzsche zum Werk.« Er warnt vor allzu raschen Festlegungen des Autors und verweist auf die Multiperspektivik seines Denkens, wenn er fortfährt: »Es ist in Nietzsches Werk eine verführende Antinomie zwischen der Drastik apodiktischer Behauptungen, als ob das jetzt Gesagte die ganze Wahrheit wäre, und der unendlichen

Dialektik der alles wieder aufhebenden Möglichkeiten.« Jaspers resümierte seine Schwierigkeiten beim Lesen der Nietzsche-Wahrheiten in dem Stoßseufzer: »Nietzsche scheint alles, auch das Entgegengesetzte und Widersprechende zu sagen.« Nietzsche wird nicht nur deswegen als Dichterphilosoph bezeichnet, weil er neben philosophischen Reflexionen auch Gedichte zu Papier gebracht hat, sondern weil seine essayistisch-aphoristische Art des Schreibens eine Leerstellen-Struktur aufweist, die seine Texte häufig in eine größere Nähe zur Dichtung als zur Philosophie bringt. Die Auseinandersetzung mit Nietzsches Arbeiten verlangt daher ein hermeneutisches Vorgehen, das sowohl die Ambivalenz dichterischer Texte wie auch die Definitionsgenauigkeit philosophischer Abhandlungen berücksichtigt.

Wie zutreffend Jaspers' Beobachtung ist, fällt auf, wenn man Nietzsches Äußerungen zur Nationalcharakteristik einzelner Länder durchsieht. Die Bemerkungen zum Beispiel über die Deutschen, Franzosen und Russen sind – wie Walter Schmiele, Fritz Krökel und Raymond Furness gezeigt haben – insgesamt so aspektereich, daß eine isolierte Sentenz nur wie der Splitter eines Mosaiks erscheint, das zudem noch Fragment bleibt. Den Wert von Verallgemeinerungen über nationale Eigenheiten hat Nietzsche selbst in Frage gestellt. Dies geschah zum einen, weil das, was sich in seinem 19. Jahrhundert als Nation ausgab, nach Nietzsche allzuoft ein künstlich-willkürliches Gebilde war, und zum anderen, weil Völker sich im Wechsel der Zeiten von Grund auf wandeln, ihr »Charakter« also alles andere als statisch ist und somit verallgemeinernde Definitionen nur einen relativen, eingeschränkten Wert haben können. Zum Thema Nation schrieb Nietzsche: »Menschen, die Eine Sprache sprechen und dieselben Zeitungen lesen, heißen sich heute ‚Nationen' und wollen gar zu gern auch, gemeinsamer Abkunft und Geschichte sein: was aber auch bei der ärgsten Fälscherei der Vergangenheit nicht gelungen ist« (11.489). Das Problem der Flüchtigkeit nationaler Eigenschaften illustrierte er am Beispiel der Deutschen. Unter der Überschrift »*Gut deutsch sein heisst sich entdeutschen*« führte Nietzsche aus: »Das, worin man die nationalen Unterschiede findet, ist viel mehr, als man bis jetzt eingesehen hat,

191

nur der Unterschied verschiedener *Culturstufen* und zum geringsten Theile etwas Bleibendes (und auch diess nicht in einem strengen Sinne). Desshalb ist alles Argumentiren aus dem National-Charakter so wenig verpflichtend für Den, welcher an der *Umschaffung* der Ueberzeugungen, das heisst an der Cultur arbeitet. Erwägt man zum Beispiel was Alles schon deutsch *gewesen* ist, so wird man die theoretische Frage: was *ist* deutsch? sofort durch die Gegenfragen verbessern: ‚was ist *jetzt* deutsch?' – und jeder *gute* Deutsche wird sie practisch, gerade durch Ueberwindung seiner deutschen Eigenschaften, lösen. Wenn nämlich ein Volk vorwärts geht und wächst, so sprengt es jedesmal den Gürtel, der ihm bis dahin sein *nationales* Ansehen gab: [...] *Die Wendung zum Undeutschen* ist desshalb immer das Kennzeichen der Tüchtigen unseres Volkes gewesen« (2.511 f.). Der Nationalismus schoß damals gleichzeitig in vielen Ländern Europas ins Kraut: in Frankreich als Folge der Niederlage von 1871, in Deutschland und Italien, um sich als unsicheren jungen Staaten identitätsmäßig den Rücken zu stärken, in den zentraleuropäischen slawischen Ländern als Mittel im Kampf um ihre Unabhängigkeit von Österreich, in England zur Rechtfertigung seiner Kolonialpolitik und in Rußland zur Untermauerung seines panslawischen Führungsanspruchs. Gegen die nationalistische Ideologie mit ihren festen Klischees (petrifizierten Feindbildern wie vorgeblich konstanten Tugenden des eigenen Landes) brachte Nietzsche historische Argumente vor, die verwiesen auf Geschichtsverfälschungen, die Bedeutung historischen Wandels und vor allem auf die Unzeitgemäßheit nationalistischen Denkens im Hinblick auf künftige Entwicklungen.

Auf Nietzsches Antinationalismus und Proeuropäismus trifft Jaspers' Bemerkung über die bis zur Widersprüchlichkeit reichende Komplexität des Autors kaum zu. Hier hat der Philosoph es an Eindeutigkeit und Konsistenz nicht fehlen lassen. Nietzsche sprach von »der krankhaften Entfremdung, welche der Nationalitäts-Wahnsinn zwischen die Völker Europa's gelegt hat«, und mit einem Seitenhieb auf Bismarck (aber nicht nur auf ihn) beschuldigte er die »Politiker des kurzen Blicks und der raschen Hand« des Opportunismus, weil sie nur mit Hilfe des Nationalismus

obenauf seien (5.201). Nur kleindimensionierte Geister
konnten nach Nietzsche »in irgend einer Vaterländerei«
(5.200), der »Krankheit dieses Jahrhunderts« (2.593), ihr
Genüge finden. Er selbst, betonte er mehrfach, sei nicht
»deutsch« genug, »um dem Nationalismus und dem Ras-
senhass das Wort zu reden, um an der nationalen Herzens-
krätze und Blutvergiftung Freude haben zu können, derent-
halben sich jetzt in Europa Volk gegen Volk wie mit Quarantänen abgrenzt« (3.630). Auch wegen des grassierenden
Chauvinismus kam ihm die europäische Szene trostlos vor.
Nietzsches Beschwerden über die »Europäer von heute«
sind seitenfüllend. Vermassung, Selbstverkleinerung, Pseu-
domoral, Prätention, Nihilismus und naiver Fortschrittsoptimismus waren konstante Vorwürfe innerhalb seiner
Kulturkritik. »Der heutige Europäer« sei »eine *sublime Miss-
geburt*«, eine »verkleinerte, fast lächerliche Art, ein Heerdenthier, etwas Gutwilliges, Kränkliches und Mittelmäßi-
ges« (5.83). Er lasse sich gängeln durch »den Imperativ der
Heerden-Furchtsamkeit: ‚wir wollen, dass es irgendwann
einmal *Nichts* mehr *zu fürchten* giebt!' Irgendwann einmal –
der Wille und Weg *dorthin* heisst heute in Europa überall der
‚Fortschritt'« (5.123). Die aus dem Christentum sich her-
leitenden »modernen Ideen« von Gleichheit und Solidarität
des Europäers der Gegenwart (Demokratie, Sozialismus,
Feminismus) lehnte Nietzsche als Symptome dieser Vermassung und seelischen Amputation der Individuen ab.
Kontrastiert mit diesem Elendsbefund der Gegenwart wurden die Menschen angeblich heroischer Epochen wie der
griechischen Antike und der europäischen Renaissance.
»Ich zweifle nicht«, bekannte der Philosoph, »dass ein antiker Grieche auch an uns Europäern von Heute zuerst die
Selbstverkleinerung herauserkennen würde, – damit allein
schon giengen wir ihm ‚wider den Geschmack'« (5.221).
Ähnlich lautete es an anderer Stelle: »Der Europäer von
Heute bleibt, in seinem Werthe tief unter dem Europäer der
Renaissance; Fortentwicklung ist schlechterdings *nicht* mit
irgend welcher Nothwendigkeit Erhöhung, Steigerung,
Verstärkung« (6.171). Nietzsche dachte die Entwicklungs-
linie des »Europäers von heute« zum »zukünftigen Europäer« fort und wartete mit folgendem für ihn deprimieren-
den Ausblick auf: »das intelligenteste Sklaventhier, sehr

arbeitsam, im Grunde sehr bescheiden, bis zum Excess neugierig, vielfach, verzärtelt, willensschwach – ein kosmopolitisches Affekt- und Intelligenzen-Chaos« (13.17). Postmoderne-Vertreter hätten heute kein allzu großes Problem, sich in dieser Charakterisierung wiederzuerkennen, wenn die Wertung und Umschreibung dieser Eigenschaften auch ganz anders ausfallen würden.

Die Geschichtsauffassung, die im »Cultur-Begriff ,Europa'« impliziert ist, hat Nietzsche nicht verworfen. Er verstand ihn im herkömmlichen Sinne bezogen auf »alle jene Völker und Völkertheile, welche im Griechen-, Römer-, Juden- und Christenthum ihre gemeinsame Vergangenheit haben«, auch bezogen auf Amerika, »soweit es eben das Tochterland unserer Cultur ist« (2.650). Revolutioniert hat er allerdings die Idee vom kommenden Europäer. Andere Strategen, Ideologen und Kritiker Europas schlossen immer wieder an das doppelte Erbe von Antike und Christentum an. Gerade in dieser Synthese sahen sie die Gewähr für eine hoffnungsvolle Zukunft des Kontinents. Nietzsche dagegen strebte einseitig die Fortsetzung der von ihm als heroisch verstandenen Antike (beziehungsweise ihrer angeblichen Neuauflage in der Renaissance) und die Eliminierung des christlichen Traditionsteils an, den er als Manifestation einer Sklavenmoral verachtete. Dem Bild vom vertrottelt-kosmopolitisch-pluralistischen Europäer von heute und morgen setzte Nietzsche die Idee, das Postulat, die Utopie vom »guten Europäer« von übermorgen entgegen. Zur Erläuterung von dessen Charaktereigenschaften zitierte er wenige Persönlichkeiten aus der politischen und geistigen Aristokratie von gestern und vorgestern herbei. Im Vergleich mit dem heutigen sei der gute Europäer der Zukunft »eine *stärkere* Art« Mensch, sei im Gegensatz zu ihm geprägt durch »*klassischen* Geschmack« (13.17 f.). Nachdem »der Glaube an den christlichen Gott unglaubwürdig geworden« sei, habe er das Fazit gezogen, daß »Gott todt ist« (3.573). Das »Klassische« definierte der Autor als »Wille zur Vereinfachung, Verstärkung, zur Sichtbarkeit des Glücks, zur Furchtbarkeit«, als »Muth zur psychologischen *Nacktheit*« (13.18). Napoleon I. verkörperte nach Nietzsche am reinsten das Bild des »guten Europäers«. Er nämlich habe in der Neuzeit »ein ganzes Stück antiken Wesens, das entscheidende vielleicht, das Stück Granit, wieder herauf-gebracht« (3.610). Napoleons »Erscheinen« als »unbedingt Befehlender« unter all den »Heerdenthier-Europäern« be-jubelte Nietzsche als »Erlösung« (5.120). Der Korse setze die Reihe antiker Heroen mit dem Willen zur Macht wie Alki-biades und Cäsar fort und sei der würdige Nachfolger des »*ersten* Europäers«, als den Nietzsche den »Hohenstaufen Friedrich den Zweiten« verstand (5.121). Kennzeichen des »guten Europäers« seien der Antinationalismus und die antichristliche Einstellung. Den Bruch mit dem Christen-tum, sein Durchschauen als »Lügnerei, Feminismus, Schwachheit, Feigheit«, sowie allgemein die Preisgabe eines Vertrauens in »göttliche Vernunft« zählte Nietzsche zu den Voraussetzungen des »guten Europäers«.

In denkbar schärfster Wendung gegen Christenheits-Europäer wie Novalis und Chateaubriand, die hier nament-lich aber nicht erwähnt wurden, formulierte Nietzsche sein Verdikt über die christliche Religion: »Ich *verurtheile* das Christenthum«, schrieb er, »ich erhebe gegen die christliche Kirche die furchtbarste aller Anklagen, die je ein Ankläger in den Mund genommen hat. Sie ist mir die höchste aller denkbaren Corruptionen, sie hat den Willen zur letzten auch nur möglichen Corruption gehabt. Die christliche Kir-che liess Nichts mit ihrer Verderbniss unberührt, sie hat aus jedem Werth einen Unwerth, aus jeder Wahrheit eine Lüge, aus jeder Rechtschaffenheit eine Seelen-Niedertracht ge-macht« (6.252). Die Revision des Christentums nannte Nietzsche »Europa's längste und tapferste Selbstüberwin-dung« (5.410), und im Sinne eines radikalen Bruchs mit christlichen Verhaltensnormen traute er dem »guten Euro-päer« zu, »alle Verbrechen« zu begehen, »die gefährlichsten Gedanken und die gefährlichsten Weiber« zu lieben (11.348). Die »guten Europäer« im Sinne Nietzsches waren »Atheisten und Immoralisten« (11.511), eine »verwegen-wagende, prachtvoll-gewaltsame, hochfliegende und hoch emporreissende Art höherer Menschen« (5.203). In die Ga-lerie jener Persönlichkeiten, die vorwegnehmend ver-deutlicht hätten, was er sich unter dem »guten Europäer« der Zukunft vorstelle, nahm er aus den Reihen der Künstler und Philosophen Goethe, Beethoven, Stendhal, Heine, Schopenhauer und – bis zu dessen christgermanischer

Wende – Wagner auf (5.202). Das Werk dieser Autoren zeichne sich dadurch aus, daß es den Nationalismus der Zeit überwunden, also »atavistischen Anfällen von Vaterländerei und Schollenkleberei« widerstanden habe (5.180). Dieses Antinationalismus wegen zählte Nietzsche sie zu den »*Heimatlosen*« in »einem abhebenden und ehrenden Sinne« (3.628), zu den »Wanderern« und »Herumstreichern« (11.362, 404), zu den »Europäern von Übermorgen«, zu den »Erstlingen des zwanzigsten Jahrhunderts« (5.151). Als »gute Europäer« seien sie »Erben von Jahrtausenden des europäischen Geistes«, gerade deswegen »dem Christenthum entwachsen und abhold« und somit prädestiniert zur Überwindung des Nihilismus (3.631).

Das »gute Europäertum« war für Nietzsche subjektiv weder lediglich ein Traum noch eine bloß voluntaristische Angelegenheit, sondern Ergebnis von künftigen historischen Entwicklungen, die in der Gegenwart bereits angelegt seien. Der Nationalismus nämlich werde sich auflösen durch ein allmähliches Zusammenwachsen der Einzelländer Europas, wobei Nietzsche als Grund für diese Integration die Dynamik in Industrie und Handel angab. Das Christentum aber werde zerrieben werden in innen- und außenpolitischen Kämpfen, in denen es den Europäern keine Anleitungen zum Handeln mehr geben könne. Zur »großen wirthschaftlichen Thatsache« der kommenden »neuen Einheit« des Kontinents schreibt Nietzsche: »Die Kleinstaaten Europas, ich meine alle unsere jetzigen Staaten und ‚Reiche‘, müssen, bei dem unbedingten Drange des großen Verkehrs und Handels nach einer letzten Gränze, nach Weltverkehr und Welthandel, in kurzer Zeit wirthschaftlich unhaltbar werden. (Das Geld allein schon zwingt Europa, irgendwann sich zu Einer Macht zusammen zu ballen.)« (11.583 f.) Funktionslos werdende Grenzen waren natürlich noch kein Grund für den Ruf nach dem »guten Europäer«. Innereuropäisch sah Nietzsche – und dazu mußte man kein Hellseher sein – gesellschaftliche Krisen, Revolutionen und Entscheidungskämpfe heraufkommen. In ihnen werde, so glaubte er zu wissen, sich der heroisch-europäische Typus herauskristallisieren. Vom christlichen Standpunkt aus betrachtet, werde dieser Typus klassisch-antiken Zuschnitts als »Barbar« erscheinen. Dazu hieß es:

»Wo sind die *Barbaren* des 20. Jahrhunderts? Offenbar werden sie erst nach ungeheuren socialistischen Krisen sichtbar werden und sich consolidiren, – es werden die Elemente sein, die der *größten Härte gegen sich selber* fähig sind und den *längsten Willen* garantiren können« (13.18). Daß am Ende dieses Kampfes Demokratie, Sozialismus und Feminismus auf der Strecke bleiben würden, verstand sich für Nietzsche von selbst. Was den außereuropäischen Aspekt betraf, betrachtete Nietzsche wie eine Reihe anderer Europa-Essayisten die europäisch-asiatische Großmacht Rußland stärker nach Asien als zu Europa hin tendierend. Die Enteuropäisierung Rußlands sah er in seiner Zeit im Steigen begriffen. »In Russland«, so bedauerte er, »giebt es eine Auswanderung der Intelligenz: man geht über die Gränze, um gute Bücher zu lesen und zu schreiben. So wirkt man aber dahin, das vom Geiste verlassene Vaterland immer mehr zum vorgestreckten Rachen Asiens zu machen, der das kleine Europa verschlingen möchte« (2.657 f.). In seiner Beziehung zu Rußland schwankte Nietzsche zwischen Abscheu und Bewunderung, Unterwerfungssucht und feindseliger Abwehr. Einmal forderte er: »Rußland *muß* Herr Europas und Asiens werden – es muß *colonisiren* und *China* und *Indien gewinnen.* Europa als Griechenland unter der Herrschaft Roms« (11.42). Ein weiteres Mal bemerkte er: »Wir brauchen ein unbedingtes Zusammengehen mit Russland [...]. Keine amerikanische Zukunft!« (11.239), und wiederum an anderer Stelle wurde deutlich, daß er wie viele seiner Zeitgenossen unter Rußland- und Asienphobie litt. Den Unterschied zwischen Europa und Asien verstand Nietzsche konventionell als Gegensatz von Individualismus und Kollektivismus, Vernunft und Trieb, Aufklärung und Finsternis, Zivilisation und Barbarei, Klarheit und Geheimnis. Indien wurde allerdings als Sonderfall betrachtet. In religiöser Hinsicht, meinte Nietzsche, sei der Buddhismus mit seiner entmetaphysizierten Religion dem europäischen Christentum weit überlegen (3.87). Der Autor ging zeitweise von »einer solchen Zunahme der Bedrohlichkeit Russlands« aus, daß er widersinnigerweise ein Europa forderte, das diesem Asien-Rußland gleichen sollte, um dessen Annexionsbestrebungen widerstehen zu können. Europa, forderte Nietzsche, müsse sich entschließen, »gleichermaassen bedrohlich zu werden, nämlich *Einen Willen zu bekommen*, durch das Mittel einer neuen über Europa herrschenden Kaste, einen langen furchtbaren eigenen Willen, der sich über Jahrtausende hin Ziele setzen könnte« (5.140). Man kann sich auch durch die Assimilierung an den – angeblichen – Gegner von diesem erobern lassen. Folgte man dem zuletzt genannten Rezept Nietzsches, hätte das »asiatische« Rußland – wie er es verstand – Europa kulturell an sich angeschlossen.

Wenn Nietzsche Goethe oder Heine als Beispiele für den »guten Europäer« des 19. Jahrhunderts nannte, klang das sympathisch. Wer wünschte sich nicht auch in der Zukunft Schriftsteller von der geistigen Weite und dem künstlerischen Rang wie sie. Daneben gibt es aber auch eine vorwegnehmende Beschreibung dieses künftigen Typus, wie er aus den inner- und außereuropäischen Revolutionen und Kriegen hervorgehen werde. Beim Lesen dieser Beschreibungen mit ihrer Brutalität und Inhumanität überläuft einen ein Schauder, und man kann nicht umhin, an die Verbrechen jener Nationalsozialisten zu denken, die die Legitimation zu ihren Untaten aus den Schriften Nietzsches glaubten beziehen zu können. Schon die naive Glorifizierung Napoleons verstimmt. Dieses pauken- und trompetenhafte Herausstreichen seines Heroismus ist weit von der Ambivalenz der Heineschen wie Goetheschen Verehrung des Herrschers entfernt. Zur Ideologie des Kolonialismus und Imperialismus seiner Zeit zeigte Nietzsche keine Distanz, wenn er von der kommenden Herrschaft der Europäer über den gesamten Erdkreis schwärmte. Letztlich überwand Nietzsche auch nicht den Nationalismus seiner Epoche; er übertrug ihn lediglich von der Ebene des Einzelstaates auf das europäische Niveau. Als gläubiger Leser von Napoleons *Mémorial* nahm er an, der Kaiser habe »das Eine Europa« gewollt, »und dies als *Herrin der Erde*« (3.610). Napoleon habe damit ein Europa-Programm formuliert, das seine Erben zu erfüllen hätten: die Eroberung des Globus. »Hierin, wie in anderen Dingen«, hielt Nietzsche fest, »wird das nächste Jahrhundert in den Fußtapfen Napoleons zu finden sein, des ersten und vorwegnehmendsten Menschen neuerer Zeit« (11.584). »Die Zeit für kleine Politik«, so wußte der Einsiedler aus Sils-Maria, »ist vorbei: schon das nächste

Jahrhundert bringt den Kampf um die Erd-Herrschaft«
(5.140). Anders als der Victor Hugo von 1842 wollte Nietzsche England in die Europa-Politik einbezogen sehen. Zum
imperialistischen Kampf um Weltherrschaft und zum Gerangel um Kolonien liest man: »Um aber mit guten Aussichten in den Kampf um die Regierung der Erde einzutreten –
es liegt auf der Hand, gegen wen sich dieser Kampf richten
wird – hat Europa wahrscheinlich nöthig, sich ernsthaft mit
England zu ‚verständigen': es bedarf der Kolonien Englands zu jenem Kampfe« (11.584). Mit dem »auf der Hand«
liegenden Kampf war wohl jener gegen das Zarenreich
und/oder Amerika gemeint. England sollte seine europäische Identität neu entdecken und wegen seiner über die
Welt verstreuten Kolonien, die als Bastionen benutzt werden könnten, gefälligst seine »splendid isolation« aufgeben.
Das Zusammengehen von militärischem und wirtschaftlichem Imperialismus befürwortete Nietzsche; auch auf
diesem Gebiet habe Napoleon normbildend gewirkt. »Man
muß«, räsonierte der Autor, »heute vorerst Soldat sein, um
als Kaufmann nicht seinen Kredit zu verlieren« (11.584).
Immer wieder war unter den Überschriften »Die guten
Europäer« von der »Züchtung eines neuen Adels« (11.234)
die Rede, der vorbereitet sein müsse, wenn ihm »die grosse
Aufgabe in die Hände fällt: die Leitung und Ueberwachung
der gesammten Erdcultur« (2.592) zu übernehmen. Daß der
Traum vom »guten Europäer« eine maskuline Utopie sei,
wurde von Nietzsche unterstrichen. »Der Zustand Europa's
im nächsten Jahrhundert«, so war er überzeugt, »wird die
männlichen Tugenden wieder heranzüchten: weil man in
der beständigen Gefahr lebt.« Und er fügte hinzu: »Die
‚allgemeine Militärpflicht' ist schon heute das sonderbare
Gegengift gegen die Weichlichkeit der demokratischen
Ideen« (11.489).
   Ins Bild dieser Männerphantasie paßte auch Nietzsches
Faible für den Krieg. Unter der Überschrift »*Der Krieg ist
unentbehrlich*« zog er von seinem Schreibtisch aus gegen
»Schwärmerei und Schönseelenthum« zu Felde und dozierte, »dass eine solche hoch cultivirte und daher nothwendig
matte Menschheit, wie die der jetzigen Europäer, nicht nur
der Kriege, sondern der grössten und furchtbarsten Kriege
– also zeitweiliger Rückfälle in die Barbarei – bedarf, um

nicht an den Mitteln der Cultur ihre Cultur und ihr Dasein selber einzubüssen« (2.311,312). Mit der Idee vom »guten Europäer« legte Nietzsche ein Elitekonzept vor, das identisch war mit der imperialistischen Ideologie, wie sie in den europäischen Einzelstaaten verbreitet war. Er transponierte den Nationalismus auf die kontinentale Ebene, und statt die Überlegenheit einer in Europa angesiedelten Einzelrasse (etwa der germanischen, romanischen, slawischen oder jüdischen) über die andere zu predigen, träumte er von einer paneuropäischen »Mischrasse«, die den Völkern der übrigen Kontinente als »Herren der Erde« und »Gesetzgeber der Zukunft« übergeordnet sein werde (11.512). So kann man Nietzsche zwar keinen nationalen, wohl aber mit Fug europäischen Chauvinismus vorwerfen.

Zwischen diesen Chauvinismen bestand kein qualitativer Unterschied; der nationale wurde durch einen kontinentalen Zentrismus abgelöst, doch die bis zum Größenwahn sich steigernden Herrschaftsansprüche mit allen ihnen eigenen Inhumanisierungen waren die gleichen. Herrenmenschen als »große Einzelne« würden natürlich auch im »guten Europa« der Zukunft nicht in Massen anzutreffen sein. So unterschied Nietzsche wie jeder kommune Elitetheoretiker zwischen manupulier- beziehungsweise ausbeutbaren Durchschnittsmenschen und ihnen zur Leitung bestimmten Führern. Christentum und Demokratie wären für die kernig-heroischen Herrenmenschen Europas das reine Gift; für die Masse aber genau das Richtige. Nietzsche plädierte daher für »die unbedingte Heilighaltung der Heerden-Moral« und für die »Ausreifung des demokratischen Wesens« bei der unteren Gesellschaftsschicht, die dem »guten Europäer« in die »Hände fallen« werde, die nach seiner führenden »Hand *begehren*« müsse (11.511). Die »Vermittelmässigung des Menschen« habe nicht nur negative Seiten, resultiere aus ihr doch »ein nützliches arbeitsames, vielfach brauchbares und anstelliges Heerdenthier Mensch«: genau das richtige für die »Ausnahme-Menschen der gefährlichsten und anziehendsten Qualität«, für die »*Tyrannen*« – das Wort, fügte Nietzsche selbstbezüglich hinzu, »in jedem Sinne verstanden, auch im geistigen« (5.183). Von den christlich und demokratisch wohlpräparierten Massen also werde den Herren von morgen wenig Widerstand entgegengesetzt werden. Schwieriger sei der Kampf mit den alten nationalistischen Eliten. Der Nationalismus sei ja nicht im »Interesse der Vielen«, stellte Nietzsche mit einigem Recht fest, sondern Ergebnis des »Interesses bestimmter Fürstendynastien« und »bestimmter Classen des Handels und der Gesellschaft«. Mit der bisherigen Herrenschicht würden sich künftige Machtkämpfe nicht vermeiden lassen. Schon jetzt aber könne jeder »durch die That« beweisen, daß er ein »*guter Europäer*« sei, indem er »an der Verschmelzung der Nationen arbeite«. Dem Prozeß der »Vernichtung der Nationen« in Europa solle nachgeholfen werden, indem man Nationalismus und Rassismus bekämpfe, sich – Nietzsche verfiel hier in die Sprache der Tierzüchter – für »fortwährende Kreuzungen« mit dem Ziel der Heranzüchtung einer »Mischrasse« des »europäischen Menschen« einsetze (2.309).

Einerseits glaubte Nietzsche wie Joseph Arthur Graf von Gobineau, daß es »reine« Rassen tatsächlich noch gebe; andererseits aber sehnte er die große Völkerfusion herbei, was in krassem Gegensatz zu den Vorstellungen Gobineaus stand, wie dieser sie in seinem 1853–55 erschienenen *Essai sur l'inégalité des races humaines* entwickelt hatte. Daß Europa spätestens seit der Völkerwanderung von einem ethnischen Mixtum compositum besiedelt war, daß die »Reinheit« der Rasse eine bloß spekulative Theoriefigur, eine mit historischen Argumenten leicht widerlegbare Fiktion sei, daß damit auch der Rassebegriff insgesamt eine kulturhistorisch höchst problematische Größe vorstelle, kam weder Gobineau noch Nietzsche in den Sinn. Auch im Hinblick auf die Nietzsche so wichtige politische Elite Europas ließ sich – man denke an den Hochadel der Fürstenhäuser – mit noch größerem Recht sagen, daß er längst jene internationale Mischung vorstellte, die der Autor erst für die Zukunft erwartete. Nietzsche, der es an abfälligen Bemerkungen über den »American way of life« nicht fehlen ließ, vertrat eine aus der amerikanischen Praxis abgeleitete Idee, wenn er den europäischen »melting pot« als Heilmittel gegen Nationalismus und Rassismus empfahl. Im Gegensatz zu dem ausgrenzenden und antisemitischen Germanenrassismus, wie ihn Houston Stewart Chamberlain einige Jahre später in seinem Buch *Die Grundlagen des 19. Jahrhunderts*

(1899) predigte, vertrat Nietzsche die integrative Vorstellung der Rassenmischung. Bei allem Eurochauvinismus, dessen man Nietzsche zeihen kann, verfiel er nicht dem grassierenden Antisemitismus der Zeit. Wenn er auch ein Anti-Antisemit war, sind seine Anmerkungen zum Judentum nichtsdestoweniger fragwürdig. Zwischen der Vereinnahmungsgeste Nietzsches und der bis ins Kriminelle reichenden Marginalisierung, wie sie die Judenhasser propagierten, taten sich unüberbrückbare Klüfte auf. Trotzdem ist diese Vereinnahmung keineswegs unproblematisch, erinnert sie doch in starkem Maße an den christlichen Integrationszwang qua Taufe in früheren Jahrhunderten. »Das ganze Problem der *Juden*«, glaubte Nietzsche zu wissen, »ist nur innerhalb der nationalen Staaten vorhanden«; nur in ihnen würden sie »als Sündenböcke aller möglichen öffentlichen und inneren Uebelstände zur Schlachtbank« geführt. Die »europäische Mischrasse« erschien ihm als geeignetes Mittel zur Behebung »des Problems«. Er schrieb dazu: »Sobald es sich nicht mehr um Conservirung von Nationen, sondern um die Erzeugung einer möglichst kräftigen europäischen Mischrasse handelt, ist der Jude als Ingredienz ebenso brauchbar und erwünscht, als irgend ein anderer nationaler Rest« (2.309 f.). Die Frage war aber, ob erstens überhaupt alle europäischen Nationen in der großen kontinentalen Völkermixtur aufgehen wollten, und zweitens, ob das europäische Judentum gewillt war, sich europäisch »aufheben« zu lassen. Warum sollten die Juden Europas, die über die Jahrtausende hin ihre religiösen Riten, ihre theologische Sprache, ihre ethnischen Bräuche gegen Angriffe und Verfolgungen verteidigt hatten, plötzlich ihre bewährte Identität zugunsten einer äußerst problematischen, ja potentiell barbarischen vom »guten Europäertum« aufgeben? Nietzsche lag wenig an einer Würdigung des Judentums als solchem. Beim Blick zurück in die Geschichte achtete er auf den Nutzen der Juden für Europa, und zwar weniger der Juden insgesamt als der »Freidenker« unter ihnen, denen sich Nietzsche verwandt fühlte. Sie hätten nämlich in den »dunkelsten Zeiten des Mittelalters« das »Banner der Aufklärung« hochgehalten, also »Europa gegen Asien vertheidigt« und – was Nietzsche besonders wichtig war – damit an der »*Fortsetzung der griechischen*«

Kultur gearbeitet (2.310 f.). Was das Judentum seiner Gegenwart betraf, so schaute er es mit dem Verwertungsblick des »guten Europäers« an und fragte danach, was es in die künftige Völkermischung einbringen werde, auf welche Weise die europäische Herrenrasse vom assimilierten Judentum profitieren könne. »Ihre Gescheutheit hindert die Juden«, meinte Nietzsche, »auf *unsere* Weise närrisch zu werden: zum Beispiel national.« So waren ihm »die Juden« als »ein antidoton« gegen den Nationalismus willkommen (13.532). Daß sich das Judentum auch als »ein antidoton« gegen den europäischen Chauvinismus erweisen könnte, kam Nietzsche nicht in den Sinn.

Eine Auseinandersetzung mit dem Thema Nietzsche und die Juden insgesamt kann hier nicht geführt werden. Sobald man es behandelt, ist es ratsam, mit Jasper'sscher Umsicht an die betreffenden Texte heranzugehen. Mir scheinen aber auch andere Nietzsche-Stellen zu belegen, daß für diesen Denker die Frage nach dem Nutzen des Judentums für Europa unverhältnismäßig wichtiger war als der Versuch, die Eigenart dieses Volkes als solchem und dieser Religion für sich selbst zu erkennen.

In günstigerem Licht erscheinen Nietzsches Überlegungen zum Zusammenhang von Nationalismus, Europäismus und Judentum, wenn man sie mit den zeitgleichen Stellungnahmen zu demselben Themenkomplex vergleicht, die damals Constantin Frantz veröffentlichte. Frantz hatte inzwischen seine 20 Jahre zurückliegenden Vorschläge von einer englisch-deutschen Allianz aufgegeben. Von seinen großdeutschen Ideen konnte er auch nach der Reichsgründung nicht lassen, doch funktionierte er sie in einer gleichsam erweiterten Neuauflage zu einem Mitteleuropa-Plan um, den er 1879 in seinem Buch *Der Föderalismus* vorlegte. Den ehemals deutschen wollte er nun durch einen mitteleuropäischen Bund ersetzt sehen. Dabei schlug er – kulturhistorisch argumentierend – die Teilung des Deutschen Reiches in ein (föderiertes) Westdeutschland und ein (preußisches) Ostdeutschland vor, wobei die Elbe den Grenzverlauf abgeben sollte. Westdeutschland und Ostdeutschland würden dann im Verein mit Österreich einen Dreierbund bilden, wobei sich die Grenzländer Schweiz, Belgien und Holland an Westdeutschland, Polen an Ostdeutschland und Ungarn an Österreich anschließen sollten. Diesen föderativen Körper, der nicht als einheitlicher Staat gedacht war, wollte Frantz den Mitteleuropäischen Bund nennen. Er meinte, daß dieses Zentraleuropa politisch, wirtschaftlich und militärisch stark genug sein würde, um sich im Kriegsfall gegen die übrigen europäischen Großmächte wehren zu können. Frantz pries diesen Bund als Friedensgaranten, und er verstand ihn nicht zuletzt als gegen den überbordenden Militarismus des preußisch geführten Deutschen Reiches gerichtet. Diese Mitteleuropa-Konzeption wurde unter imperialen Vorzeichen während des Ersten Weltkriegs von Friedrich Naumann aufgegriffen und ausgebaut. Von größerem Interesse als die Phantasie von diesem Zentraleuropa ist in unserem Zusammenhang, daß Frantz wie Nietzsche glaubte, mit der europäischen (beziehungsweise mitteleuropäischen) Einheit werde das Thema Judentum als Problem vom Tisch sein. Im Gegensatz zu Nietzsche war Frantz ein rabiater Antisemit im Stil des späten 19. Jahrhunderts. Er ging von einer Dominanz jüdischer Wirtschaftsmacht in den Einzelstaaten aus, einer Vorherrschaft, der – so wünschte er es – das Judentum jedoch verlustig gehen werde, sobald die Länder sich zu größeren Blöcken zusammenschlössen. Wie sein ganzes Konzept basierte auch diese These auf haltlosen Unterstellungen.

II.

Nietzsches Überzeugtsein von der sich anbahnenden Unifikation Europas hat sicher beflügelnd gewirkt auf die wenigen Schriftsteller, die sich zur Zeit des Fin de siècle für die europäische Einheit engagierten. Seine Idee vom »guten Europäer« hingegen, diesem Abziehbild des herrischheroischen Imperialismus der Zeit, fand ein unterschiedliches Echo. Die Europa-Reflexionen der Jahre zwischen 1900 und 1914 sind zum Teil gegen die Auffassung vom »guten Europäer« angeschrieben, ihr teilweise aber auch verpflichtet. Nietzsches Kulturkritik hat, allgemein gesehen, Spuren in der zeitgenösssischen deutschen Literatur hinterlassen.

Der deutsche Reichsnationalismus trat, wie Hans Ulrich Wehler zeigt, am Ende der Bismarck-Ära in die Phase seiner vollen Ausbildung. Vor diesem Nationalismus, der Kolonialismus und Imperialismus in sich begriff, war allerdings der größte Teil der Schriftsteller bis zum Ausbruch des Ersten Weltkriegs gefeit. Man lebte, wie unter anderem Heinrich Mann sich später erinnerte, bereits faktisch das Leben eines europäischen Kosmopoliten. Trotz des nationalistischen Dampfes, den zahllose Gazetten täglich in ganz Europa abließen und damit die Gehirne der Diederich-Heßling-Generation einnebelten, waren der Kommunikation zwischen den europäischen Intellektuellen viel weniger Schranken gesetzt als in den Jahrzehnten nach dem Krieg. Mann berichtete darüber: »Vor 1914 reiste man ohne Paß von der atlantischen Küste bis an das Schwarze Meer, von Skandinavien nach Sizilien [...]. Überall war man etwas mehr als ein Zugelassener; sich in ein Volk zu mischen, stand jedem frei, und den jeweiligen Staat konnte man übersehen. Eine Vorbedingung des geeinten Europa war erfüllt, unsere private Unabhängigkeit von Landesgrenzen« (546 f.).

Ähnliches kann man den *Erinnerungen eines Europäers*, Stefan Zweigs *Die Welt von Gestern*, entnehmen. »Nie habe ich unsere alte Erde *mehr* geliebt«, bekannte er, »als in diesen letzten Jahren vor dem Ersten Weltkrieg, nie *mehr* an seine Zukunft geglaubt als in dieser Zeit, da wir meinten, eine neue Morgenröte zu erblicken« (144). »Nie war Europa stärker, reicher, schöner«, fuhr er fort, »nie glaubte es inniger an eine noch bessere Zukunft« (145). Der europäische Patriotismus, den Saint-Simon 100 Jahre zuvor als Rufer in der Wüste gefordert hatte, stand Zweig zufolge vor 1914 in der besten Entwicklung begriffen. »Zum erstenmal«, so hielt er fest, war »ein europäisches Gemeinschaftsgefühl, ein europäisches Nationalbewußtsein im Werden«, und nicht zuletzt die Technik schien das Zusammenwachsen der Völker zu beschleunigen. »Wie sinnlos«, erinnerte sich Zweig damaliger Diskussionen, »diese Grenzen, wenn sie jedes Flugzeug spielhaft leicht überschwingt« (147). Der Autor verschwieg nicht die Schattenseite der Epoche, den Kolonialismus. Die »Gier nach Expansion« sei von einer »bazillischen Ansteckung« gewesen, und sie habe sich in der Forderung nach immer mehr Kolonien ausgedrückt (148).

Europa hatte damals, ohne daß man sich dessen bewußt war, den Zenit seiner Macht erreicht. Der Globus war zu 85 Prozent von europäischen Ländern beherrscht, und in Europa selbst waren die Zuwachsraten in Industrie und Wirtschaft höher als je zuvor. Damit ging eine explosionsartige Vergrößerung der Metropolen und Großstädte einher. Beides stand in engster Wechselwirkung mit einer Forschung in den Naturwissenschaften, die auf ungeahnte Weise beschleunigt wurde. Französische Schriftsteller wie Jules Romains, Georges Duhamel, René Arcos, Jean Richard Bloch und – vor allem – Romain Rolland, mit denen Zweig damals Bekanntschaft pflegte, seien »jedem engen Nationalismus und aggressiven Imperialismus« abhold gewesen (149). Das war in Deutschland nicht anders. Allerdings machte sich hier nach der Jahrhundertwende innerhalb der literarischen Intelligenz eine europakritische Stimmung beziehungsweise eine allgemeine Skepsis gegenüber westlichen Normen und Wertvorstellungen breit. Diese Kritik speiste sich jedoch nicht aus nationalistisch-imperialistischen, sondern aus kosmopolitisch-geistigen Quellen. Der Wissenschaftsgläubigkeit, der Selbstgefälligkeit, der rassistischen Überheblichkeit, der Kolonialideologie, der zunehmenden Hektik, dem atemlosen Betrieb im Alltagsleben, der wachsenden Veräußerlichung des kulturellen Lebens standen eine Reihe von Autoren mit einer immer deutlicher werdenden Ablehnung gegenüber. Während der zweiten Hälfte des 19. Jahrhunderts (besonders in den Jahren nach der Revolution von 1848) hatte Amerika die Phantasie europakritischer Geister beschäftigt. Entsprechend hoch waren damals die Auswanderungszahlen gewesen. Das änderte sich mit der Jahrhundertwende. Europa war, was seinen Lebensstil betraf, selbst dabei, sich zu amerikanisieren. Schon Nietzsche hatte diese Veränderung wahrgenommen. Zur Auswanderung in die USA bestand beim europäischen Arbeitskräftebedarf wenig Anlaß. So war die Zahl derjenigen gering, die Westeuropa einschließlich Deutschland um die Jahrhundertwende verließen. Auch viele Osteuropäer zogen die innereuropäische Migration der Emigration in die Neue Welt vor. Da die Vereinigten

Staaten mit so viel prosaischer Realität besetzt waren, daß sie für Phantasie und Utopie, für Alternativen, Projektionen und Wunschträume kaum noch Raum ließen, mußte als Palliativ gegen das Unbehagen in der europäischen Kultur wieder einmal der geheimnisumwitterte Ferne Osten herhalten. Christiane Günther hat die Wendung der Schriftsteller hin zur altchinesischen und altindischen Weisheit dokumentiert. Wichtige Vertreter dieser kulturkritischen Richtung, deren Einfluß auf das damalige Lesepublikum nicht zu unterschätzen ist, waren Hermann Hesse, Max Dauthendey, Hermann Graf Keyserling, Waldemar Bonsels, Rudolf Kassner, Alfons Paquet, Bernhard Kellermann und Elisabeth von Heyking. Anders als den romantischen Asien-Enthusiasten genau 100 Jahre zuvor ging es ihnen nicht um die Suche nach einem »Anfang« und »Ursprung« der Menschheitskultur, auch nicht um das Philologeninteresse an der Entdeckung einer Ursprache. Im Gegensatz zu Friedrich Schlegel packten sie tatsächlich ihre Koffer und nahmen die Strapazen langer Reisen in den fernen Kontinent auf sich. Sie besuchten Asien, um beim Kennenlernen von Land und Leuten dem Uneuropäischen, vielversprechend Fremden, all jenem auf die Spur zu kommen, was die europäische Kultur bereits verloren oder auch nie besessen hatte. Zu unterscheiden bei diesen Exkursionen sind drei Hauptmotive: ein abenteuerlich-libertinistisches, ein spiritualistisches und ein primitivistisches. Den zahlreichen Reiseberichten als Frucht dieser Ausflüge kann man die jeweils unterschiedliche Verflechtung beziehungsweise Gewichtung dieser Motivationen entnehmen.

Auch zu Hause gebliebene Dichter wie Hugo von Hofmannsthal, Alfred Döblin und Albert Ehrenstein erreichte die frohe Botschaft vom alternativen Leben in China und Indien. Sie versorgten sich in den ihnen zugänglichen Bibliotheken und Buchhandlungen mit einschlägiger Literatur, um den kulturellen Orientexpreß nicht zu verpassen. Günther weist darauf hin, wie in den 15 Jahren vor dem Ersten Weltkrieg eine Buddhismuswelle über Deutschland hinwegschwappte, die eigentlich jeden am geistigen Leben Beteiligten mit ostasiatischer Weisheit benetzte. Das führte dazu – ein Novum im Leseverhalten der Deutschen – , daß die Übertragungen der chinesischen Klassiker vorüber-

gehend zu Bestsellern wurden. (Der erfolgreichste Übersetzer war Richard Wilhelm.) Die meisten Autoren ver-
fuhren bei ihren interkulturellen Vergleichen kontrastiv:
Dem materialistischen, moralisch degenerierten, aggressiven, faustisch-ruhelosen, geistig armen, desorientierten
und oberflächlichen Europa wurden die Geistigkeit, die
Religiosität, die Gewaltlosigkeit, die Harmonie, der mytho-
logische Reichtum, die kulturelle Ganzheit und die tief
innerliche Weisheit Asiens entgegengesetzt – so etwa bei
Keyserling und Hesse. Bei solchen Gegenüberstellungen,
die für Europäer etwas Entmutigendes hätten haben können, sollte es aber nicht bleiben. Hesse und Keyserling
fühlten ihren pädagogischen Eros angesprochen und setzten sich für eine Kultursynthese von West und Ost ein:
Europa müsse von Altasien lernen. Als Vorbild für die erfolgreiche Legierung asiatischen und europäischen Denkens führte Hesse das Werk Wilhelms vor, und sicher verstand er seine Arbeiten damals selbst im Sinne der an-
gestrebten Synthese. Wohlgemerkt war an eine Synthese,
nicht an eine bloße Übernahme, Imitation, Kopie asiatischen Denkens und Verhaltens gedacht. Auf das europäische Erbe sollte nicht verzichtet werden; es würde sich im
Gegenteil mittels asiatischer Spiritualisierung und Innerlichkeit erst recht entfalten. Keyserling richtete sogar eine
Schule der Weisheit in Darmstadt ein, um den fernöstlich
orientierten Zukunftseuropäer heranbilden zu können.
Über die Art seiner subjektiven, projektiven und enthusiastischen Aneignung indischer und chinesischer Weisheit
berichtet vor allem sein *Reisetagebuch eines Philosophen*. Es
war die Frucht einer Weltreise Keyserlings in den Jahren
1911 bis 1913 und erschien erstmals 1919.

Dem Scharfblick der literarischen Asientouristen war allerdings nicht entgangen, daß auch dieser Kontinent nicht
mehr das vorstellte, was er ihrer Meinung nach in der
Vergangenheit einmal gewesen war und nach wie vor hätte
sein sollen. Verwestlichung, Verrohung, Pragmatismus, Geschäftemacherei und Korruption waren auch den Asiaten
nicht fremd. Hinzu kamen die Veränderungen auf dem
Gebiet der internationalen Politik. Paquet erkannte nach
dem russisch-japanischen Krieg von 1905 die politische
Macht eines asiatischen Landes wie Japan, und er wies auf

das Reich des Tenno als wichtigen Faktor der Weltpolitik hin. Der Bedeutung Japans war man sich in deutschen Regierungskreisen schon seit etlichen Jahren bewußt, und so pflegte das Kaiserreich gute Beziehungen zum fernen Nippon, wie bei Yoshio Koshina und Teruaki Takahashi nachzulesen ist. Schwierigkeiten hingegen hatte Kaiser Wilhelm II. mit China. Er ließ keine Gelegenheit zur Konfrontation mit dem geschwächten Riesenreich ungenutzt, und um eventuelle koloniale Eroberungsfeldzüge dort als notwendige Präventivschläge ausgeben zu können, setzte er die Mär von der »gelben Gefahr« in die Welt. Allein schon diese Bezeichnung war unsinnig, denn sie signalisierte eine allgemeine Gefahr, die aus Asien drohe. Eine vage Angst vor Asien, die auch Nietzsche als Phobie vor dem Barbarischen, Unzivilisierten artikuliert hatte, war in Europa wohl schon immer seit den Zeiten der Völkerwanderung leicht zu evozieren. Mit Hesse und Keyserling ließ sich in dieser politischen Propaganda natürlich schlecht argumentieren, und Wilhelm II. drehte in seiner forschen Art den Spieß einfach um: Von Integrität und Weisheit sei bei den Chinesen nichts vorhanden, hingegen zeichneten sie sich durch Dummheit und Verschlagenheit aus. Heinz Gollwitzer berichtet, daß der Kaiser 1895 persönlich den Entwurf zum Gemälde »Völker Europas, wahret eure heiligsten Güter!« anfertigte. Die Idee dazu sei ihm nach dem Friedensschluß zwischen China und Japan vom Frühjahr 1895 gekommen. Damals habe der Kaiser befürchtet, daß durch den japanischen Einfluß in China die kombinierte Macht dieser beiden Reiche für Europa bedrohlich werden könnte. Die Zeichnung gab er dem von ihm geschätzten Maler Hermann Knackfuß, der seit 1880 Professor an der Kunstakademie in Kassel war und von dem der Kaiser bereits Gemälde mit historischen Themen erworben hatte. Knackfuß führte den allerhöchsten Auftrag 1896 getreu nach der Vorlage aus. Das Gemälde zeigt den Erzengel Michael, der eine Gruppe allegorischer Frauen führt. Die heroischen Damen, die aussehen, als hätte Richard Wagner ihnen die Kostüme entworfen, stellen die europäischen Nationen vor. Michael, Schutzpatron der Deutschen, weist in eine arkadische Landschaft, in deren fernem Hintergrund eine Stadt brennt. Der Rauch über den Flammen bildet die Form eines Drachen, und über dem Bild der Zerstörung wird eine kleine Buddhastatue sichtbar. Der wodanisierte Michael, der so entschlossen in die Ferne blickt wie Wilhelm II. auf seinen Repräsentationsporträts, geriert sich als Retter des Abendlandes vor dem asiatischen Ungeheuer. Daß solch politischer Kitsch in zahllosen Postkartenreproduktionen verbreitet wurde, dafür sorgten kaiserliche Hoheit persönlich.

Ging es um die Verbreitung jener fixen Idee von der »gelben Gefahr«, entwickelte Wilhelm II. erstaunliches Beharrungsvermögen und eine lebhafte Phantasie. Weniger ansprechend fand er dagegen so weitgreifende wie gleichzeitig naheliegende Pläne über eine europäische Wirtschaftsgemeinschaft, wie sie ihm von Max Waechter, einem englischen Großindustriellen deutscher Herkunft, 1909 vorgetragen wurden. Carl Pegg berichtet, wie Waechter die Gefahren des Rüstungswettlaufs erkannte. (Gordon Craig weist nach, daß sich die Aufrüstung in den europäischen Staaten seit 1908 in ungeahntem Maße beschleunigte.) Waechter sah voraus, daß die zunehmende Militarisierung der europäischen Länder zum kontinentalen Krieg führen müsse, daß er die Wirtschaftskraft dieser Staaten schwächen und ihre moralische Stellung in der Welt unterminieren werde. Wie Frantz ein halbes Jahrhundert zuvor, schlug auch Waechter eine enge Zusammenarbeit zwischen England und Deutschland vor. Anders aber als Frantz wollte Waechter es bei dieser Allianz nicht belassen; sie sollte vielmehr den Kern für eine große europäische Föderation abgeben. Ähnlich wie in den zwanziger Jahren der luxemburgische Industrielle Emile Mayrisch besprach Waechter sich mit zahlreichen Führungskräften in Wirtschaft und Finanz. Mitte Mai 1909 veranstaltete er den internationalen Kongreß für eine europäische Föderation, bei der der italienische Prinz Cassano die Eröffnungsrede mit dem Titel »La federazione europea« hielt. Anfang 1914 gründete Waechter eine European Unity League mit dem Hauptquartier in London. Sie hatte sich die Einigung des Kontinents auf ökonomischer Basis zum Ziel gesetzt. Auf solchen vorbereitenden Konferenzen wurden die Grundlagen zu vergleichbaren Einigungsbestrebungen zehn Jahre später nach dem Ende des Krieges gelegt.

Jene Europa-Diskussionen, die gleichzeitig in Rußland und Spanien stattfanden, waren vom angelsächsischen Pragmatismus weit entfernt. In Rußland erschien 1909 unter dem Titel *Wegzeichen (Wechi)* ein Band, in dem die russische Intelligenz nach der gescheiterten Revolution von 1905/06 selbstkritisch Bilanz zog. Russische Intellektuelle wie Nikolai Berdjajew, Sergei Bulgakow, Pjotr Struwe und Semjon Frank nahmen sich – wie Karl Schlögel nachweist – die geschichtlichen Transformationen Westeuropas zum Vorbild, priesen den bürgerlichen Rechtsstaat und forderten eine Intelligenz, die zwischen der europäischen Zivilisation und der russischen Religiosität vermitteln könnte. Zu ihrer Zeit blieb dieser Appell wirkungslos. Auch auf der Iberischen Halbinsel war damals eine Diskussion darüber in Gang gekommen, ob Spanien seine kulturelle Isolation aufgeben und sich der mittel- und westeuropäischen Zivilisation zuwenden sollte. Martin Franzbach hat dieses Problem der sogenannten Generation von 1898 zum Gegenstand einer Studie gemacht und ihre Fragen und Antworten dokumentiert. In dieser Debatte wurde immer von Spanien und Europa gesprochen, als ob dies zwei verschiedene, von Hause aus sich fremd gegenüberstehende Kulturbereiche seien. Der Südwesten Europas hatte die rasante Industrialisierung vieler anderer europäischer Staaten nicht mitgemacht, und so erhielten sich dort länger als anderswo ältere soziale Strukturen, religiöse und weltanschauliche Vorstellungen. Den wirtschaftlichen wie intellektuellen Anschluß an das übrige Europa suchte in Spanien vor allem die Institución Libre de Enseñanza zu betreiben. Sie war darin erfolgreich, und die zweite Republik von 1931 wird allgemein als das Resultat ihrer Arbeit betrachtet. Innerhalb der Diskussion zeichneten sich verschiedene Gruppen ab: die Antieuropäer, die gerne alles beim alten gelassen hätten; Europa-Sympathisanten, die zwar die industrielle Revolution bejahten, ansonsten aber soviel wie nur irgend möglich von der überlieferten spanischen Kultur erhalten sehen wollten; schließlich die ausgesprochenen Europa-Anhänger, die über die ökonomischen Aspekte hinaus auch eine religiöse und philosophische Europäisierung ihres Landes anstrebten. Den Europa-Sympathisanten gehörte Joaquín Costa an, der den Begriff der »regeneración«, der Wiederbelebung Spaniens, in die Diskussion gebracht hatte. Miguel de Unamuno gesellte sich zunächst während der neunziger Jahre den entschiedenen Europa-Anhängern zu, vollzog jedoch kurz nach der Jahrhundertwende eine Kehrtwendung, um nun zu den konservativen Bewahrern einer eigenen spanischen Identität zu zählen; er plädierte für den spanischen Sonderweg. Unamuno hielt jetzt das spanische Volk für das religiöseste Europas und glaubte, daß die spanische Kultur – anders als die des übrigen Europas – für die universal-menschheitlichen Werte einstehe. Letzteres hatten die deutschen Romantiker gerade für die europäische Kultur insgesamt reklamiert. Wegen der postulierten Überlegenheit der spanischen Kultur über die europäische wollte Unamuno von einer Europäisierung Spaniens nichts mehr wissen, strebte vielmehr eine Hispanisierung Europas an. Die Skala der Differenzen zwischen Spanien und Europa, wie Unamuno sie aufstellte, erinnerte zum einen stark an die kulturellen Unterschiede, die Autoren wie Hesse und Keyserling zur gleichen Zeit zwischen Asien und Europa behaupteten, zum anderen aber auch an die Gegensätze zwischen Frankreich und Deutschland, wie sie für die romantische Kulturkomparatistik von Madame de Staël bezeichnend gewesen waren und wie sie während des Ersten Weltkriegs von Thomas Mann mit seiner Entgegensetzung von französischer Zivilisation und deutscher Kultur auf modifizierte Weise wiederholt werden sollten. Nach Franzbach galt für Unamuno folgendes Schema: Mit Spanien verband er Alter, Weisheit, Leidenschaft, Gefühl, Willkür, Seele, Herz, Erleuchtung, Wissen um den Tod, Innerlichkeit, Tiefe, Aufrüttelndes, Gewissen; mit Europa hingegen Moderne, Fortschritt, Wissenschaft, Vernunft, Überlegung, Logik, Geometrie, Cartesianismus, Orthodoxie, Wissenschaft vom Leben, Oberflächlichkeit, Vorurteile, Vordergründiges und Gewissenlosigkeit. Bei der kulturellen Ortsbestimmung Spaniens spielte die Europa-Kritik Unamunos auch in den folgenden Jahrzehnten eine zentrale Rolle.

Die differenzierteste – wenn damals auch nicht sehr publikumswirksame – Europa-Debatte der Vorkriegszeit fand in Frankreich statt, und zwar sowohl auf dem Sektor der Wirtschaftswissenschaften wie auf dem Gebiet der Literatur. Im Jahre 1900 rief, wie Pegg referiert, die Pariser Ecole

Libre des Sciences Politiques eine sozialwissenschaftliche Konferenz ein, deren erstes und wichtigstes Thema die Europa-Föderation war. Hier wurde herausgestellt, daß für die angestrebte europäische Union die Bezeichnung »Föderation« zutreffender als »Vereinigte Staaten« sein werde. Auch Aspekte der Organisation, der geographischen Größe und der wirtschaftlichen Integration im Sinne eines Zollvereins wurden besprochen. Ferner berührte man die seit je schwer zu beantwortenden Fragen nach der Zugehörigkeit Englands und Rußlands zur künftigen Union. Ein Jahr nach dieser Konferenz, doch unabhängig von ihr, gründete Adrien Mithouard die Kulturzeitschrift *L'Occident*, die Wolfgang Sachsenröder analysiert hat. *L'Occident* war die Vorläuferin der 1909, also acht Jahre später, gegründeten *Nouvelle revue française* und wurde von André Gide deren Schwester genannt. Als Kulturphilosoph machte sich Mithouard einen Namen durch diese Zeitschrift, in der er seine Theorie des Abendlandes vertrat. Der breiteren Öffentlichkeit wurde er bekannt, als er in den vier Kriegsjahren das Amt des Bürgermeisters von Paris innehatte. Beiträger des Blattes waren unter anderem Gide, Maurice Barrès, Jacques Rivière und Charles Maurras sowie die katholisch orientierten Autoren Paul Claudel, Charles Péguy und Francis Jammes. Die Auflage der so kleinen wie feinen Zeitschrift wird auf etwa 300 geschätzt; bei Beginn des Krieges stellte sie ihr Erscheinen ein. Wie später die *Nouvelle revue française* war auch *L'Occident* kosmopolitisch-europäisch eingestellt, ohne den Europa-Gedanken in konkreter Form (etwa mit Diskussionen über eine zukünftige Einheit) zu befördern. Auch Mithouards Theorie des Abendlandes war recht allgemein gehalten. Der Autor schwärmte von einer mittelalterlich-abendländischen Klassik, deren sinnfälligstes ästhetisches Paradigma die gotische Kathedrale (selbstverständlich französischer Bauart) gewesen sei. Offenbar wirkten hier Reflexionen über die Kathedrale als Symbol der mediävalen Epoche nach, wie Hugo sie in *Notre Dame de Paris* angestellt hatte. Die gotische Kathedrale verkörperte nach Mithouard als steingewordene Logik den abendländischen Geist, die europäische Ordnungsidee. Der neuromantische Autor wünschte sich für das Europa der Gegenwart eine Rückkehr zu den in der Kathedrale offenbar gewordenen Prinzipien der Logik und Ordnung. Das waren kulturkonservative Vorstellungen, die ohne große Resonanz blieben.

Als wirkungsmächtiger erwiesen sich, was den Europa-Gedanken betraf, Werk und Leben von Romain Rolland. Er hatte zwischen 1904 und 1912 in Fortsetzungen den Romanzyklus *Jean-Christophe* in der kleinen, seinerzeit noch unbekannten, aber nichtsdestoweniger bedeutenden literarisch-politischen Halbmonatsschrift *Cahiers de la Quinzaine* veröffentlicht, die von Péguy herausgegeben wurde. Der Idee eines europäischen Vaterlandes suchte Rolland, wie auch Henry Remak herausstellt, in diesem umfangreichen Werk literarisch Gestalt zu geben. Die Romantrilogie ist ein Entwicklungsroman, in dessen Mittelpunkt das Leben des deutschen Musikers Johann-Christoph Krafft steht. Gleich wichtig und gewichtig ist die Freundschaft des Deutschen mit dem Franzosen Olivier Jeannin, soll sie doch die erwünschte deutsch-französische Allianz symbolisieren. Die Handlung spielt in Deutschland, Frankreich und – nicht zuletzt – Italien. Diese drei Länder machten Europa in der Vorstellungswelt Rollands aus, der zu Staaten wie England und Rußland keine enge Beziehung hatte. Neben der Handlung als solcher enthält das Riesenwerk zahlreiche Betrachtungen kulturkritischer Art. Erst zwischen 1914 und 1917 erschien eine Übersetzung des Buches in Deutschland.

Vor dem Krieg aber hatte bereits ein Geistesverwandter Rollands, Ernst Stadler, auf den Roman hingewiesen, und zwar in den *Weißen Blättern*, die herausgegeben wurden von Stadlers Freund René Schickele, der ebenfalls der Ideenwelt Rollands nahestand. Wie Schickele war Stadler Elsässer und gleichzeitig ein überzeugter Europäer, der seinem europäischen Patriotismus nicht nur mit literarischen Arbeiten, sondern auch durch seine Lebenspraxis Ausdruck verlieh. Studiert hatte Stadler in München und Straßburg, wo er über Gottfried von Straßburg promovierte. Er war Rhodes Scholar in Oxford und habilitierte sich 1908 mit einer Arbeit über die Shakespeare-Übersetzungen Christoph Martin Wielands, dessen Berliner Ausgabe in drei Bänden er zwischen 1909 und 1911 betreute. Seit 1910 lehrte er Germanistik an der Université Libre in Brüssel. Ein halbes Jahr vor Ausbruch des Krieges, dessen frühes Opfer er 1914 werden sollte und dessen Sinnlosigkeit für ihn von vornherein feststand, stellte der Autor die deutsch-französische Verständigung in den Vordergrund seiner Rezension über Rollands Trilogie. Er resümierte:»Und so darf das Buch, das in seiner geistigen Tendenz das europäischste ist, das seit langem aus Frankreich hervorgegangen, ausklingen in eine Zukunftsmusik der endlichen Versöhnung zwischen Deutschland und Frankreich.« Mit einem vermächtnishaft lautenden Zitat aus *Jean-Christophe* beschloß Stadler die Besprechung: »Wir sind die beiden Flügel des Occidents. Wer den einen bricht, bricht auch den des anderen. Mag der Krieg kommen! Er wird nicht unsern treuen Handschlag trennen und den Aufstieg unseres brüderlichen Geistes« (172). Der zentrale Aspekt der deutsch-französischen Freundschaft, wie er in dieser Romantrilogie gestaltet ist, wurde später in einer Rede über Rolland auch von Schickele hervorgehoben. Der »revolutionäre Idealismus« des Franzosen und der »schöngeistige Idealismus« des Deutschen werden in diesem »europäischen Werk« als »Synthese« vorgeführt (693 f.). Schickele stellte die paradoxe Situation heraus, die sich ergab durch den plötzlichen Welterfolg von Rollands Frieden und Versöhnung predigendem Buch und dem darauf folgenden Kriegsausbruch. »Die französische Akademie hatte den fertigen *Johann Christof* preisgekrönt«, schrieb Schickele, »in allen Sprachen tönte Rollands Namen. Und dann war Krieg« (697). Auch Ernst Robert Curtius betonte den Aspekt gallo-germanischer Kooperation in seiner erstmals 1918 erschienenen Analyse des Romans. Rollands Glaube an die Idee Europa habe ihren Grund im zwar erschütterbaren, aber nicht zerstörbaren Vertrauen auf die moralische Solidarität von Deutschland und Frankreich gehabt. Wie gefährdet die Beziehung der beiden Länder ständig sei, habe der Autor durch die Einführung von Olivier Jeannins Sohn in die Romanhandlung verdeutlicht. Dieser Sohn sei der Typus der um 1890 geborenen Generation, die sich durch Antiintellektualismus auszeichne und in Scharen der nationalistischen Action Française zuströme. Wie sehr Rolland sich der Fragilität eines Bündnisses zwischen den beiden Ländern bewußt war, wird auch von Helene Kastinger Riley betont, die darauf hinweist, daß Rolland im letzten Band (1912) von *Jean-Christophe* die herannahende

Katastrophe des großen europäischen Krieges voraussagte. In seiner *Welt von Gestern* erinnerte Zweig sich der Begegnung mit Rolland. Er notierte dort: »Wir sprachen über ‚Jean-Christophe'. Rolland erklärte mir, er habe versucht, damit eine dreifache Pflicht zu erfüllen, seinen Dank an die Musik, sein Bekenntnis zur europäischen Einheit und einen Aufruf an die Völker zur Besinnung« (152). In der deutschsprachigen Literatur fand diese Art des Bildungsromans, wie er in *Jean-Christophe* vorlag, eine Nachfolge in *Fortunat*, dem 1946 erschienenen Roman des Elsässers Otto Flake. Auch dieses Buch handelt von französischen und deutschen Schicksalen, und auch dieser Roman weist, wie Max Rychner betonte, repräsentative europäische Züge auf.

III.

Die erste Lieferung von Rollands *Jean-Christophe* war 1904 erschienen, als ein deutscher Schriftsteller im Jahr darauf einen Essay verfaßte, der das gleiche Thema behandelte: die deutsch-französische Versöhnung im Hinblick auf die Konstruktion eines vereinigten Europas. Dieser Aufsatz mit dem Titel »Deutschland und Frankreich. Historisch-politische Meditationen« stammte aus der Feder eines Schriftstellers, von dem man eine solche Geste zuallerletzt erwartet hätte. Ernst von Wildenbruch, der Verfasser des Essays, galt als national-patriotisch und hohenzollerisch gesinnt bis auf die Knochen. Er war der Sohn eines preußischen Generalkonsuls, machte seine Offizierslaufbahn (1870/71 war er aktiver Kriegsteilnehmer) und trat als Legationsrat 1877 in den Dienst des deutschen Auswärtigen Amtes. Aber er hatte in Berlin das Französische Gymnasium besucht, und die Absolventen dieser Anstalt sind offenbar für den europäischen Kosmopolitismus nie ganz verloren. Seine Laufbahn als Dichter ist ohne die patriotischen Gedichte und Dramen nicht denkbar. Seinen Versen gab er Titel wie *Vionville* oder *Sedan*, und sie wurden bei den alljährlichen vaterländischen Sedansfeiern am 2. September von den Schulkindern zur Erbauung rezitiert. (In seinen Novellen zeigte Wildenbruch größeres Können und eine geringere Fixierung auf patriotische Themen.) Sein Reichsnationalismus zahlte sich aus. Er wurde als Dramatiker ein Liebling des Publikums; seine historischen Dramen, die in ihrem Tonfall Friedrich Schiller nachahmten, waren große Bühnenerfolge, besonders in Berlin. Zweimal erhielt er für seine von nationalem Pathos durchdröhnten Stücke wie *Die Karolinger*, *Die Quitzows* oder *Die Rabensteinerin* den Schiller-, einmal den Grillparzer-Preis. Niemand hätte von diesem Sedanpoeten ein Plädoyer für die deutsch-französische Verständigung erwartet, und tatsächlich wollte 1905 auch kein deutsches Blatt den Artikel publizieren. Erst nach seinem Tode erschien er 1909 in der Berliner Zeitschrift *Das deutsche Volk* und gleichzeitig auf französisch in dem Pariser Journal *Revue du moi*.

Die Vorwürfe gegen Frankreich, wie Wolfgang Menzel sie nahezu 70 Jahre zuvor erhoben hatte, daß nämlich die französische Außenpolitik nichts anderes im Sinne habe, als Deutschland zu schwächen, damit Frankreich Annektionen vornehmen könne, waren vor und nach der Reichsgründung nicht verstummt. Wildenbruch wandte sich gegen sie und suchte die Schuld für französische Aggressionen seit Richelieu bei den Deutschen selbst. Er gab zu bedenken, »daß der günstige Stand der Dinge links vom Rhein ganz wesentlich auf die traurige Lage des Landes rechts vom Rheine zurückzuführen« gewesen sei: »Die Kraft und Größe Frankreichs« stehe seit eh und je »in unmittelbarem Zusammenhange mit der Schwäche Deutschlands.« »Beinah groteske Formen« hätte dieses Verhältnis »unter Napoleon I.« angenommen, »für den Deutschland, dessen Fürsten er wie Kartenkönige gegeneinander ausspielte, eigentlich nur noch die große ,Entschädigungsmasse'« gewesen sei, »an der er sich selbst schadlos hielt, wenn er Einbußen erlitten hatte« (376). Den Grund für die den Nachbarstaat geradezu provozierende Schwäche Deutschlands sah Wildenbruch »in der Natur des Deutschen«, »in seiner Eigenwilligkeit, seiner Stammeseifersüchtelei, seinem Mangel an Temperament, seiner Neigung zur Rechthaberei und religiös-konfessionellen Verbitterung«, Fehler, die »niemand in Abrede stellen« könne (377). Wildenbruchs Versöhnungsgeste war aufrichtig gemeint, blieb damals aber ohne nennenswerte Wirkung. Er beschrieb das Verhältnis der Deutschen zu Frankreich so: »Im Herzen der Deutschen wohnt kein Groll mehr gegen Frankreich. Im Gegenteil: die Unbilden, die sie von drüben erlitten, sind ihnen zu einem historischen Bewußtsein geworden, werden aber nicht mehr gefühlt. Wach dagegen und lebendig ist in den deutschen Herzen die Erinnerung an die befruchtenden Gaben geblieben, die ihnen, wie der Menschheit überhaupt, von Frankreich zuteil geworden sind. Niemals hat Deutschland vergessen, noch wird es vergessen, was es dem französischen Geiste verdankt; immer wird sich das Land der Reformation innerlich mit dem Lande verwandt fühlen, aus dessen großer Revolution die moderne Welt geboren wurde, und das jetzt mit unversieglicher Seelenkraft die große Auseinandersetzung zwischen Staat und Kirche durchführt« (381 f.). Hier reihte Wildenbruch sich – so überraschend das auch für seine Zeitgenossen klingen mochte – ein in die Reihe jener deutschen Schriftsteller wie Börne, Heine und Ruge, die Frankreich wegen seiner revolutionären, liberalen und laizistischen Errungenschaften bewundert hatten. Vielleicht beeinflußt durch Nietzsche-Lektüre, vielleicht auch als Antwort auf parallele Bemühungen in England und Frankreich, ließ Wildenbruch seine Meditationen gipfeln in der Forderung nach dem vereinigten Europa. Er dachte dabei wie vor ihm Hugo 1842 und nach ihm Coudenhove-Kalergi 1923 an die kontinentale Lösung, das heißt an ein vereinigtes Europa ohne England und Rußland, an eine Union, deren Kern Deutschland und Frankreich ausmachen werde. Wildenbruch schrieb dazu: »Wer die Witterung für neue, allmählich sich gestaltende Welt-Konstellationen in sich trägt, dem kann es nicht entgehen, daß in unserer, nicht mehr nach binnenländischen, sondern nach ozeanischen Maßstäben rechnenden Zeit eine neue, große Gestaltung Europas, die man als ,die Vereinigten Kontinentalstaaten von Europa' bezeichnen kann und schon bezeichnet hat, im langsamen, aber unabweislichen Werden ist. Noch ist nicht abzusehn, wann und in welcher Form dies mächtige Gebilde Leben gewinnen wird. Soviel aber läßt sich schon jetzt mit Bestimmtheit sagen, daß, wenn es einmal zustande kommt, der Weltfriede und damit die Menschheitskultur eine noch nie dagewesene Förderung erfahren wird. Mittelpunkt und Ferment dieses von gewaltigen, überseeischen Mächten umlagerten europäischen Kontinents zu werden, dazu sind Frankreich und Deutschland nicht nur berufen, sondern durch überwältigende Gründe geradezu gezwungen. Dazu ist es nötig, daß sie Freunde werden, daß sie sich vereinigen. [...] Eine ungeheuere Verantwortung liegt auf der heutigen Generation beider Länder. Wird sie ihre Aufgabe begreifen? Wird sie ihr handelnd gerecht werden? Wer noch an das Wachsen und Zunehmen der heiligen Vernunft in Menschenseelen glaubt, kann auf die Frage nicht anders antworten, als mit ‚ja'!« (382)

Bevor der von Wildenbruch herbeigesehnte Weltfriede eintrete, müsse, so meinte Alfons Paquet, mit dem großen europäischen Krieg gerechnet werden. Der bereits erwähnte Paquet stammte aus Wiesbaden und hatte als junger Mann eine kaufmännische Ausbildung in London absolviert. Die Arbeit in Handel und Industrie sprach seine Talente nicht an. So kehrte er dem Kontor den Rücken und gab seinen Neigungen nach, dem Reisen und dem Schriftstellern. Paquet lernte fast alle europäischen Staaten kennen und unternahm zudem ausgedehnte Fahrten durch Rußland inklusive Sibirien, Asien, den Vorderen Orient und Amerika. Bald gehörten seine Berichte über nahe und entfernte Länder zur beliebten Lektüre des deutschen Bürgertums. Wenige Monate vor Beginn des Krieges veröffentlichte er, worauf Guy Stern hinweist, 1914 in der Münchner Kulturzeitschrift *Der Neue Merkur* einen Beitrag mit dem Titel »Der Kaisergedanke«. Seit Schlegels Wiener Vorlesung *Über die neuere Geschichte* von 1810 war man in der Europa-Essayistik nur selten auf die Idee des mittelalterlichen Kaisertums zu sprechen gekommen. Schlegel hatte die Idee des »wahren Kaisertums« zu erneuern gesucht. Wie Novalis träumte er von der neuen Einheit Europas, und wie dieser schaute er sich in der europäischen Vergangenheit nach Modellen für die Zukunft um. Die beste Gewähr für die anzustrebende Unifikation hätte nach Schlegel eine politische Form abgegeben, die gleichzeitig die Einheit des Kontinents wie die Vielfalt der Nationen verkörpern würde.

Das mittelalterliche Heilige Römische Reich mit dem Kaiser an der Spitze schien dem romantischen Autor die von ihm gestellten Bedingungen zu erfüllen. Schlegels Mahnung, die historische Erfahrung, die mit dieser Regierungsform gewonnen worden sei, in Zukunft nutzbar zu machen,

hatte mit seiner Geschichtsfrömmigkeit, Mittelalter-Nostal-
gie und seiner Neuentdeckung des Christentums beziehungsweise des katholischen Denkens zu tun. Hinzu
kam, daß er seinem Arbeitgeber, dem frischgebackenen
österreichischen Kaiser, mit seinen historischen Überlegungen eine Legitimationshilfe anbot. Österreich nämlich verkörperte als Vielvölkerstaat im kleinen, was das ehemalige
Heilige Römische Reich im großen vorgestellt hatte. Zudem
fiel durch die Erinnerung an so große Habsburger wie
Karl V., die das römische Kaiseramt innegehabt hatten, ein
Abglanz auf den jetzigen Habsburger Franz I. Schlegels
Hoffnungen auf das wahre Kaisertum der Zukunft schlossen ja eine Rückkehr der Habsburger zum größeren Herr-
scheramt nicht aus, dessen Insignien sie noch immer verwalteten. Von vergleichbaren Motiven wurde Paquet nicht
im geringsten geleitet. Nicht Schlegel oder Novalis, sondern
Nietzsche stand bei dessen Essay Pate. Paquet hatte bei
seinen Reisen gesehen, daß die europäischen Länder den
Globus beherrschten. Offenbar war er mit den so eingerich-
teten Weltverhältnissen einverstanden, und alles, was sich
in dieser Hinsicht ändern könnte, empfand er als gefährliche Störung. Die Kaiseridee propagierte er, um die einzelnen europäischen Länder vor dem Verlust ihrer Kolonien
zu bewahren. Wie Nietzsche empfahl er, die »nationale
Idee« des »neunzehnten Jahrhunderts in Europa« (45) zu
überwinden im Hinblick auf die »Notwendigkeiten einer
gemeinsameren Einstellung des europäischen Imperialismus« (53). »Heute noch«, beschwor Paquet seine Leser,
werde »der größere Teil der Welt von Europa verwaltet«,
was sich aber ändern könne. Das »Bestreben des europäischen Imperialismus« müsse es sein, »diese Führung
aufrechtzuerhalten«. Das Ziel solle daher eine »Arbeits-
vereinigung des noch jetzt so unglücklich zerteilten europäischen Imperialismus« sein (54). Wohin der nationale
Egoismus der einzelnen Kolonialmächte führe, demonstrier-
te Paquet am Beispiel der Türkei. »Statt die Türkei«, klagte
er, »als ein gemeinsames Dominium zu besetzen«, erlaube
der »seiner Glieder nicht mächtige Imperialismus Europas
den Wiederaufbau des osmanischen Reiches nach seinem
Zusammenbruch« (55). Hier spielte Paquet wohl auf die
freundlichen Beziehungen zwischen dem Deutschen und

dem türkischen Reich an, wie sie sich seit der Orientfahrt Kaiser Wilhelms II. im Herbst 1898 entwickelt hatten. (Der Bau der Bagdadbahn war eines der Unternehmen, das die wirtschaftliche Infrastruktur der Türkei verbesserte, gleichzeitig aber auch für die deutsche Wirtschaft von Vorteil war.) Die »Torheiten« dieses unkoordinierten Imperialismus, warnte Paquet, würden noch – für ihn eine traumatische Vorstellung – zum »großen Befreiungskrieg der Kolonien« führen, zu einem Kampf, der sich in Gebieten, die von schwächeren Staaten wie Spanien, Portugal und Holland beherrscht wurden, schon abzeichne (56). »Selbständigkeitswünsche der Kolonien« waren nach Paquets Meinung bei »kleinen Mutterländern« leichter durchzusetzen als gegenüber »einem mächtigen Gesamtreich« (57). Wie bei Nietzsche wurde hier ein europäischer Chauvinismus propagiert und das europäische »Herrenvolk« aufgerufen, seine Kräfte nicht zu zersplittern, sondern zu bündeln, damit die vorhandenen Kolonien unterworfen bleiben würden und neue gebildet werden könnten. Paquet gebrauchte zwar nicht den Terminus »guter Europäer«, aber seinen Auslassungen lagen die gleichen Vorstellungen von europäischer Einheit als Voraussetzung der Weltherrschaft zugrunde. Dem »gemeinsamen Willen« der europäischen Nationen »wäre keine Macht der Erde gewachsen«, und so sei lediglich »die Formel« zu finden, »welche die jetzt führenden Staaten zunächst in allen neuen Fragen der Weltpolitik vereinigt« (56). Diese Formel sei der »Kaisergedanke«. Darüber, aus welcher Region des Kontinents der Kaiser Europas stammen sollte, ließ Paquet keinen Zweifel aufkommen. »Nach dem Verfall des alten heiligen Reiches« sei »Preußen zum Neuschöpfer des Kaisergedankens geworden« (60), und das preußische Deutschland sei es, das »die Verwirklichung der europäischen Idee auf dem Wege eines Einvernehmens mit den benachbarten Völkern des Slawentums und mit Frankreich« suche (61).

Paquet litt – wie viele seiner deutschen Zeitgenossen – unter Einkreisungsängsten und war sicher, daß die »nationale Selbstsucht« der deutschen Nachbarstaaten zu »künftigen Kriegen« führen werde (55). Im Gegensatz zu den friedlichen Absichten deutscher Europa-Politik seien die Kontinentalvorstellungen anderer europäischer Großmächte auf Krieg abgestellt. »Auch von Frankreich und Rußland«, behauptete Paquet, »gehen ja Ansätze aus, die in einer europäischen Idee münden«, doch sei »ihre Vorbedingung« die »Zertrümmerung Deutschlands« (61). Paquet hatte die Hoffnung auf eine friedliche Integration des Kontinents wohl schon aufgegeben. Das legen Wendungen wie jene von »den kriegerischen Verwicklungen, die erwartet werden«, ebenso nahe wie seine schroff angebotene Alternative, der zufolge »der europäische Gedanke wahr werde« entweder »nur durch ein führendes oder ein zertrümmertes Deutschland«. Mit den Gedanken, die er sich über den Ausgang des inaugurierten europäischen Krieges machte, sprach er den Deutschen für den Fall der Niederlage Mut zu. »Das bittere Opfer einer vollständigen Niederlage und politischen Vernichtung Deutschlands könnte«, so meinte er, »uns wohl die äußere Macht, um so weniger aber den entscheidenden Einfluß auf das geistige Leben Europas rauben.« Einen siegreichen Kriegsausgang aber betrachtete er als entscheidenden Schritt zur Einheit des Kontinents. »Der Preis eines deutschen Sieges«, prophezeite Paquet, »wäre weltbedeutend: ein Bündnis mit England und mit Frankreich für alle Zeiten und die ersehnte Ausdehnung nach Osten« (61). Wie weit diese östliche Expansion gehen sollte, wurde nicht weiter verdeutlicht. Der Hinweis klingt sehr nach einem Zugeständnis an alldeutsche Vorstellungen, die später von den Nationalsozialisten übernommen wurden. Das neue Europa sah Paquet in Form einer Konföderation, in der den »Bundesstaaten ihre territorialen Hoheiten, ihre Dynastien oder ihre demokratischen Regierungsformen nicht« genommen werden sollten und in denen der wirtschaftliche »Kitt« eine »Hansa der großen Handelsstädte sein« könne. Schon der Hinweis auf die Duldung der Demokratie machte deutlich, daß der Einfluß Nietzsches sich lediglich auf den außenpolitisch-kolonialistischen Aspekt des europäischen Einheitsstaates bezog. Paquets spärliche Hinweise auf die innenpolitischen Pläne für das »neue Gesamtreich« (62) legten ein Verständnis für die soziale Frage nahe, wie sie bei Nietzsche nicht gegeben war. So erwartete der Autor von dem Europa-Monarchen, daß er auch »Vertreter der armen Stände gegen die reichen« wäre (59), daß er eine »soziale Politik« des überstaatlichen

»Schutzes der in der Industrie beschäftigten Schwachen« betreibe und daß er sich »die Entpöbelung der Massen durch ein Erziehungswesen« zum Ziel setze (57). Etwas anders als Nietzsche sah Paquet auch die Rolle der Juden im zukünftigen Europa. Paquet verfügte zwar nicht wie der herrische Meisterdenker die Assimilierung an die europäische »Mischrasse«, doch interessierte auch ihn nur der Nutzen, den das vereinigte Europa von den Juden haben werde. Er sah sie als Mittler zwischen Asien und Europa. Die nach erfolgter deutscher Expansion »befreiten Millionen Juden des Ostens«, so wünschte sich Paquet, »mögen dann in Vorderasien ihre Aufgabe erfüllen, zwischen dem europäischen und dem morgenländischen Geist die Vermittler zu sein« (62). Über Einzelheiten ließ der Autor sich hier nicht aus, und es blieb unklar, an welche Vermittlungsarbeit eigentlich gedacht war. Das Ganze klang wie ein Abkommandieren der Juden Osteuropas nach Vorderasien, und daß diese Idee bei den Betroffenen selbst auf Verständnis oder gar Gegenliebe gestoßen wäre, darf als ausgeschlossen gelten.

Welche Qualifikationen sollte nach Paquet der künftige Europa-Kaiser aufweisen? Der neue Herrscher, führte der Autor aus, sei als »arbiter mundi«, als »schiedsrichterlicher Monarch«, vorzustellen, der »im platonischen Sinne« die »Eigenschaften des Philosophen und des Staatsmannes in sich vereinigt« (58). Vielleicht dachte Paquet hier an eine Mischung aus Bismarck und Nietzsche, wenn er sich den Imperator als eine »Synthese« zwischen »Geburtsaristokratie« und einer »Aristokratie der tatsächlichen Führer« vorstellte (58). »Der Gedanke des Kaisertums«, schrieb der Autor gleich am Beginn seines Essays, gehöre »zu jenen zeitlosen Ideen, die zu ihren Trägern gleichsam auch Löwen unter den Menschen brauchen, um ihren vollen Ausdruck zu finden.« Die Kaiseridee falle der »Verfälschung anheim, sobald ein Erlahmen jener Spannung, die nur in den Großen lebendig ist, sie in die Sphäre des Gewöhnlichen hinabzieht« (45). Da Paquet davon ausging, daß der künftige Europa-Kaiser aus Preußen-Deutschland stammen werde, und da er einen baldigen Krieg prophezeite, der möglicherweise die Realisierung des europäischen Kaiserreichs in greifbare Nähe rücken würde, kam er um eine Personaldiskussion nicht herum, in der eine eventuelle Kandidatur Wilhelms II. für diesen Monarchenposten zu erwägen war. Heinrich Mann karikierte im damals verfaßten *Untertan* die Idee vom deutschen Kaiser als Löwen, wenn ihn der Chef des Hauses Hohenzollern nicht an den König der Tiere, sondern an die domestizierte Kleinform der Wildkatzen, den Kater, erinnerte. Eine ganz so schroffe Abfuhr mochte Paquet seinem Imperator nicht erteilen. So drehte und wand er sich, um die rechte Formulierung zu finden, aus der hervorgehen sollte, daß er sich einerseits – trotz aller undiplomatisch-impetuosen Äußerungen des Kaisers – eine gewisse Achtung vor dem Monarchen bewahrt hatte, daß er aber andererseits Wilhelm II. für ungeeignet hielt, das anspruchsvolle Amt auszufüllen. »Seine Überzeugung von der Göttlichkeit des Königtums stellt ihn«, so zog Paquet sich aus der Affäre, »wie wenige Fürsten der Gegenwart, an die Pforte jenes kaiserlichen Gefühls der Welterfassung.« So stehe Wilhelm gleichsam »vor der Tür des Heiligtumes« und werde wohl – so die unausgesprochene Folgerung – davor stehen bleiben. Die »Verwirklichung des Kaisergedankens« werde mühevoll sein, meinte Paquet abschließend; das Bewußtsein dieser Tatsache gehöre zum »Schmerz, den wir über unsere ganze Zeit empfinden« (62).

Der Erste Weltkrieg
(1914–1918)

Europa du! Es bauen Lazarette
Sich in Spiralen hoch durch gelbe Luft.
(Johannes R. Becher, *An Europa I*)

I.

Zu Beginn des Krieges waren die meisten Schriftsteller nicht weitsichtiger als die Politiker. Vieles hatte man, wie Jochen Schmidt gezeigt hat, von Friedrich Nietzsche abgeschaut: besonders die Genieattitüde des großen einzelnen. Mit seinen ausgesprochen antinationalistischen Ideen jedoch war der Denker nicht durchgedrungen, wie auch die von Thomas Anz und Joseph Vogl besorgte Anthologie mit Kriegslyrik dokumentiert. Im patriotischen Rausch schrieben sich die Dichter die Finger wund. Gabriele D'Annunzio in Italien, Wladimir Majakowski in Rußland, Maurice Barrès in Frankreich, Rudyard Kipling in England, Hugo von Hofmannsthal in Österreich und Thomas Mann in Deutschland errangen in ihren Stellungnahmen und Versen bereits den großen Sieg, kaum daß der militärische Kampf an den Fronten begonnen hatte. Der Europa-Essay war keine beliebte Gattung unter den militanten Barden, und falls seine Tradition 1914 aufgegriffen wurde, geschah es zuweilen – wie bei Gerhart Hauptmann – , daß verschiedene Teile des Kontinents gegeneinander ausgespielt wurden. In Hauptmanns »Der Fluch Europas« betitelten offenem Brief an das italienische Volk vom Herbst 1914 wurde Großbritannien im Sinne des damals verbreiteten Schlachtrufs »Gott strafe England!« als Schurke im Stück des Kriegstheaters hingestellt. In der klischeehaften Sprache der Trivialliteratur wurde dem Inselstaat vorgeworfen, »kalt und mörderisch« mit den »allerraffiniertesten« Mitteln des »Imperialismus« an der »Schwächung des Kontinents« zu arbeiten (851). »Seine Regierung hat jetzt Europa verraten« (850), hieß es kurz und bündig über die Politik des Premierministers

Herbert Asquith, der, seit 1908 im Amt, die traditionelle englische Politik der »balance of power« in Europa fortgesetzt hatte. Das »Rezept des europäischen Gleichgewichts« lehnte Hauptmann als »grauenhaft« (852) und »verflucht« ab (856). Seine Anwendung sichere nicht den Frieden auf dem Kontinent, vielmehr würden »mit Hilfe der englischen Staatskunst« die »Völker [...] gegeneinander aufgebracht« (852). Hauptmanns besondere Abneigung galt Winston Churchill, damals Erster Lord der Admiralität. Die Propagandasprache schlug in Denunziation um, wenn Churchill als »Mordbrenner und Brandstifter der ganzen Welt« hingestellt wurde, der eine »Hetzpolitik, die mit Armeen von Lügen wirtschaftet«, betreibe (853). Der britische Außenminister Edward Grey hatte sich jahrelang darum bemüht, die Reibungsflächen zwischen Deutschland und England zu vermindern. Aber auch ihm wurde vorgeworfen, nichts als die »Vernichtung Deutschlands« (855) und die »Hegemonie« in Europa anzustreben (856). Daß Hauptmann gegen ein – von ihm unterstelltes – Dominanzstreben Englands in Europa wetterte, lag in der Logik seiner Stellungnahme. Unlogisch war aber seine gleichzeitige Polemik gegen das englische Gleichgewichtsdenken, das immer zum Ziel hatte, die Vorherrschaft einer Einzelmacht zu verhindern. Wolfgang Menzel hatte achtzig Jahre zuvor England wegen seiner kontinuierlich betriebenen Politik des Equilibriums als Friedensgaranten hingestellt. »Frankreich hat den Krieg nicht gewollt« (855), wußte Hauptmann zu berichten, selbstverständlich auch Deutschland nicht. England habe Rußland im Osten und Frankreich im Westen in den Konflikt hineingerissen, damit Deutschland in einem Zweifrontenkrieg aufgerieben werde. Das Ziel Englands und Rußlands sei die »Teilung« des Kontinents und anschließend die »Teilung der Welt« (858).

Hauptmann artikulierte weniger eine deutsche als eine kontinentaleuropäische Phobie. Er setzte Deutschland weder gegen das übrige Europa, noch konstruierte er – wie Thomas Mann – einen Antagonismus Deutschland–Westeuropa. So enthielt er sich – im Gegensatz zu fast allen anderen Kriegsbefürwortern – jeder Polemik gegen Frankreich. Der Krieg, wie das Deutsche Reich ihn nun auszufechten hatte, war dem Autor zufolge nicht das Ergebnis

einer falschen Politik Berlins, sondern Resultat einer englischen Intrige. »Wir wären wahnwitzige Narren, die mit
der eigenen Existenz spielen«, klärte Hauptmann die Italiener auf, »wenn wir auf den Gedanken kämen, das mächtige England, das heldenhafte Frankreich und das furchtbare Rußland gleichzeitig herauszufordern« (854). Statt die
Schuld für das Kriegsdilemma bei anderen Staaten zu suchen, hätte Hauptmann den Irrealis nicht bemühen und
statt des »wären« das eingestehende »waren« setzen sollen.
Hauptmann verteidigte den »deutschen Militarismus«
(861). Ihm sei es zu danken, daß der augenblickliche »An-
schlag Englands« der »letzte gewesen sei, den Europa von
diesem Lande« zu erdulden habe (864). Aufschlußreich an
der frühen Antwort des Autors auf die Kriegsschuldfrage
war, daß er jene beiden mächtigen Randstaaten verantwortlich machte, die manchem Schriftsteller schon immer uneuropäisch vorgekommen waren, die oft als nicht zu Europa gehörig betrachtet wurden. Frankreich und die Mittel-
mächte, also das kontinentale Europa im engeren Sinne, traf
dagegen in der Sicht des Autors nicht einmal eine Mit-
schuld. Frank Wedekind argumentierte kurze Zeit später
genau wie Hauptmann. Nach dem Kriege wird dieses Denken in den Kategorien eines Europas ohne England und
Rußland noch zunehmen.

Anders als Hauptmann in Deutschland ließ Robert Musil
sich in Österreich zu Anfang des Krieges nicht auf eine
außenpolitische Debatte ein. Mehr als die Auseinandersetzung mit den Veränderungen in der Makrostruktur der
internationalen Beziehungen interessierte ihn die Mikro-
analyse des Wandels der Meinungen und psychischen
Reaktionen bei den Individuen. In dem Kurzessay »Europäertum, Krieg, Deutschtum« (erschienen in der *Neuen
Rundschau* vom September 1914) begrüßte er den Stim-
mungsumschwung. »Es galt stillschweigend für unmöglich«, notierte er, »daß die durch eine europäische Kultur
sich immer enger verbindenden großen Völker heute noch
zu einem Krieg gegeneinander sich hinreißen lassen könnten.« »[...] es schwebte uns ein Ideal des europäischen Menschen vor«, erinnerte sich der Autor, »das über Staat und
Volk hinausging.« Jetzt aber wußte Musil plötzlich (und mit
ihm ganze Heerscharen von Schriftstellerkollegen), »wie

schön und brüderlich der Krieg ist«, wie erhebend vergessene soldatische Tugenden seien wie »Treue, Mut, Unterordnung, Pflichterfüllung, Schlichtheit« (1020). Musil empfand den Abschied vom europäischen Kosmopolitismus nicht als Verlust, sondern als »Glück« (1022). Vom »kriegerischen und erobernden Geist belebt, den wir heute in seiner Urart verwundert und beglückt in uns und um uns fühlen« (1021), reihte er sich ein in die Kolonnen todesverliebter Kriegsteilnehmer. Weg mit dem Individualismus, auf den sich die Europäer bisher so viel als Errungenschaft ihrer Kultur zugute gehalten hatten. Das Bewußtsein, daß »der Einzelne plötzlich wieder nichts ist außerhalb seiner elementaren Leistung, den Stamm zu schützen«, vermittelte ihm das Gefühl »ungeheure[r] Sicherheit und Freude«. »Der Tod«, fuhr er fort, »hat keine Schrecken mehr, die Lebensziele keine Lockung. Die, welche sterben müssen oder ihren Besitz opfern, haben das Leben und sind reich.« Was für eine Pervertierung all dessen, worauf man im europäischen Denken immer wieder gesetzt hatte: auf die Maximierung individuellen Glücks im Sinne eines erfüllten, fruchtbar-tätigen Lebens. Jetzt wurde der Tod über das Leben gestellt, und als die eigentlich Vitalen galten die Gefallenen. Der Krieg wurde charakterisiert als »ein Erlebnis, unüberblickbar aber so fest zu fühlen wie ein Ding, eine Urmacht, von der höchstens Liebe ein kleines Splitterchen war« (1022). Gerade wegen seiner subjektiven Ehrlichkeit (Musil kannte keine Propagandaabsichten) war dieses Bekenntnis eines der bedrückendsten Dokumente von 1914. Es war in der Tat eine, wie Karl Corino sagt, heute unbegreifliche Hymne auf den Krieg.

Nicht bei allen europäischen Intellektuellen war die kriegsbedingte Metamorphose zu todesverfallenen Nationalpatrioten zu beobachten. Gegen den Strom der Zeit mit seinem denkbar heftigsten Wellengang schwamm vor allem Romain Rolland. Wer *Jean-Christophe* geschrieben hatte, kommentierte Ernst Robert Curtius das Verhalten des Autors, der konnte den hysterischen Haß nicht mitfühlen. Im August 1914 hielt Rolland sich in der Schweiz auf, und er entschied sich, für die Zeit des Krieges nicht nach Frankreich zurückzukehren, in der Schweiz zu bleiben und dort für das Rote Kreuz zu arbeiten. In Paris hätten bei seiner antinationalistischen und antikriegerischen Einstellung Schreibverbot und Gefängnis auf ihn gewartet. »In Frankreich«, so wußte René Schickele, »wäre seine Stimme erstickt worden. Die Militärs und ihre Parteigänger wären mit ihm fertig geworden« (698). Das *Journal de Genève* stellte ihm für seine Artikel und Aufrufe seine Seiten zur Verfügung. »Seit dem *J'accuse* von Zola«, meinte Schickele, »war nicht mehr erlebt worden, daß Zeitungsartikel die Welt derart bewegten« (699).

In dem Essay »Das Gewissen Europas« – Teil seines Buches über Rolland – hat Stefan Zweig die Reaktion des von ihm bewunderten französischen Schriftstellers auf den Ausbruch des Krieges festgehalten. »Die Nachricht vom Kriegsausbruch«, schrieb Zweig, »trifft Romain Rolland in Vevey, der kleinen altertümlichen Stadt am Genfer See. Wie fast jeden Sommer, so hat er auch diesen in der Schweiz verbracht. [...] Sein ganzes Leben erscheint ihm mit einemmal sinnlos: umsonst also die Mahnung, umsonst die zwanzig Jahre leidenschaftlicher unbelohnter Arbeit. Was er seit frühester Kindheit gefürchtet, was er den Helden seiner Seele, Olivier, 1898 aufschreien ließ als innerste Qual seines Lebens: ‚Ich fürchte so sehr den Krieg, ich fürchte ihn schon lange. Er ist ein Alpdruck für mich gewesen und hat meine Kindheit vergiftet', das ist plötzlich aus dem prophetischen Angsttraum eines Einzigen Wahrheit für hundert entsetzte Millionen Menschen geworden« (194). In Schreiben an Hauptmann und Emile Verhaeren suchte Rolland Autoren, die den nationalistischen Kriegshaß schürten, an ihre Pflichten als europäische Kosmopoliten zu erinnern; ein vergebliches Unterfangen. An Hauptmann stellte Rolland, wie Jürgen Haupt berichtet, in einem offenen Brief vom 2. September 1914 die Frage, ob er sich für Attila und gegen Goethe entscheiden wolle. »Die Dichter, die Gelehrten, die Philosophen, die Künstler«, fuhr Zweig bewußt pathetisch fort, »alle stehen sie zu ihren Vaterländern [...] – nur ein Land, das allen Gemeinsame, das Mutterland aller Vaterländer, das heilige Europa hat keinen Sprecher« (209). In diesem Augenblick habe Rolland allein »den Kampf gegen den Wahnwitz von Millionen« aufgenommen und sei dadurch zur Verkörperung des »europäischen Gewissens« geworden (211). Am 22. September 1914 veröffentlichte

Rolland im *Journal de Genève* den Beitrag »Au-dessus de la mêlée«, seinen berühmtesten Aufsatz aus der Kriegszeit. Zweig nannte das Pamphlet »die Kriegsansage an den Haß«, aus dem »zum erstenmal im mißtönenden Gezänke der Parteien die klare Stimme der unbeirrbaren Gerechtigkeit« zu vernehmen gewesen sei (214). Hier warf Rolland den Kriegsbarden Verrat an den humanen Grundsätzen abendländischer Kultur vor und drückte sein Entsetzen vor dem Versagen der beiden großen internationalen Mächte aus, der Kirche und der sozialistischen Bewegung. Seine weiteren Aufsätze hatten die gleiche Zielrichtung: Es ging vor allem um eine Verständigung zwischen Deutschland und Frankreich. Im Sinne von Lew Tolstoi bekannte Rolland sich zu der Überzeugung, daß gegenseitiges Verstehen und Nächstenliebe über die Grenzen hinweg möglich sein müssen.

Diese essayistischen Arbeiten aus dem *Journal de Genève* erschienen gesammelt in Buchform im Herbst 1915 unter dem Titel des ersten Aufsatzes »Au-dessus de la mêlée« (Über dem Getümmel). Nach Curtius werde die Sammlung dieser Kriegsaufsätze mit nur wenigen anderen Büchern übrigbleiben, wenn die Papierberge der kriegsbejahenden Literatur längst zerstoben seien. Während des Krieges und auch nach Friedensschluß wurde diese Aufsatzsammlung zum Manifest jener Intellektuellen, die sich für die Versöhnung der europäischen Völker einsetzten. Kritisch ist zu Rollands Pamphleten anzumerken, daß er die Schuld für den Krieg allzu ausschließlich bei seinen intellektuellen Propagandisten suchte, daß er zuwenig Gespür für die Interessenzusammenhänge in Politik und Industrie bewies, deren Anteil am Zustandekommen wie an der Fortsetzung des Krieges er unterschätzte. Rolland war erfüllt von seiner Friedensmission, von seinem Sendungsbewußtsein. Zweig wies darauf hin, daß der Autor vom »Glauben« an »den Dichter als den geistigen Führer« und »den sittlichen Sprecher seiner Nation« durchdrungen gewesen sei (259). In dieser Hinsicht teilte Rolland die für die Jahrhundertwende bezeichnende Dichterideologie, wie sie in Deutschland vor allem Stefan George vertrat. Rolland war allerdings einer der wenigen Autoren, die zumindest versuchten, dieser Aufgabe während der Kriegszeit in einem humanen, europäisch-übernationalen Sinne gerecht zu werden. Im Bereich von Literatur und Kunst war er damals zweifellos die erfreulichste Erscheinung auf dem Kontinent. Schon bald stand er in seinem herkulischen Kampf auch nicht mehr allein. In Genf bildete sich rasch ein Kreis von Schülern und Freunden um ihn, zu denen René Arcos (er gründete 1922 mit Unterstützung Rollands die Zeitschrift *Europe*), Pierre Jean Jouve und Frans Masereel gehörten. Zu seinen Bewunderern zählte auch Yvan Goll, der während des Krieges das Gedicht *Requiem für die Gefallenen von Europa* schrieb und es Rolland widmete. Über das Verhältnis der deutschen Autoren zu Rolland hat Marcelle Kempf ein Buch geschrieben.

Am 3. November 1914 rüffelte in einem Beitrag der *Neuen Zürcher Zeitung* als erster deutscher Autor Hermann Hesse seine militaristischen Kollegen. »O Freunde, nicht diese Töne!« überschrieb er in Anspielung auf Ludwig van Beethovens *Neunte* seinen Aufruf zur Besinnung auf jene deutsche Kulturtradition, von der Friedrich Schillers kosmopolitische Ode *An die Freude* ein Teil war. Der Artikel fiel Rolland auf. Er dankte Hesse für diese publizistische Tat, und so stand er seit 1915 mit ihm, wie Volker Michels berichtet, in freundschaftlichem Briefwechsel. »Das ist vielleicht das Schlimmste«, schimpfte Hesse über seine chauvinistischen Kollegen, »den Krieg ins Studierzimmer tragen und am Schreibtisch blutige Schlachtgesänge verfassen oder Artikel, in denen der Haß zwischen den Völkern genährt und ingrimmig geschürt wird« (412). Den sich heroisch gebärdenden Poeten warf Hesse das vor, was sie selbst zu bekämpfen schienen: Feigheit. »Sie haben so lange der Menschheit gedient«, stellte der Autor fest, »und an das Vorhandensein einer übernationalen Menschheitsidee geglaubt, als dieser Idee kein grobes Geschehen widersprach, als es bequem und selbstverständlich war, so zu denken.« Jetzt aber, fuhr Hesse fort, »wo es zur Arbeit, zur Gefahr, zum Sein oder Nichtsein wird, an jener größten aller Ideen festzuhalten, jetzt kneifen sie aus und singen den Ton, den der Nachbar gern hört« (413). Entsetzt nahm er die plötzliche Wendung der »Nurpatrioten« gegen Goethe zur Kenntnis. »Dieser Goethe ist uns immer verdächtig gewesen«, höre man sie argumentieren, »er war nie ein

Patriot, und er hat den deutschen Geist mit jener milden, kühlen Internationalität verseucht, an der wir lang gelitten haben und die unser deutsches Bewußtsein merklich geschwächt hat« (414). Hesse dagegen berief sich als Europäer auf Goethe und fand an ihm vorbildlich, daß er »über die Freude am Deutschtum« die »Freude am Menschentum« gesetzt habe. »Er war«, setzte Hesse hinzu, »ein Bürger und Patriot in der internationalen Welt des Gedankens, der inneren Freiheit, des intellektuellen Gewissens« (414 f.). Hesse war der erste Verfasser eines Europa-Essays, der Goethes Werk als vorbildlich europäisch lobte, der die Dichtung und Lebenseinstellung des deutschen Klassikers zum Maßstab für eine europäische Identität erklärte. Ein europäischer Weltbürger wollte auch Hesse sein, und als solcher formulierte er als Aufgabe der Intellektuellen im Krieg: »ein Stück Frieden zu erhalten, Brücken zu schlagen, Wege zu suchen, aber nicht mit dreinzuhauen (mit der Feder!) und die Fundamente für die Zukunft Europas noch mehr zu erschüttern« (415). »Die Überwindung des Krieges« sei »nach wie vor unser edelstes Ziel und die letzte Konsequenz abendländisch-christlicher Gesittung«, forderte Hesse. Er schloß seinen Aufruf mit den Worten, die in dieser Form auch von Rolland hätten stammen können: »Daß Liebe höher als Haß, Verständnis höher als Zorn, Friede edler als Krieg, das muß ja eben dieser unselige Weltkrieg uns tiefer einbrennen, als wir es je gefühlt« (416). Wie Rolland lebte Hesse damals in der Schweiz, und wie dieser suchte auch er praktisch-humanitär zu wirken, indem er sich in der Deutschen Kriegsgefangenenfürsorge betätigte. Von der neutralen Schweiz aus konnte man unbehelligter die Stimme der Vernunft zur Geltung bringen.

Das erkannte bald auch Annette Kolb, die sich 1914 für die Idee einer Zeitschriftengründung in der Schweiz engagierte. Der Wiener Historiker Ludo Hartmann, der auch bahnbrechend auf dem Gebiet der österreichischen Volksbildung tätig war, hatte am 18. Dezember 1914 in München Professoren der Wiener und Münchner Universitäten zur Formulierung eines Aufrufes gegen die Kriegshetze zusammengebracht. Das war gleichsam eine österreichisch-bayrische Parallelaktion zu dem vom Medizinprofessor Georg Friedrich Nicolai in Berlin verfaßten *Aufruf an die Europäer*, der allerdings nur von wenigen Wissenschaftlern, unter anderem von Albert Einstein, unterzeichnet worden war. Der *Aufruf an die Europäer* wiederum wurde im Gegenzug zu dem Manifest *An die Kulturwelt* verfaßt, mit dem sich nahezu 100 Gelehrte, Schriftsteller und Künstler am 16. Oktober 1914 mit der deutschen Kriegsführung solidarisiert hatten. Im *Kulturwelt*-Manifest wurde behauptet, daß das Heil Europas vom Sieg des deutschen Militarismus abhängen werde. Kolb war da anderer Meinung. Als Tochter eines Münchner Gartenbauarchitekten und einer französischen Pianistin lernte sie die deutsche wie die französische Kultur kennen. Schon 1906 hatte sie *Sieben Studien* mit dem Untertitel »L'Ame aux deux patries« veröffentlicht. Sie fühlte sich geistig beiden Ländern verbunden, empfand sich als französische Deutsche und deutsche Französin und war schockiert über den Haß, der plötzlich die Beziehungen zwischen den beiden Staaten beherrschte. Anders als Hauptmann hatten viele deutsche Intellektuelle Frankreich zu ihrem Erb- beziehungsweise Intimfeind erklärt, und allenthalben versuchte man, die Ideen von 1914 denen von 1789 entgegenzusetzen. Kolb hatte eine Einladung zu jenem Treffen in München erhalten, auf dem Hartmanns Initiative besprochen und eine Resolution formuliert werden sollte. In ihrem Aufsatz »Die Internationale Rundschau und der Krieg«, den die Autorin im Januar 1915 in Dresden als Vortrag hielt und den Schickele im März 1915 in den *Weißen Blättern* veröffentlichte, berichtete die Autorin über diese Aktion und publizierte auch Hartmanns Aufruf. Aus ihm sprach die gleiche Abscheu vor der Haßpropaganda wie aus den Artikeln Rollands und Hesses. Es hieß dort: »Neben dem Weltkriege mit eisernen Waffen wird ein zweiter Feldzug mit vergifteten Waffen geführt, ein Verleumdungsfeldzug, in dem jedem Volke die unglaublichsten Schändlichkeiten, Hinterhältlichkeiten und Gemeinheiten vorgeworfen werden, und dieser zweite Feldzug, den giftige Federn vom sichern Schreibtisch aus führen, ist fast noch gefährlicher als der andere« (132). Neben dieser Kritik enthielt die Resolution auch den Entschluß, konkrete Schritte zu einer Verständigung der Länder anzubahnen. »Indem wir der Wahrheit dienen, wollen wir durch Versöhnlichkeit den Frieden vorbereiten«, hieß es.

Deshalb wolle man ein »literarisches Organ« auf »neutralem Boden«, nämlich »in der Schweiz«, schaffen, und »in dieser Zeitschrift« sollten die »Probleme des Weltbrandes« behandelt werden (133 f.). Kolb stellte spontan ein Kapital von 10 000 Mark zur Gründung des Journals bereit, das auf deutsch *Internationale Rundschau* und auf französisch *Revue des nations* heißen sollte. Als Herausgeber war an zwei Schweizer gedacht, einen aus dem französisch- und einen aus dem deutschsprachigen Teil des Landes. In ihrem Artikel in den *Weißen Blättern* berichtete Kolb, daß Rolland in Genf konsultiert wurde. Der Autor sprach ihr zufolge von der »Unerläßlichkeit des Vorhabens« und erklärte »seine Bereitwilligkeit, sich daran zu beteiligen« (137). Julie Meyers Buch über Schickele ist jedoch zu entnehmen, daß Rolland sich reserviert verhielt, weil er österreichische Interessen im Spiele glaubte. Zwischen den Organisatoren in Wien und den designierten Herausgebern in der Schweiz entstand ein konfliktreiches und nicht intrigenfreies Gerangel um Kompetenzen, Finanzen, Richtlinien, in das Kolb, die nur guten Willen und Geld investieren wollte, hineingezogen wurde. Vergeblich suchte sie zu vermitteln: Nach einem halben Jahr, im Mai 1915, war der Plan einer doppelsprachigen Ausgabe der Zeitschrift gescheitert. Auf deutsch aber erschien die *Internationale Rundschau* ab 1915 in Zürich unter der Redaktion von Rudolf Wilhelm Huber. Zum Stab der Mitarbeiter zählte das Impressum unter anderem Eduard Bernstein, Georg Brandes, Ludo Hartmann und Bertrand Russell. Die Zeitschrift war ausschließlich der Sache des Friedens und der Völkerverständigung gewidmet. Während der Kriegsjahre publizierten dort prominente Autoren, Wissenschaftler und Politiker wie Alfred Adler, Friedrich Adler, Max Adler, Franz Brentano, Benedetto Croce, Goll, Karl Kautsky, Kolb, Heinrich Lammasch, Rudolf Leonhard, Paul Natorp, Charles Péguy, Rabindranath Tagore, Rolland, George Bernard Shaw, Leo Spitzer, Woodrow Wilson, Gustav Wyneken und Zweig. Zweig verglich hier den Abbruch der Kommunikation zwischen den europäischen Ländern seit Ausbruch des Krieges mit dem Mythos vom »Turm zu Babel«. Kolb publizierte dort einige ihrer »Briefe einer Deutsch-Französin«, mit denen sie erneut versuchte, »europäische Worte in unseren plombierten Ländern auszusprechen« (160). In einer Welt, so schrieb sie, in der »man sich freute über die Ertrunkenen und Erschlagenen«, fühle sie sich als »eine Ausgestossene« und »wie ein Idiot« (161). Daß »die Dummheit solche Triumphe feiern und ihre Fanfare mit einem solchen Geschmetter dreinfahren« werde, könne sie noch immer nicht begreifen. Inzwischen sei »die Intelligenz Europas von ein paar verruchten und ein paar ungeschickten Leuten unterjocht, welche teils auf diesen Krieg hin arbeiteten, teils ihn nicht zu verhindern verstanden und ihn so gemeinsam verschuldeten« (162). Als Halbfranzösin und Halbdeutsche sehe sie ihre Aufgabe in der »Versöhnung der deutschen und französischen Elemente« (165). Ein Jahr später hat die Autorin 13 solcher Briefe in einem Band publiziert und darin als »Anhang« auch den Beitrag »Die Internationale Rundschau und der Krieg« veröffentlicht. In diesem Aufsatz sprach sie von ihrer »inneren Zerrissenheit« (145), von ihrer Isolierung als »Verbannte« und »Außenstehende« (147). In Rolland sah sie einen verwandten Geist; *Jean-Christophe* schätzte sie. Eine Affinität verspürte sie auch zu dem »angedeutschten« André Gide (154). In aller Schärfe dagegen distanzierte sie sich von Thomas Mann. Im Novemberheft der *Neuen Rundschau* von 1914 hatte Mann seine »Gedanken im Kriege« veröffentlicht. Von dem dort konstruierten Gegensatz zwischen französischer Zivilisation und deutscher Kultur mochte die Autorin nichts wissen. Auch wandte sie sich gegen Manns Beschreibung der Deutschen als das »innerlichste Volk«, das »Volk der Metaphysik, der Pädagogik und der Musik«, als das »nicht politisch, sondern *moralisch* orientierte Volk«. Sie nahm »an diesem Satz Ärgernis«, weil sie ihn für unzutreffend, auf die deutsche Gegenwart nicht passend, erkannte. »Nachdem Deutschland inzwischen zu einem geeinigten Reich und einer Großmacht erstarkt« sei, sehe sie »gar keinen Grund, warum wir dieses politische Volk mit einer politischen Sprache nicht ebensogut sein sollten wie andere« (157). Kolb war irritiert: Auch der von ihr so geschätzte Autor beteiligte sich also an der Hetze gegen Frankreich. Mann behauptete, daß das »Antlitz« dieses Landes in »sechzig Kriegstagen« sich »ins Abstoßende verzerrt« habe (540). Wie Hauptmann, Karl Wolfskehl, Friedrich Gundolf, Musil, Rudolf Borchardt, Ernst Bertram und – etwas später –

George stimmte auch Mann ein in den Chor der Kriegs-befürworter.

Bei Manns Essay, der nach Hans Bürgin und Hans-Otto Mayer im August und September 1914 in Bad Tölz geschrieben worden war, handelte es sich wie in der Stellungnahme Musils nicht um einen Europa-Essay in dem eingangs definierten Sinne. Mit nationalistischer Überheblichkeit wurden bei Mann die Traditionsdifferenzen und Mentalitätsunterschiede zwischen Deutschland und Frankreich herausgekehrt. Der Beitrag sei hier erwähnt, weil er den Widerspruch europäisch und friedlich Gesinnter wie Kolb, Rolland und Heinrich Mann provozierte und weil er in nuce schon die meisten jener Argumente enthielt, die Thomas Mann während der Kriegszeit in anderen essayistischen Arbeiten quantitativ anreicherte. Der Kriegsenthusiasmus, wie Musil ihn zum Ausdruck gebracht hatte, sprach auch aus Manns Beitrag. »Wie die Herzen der Dichter sogleich in Flammen standen, als jetzt Krieg wurde!« erinnerte er sich der ersten Zeit nach der Mobilmachung. »Nun sangen sie wie im Wettstreit den Krieg«, fuhr er fort, »frohlockend, mit tief aufquellendem Jauchzen – als hätte ihnen und dem Volke, dessen Stimme sie sind, in aller Welt nichts Besseres, Schöneres, Glücklicheres widerfahren können, als daß eine verzweifelte Übermacht von Feindschaft sich endlich gegen dies Volk erhob« (530 f.). Mann, der sich hier selbst als eine Synthese von Soldat und Künstler vorstellte, begrüßte den Krieg als willkommene Zäsur der Epoche, als »Reinigung, Befreiung«, verbunden mit »ungeheurer Hoffnung«, als ersehnten Abschied von der »gräßlichen Welt« von gestern, in der es »gor und stank« von »den Zersetzungsstoffen der Zivilisation« (533, 532). Zivilisation aber war aufs engste verbunden mit dem jetzt zum Feindbild stilisierten Frankreich, mit »dem Stroh von 1789«, mit der »Sackgasse« des »gallischen Radikalismus«, mit der Revolution, »an deren Ende es nichts als Anarchie und Zersetzung« gegeben habe (537). Gegen die Ideen von 1789 wurden Luthers Reformation und Kants Pflichtethik ausgespielt. Originell war Mann hier nicht; solche Abgrenzungen wurden, wie Hermann Lübbe zeigt, zu Beginn des Krieges hundertfach vorgenommen. Der Autor hob gleichsam einen geistesgeschichtlichen Schützengraben zwischen französischer Zivilisation und deutscher Kultur aus, auf dessen beiden Seiten nun der ideologische Stellungskrieg beginnen sollte. Im Gegensatz von Zivilisation und Kultur spiegelten sich Mann zufolge »Erscheinungsformen des ewigen Weltgegensatzes« von »Geist und Natur«, und diese ontologische Opposition manifestiere sich momentan unüberbrückbar als historische Differenz, als unversöhnlicher Krieg zwischen Frankreich und Deutschland. (Französische) Zivilisation als »Geist« verbinde sich mit »Vernunft«, »Aufklärung« und »Skeptisierung«, sei »bürgerlich« und damit »antidämonisch« und »antiheroisch« (528). (Deutsche) Kultur dagegen stehe – wie Kunst überhaupt – für »Sublimierung des Dämonischen«, »ihr Wissen« sei »tiefer als Aufklärung«, »ihre Ungebundenheit« freier »als Skepsis, ihre Erkenntnis nicht Wissenschaft, sondern Sinnlichkeit und Mystik« (529). In den vier Jahre später erschienenen *Betrachtungen eines Unpolitischen* hat Mann, wie Kurt Sontheimer und Ernst Keller gezeigt haben, diese Denkkonstante vom Antagonismus zwischen Zivilisation und Kultur in zahllosen Variablen verdeutlicht. Auch der Widerspruch von französischer Rationalität und deutscher Irrationalität trat nach Mann in diesem Krieg als französisch organisierte Kriegskoalition und deutsch-irrationale Gläubigkeit an das Kriegsglück zutage. »Drei gegen Einen« – diese Mächtekonstellation ließ Mann »unbesorgt«, denn »Deutschlands Sieg« werde »ein Paradoxon sein, ja ein Wunder, ein Sieg der Seele über die Mehrzahl« (534). Mut zu diesem heroischen Irrationalismus beziehungsweise irrationalen Heroismus schöpfte Mann aus einer Analogie zur preußischen Geschichte. Deutschland nämlich sei durch die feindliche Einkreisung in der gleichen Lage wie 150 Jahre zuvor Preußen unter Friedrich II.

Drei Monate später machte der Autor diesen Vergleich zum Gegenstand seines Essays »Friedrich und die große Koalition«, der im Januar/Februar-Heft des *Neuen Merkur* von 1915 erschien. Die »Gedanken im Kriege« im Verein mit diesem promilitaristischen Beitrag gaben, wie bei André Banuls und Rolf Sältzer nachzulesen ist, den Anlaß zu Heinrich Manns »Zola«-Aufsatz, der im November 1915 in Schickeles *Weißen Blättern* erschien. Hier wurde den Intellektuellen unter den Apologeten der deutschen Kriegsführung zum Vorwurf gemacht, sich der Gewalt und dem

Ungeist angepaßt zu haben. Ihrerseits wiederum – diese Kontroverse wurde von Alfred Kantorowicz rekonstruiert – veranlaßte die »Zola«-Studie Thomas Mann zu seiner Rechtfertigungsschrift *Betrachtungen eines Unpolitischen*. Hier strich der Autor unter Berufung auf einen Deutschland-Essay Fjodor Dostojewskis die Sonder- und Führungsrolle Deutschlands in Europa heraus. Sie komme ihm zu, weil bloß der deutschen Identität ein übernationaler Charakter eigne. Der Friede werde nur nach einem Sieg Deutschlands einkehren, weil lediglich die Deutschen kosmopolitisch-übernational zu denken und für Europa zu planen vermöchten. Doch zurück zu den »Gedanken im Kriege«: Thomas Mann sah West wie Ost als »im Haß verbündet« (534) gegen Deutschland, das man »einzingeln, abschnüren, austilgen« wolle (545). Die Deutschen jedoch würden wie ehemals Friedrich II. ihren Feinden im Existenzkampf die »Tiefe deutscher Entschlossenheit« entgegensetzen (534). Die Kriegsziele des Gegners glaubte der Autor ebenfalls mit seinen geistesgeschichtlichen Kriterien bestimmen zu können. Die »westlichen Feinde« England und Frankreich hätten nichts als »eine Art von Zwangszivilisierung Deutschlands« im Sinn, nichts als »Demokratisierung« und »Revolution gegen die Hohenzollernsche Tyrannei« (542). Auch Rolland, der wahrhaftig eine hohe Meinung von deutscher Kultur hatte und dem an einem Ausgleich zwischen den feindlichen Staaten gelegen war, wurde vom Autor unterstellt, er wolle »deutsche Art zugunsten von *humanité* und *raison*« bekämpfen. Solche Vorwürfe wurden in den *Betrachtungen* später noch massiver vorgetragen. Diese Pläne der Alliierten würden jedoch an der »soldatischen Moralität«, am »Dämonischen und Heroischen« des Deutschen scheitern, der seine Kultur »wie ein Löwe verteidigen« werde (545). Die Kriegsschuldfrage beantwortete der Autor wie Hauptmann: Deutschland habe den Krieg nicht gewollt; der sei »skrupellos, lästerlich« vom »Händlertum«, das heißt von England »angestiftet« worden (538). Theo Stammen hält fest, daß Mann in seinen politischen Äußerungen über den Krieg deshalb so lange in literarischen Stereotypen befangen blieb, weil er – im Gegensatz zu jüngeren Schriftstellerkollegen – mit dem unmittelbaren Kampfgeschehen nicht in Berührung kam.

Anders als in den Europa-Essays wurde in diesem antieuropäischen Beitrag Manns die Abgrenzung Deutschlands gegenüber dem »Westen« im Sinne der These vom deutschen Sonderweg vollzogen. Von den frühen zwanziger Jahren an wird der Autor – wenn auch zögernd, gewunden und mit Rückfällen – diese Abschottung Deutschlands gegenüber Tendenzen der Aufklärung und Demokratie nicht mehr befürworten, vielmehr ihre Ausprägungen in der deutschen Geschichte anerkennen.

So standen die Dinge bei Kriegsbeginn: Hauptmann, Musil und Thomas Mann artikulierten mit ihrer nationalistischen Kriegsbejahung und ihren Angriffen auf Rußland, England und Frankreich die Meinung der Majorität; Rolland, Hesse und Kolb dagegen vertraten die Minderheit der kosmopolitisch gesinnten Europäer, deren Stimmen im Verlauf des Krieges jedoch immer stärker beachtet wurden. In Österreich gehörten Arthur Schnitzler und Karl Kraus zu den Kriegsgegnern. Ihr Landsmann Alfred Fried, Pazifist und Friedensnobelpreisträger von 1911, war mit seiner Zeitschrift, der *Friedenswarte*, nach Zürich übergesiedelt. Von hier aus bekämpfte er die deutsche Kriegspolitik und propagierte die Idee der europäischen kulturellen und politischen Einheit. In Frankreich bezog Léon Bloy aus christlichen Motiven heraus Stellung gegen den Krieg. Dort hofften, wie Carl Pegg erwähnt, Gide und Jules Romains, der damals seine Europa-Gedichte zu schreiben begann, auf das Kriegsende, um im Sinne der Unifikation Europas tätig zu werden. Nico van Suchtelen war in den Niederlanden ein berühmter Dramatiker, Erzähler und Essayist. Auch als Übersetzer von Goethe, Hebbel, Heine, Kleist, Dante, Shakespeare, Erasmus und Spinoza hatte er in seinem Heimatland einen guten Ruf. Wer Dante, Shakespeare und Goethe übertragen hatte, war zum Europäer prädestiniert. Suchtelen gründete nach Kriegsbeginn das Komitee »De Europese Statenbond«, wobei ihm als Vorbild Max Waechters »League for European Unity« diente. Sein Aufsatz »Europa eendrachtig« von 1915 war die Programmschrift seines Komitees. Die in England verbreitete Zeitschrift *Review of Reviews* publizierte seit September 1914 eine Reihe von Aufsätzen, in denen man sich für die Arbeit an der Verwirklichung des Fernziels der Vereinigten Staaten von

Europa einsetzte. Rolf Hellmut Foerster erinnert daran, daß in Italien der Industrielle Giovanni Agnelli und der genuesische Wirtschaftswissenschaftler Attilio Cabiati während des Krieges ein Buch verfaßten, in dem sie als Mittel gegen künftige militärische Konflikte eine europäische Föderation vorschlugen und auch bereits eine Verfassung für das vereinte Europa entwarfen.

II.

Im gleichen Jahr, als Thomas Mann seinen nationalpatriotischen Aufsatz »Friedrich und die große Koalition« im *Neuen Merkur* veröffentlichte, publizierte in derselben Zeitschrift (im Oktober/November-Heft von 1915) Ferdinand Lion einen Europa-Essay, in dem er dem berühmten Kollegen bei seinem deutsch-französischen Grabenkampf keine Schützenhilfe angedeihen ließ. Der Autor relativierte vielmehr die Grenzen zwischen Frankreich und Deutschland, indem er nachdrücklich auf die gemeinsame europäische Geschichte verwies. Lion wurde später nach Manns Wende zum kosmopolitischen Europäertum ein Freund und Mitarbeiter des Romanciers. So redigierte er die während der späten dreißiger Jahre von Mann und Konrad Falke herausgegebene Exilzeitschrift *Maß und Wert*, und 1946 veröffentlichte er im Europa-Verlag in Zürich die Monographie *Thomas Mann. Leben und Werk*. 1915 jedoch konnte von einem Einvernehmen der beiden Intellektuellen keine Rede sein. Wie Ernst Stadler und René Schickele war Lion im Elsaß geboren und aufgewachsen, und wie sie schmerzte ihn der Haß zwischen Deutschland und Frankreich. Während des Ersten Weltkriegs war er noch kein bekannter Schriftsteller, doch machte er sich bald einen Namen als kulturphilosophischer Essayist und Literaturhistoriker zur deutschen und französischen Dichtung. Er schrieb auch Komödien und Libretti, von denen das bekannteste jenes ist, das auf E. T. A. Hoffmanns Erzählung *Das Fräulein von Scuderi* basiert und von Paul Hindemith in der Oper *Cardillac* (1926) vertont wurde.

Im Gegensatz zu anderen Europa-Essayisten vor und nach ihm unterschied Lion in seinem Aufsatz streng zwischen Antike und Europa. »Für die Antike gab es kein Europa«, schrieb er. Die Antike sei eine Mittelmeerkultur gewesen, in der »das asiatische Ionien ebensoviel als Sizilien, das afrikanische Ägypten soviel als Spanien« gegolten habe. Von »Europa« lasse sich erst seit der Verbreitung des Christentums und dem Zerfall des Römischen Reiches sprechen. Nicht in der Rhetorik, wohl aber in der Gedankenführung durch Novalis beeinflußt, argumentierte Lion: »Erst, als im beginnenden Mittelalter das Christentum ringsherum von den afrikanischen und asiatischen Küsten verdrängt worden war, entstand geschlossen, fest umrissen ein Europa. Ein Christenheitseuropa mit gemeinsamen Konzilen und Kreuzzügen, in der einen lateinischen Sprache sich verstehend, [...] überall mit der einen gleichen Figur des christlichen Menschen.« Dieses in sich einige und geschlossene Mittelalter mit Papsttum und universalmonarchischer Reichsidee, dieses erste Europa oder Europa des Mythos, wie Lion es nannte, wurde vom 14. Jahrhundert an durch ein qualitativ neues Europa, das Renaissance-Europa, das zweite Europa oder das Europa der Wirklichkeit, verdrängt. Anders als Novalis beklagte Lion diesen historischen Bruch nicht; er referierte ihn lediglich. »Von der Renaissance ab entstand eine neue Einheit«, beobachtete er, »ein Europa der Wirklichkeit, mit der gemeinsamen Wissenschaft und ihrer Formelsprache, in dem Gewand der Maschinen und dem einen überall gleichen, grauen, tätigen, praktischen Menschen.« Dieses zweite Europa erst habe das erreicht, »was das erste als Postulat aufgestellt hatte: die Weltherrschaft« (31). Nur kurz, gleich einem Feuerwerk, sei nach Jahrhunderten mit Napoleons Politik die mittelalterliche Idee der Universalmonarchie mit dem Dominanzanspruch eines Herrscherhauses noch einmal aufgeflackert und vorübergehend annähernd realisiert worden. Die Zukunft aber habe seit der Renaissance dem politischen Gleichgewicht als Ausdruck des Wirklichkeits-Europas gehört. Das politische Equilibrium arbeite nach dem Prinzip der Maschine, und erfunden worden sei es »für die vier italienischen Hauptstaaten« von einem der herausragenden Herrscher der Renaissance, von Cosimo de' Medici. »Später wurde es dann«, fügte Lion hinzu, »von England, dem eigentlichen Träger der Wirklichkeit, neuentdeckt.« Um ein Höchstmaß an Objektivität bemüht, verglich Lion die Vor- und Nachteile von Universalmonarchie und Gleichgewicht in Europa. »War die Universalmonarchie zu kompakt erstarrt«, beobachtete er, »so ist das Gleichgewicht dagegen fast zu nervös erregbar.« Über die Kunst der »balance of power« zur Zeit der Aufklärung hieß es: »Im achtzehnten Jahrhundert, dem eigentlichen Zeitalter des Gleichgewichts, gab es plötzlich *renversements des alliances*, Wechsel der Figuren wie in einem Menuett, ein Hin und Her von tänzerischer Mobilität« (34). Zutreffend war auch, was Lion über die einzelstaatlichen Interessen der Anhänger und Gegner des Gleichgewichtsgedankens bemerkte. Das System equilibristischer Politik begünstige nämlich den Schwachen, »der Stärkste« aber, der »allein, ohne Gruppenbildung das Gleichgewicht aufheben kann«, sei »sein geborener Feind«. Die historische Illustration dieser These las sich so: »So war das große, starke Frankreich sein Feind, während es jetzt [...] sein Freund ist. Ebenso wäre ein geschwächtes Deutschland für das Gleichgewicht sofort interessant geworden, man hätte es gegen das allzustark gewordene Rußland beschützen müssen« (35). Seit der Vereinigung der deutschen Länder im deutschen Kaiserreich habe sich, führte Lion weiter aus, eine neue Machtkonstellation in Europa ergeben. Der Machtblock Deutschland nämlich sei freiwillig aus dem Gleichgewichtsspiel ausgeschieden und verfolge statt dessen die Politik des »bewaffneten Friedens«.

So sachlich wie Lion zuvor Universalpolitik und »balance of power« verglichen hatte, so neutral suchte er jetzt die Unterschiede zwischen Gleichgewicht und bewaffnetem Frieden zu beschreiben. Bismarck habe an die Stelle des Gleichgewichtsgegeneinander das politische System des Nebeneinander, »das System des bewaffneten Friedens« (40) gesetzt. Dabei werde das Prinzip der Maschine durch das Prinzip des »Willens zur Macht« (39), wie Lion dies hier nietzscheanisch ausdrückte, verdrängt. Beide Prinzipien seien wirklichkeitsorientiert, beide kompliziert und von kunstvoller Bauart. Bei Licht besehen handle es sich auch bei dem Bismarckschen Modell um »eine Art Gleichgewicht«. Während »das englische durch die Kombination mehrerer Staaten aufgebaut« werde, liege »der Schwerpunkt des deutschen Gleichgewichts in der einen Nation selbst«. Im englischen System, »das aus vielen Gewichten« bestehe, könne »das kleinste, ein Serbien, eine Katastrophe herbeiführen«, während beim deutschen Modell die Entscheidung über Krieg und Frieden beim Volk dieser Großmacht liege. In der Politik der »balance of power« sei alles auf »gewandtes Spiel, auf Diplomatie« abgestellt, beim »bewaffneten Frieden dagegen« handle es sich um eine »schwerfällige, ungeschickte« Einrichtung (41). England habe sich nicht in das deutsche Modell eingefügt, habe an seiner Gleichgewichtspolitik festgehalten, wodurch in den letzten Jahrzehnten beide Systeme nebeneinander bestanden hätten. Lion nahm nicht einseitig Partei für das eine oder andere System. Es scheint zwar so, daß er den Ausbruch des Weltkriegs zu Lasten des englischen Kontos buchte, wenn er die serbische Katastrophe erwähnte und dieses Land zu den »willigen Helfern« dieser Politik auf dem Kontinent zählte (35). Aber die Bemerkungen über das englische Parlaments- und Regierungssystem waren wiederum so positiv, daß ein Eindruck einseitiger Kritik an England nicht aufkommen konnte. Über das Parteiensystem und die konstitutionelle Monarchie Großbritanniens hieß es anerkennend: »Am klügsten handelte wohl England, indem es in seinem Parlament zwei Parteien hat, bereit, sich abzulösen« (41 f.). Nur England habe zustande gebracht, was Europa gefalle: die »vollkommene Demokratie verbunden mit vollkommener Hierarchie« (42). Kennzeichnend für die europäische Geschichte sei ihre antithetische Bewegungsrichtung. Nie gebe sie ein Prinzip ganz auf, nie neige sie »ganz nach der einen Seite, sondern zugleich nach der anderen« (41). Auch die beiden derzeitigen europäischen Machtprinzipien würden sich nicht absolut behaupten können. Eine Voraussage über das Ende des Weltkriegs und das neue Europa im kommenden Frieden machte Lion nicht. Diesbezüglich begnügte er sich mit dichterischen Andeutungen.

Am Schluß des Beitrags wandelte der Essay sich zu einer Dichtung mit dem Titel »Die Erscheinung«. Der Schatten der Europa des Mythos begegnet hier dem Europäer und dem Antieuropäer, die »am Rande des Hades« stehen. Als ihr Geburtsjahr gibt Europa das Krönungsjahr

Karls des Großen als römischer Kaiser an, das Jahr »Achthundert«, als »ein Kaiser und ein Papst« ihr »helfend die Hände« hielten (43). Lion war der einzige Europa-Essayist, der eine Identität der mythologischen Figuren von Europa und Proteus behauptete. (Auf die Affinität der beiden wies ich in der Einleitung hin, als ich von der Attraktion sprach, die zwischen Europa als Thema und dem Essay als Gattung zu beobachten ist.) Lions Europa verweist auf ihre Assoziationen mit Don Juan, Doktor Faustus und Christoph Kolumbus und gibt ihre eigentliche Identität preis: »Ich bin Proteus, das Leben selbst« (45). Damit aber läßt sie ihre Identität als Nichtidentität erkennen, denn Proteus steht für den ständigen Wandel, das Nichtfestlegbare. Die Flexibilität gilt somit auch im Hinblick auf die europäische Politik: Universalismus, Gleichgewicht, bewaffneter Friede sind Modelle, die durch neue historische Entwicklungen ständig verändert, gemischt und überholt werden. Festlegbar sei die Politik des Friedens auf solche Strategien nicht, und was die Zukunft bringen werde, bleibe offen. Den Abschluß des dichterischen Epilogs bildete die Erscheinung Hermes', des Götterboten, der diesmal keine guten Nachrichten zu vermelden hat. Er kommt aus dem Grabenkrieg und gesteht: »Es war das Grauenhafteste an Sterben, das ich je sah« (45). Dann weist er auf die Schatten hin, die sich dem Hades nähern, und ruft aus: »Tausende von Toten kommen. Sie glauben sich noch in der Schlacht und stürmen vor« (46).

Gute Worte über den Beitrag der sogenannten Feindmächte zur europäischen Kultur fand Heinrich Mann in seinem Essay »Der Europäer«. Er erschien im Oktober 1916 in der *Europäischen Zeitung*, deren Redaktionsbüros in Berlin und München lokalisiert waren. Mann brachte zwei Schlagworte in die Diskussion, die seitdem häufig aufgegriffen wurden: das vom »gemeinsamen Haus« der Europäer und jenes von der »europäischen Gemeinbürgschaft«. Der Autor gehörte, worauf Renate Werner hinweist, mit Wilhelm Herzog, Schickele und Kurt Eisner zu den Mitgliedern des 1914 gegründeten pazifistischen Bundes Neues Vaterland, der 1916 verboten wurde. Publizistische Organe dieser Vereinigung waren Herzogs Zeitschrift *Das Forum*

(1915 verboten) und Schickeles *Weiße Blätter*. Manns Europa war das der Aufklärung mit ihrem philosophischen Prinzip der »Vernunft«, den legalen Grundsätzen von »Gerechtigkeit« und »Freiheit«, den gesellschaftlichen Tugenden von »Fleiß«, »Maß«, »Mitverantwortung«, »sozialem Gewissen«, dem Vertrauen in den Fortschritt der »Technik«, dem Stolz auf die Reichtum erzeugenden »Geschäfte« und dem Glauben an die Zunahme von »Glück« (129, 131). Seit dem »Zola«-Aufsatz blieben, wie David Roberts zeigt, die engagierte französische Literatur und die Ideen von 1789 – entsprechend seiner Kenntnis des 18. Jahrhunderts und der Französischen Revolution – für Mann bestimmend, wenngleich illiberale Rückfälle zu verzeichnen waren. Für das europäische Mittelalter des Novalis hat der Autor sich nie erwärmen können. In seinem Aufsatz sprach er abwertend vom »halluzinatorischen Wahnwitz unseres Mittelalters«, als »geistige Seuchen bei uns den Boden fanden« (131). Aus dem 19. Jahrhundert waren Victor Hugo und Emile Zola mit ihrem Europäismus beziehungsweise ihrem sozialen Engagement seine Vorbilder. Hugo verpflichtet waren Sätze über Europa wie solche: »Unser gemeinsames Haus hat innere Grenzen, die in irgendeiner guten Zukunft sollen aufgehoben werden. Nicht sollen sie blutig eingerissen und, wer dahinter wohnt, vernichtet werden. [...] Öffentliches Geheimnis ist es, eben jetzt, daß eine europäische Gemeinbürgschaft besteht, gegen die wir alle nur mit schlechtem Gewissen verstoßen« (134, 133). Das waren gewichtige oppositionelle Äußerungen im Herbst 1916, als der deutsche Generalstab nach wie vor auf Krieg und Sieg setzte. Die europäische Einheit sah der Autor als faktisch gegeben an; die Europäer müßten sich ihrer nur bewußt werden. Dazu schrieb er: »Jedes unserer Völker ist befähigt, eine anerkannte Wesensform des anderen einzutauschen, – und so scheinen alle unsere Sprachen nur der Umriß eines einzigen vielgestaltigen Wesens, verwandt, wie sie sind, nicht allein im Stamm, in Haltung und Gebärde, sondern so abhängig voneinander durch Redensarten, Vergleiche, Wortspiele, daß wir oft glauben können, nicht die Sprache wandele sich von Land zu Land, sondern nur die Aussprache« (132). Anders als Nietzsche betrachtete Mann die Rassenmischung in Europa nicht als eine Angelegenheit der Zukunft, sondern als bereits gegeben. »Europa samt und sonders«, schrieb er, »ist in jedem von uns, alle unsere Rassen in jeder, jede in allen. Keins unserer großen Länder, das nicht die volklichen Grundtypen der anderen auch in sich vermischte. Die Mischungen sind verschieden; und je nach den Forderungen der Zivilisation und den Gelegenheiten der Geschichte überwiegt in einem Land zeitweilig ein Typ oder ein anderer« (132). So wandte er sich gegen die Alldeutschen und ihre chauvinistische Ideologie, gab die »Rassenschwärmer« dem Spott preis, die »Europa in ewig feindliche Lager« teilten und vom »Ideal« einer »Ur- und Vorzugsrasse« phantasierten, das sie sich als »Germane« und »Opernsiegfried« vorstellten (133).

Genausowenig wie von der Bevorzugung eines einzelnen europäischen Volkes wollte der Autor etwas von der asiatischen Alternative zu Europa wissen. Am Orientalismus der Vorkriegszeit hatte Mann nicht teilgenommen. Er war so sehr überzeugter Europäer, daß er glaubte, die Leistungen anderer Weltkulturen abwerten zu können. Es machte sich hier – wahrscheinlich unter dem Einfluß Nietzsches – ein Zug von Eurochauvinismus bemerkbar, wie ihn der Autor zeit seines Lebens nicht hat ablegen können. Es war, als wolle er nach seiner Kritik an Reichsnationalismus, Germanentümelei und deutscher Kriegspolitik doch noch einer Lieblingsschrulle Wilhelms II. seine Reverenz erweisen. Denn was Mann hier in seinem Kulturvergleich Europa–Asien zum besten gab, lag auf der Linie der kaiserlichen Propaganda von der »gelben Gefahr«. Der Autor, der schon zwei Jahre zuvor den Roman *Der Untertan* mit seiner scharfen Kritik an der Politik und den Machtverhältnissen im kaiserlichen Deutschland beendet hatte, erwies sich im Hinblick auf die Ablehnung Asiens als enger Parteigänger des Hohenzollernherrschers. Wenn Mann mit der Attitüde des Kolonialherrn von »den dunklen Massen Indiens und Ägyptens« als den »Schläfern der Jahrtausende« sprach, die »das Erwachen der Seele« nur den Europäern verdankten; wenn er sich wie einstens König Leonidas gegen die Perser »in den Thermopylen« als »Kämpfer gegen den dumpfen Druck der ganzen uralten Welt« sah; wenn er die Gleichung »Asien und das Chaos« aufstellte und die Europäer warnte, daß »die Vernunft Europas« wieder einmal »beleckt vom

Chaos« sei (130 f.), so warf der Autor sich in die gleiche pathetisch-lächerliche Michael-der-Drachenkämpfer-Positur wie zwei Dekaden zuvor Wilhelm II.

Wie Lion beschloß Mann seinen Essay mit einem Totengespräch, und auch hier wurde das Schicksal der Gefallenen betrauert. Mann ließ einen erschossenen Franzosen zu einem deutschen Soldaten reden. In der schlichten Sprache eines Landarbeiters macht er dem Deutschen klar, was seine Erwartungen für die Zukunft gewesen wären, und es sind Manns eigene Wünsche, die er ausdrückt: die vom Ende des Hasses zwischen den europäischen Völkern, vom einfachen, glücklichen Leben, von der politischen Mündigkeit, der Säkularisation und der sozialen Gerechtigkeit. Über den deutschen Soldaten, der die Sprache seines toten »Feindes« gut verstand und mit ihm übereinstimmte, berichtete der Erzähler abschließend: »auch er ist nun tot« (135).

Die Identität der Auffassungen bei den sich bekämpfenden Soldaten und die Gemeinsamkeit ihrer Ziele stellte 1916 auch Schickele in einem Europa-Essay heraus. Schickele gehörte zu den Elsässern, die bei Kriegsausbruch ihre Identitätskrise dadurch meisterten, indem sie sich zu dem bekannten, was sie für bewahrenswert hielten: die Symbiose von deutscher und französischer Kultur. Wie Annette Kolb wuchs Schickele als Kind in einer deutsch-französischen Familie auf. Sein Vater war ein deutscher Weingutbesitzer, seine Mutter Nordfranzösin. Als junger Mann hatte Schickele in Straßburg, München, Paris und Berlin Naturwissenschaften und Philologie studiert und war viel gereist (in Europa, Nordafrika, Indien und im Nahen Osten). 1914–20 war er Herausgeber der *Weißen Blätter*, die während des ganzen Krieges ihre Unabhängigkeit von nationalen Interessen, ihren europäischen Kosmopolitismus und ihren Pazifismus durchhielten. 1916 emigrierte Schickele mit der Zeitschrift in die Schweiz, nach Zürich, um dem Verbot durch die deutsche Zensur zu entgehen. Im Alter wies Kolb rückblickend darauf hin, daß »sein politischer Scharfsinn« Schickele »zeitlebens von allen zeitgenössischen Dichtern deutscher Sprache abseits« gestellt habe (278). Julie Meyer erwähnt, daß Rolland in seinem Artikel »Littérature de Guerre«, der am 19. April 1915 im *Journal de Genève* erschien, ausführlich die *Weißen Blätter* als vorbildliche Zeitschrift lobte, die im Interesse des europäischen Friedens arbeite und somit der jungen Generation zur Lektüre angelegentlich zu empfehlen sei. Wiederholt wandte der Autor sich gegen den Nationalkrampf, forderte zur Selbstkritik in den am Krieg beteiligten Ländern auf und suchte die Idee eines neuen Europas zu verbreiten. Albert Ehrenstein publizierte in den *Weißen Blättern* seine Aphorismenfolge »Stimme gegen Barbaropa«, und Max Scheler veröffentlichte hier in Fortsetzungen seinen Essay »Europa und der Krieg«. Scheler orientierte sich dabei an dem, was Nietzsche in der Vision vom »guten Europäer« als Alternative zum Nationalismus der europäischen Einzelstaaten angeboten hatte. Originell waren seine Ausführungen nicht, und die Einwände, die sich gegen Nietzsche vorbringen lassen, können auch gegen ihn erhoben werden.

1916 publizierte Schickele selbst einen Europa-Essay in den *Weißen Blättern*. Wie Lions Artikel enthielt auch sein Beitrag eine Klage über die »Millionen Toten« (2) und den »Massenmord« im Kriege (9). Sein Angriff war gegen die politische Propaganda in den sich befehdenden Ländern gerichtet. An den schauerlichen Berichten über die deutschen Kriegsziele in Frankreich und die französischen Nachkriegspläne in Deutschland sei kein wahres Wort. Um einen Eroberungskrieg mit Unterjochungsabsichten habe es sich von Anfang an nicht gehandelt. Nach Schickeles Meinung kämpften die Völker lediglich »um ihre Selbstbehauptung« (1). Diese Selbstbehauptung sei allerdings mit einem Dominanzstreben verbunden. Jedes der beteiligten Länder (besonders Frankreich und Deutschland) fühle sich nämlich vom Glauben an seine Berufung durchdrungen, »allein die gemeinsamen Ideale zu verwirklichen« (2). Diese gemeinsamen Ideale würden in allen öffentlichen und privaten Zeugnissen, die ihn aus den verschiedenen Ländern erreicht hätten, gleich lauten. Die »Kriegsberichte aus den feindlichen Ländern« zeugten »von einer erstaunlichen Übereinstimmung«, und die »Gedankengänge der kämpfenden Soldaten« hätten »einander sinngemäß« gedeckt: Der »Deutsche«, stellte Schickele fest, »empfand wie der Franzose, ein Russe wie ein Österreicher« (10). Angestrebt werde überall ein freieres, gerechteres, friedlicheres, kooperativeres Europa. Schickele brachte die Paradoxie der

Kriegssituation so auf den Nenner: »Nie hat ein einigeres Europa bestanden, nie war die Solidarität der Völker, die sich zu zerfleischen suchen, so groß.« Der Irrtum der Nationen beruhe auf der jeweiligen fixen Idee, daß es nur »*einen* Vollstrecker dieser Ideen, *einen* Verwalter dieser Ideale« geben könne, der selbstverständlich ihre eigene Regierung sein müsse (2). Ein gut Teil Schuld an dieser nationalistischen Verblendung über das europäische Sendungs- und Führungsbewußtsein in den einzelnen Staaten schrieb Schickele nationalistisch-kriegsfreudigen Schriftstellern wie Barrès, Kipling, D'Annunzio und Walter Bloem zu, und er gab seiner Hoffnung Ausdruck, daß die Völker »über kurz oder lang die Entbehrlichkeit solcher geistigen Führer« einsehen möchten (21).

Zu diesen patriotischen Poeten hatten in der ersten Kriegsphase auch Hugo von Hofmannsthal und Rudolf Borchardt gehört, doch war deren Kriegsbejahung allmählich einer Verzweiflung über die Selbstzerstörung des Kontinents gewichen. Zum 31. März 1917 (Ostersonntag) war Hofmannsthal nach Bern zu einem Vortrag über »Die Idee Europa« eingeladen worden. Die Schweiz war nach wie vor der geeignete Ort, um Themen zu diskutieren, welche die Grenzen nationaler Belange und Interessen transzendierten. Ulrich Ott und Horst Weber berichten, daß der Autor damals das ihm gestellte Vortragsthema mit seinem Freund Borchardt in Berlin diskutierte, der Hofmannsthal eine Skizze an die Hand gab, die Borchardts eigene Auffassungen spiegelten. Von den Ideen aus seinen Reden von 1916 in Skandinavien, die Hofmannsthal mit in die Diskussion einbrachte, ist in Borchardts Darstellung kaum noch etwas zu erkennen. (Hofmannsthals Notizen zu den Vorträgen in Skandinavien waren, wie Bernhard Blume gezeigt hat, ihrerseits Friedrich Gundolf verpflichtet.)

So kam es, daß Borchardts Skizze »Gedanken über Schicksal und Aussicht des europäischen Begriffs am Ende des Weltkrieges« weitgehend übereinstimmte mit Hofmannsthals Notizen »Die Idee Europa«. (Offensichtlich glaubte Borchardt, daß der Krieg Anfang 1917 bereits in sein Endstadium getreten sei.) Borchardt war in Königsberg geboren, hatte seine Kindheit in Moskau verbracht, besuchte als Heranwachsender das Französische Gymnasium in Ber-

lin, studierte anschließend Theologie, Archäologie und Alt-
philologie in Berlin, Bonn und Göttingen, reiste viel und
lebte drei Jahre in Italien. In der Zeit vor dem Ersten Weltkrieg wurden seine neoromantischen Gedichte gelesen und
bewundert. Als er mit Hofmannsthal den Europa-Vortrag
diskutierte, war er aktiver deutscher Offizier. Ähnlich wie
Lion fragte auch Borchardt nach dem Gemeinsamen in der
europäischen Kultur. Für ihn verdeutlichte der Krieg eine
fundamentale Krise des Kontinents. In einem Rückblick
suchte er nach Parallelen in der Geschichte für einen solchen Zusammenfall von großem Krieg und radikaler Krise.
Anders als Lion betrachtete der Autor die Antike als Teil der
europäischen Geschichte. Den Peloponnesischen Krieg der
hellenischen Welt, die cäsarische Krise Roms, Luthers Reformation und die Französische Revolution sah er in Analogie zu den Umbrüchen seiner Gegenwart. Jede dieser
Krisen habe das Ende eines Stadiums der europäischen
Kultur bedeutet: der Blütezeit attischer Polis-Zivilisation,
der römischen Republik, des mittelalterlichen Papats und
des Absolutismus im Sinne des alten Regimes (325). In der
Krise selbst können zwar der Zerfall und die Zerstörung
des Überlieferten diagnostiziert werden, doch sei das Neue
in seiner Tragweite und seinen Formen nur schwer zu
erkennen. Durch die Analogien wurde deutlich, daß der
Autor den Krieg als Zeitbruch erlebte. Borchardt verfiel
angesichts dieser Geschichtsvergleiche keineswegs in Pessimismus. Dem Ende einer sich überlebenden Phase habe
stets der hoffnungsvolle Beginn einer neuen Ära entsprochen. In jedem großen Zeitalter nämlich gäbe es etwas
Fundamentales, ein Bindendes, ein »heiliges Gut«, für das
der Autor – wie vorher bereits Heinrich Mann – den Begriff
der »Gemeinbürgschaft« benutzte. Das Kennzeichnende
Europas bestehe darin, daß diese Gemeinbürgschaft nicht
»rassenmäßig-ethnisch« (326) faßbar sei, sondern einer Idee
entspreche, von der angenommen werde, daß sie universalistische Gültigkeit habe. Europäische Kultur sei immer mit
dem Anspruch auf allgemeine Geltung aufgetreten, weshalb ihr immer die Idee des Missionarischen inhärent gewesen sei. Für die Zeit seit dem Mittelalter erkannte Borchardt vier verschiedene, jeweils als »missio« zu verstehen-
de Gemeinbürgschaften in Europa: erstens die Utopie der

Civitas Dei unter dem Papat der Kreuzzugsepoche; zweitens die Vorstellung von der *höheren geistigen Existenz* in der Gelehrtenrepublik der Renaissance; drittens die Idee der *Toleranz* und der Humanität zur Goethe-Zeit und viertens das *Modell der Weltwohlfahrt*, das seit dem 19. Jahrhundert in Europa beziehungsweise der westlichen Welt allgemein Zustimmung finde (327–329). Gegen die letztere Idee von Wohlfahrt und Sekurität wandte Borchardt kritisch ein, daß es sich ihres Opportunitätscharakters wegen nicht mehr um eine Gemeinbürgschaft im alten Sinne eines »Heiligtums« (331) handle; ihr fehle die universalistische Verbindlichkeit. Das 19. Jahrhundert habe weder im Kulturellen noch im Politischen gültige Definitionen des Begriffs Europa zustande gebracht. Auf dem Gebiet der Politik seien sowohl die »vergewaltigende napoleonische Skizze einer Vereinheitlichung des europäischen Ländergebietes« wie auch Metternichs »Europäisches Konzert« kurzfristige Behelfskonstruktionen ohne Prägekraft für die Zukunft gewesen (329).

Was also stellte nach Borchardt die europäische Gemeinbürgschaft der Gegenwart vor, die mit dem Ende des Krieges die Grundlage für den Aufbau einer neuen kontinentalen Kultur abgeben sollte? Mit dem Hinweis auf »die stille Gemeinde« fiel die Antwort etwas allzu kleindimensioniert und nicht überzeugend aus. Vielleicht schlug sich die Defensivstimmung im deutschen Generalstab, für den Borchardt arbeitete, in seinem Essay nieder. Er tröstete sich nämlich mit dem Gedanken an »die Reste der alten europäischen Gesellschaft«, die sich in die »Verbindung von Individuen« gerettet habe. Diese Assoziation stelle eine »stille Gemeinde« dar, »in der die letzte Phase des Begriffs Europa sich verteidigt und vertieft«. Die »äußere Unscheinbarkeit« und die »Öffentlichkeits*scheu*« dieser Gruppe von Stillen im Lande sollten nicht darüber hinwegtäuschen, daß sie Träger des »Charismas der Gemeinbürgschaft« seien, daß bei ihnen »allein Europa als die geistige Grundfeste des Planeten empfunden« werde, daß nur bei ihnen »das Europäische als absoluter Maßstab« gelte. Was die nähere Beschreibung dieser »stillen Gemeinde« als Gralshüter europäischer Gemeinbürgschaft betraf, so blieb es bei Andeutungen. Da ist etwas vage von jenen Kulturresiduen die Rede, die zu tun haben mit »Reisen«, mit der »Vielsprachigkeit der höheren Lebenskreise«, mit »Ehen des europäischen Adels«, mit der »Katholizität der großen europäischen Schriftsteller und Künstler«, mit dem »Magnetismus der alten europäischen Metropolen«, mit den »völkerversammelnden Traditionen von Ländern wie Italien und der Schweiz« (332). Nicht viel deutlicher wird das Bild von der »stillen Gemeinde«, wenn ihre potentiellen Mitglieder bezeichnet werden als jene »Tausende latenter schlafender Moleküle des Europäisch-Bewußten«, als jene »Vereinzelten«, die »alle durch den Krieg aufs furchtbarste getroffen« seien. Nicht gemeint jedenfalls sind die nietzscheanischen Anhänger der Idee vom »guten Europäer«. Als »brüchige Natur und Selbstverzehrer« habe Nietzsche »kein Vollbild seiner Vision Europas erzeugen« können, »weil er sich auf Europa *zurückzieht* statt sich in Europa zu *erweitern*« (333). Durch Rückzugsstrategien scheint mir aber auch die Vorstellung von der »stillen Gemeinde« geprägt zu sein.

Deutlicher als durch positive Beschreibungen wurde deren Wertsystem durch Konfrontation mit seinem negativen Gegenbild, das Borchardt von ihr entwarf. »Äußerstes Extrem zu diesen das Europäische bewahrenden und weiterbildenden Kräften« sei nämlich der »weltbeherrschende Mammon«, der »jede geistige Macht der Welt« zu kaufen versuche (333) und bereits »Wissenschaft und Kunst« wie ein Werkzeug gebrauche (334). Die neue europäische Kulturepoche nach dem Kriege werde nicht dem Materialismus, sondern der Seele, dem Individuum gehören. Erneut stützte Borchardt seine Vermutung durch eine Geschichtsanalogie. »Es ist unausbleiblich«, meinte er, »daß dem Kriege eine neue Epoche der Seele folgt, wie im Pietismus hinter dem dreißigjährigen Kriege eine neue Welt des Inneren entdeckt wird« (334).

Hier irrte Borchardt; ein großer Prophet war er nicht. Das Kriegsende brachte Zerrüttung und Verrohung statt eine Kultur der Stillen; Materialismus statt Pietismus und Vermassung statt Individualismus. Die Identifizierung des »eigentlich« Europäischen mit Seelenfrömmigkeit und des »Uneuropäischen« mit »Mammonismus« war unter den Vertretern der Neoromantik gängiges Mittel eines dualistischen kulturkritischen Kontrastprogramms, das sich als untauglich zur Erfassung europäischer Wirklichkeiten erwies.

Hofmannsthal übernahm für seine Rede das meiste aus Borchardts Konzept und zitierte ihn häufig wörtlich. Hie und da kürzte oder erweiterte er die Vorlage und setzte andere Akzente. Am Ende seiner Ansprache fügte der höfliche österreichische Autor noch eine Verbeugung vor seinen Schweizer Gastgebern an, wenn er die Eidgenossenschaft als europäische »Brücke zwischen Nord und Süd und West und Ost« und als »altes Bollwerk der Freiheit« feierte. Auch bewunderte er den Idealismus der Gastgeber, denn in der Schweiz habe »immer das aus der Menschenbrust offenbarte Ewige zuhöchst gegolten« und sei »nie der Götzendienst der Zahlen« (53) getrieben worden – was eventuell anwesende Bankiers und Industrielle unter den Zuhörern sicher gerne vernahmen, wenn ihnen zu der frommen Botschaft auch der entsprechende Glaube gefehlt haben mag. Aber auch Österreich wurde abschließend mit einem Lob bedacht, das dem preußischen Offizier Borchardt nicht eingefallen wäre. Österreich nämlich sei identisch mit »tausendjährigem Ringen um Europa, tausendjähriger Sendung durch Europa, tausendjährigem Glauben an Europa« (54). Daß Hofmannsthal diesen Satz nicht lediglich als hyperbolisch-rhetorische Schlußwendung verstand, sondern von der speziellen Mission Österreichs in Europa überzeugt war, wurde deutlich, als er am 2. Dezember 1917 in der *Neuen Zürcher Zeitung* den kleinen Essay »Die österreichische Idee« veröffentlichte. Hier wies der Autor hin auf die reiche historische Erfahrung des Landes von der Römerzeit über das Mittelalter bis zur Neuzeit, auf die für das künftige Europa wichtige Erfahrung des Vielvölkerstaates und schließlich auf die Rolle der Donaumonarchie als Verbindungsglied zwischen Okzident und Orient.

In einem wesentlichen Punkt wich Hofmannsthal von der so freundlich ihm überlassenen Vorlage ab: in seiner Entdeckung Asiens als der großen Alternative zu Europa. Hofmannsthal schwärmte wie Borchardt von der »stillen Gemeinde« (53), in der europäische Werte bis zur nächsten Entfaltung überwintern könnten. Wie Borchardt mißtraute Hofmannsthal einer Änderung Europas zum Besseren mittels Politik. Für die Nachkriegszeit erwartete er »nicht eine

Konföderation, nicht die permanente Konferenz«. Eine Wandlung, die das »maßlose Leid«, das »Meer von Blut und Tränen« in Zukunft verhindern werde, sei nur vom Individuum her zu erwarten, von »einem neuen europäischen Ich«, von »einem geänderten Verhältnis des Ich zum Dasein, zum Geld«. Die geistige Ausrichtung dieser stillen Individualisten sah Hofmannsthal anders als sein Freund. Als »Stigma Europas« brandmarkte Hofmannsthal das Streben der Europäer danach, »die Mittel, nicht das Ziel des Daseins zu suchen« (52). Die Kluft, die Borchardt zwischen dem Europäischen und dem Uneuropäischen sich weiten sah, betrachtete Hofmannsthal als die Differenz zwischen Europa und Asien: Asien sei für Europa das ganz andere, von dem Hoffnung auf Erneuerung ausgehe. Der Autor hatte, wie Hartmut Zelinsky gezeigt hat, bereits in den Jahren um 1910 an der verbreiteten Hinwendung zur asiatischen Kultur teilgenommen. Jetzt besann er sich erneut auf das Licht des Denkens, das im Osten aufging. Dabei verwies er auf Leben und Werk des Lafcadio Hearn. Hearn, Sohn eines Iren und einer griechischen Mutter, war in Griechenland geboren worden, genoß eine Erziehung in Frankreich und England, wanderte als Neunzehnjähriger nach Amerika aus, schlug sich dort zwei Jahrzehnte als Journalist durch und wurde 1890 als Berichterstatter für *Harper's Magazine* nach Japan geschickt. Hier entdeckte er die japanische Kultur, wurde ein vorzüglicher Japanologe und versuchte in zahlreichen Schriften dem Westen japanisches Wesen zu erklären und nahezubringen. Dabei wollte er, wie Jonathan Cott zeigt, die Überlegenheit asiatischen Denkens und Verhaltens gegenüber dem europäischen beziehungsweise amerikanischen herausstellen. Hofmannsthal fand bei Hearn bestätigt, was er in seiner eigenen Kulturkritik als das »Grauen vor Europa«, vor dem »Mechanismus« und »Merkantilismus«, vor dem »Maschinellen« und »Funktionellen« umschrieben hatte, und er begeisterte sich an dem »menschlichen Verkehr« im Fernen Osten. In seinem »Blick auf Asien« verklärte sich dieser Erdteil zum »Paradies«. Wie Friedrich Schlegel mehr als ein Jahrhundert zuvor schwärmte Hofmannsthal davon, daß Asien das Recht der »Erstgeburt des religiösen Denkens« für sich beanspruchen könne und daß jener Kontinent noch »seiner Einheit bewußt« sei, einer Einheit, die in Europa nicht mehr existiere (51).

III.

Hofmannsthals Abweichung von Borchardts Vorlage bedeutete den Rekurs auf einen überholten romantischen Orientalismus. Erneut hatte der Ferne Osten wie ein exotisches Arkadien die Projektionsfläche für westliche Selbstdefinitionen und hehre Utopien von Humanität abzugeben, als der Autor die »stille Gemeinde« der Individuen aufforderte, ihr europäisches, kriegszermartertes Ich durch das Studium asiatischen Denkens und Dichtens zu heilen. Hatte Borchardt für europäische Selbsthilfe beim Weg aus der Kulturkrise plädiert, forderte sein Freund aus Rodaun seelische Medizin aus Asien an. Einige Monate nach seinem Berner Vortrag las Hofmannsthal das gerade erschienene Buch *Die Krisis der europaeischen Kultur* von Rudolf Pannwitz. Nach der Lektüre geschah, wie Werner Volke und Hartmut Zelinsky berichten, etwas für Hofmannsthal ganz Untypisches: Spontan öffnete er sich dem unbekannten Autor und warb um sein Vertrauen, bekannte ihm, daß er in dessen Buch den Kern seiner ganz persönlichen Gedanken und Absichten ausgedrückt fand. Gleich zwei Briefe schrieb Hofmannsthal Ende Juli und Anfang August 1917 aus Bad Aussee an Pannwitz. In ihnen strich er begeistert und leidenschaftlich die Gleichgerichtetheit seiner Auffassungen heraus. Auch in der Korrespondenz mit alten Freunden bekannte Hofmannsthal wenig später, daß ihm die Schrift von Pannwitz das stärkste geistige Erlebnis seines Lebens vermittelt habe.

Pannwitz war sieben Jahre jünger als Hofmannsthal, stammte aus Crossen an der Oder, hatte in Berlin und Marburg Philologie (unter anderem Sanskrit) und Philosophie studiert. Seine Anfänge als Dichter waren weniger glänzend als die von Hofmannsthal/Loris, doch war sein Name in Schriftstellerkreisen nicht unbekannt. 1904 hatte er in Berlin gemeinsam mit Otto zur Linde die antirealistische Dichtergruppe »Charon« mit der gleichnamigen exklusiven Zeitschrift gegründet. Zwischen 1902 und 1906 versuchte er sich mit nicht gerade durchschlagendem Erfolg auf den Gebieten des Epos, des Dramas, der Novelle und des Essays. Um sein Leben zu fristen, arbeitete er in Berlin als Privatlehrer, unter anderem im Haus des Soziologen Georg Simmel. In den folgenden Jahren verfaßte er eine Reihe von pädagogischen Schriften. Sein philosophisch-essayistisches Buch *Die Krisis der europaeischen Kultur* war das erste Werk, mit dem er einer größeren Öffentlichkeit bekannt wurde. Vom Militärdienst befreit, hatte Pannwitz sein Geisteskind in privater Friedensruhe neun Monate lang, von Ende 1915 bis zum Sommer 1916, austragen können. Als der Schreibtischsprößling das Licht der Welt erblickte, fühlte sein Erzeuger sich selbst wie neugeboren. Pannwitz war jetzt erfüllt von Sendungsbewußtsein, empfand sich, wie Alfred Guth zeigt, als Prophet der europäischen Krise, als Fortsetzer Nietzsches, weil er das Rezept zur Überwindung des Nihilismus glaubte gefunden zu haben. Seine Schrift war zum einen darauf abgestellt, zur Versöhnung der kriegführenden europäischen Länder untereinander beizutragen, zum anderen, den Europäern anzuraten, die Krise der Gegenwart dadurch zu überwinden, indem sie sich die Kultur Asiens aneignen.

Was die innereuropäische Entwicklung betraf, glaubte Pannwitz, daß im Lauf der Geschichte immer neue Länder des Kontinents die kulturelle Führung in Europa übernommen hätten. Dazu schrieb er: »die europäische blüte ist gewandert von griechenland nach rom von rom nach italien von italien nach frankreich von frankreich nach england von england nach deutschland [...]. was jede gewonnen hat oder gewesen ist bleibt unverlierbar notwendig für eine volle europäische renaissance sollte diese einmal beschieden sein« (36 f.). (Zu seinem besonderen, betont elitären Stil gehörte damals, daß er sich der Kleinschreibung bediente und die Regeln der Interpunktion außer acht ließ.) Über die diversen Blütephasen in den unterschiedlichen Nationen hatte Pannwitz nur Gutes zu sagen. Seine positiven Ausführungen über Frankreich und England konnten als Mittel gegen den Völkerhaß wirken, der von der Kriegspropaganda geschürt wurde. Darüber, daß er den Krieg verurteilte, ließ Pannwitz keinen Zweifel aufkommen. Er sprach von der »verpöbelung«, die er mit sich bringe, von der »hoffnungslosen vergiessung des letzten bluts unter heroismus und hysterie« (76). Der deutschen Entwicklung gegenüber war Pannwitz eher skeptisch. Für verhängnisvoll hielt er, daß in Deutschland die politische und die kulturelle Entfaltung – im Gegensatz zu anderen Ländern – nicht parallel, sondern eher konträr zu verlaufen pflegte (43). Pannwitz war überzeugt, daß die europäische Kultur sich immer nur in einzelnen Nationen zu neuen Höhepunkten aufschwingen könne. Von einer »europäischen staatengenossenschaft« hielt er deshalb nichts; die sei »so widernatürlich und unwahr wie eine erde ohne schwerpunkt oder ein mensch ohne herz« (47). Auch global gelte die gleiche Gesetzlichkeit von der Nation als Kulturträger. Sich der Terminologie Hegels bedienend, diagnostizierte und prophezeite er: »der weltgeist ist englisch geworden und steht im vorbeigehn amerikanisch werdend im begriffe deutsch zu werden er wird zuletzt japanisch werden oder im günstigen falle vorher auf eine napoleonische galgenfrist russisch« (192). Bei früheren europäischen Krisen, stellte Pannwitz fest, habe man hoffnungsvoll über den Atlantik nach Amerika geschaut. Die Zeiten seien vorbei. Amerika sei nichts als eine »robinsonade groszen stils«. Die Ablehnung Amerikas als Alternative zu Europa begründete er so: »amerika ist der versuch einer neuen welt auf neuem boden sogar eines neuen menschen. aber von der alten kultur ist zuviel und zuwenig herüber genommen zuviel des damals bestehenden auflösungzustandes dessen zwischenbildungen ja noch heut bei uns allgemein als neue werte gelten zuwenig der unersetzlichen geschichtlichen schichten und tiefen ohne die nie eine fruchtbarkeit auch im jungfräulichen boden geschweige eine vollendung und klassik ist« (198). Konsequenterweise folgerte Pannwitz: »einen ausweg aus der krisis der europäischen kultur auf irgend einem begangnen wege gibt es nicht mehr« (226). Europa müsse sich als Ganzes erstmals in seiner Geschichte völlig der Weisheit Asiens, das heißt den Lehren Konfuzius', Laotses und Buddhas öffnen. In diesem Zusammenhang lobte Pannwitz als Philologe die Übersetzung der Reden Buddhas durch Karl Eugen Neumann und verurteilte aufs schärfste die Laotse- und Konfuzius-Übertragungen von Richard Wilhelm (228).

Um zu verdeutlichen, was die neue Zielsetzung Europas sein müsse, verfuhr auch Pannwitz nach dem beliebten Schema der Kulturkomparatistik. Aus der langen Liste seiner Asien-Europa-Vergleiche seien einige besonders prägnant formulierte herausgegriffen: »dort die obersten werte heroisch priesterlich: hier die obersten werte heroisch kriegerisch«, »dort die hinnahme gegebener welten und werte: hier die hervorbringung von grundsätzlich neuem aus physis und psyche«, »dort wenige lebensgesetze ganz ausgeschöpft einheitlich richtig aber einzeln gewaltsam angewendet: hier zahllose lebensformen einzeln anschmiegend erkannt aber uneinheitlich gekittet und nie ausgeschöpft« (234). Was Pannwitz anstrebte, war die vollständige Reversion eines kulturellen Prozesses, den er im Verhältnis des Menschen zum Kosmos zentriert sah und so beschrieb: »das heutige europäische und weltethos vielmehr sein fehlen und sein surrogat ergibt sich aus dem heutigen verhältnis zum kosmos. auf die kosmische vollkommene einheit (altorientalischer astralkosmos) ist die logische geglaubte einheit gefolgt (sokrates–platon dialektische metaphysik) auf die logische geglaubte einheit die ergiebigste recheneinheit (empirismus plus kant also höhere und angewandte wissenschaft exakte mystik und ethische nationalökonomie). das ist der weg vom astralkosmos bis zur thermodynamik und sozialpsychologie sein ziel die moderne weltanschauung oder die immoralität und die impotenz des denkens selbst« (237). Die Weisheit Asiens zeige den Weg zum Ursprung des Astralkosmos als Anker kultureller Einheit zurück, und dieser Weg müsse von den verirrten Europäern wiedergefunden werden; nur er führe aus der Krise heraus.

Hofmannsthals Begeisterung war verständlich: Sie hatte zu tun mit der Tatsache, daß er sein Ich im andern, seine persönlichen Lieblingsvorstellungen bei Pannwitz ausführlich begründet fand. Auch Hofmannsthal war für die Versöhnung der kriegführenden Länder, auch er glaubte an die Nationen als Träger der Blütezeiten europäischer Kultur, auch er verhielt sich reserviert gegenüber den politischen Entwicklungen in Deutschland, auch er mochte nichts von einer politischen Einigung Europas wissen, auch er lehnte eine amerikanische Lösung der europäischen Krise ab, auch er dachte in dem gleichen geistesgeschichtlich-idealistischen Gegensatzschema von Europa und Asien, und auch er glaubte das Heil in der Rückkehr zu einer kulturellen Einheit zu erkennen, wie sie in Asien angeblich noch vorhanden war. Die Freundschaft zwischen den beiden Schriftstellern war jedoch nicht von Dauer. Im Jahr darauf nämlich publizierte Pannwitz ein Europa-Buch, in dem er auf die asiatischen Weisheitsmittel zur Kurierung des kranken Europas nicht mehr zu sprechen kam. Auf diese Studie wird am Schluß des Kapitels eingegangen werden.

Fast identische Äußerungen zum Thema wie in *Die Krisis der europaeischen Kultur* fanden sich in dem Buch *Europa und Asien* von Theodor Lessing. Lessing, geboren in Anderten bei Hannover, hatte einen vergleichbaren Weg wie Pannwitz vom Dichter zum Kulturphilosophen zurückgelegt. In den Jahren vor dem Weltkrieg veröffentlichte der Autor mehrere Bände mit Gedichten und Dramen sowie mit theaterkritischen und kunstphilosophischen Essays. Berühmt geworden war er 1916 mit der Veröffentlichung seines geschichtstheoretischen Werkes *Geschichte als Sinngebung des Sinnlosen*. Im Herbst 1914 hatte er in Hannover einen Vortrag zum Thema »Europa und Asien« gehalten, aus dem das vier Jahre später veröffentlichte Buch hervorging. Wie Pannwitz war Lessing durch die Asienbegeisterung der Vorkriegsjahre in seiner Kritik an Europa angeregt und bestätigt worden. Auch diese Schrift war also Produkt des europäischen Selbstzweifels, der sich durch den Ausbruch des Krieges zur grundsätzlichen Abrechnung mit europäischen Wertvorstellungen steigerte. Gleichzeitig als Pamphlet gegen die Kriegstreiberei gedacht, griff Lessing Wissenschaftler und Dichter, die sich an ihr beteiligt hatten, an als »die Esprit- und Kultur-Huren« der »sogenannten Geistesgeschichte« (127). Nach dem »Weltbrand«, so glaubte der Autor, werde auf den »Trümmern Europas« das »Traumland der Bruderliebe« erblühen, »davon Buddha sagt« (10). Wenn man die Welt mit einem Körper vergleiche, stelle Europa das »Gehirn« (9), das »Bewußtsein« (13) dar. Die europäische Kultur des Intellekts habe sich zu ihrem Schaden losgelöst vom »unermeßlichen Leben« (14) und dem »Naturzusammenhange« Asiens (15). Ähnlich wie Pannwitz und die Orient-Enthusiasten der Vorkriegszeit assoziierte Lessing mit Europa Logik, Maschine, Sachlichkeit und Nützlichkeit, mit Asien dagegen Wesen, Seele, Tiefsinn und Frömmigkeit. Lessing differenzierte bei seinen Ausführungen über asiatische Religionen und Philosophien stärker als Pannwitz zwischen Brahmanismus, Buddhismus, Schintoismus und Islam und warnte vor einer »falschen Verallgemeinerung« (17). Nichtsdestoweniger ging auch er von einem Europa-Asien-Schema aus, das innereuropäische beziehungsweise innerasiatische Unterschiede weitgehend unberücksichtigt ließ. Zu seiner antipropagandistischen Strategie gehörte, daß er Vorurteile wie jene von der »gelben Gefahr« widerlegte und darauf verwies, daß man mit mehr Recht angesichts der Beherrschung der Welt durch Europa von einer »Weißen Gefahr« sprechen könne (26). Mit Arthur Schopenhauer stimmte er darin überein, daß die Europäer nicht den christlichen Glauben in Asien verbreiten sollten, sondern daß umgekehrt buddhistische Mönche mit ihrer überlegenen Religion den Okzident missionieren müßten (23). Lessing lehnte jeden Eurozentrismus ab und stellte westliche Leitideen wie die von der Entwicklung im Sinne des Fortschritts von Freiheit in Frage, wobei er eine dezidiert antihegelianische Position einnahm (26). Leider machten sich nach Lessing auch bereits in Asien die negativen Folgen der Verwestlichung bemerkbar. Japan nannte er »das England Asiens«, das sich »mit gewaltsamer, ja fast grauenerregender Schnelligkeit den europäischen *Fortschrittsidealen*« anpasse. In seine fundamentale Kritik schloß er auch die Ablehnung des Christentums mit ein. »Es besteht kein Zweifel«, schrieb er, »daß erst die christliche Welt alle beschaulich-religiösen Lebensideale der Vorzeit mehr und mehr zugunsten praktisch-sozialer Ziele umgemodelt hat« (46). Christentum und Heuchelei seien untrennbar aneinander gekoppelt. »Würde nämlich«, argumentierte Lessing, »der Europäer mit seinen *religiösen* Idealen auch im politischen Leben letzten Ernst machen, dann wäre es mit seiner Macht [...] vorbei« (56 f.). Das »praktische, wirtschaftliche Leben« in Europa sei »ein ewiger Hohn« auf die Ideale des Christentums (57).

Weitsichtiger als Pannwitz sah Lessing bereits die globale Umweltzerstörung voraus, falls Europa sich nicht in seinen Denk-, Empfindungs- und Verhaltensweisen ändern werde. »Ganze Tierarten«, prophezeite er, »werden in 50 Jahren von den Europäern ausgerottet sein« (70). Auch wies er auf die »Grausamkeit unserer Zoologischen Gärten« hin (71). »Wer es fertig brächte«, schrieb Lessing, »den Menschen von Fleisch, Alkohol, Nikotin ganz zu entwöhnen, hätte für die Auferhöhung des Typus Mensch soviel getan, wie Sokrates und Jesus« (70). »Der Buddhist«, so belehrte er seine Leser, »darf weder Tierfleisch als Nahrung genießen, noch tierische Produkte wie Felle und Leder verwenden« (69). »Die halbe Natur der Erde«, fügte er hinzu, »würde erlöst aufatmen, wenn die sogenannte Kultur unterginge« (71).

Pannwitz hatte bei der Vermittlung asiatischer Kultur in Europa nur Bücher beziehungsweise gute Übersetzungen im Kopf. Lessing reichte das nicht aus. Er dachte an zwei Völker, die besonders geeignet wären, die Verbindung zwischen Europa und Asien in Gang zu bringen beziehungsweise zu intensivieren. Dazu schrieb er: »Parsen und Juden bilden einen Mittler- und Vermittlerwert zwischen asiatischer und europäischer Geistigkeit, jene von Asien nach Europa, diese von Europa nach Asien die Brücke bauend« (78). Mit seinem Buch *Europa und Asien* schien Lessing als Jude selbst ein Beispiel für diese Mittlertätigkeit geben zu wollen. Er strebte eine echte Vermittlung von europäischer und asiatischer Kultur an, das heißt es ging ihm nicht um das totale Aufgehen Europas in Asien (wie umgekehrt selbstverständlich auch nicht um eine völlige Europäisierung Asiens). Es war ihm um eine Synthese, um – wie er es nannte – »den *dritten* Weg« zu tun, in dem der asiatische »Mythos« wie das europäische »Ethos« zu ihrem Recht kommen sollten. Diese Theorie von der Kultursymbiose, vom dritten Weg als »*Europas Weg*« (123) war sicherlich der Diskussion wert und klang zu ihrer Zeit nicht unplausibel.

Wenn Lessing aber mit praktischen Vorschlägen aufwartete, um die Richtung des dritten Weges ins asiatisierte humanere, schönere, bessere Europa der Zukunft anzudeuten, verhedderte er sich in fatale Widersprüche. Nicht einsichtig war vor allem, was an diesen Ideen dem Denken Asiens zu verdanken wäre. Seinem Wunsch nach der »Freiheit der Frau« war nur zuzustimmen, doch hatte er dabei wohl kaum die Lebensbedingungen der Frauen Asiens als vorbildlich im Sinn. Einiges klang harmlos, aber nicht gerade zukunftsträchtig, etwa die »Förderung aller Kleinstaaterei«, womit er implizit der Idee einer politischen Vereinigung des Kontinents eine Absage erteilte. Eigenartig und etwas rätselhaft mutete sein Eintreten für »alle sektirerischen Aristokratien« (124) auf dem Kontinent an, wobei er gleichzeitig zum »Kampf gegen Kapital und Mammonismus in jeder [...] Form« aufrief (125) und für die »*Sozialisierung* Europas« (124) eintrat. Inhuman aber wurden seine Vorschläge, wenn er die Einführung einer »biologischen Politik« befürwortete, zu deren Maßnahmen er die »Ausmerzung der heillos kranken, defekten, verbrecherischen, parasitären Existenzen; sei es durch Tötung, sei es durch Kastration« zählte (124 f.). Wenn die Vermenschlichung Europas auf die Einführung des Euthanasieprogramms hinauslief, stimmte etwas nicht mit Lessings Dritter-Weg-Symbiose. Zwischen der Kulturkritik des Autors mit ihren berechtigten Hinweisen auf Fehlentwicklungen beziehungsweise Widersprüche in der Kultur Europas und seinen konkreten Anweisungen zum seligen europäisch-asiatischen Leben klafften Abgründe. Die Nationalsozialisten kamen später bei der Einführung ihrer »biologischen Politik« samt kriminellen Euthanasiemaßnahmen ganz ohne Absicherung durch asiatische Anschauungen aus. Und Lessing erklärten sie, da er Jude war und die Hitler-Partei öffentlich angegriffen hatte, zu einem ihrer Todfeinde. Vor Verbrechen bei der Ausschaltung ihrer Gegner schreckten die Nationalsozialisten auch in seinem Fall nicht zurück: Sie ermordeten ihn am 30. August 1933, als er sich bereits im tschechoslowakischen Marienbad im Exil befand.

Ein ganzes Ideenreservoir für die spätere Expansionspolitik Hitlers gab 1915 ein Werk ab, das in Deutschland bei seinem Erscheinen ein sensationeller Publikumserfolg wurde: Friedrich Naumanns Buch *Mitteleuropa*. Der 1860 geborene Naumann, von Haus aus evangelischer Theologe aus Sachsen, war ein liberaler und demokratisch gesinnter Politiker (weswegen heute die FDP-Stiftung seinen Namen trägt), der sich jedoch in der Außenpolitik auf eine kaiserlich-imperialistische Position festgelegt hatte. 1915 glaubte er wie die meisten seiner Landsleute an einen Sieg des deutschen Heeres, und er zerbrach sich den Kopf darüber, wie das siegreiche Deutschland seine Machtbasis in Europa ausweiten und sichern könne. Unter anderem griff er auf die Schriften Constantin Frantz' zurück, der 1879 in seinem Buch *Der Föderalismus* einen Plan für einen mitteleuropäischen Bund unter deutscher Führung ausgeheckt hatte. Naumann dachte an die Zusammenfassung des Deutschen Reiches und Österreich-Ungarns zu einem »Oberstaat«. Dieser »Bund Mitteleuropa« könne sich dann mit anderen Weltmächten wie den USA, England und Rußland vergleichen und würde sich von seinen Einkreisungsphobien befreien. Gedacht war das Staatsgebilde als Wirtschafts- und Heeresgemeinschaft; auch sollte eine gemeinsame Außenpolitik betrieben werden. Was die innenpolitische Verwaltung betraf, würde jedoch vieles beim alten bleiben. Nach dem Kriege plante man eine Ergänzung und Abrundung des Bundes durch Annexionen und neue koloniale Erwerbungen. Die Politiker und Wirtschaftsfachleute diskutierten den Plan in Österreich und Deutschland lebhaft, und Naumann mußte sein Konzept weiter erläutern in der neugegründeten Zeitschrift *Mitteleuropa*. Die Gemüter der Dichter erregte die Schrift jedoch so gut wie nicht. Ohne Naumanns Namen zu erwähnen, sprach Hofmannsthal in seinem 1917 geschriebenen kleinen Aufsatz »Die österreichische Idee« von »Mitteleuropa« ablehnend-distanziert als einem »Begriff der Praxis und des Tages«, dem, im Gegensatz zur österreichischen Idee, die historische Tiefendimension und die geschichtliche Bewährung fehle. Henry Cord Meyer weist darauf hin, daß der englische Autor Edward Phillips Oppenheim 1920 einen Kriminalroman *(The Great Impersonation)* veröffentlichte, in dessen Mittelpunkt eine deutsche Spionagegeschichte stand. Hier wurden jene Großmachtträume entfaltet, die explizit und implizit in Naumanns Mitteleuropa-Projekt entwickelt worden waren. Das Buch, einer der erfolgreichsten Kriminalromane der Literaturgeschichte, tat weit mehr für die internationale Verbreitung der Naumannschen Pläne als dessen eigene Schrift von 1915. Der Roman erlebte bis 1945 56 Auflagen und erfreute sich besonderer Beliebtheit, als Hitler 1939 seinen Eroberungskrieg begann und man in ihm den Vollstrecker der Naumannschen Pläne sah. Daß Hitlers Ehrgeiz weit über den des sächsischen Pfarrers hinausging, wußte man damals noch nicht.

Der einzige Schriftsteller, der während des Ersten Weltkriegs in einer Europa-Studie auf Naumanns Mitteleuropa-
Buch expressis verbis zu sprechen kam, war Pannwitz. Er
veröffentlichte im Oktober 1918, also kurz vor Kriegsende,
ein Buch mit dem Titel *Deutschland und Europa*. Darin wandte er sich gegen Naumanns »Viertelsverständnis von
Oesterreich«, gab zu bedenken, daß Deutschland und
Österreich einander sehr wenig kennen und daß die beiden
Länder »weder getrennt bleiben noch vereinigt werden«
können (49). Was immer Pannwitz mit der sibyllinischen
Formel von gleichzeitiger Trennung und Vereinigung gemeint haben mag, klar wurde, daß nach seiner Sicht der
Dinge die Donaumonarchie ein zu großes Eigengewicht
habe, als daß sie sich mit dem Deutschen Reich zu einem
Bund vereinigen ließe. Kurz vor Kriegsende hielt Pannwitz
fest, daß der danubische Vielvölkerstaat »eine geogra-
phisch-historische Notwendigkeit von alters her« sei und
sich »in irgend welchen neuen Formen immer wieder her-
stellen müsse«, auch wenn er in seiner »jetzigen Form aufgehoben werden sollte« (50). Pannwitz lehnte das Nau-
mann-Konzept ab. Damit vertrat er im Herbst 1918 keine
isolierte Position. Es war abzusehen, daß Deutschland den
Krieg verlieren und Österreich-Ungarn in seine Einzelteile
zerfallen werde, wodurch den mitteleuropäischen Welt-
machtplänen ein Ende gesetzt war. Nicht im Mitteleuropäischen Bund, sondern in der engen Allianz Großbritannien–
Deutschland sah Pannwitz die künftige Stabilität und
Prosperität Europas gesichert. England müsse seine antieuropäische und Deutschland seine antienglische Politik
aufgeben.

Hatte Naumann an die Europa-Ideen des späten Frantz
angeknüpft, griff Pannwitz – ob er es wußte oder nicht – auf
Pläne des jungen Frantz zurück. Der hatte 1859 in seinem
Buch *Untersuchungen über das Europäische Gleichgewicht* bereits die enge Kooperation Deutschlands mit England zu
Nutz und Frommen Gesamteuropas empfohlen, um diese
Ideen dann später zugunsten des Mitteleuropa-Konzepts
zu verabschieden. England, so hieß es bei Pannwitz, solle
die enge Bindung an die USA preisgeben und sich stärker
auf Europa konzentrieren. Orientiere sich Großbritannien
nicht um, stehe es in der Gefahr, von seiner eigenen ehe-

maligen Kolonie abhängig zu werden (4 f.). Die Allianz Deutschland–England sah Pannwitz als Zugpferd vor dem Wagen der wirtschaftlichen Vereinigung des Kontinents. Die beiden Länder seien »gleich mächtig, England durch lange Ueberlieferung, Deutschland durch rastlose Entwicklung« (35). Pannwitz vertrat mit seinem Plädoyer für die englisch-deutsche Verständigung die Gegenposition zu Gerhart Hauptmann, für den ein Bündnis mit der »anti-europäischen« Macht Großbritannien eine Sache der Unmöglichkeit gewesen wäre. Beim Gedanken an die britisch-deutsche Wunschkombination entdeckte der ehemals welt-flüchtige Laotse-Schwärmer Pannwitz den Imperialisten in sich. »Wirken Deutschland und England zusammen«, stellte der Autor triumphierend in Aussicht, »so sind sie unwiderstehlich und haben das Schicksal der Erde in ihrer Hand« (36). »England und Deutschland zusammen könnten« nach Pannwitz »ein Imperium Europaeum verwirklichen« (48). Die »englisch-deutsche Weltherrschaft« sei »erstrebenswert«, und »Deutschland so wenig wie England sollte zurückschrecken vor der Verführung zu einer ungeheuren Macht-Entfaltung« (37). Natürlich dämmerte auch Pannwitz, was für Mißbräuche mit einer solchen Machtanhäufung potentiell verbunden sein könnten. »Uns allen«, stellte er resigniert fest, fehle »jedes geistig-sittliche Prinzip« (39), fehle »eine leitende Idee und höhere Verbindung, ein Sinn, Weg und Ziel« (40). Pannwitz zeigte sich als Philosoph ratlos. Einerseits war vom In-die-Schule-Gehen der Europäer bei den Asiaten keine Rede mehr; andererseits aber hatte er die kritische Einstellung zum gegenwärtigen Europa und zu seinen Einzelstaaten nicht aufgegeben. Das derzeitige Deutschland betrachtete er keineswegs als »vorbildlichen Staat«. »Sein Fehler ist seine nackte Zweckhaftigkeit«, rügte der Autor (62). »Eine deutsche Idee« sei im wilhelminischen Kaiserreich nicht realisiert worden. Sie habe einmal in »Sehern wie Hölderlin oder Kleist« gedämmert und sei von einem einzigen gelebt worden, nämlich von Goethe (67). Das deutsche Kaiserreich sei aber nicht das Land Goethes.

Die Deutschlandschelte, mit der Pannwitz seine Landsleute beutelte, ist nach wie vor lesens- und beherzigenswert. »Der deutsche Mensch«, schimpfte er, »ist zu sehr

Parvenü. Er ist von schwerfälliger Natur, mit Fähigkeiten und Aufgaben überlastet, zu schnell gewachsen und noch nicht fertig. Sein Unglück war, dass er in eine hemmungslose politische Entwicklung geriet, bevor er als Typus sich ausbilden und mit Kultur sich durchdringen konnte.« Pannwitz nannte den Deutschen »ein Gemisch von Charakterlosigkeit und Charakterübertreibung«, bei dem »aus Schüchternheit Anmaszung, aus Nachgiebigkeit Rücksichtlosigkeit, aus Weichheit Schroffheit« folge (68). Er verlange »dauernd von sich ein Unerfüllbares und zerbricht dann an seinem Verantwortlichkeit-Gefühl« (69). Auch fürchte er, »wenn er sich natürlich benimmt, sich etwas zu vergeben«, und stelle »sich dar als den Kalten und Gleichgiltigen«. »Er lässt sich«, schloß er die Serie seiner Anwürfe, »zu lange beleidigen, sodass man glaubt, ihm alles bieten zu können. Er braust dann auf und handelt gewaltsam, sodass man ihn entweder für unkultiviert oder für tyrannisch hält« (70). Rußland sei in einer günstigeren Lage. Während den heutigen Deutschen Welten von Goethe trennten, empfinde der Russe der Gegenwart eine starke Affinität zur »russischen Idee«, wie sie sich »in Dostojewski krystallisiert«. Diese Idee, wie sie in Leben und Werk des russischen Dichters realisiert worden sei, umschrieb Pannwitz als die »eines göttlichen Reiches dieser Erde aus dem Wesen eines bäuerlich-christlich-konservativ-anarchischen neuen Menschen-Typus« (57).

England wurde nicht nur im Hinblick auf seine Rolle in Europa hervorgehoben. Auch die britische Konstitution mit Ober- und Unterhaus pries Pannwitz als Modell für die Verfassungen der übrigen europäischen Länder (16). Abgewertet wurde Frankreich: sowohl als möglicher Bündnispartner wie in bezug auf seine politische Struktur. Wie im 19. Jahrhundert bereits Friedrich von Gentz und Wolfgang Menzel, machte nun Pannwitz deutlich, daß ihm der englisch-evolutionäre Weg zu Verfassungsänderungen weit mehr behage als der revolutionäre nach dem Beispiel von 1789 (6). Hatte Pannwitz früher jede Art von politisch-ökonomischer Integration des Kontinents abgelehnt, so entwickelte er jetzt Pläne für eine europäische Wirtschaftsgemeinschaft. Zwar sprach er sich gegen die »plötzliche Gründung« eines »Bundesstaates« aus, doch befürwortete er den »organischen [...] Prozess« hin zu einem europäischen Bündnissystem (22). Der neue Pannwitz stellte die europäischen Interessen über die anderer Weltteile und forderte »zur Vollendung der groszen historischen europäischen Gesamtkultur die Vormacht auf Erden« (24). Von der Demutshaltung gegenüber der Weisheit Asiens war keine Spur mehr zu finden. Im Gegenteil warnte er jetzt die Europäer (darin bis zu einem gewissen Grade Theodor Lessing verwandt) vor dem, wie er es nannte, »unberechenbaren« Japan als der »Vormacht des Ostens« (25). Europa müsse sowohl gegenüber Japan wie Amerika auf Distanz gehen. So wie die Amerikaner sich mittels Monroe-Doktrin die Einmischung der Europäer auf ihrem Kontinent verbäten, so müßten auch die europäischen Staaten auf ihre Unabhängigkeit gegenüber den USA bedacht sein. Das ökonomisch vereinigte europäische »Gesamtreich« (30), meinte Pannwitz, sei keine bloße Utopie; in 60 bis 70 Jahren könne es realisiert werden. Das war nicht schlecht geschätzt, denkt man an die wirtschaftliche Integration des Kontinents mit den Stationen von 1957 und 1992.

Konfrontiert mit den geopolitischen und wirtschaftlichen Europa-Vorstellungen Naumanns, hatte Pannwitz in der Auseinandersetzung mit dem Europa-Thema seine rein geistesgeschichtliche Argumentationsebene verlassen. Sein neuer Beitrag war eine eigenartige Mischung aus praxisorientierten (wenn auch nicht realistischen) Anweisungen zur Beherrschung Europas beziehungsweise der Welt und philosophisch-idealistischen Konstruktionen. Dem geistesgeschichtlichen Teil fehlte diesmal die innere Geschlossenheit, die seine Studie über die Krise der europäischen Kultur noch ausgezeichnet hatte. Diesmal nämlich wollte er ohne die weltanschauliche Asien-Alternative auskommen, ohne doch zeigen zu können, was die europäische Geistesgeschichte an zukunftsträchtigen Potenzen besaß, um selbst mit der epochalen geistigen Krise des Kontinents fertig zu werden. Zwar deutete Pannwitz mit den Hinweisen auf Goethe und Dostojewski an, was er unter der »deutschen« und der »russischen« Idee verstehe, doch fehlte jeder Hinweis auf eine »europäische Idee« und ihre Verkörperung oder zumindest symbolische Verbildlichung.

Diese Argumentationslücke füllte damals der Kulturphilosoph Oswald Spengler mit seinem Buch *Der Untergang des Abendlandes. Umrisse einer Morphologie der Weltgeschichte*, wovon 1918 der erste Band mit dem Titel *Gestalt und Wirklichkeit* erschien. Da unser Thema die essayistische Behandlung der Europa-Idee in der Literarhistorie, nicht aber in der Philosophiegeschichte ist, muß es im Kontext dieser Studie bei solchen Hinweisen auf dieses Werk bleiben, die zum Verständnis der erörterten Studien beitragen. Spengler ging davon aus, daß die verschiedenen Kulturen der Welt in sich geschlossene Erscheinungen seien, die nach dem Gesetz der Biologie entstehen und vergehen, das heißt frühlingshaft aufblühen, sommerlich reifen, eine herbstliche Ernte zeitigen und in winterlichem Erstarren und Absterben enden. Den Begriff der Kultur reservierte Spengler für die schöpferisch-originellen Jahreszeiten, die durch Mythos und Religion getragen seien, während er die winterliche epigonal-statische Schlußperiode, in der Sophistik, Aufklärung und Rationalismus vorherrschten, Zivilisation nannte. (Eine vergleichbare, wenn auch nicht identische Unterscheidung zwischen Kultur und Zivilisation nahm Thomas Mann in seinen Schriften aus der Zeit des Ersten Weltkriegs vor, vor allem in den *Betrachtungen eines Unpolitischen*.) Jede eigenständige Kultur bringt Spengler zufolge einen Typus als Leitbild in Mythos und Dichtung hervor, in dem ihre Essenz zusammengefaßt sei. So sprach der Autor von der »apollinischen« Antike und dem »faustischen« Abendland, das nach ihm in der Zeit um 1000 n. Chr. beginnt. In jeder jahreszeitlichen Phase tauche dieser Typus in anderen mythologischen oder dichterischen Varianten auf. Der »faustische Mensch« erscheine in der Dichtung des Abendlandes zuerst als Parzival und Tristan, dann als Hamlet, Don Quijote, Don Juan, Faust, Werther und schließlich als Held des modernen weltstädtischen Romans. Diese Reinkarnation des abendländischen Typus erinnert an Lions Identifikation Europas mit Proteus. Ursymbol des faustischen Menschen sei der grenzenlose, unendliche Raum; sein Verhältnis zur Zeit hingegen sei durch rational-kalkulierende Einteilung und Begrenzung zu charakterisieren. Spengler traute sich den synoptischen Blick durch die Geistes-, Kunst- und Politikgeschichte der Jahrtausende zu.

In Tabellen listete er jene Kulturen der verschiedenen Erdteile auf, die er als »gleichzeitig« in seinem Sinne verstand, die sich also in derselben »Jahreszeit« ihrer Entwicklung befänden, wenn sie faktisch gesehen auch zeitlich durch Millennien und räumlich durch Ozeane getrennt seien. Spengler lehnte die Termini Europa und Asien als unhistorisch ab, weil sie auf die antike Welt nicht anwendbar seien. Sein beliebtes Gegensatzpaar war Okzident und Orient. Vom Abendland seiner Gegenwart nahm Spengler an, daß es sich in der Winterzeit (also in der Untergangsphase) befinde, und verglich es mit der Zeit um 200 v. Chr., als sich in der Kultur der Antike eine stoische Endzeitstimmung verbreitet habe und die Kunst zum Kunstgewerbe verflacht sei. Glaubte Spengler die Geschichtsgesetzlichkeit morphologisch bestimmt zu haben, wollte er auch Prognosen über die künftige Entwicklung anstellen. So war seiner Meinung nach im Abendland das Jahr 2000 zu vergleichen mit der Römerzeit in der Epoche zwischen 100 v. Chr. und 100 n. Chr., also mit der Ära der großen Cäsaren. Die weiteren frühen Jahrhunderte des nächsten Millenniums würden dann einen abendländischen Zerfall mit sich bringen, wie aus der römischen Geschichte von Trajan bis Mark Aurel bekannt sei.

Der sensationelle Erfolg des Buches, dessen erste Fassung bereits 1914 fertig war, hatte nicht zuletzt mit dem Titel und dem Zeitpunkt des Erscheinens zu tun. Der Krieg wurde gerade verloren, Pessimismus und Untergangsstimmung, die das Buch anzusprechen schien, breiteten sich aus. Aber Spenglers Botschaft lautete ganz anders, und er hatte das Werk eigentlich als wegweisend für ein siegreiches Deutschland gedacht. Er empfand diese zivilisatorische Winterzeit als vom Schicksal gegeben, wogegen sich aufzulehnen ganz sinnlos sei. Jede Kulturphase habe ihre großartigen Seiten, und die endzeitliche Periode sei jene der kühnen Pragmatiker, der Eroberer – wie Cecil Rhodes –, der Techniker und Naturwissenschaftler, der großen Bauherren und Architekten. Vorbild der neuen Zeit sei Faust als Landgewinner, Unternehmer und Ingenieur, wie Goethe ihn im zweiten Teil seiner Tragödie bereits vorwegnehmend gestaltet habe. Das Rom der Cäsaren sei zwar eine philosophisch und künstlerisch dürftig-epigonale Zeit gewesen, aber in der Politik, der Verwaltung, der Justiz, dem Straßenbau, in allem, was das praktische Leben in seiner rationalen Planbarkeit betrifft, sei Großartiges geleistet worden. Die Lehre, die Spengler aus seinem Vergleich zog, war die, daß man in unserem 20. Jahrhundert seine Kräfte nicht in Gebieten der Kunst verschwenden solle, wo nichts Originelles mehr geleistet werden könne, sondern sich ganz dem Pragmatismus des äußeren Lebens widmen müsse. Er selbst zog für sich daraus die Konsequenzen: Ursprünglich hatte er Dichter werden wollen, doch gab er diese Pläne auf, als er glaubte, die Gesetzlichkeit der Geschichte begriffen zu haben. (Entwürfe und Fragmente zu Tragödien und zu einem Roman aus der Feder Spenglers fanden sich in seinem Nachlaß.) Der Autor begrüßte die Winterära des Abendlandes als eine Zeit des Heroismus und der Sachlichkeit.

Gegen Spenglers historische Homologien und Analogien, die in ihrer starren Gesetzlichkeit den Charakter von Zwangsvorstellungen vermitteln, und gegen die vielen anfechtbaren kunstgeschichtlichen Werturteile wie philosophischen und historiographischen Spekulationen ist eine ganze Sammlung von Antispengleriana geschrieben worden. Weder soll hier Spenglers Werk in Einzelheiten referiert werden, noch sind die Argumente gegen ihn zu wiederholen. Angemerkt sei nur, daß schon zu Spenglers Zeit die Annahme von in sich geschlossenen Kulturkreisen eine Fiktion war. Auf allen Gebieten wird in unserem Jahrhundert in globalen und interkontinentalen Dimensionen agiert und gedacht. Wie auch Jacques Leenhardt betont, entspricht die Vorstellung von gleichsam monadenhaft abgeschlossenen, autonom existierenden beziehungsweise – um bei den biologischen Metaphern zu bleiben – vegetierenden Einzelkulturen nicht unseren Erfahrungen in einer Welt der interkulturellen Prozesse. Deutlich wird jedoch, warum das Buch *Deutschland und Europa* von Pannwitz rasch vergessen war und warum Spenglers Werk jahrzehntelang in der Diskussion blieb: Bei Pannwitz wurden die politischen Vorschläge die Union Deutschland–England betreffend durch den Versailler Vertrag nach wenigen Monaten obsolet, und geistesgeschichtlich hatte er kein Konzept gefunden, das auf die europäische Einigung hätte stimulierend wirken können. Spengler dagegen gab sich mit konkreten politischen Hinweisen auf die Unifikation des Kontinents nicht ab. An einer Stelle charakterisierte er nur kurz die künftigen Vereinigten Staaten von Europa als Seitenstück zum Imperium Romanum. Mit dem Versprechen der großen Cäsaren und der Propagierung eines heroischen, unsentimentalen, praxisorientierten, technokratischen, unmetaphysischen und rational ausgerichteten »faustischen« Typus vermittelte er den Lesern eine abendländische Idee, die große Teile des konservativen Bürgertums (vom liberalen bis zum reaktionären Flügel) faszinierte. Spengler wurde auch ein Stichwortgeber der Nationalsozialisten, die mit ihrem Cäsarenkult und ihrem Gerede vom heroischen Menschen das Werk als Steinbruch für ihre eklektizistischen Ideologien benutzten. Spengler war jedoch kein Antisemit, weswegen die Hitler-Anhänger sich zunehmend von ihm distanzierten. Das Interesse von Antisemiten und Kriminellen am *Untergang des Abendlandes* zu wecken hatte nicht in der Intention des Autors gelegen, der seinem ganzen geistigen Habitus nach ein Kind des imperialistisch eingestellten, Bismarck verehrenden wilhelminischen Bürgertums war, aus dem heraus und für das er sein Werk verfaßt hatte und dessen Welt mit dem verlorenen Krieg zusammenbrach.

Die Nachkriegsjahre
(1919–1923)

> Die Politik Europas ist noch immer ein
> Wahnsinn.
> (Kasimir Edschmid, *Aufruf an die revolu-*
> *tionäre französische geistige Jugend*)

I.

1919 gründete der französische Schriftsteller Henri Barbusse gemeinsam mit Romain Rolland die pazifistische Bewegung »Clarté, internationale de la pensée«. Barbusse war
mit seinem Antikriegsroman *Le Feu* (1916) international berühmt geworden. In diesem Buch wurde der Alltag der
Front mit seiner Brutalität aus der Sicht des einfachen Soldaten geschildert. Bei der Clarté war Barbusse die treibende
Kraft, und er verschickte Aufrufe an viele Schriftsteller mit
der Bitte, Mitglieder seiner Vereinigung zu werden, bat sie
auch, nationale Sektionen zu gründen. René Schickele wurde eines der Gründungsmitglieder der deutschen Sektion
dieser Gruppe. Die Clarté war der Idee nach keine bloß
europäische, sondern eine international-weltweite Intellek-
tuellenbewegung; faktisch allerdings wurde sie von ihren
Mitgliedern als eine Organisation verstanden, die den Ausbruch eines weiteren Krieges in Europa verhindern sollte.
Die Aufrufe von Barbusse und anderen Clarté-Mitbegrün-
dern wurden spontan von zahlreichen Autoren in Deutschland begrüßt. Hugo von Hofmannsthal stimmte ihnen in
seiner Adresse »An Henri Barbusse, Alexandre Mercereau
und ihre Freunde« zu. Auch er, hieß es, verdamme wie sie
»jenen barbarischen und dem Untergang geweihten Nationalismus« (463), und er pries ihre »Worte« als »zur rechten
Stunde« kommend (462). Dank solcher Initiativen wie die
der Clarté steige »die Ahnung der Menschenwürde [...]
wieder leuchtend auf, und Europa«, dem der »Untergang«
drohe, werde »uns namenlos teuer«. »Als Geistige« (464)
stehe ihnen »ein gefahrvoller Weg« bevor, aber er wolle ihn

mit den Clarté-Freunden »gemeinsam gehen« (465). Ganz ähnlich reagierte Heinrich Mann. In seinem Brief »An Henri Barbusse und seine Freunde« hob er hervor, daß er bei der Gruppe »unsere eigenen, längst gehegten Gedanken« ausgedrückt fände (262). Ihm war die Clarté ein Hoffnungszeichen für die künftige »Zusammenarbeit Deutschlands und Frankreichs«. Die »Versöhnung« dieser beiden Länder sei nämlich »entscheidend für die Zunahme des Guten in der Welt«. Sein konkreter Vorschlag zielte darauf ab, daß »als Anfang des Bundes der Geistigen aller Völker zunächst die gleichberechtigten Geister Deutschlands und Frankreichs sich verbünden zur Errichtung einer Internationale der Menschlichkeit« (263).

Auch Kasimir Edschmids Antwort fiel positiv aus, doch ähnlich wie Mann stellte er die deutsch-französische Kooperation in den Vordergrund. Er verschickte 1919 einen eigenen »Aufruf an die revolutionäre französische geistige Jugend«, dem sich viele Unterzeichner wie Fritz von Unruh, Carl Sternheim, Theodor Däubler, Georg Kaiser, Ludwig Rubiner, Ernst Toller, Rudolf Leonhard, Yvan und Claire Goll, Schickele und Alfred Wolfenstein anschlossen. »Die geistigen Führer«, schrieb Edschmid, müßten ihren »Nationen sagen, daß sie Liebe wollen, nicht Haß, Aufbau, nicht Gekämpf. Ausgleich, nicht Revanche« (163). Für die beiden Länder sei es an der »Zeit, sich zu vereinigen« (162). Polemisch wandte sich Edschmid gegen Revanchisten wie Georges Clemenceau und Erich Ludendorff. Anknüpfen müsse man an den Friedenswillen, der von den Schriftstellern in Frankreich und Deutschland schon während des Weltkriegs geäußert worden sei, wobei er unter anderem Namen wie Barbusse, Rolland, Duhamel, Schickele, Unruh, Kaiser und Toller nannte. Hier sei »die erste Generation der Europäer« entstanden (165). Edschmid verstand diese Gruppe von Autoren auch in Zukunft als »das Gegengewicht« (168) zur »imperialistischen Raserei« in Deutschland und Frankreich (167). Als Organ der europäischen Pazifisten wollte er »eine gemeinsame Zeitschrift« gründen, die in allen Hauptstädten des Erdteils aufliegen sollte. Wie alle Geistgläubigen der expressionistischen Generation war Edschmid der idealistischen Auffassung, daß »aus guten Worten [...] die gute Gesinnung und aus dieser die gute

Tat« folge. »Nur die Internationale der Gesinnung, der Imperialismus des Geistes« werde verhindern, »daß die Löwen und Tiger, die jetzt die Masken der Heiligen tragen, unsere Gärten wieder verwüsten« (168). Gleichsam zur Illustration seines Entwurfs feierte Edschmid im selben Jahr Schickele, diesen Gegner Wladimir Iljitsch Lenins und Leo Trotzkis, diesen Vertreter eines Sozialismus mit menschlichem Antlitz, als vorbildhaften Europäer. Als Elsässer wolle Schickele Europäer, nicht jedoch Deutscher oder Franzose sein. Das Elsaß stelle das »Bindeglied« zwischen beiden Ländern dar. Es verfüge über die Freiheit, »europäische Politik« zu treiben (94). Schickele habe gleichermaßen den deutschen Militarismus wie den französischen Nationalismus bekämpft. »Wenn einmal das«, so prophezeite Edschmid, »was heut noch französischer Mensch, deutscher Mensch heißt, in einer utopischen, aber nicht weniger realen Zeit sich zum Idealtyp mischt, wird ein Name ausgegraben: Schickele« (97).

An wohlgemeinten Aufrufen mangelte es 1919 nicht. Internationalistisch und sozialistisch gesinnt wie Barbusse, verschickte Ernst Toller eine Adresse »An die Jugend aller Länder«, worin er dazu aufrief, »den Waffendienst zu verweigern«. Auch Toller lag vor allem an einer Erziehung zum Frieden in Frankreich und Deutschland. Zum pädagogischen Aspekt führte er aus: »Die deutsche sozialistische Jugend fordert, daß der Völkerbund die Befreiung der Schule von Kapitalismus und Militarismus durchsetzt. Gerade in der Schule wurde der Kriegsrausch systematisch genährt und chauvinistische Lieder fanden wir im Frieden ebenso zahlreich in den Schulbüchern Deutschlands, wie in denen Frankreichs« (48). Zehn Jahre später verfaßte Toller einen Nachruf auf Barbusse, in dem er an die Wirkung des Romans *Das Feuer* erinnerte. Dieses Buch habe ihn gelehrt: »So sieht der Krieg aus, so und nicht anders. Was ihr in den Heeresberichten der Generalstäbe, was ihr in den Feuilletons verschmockter Journalisten lest, ist Lüge« (121).

Yvan Goll veröffentlichte 1919 seinen bereits im Jahr zuvor geschriebenen Aufsatz »Das neue Frankreich«, in dem er sich für die Verständigung der beiden Staaten einsetzte. Sein Lob galt Rolland, der 1914 durch seinen offen bekundeten Europäismus ein Zeichen für die Zukunft gesetzt habe. Kritisch dagegen wandte der Autor sich gegen die geistgläubigen Aktivisten des deutschen Expressionismus, die er als »kosmische Träumer« und »Wolkenjäger« bezeichnete. »Mit Inbrunst«, schrieb er über den Aktivismus, »wollte er Kaserne und Universität niederreißen, mit Geist mörteln den neuen Bau. So einfach, ohne Etappe, zum Ziel!« »Wo sollte auch«, fragte Goll weiter, »plötzlich ein Literat mit Politik wirken, der jahrzehntelang sich in den Elfenbeinturm eingeschlossen hatte! Es fehlte jede Plattform« (301). Der deutsche Intellektuelle, meinte der Autor, könnte von seinem französischen Kollegen, der »von Geburt öffentlicher Mensch« sei, in Hinsicht auf politische Praxis lernen. Was Programm und Zielsetzung betraf, unterschied Goll sich kaum von den Expressionisten. Wie sie sah er das »Ich«, das »Individuum« als »wahre Kraftquelle«, wie sie schwärmte er von »Brüderlichkeit« und vom »neuem Menschen«, und wie sie glaubte er an den »sozialen Beruf des Künstlers«, an die Mission »tätiger Kunst« (305 f.). Nur meinte er, daß die Franzosen solche idealistischen Ziele besser in die Praxis umzusetzen vermöchten als die Deutschen, und empfahl deswegen seinen Freunden, engen Kontakt mit ihren französischen Kollegen zu pflegen. Goll war in dieser Hinsicht auf widersprüchliche Weise konsequent: Er übersetzte Barbusses keineswegs sonderlich praxisnahe Programmschrift *La Lueur dans l'abîme* (1920) ins Deutsche. Die Übertragung wurde unter dem Titel *Der Schimmer im Abgrund* noch im selben Jahr im Rhein-Verlag in Basel publiziert. Das Unternehmen war gerade mit Geldern des Stuttgarter Industriellen Robert Bosch gegründet worden und sollte ein Verlag werden, der sich nach dem Weltkrieg die europäische Aussöhnung, besonders die Verständigung zwischen Deutschland und Frankreich zum Ziel setzte. Von deutsch-französischen Beziehungen und von Europa war in Barbusses Buch allerdings kaum die Rede. Es war eine sozialistisch-internationalistische Schrift, die den Kapitalismus für alle Übel der Welt, vor allem für die Kriege, verantwortlich machte. England wurden Pläne zur Beherrschung des Globus unterstellt; Lenin hingegen sah er als Apostel des Friedens, und die rote Fahne verstand er als Symbol der Wahrheit. Barbusse versprach sich das Heil von der Abschaffung der Klassen und der Nationen, von der Gleichheit aller Menschen in einer friedlichen, universalen Gemeinschaft. Begonnen habe der Kampf zwischen Imperialismus und Bolschewismus, und die Vereinigung Clarté werde auf der Seite des Weltsozialismus stehen. Nach der Veröffentlichung dieses Programms begann der Erosionsprozeß innerhalb der Clarté. Rollands und Barbusses Wege trennten sich.

In der *Weltbühne* pries Felix Stössinger Barbusse 1922 als Prototypen politischen Engagements in Frankreich. »Gerade den deutschen sozialistischen Intellektuellen«, schrieb er, »muß mit Neid und Bewunderung erfüllen, wie die Geistigen Frankreichs, die kämpfenden und die anerkannten Künstler, sich in allen Epochen, besonders aber in den gefährlichen Stunden der Entscheidung, zum Sozialismus bekannt haben« (399). Barbusses Verbrüderungsgeste imitierte Stössinger, wenn er ausrief: »Mein Bruder Frankreich, laß uns Erzfreund werden!« (397) Von einem Barbusseschen Bekenntnis zum Bolschewismus mochten Rudolf Pannwitz und Thomas Mann hingegen nichts wissen. Pannwitz polemisierte in seinem Pamphlet »Europa« von 1920: »wann barbusse und unsre literaten sich mit öffentlichem bruder gebrüll die hände schütteln das ist nicht europa [...]. nur wer national ist ist überhaupt etwas und nur wer für mehr als eine nation national fühlt ist ein europäer. eure internationale aber ist eine baracke auf abbruch mit zwei haushälften: einem clubhaus und einem armenhaus« (17). In seinem Aufsatz »Das Problem der deutsch-französischen Beziehungen«, der 1922 im *Neuen Merkur* erschien, stimmte Mann André Gide und Ernst Robert Curtius zu, die ein Jahr zuvor in der *Nouvelle revue française* beziehungsweise im *Neuen Merkur* die politischen Vorstellungen von Barbusse als naiv und undurchführbar kritisiert hatten. Mann stellte geradezu triumphierend fest, daß er in dem Beitrag von Curtius seine bereits während des Ersten Weltkriegs vorgebrachte Polemik gegen den »internationalistisch-pazifistischen Rhetor-Bourgeois«, gegen den »Don Quijote des Humanismus« bestätigt fand (621). Der Streit über Barbusse hielt noch eine Weile an, doch konnte Willy Haas bereits 1923 in seinem Essay »Deutschland–Frankreich« resümieren, daß »die Stunde der stürmischen Begrüßung« vorüber sei, daß »Barbusse mit seiner ‚Clarté'« der Vergangenheit angehöre (74). Mit pathetischen Pamphleten komme man nicht weiter; man müsse den Verständigungsschwierigkeiten zwischen deutschen und französischen Intellektuellen auf den Grund gehen. Haas führte die Probleme des Dialogs zwischen deutschen und französischen Autoren darauf zurück, daß es in Frankreich keinen Expressionismus gegeben habe. Diese Kunstrichtung sei ausgesprochen deutsch-protestantisch, hinge letztlich mit der deutschen Auflehnung gegen lateinische Ordnungsprinzipien und mit der Ablehnung friedlicher Koexistenz zusammen. Es müßten nämlich grundsätzliche Unterschiede zwischen deutscher und französischer Mentalität gesehen werden, die sich historisch ausgewirkt hätten. In Frankreich sei der »lateinische Ordnungsgedanke«, der die römische politische »Idee der menschlichen Koexistenz« umgreife, tief verwurzelt (78). In Deutschland hingegen habe man sich im Lauf der Geschichte dreimal gegen das römische Koexistenzprinzip aufgelehnt: während der Völkerwanderung gegen das kaiserliche Rom, im Protestantismus gegen die römische Kirche und bei den Befreiungskriegen gegen Napoleons neurömische Herrschaft.

Auch auf französischer Seite fehlte es nicht an Autoren, die sich für die Verbesserung der Beziehungen zu Deutschland einsetzten. Jean Giraudoux, hoher Diplomat und beliebter Schriftsteller, veröffentlichte 1922 seinen Roman *Siegfried et le Limousin*. Wie Haas arbeitete Giraudoux mit einem dualistischen Modell, dem zufolge Deutschland und Frankreich als diametrale Gegensätze zu begreifen seien. Auch bei Giraudoux stand das Französische für Ordnung und Friede, das Deutsche für Unbegrenztheit und politische Aggressivität. Allerdings nahm Giraudoux einen Dualismus innerhalb Deutschlands selbst an: Er kannte ein – durch Madame de Staël vermitteltes – romantisch-inoffensives Vielstaatensystem und ein bismarckisch imperiales Einheitsreich. Fünf Jahre später schrieb Giraudoux den Roman zum – damals erfolgreichen – Stück *Siegfried* um. Sein Ziel, die französischen Leser der Nachkriegszeit zu einer neuen Auseinandersetzung mit Deutschland anzuregen, hat der Autor erreicht.

Stärkere Beachtung als Barbusses sozialistischer Internationalismus fand bei der Mehrzahl der bürgerlich-liberalen

Autoren damals ein Europäismus, der in der Vereinigung des Kontinents ein probates Mittel gegen neue Kriege erkannte. Zu nennen sind hier vor allem Arbeiten von Pannwitz und Demangeon. Die Schriften von Pannwitz stellten eine Art Versuchslabor für europäische Ideen dar. Fast jedes Jahr präsentierte der Autor neue Vorschläge zur Vereinigung des Kontinents, die den bisher vorgetragenen in manchem widersprachen. 1919 hatte er – was für seinen Realismus sprach – die Idee vom Vorjahr über die deutsch-englische Kombination als Avantgarde Europas bereits wieder fallengelassen. Jetzt ging es in seinem Beitrag »Europäische Politik, nicht Weltpolitik« im *Neuen Merkur* um die Einigung des ganzen Kontinents vom Atlantik bis zum Ural, wobei kein Land bevorzugt oder benachteiligt werden sollte. Die »nationale Politik« sei an »einem toten Punkt« angelangt, und es werde Zeit, daß »Europa« als »unser Mutterland« erkannt werde (297). Neben dem »Vaterlands-« gäbe es »auch Mutterlandsverrat« (300), und um den zu verhindern, müsse »das Gemeinsam Europäische gegen das National-Partikularistische« durchgesetzt werden. Die »Einigung Europas« werde sich zu »Deutschlands Vorteil« auswirken (298). Vom alten europäischen Vormachtsdenken konnte Pannwitz auch 1919 nicht lassen. Wie Heinrich Mann 1916 gab er als Grund für die notwendige Unifikation an, daß der Kontinent sonst »Gefahr läuft«, die »politische Führung in der Welt zu verlieren« (299). Japan werde nämlich alles daran setzen, Europa diese Führung streitig zu machen. Das alte wilhelminische Klischee von der »gelben Gefahr« wurde von Pannwitz ohne Zögern für die Propaganda gegen Japan aufgegriffen. Das las sich so: »Eine gelbe Gefahr gibt es für uns nicht, aber eine japanische. [...] Japan ist das Amerika des Ostens, das unvergleichlich gefährlichere, und einem Japanismus zu verfallen, würde gerade wegen der Werte Japans für uns heißen, das europäische Prinzip endgültig preiszugeben, nichts mehr selber zu sein, auch nicht nach Asien zurückzufluten, denn Japan ist im Seelenletzten nicht mehr Asien [...]. Eine europäische Politik muß gegen Japan als Hauptsache die absolute Distanz wahren.« Bei seinen imperialen Sandkastenspielen überkam den Europäer Pannwitz zuweilen ein Zug von Großmut, so wenn er Japan »Ostasien [...] überlassen« wollte

(303). Dafür müsse sich Japan aber, was das russische Reich betreffe, Zurückhaltung auferlegen. Als wichtigstes Ziel europäischer Politik gab Pannwitz 1919 aus, daß »Rußland Europa wird und nicht Asien« (301). Wenn die Europäer in ihrem »fabelhaften Leichtsinn« glaubten, »das Volk Dostojewskis gehöre nach Asien«, so habe Europa »auf der Weltbühne ausgespielt und verdiene auch nicht eine Grabschrift« (302). Entlasse Europa nämlich Rußland aus seiner Macht- und Einflußsphäre, so werde Japan zupacken. Der Argwohn von Pannwitz gegenüber Japan war grenzenlos. Über die politischen Ziele Nippons schrieb er: »Japan will erstens im Osten Rußland ungehindert aus der Konkurrenz schlagen und zugleich dort kolonisieren, zweitens daß Rußland [...] sich noch einmal nach Westen wendet und den Westen ihm reif macht« (300).

Einen vergleichbaren Erfolg wie Oswald Spenglers *Untergang des Abendlandes* hatte nach dem Ersten Weltkrieg in Frankreich das Buch mit dem ähnlich klingenden Titel *Le Déclin de l'Europe* von Albert Demangeon. Der Autor war Geographieprofessor an der Sorbonne, und mit den geschichtsphilosophischen Spekulationen Spenglers hatte seine Studie nichts gemein. Demangeons Werk war eine nüchterne wirtschaftlich-politische Bestandsaufnahme der Folgen des Weltkriegs für Europa. Er wies mit Statistiken die »Enteuropäisierung« der Welt, das heißt den Verlust der Weltgeltung Europas nach. In mancher Hinsicht, so führte der Autor aus, wirke die alte Welt bereits wie eine Kolonie der neuen. Bezeichnenderweise wurde für die amerikanische Ausgabe des Buches der Titel *America and the Race for World Dominion* gewählt. Als die beiden Weltmächte der Zukunft beschrieb der Autor Japan und – vor allem – Amerika. Was Japan in den vagen Prophezeiungen für Pannwitz, war auf viel konkretere und realistischere Weise Amerika für Demangeon: die Weltmacht, die in erster Linie Europa die Führung streitig mache. Schon im ersten Kapitel belegte Demangeon die europäische Schwäche. Er schätzte die Folgen des Weltkriegs schlimmer ein als jene nach dem Dreißigjährigen Krieg. Die Gesamtschulden des Kontinents hätten sich im Vergleich zum Vorkrieg beinahe verzehnfacht; die Kriegsproduktion habe in vielen Wirtschaftszweigen zu einer Bremsung geführt, die zu vermehrtem Einkauf in

Übersee geführt habe. Die USA und Lateinamerika hätten deswegen besonders auf dem Gebiet der landwirtschaftlichen Produkte riesige Profite gemacht. Der Krieg sei nicht nur eine einzige große materielle, sondern mit achteinhalb Millionen Toten auch eine menschliche Katastrophe ungeahnten Ausmaßes gewesen. Anders als der Essay von Pannwitz war Demangeons Buch kein flammender Einigungsappell an die Europäer. Seine kühle Berichterstattung erwies sich als wesentlich effektiver, und die Lektüre der Studie bewirkte besonders in der französischen Politik eine Unterstützung der Pläne, die auf eine deutsch-französische beziehungsweise allgemein europäische Wirtschaftsunion abzielten.

In die gleiche Richtung wies das Buch *Deutschland, Frankreich, England*, das Maximilian Harden 1923 veröffentlichte. Er schlug eine sofortige wirtschaftliche »Arbeitsgemeinschaft« zwischen Deutschland und Frankreich vor und unterstützte die Idee der Vereinigten Staaten von Europa als ökonomische Gemeinschaft. Zu dieser Art von Montanunion, die erst nahezu drei Jahrzehnte später verwirklicht werden sollte, führte Harden aus: »Zwischen Ostende und Hamm, dem Pas de Calais und Dortmund, liegt in den Thälern der Flüsse Schelde, Maas, Rhein, Ruhr Europas reichster Besitz an Kohle und Erz, sind die ergiebigsten Schächte, die modernsten Hütten, Stahlwerke, Maschinenfabriken, Eisenbahnnetze und Wasserstraßen. Wird dieses Gebiet, ohne der politischen, von Dynasteneifersucht und Diplomatenzettelung willkürlich gezogenen Grenzen zu achten, rationell als Wirthschaftseinheit, zu der es vorbestimmt ist, zusammengefaßt, dann vermag es Frankreich und Deutschland schnell über die Nachwehen der Kriegszeit hinwegzuhelfen und die Quelle zu werden, aus der unserem Erdtheil die Kraft zur Genesung quillt. Wie könnte es sonst im Wettkampf mit den von Himmel und Erde üppiger begünstigten Kontinenten, mit den Gigantentrusts (Amerika–Britisch-Empire, Nordslawen–Gelbasiaten) sich halten? Europa wird das Feld ökonomisch vereinigter Staaten sein oder aus seinem Vorrang sinken und ehrwürdig verkalken« (109). Auch in seiner Zeitschrift *Die Zukunft*, die bis 1922 erschien, sprach Harden sich in der Nachkriegszeit für eine enge europäische Kooperation besonders auf wirtschaftlichem Gebiet aus. Das lag auf der Linie seiner publizistischen Arbeit während des Weltkriegs, als er sich in der *Zukunft* mit Nachdruck für einen Verständigungsfrieden eingesetzt hatte.

Nicht nur vereinzelte Schriftsteller machten nach dem Krieg die europäische Einigung zu ihrer Sache, auch von führenden Kulturzeitschriften wurde sie propagiert. Wie bei den Schriftstellern stand auch hier das Bemühen um die deutsch-französische Verständigung im Vordergrund. Vor allem zwei Publikationsorgane brachten in den zwanziger Jahren das deutsch-französische Gespräch beziehungsweise die Europa-Diskussion in Gang, um die problematische Haßhypothek des Krieges abzutragen: in Paris *La Nouvelle revue française* mit ihrem Herausgeber Jacques Rivière und in Berlin *Die Neue Rundschau*, die von Rudolf Kayser geleitet wurde und deren Redakteur für Politisches Samuel Sänger war. Die *Nouvelle revue française* beteiligte sich kaum an der politischen Europa-Debatte in einem weiteren Sinne, zeigte sich aber stark am Gespräch mit Deutschland interessiert. Es war das historische Verdienst von Rivière, seine Zeitschrift für den Dialog mit Deutschland zu öffnen. Er tat dies gegen die denkbar aggressivsten Einwände der Nationalisten in Frankreich, die zur Zeit der Regierung Poincaré das Oberwasser hatten. Ohne die Rückendeckung durch Kreise der Großindustrie hätte Rivière seinen Versöhnungskurs nicht steuern können. Sein stärkster Förderer war, wie Ekkehard Blattmann berichtet, der luxemburgische Montanunternehmer Emile Mayrisch, der selbst in verschiedenen Journalen eine Reihe von Stellungnahmen zum Thema der wirtschaftlichen Integration Westeuropas veröffentlichte. Ihm war an einer deutsch-französischen Kooperation auf ökonomischem Gebiet gelegen, da sein internationaler Konzern nur bei wirtschaftlicher Freizügigkeit zwischen Deutschland, Frankreich, Luxemburg und Belgien florieren und expandieren konnte. Mayrisch unterstützte die *Nouvelle revue française* durch finanzielle Zuwendungen. Wenngleich längst nicht alle Mitarbeiter der *Nouvelle revue française* Sympathie für die Großindustrie aufbrachten, waren im Lauf der Zeit die meisten von der Notwendigkeit eines friedlichen Ausgleichs mit Deutschland überzeugt worden. Félix Bertaux, der Freund Heinrich Manns, stellte hier regelmäßig die literarischen Neuerscheinungen aus Deutschland vor und beschrieb die Szene im Nachbarland in seiner Kolumne »Lectures allemandes«. Vergleichbar kontinuierlich erschien Bernard Groethuysens »Lettre d'Allemagne«. Zu deutsch-französischen Fragen nahmen in der *Nouvelle revue française* auch Georges Duhamel, Alain Desportes (d. i. Aline Mayrisch, die Gattin des Industriellen) und Jean Richard Bloch Stellung.

Kayser und Sänger (Namen, als wären sie in Anlehnung an Heinrich Manns Wunschsymbiose von Macht und Geist gewählt) waren an der Europa-Diskussion in der *Neuen Rundschau* aktiv beteiligt, und sie verfaßten die meisten Beiträge zum Thema selbst. Seit 1919 kehrte diese führende Kulturzeitschrift der Weimarer Republik eine entschieden republikanische Seite heraus und vertrat, wie Wolfgang Grothe und Fritz Schlawe zeigen, die liberal-weltbürgerliche Intelligenz in Deutschland. Kayser war 1922 Redaktionschef geworden, womit eine neue Ära der *Neuen Rundschau* begann, die nun ein kosmopolitisches Periodikum mit vielen nichtdeutschen Beiträgen wurde. Er führte 1924 die Sparte »Europäische Rundschau« ein, die unter anderem über nichtdeutsche Kulturzeitschriften berichtete, Rezensionen zu Neuerscheinungen und Kommentare zum Zeitgeschehen brachte. Vertreter der europäischen Kultur, Politik und Wirtschaft kamen in der *Neuen Rundschau* gleichermaßen zu Wort. Hier äußerten sich zu Europa Schriftsteller wie Hesse, Alfred Wolfenstein, Gide, Otto Flake, Emil Ludwig, Haas, Heinrich Mann, Klaus Mann, Thomas Mann, Pannwitz, Max Rychner, Richard Nicolas Graf Coudenhove-Kalergi, Duhamel und André Suarès, Wissenschaftler wie José Ortega y Gasset, Guglielmo Ferrero, Emil Lederer, Curtius und Alfred Weber sowie Politiker wie Karl Renner, Paul Göhre und August Müller.

Dem neueuropäischen Patriotismus jener Jahre verdankte sich auch eine Zeitschriftenneugründung. Mit Unterstützung von Rolland wurde 1922/23 in Paris die literarische Monatsschrift *Europe* gegründet, deren Redakteure René Arcos und Léon Bazalgette waren und die von Albert Crémieux herausgegeben wurde. Die Zeitschrift verdankte sich in erster Linie der Initiative des Schriftstellers Arcos, der 1920 eine proeuropäische Essaysammlung mit dem Titel

Pays du soir publiziert hatte, die im selben Jahr auf deutsch unter dem Titel *Abendland* erschien. Im Februar 1924, als französisches Militär das Ruhrgebiet besetzt hielt, rief Rolland in *Europe* zur Hilfe für das notleidende Deutschland auf. Bertaux stellte hier 1925 das Werk Heinrich Manns vor, wobei er die französischen Einflüsse auf den Autor hervorhob. Mann selbst publizierte dort 1923 die Übersetzung seines Aufsatzes »Europa, Reich über den Reichen«, und Edschmid informierte im selben Jahr das französische Publikum über die Kulturszene im Nachbarstaat. Dabei hob er die Bedeutung Heinrich Manns für das republikanische Deutschland hervor und äußerte seine Zweifel an der Aufrichtigkeit von Thomas Manns Bekenntnis zur Republik. Literarische Beiträge veröffentlichten in *Europe* auch Franz Werfel, Kurt Tucholsky und Stefan Zweig.

Weitere für den kontinentalen intellektuellen Dialog wichtige europäische Kulturzeitschriften der Zwischenkriegszeit waren: in Italien *Il convegno*, begründet 1920, herausgegeben von Enzo Ferrieri; in England *The Criterion*, begründet 1922, herausgegeben von T. S. Eliot; in Spanien die *Revista de Occidente*, gegründet 1923, herausgegeben von Ortega y Gasset; und in der Schweiz die *Neue Schweizer Rundschau*, gegründet 1933 und herausgegeben von Walther Meier. Es ging in diesen Zeitschriften zum wenigsten um die Publikation von Essays, die Europa selbst zum Gegenstand hatten, sondern um die Veröffentlichung literarischer, philosophischer und politischer Beiträge, die wegen ihrer Qualität und kosmopolitischen Ausrichtung in ganz Europa beachtet wurden. Eliot hat 1946 im Rückblick auf diese Kulturzeitschriften der zwanziger und dreißiger Jahre festgehalten: »Es war der Glaube an das Bestehen einer übervölkisch-europäischen Bruderschaft der Geistigen; an ein Band, das die nationalen und religiösen Bindungen und die politischen Überzeugungen nicht verdrängte, sondern durchaus mit ihnen vereinbar war; an unsere Aufgabe, die wir weniger darin sahen, bestimmte Ideen zur Herrschaft zu bringen, als vielmehr darin, schöpferisches Leben auf höchster geistiger Ebene wachzuhalten« (107).

II.

Der Weg zur deutsch-französischen Verständigung war in den ersten Nachkriegsjahren durch drei schier unüberwindlich erscheinende Barrieren versperrt: durch den Versailler Vertrag, durch die Diskussion um eine unabhängige rheinische Republik als Pufferstaat zwischen Deutschland und Frankreich und schließlich durch die französische Besetzung des Ruhrgebiets. Gerhart Hauptmann verstand sich nach Abschaffung der Monarchie weiterhin als deutscher Dichterfürst. Von seinem imaginären Olymp herab blitzte es diesmal Flüche und Verwünschungen nicht gegen England – wie bei Kriegsausbruch –, sondern gegen die französische Regierung. Sein Pamphlet »Der Friedensvertrag von Versailles« von 1919 bezeichnete dieses Abkommen als ein Beispiel »für den Tiefstand der europäischen Seele« (931). Mit ihm werde nicht der Friede geschaffen, sondern der »ewige Krieg« (934) begründet. Vier Monate vor Unterzeichnung des Vertrags hatte Hauptmann im Februar 1919 bereits einen »Offenen Brief an den Kongreß der Alliierten in Paris« gerichtet, in dem er Frankreich vorwarf, der »neue Sklavenhalterstaat« Europas zu werden (707). Wenn es an seinem Ziel festhalte, die astronomischen Reparationssummen einzutreiben, werde Deutschland als »besiegtes Volk zur Zwangsarbeit« verpflichtet (710), werde es dem »Joch der Sklaverei« unterworfen (709). Hauptmann ersuchte die Alliierten, sich dem Ansinnen der Franzosen zu widersetzen, und berief sich dabei auf die Menschenrechte, wie sie einstens im Frankreich der Revolution deklariert worden seien. Wie der Autor empfand damals die Mehrzahl der Deutschen. Die Empörung über den Vertrag, der eine Verschuldung Deutschlands auf Generationen hinaus bedeutete, war allgemein, und von ihr profitierten am meisten die rechtsradikal-nationalistischen und damit europafeindlichen Kräfte in Deutschland.

Wasser auf deren Mühlen waren auch die Anstrengungen französischer Kreise, das Rheinland aus dem Verband des Deutschen Reiches auszugliedern und zu einer autonom-neutralen Republik zu machen. Die französischen Annektionspläne und Besatzungspraktiken das Rheinland betreffend hatten seit Jahrhunderten Tradition. Immer wieder wurde seit Richelieu argumentiert, daß die natürliche Grenze Frankreichs der Rhein sein müsse, und im Abstand von wenigen Generationen zog immer wieder französisches Militär dem Fluß entgegen, der eine geradezu magnetische Wirkung auf die Herrscher in Paris auszuüben schien. Nachdem das Elsaß wieder an Frankreich zurückgefallen war, nutzte Maurice Barrès die Chance, an der Straßburger Universität den Studenten 1920 klarzumachen, daß das ganze Rheinland (nicht nur das Elsaß) kulturell gesehen ein Teil Frankreichs sei. Die Vorlesungen wurden zwischen Dezember 1920 und Februar 1921 in der *Revue des deux mondes* veröffentlicht und erschienen 1921 unter dem Titel *Le Génie du Rhin* auch in Buchform. Barrès war Mitglied der Académie-Française, hatte sich im Dreyfus-Prozeß als Antisemit profiliert und war als ideologischer Gegner Deutschlands bekannt. In Frankreich genoß er als Schriftsteller hohes Ansehen, dem auch seine regionalistische Blut-und-Boden-Ideologie keinen Abbruch tat. Von ihr aus erklärte er das Rheinland zur französischen Kulturregion. Aus seiner politischen Motivation für diese Schrift, die Rheinlande zu einer Sicherheitszone für Frankreich umzufunktionieren, machte Barrès keinen Hehl.

Der Widerspruch in Deutschland ließ nicht lange auf sich warten. Ernst Bertram, seit 1922 Professor für neuere deutsche Literatur an der Universität zu Köln, Anhänger Stefan Georges, deutscher Patriot, Verfasser eines Nietzsche-Buchs, mit dem er damals über die akademischen Gefilde hinaus bekannt wurde, machte sich die Mühe, Barrès' Schrift systematisch gelehrt und historisch gründlich zu widerlegen. Im Mai 1922 hatte er seine Widerrede *Rheingenius und Génie du Rhin* fertig und publizierte sie einen Monat später in der Kölner Monatsschrift *Die Westmark* sowie im selben Jahr als kleines Buch in Bonn bei Friedrich Cohen (dem heutigen Bouvier-Verlag). Bertram schätzte Barrès' Schrift als »Teil der französischen geistespolitischen Offensive im Rheinland« ein, als »Mittel einer gleisnerischen romantisierenden Ideologie«, die sich »in den Dienst französischen Ausdehnungsdranges rheinwärts« gestellt habe. Solange solche Propagandaschriften als Ausdruck des »ewig rheinsüchtigen Frankreichs« publiziert würden, sei »eine Versöhnung« zwischen Deutschland und Frankreich,

»ein Ausgleich erträglicher Art für die Rheinlande und die Rheinländer nicht möglich« (6 f.). Der französische Chauvinismus eines Barrès werde das Gegenteil dessen zeitigen, was er beabsichtige: Die Rheinländer wären durch solche Schriften nicht für Frankreich zu gewinnen, vielmehr würden sie »die deutsche nationalistische Bewegung [...] stärken«. Der »deutsche Nationalismus« sei »von jeher eine Schöpfung Frankreichs, ein Ausdruck letzter Notwehr gewesen« (50). Ernst Robert Curtius und Thomas Mann pflichteten Bertram bei. Curtius zitierte in seinem Aufsatz »Rheinische Schicksalsfragen« zustimmend die Passage, in der Bertram sich über die Interrelation von deutschem und französischem Nationalismus äußerte (933). »Das deutsche Rheinland«, argumentierte Curtius gegen Barrès, sei »kein Kolonialgebiet, das durch Frankreich von der Barbarei erlöst und der Kultur zugeführt werden« müsse (934). Der Elsässer Curtius hatte, bevor er 1920 Professor der romanischen Philologie in Marburg wurde, sieben Jahre lang als Privatdozent und außerordentlicher Professor an der Universität Bonn gelehrt, an die er 1929 zurückkehrte. Curtius machte seinem Ärger und seiner Enttäuschung über Barrès' ideologischen Rheinlandfeldzug Luft, wenn er schrieb: »Bertram hat nur allzu recht: es ist schwer für uns, die wir die großen und lebendigen Kräfte des französischen Geistes lieben und eine Verständigung zwischen den beiden Nationen wünschen oder wünschten, auf diesem Standpunkt noch heute zu verharren. Ich glaube das sagen zu dürfen, weil ich vielleicht mehr als mancher andere dem geistigen Frankreich verbunden bin und es deutlich genug bezeugt habe; weil ich auch heute noch mich gegen alle nationalistische Verengung bei uns wehre« (938). Curtius überwand seinen Frankreichkummer bald und blieb während der Zeit der Weimarer Republik einer der europäisch gesinnten Literaturvermittler zwischen Frankreich und Deutschland. Mann stimmte Bertram in »Der ‚autonome' Rheinstaat des Herrn Barrès« ebenfalls zu und wiederholte dessen Vorwurf, Barrès' »gleisnerisch romantisierende Ideologie« (626) betreffend. »Herr Barrès«, empörte sich Mann, habe »alles, auch das wissenschaftlich Skandalöseste getan, um das Rheinland dem übrigen Deutschland geistig entgegenzusetzen und alles spezifisch Rheinische als spezifisch nichtdeutsch zu kennzeichnen« (625). Das von Barrès gewünschte autonome Rheinland wäre, so argwöhnte der Autor, »die Vorbereitung der Annexion dieses Landes durch Frankreich«, und Barrès' Schrift selbst sei nichts anderes als die »Vorbereitung eben dieser Annexion« mittels »Kulturpropaganda« (626).

Wegen relativ geringer Rückstände in den Reparationsleistungen erfolgte im Januar 1923 die Besetzung des Ruhrgebiets durch französische und belgische Truppen. Diese Maßnahme schien die Versöhnungsbemühungen der Schriftsteller vollends zum Scheitern zu verurteilen. Wieder war es Gerhart Hauptmann, der sich zum Ankläger aufwarf. In seinem Appell »An das Gewissen der Welt« von Anfang 1923 gab er erneut seinem Mißfallen über die Zustände in Europa Ausdruck. »Nicht an das europäische Gewissen«, so schrieb er, wende er sich, da es »verschrumpft und klein bis zum Verschwinden« geworden sei. In »Europa« herrschen »rüdeste Barbarei und nichtsnutzige Menschenfeindlichkeit«. So bleibe ihm nichts übrig, als sich »an das Gewissen der Welt« zu wenden (990). »Europas Stolz ist heute seine Schamlosigkeit«, so fuhr er in seiner Schimpfrede fort, denn »seine schamlosesten Lügen heißen: Christentum, Menschenliebe, Herrschaft der Vernunft, Völkerrecht, Völkerbund, Menschlichkeit, Kultur. Statt dessen müßte es heißen: Bestialität, Menschenhaß, Herrschaft der Unvernunft, Völkerrechtslosigkeit, Völkerverhetzung, Unmenschlichkeit, und anstelle des einen Wortes ‚Kultur' müßte stehen: Diebstahl, Raub, Mordbrand, Mord und Plünderung« (991). Hauptmann sah in einer Art apokalyptischer Vision den nächsten großen europäischen Krieg voraus, wenn er weiter ausführte: »Ich aber erblickte hinter diesem Kriegszuge her ein Gefolge, das mir mein Blut erstarren machte. Eine Gestalt, welche die Mordbrennerfackel schwang, schien mir zu sagen: Ich werde kein Land, keine Provinz, keine Hütte unverschont lassen. Eine andre Gestalt, die unschwer als der Hunger zu erkennen war, schien zu sagen: Ihr Europäer werdet nicht allein allerhand unnatürliche Speise fressen, sondern, vor Hunger wahnsinnig, die Sprache verlieren, wie Hund und Wölfe heulen, auf allen Vieren laufen und Euch gegenseitig auffressen. [...] Eine andre Gestalt zerriß fortwährend mit Händen und

287

Zähnen die Bücher der Religion, die Bücher der Weltweisheit, der Wissenschaften und Künste und warf ihre Fetzen in die Luft.« Als Ursache der kommenden »Verheerung Europas« betrachtete er die Politik des französischen Ministerpräsidenten Raymond Poincaré, der sowohl die treibende Kraft beim Abschluß des Versailler Vertrags gewesen war wie auch die Besetzung des Ruhrgebiets veranlaßt hatte. Poincarés Name, so Hauptmann, stünde »wie ein blutrünstig drohendes Himmelszeichen Tag und Nacht über Europa« (993). Zur gleichen Zeit richtete Hauptmann einen »Appell an den amerikanischen Präsidenten Harding«, in dem er die Regierung der USA bat, Europa von der »Krankheit der schwarzen Moral« zu heilen (987). In dem Schreiben drückte er seine Enttäuschung über den ehemaligen Präsidenten Woodrow Wilson aus, dem man »wie einem Heiland, wie dem Erlöser entgegengesehen« habe und der dann kläglich vor den Ansprüchen Frankreichs kapituliert habe (988). Warren Harding solle »einen Blitz« senden, um Poincaré für seinen »Weltfriedensbruch« zu bestrafen (989 f.). In seiner Stellungnahme »Zur Schmach Europas« vom April 1923 gab der Autor seinen aus offensichtlicher Verzweiflung resultierenden Neigungen zur herostratischen Kulturvernichtung Ausdruck. »Was bleibt einem guten Europäer«, so fragte er, »nach einem so allgemeinen entwürdigenden europäischen Erlebnis« wie dem der Ruhrbesetzung »übrig zu fühlen, zu denken und zu tun?« Die Antwort lautete: »Zu fühlen: Ekel und Hoffnungslosigkeit [...], zu denken, daß alles und jedes Denken für die Menschheit in einem höhern Sinne bisher vollständig nutzlos gewesen ist. – Zu tun? Ein großes Autodafé zu veranstalten und unter anderem alles den Flammen zu übergeben, was je von einem klugen und weisen Manne im Sinn der Menschlichkeit gedacht, ausgesprochen und in Büchern niedergelegt worden ist« (998). Hauptmann unterstützte den Widerstand, den die Arbeiter gegenüber den Franzosen an den Tag legten. »Der Arbeitsmann«, stellte er befriedigt fest, »bildet den eisernen Wall, den Wall des Rechts, an dem die Gewalt zerbricht« (1000).

Heinrich Mann und Rivière gehörten zu den wenigen Schriftstellern, die auch auf der Höhe des Ruhrkampfes ihre europäische Perspektive beibehielten und an dem

Ziel der deutsch-französischen Versöhnung festhielten. In einer Atmosphäre aus Mißtrauen und Haß auf beiden Seiten nahmen die beiden Autoren das Gespräch über die Grenzen hin auf. Im April 1923 publizierte Rivière in seiner *Nouvelle revue française* den Beitrag »Pour une entente économique avec l'Allemagne«. Im Sinne seines Förderers Mayrisch schlug er vor, die Ruhrbesetzung zu überwinden durch eine enge wirtschaftliche Zusammenarbeit der beiden Länder, durch, wie er es nannte, »une alliance économique franco-allemande« (734). Eine solche wirtschaftliche Allianz sei zukunftsträchtig, und durch ihre Einrichtung werde der Friede Europas gesichert. Wichtiger als das intransigente Beharren auf der Erfüllung des Versailler Vertrags seien neue Verträge zwischen der französischen und der deutschen Großindustrie. Mit dieser Sicht der Dinge stimmten auch Rivières Mitarbeiter Gide und Jean Schlumberger überein. Das war nicht von ungefähr, denn alle drei gehörten, wie Blattmann erwähnt, dem kulturellen Luxemburger Gesprächskreis Colpach an, den Mayrischs Gattin Aline mit Geschick und Takt so zu leiten wußte, daß führende französische Intellektuelle für die Ausgleichspolitik mit Deutschland (besonders auf wirtschaftlichem Gebiet) gewonnen werden konnten. Mann antwortete Rivière vier Monate später in der *Nouvelle revue française* mit dem offenen Brief »Coopération économique seulement?«. Sein Freund Bertaux versah den Beitrag mit einer kleinen Einleitung, in der betont wurde, daß deutsche Intellektuelle wie Mann augenblicklich einer auf das bloß Wirtschaftliche beschränkten Kooperation mit Frankreich skeptisch gegenüberstünden. In Deutschland nämlich habe der Staat Schwierigkeiten, die übermächtig gewordenen Industriebarone unter seine Kontrolle zu bekommen. Bertaux gehörte zu jenen Beiträgern der *Nouvelle revue française*, denen nichts an der Unterstützung der Schwerindustrie gelegen war. Er war ein idealistischer Gegner jenes Materialismus, wie er ihn in den multinationalen Konzernen verkörpert sah.

In Rivières Zeitschrift hätte Bertaux selbst nicht gegen einen Artikel des Herausgebers opponieren können. So veranlaßte er die Stellungnahme seines geistesverwandten Freundes Mann, die man als Stimme aus Deutschland in der dialogbereiten *Nouvelle revue française* veröffentlichen konnte. Dieser offene Brief erschien in erweiterter Fassung als Aufsatz unter dem Titel »Deutschland und Frankreich. Antwort an Jacques Rivière« im selben Jahr in der *Neuen Rundschau*. Mann griff Rivières Gedanken der wirtschaftlichen Zusammenarbeit auf und widersprach ihm in entscheidenden Punkten. »Alles kommt darauf an, wie er verstanden und zur Geltung gebracht wird«, schrieb er. »Sollen an der Ruhr, unter Beistand französischer Truppen, die Gruben- und Hüttenindustriellen beider Länder ihre Geschäfte zusammenlegen?« (770) Diese Vorstellung jagte Mann gleichsam eine Gänsehaut über den Rücken, und der Autor nahm die Gelegenheit wahr, im Sinne seiner *Kaiserreich*-Trilogie gegen die Industriellen als verantwortungslose Profiteure und Kriegsgewinnler zu polemisieren. Zur Illustration seiner Bedenken gegen den Vorschlag Rivières erzählte der Autor seinen französischen und deutschen Lesern ein »Märchen« vom »erfolgreichen Geschäftsmann«, vom »großen Aufkäufer« (771), vom Inflationsgewinnler: Alles bekommt dieser Tycoon in die Hand: die Industrien, die Banken, die Zeitungen, schließlich das Parlament und die Regierung. Das Märchen mutiert zur negativen Utopie vom totalitären Staat, der sich unter der Fuchtel eines allmächtigen Wirtschaftsbosses befindet. Die düstere Vision liest sich so: »Der nie gesehene Fall, daß Jemand im Staat alles und doch nichts ist, zugleich Monarch und ein nicht zahlender Zuschauer. Unverantwortlichkeit ließ es in jenem Land, das nirgends liegt, zu Vorgängen kommen, wie kein erklärter Despot sie befohlen haben würde. Wer dem Aufkäufer nicht münzbare Dienste leistete, war verurteilt, er mochte untergehn. Anwälte und Ärzte meldeten sich zur Arbeit in Kohlengruben, ertrugen sie nicht und begingen Selbstmord. Literaten gab es nicht mehr; Veröffentlichungen, die keinem Nutzen, nur der Pflege der Humanität gedient hatten, verschwanden. Der Forschung fehlten die Mittel. Sogar die Musik, der besondere Stolz des Landes, verlor täglich Schüler.« »Dies alles ist nie geschehn« (772), beeilte sich Mann hinzuzufügen, auf daß sein Märchen nicht mit einer Reportage verwechselt werde. Es war ihm darum zu tun, den abschreckenden »Typ des heraufkommenden Wirtschafts-Autokraten« zu beschreiben, mit dem Allianzen einzu-

Europa der Humanität aufbauen könne. Ein Bündnis mit den Wirtschaftsbossen der Industrie wurde von vornherein abgelehnt. »Wehe«, so beschwor er seine Leser, »wenn Europa sich von ihnen, die die Einigung endlich nicht mehr hindern können, auf ihre Art einigen ließe!« (590) Das käme, so implizierte der Autor, dem Ende der europäischen Kultur gleich. Aber auch die Gewerkschaften der Arbeiter seien viel zu sehr im Materialismus befangen, um als Partner in Frage zu kommen. Bei ihnen sei der Glaube an die Wirtschaft ebenfalls stärker als der an den Geist; hier kenne man nur Tarifkämpfe und nichts anderes. Gegenüber der Industrie würden sich die Gewerkschaften schon deswegen nicht behaupten können, da man einen Feind nicht besiegen werde, dessen Geistesart man teile. Aus ähnlichen Gründen wurde auch der Kommunismus abgelehnt, dem es ebenfalls um eine Erneuerung mit wirtschaftlichen Mitteln gehe. Von den Folgen der russischen Oktoberrevolution war der Heinrich Mann von 1923 alles andere als begeistert. Eine Koalition mit den alten Mächten Armee, Adel und Monarchie wurde gleichermaßen verworfen. Der Autor griff in diesem Zusammenhang Charles Maurras an, den Mitbegründer der damals schon seit 25 Jahren existierenden Action Française. Der militaristische, nationalistische, antidemokratische und antisemitische Maurras, der später mit den Nationalsozialisten kollaborierte, verkörperte in allem das Gegenteil dessen, wofür Mann einstand. Maurras' Traum, mit dem Militarismus gegen das Industriekapital zu opponieren, wurde als illusionistisch abgetan. Zu den alten europäischen Mächten zählte Mann auch die katholische Kirche. Ein Pakt mit ihr wurde durchaus erwogen, und aus dem Respekt, den er ihr zollte, machte der Autor keinen Hehl. Sie sei der einzige organisierte Versuch der abendländischen Gesellschaft, den europäischen Geist zur Herrschaft zu führen. Keiner anderen Institution stand der geistgläubige Heinrich Mann von 1923 so nahe wie der katholischen Kirche. Er erwog sogar, der jungen Intellektuellengeneration den langen Marsch durch die Institutionen des Katholizismus zu empfehlen, doch wies er den Gedanken mit dem Hinweis darauf zurück, daß dazu die Zeit fehle, daß man nicht auf eine Regeneration der Kirche warten könne.

Welche gesellschaftlichen Kräfte bleiben noch, wenn man das Großkapital, die kommunistische Partei, die Gewerkschaft, die Aristokratie und die Kirche als Bündnispartner beim Aufbau des neuen Europas ablehnt? Die Antwort, mit der Mann aufwartete, war so frappierend wie weltfremd: »Wir müssen unsere eigene Kirche gründen.« Er meinte, daß die kritische Intelligenz, die Geistesarbeiter, eine Kirche »Europa« errichten müßten: Ihr Kredo sei der Glaube an Gott als europäischem Geist und ihr Evangelium die frohe Botschaft von der Erneuerung des Kontinents. Die Idee zu dieser Intellektuellensekte sei nicht lediglich ein persönlicher Einfall von ihm; auch in Frankreich würden ähnliche Vorschläge gemacht. Hier berief sich der Autor auf das 1922 im Nachbarland erschienene und viel beachtete Buch *Mesure de la France* von Pierre Drieu la Rochelle. Bertaux hatte das Büchlein seinem Freund nach München geschickt. Mann gab zu, daß Drieu la Rochelle – eine Art französischer Ernst Jünger – ein Verehrer des Krieges und ein Nationalist gewesen sei. Die Tatsache aber, daß dieser Schriftsteller nunmehr die französische Armee für einen Anachronismus halte und daß er für die Einigung Europas plädiere, zeige seine Wandlung zum Besseren. Drieu la Rochelle vertrat 1922 eine Position, die Mann bereits 1916 ähnlich beschrieben hatte: Europa müsse sich einigen, um nicht von den Weltmächten im Westen und Osten zerrieben zu werden. Auch in der Geistorientierung und im idealistischen Antikapitalismus waren sich Drieu la Rochelle und Mann einig. Der deutsche Autor zitierte eine ihn überzeugende Stelle aus dem Buch des französischen Kollegen: »Il est temps de fonder une nouvelle Eglise, de revenir à la philosophie, à l'exercise de la connaissance, au culte de la sagesse« (92), und er übersetzte sie so: »Es ist Zeit, eine neue Kirche zu gründen, zurückzukehren zur Philosophie, zur Erkenntnis, zur Weisheit.«

Drieu la Rochelle wurde später zu einem Anhänger des Faschismus und Kollaborateur der Nationalsozialisten. Als solcher gab er von 1940 bis 1943 im Sinne der deutschen Besatzer jene *Nouvelle revue française* heraus, in der Mann sich 1923 für die deutsch-französische Verständigung eingesetzt hatte. Wenn der Autor diesen Werdegang seines vermeintlichen Gesinnungsgenossen auch nicht voraussehen konnte, ist es doch bezeichnend, daß er bei seiner Idee von der neuen Europa-Kirche auf dubiose Zeugen wie Drieu la Rochelle zurückgreifen mußte. Der Kirchengründer Mann entpuppte sich als unduldsamer Fundamentalist seines neuen europäischen Geistglaubens. Man traut seinen Augen nicht, wenn man bei dem angeblichen Kämpfer für die Errungenschaften der Aufklärung wie Kritik und Toleranz liest: »Alles kommt für unsere Kirche darauf an, daß wir im Glauben unerschütterlich sind. Der Glaube ist Europa, die Heilslehre seine Einheit. Sie müssen fest stehen. Kritik des Glaubens kann nicht erlaubt sein; viel Selbstüberwindung für Menschen der Kritik. Hier sind wir Verschworene, sind Mönche. Wäre unser Gehorsam nicht erleuchtet, er müßte blind sein« (598). Unfaßbar sind Sätze wie: »Die Idee Europa ist in den Zustand des wissenschaftlich Erwiesenen getreten« (599). Die neue Europa-Religion reklamiert eine Wissenschaftlichkeit, die den »Glauben« daran eigentlich hätte überflüssig machen müssen. Gleich anschließend wurde aber wiederum im Ton einer Predigt verkündet: »Unser ist [...] der Glaube, das Wort und der Name.« Der Prophet Mann verhedderte sich in Widersprüche, wie sie einem Vertreter der kritischen Intelligenz schlecht anstehen. Gegen Schluß des Aufsatzes steigerte er sich immer mehr in die Rolle des Religionsgründers und Kirchenvaters. Jede Konfession braucht ihren Satan, ihr böses Prinzip als Feindprojektion. Die Wunschgegner Manns waren die Industriellen, »die Reichsten, Mächtigsten in beiden Ländern«. Granatengleich werden sich der Fluch und der Bannstrahl der neuen Kirche vor ihren Füßen entladen. »Unser sind weder Armeen noch Presse« (600), hieß es, und trotzdem – oder gerade deshalb – würden die Massen der neuen Kirche nur so zuströmen: Die Intellektuellen würden sich über ihre bisherigen Führer hinweg mit den Massen verständigen. Viel expressionistisches Wunschdenken vom neuen Menschen und vom Künstler beziehungsweise Intellektuellen als geistigem Führer steckte in der Sektenidee von der europäischen Kirche. Zum Tragen kam auch Manns Lieblingsvorstellung von der Symbiose von Geist und Tat, wobei Geist zur Tat werden soll. An der Spitze des zukünftigen geeinten Europas sah er »die Regierung einer Akademie, Weisheit als Macht«. 1923 war für ihn ein Jahr wie 1096 oder 1789, ein Jahr der »Wiederkehr der Idee!«. Man meint Novalis zu lesen, aber es ist Mann, der schwärmte: »Etwas luftig Ungreifbares über dem Leben, zerteilte Wogen, weil ihrs glaubt, das Schicksal gelenkt wie durch Zauber. So brachen Europäer, den Schein des Himmels auf erhobenen Stirnen, zur Eroberung des Heiligen Grabes auf. So war 1789« (602). Luftig ungreifbar war in der Tat, was Mann hier entwarf.

Es ist nicht leicht, die beiden Europa-Stellungnahmen des Schriftstellers von 1923 zusammenzubringen: Sie scheinen von zwei verschiedenen Autoren geschrieben zu sein. In seiner in der *Nouvelle revue française* veröffentlichten Adresse sprach Mann sich für die deutsch-französische Verständigung und die europäische Einheit aus, wobei er sich die Demokratie als Basis der geplanten Kooperation wünschte. In »Europa. Reich über den Reichen« aber verwischen sich die Ebenen von Politik und Religion, von Temporalia und Spiritualia, deren Trennung man seit Aufklärung und Säkularisierung und spätestens seit der Etablierung westlicher Demokratien zu den Grundvoraussetzungen europäischen Denkens zählt.

Manns Freund Bertaux war begeistert. Bertaux gehörte zu einem Gesprächskreis beziehungsweise einer Gruppe von Intellektuellen, die sich »Union pour la vérité« nannte und von Paul Desjardins geleitet wurde. Der Treffpunkt war ein ehemaliges Kloster im burgundischen Pontigny. Es war eine Vereinigung, die nichts weniger als die Überführung der alten institutionalisierten christlichen in eine neue symbolische Kirche der intellektuellen Elite zum Ziel hatte. Die Geistorientierung war vergleichbar jener von Heinrich Mann, wenngleich zu Desjardins' Zirkel eine Reihe von Mitgliedern gehörten, die – wie Rivière – großindustrielle Interessenvertretung mit einem »christianisme en esprit« verbinden konnten. Dieser »église des hommes« ging es um die Bewahrung christlicher Wertvorstellungen bei gleichzeitiger Preisgabe so zentraler kirchlicher Glaubenssätze wie jenem vom Erlösungstod Christi. Desjardins' Ziel war in den Nachkriegsjahren ebenfalls die Versöhnung mit dem ehemaligen Kriegsgegner Deutschland. Als erster Gesprächspartner aus dem Nachbarland wurde Curtius eingeladen. 1923, nach Erscheinen von »Europa. Reich über den Reichen«, vermittelten Bertaux und Gide die Einladung Manns nach Pontigny für den August. Die Einladung ehrte den Gast, denn die Liste der Gesprächsteilnehmer im Pontigny des Jahres 1923 las sich wie ein »Who is Who in French Culture«: Gide, Jacques de Lacretelle, Jean Schlumberger, Charles Du Bos, Desjardins, Pierre Lancel, Roger Martin du Gard, André Maurois, Jean Tardieu, Bertaux, Pierre Viénot, Boris de Schloezer und andere. Viele von ihnen waren Mitarbeiter an der *Nouvelle revue française*, und einige gehörten gleichzeitig Mayrischs Colpach-Kreis an. Mann nahm in Pontigny seine Rolle als eine Art kultureller Botschafter des Nachbarlandes mit Takt wahr. Die delikate ideologische Gemengelage aus großindustrieller Interessenvertretung – Aline Mayrisch war auch anwesend – und neuchristlicher Geistkirche hat der Autor allerdings nicht durchschaut, wie seinen Erinnerungen daran in dem Aufsatz »Die Literatur und die deutsch-französische Verständigung« zu entnehmen ist.

Als Mann »Europa. Reich über den Reichen« schrieb, war ihm der Kreis um Desjardins noch unbekannt. Bei der Niederschrift des Aufsatzes ist er wohl mehr von einer damals in Deutschland vorherrschenden Mentalitätsverfassung beeinflußt worden. 1923 war das große Jahr der religionsähnlichen Ideologien, der Suche nach neuer Konfession. Die Heilsbringer, die Wanderprediger, die Propheten der deutschen Krise erlebten, wie Ulrich Linse zeigt, ihre große Stunde. Das Weimarer Sektenwesen, die verkappten Religionen und Ersatzkulte der zwanziger Jahre machten eine Inflation ganz eigener Art durch. Mann sorgte dafür, daß neben Abstinenz, Zahlenmystik, Astrologie, Joga, Antisemitismus, Wünschelrutengängerei, Atlantissuche, Vegetarismus, Sexualreform, Übermenschenkult, Gesundbeten, Brechung der Zinsknechtschaft, Theosophie, Heimatkunst, Bibelforschung und Okkultismus nun auch die Europa-Geist-Religion im Angebot der Weimarer Ideologien vertreten war. Der Autor gerierte sich 1923 als Mutante des Typus Inflationsheiliger. Er reagierte auf ein virulentes quasireligiöses Bedürfnis, wenn er die Gründung einer neuen Kirche forderte.

Vom vereinigten Europa träumten allerdings auch weniger intellektuelle Propheten. Ludwig (Louis) Häusser zum

Beispiel, der eine Laufbahn vom Sektfabrikanten zum Erlöser hinter sich hatte, schmückte sich bei seinen Auftritten mit einer Schärpe, auf der »Präsident der geeinigten Staaten von Europa« zu lesen war. Auch Häusser schwärmte vom Vaterland Europa und sagte die Beseitigung aller innereuropäischen Grenzen voraus. Wie Mann predigten die Inflationsheiligen die Geistrevolution samt Antimaterialismus und warben um die »Aufrichtigen« aus allen Lagern. Die bekanntesten Propheten waren (außer Häusser) Friedrich Muck-Lamberty (der Messias von Thüringen), Max Schulze-Sölde (der Johannes der Jugend), Carl Strünckmann (der Christ-Revolutionär), Franz Kirberg (der Jesus von Düsseldorf), Leonhard Stark (der Geisteskämpfer) und Franz Kaiser (der Volks-Kaiser). Sie alle fanden in den Wirren des Krisenjahres 1923 Gehör, sie alle waren Vertreter prophetisch-chiliastisch-millenarischer Heilsbewegungen, wie sie in chaotischen Zeiten immer wieder auftauchen. Mann unterschied sich von den Inflationsheiligen unter anderem dadurch, daß er keine Kirchengemeinde um sich als charismatischem Sektengründer und Europa-Führer scharte: Sein Aufsatz in der *Neuen Rundschau* blieb eine Absichtserklärung. Allerdings zerfielen auch die anderen Ersatzreligionen rasch nach der Stabilisierung von Wirtschaft und Politik im Deutschland der Jahre zwischen 1924 und 1928. Ein wirkliches Comeback hatte nach der erneuten (und diesmal weltweiten) Wirtschaftskrise von 1929 nur einer dieser Propheten, Manns antieuropäischer, antisemitischer, antikosmopolitischer und nationalistischer Erzfeind Hitler, der in der Riege der Erlöserfiguren von 1923 nur einer unter vielen gewesen war und dessen Karriere wie die seiner Konkurrenten 1924 beendet zu sein schien.

Manns Entgegnung an Rivière in der *Nouvelle revue française* war weitsichtig. Daß eine Integration Europas in der Demokratie eine solide Grundlage findet und daß sie nicht nur auf wirtschaftlichem Wege zustande kommen kann, leuchtet ein. Wenig Verständnis findet man heute für seine Gründungsidee der Europa-Kirche, wie er sie in der *Neuen Rundschau* darlegte. Anders als in der Antwort an Rivière wurde hier die totale Herrschaft des Wirtschaftsbürgertums über alle anderen Klassen und über den Staat insgesamt nicht als mögliche zukünftige Gefahr, sondern als seit der

Französischen Revolution bestehende Tatsache beschrieben. »Europa. Reich über den Reichen« ist, was die historische Analyse betrifft, fragwürdig und erweist sich im Aufzeigen von Alternativen nicht nur als vage und praxisfern, sondern auch als kaum vereinbar mit Grundsätzen von Aufklärung und Demokratie. Man kann sich des Eindrucks nicht erwehren, als habe Mann seinen Aufsatz »Europa. Reich über den Reichen« als Gegenschrift zu den Vorstellungen der konservativen Revolution verfaßt, wie sie 1923 – was bei Armin Mohler nachzulesen ist – paradigmatisch in Arthur Moeller van den Brucks Buch *Das Dritte Reich* zusammengefaßt wurden. Gegen den nationalen Mythos setzte Mann den europäischen Geist, gegen die nationalsozialistische Gesinnungspartei die Intellektuellenkirche, gegen den Deutschland-Chiliasmus die Europa-Hoffnung, gegen die Ideologie von der deutschen Volksgemeinschaft den Glauben an das Weltbürgertum. Im Konkurrenzeifer mit den Propheten des Nationalismus verfiel der Autor dann selbst einem antidemokratischen Denken, das er sonst bei seinen Gegnern bekämpfte.

III.

Fortgesetzt wurde in den Nachkriegsjahren auch die geistesgeschichtliche Europa-Diskussion. Daß Europa-Pessimismus nicht nur in Deutschland, sondern auch bei der Siegernation Frankreich verbreitet war, belegte Paul Valérys Essay »Die Krise des Geistes«, den er 1919 in der englischen Zeitschrift *Athenaeum* veröffentlichte. »Wir Kulturvölker, wir wissen jetzt, daß wir sterblich sind«, konstatierte Valéry (5). »Ein Schauer ohne gleichen hat Europa bis ins Mark durchbebt« (7), fuhr er fort, und er bedachte die Möglichkeit eines bevorstehenden europäischen Kulturtodes, wenn er zu bedenken gab: »Ninive, Babylon waren nur klangvolle Namen, und der völlige Untergang dieser Welten hatte für uns geradeso wenig Bedeutung wie ihr Dasein. Aber Frankreich, England, Rußland könnten ebenso klangvolle Namen sein« (5). Mit einer Schärfe, die auch durch die zitierten Äußerungen Hauptmanns nicht überboten wurde, setzte Valéry die Kulturkritik fort: »Der Glaube an eine europäische Kultur ist dahin; daß die Erkenntnis nichts, gar nichts zu retten vermag, ist erwiesen; die sittlichen Ansprüche der Wissenschaft sind tödlich getroffen, sie ist gleichsam entehrt durch die Grausamkeit ihrer praktischen Anwendung« (9). Als Folge des Tätigkeitsdrangs und des Expansionismus »der europäischen Psyche« (18) sei jedoch der Sündenfall der Wissenschaft unausbleiblich gewesen: Sie habe nicht mehr bloß »Selbstzweck und Kunst« bleiben können, sondern sich zum »Machtmittel«, zum »Tauschwert« (20), zur »Ware« erniedrigen müssen. Als »Handelsobjekt« habe die europäische Wissenschaft (in erster Linie sind Naturwissenschaft und Technik gemeint) »immer zahlreichere Abnehmer« gefunden, und ihre weltweite Verbreitung sei abzusehen (21). Wenn aber die Wissenschaft überall verfügbar sei, bedeute dies, daß Europa seine bisherige Überlegenheit einbüßen werde. Spürbar wurde, wie schwer es Valéry fiel, sich mit dem Gedanken eines Endes europäischer Superiorität abzufinden. Am liebsten hätte er eine positive Antwort gegeben auf die selbstgestellte Frage: »Wird Europa seinen Vorrang auf allen Gebieten behaupten?« (16) Sein Essay lief hinaus auf die Forderung nach einer Defensivposition, auf eine Art von Malthusianismus der Technologie, wie Jacques Leenhardt es nennt, auf die Empfehlung, den Transfer von Wissenschaft und Forschung in nichteuropäische Länder möglichst einzuschränken. Das war kurzsichtig gedacht und lag letztlich auch nicht auf der Argumentationslinie Valérys. Valéry stellte nämlich den Internationalismus und Kosmopolitismus des europäischen Geistes heraus und erklärte den Krieg mit der Ungleichzeitigkeit von geistiger und politischer Entwicklung in Europa: Die traditionelle politische Feindseligkeit habe mit der geistigen Entwicklung des Kontinents nicht Schritt gehalten. Ähnlich sahen es im Rückblick – wie bereits erwähnt wurde – auch Stefan Zweig und Heinrich Mann.

Bei anderen saß der Schock, den der Weltkrieg hinterlassen hatte, tiefer. Valéry hegte keine grundsätzlichen Zweifel an der Bejahbarkeit und weiterer Überlegenheit des »europäischen Genius« (19), den er als »glückliche Verbindung von Phantasie und logischer Strenge, Skepsis ohne Pessimismus, Mystik ohne Resignation« definierte (18). Für ihn war die Vorstellung eines möglichen Untergangs Euro-

pas lediglich ein Ansporn zu erneuter europäischer Selbstbehauptung. Hermann Hesse dagegen begann – ebenfalls
im Jahre 1919 – seinen Essay »Die Brüder Karamasoff oder
Der Untergang Europas« mit der These, daß er »an den
‚Untergang Europas' glaube, und zwar gerade an den Untergang des geistigen Europa« (161). Im Werk Goethes verkörperte sich für Hesse europäisches, in den Dichtungen
Dostojewskis hingegen asiatisches Denken. Die zeitgenössische Rezeption dieser beiden Autoren war Hesse ausreichend Indiz für die Annahme der kulturellen Verdrängung des Europäischen durch das Asiatische. »Daß die
europäische, zumal die deutsche Jugend Dostojewskij als
ihren großen Schriftsteller empfindet, nicht Goethe«, schien
Hesse »für unser Schicksal entscheidend« zu sein. Was die
jungen Europäer in den Bann schlage, sei »das Ideal der
Karamasoffs, ein uraltes, asiatisch-okkultes Ideal«, das nun
beginne, »den Geist Europas aufzufressen«, und dieser Untergang sei »eine Heimkehr zur Mutter«, eine »Rückkehr
nach Asien«. Dieses »asiatische Ideal« beinhalte die »Abkehr von jeder festgelegten Ethik und Moral zugunsten
eines Allesverstehens, Allesgeltenlassens« (162). Als »ein
völlig amoralisches Denken und Empfinden« bedrohe es
den »europäischen Geist in seinen Wurzeln« (163). Schuld
an der Affinität der Jugend zum asiatischen Chaos sei die
Aushöhlung der europäischen Wertvorstellungen. Die Situation der europäischen Dekadenz, ihre spezifische Dispo-
sition von Trieb und Triebunterdrückung umschrieb Hesse
plastisch mit dem Bild von Pferd und Gespann: »Denn so
steht es mit jeder Kultur: Töten können wir die Urtriebe, das
Tier in uns, nicht, denn mit ihnen stürben wir selbst – aber
wir können sie einigermaßen lenken, einigermaßen beruhigen, einigermaßen dem ‚Guten' dienstbar machen, wie
man einen bösen Gaul vor einen guten Wagen spannt. Nur
wird von Zeit zu Zeit der Glanz dieses ‚Guten' alt und welk,
die Triebe glauben nicht mehr recht daran, lassen sich nicht
mehr gerne unterjochen. Dann bricht die Kultur zusammen« (171). In diesem Augenblick des kulturellen Zu-
sammenbruchs glaubte Hesse sich 1919 zu befinden. Ohne
Hoffnung war er jedoch nicht. Anders als Valéry schlug
Hesse keinen Rückzug, keine Defensivhaltung vor. Er erwartete eine »Umwertung seelischer Werte«, die in ihrer

Wirkung vergleichbar sei demjenigen »aus Asien kommenden Gedankenkeim«, der an der Zeitwende in der »Form der Lehre Jesu« die Antike verändert habe (175). Diese Hoffnung betraf die Zukunft. Die Gegenwart aber werde bestimmt durch den Zusammenbruch christlicher Religionsvorstellungen, durch eine Dostojewskische Gottesidee, die hinter den christlichen Dualismus von Gut und Böse zurückreiche, die einen »Gott des Alls [...] jenseits der Gegensätze« akzeptiere (165). Die Gegenwart gehöre dem »Menschen des Untergangs« (166), für den »das Asiatische, das Chaotische, das Wilde, Gefährliche, Amoralische« bezeichnend sei (168). Für diese Situation von 1918 prägte Hermann Broch ein Jahrzehnt später in seinem Essay »Zerfall der Werte«, den er der *Schlafwandler*-Trilogie einfügte, den Begriff der »Nullpunktsituation«, und es überrascht nicht, daß Hesse positive Worte über diesen Essay fand, ihn als »denkenden Blick ins Chaos« charakterisierte.

Ohne direkt auf Hesse einzugehen, versuchte Hugo von Hofmannsthal in seinem drei Jahre später entstandenen Essay »Blick auf den geistigen Zustand Europas« die Thesen des Autors zu widerlegen. Dabei benutzte er das umgekehrte Verfahren Hesses: Er spielte den Europäer Goethe gegen den »Asiaten« Dostojewski aus. Zunächst stellte der autoritätsgläubige Hofmannsthal fest, daß »Europa in diesem Augenblick nicht über einen einzigen geistigen Repräsentanten verfügt, der wirklich als beherrschende europäische Figur angesehen werden könnte« (478), daß der »Thron des geistigen Imperators« vakant sei. Nur dieses Defizits wegen habe Dostojewski »Gewalt über die Seele der Jugend« erhalten und sei zum »geistigen Beherrscher« des Kontinents geworden. Was drei und vier Generationen zuvor »das Pathos Schillers« bewirkt habe, erreiche heute »das fieberhaft Gesteigerte« der Romane Dostojewskis. In beiden Fällen sei die Faszination der Jugend begründet im Durchbruch der Dichtungen »ins Absolute, ins Religiöse« (479). Nur Goethe könne und werde Dostojewski den Rang, den ihm die europäische Jugend zuerkenne, streitig machen. Das »Greifbarste am europäischen Geistesleben des Augenblickes« sei nämlich »das Ringen dieser beiden Geister um die Seele der Denkenden und Suchenden«, und Hofmannsthal hegte keinen Zweifel daran, daß Goethe als

Sieger aus diesem heroischen Rezeptionskampf hervorgehen werde. Goethe nämlich sei »eine geistige Macht des
allerersten Ranges, nicht bloß Künstler, sondern Weiser,
Magier, wahrer Führer der Seelen, Stiller auch des religiösen Bedürfnisses« (479 f.). Die geistige Entscheidungs-
schlacht zugunsten des Weimaraners deute sich in den
neuen Goethe-Studien von Benedetto Croce und Henri
Lichtenberger bereits an. Zur Polarität dieses Streites
schrieb Hofmannsthal: »Es sind das alte, auf der Synthese
von abendländischem Christentum und einer ins Blut auf-
genommenen Antike ruhende Europa und das zu Asien
tendierende Rußland, die in Goethe und Dostojewski einander gegenüberstehen« (480 f.). Für Hofmannsthal bedeutete dieser Essay eine Revision der eigenen Europa-
Position, wie er sie mit seiner Hoffnung auf die Erneuerung
des Kontinents durch die Weisheit Asiens 1917 eingenom-
men hatte. Jetzt nämlich war der Autor von der Überlegenheit des europäischen über den asiatischen Geist überzeugt,
glaubte, daß das in Goethes Werk enthaltene »abendländische Geheimnis noch kompakter« sei als das »morgenländische«, das Dostojewskis Romanen eigne. Während Dostojewskis »letztes Wort« vielleicht bereits gesprochen sei,
werde Goethes Werk auch »einer späteren Generation« von
Europäern noch als geistiges Fundament dienen (481).

Die erneute Europa-Asien-Diskussion war mit Hofmannsthals Plädoyer für Goethe noch nicht beendet. 1923
veröffentlichte Gide in der *Revue de Genève* den Essay
»L'avenir de l'Europe«, der im selben Jahr auf deutsch unter
dem Titel »Die Zukunft Europas« in der *Neuen Rundschau*
erschien. Gide schilderte hier ein zwei Jahre zurückliegen-
des Gespräch, das er in Paris mit einem ehemaligen chinesischen Minister geführt hatte. Um die europäischen Gegebenheiten als fremd erscheinen zu lassen, bediente Gide
sich der Perspektive des Chinesen. Im Gegensatz zu Valéry
und Hesse sieht dieser nicht die abendländische, sondern
die altchinesische Kultur dem Untergang verfallen: Nicht
Asiatisches bedrohe Europa, sondern Europäisches Asien.
Die »Welt des Westens«, klagt der Chinese, habe »ihre zer-
setzenden Fermente« in China gesät. Anders als bei Hesse
und Hofmannsthal wurde Dostojewski von chinesischer
Warte aus nicht die asiatische Gefahr für den Westen ge-

nannt, sondern als europäische Gefahr in Asien betrachtet. Die westlichen Schriftsteller Fjodor Dostojewski, Henrik Ibsen und George Bernard Shaw nämlich hätten am meisten zum Auflösungsprozeß chinesischer Kultur beigetragen. Bevor China europäischen Einflüssen ausgesetzt gewesen sei, habe das Land »im Schutze der heilgen Mauer« sein »Glück in der Norm« gefunden und das typisch europäische »Übermaß des Strebens« abgelehnt (606). Laotse und Konfuzius hätten in ihren Lehren, die eigentlich keine Religionen im westlichen Sinne seien, »Moral und Weisheit nicht voneinander« getrennt, so daß im alten China »der tugendhafteste Mensch auch der vernünftigste« gewesen sei. Die Lehre Christi bezeichnete Gides Gesprächspartner als der chinesischen Weisheit verwandt. »Dieser Zustand der Kindheit«, überlegte er, »diese unmittelbare und dauernde Zufriedenheit«, die in Jesu Lehre eine wichtige Rolle spiele, sei »derselbe Zustand, in dem wir Chinesen leben«. Der europäische Alltag sei jedoch nicht durch das christliche Evangelium bestimmt, sondern durch einen eklatanten Widerspruch von religiösem Postulat und zivilisatorischer Wirklichkeit. Das Dilemma der europäischen Kirchenreligion sei, daß sie sich nicht mit der Verkündung einer Moral – wie die chinesische Weisheitslehre – begnüge, sondern Dogmen aufgestellt habe, die in ständigen Konflikt mit der Vernunft geraten müßten. Laotse und Konfuzius hätten »ihre Lehre nicht auf Grundsätzen« aufgebaut, »die die Vernunft als Feinde ansehen muß« (607). Eigentlich überall auf der Welt, fügte der Chinese hinzu, »außer bei den christlichen Völkern«, werde die »Gesellschaft nach dem Glauben gestaltet«, ohne in das europäische Dilemma der permanenten Kontroverse von Religion und Vernunft zu geraten. Es sei doch paradox, daß in Europa, dessen Religion die Armut, Nächstenliebe und gegenseitige Hilfe befehle, die reichsten und aggressivsten, »unruhigsten« und »ungestümsten Völker« lebten. Der »Widerspruch« zwischen religiösem Anspruch und faktischem Verhalten werde den Kontinent »zum Abgrund« führen (608). »Religion und Zivilisation«, entgegnete Gide an dieser Stelle dem chinesischen Gast, zerrten den Europäer tatsächlich »nach entgegengesetzten Seiten«, und das sei der Grund für die ständigen »Kompromisse«, die der westliche Mensch eingehen müsse (609). Der aus der permanenten Reibung von Dogma und Vernunft resultierende Kompromiß aber sei dem Europäer unverzichtbar und wertvoll, weil er »eine Schule des Individualismus« bilde (608). Da man nach der kirchlichen Lehre im Alltag nicht leben könne, werde der einzelne gezwungen, für sich eigene Anschauungen zu erarbeiten, individuelle Normen zu setzen.

Ähnlich wie Gide äußerte sich auch Alfons Paquet 1923 im Essay »Chinesierung« zu den europäisch-asiatischen Gegensätzen. Paquet stellte im neuen, verwestlichten, industrialisierten China eine Proletarisierung von Ausmaßen fest, die Europa bisher erspart geblieben seien, die aber die eigentlich drohende »Chinesierung« des Abendlandes bedeute, nämlich die durch »Blut und Hunger« während kommender »schwerer Klassenkämpfe« (100). Neben dieser »Chinesierung« im »schlimmen« gäbe es aber auch eine wünschenswerte »Chinesierung im guten [...] Sinne« (99). Der von Paquet verehrte chinesische Philosoph Ku Hung-Ming, so berichtete der Autor, betrachte die altchinesische Lebensführung der europäischen gegenüber als überlegen. Deshalb arbeite er einerseits gegen die weitere Beeinflussung seines Heimatlandes durch europäische Ideen, und andererseits setze er sich für eine »Chinesierung« Europas ein. Der »Geist des chinesischen Volkes« mit seiner »heiteren, mit Geduld und Genügsamkeit gesegneten Gemütsart« (101) dürfe durch die europäische Moderne nicht zerstört werden; im Gegenteil sollte Europa sich diese Mentalität zum Vorbild nehmen. Ku Hung-Ming, berichtete Paquet weiter, fordere »die Nationen Europas auf, ihre gegenwärtigen *Magnae Chartae* der Freiheit und ihre Verfassungen zu zerreißen und eine neue *Magna Charta*, nämlich die der Treue des guten Bürgers, zu errichten« (103). Ihm schwebte eine von chinesischem Geist geprägte »Magna Charta [...] der Treue der Völker untereinander« vor, »die durch das Chaos den Weg zum Kosmos einer friedlichen Verwaltung der Erde gehen« (104) werde. Wenngleich Paquet für eine immediate Verwirklichung dieser Idee keine Chance sah, wollte er sie doch als Utopie einer im positiven Sinne verstandenen Chinesierung gelten lassen. Damit trug er zur Entdämonisierung des mit Negativassoziationen (wie Chaos und Anarchie) besetzten Asien-

bildes bei, wie es in einigen Europa-Essays der Nachkriegsjahre (im Gegensatz zum positiven Asienbild aus der Zeit
vor 1914) gezeichnet worden war.

Die Angst vor der »asiatischen Gefahr« ließ in den Jahren
nach 1922 merklich nach. In Gustav Wynekens Studie »Der
europäische Geist und die Moral der Zukunft« wurde Hesses Behauptung von der Rückkehr Europas zur asiatischen
Mutter nur noch als rhetorische Frage artikuliert: »Wird das
mütterliche Asien sein verlorenes Kind Europa wieder an
sein Herz nehmen?« (8) Wynekens Antwort fiel negativ aus.
In einer Reihe von Antithesen versuchte der Autor den
europäisch-asiatischen Gegensatz zu verdeutlichen. Mit
Polaritäten wie Handeln und Wissen, Zeitlosigkeit und Geschichte, Zielstrebigkeit und Ewigkeit, Dualismus und Mo-
nismus, Krieg und Ruhe, Tragik und Einklang, Wahrheit
und Weisheit wiederholte und variierte er die gängigen
Schemata. Vielleicht war es als eine Antwort an Hesse gedacht, wenn Wyneken sich zum »Entdeckergeist«, zum »Pi-
ratengeist« als »europäischem Geist« (13) bekannte, der
nicht daran denke, »belehrt und reuig« zum »asiatischen
Geist« zurückzukehren (11).

Ein neues europäisches Selbstbewußtsein sprach auch
aus Valérys Vortrag »Europäischer Geist«, den er 1922 in
Zürich hielt. Zwar bekannte Valéry wie bereits drei Jahre
zuvor, daß nach der Kriegskatastrophe für seine »unglück-
liche Generation« die »Freude am Leben dahin« sei (24),
doch bezog er für die Zukunft Hoffnung aus dem Studium
der Leistungen des europäischen Geistes in den vergangenen Jahrtausenden. Das, was den Europäer seit je ausmache, seien die »dauernde Unruhe« und sein »fortwähren-
der Forschungstrieb« (31). Europa war ihm permanente
Agilität im Gegensatz zur asiatischen Konstanz der Ge-
wohnheiten: gleichsam »eine Börse«, auf dem der »Austausch aller geistigen und materiellen Güter« vor sich gehe
(32). Die kulturhistorische Definition des Europäers, wie
Valéry sie in diesem Aufsatz vornahm, war nicht originell;
sie wurde von vielen anderen Europa-Essayisten voran-
gegangener Jahrzehnte vergleichbar vorgedacht. Doch in
ihrer Knappheit und Griffigkeit war sie besonders einpräg-
sam und hatte deshalb auf die Thesen der Europa-Diskussion der folgenden Dekaden maßgeblichen Einfluß.

Valéry verstand gemäß dieser Definition »als Europäer alle Völker, die im Lauf der Geschichte folgende drei Einwirkungen erlitten haben« (35). An erster Stelle sei die »römische« zu nennen mit ihrem »juristischen, militärischen, religiösen und formalistischen Geist« und ihrer »ausgezeichneten Verwaltung«. Zweitens müsse die Wirkung durch »das Christentum« (36) erwähnt werden, wobei Valéry die Kontinuität von Rom und Kirche betonte: »Die Ausbreitung der christlichen Kirche« sei »noch heute mit derjenigen des kaiserlich römischen Machtbereichs nahezu« identisch (37). Schließlich sei drittens die Einwirkung Griechenlands hervorzuheben. »Was wir Griechenland verdanken«, nämlich »die Wissenschaft«, schrieb Valéry, »hat uns vielleicht am tiefsten von der übrigen Menschheit geschieden« (40). »Derart«, so resümierte er, »stellen sich mir die drei wesentlichen Bedingungen dar, die mir einen wahren Europäer zu bestimmen scheinen« (44). Die Komposition des europäischen Geistes habe einen Menschentypus erzeugt, dem es immer um die Erreichung maximaler Erfüllungen gehe. »Überall, wo« nach Valéry »der europäische Geist herrscht, sieht man ein Maximum an Bedürfnissen, ein Maximum an Arbeit, Kapital, Leistung, Ehrgeiz, Macht und ein Maximum an Veränderung der äußeren Natur, ein Maximum der Wechselbeziehungen und -wirkungen auftreten.« Das »Gesamt dieser Maxima« sei Europa oder Abbild Europas. Das Europäische verstand Valéry als Einstellung, nicht als etwas, was ethnisch-rassisch festzulegen sei. Der »Homo Europaeus«, unterstrich Valéry, werde »weder durch Rasse noch durch Sprache noch durch Bräuche bestimmt«, sondern »durch seine Wünsche und die Weite seines Wollens« (45). Als Europa-Theoretiker blieb Valéry – mit allen Vor- und Nachteilen, die es mit sich brachte – ein Kind der Moderne. Die Erschütterung, die sein Glaube an die Vorzugsstellung Europas in der Welt erlitten hatte, reichte nicht so tief, als daß er eine grundsätzliche Umorientierung europäischen Denkens und Handelns empfohlen hätte. Vorstellungen von Grenzen des Wachstums, von Einschränkung statt Maximierung, waren ihm noch fremd. Als Modernist war er aber auch Antirassist und erteilte all denen eine Absage, die damals mit Rassenlehren den europäischen Kosmopolitismus bekämpften.

Abschließend seien kurz noch zwei Essays erwähnt, die in den frühen zwanziger Jahren geschrieben wurden und aus dem Europa-Asien-Schema herausfielen. Da ist zum ersten Robert Musils »Das hilflose Europa oder Reise vom Hundertsten ins Tausendste« von 1922 anzuführen und zum anderen Walter Benjamins »Gedanken zu einer Analysis des Zustands von Mitteleuropa« von 1923. Dieter Bachmann hat Musils Arbeit mit Recht Zerfahrenheit der Argumentation und mangelhafte Komposition vorgeworfen. Allerdings war beides vom Autor beabsichtigt, sollte seine offen zugegebene Konfusion zum Ausdruck bringen. »Der Autor ist bescheidener und weniger hilfsbereit als der Titel glauben macht«, schrieb Musil gleich am Anfang. »Ich bin nicht nur überzeugt«, fuhr er fort, »daß das, was ich sage, falsch ist, sondern auch das, was man dagegen sagen wird« (1075). Implizite ist dieser Essay eine ratlos geratene Absage des Autors an sein entschieden-klares Bekenntnis zum europäischen Krieg von 1914, wobei allerdings die Deutung des Kriegsausbruchs selbst als ein »explosiv-seelisches Moment«, als »metaphysischer Krach« und »Revolution der Seele gegen die Ordnung« (1090) eher als bestätigender Kommentar zur seinerzeit ausgedrückten psychischen Verfassung gedacht ist. In seiner Nachkriegsgegenwart konstatierte der Autor in »Deutschland«, in »Frankreich, in England, in Italien« bloß »Unruhe« und »Unsicherheit« (1076). Gegen Geschichtsinterpreten mit Erklärungsmodellen à la Spengler gewandt meinte Musil: »Es hieße den Glauben an die Notwendigkeit der Geschichte doch beträchtlich überspannen, wollte man in allen Entscheidungen, die wir erlebt haben, den Ausdruck einer einheitlichen Bedeutung sehn« (1077). Seine Verwirrung über die europäischen Verhältnisse faßte der Autor im bekannten Babel-Vergleich zusammen: »Es ist ein babylonisches Narrenhaus; aus tausend Fenstern schreien tausend verschiedene Stimmen, Gedanken, Musiken gleichzeitig auf den Wanderer ein« (1088).

Benjamins Essay handelte eigentlich nicht von Europa, sondern von Deutschland. Die Arbeit ist aber erwähnenswert, weil es sich – wie schon der Titel andeutet – um eine späte Gegenschrift zu Friedrich Naumanns Mitteleuropa-Buch von 1915 handelt, ohne daß Naumann selbst erwähnt würde. Benjamin konstatiert nämlich das Gegenteil von all dem, was Naumann mit seinem Mitteleuropa-Konzept für Deutschland als führende europäische Großmacht vorgesehen hatte: statt Expansion und Kolonisierung »Wohnungsnot und Verkehrsteuerung« (916), statt völkischen Aufbruchs »engherzigstes Privatinteresse« (918), statt deutscher Vorherrschaft eine »groteske Isolierung Deutschlands« (919), statt Reichtum »Armut« (922), statt Elite der Welt »Verfall der Universitäten« (925) und statt selbstbewußten Imperialismus »stabilisiertes Elend« (926). Nur die defensiv-kriegerische Gefühlslage, Naumanns Schützengraben-Mentalität, habe sich als eine Art Festungskoller erhalten. Man lebe, schrieb Benjamin, »wie die Einwohner in einer rings umzingelten Stadt, denen Lebensmittel und Pulver ausgehen und für die eine Rettung menschlichem Ermessen nach kaum zu erwarten« sei. In dieser Umgebung von Angst und »Vernichtung« (927) entfalte sich eine illusionäre Erwartungshaltung, die schon die Basis für Naumannns phantastische Projekte abgegeben hatte: Die »Atmosphäre« sei »voll von Trugbildern, Luftspiegelungen«, die eine »über Nacht blühend hereinbrechende kulturelle Zukunft« vorgaukelten, weil jeder auf den »optischen Täuschungen seines isolierten Standpunktes« beharre (928). Unter den vielen Zustandsbeschreibungen des Krisenjahres 1923 ist die Benjamins eine der hellsichtigsten.

Vor und nach der
Weltwirtschaftskrise (1924–1932)

Da liegt Europa. Wie sieht es aus?
Wie ein bunt angestrichnes Irrenhaus.
(Kurt Tucholsky, *Europa*)

I.

Als 1919 die Pariser Vorortverträge zwischen den Alliierten ausgehandelt wurden, gelang es nicht, ein Konzept zu erarbeiten, das den europäischen Frieden gesichert hätte. Ergebnis der Konferenzen war unter anderem die Errichtung des Völkerbundes mit Sitz in Genf. Diese supranationale Organisation erwies sich als zu kompetenzarm und zu handlungsunfähig, als daß sie ein geeignetes Instrument zur Sicherung des Weltfriedens hätte abgeben können. Anders als zur Zeit des Wiener Kongresses legten diesmal auch keine Intellektuellen vom Format eines Saint-Simon europäische Friedens- und Einigungspläne vor, die die Grundlage für eine alternative politische Diskussion hätten abgeben können. Erst vier Jahre später veröffentlichte der junge philosophische Schriftsteller Richard Nicolas Graf Coudenhove-Kalergi sein Buch *Pan-Europa*, das umfassende Pläne zur wirtschaftlichen und politischen Einigung des Kontinents enthielt und in dem die Fehler nationalistischer Engstirnigkeit wie internationalistischer Unverbindlichkeit vermieden werden sollten. In Versailles und Saint-Germain hatte man noch in den Kategorien nationalstaatlichen Machtkalküls gedacht, und auf gleicher Ebene bewegten sich die Angriffe auf die Friedensverträge, wie sie von der politischen Rechten in Deutschland – allen voran Adolf Hitler – entfesselt wurden. Das Ziel von Coudenhove-Kalergi war die Überwindung nationalistischer Gegnerschaften durch Schaffung einer kontinentaleuropäischen Föderation. Im selben Jahr 1923, als sein Buch erschien, gründete er in Wien die Paneuropäische Union, deren Verwaltungsbüro in der Wiener Hofburg lokalisiert war. Ein

Jahr später begann er mit der Herausgabe seiner Zeitschrift *Paneuropa*, die bis zum Anschluß Österreichs im Frühjahr 1938 erschien. Sie war das publizistische Organ der neuen Vereinigung. Ohne das Buch *Pan-Europa* von 1923 ist die Europa-Diskussion der zwanziger Jahre unvorstellbar. Es erregte Aufsehen in fast allen europäischen Ländern und provozierte zahllose Stellungnahmen. Was waren die Grundthesen des Buches?

Wie Coudenhove-Kalergi in seinen Lebenserinnerungen betonte, inspirierte ihn vor allem die 1910 erschienene Schrift *Pan-Amerika* von Alfred H. Fried (109). Fried schilderte die pazifizierende Funktion wie auch die wirtschaftlichen Aspekte der panamerikanischen Konferenzen, in denen die USA und die übrigen Länder des amerikanischen Kontinents zu gemeinsamen Entschließungen fanden. Er empfahl der europäischen Staatenwelt, sich als Pan-Europa ähnlich zu organisieren, um absehbare Kriege in der Alten Welt zu vermeiden. Coudenhove-Kalergi nannte sein Buch mit Absicht *Pan-Europa* und nicht etwa *Vereinigte Staaten von Europa*. Die Vereinigung des Kontinents dachte der Autor sich in einer prozeßhaften Abfolge. Am Anfang sollte eine paneuropäische Konferenz einberufen werden, in der die anstehenden Streitfragen der Länder untereinander zu schlichten wären. Ergebnis dieser Konferenz würde ein Bündnisvertrag zwischen allen demokratischen Staaten des Kontinents sein. Die dritte Stufe sollte die paneuropäische Zollunion abgeben, und als Fernziel wurde die Schaffung der Vereinigten Staaten von Europa ins Auge gefaßt. Es ging dem Autor also nicht um die möglichst baldige Etablierung eines einheitlichen europäischen Staates mit einer starken Zentralregierung. Als zu seiner Zeit machbar betrachtete er die Errichtung eines föderativ gegliederten europäischen Staatenbundes. Als Europas Verkehrssprache empfahl er das Englische. Wie 100 Jahre zuvor Saint-Simon, wünschte sich auch Coudenhove-Kalergi, daß der allenthalben grassierende Nationalismus durch einen »*europäischen* Patriotismus« (166) ersetzt werde. Als Motto für seine Arbeit hatte Coudenhove-Kalergi einige Zeilen gewählt, die dem Kirchenlehrer Augustinus zugeschrieben werden: »In necessariis unitas / In dubiis libertas / In omnibus caritas«. Dieses Motto schmückte den Briefkopf der Paneuropäischen Union. Sogar an die Europa-Flagge hatte der Autor gedacht: Das von ihm vorgeschlagene »Rote Kreuz auf goldener Sonne« (168) hat sich jedoch als Symbol des sich vereinigenden Europas nicht durchsetzen können.

In seiner Einleitung verdeutlichte der Autor mit einer indirekten Wendung gegen Oswald Spengler, daß Europa keineswegs »an Altersschwäche« sterbe, daß nicht »die Völker Europas«, sondern ihr »politisches System« senil sei (VIII). Der europäischen Anarchie könne nur ein Ende bereitet werden, wenn der Kontinent sich einige. Wie zahlreichen Europa-Strategen vor ihm, war Coudenhove-Kalergi der außenpolitische Aspekt der Unifikation wichtig. Um nicht ein Spielball von Großmächten wie Amerika, Rußland, Vereinigtes Königreich, Japan und China zu werden, müsse Europa sich zusammenschließen, müsse eines der »planetarischen Kraftfelder« (22) werden. Was die politische Verfassung des europäischen Bundes betraf, sprach der Autor sich für das »demokratische System« aus (33), weswegen die Sowjetunion, solange sie kommunistisch regiert werde, nicht Mitglied der Föderation werden könne. Auch ließ sich nach Meinung des Autors das »pazifistische Ziel« (46) der paneuropäischen Union nicht in Einklang bringen mit den sowjetischen Vorstellungen einer Weltrevolution. Großbritannien könne als Zentrum seines Commonwealth of Nations nicht in den Staatenbund aufgenommen werden; das sei erst möglich »nach dem Zerfall des britischen Weltreichs« (40). Wie Victor Hugo bereits 1842 sprach sich auch Coudenhove-Kalergi gegen die Aufnahme Englands und Rußlands in den europäischen Bund aus. Allerdings handelte es sich hier nicht um eine prinzipielle, sondern eine bedingungsweise Ausschließung dieser Länder. Bei aller Weitsicht, die man der Schrift nicht absprechen kann, wurde bei Berührung der Kolonialfrage doch deutlich, wie Coudenhove-Kalergi in mancher Hinsicht noch dem imperial-eurozentristischen Denken des 19. Jahrhunderts verhaftet war. Wie selbstverständlich glaubte er über »afrikanische Kolonien« verfügen zu können, die »Rohstoffe für Europa« zu liefern hätten (37). Was die Sowjetunion betraf, warnte der Autor vor der russischen Gefahr: Rußland befinde sich seit Peter dem Großen im »Anmarsch gegen Westen« (54), und so werde Europa sich gegen eine sowjetische Expansion schützen müssen. Im Gegensatz zu Hitler wollte Coudenhove-Kalergi aber von antirussischen Präventiv- oder Eroberungskriegen nichts wissen. Im Gegenteil, er empfahl Ausgleich, Abrüstungsverhandlungen, Nichteinmischung in die inneren Angelegenheiten des Landes und extensiven Handel. Hellsichtig hieß es in diesem Zusammenhang: »Der Staatsmann, der die nächste intereuropäische Kriegserklärung unterzeichnet – unterschreibt damit das Todesurteil für Europa [...]. Im vollen Bewußtsein seiner Folgen einen europäischen Krieg propagieren können nur herostratische Verbrechernaturen« (101). Coudenhove-Kalergi wollte die Grenzen, wie sie nach dem Versailler Vertrag galten, anerkennen, sie gleichzeitig aber durch Einführung der europäischen Zollunion in ihrer Bedeutung relativieren. Die Beziehung zu den USA sollte in Zukunft durch größere wirtschaftliche Unabhängigkeit geprägt sein, sich aber ansonsten freundschaftlich gestalten.

Unter den einflußreichen Politikern seiner Zeit, die die Paneuropa-Bewegung unterstützten, sind der österreichische Bundeskanzler Ignaz Seipel, der tschechoslowakische Außenminister Eduard Beneš, der deutsche Reichstagspräsident Paul Löbe, der französische Ministerpräsident Edouard Herriot und der französische Außenminister Aristide Briand zu nennen. Coudenhove-Kalergi sah ein, daß vom Außenministerium in Paris ein Gelingen der europäischen Einigung abhing, und er unternahm viel, um führende französische Politiker für seine Sache zu gewinnen: Briand wurde sogar Ehrenpräsident der Paneuropäischen Union. Konrad Adenauer, damals Oberbürgermeister von Köln, hielt ebenfalls etwas von Coudenhove-Kalergis Plänen. Paneuropa-Förderer waren auch der Hamburger Bankier Max Warburg und der luxemburgische Großindustrielle Emile Mayrisch. Hitler wurde zum stärksten Gegner von Paneuropa. Während der Parteivorsitzende der NSDAP mit demagogischen Schlagworten die Massen an sich zu binden suchte, setzte Coudenhove-Kalergi auf rationale Argumentation und auf die Gewinnung der Elite in Politik, Wirtschaft und Kultur. Was den Paneuropäern im Gegensatz zu den Nationalsozialisten nicht gelang, war die Schaffung einer Massenbasis: Die Paneuropäische Union zählte nur einige tausend Mitglieder.

Die größte Anziehungskraft übte die Europa-Idee auf die Dichter aus. »Die einzigen Europäer waren freie Schriftsteller«, erinnerte sich Coudenhove-Kalergi des Beginns der Paneuropäischen Union in seiner ein Vierteljahrhundert später veröffentlichten Autobiographie. Er erwähnte dort, daß Maximilian Harden und Heinrich Mann zu den »ersten Anhängern« zählten (114). Der Anteil der Autoren, die seine Ideen verbreiteten, war in der Tat beträchtlich. Hilde Spiel war Gymnasialschülerin, als sie den 1926 in Wien stattfindenden ersten Paneuropa-Kongreß besuchte. In einem ironisch getönten biographischen Rückblick erinnerte sie sich ein halbes Jahrhundert später: »Daß Richard Graf Coudenhove-Kalergi so schön war, so geheimnisumwittert, Sproß alten Adels und einer Exotin, einer Japanerin – es half ohne Zweifel mit, die jungen Menschen im Saal für seine Idee zu gewinnen. [...] Unfaßbar, daß nicht jeder in dieser Stadt, diesem Land, diesem Kontinent sich sogleich hinter der paneuropäischen Fahne einreihen sollte – hier im Schubertsaal des Konzerthauses war man allgemein dazu bereit« (281 f.). In Vorbereitung dieses Kongresses verschickte Coudenhove-Kalergi 1925 eine Enquete mit zwei Fragen: »1. Halten Sie die Schaffung der Vereinigten Staaten von Europa für notwendig? 2. Halten Sie das Zustandekommen der Vereinigten Staaten von Europa für möglich?« Eine Reihe der Antworten, die zum großen Teil von Schriftstellern stammten, wurden 1925 und 1926 in der Zeitschrift *Paneuropa* abgedruckt. Zu den Autoren aus den deutschsprachigen Ländern, die sich positiv zu seinen Plänen äußerten, gehörten unter anderem Raoul Auernheimer, Otto Flake, Gerhart Hauptmann, Kurt Hiller, Hugo von Hofmannsthal, Alfred Kerr, Harry Graf Keßler, Hermann Graf Keyserling, Emil Ludwig, Heinrich Mann, Thomas Mann, Rudolf Olden, Rudolf Pannwitz, Felix Salten, René Schickele, Arthur Schnitzler, Fritz von Unruh, Jakob Wassermann, Franz Werfel und Gustav Wyneken. Hofmannsthal schrieb aus Rodaun: »1. Neue übernationale Zusammenhänge herzustellen und die politische Form für sie zu finden, halte ich für das *eine* Notwendige. 2. Das Notwendige ist immer möglich. Das historische Geschehen vollzieht sich, indem ein kaum Geglaubtes von Wenigen so behandelt wird, als ließe es sich unmittelbar verwirklichen«

(2.1–3, 1925, 35). Pannwitz bejahte beide Fragen, indem er ausführte:»Nur so kann gesichert werden, daß bei den unausbleiblichen Konflikten zwischen den geographisch-ökonomisch-politischen Weltsystemen Europa seine Neutralität wahren, seine Unabhängigkeit wieder erlangen und seinen Aufbau fortsetzen kann« (2.1–3, 1925, 56). Arthur Schnitzler hielt die Vereinigten Staaten von Europa »für die unter den gegenwärtigen Weltumständen aussichtsvollste Vorbeugungsaktion gegen einen neuen Weltkrieg« (2.6/7, 1926, 40). Hauptmann setzte die Serie seiner politischen Fehldiagnosen fort, als er schrieb:»Trotz des überspannten Nationalismus innerhalb gewisser Umgrenzungen scheint glücklicherweise der jahrhundertealte Plan eines europäischen Staatenbundes, der Vereinigten Staaten Europas, näher als je gerückt« (2.13/14, 1926, 71).

Die knappste Reaktion stammte von Heinrich Mann: Auf die erste Frage antworte er lediglich »Für wünschenswert«, auf die zweite »Bei der Beseitigung der Widerstände, ja« (2.1–3, 1925, 47). Daß der Autor diesmal eine so kurz angebundene und lakonische Verlautbarung schickte, hing damit zusammen, daß Mann mehr und mehr auf Distanz zu Coudenhove-Kalergi ging. Fünf Jahre zuvor hatten sich, wie Siegfried Sudhof berichtet, die beiden Autoren kennengelernt. Damals, 1920, spielte Ida Roland, die Gattin Coudenhove-Kalergis, die Hauptrolle in Manns Einakter *Die Unschuldige.* 1921 bereits veröffentlichte Coudenhove-Kalergi den Aufsatz »Heinrich Mann als Politiker«, den er erneut in seinem 1923 erschienenen Buch *Krise der Weltanschauung* publizierte. Hier wurde Mann als Ethiker und Demokrat gerühmt und zu den führenden Geistern Europas gerechnet. Coudenhove-Kalergi schrieb über den älteren Kollegen:»Wie in Frankreich Anatole France, Romain Rolland und Henri Barbusse, so steht in Deutschland Heinrich Mann, als einziger Dichter von Weltruf, an der Spitze der Bewegung, die durch Vergeistigung der Politik den Völkern Frieden, Freiheit und Gerechtigkeit bringen will. Und darum gilt er auch im Ausland als die Verkörperung eines europäischen Deutschtums und als Bürgschaft, daß der kosmopolitische Geist eines Kant und Goethe in Deutschland nicht erstorben ist. Einsam unter seinen Altersgenossen wirkt Heinrich Mann durch sein Bekenntnis zur Politik als Erwecker der Jugend. Deutschlands junge Dichter und Schriftsteller sehen in ihm ihren Führer« (132). Die Freundschaft entfaltete sich bald, man besuchte sich regelmäßig und verbrachte auch gemeinsame Sommerurlaube. Von Coudenhove-Kalergis Schrift *Pan-Europa* war Mann fasziniert. Er wurde Mitglied des Ehrenkomitees der Paneuropäischen Union und setzte sich bei seinen französischen Freunden und Bekannten wie Félix Bertaux und Paul Desjardins für Coudenhove-Kalergi ein. Das ist Briefen im Heinrich-Mann-Archiv der Akademie der Künste zu Berlin und im Coudenhove-Kalergi-Archiv der Fondation Archives Européennes in Genf zu entnehmen. Am 6. Mai 1924 übermittelte Mann an Coudenhove-Kalergi die Einladung Desjardins', an einer der Dekaden in Pontigny teilzunehmen (Fondation). Im Dezember desselben Jahres veröffentlichte Mann seinen Aufsatz »VSE« (Vereinigte Staaten Europas) in der *Vossischen Zeitung*. Im zweiten Teil dieses Essays ging der Autor ausführlich auf Coudenhove-Kalergis Pläne ein und referierte sie so: »Er berechnet, Pan-Europa, der einzige Schutz gegen übermächtige außereuropäische Staatenkonzerne, liege im Interesse vieler starker und sogar entgegengesetzter Faktoren. Die Industrie werde sich überzeugen lassen, ihr Geschäft sei dort. Die Sozialdemokratie werde dafür zu haben sein, die Freimaurer könnten dabei zu gewinnen hoffen, noch mehr die katholische Kirche. Coudenhove wirbt in allen Lagern. Er erstrebt den ersten paneuropäischen Kongreß für das Jahr 1926, genau hundert Jahre nach dem ersten panamerikanischen« (281).

Die Distanz zu Coudenhove-Kalergis Projekt wurde schon beim Auflisten der unterschiedlichen Interessengruppen deutlich. Das »Werben in allen Lagern« war nicht nach Manns Geschmack. Aus seinen Meinungsverschiedenheiten machte er keinen Hehl, als er auf die Rolle Englands und Rußlands zu sprechen kam. »Stärkster Einwand«, so schrieb er, »gegen den Plan Coudenhoves sind England und Rußland. Er will sie ausschließen, wenigstens vorläufig: Rußland, solange es noch nicht parlamentarisch regiert wird, England, bis es von seinen Dominions unabhängig, wieder ganz europäischer Staat geworden sein wird. Darauf läßt sich erwidern, daß weder Spanien noch Italien heute parlamentarisch regiert werden, und daß Pan-

Europa für seine Ernährung Rußland nicht entbehren kann. England aber von Europa trennen? Es als außereuropäische Macht behandeln? Hierüber würde man vor allem seine Verbündeten befragen müssen – und würde etwa erfahren, daß von zehn Büchern, die ins Französische übersetzt werden, neun englisch sind. Kulturelle Anziehung ist aber für Pan-Europa nicht unwichtiger als wirtschaftliche. [...] Wo aber die Heimat Shakespeares fehlte, wäre offenbar kein Europa mehr« (282). Ansonsten aber erwies sich Mann als ein feuriger Verteidiger der Idee der Vereinigten Staaten von Europa, und wie Coudenhove-Kalergi gab auch er die Losung vom »europäischen Patriotismus« aus. Die Zukunft gehörte auch nach Mann dem Europäismus, und dem Nationalismus sagte er ein baldiges unrühmliches Ende voraus, wenn er schrieb: »Die drohende Haltung des falschen Nationalismus darf nicht darüber täuschen, daß er in vollem Niedergange ist, eine Weltanschauung, die keine mehr zu bieten hat, Fäuste, die kein Hirn bedienen, wildes und letztes Reflexzucken« (284). In der Folge näherte sich Mann sozialistischen Positionen und verstand die russische Revolution als Fortsetzung der Französischen. Coudenhove-Kalergi hingegen wurde ein immer schärferer Gegner des Sowjetsystems, und so konnten Differenzen nicht ausbleiben. In seiner 1927 geschriebenen Stellungnahme »Paneuropa, Traum und Wirklichkeit« betonte Mann – bei gleichzeitiger Befürwortung der Einigung Europas – seine Distanz zu Coudenhove-Kalergi: »Paneuropa war zuerst der Traum einiger Geister, ist aber jetzt nicht mehr weit davon, das praktische Ziel von Geschäftsleuten und Machtpolitikern zu werden« (381).

Je mehr Mann sich von der Paneuropäischen Union zurückzog, desto intensiver umwarb Coudenhove-Kalergi dessen Bruder Thomas. Auch Thomas Mann hatte positiv auf die Rundfrage von 1925 reagiert, und Anfang Januar 1926 traf der Romancier den Begründer der Paneuropa-Bewegung anläßlich seines Besuchs in Paris. Thomas Mann hielt wie in einer Momentaufnahme die Begegnung anläßlich eines gemeinsamen Theaterbesuchs in »Pariser Rechenschaft« fest, einem Bericht, der Mitte desselben Jahres in der *Neuen Rundschau* erschien. Da hieß es: »Coudenhove, die kleine rotgoldene Kokarde seines ‚Pan-Europa' im Knopf-

loch des Abendanzugs, ist einer der merkwürdigsten und
übrigens schönsten Menschen, die mir vorgekommen. Zur
Hälfte Japaner, zur anderen Hälfte gemischt aus dem internationalen Adelsgeblüt Europas, wie man weiß, stellt er
wirklich einen eurasischen Typus vornehmer Weltmensch-
lichkeit dar, der außerordentlich fesselt und vor welcher der
Durchschnittsdeutsche sich recht provinzlerisch fühlt.
Zwei Falten zwischen den fernöstlich sitzenden schwarzen
Augen, unter der reinen, festen und stolz getragenen Stirn,
verleihen seinem Lächeln etwas Ernstes und Entschlosse-
nes. Seine Haltung wie sein Wort geben Kunde von un-
erschütterlichem Glauben an eine politische Idee, von deren
Fehlerlosigkeit ich nicht überzeugt bin, die er aber mit der
klarsten Energie literarisch und persönlich in die Welt zu
tragen und zu propagieren weiß. Er kam von Amerika, von
England, hatte überall seine Gedanken mit starkem moralischem Erfolg vertreten und eben hier eine eingehende
Unterredung mit Briand gehabt, der ihm sehr aufmerksam
zugehört hatte. Er äußerte die Zuversicht, daß alles auf dem
Marsche sei und in zwei Jahren seine Vision verwirklicht
sein werde. Schließlich, was sollte einem imponieren, wenn
nicht dieser vorwegnehmende und nobel-demokratische
Spitzentyp einer neuen Gesellschaft, der, von Natur ge-
wohnt, in Erdteilen zu denken, es auf eigene Faust unter-
nimmt, die Welt nach den Einsichten seiner Vernunft zu
formen« (46 f.). Franz Leschnitzer spottete nach der Lektüre
der »Pariser Rechenschaft« in der *Weltbühne*: »Da Beide
wohnen auf der Menschheit Höhen, soll der Sänger mit dem
Präsidenten gehen – sogar der Sänger der antieuropäischen
‚Betrachtungen eines Unpolitischen' mit dem Präsidenten
der Paneuropäischen Union« (352).

Einige Monate später schickte Mann, inzwischen ebenfalls Mitglied des Ehrenkomitees der Paneuropäischen
Union, aus Anlaß des Kongresses in Wien an Coudenhove-
Kalergi folgende ermutigenden Zeilen, die in *Paneuropa* publiziert wurden: »Meine innere Verbundenheit mit der Idee,
deren Diener und Vorkämpfer Sie sind, durfte ich Ihnen
durch meinen Eintritt in das Komitee der Paneuropäischen
Union bekunden. In Ihnen persönlich ehre ich einen Be-
auftragten des Zeitwillens, der unermüdlich, unter Einsatz
seiner ganzen geistigen Existenz mit großer sammelnder

und ordnender Kraft, kluger Beweglichkeit und klarster Leidenschaft das Lebensnotwendige propagiert. Ich glaube, daß Sie siegen werden« (2.13/14, 1926, 73). In den folgenden Jahren setzte sich Mann auch in einigen Interviews für die Einigung Europas ein, und am 18. Mai 1930 war er Festredner beim Paneuropa-Kongreß in Berlin. Diese Rede wurde unter dem Titel »Europa als Kulturgemeinschaft« in *Paneuropa* (6.67, 1930, 239–247) abgedruckt und unter der Überschrift »Die Bäume im Garten. Rede für Pan-Europa« in die *Gesammelten Werke* aufgenommen. Mit den Bäumen sind der Ölbaum und der Feigenbaum gemeint: Im »östlichen Mythus« (861), so referierte der Autor, symbolisiere der Ölbaum das geistig-aufklärerisch-väterliche, der Feigenbaum das sinnlich-romantisch-mütterliche Prinzip. Mann assoziierte mit dem Väterlichen Europa, mit dem Mütterlichen dagegen Deutschland, und er berief sich auf Goethe, wenn er sich gegen den schroffen Dualismus dieser beiden Prinzipien aussprach. Hans Wysling weist nach, daß auch »die politischen Anstrengungen« des Mann der zwanziger Jahre »von einem wesentlich Unpolitischen unternommen werden«. Nichtsdestoweniger ist die Positionsverschiebung bemerkenswert, die sich in den Essays des Autors seit den *Betrachtungen eines Unpolitischen* ergeben hatte. Sprach er doch jetzt von einer »national-pädagogischen Verpflichtung«, die »Idee der Freiheit« der europäischen Aufklärung dem deutschen Volk näherzubringen (867). Er lobte den im Vorjahr verstorbenen Gustav Stresemann, der »ein Deutscher und ein Europäer« gewesen sei, und griff die rechtsradikalen Gegner dieses Politikers an als »bübische Orgiastiker des Dynamischen«, die alles daransetzten, »um den nächsten Weltkrieg seelisch vorzubereiten«. Wichtig war den Zuhörern ein Satz wie: »Europa, das ist eine gesellschaftliche und rationale Idee, es ist die Zukunft, es ist das väterliche Prinzip, es ist Geist. Solange die Völker fürchten, solange man sie fürchten läßt, daß sie ihre Seele verraten, indem sie Europa bejahen, weil nämlich Geist und Seele unversöhnliche Gegensätze seien – solange wird Europa nicht sein. Durch die falsch gemüthafte Pflege dieses Gegensatzes aber läuft heute jedes Volk Gefahr, sich vom Weltverstande und seinem Willen zu isolieren« (868). Der Autor fügte hinzu, daß man daran arbeiten solle,

»unseren Kindern und Enkeln ein europäisches Vaterhaus zu schaffen, eine politische Heimat, die Europa heißt« (869). Kurt Sontheimer teilt mit, wie die deutsche Rechte nach dieser Rede Mann attackierte. »Wir verbitten uns«, schrieb Georg Friedrich Jünger, »daß Herr Mann, mit der Miene des papa ex cathedra, sich erhebt, um an Angelegenheiten zu rühren, die mit dem Zauberberg nichts zu tun haben, daß er als papa infallibilis in deutschen Angelegenheiten der europäischen Finanzbourgeoisie und ihren literarischen Hühneraugen Vortrag erstatten will. Hier endet Amt, Befähigung, Aufgabe« (70).

Weder Thomas Mann noch sein Sohn Klaus ließen sich von der Rechten ihre politischen Aufgaben stellen. Klaus Mann schilderte in seiner 1942 erschienenen Autobiographie im Kapitel »Auf der Suche nach einem Weg« die Jahre 1928 bis 1930. »Ich versuchte«, so erinnerte er sich dort, »meiner Sehnsucht einen Namen zu geben, mein Erbe und meine Verpflichtung zu benennen. *Europa!* Diese drei Silben wurden mir zum Inbegriff des Schönen, Erstrebenswerten, zum inspirierenden Antrieb, zum politischen Glaubensbekenntnis und moralisch-geistigen Postulat« (215). Schon 1927 hatte der junge Autor in seinem Buch *Heute und Morgen. Zur Situation des jungen geistigen Europas* verlautet: »Daß wir Paneuropa wollen, ist selbstverständlich. Es sperren sich zwar noch Viele dagegen, aber es ist eine klare Notwendigkeit, auch die Halsstarrigen werden es einsehen lernen.« Aber auch hier wurden bereits Bedenken laut, wie sie ähnlich von Heinrich Mann vorgebracht worden waren. »Paneuropa«, so kritisierte Klaus Mann, »wollen schon die nur Schlauen, die Ungeistigen, die Geschäftsleute. [...] Viel schwieriger ist die Frage, ob wir ein kapitalistisches Paneuropa wollen *dürfen*« (25). Klaus Mann plädierte hier – wie im 19. Jahrhundert Julius Fröbel – für eine Art dritter Weg, für den spezifisch europäischen Weg zwischen amerikanischem Kapitalismus und russischem Kommunismus, das heißt für »sozialen Kapitalismus« und »liberalen Kommunismus« (28). Was Coudenhove-Kalergis Paneuropa-Konzept betraf, wurde der Autor in seiner Autobiographie noch deutlicher: »Als die Bankiers, Kardinäle und Industriellen den Grafen zu ihrem Schutzpatron machten, fingen seine liberalen Freunde an, mißtrauisch zu werden und sich allmählich von ihm zurückzuziehen. Worauf hatte er es abgesehen? Auf die Einigung des Kontinents oder auf den Kreuzzug gegen Sowjetrußland? Wir konnten bald nicht mehr umhin, uns diese Frage zu stellen. Wollten wir ein Paneuropa unter der Herrschaft des Vatikans, des Monsieur Schneider-Creuzot und der I. G. Farben?« (221) 1935 drückte Klaus Mann in der Rezension eines Buches von Coudenhove-Kalergi sogar die Befürchtung aus, Paneuropa könnte mit dem Nationalsozialismus paktieren. Damit schätzte er den Gründer der Paneuropäischen Union ganz falsch ein, der immer ein entschiedener Gegner Hitlers blieb.

Vom Standpunkt der deutschen Rechten war jedoch das Dreigestirn Thomas, Heinrich und Klaus Mann repräsentativ für die kosmopolitisch-europäische Richtung in der Literatur der Gegenwart. Der Erlanger Germanist Ewald Geißler publizierte 1930 sein Buch *Paneuropa in der deutschen Dichtung der Gegenwart*, eine Schrift, deren diffamierender Ton bereits die drei Jahre später erfolgte Bücherverbrennung vorbereitete. Thomas Mann wurde der Verrat an seinen *Betrachtungen* vorgeworfen. »Paneuropa als geistige Lebensform« (6) sowie seine »Werberede von 1922« für »die neue Demokratie« (13) wurden ihm verübelt. Die negativ gemeinte Anspielung auf den Essay »Lübeck als geistige Lebensform« von 1926 war deswegen enthalten, weil Mann sich hier auf die Seite derer gestellt hatte, »denen der Gedanke ‚Europa' am Herzen liegt« (384). Die kosmopolitische Wende des Autors habe sich, so Geißler, auch nachteilig auf seine Dichtung ausgewirkt. Über den Autor des *Zauberbergs* hieß es: »Dieser Schreibende sitzt nicht am Quell der Sprache [...]. Er teilt das neueuropäische Schicksal des entwerteten Worts« (14). Geißler spielte gleichsam den alten gegen den neuen Thomas Mann aus und brachte gegen Heinrich Mann jene Argumente vor, die aus den *Betrachtungen* bekannt sind. So hielt er Thomas Manns Bruder für das »Musterbild des europa-zivilisierten Romanciers« (19). Zu den übrigen »Paneuropäern« (sprich ‚undeutschen Zivilisationsliteraten') zählte Geißler Lion Feuchtwanger, Emil Ludwig, Jakob Wassermann, Bruno Frank, Carl Sternheim, Georg Kaiser und Walter Hasenclever. Frank wurde verübelt, daß er in seiner *Politischen Novelle* »den Paneuropäer Briand sogar leibhaftig auftreten« lasse, »als Biedermann natürlich, dem man bieder zu folgen hat, und der bezeichnenderweise viel glaubhafter geformt ist als der romanhafte deutsche Gegenstaatsmann« (20). Angesichts der Dominanz der »Paneuropäer« in der Dichtung der Gegenwart verfiel Geißler fast in depressive Zustände. Allerdings entdeckte er einen Hoffnungsstreifen am Horizont der Nationalliteratur. »Und wenn wir zuweilen dichterisch so führerlos scheinen wie politisch«, so tröstete er seine Leser, »– ein neuer Atem weht her« (58). Der neue Odem wehte selbstverständlich von der Rechtsaußenecke her, aus den Werken von Paul Ernst, Wilhelm Schäfer, Rudolf G. Binding, Hermann Stehr, Erwin Guido Kolbenheyer, Hans Watzlik, Hans Grimm, Hans Friedrich Blunck, Friedrich Reck-Malleczewen, Karl Schönherr, Ernst Jünger, Ludwig Renn, Werner Beumelburg und Karl Bröger. Als tröstlich empfand Geißler, der die Rechtswende von 1930 offenbar bewußt mitvollzogen hatte, daß der »Paneuropagedanke bereits von gestern« sei. An die Stelle des »Westlergedankens« rückte nach Geißler die deutsche »jauchzende Lust auch im Untergang« (75), die »Lebensliebe, überwittert mit Todestrotz, mit Todesstolz«, die eine »Dichtung« hervorbringen werde, »die alles verkündet« (76).

Nicht nur die deutsche, sondern auch die europäische Rechte allgemein machte Coudenhove-Kalergi das Leben schwer. Kaum hatte er 1925 seine Union mit dem Organ *Paneuropa* ins Leben gerufen, als ein anderes Mitglied altösterreichischen Adels, Karl Anton Prinz Rohan, die zunächst in Leipzig und dann in Berlin erscheinende *Europäische Revue* gründete. Anfang der zwanziger Jahre hatte Rohan sich politisch noch nicht festgelegt, wie seiner Schrift *Das geistige Problem Europas von heute* zu entnehmen ist. 1926 bekannte er sich in der Broschüre *Die Aufgabe unserer Generation* aber bereits zur Schützengrabenideologie jenes Teils der Kriegsgeneration, die dem rechten politischen Spektrum angehörte, die nach autoritärer faschistischer Führung verlangte und aus ihrer entschiedenen Ablehnung der Demokratie keinen Hehl machte. Rohan meinte hier, daß man ganz im Nationalen verwurzelt sein müsse, um Europäer sein zu können. Als Herausgeber seiner Zeitschrift ließ er keinen Zweifel daran aufkommen, daß er ein ganz anderes Europa-Konzept als Coudenhove-Kalergi vertrat. Von einer politischen Vereinigung des Kontinents mochte er nichts wissen, und eine Europa-Debatte befürwortete er nur auf kulturellem Gebiet. Rohans politisches Über-Ich war Mussolini, und er selbst wie eine Reihe seiner Beiträger (zum Beispiel Karl Wolfskehl) nahmen in der *Europäischen Revue* die Gelegenheit wahr, vom italienischen Faschismus als dem vorbildlichen politischen System der Zukunft zu schwärmen. »Wer Europa vorbereiten will«, verkündete Rohan in seinem Artikel »Europas Verantwortung« von 1927, müsse »vor allem Andern das nationale Bewußtsein schrankenlos bejahen« (207). Im Jahr zuvor hatte er bereits mit dem Beitrag »Fascismus und Europa« Mussolini seine Reverenz erwiesen. »Diese Erneuerung von innen, diese Mobilisierung der tiefen Lebenskräfte der italienischen Nation, die der Fascismus eingeleitet hat«, so begeisterte er sich, »ist es, was wir vor allem an ihm bewundern« (122). Rohan nahm indirekt und direkt in seiner Zeitschrift gegen Coudenhove-Kalergi Stellung, so zum Beispiel 1926, als er die Verdienste des Konkurrenten um die Sache der europäischen Einheit schmälerte und die Bedeutung des Paneuropa-Kongresses in Wien herabsetzte; so auch 1934, als er sich »in scharfen Gegensatz zu dem Paneuropa der liberalen Linksparteien, des Status quo und der diesen dienenden Internationalismen« stellte und uneingeschränkt »das andere Europa«, das »Europa der Revolution«, in dem »der Nationalsozialismus und der Fascismus [...] führen«, unterstützte (50). Carl Pegg zeigt, daß Rohan den Vertretern des imperialen deutschen Mitteleuropa-Konzepts nahestand. Deswegen griff er 1929 die politischen Einigungsideen Briands und Coudenhove-Kalergis in seinem Artikel »Westeuropa« an.

Das deutsche Mitteleuropa-Konzept aus der Zeit des Weltkriegs erlebte damals eine Renaissance, wie ein von Friedrich Kleinwaechter und Heinz von Paller edierter Sammelband von 1930 belegt, in dem sich unter anderem Rohan selbst und Albrecht Haushofer für den Anschluß Österreichs an Deutschland aussprachen. Auch der *Tat*-Kreis, der sich seit 1929 um Hans Zehrers Zeitschrift *Die Tat* gruppierte, griff die imperialen Naumannschen Ideen erneut auf, wie bei Sontheimer nachzulesen ist. Rohan hatte 1922 den Kulturbund gegründet, der eine Reihe von Jahrestagungen in europäischen Hauptstädten veranstaltete. Trotz seiner profaschistischen Bekenntnisse gelang es Rohan, eine Reihe von liberal-konservativen Beiträgern für die *Europäische Revue* zu gewinnen. Zu ihnen gehörten Ernst Robert Curtius, Thomas Mann, André Gide, Jules Romains, Kasimir Edschmid, Annette Kolb, Georges Duhamel, Paul Valéry, Hermann Hesse, Roger Martin du Gard und Gertrud von Le Fort. Das waren Autoren und Autorinnen, die auch in so kosmopolitischen Periodika wie der *Neuen Rundschau* oder der *Nouvelle revue française* publizierten. Hofmannsthal lobte die Zeitschrift 1926 über den grünen Klee, und dem jungen Theodor Wiesengrund-Adorno – der damals von Max Horkheimer begründeten »kritischen Theorie« stand er noch fern – machte es nichts aus, im Mai und Juli 1933 in Rohans Revue die Beiträge »Abschied vom Jazz« und »Notiz über Wagner« zu publizieren. Auf höchst ‚affirmative’ Weise argumentierte und polemisierte Adorno hier als Musiktheoretiker gegen den gerade durch die Nationalsozialisten verbotenen Jazz und feierte die offiziell bejubelte Musik Richard Wagners als mythisch dimensioniertes Kulturphänomen. Rohan hatte keinen Grund, diese Beiträge seinen Lesern im »anderen Europa«, wie er es verstand, vorzuenthalten. Ein Jahr später plazierte Joseph Goebbels in der *Europäischen Revue* einen Artikel über das nationalsozialistische Deutschland als Friedensfaktor (!) in Europa, einen Beitrag, mit dem das Juliheft von 1934 eröffnet wurde. Goebbels’ verlogene Friedensbeteuerungen, die er ausgerechnet in Warschau vorgetragen hatte, signalisierten, daß die Zeitschrift, die 1935 ihren Herausgeber wechseln wird, zu einem gleichgeschalteten Organ in Hitler-Deutschland geworden war.

Die Paneuropa-Idee geriet in den zwanziger Jahren ins Kreuzfeuer der Kritik. Willy Haas entsetzte sich bereits 1924 in der *Neuen Rundschau* »über soviel psychologische Naivität«, die aus dem *Pan-Europa*-Buch Coudenhove-Kalergis spreche. »Mit einer fast suggestiven Kraft«, fuhr er fort, »wie magnetisch herbeigezogen, tauchten in mir hinter den Umrissen von Coudenhoves Pan-Europa die Umrisse eines anderen, gegensätzlichen Pan-Europa auf: Clemenceaus Versailler Friedensvertrag, – der doch auch der pan-europäische Entwurf eines Rationalisten war; nur eben: ein höllisches Pan-Europa, während Coudenhoves Pan-Europa aus irgendeinem geometrischen Paradies zu stammen scheint. Beide haben ein Gemeinsames: *sie haben keine Erde*, sie sind ,erdlose' Kalkulationen. Beide Umrisse glitten schattenhaft in mir durcheinander: aber Clemenceaus blieb, Coudenhoves verblaßte« (181).

Mehr Erde – allerdings in einem konkreteren Sinn als Haas – verlangte auch der ehemalige Paneuropäer Herman Sörgel von einem zeitgemäßen Europa-Konzept. Sörgel war Lyriker und Architekt; als Dichter blieb er unbekannt, als Projektemacher aber wurde er seinerzeit international berühmt. Seit Mitte der zwanziger Jahre war Sörgel Schriftleiter der Münchner Architekturzeitschrift *Baukunst*. 1932 publizierte er in seinem Buch *Atlantropa* die, wie Wolfgang Voigt es nennt, gigantischste technisch-architektonische Utopie des 20. Jahrhunderts. Es ging um nichts weniger als um eine riesige Landgewinnungsmaßnahme in Europa, und zwar durch die Senkung des Wasserspiegels im Mittelmeer. Überdimensionale Dämme an der Meerenge von Gibraltar sollten die Fluten aus dem Atlantik stauen, die sich dort ins Mittelmeer ergießen. So wäre die Landvermehrung an den Küsten Europas und Afrikas ermöglicht worden. Die gestauten Wassermassen hätten an der Meerenge auch gewaltige Generatoren angetrieben, um einen Großteil der vom Kontinent benötigten elektrischen Energie zu erzeugen. Von keinen Skrupeln im Hinblick auf internationales Recht oder Ökologie geplagt, arbeitete Sörgel mit einem Mitarbeiterstab bereits die technischen Einzelheiten für das Unternehmen aus. Er gründete sogar eine eigene Konkurrenzbewegung zur Paneuropäischen Union, um seinen Ideen Breitenwirkung zu garantieren. Das politische Ziel Sörgels war dem Coudenhove-Kalergis ähnlich: Beiden ging es um die Einigung Europas und um die wirtschaftliche Behauptung des Kontinents zwischen Amerika und Asien. Sörgel glaubte die Kriegsgefahr in Europa dadurch bannen zu können, daß er den europäischen Staaten das Land- und Energiegewinnungsprojekt als friedlich zu lösende gemeinsame Aufgabe stellte. Die Kräfte, die in einem Krieg zur weiteren Schwächung oder gar Vernichtung Europas führen müßten, sollten durch dieses Unternehmen produktiv gebunden werden. Mit der Landgewinnung würden Afrika und Europa geographisch, wirtschaftlich und politisch einander nähergebracht werden. Wie Coudenhove-Kalergi träumte auch Sörgel nochmals den überholten europäischen Traum des 19. Jahrhunderts vom großen Kolonialreich Afrika. Während Coudenhove-Kalergi nach dem Zweiten Weltkrieg eine Wiederbelebung seiner – den Zeitumständen angepaßten – Paneuropa-Ideen registrieren konnte, läßt sich Vergleichbares von Sörgels Projekt nicht sagen, wenn es an Anstrengungen dazu seinerseits auch nicht gefehlt hat.

Unter den sozialistisch gesinnten Intellektuellen hatte Coudenhove-Kalergi anfänglich Kurt Hiller für die Sache Paneuropas gewonnen. Die Korrespondenz zwischen ihnen reicht bis in das Jahr 1919 zurück, als Hiller den jungen philosophischen Schriftsteller um Beiträge in seiner aktivistischen Zeitschrift *Das Ziel* bat (Fondation). Hiller hatte auch auf die Rundfrage von 1925 reagiert, und seine Antwort ließ die künftigen Meinungsverschiedenheiten bereits deutlich werden. Seine in *Paneuropa* veröffentlichte Antwort lautete: »1. Ich halte die Schaffung der Vereinigten Staaten von Europa dann für notwendig, wenn sie die Schaffung des Universalstaates, die Schaffung der Weltunion aller Völker, erleichtert und beschleunigen hilft. Einen paneuropäischen Nationalismus, einen kontinentalen Militarismus mit ,defensiv'-offensiver Spitze gegen andere Kontinente (zum Beispiel Rußland) würde ich ablehnen müssen [...]. 2. Ich halte das Zustandekommen der Vereinigten Staaten von Europa für möglich. Die Hauptschwierigkeit liegt im Begriff der staatlichen Souveränität. Ihn aus den Hirnen zu rotten, ist vor allem Aufgabe der Erziehung an Schulen und Hochschulen« (2.1–3, 1925, 34 f.). Der sozialistische und pazifistische Internationalist Hiller verstand Paneuropa als Vorstufe zu einer Weltunion, nicht als ein Ziel in sich selbst. Hiller hielt auf dem ersten paneuropäischen Kongreß von 1926 ein Referat und publizierte im selben Jahr in *Paneuropa* den Aufsatz »Paneuropa und Sozialismus«. Damals erschienen ihm diese beiden Bewegungen noch miteinander vereinbar. Dazu schrieb er: »Der Paneuropäismus sagt zum Sozialismus weder Ja noch Nein. Er will freilich eine Ordnung der Dinge bereits heute, in der prärevolutionären Periode. Lächerlich, darin eine konterrevolutionäre Tendenz zu wittern. Auch im vorsozialistischen Zeitalter bedürfen wir einer positiven Außenpolitik. Der Paneuropäismus will sie geben« (2.11/12, 1926, 22). Ein Jahr später veröffentlichte der Autor seine »Thesen zu Paneuropa« in der *Weltbühne*. Diesen Thesen war erneut sein lediglich qualifiziertes, einschränkendes Ja zu Paneuropa zu entnehmen. Es hieß dort: »Im ganzen bedeutet Paneuropa ein Weniger an Kriegsgefahr gegenüber der heutigen Verfassung des Genfer Völkerbundes [...]. Paneuropa ermöglicht den, wenn auch mittelbaren, Beitritt sämtlicher Staaten zu einer Weltunion. Schon aus diesem Grunde sollte, unbeirrt durch ein weltbürgerlich lackiertes Spießbürgertum, das sich in der paneuropäischen Bewegung breitzumachen anschickt, der revolutionäre Pazifismus die paneuropäische Idee bejahen und in sein Programm aufnehmen« (112).

Hiller war mehrere Jahre lang aktives Mitglied der Paneuropäischen Union, doch blieb wegen seiner positiven Einstellung zum sowjetischen Rußland die Kollision mit dem antisowjetischen Coudenhove-Kalergi nicht aus. 1929 war dann der Bruch perfekt, und Hiller machte ihn publik, indem er einen »Offenen Brief an Coudenhove« in der *Weltbühne* publizierte. Coudenhove-Kalergi konterte mit der »Offenen Antwort an Kurt Hiller«, die 1929 ebenfalls in der *Weltbühne* veröffentlicht wurde. Beide Schreiben erschienen auch unter der Überschrift »Kurt Hiller contra Coudenhove. Zwei offene Briefe« in *Paneuropa* (5.7, 1929, 14–21). Hier erklärte Hiller seinen »Austritt aus der Paneuropäischen Union« (86). Coudenhove-Kalergi hatte in *Paneuropa* der Sowjetunion mehrfach Imperialismus und Kriegstreiberei vorgeworfen. Hiller war empört und betonte, dies sei »das Gegenteil dessen, was ich denke«. »Die Bolschewiki«, so fuhr er fort, »wünschen die Welt nicht für Rußland, sondern für den Sozialismus zu erobern«, sie kämpften für »ein Weltgesellschaftssystem, in dem der Imperialismus ausgerottet« werde (89). Coudenhove-Kalergi hielt dem revolutionsgläubigen Hiller entgegen: »Ich halte den sozialen Bürgerkrieg, der Ihre höchste Hoffnung und Sehnsucht ist, neben dem Völkerkrieg für das furchtbarste Unglück, das Europa treffen könnte. [...] Ich sehe keinen Unterschied zwischen rotem und weißem Terror, zwischen roten und weißen Folterkammern« (231 f.). Hiller war mit seiner positiven Einstellung zu Paneuropa eine Ausnahme unter den Beiträgern der *Weltbühne* gewesen; ansonsten erschienen dort ironische oder ablehnende Stellungnahmen zu Coudenhove-Kalergis Ideen. Werner Ackermann behauptete 1926, daß die Paneuropa-Bewegung der »neueste Trick« des »Kapitalismus« im Kampf gegen den Sozialismus sei (499). »Die Vereinigten Staaten von Europa«, meinte er, »sind eine Bedrohung des Weltfriedens, sind eine Rüstungs- und Kriegsunion im Interesse des Kapitalismus« (502). Wenig später ließ Siegfried von Vegesack sich in der *Weltbühne* abfällig über den Kongreß der Paneuropäischen Union von 1926 aus. »Allzu viele Minister a. D., abgewirtschaftete Politiker und abgetakelte Exzellenzen«, schrieb er, »haben sich der modischen Bewegung bemächtigt, um sich noch ein Mal ,irgendwie' zu betätigen« (630).

Die gründlichste und rhetorisch geschliffenste Abrechnung mit Paneuropa aus dem Lager der Linken lieferte Carl von Ossietzky 1930 in seinem *Weltbühne*-Essay »Coudenhove und Briand«. »Coudenhove-Kalergi«, so spottete er, »ist ein guter Europäer aber ein noch viel besserer Oesterreicher. Er hat den rührenden Kinderglauben des Oesterreichers an die praktische Bedeutung der ,einflußreichen Leute', an die Suggestivkraft von notablen Namen, an die Allgewalt von Konnektionen. [...] Niemand kann leugnen, daß Coudenhove in seinen Anfängen ein echter und begeisterter Utopist gewesen ist, aber – o du mein Oesterreich! – in Wien werden Propheten nicht verbrannt sondern eingeladen. Wären Herodes und Pilatus Oesterreicher gewesen, sie hätten den schicksalvollsten aller Utopisten einfach zur Jause gebeten und mit den weiblichen Familienmitgliedern bekannt gemacht und der Menschheit damit zweitausend Jahre Metaphysik erspart« (783). Im einzelnen machte Ossietzky klar, daß ihm die großindustrielle und kirchliche Anhängerschaft Coudenhove-Kalergis nicht behagte. Auch legte er zu Recht den Kolonialismus im Konzept der Paneuropäer bloß und fragte: »Weiß Coudenhove nicht, daß es schon lange eine Bewegung gibt: ,Afrika den Afrikanern'? Es gilt heute, die Blutschuld Europas an der tropischen Welt zu tilgen, den Kolonialimperialismus abzubauen, nicht einen erschütterten, innerlich faulen Zustand für sakrosankt zu erklären.« Wie Ackermann war Ossietzky der Meinung, daß »Paneuropa« nicht »Friede« bedeute, sondern nur einen »etwas umständlicheren Weg zum nächsten Weltkrieg«. Dabei unterstellte er dem Gründer der Paneuropäischen Union keineswegs böse Absichten. Seine Reserve gegenüber Coudenhove-Kalergi faßte Ossietzky so zusammen: »Man muß Coudenhove eine gute Portion Naivität zubilligen, aber auf die Dauer wirkt es ärgerlich, wenn eine grundreaktionäre Konzeption mit einem Aufwand vorgetragen wird, als ginge es um die Revolution, wenn die Sache Metternichs mit der Sprache Mazzinis verteidigt wird.« Die Äußerungen über die Beziehung zwischen Briand und Coudenhove-Kalergi fielen für den Gründer der Paneuropa-Bewegung auch nicht sonderlich schmeichelhaft aus. Dazu hieß es: »Die Bewunderer Coudenhoves erblicken in ihm zwar den Inspirator Briands, aber der geniale Schlaufuchs versteht es meisterlich, beflissene Dilettanten, die zudem noch repräsentativ wirken, als Galopins zu benutzen, ohne daß sie es merken, und er ist zu sehr Franzose, also zu höflich, um sie die Wahrheit ahnen zu lassen. Der alte Staatsmann blickt in die Zukunft seines Landes, und er sieht sie umwölkt. Er sieht sein Frankreich in liebenswürdiger Rückständigkeit mitten zwischen groben ökonomischen Tendenzen, die Länder und Völker in einen schrecklichen Konkurrenzkampf reißen, und möchte für eine Zeit, wo neue Kräfte entscheiden werden, seiner Nation wenigstens einen Abglanz ihrer einstigen Präponderanz sichern« (785).

Briands Europa-Initiative von 1930 und Coudenhove-Kalergis Paneuropa-Kongreß in Berlin fielen zeitlich zusammen. Sie bildeten die Gipfelpunkte der europäischen Einigungsbemühungen der zwanziger Jahre. Im nationalistischen Fieber der Zeit nach der Weltwirtschaftskrise blieb Briand, dem nach Stresemanns Tod kein gleichgesinnter deutscher Partner mehr entgegenkam, mit seiner Aktion erfolglos. Nach Briands Scheitern verlor unter dem Polarisierungsdruck von Links und Rechts Coudenhove-Kalergis Paneuropäische Union an Einfluß. Auch in der internationalen Politik – und hier besonders – gilt bekanntlich das Sprichwort, daß nicht für den Spott zu sorgen braucht, wer den Schaden hat. So erschien im *Kladderadatsch* vom 29. September 1929 (erneut abgebildet in *Mythos Europa*) eine Karikatur von Oskar Garvens mit dem Titel »Mythologisches. Pan-Europa«. Sie zeigte Briand als liebestollen Pan, der hinter dem Europa entführenden Stier herläuft, ohne Aussicht, ihm die Beute entreißen zu können. Zudem war der Haltung und dem Lächeln der Europa zu entnehmen, daß ihr der Stier lieber war als Pan/Briand.

II.

Auch in Frankreich wurden die französisch-deutsche Verständigungspolitik und die Europa-Initiativen Briands und Stresemanns sowohl von den Rechtsradikalen der Action française wie von den Kommunisten in ihrer Zeitung *L'Humanité* angegriffen.

In beiden Ländern hatte in den fünf Jahren zwischen 1924 und 1930 die europäische Friedenspolitik wichtige Erfolge zu verzeichnen: 1924 wurde in Frankreich die nationalistische Regierung Poincaré durch die des Sozialisten Herriot abgelöst, der sich von Anfang an als Europäer profilierte. Mit Gustav Stresemann erreichte er 1924 die Akzeptierung des neuen Reparationsplans, wie er von dem Amerikaner Charles Gates Dawes ausgearbeitet worden war, der dafür im Jahr darauf den Friedensnobelpreis erhielt. 1925 wurde – als Ergebnis der Versöhnungspolitik Briands und Stresemanns – der Vertrag von Locarno abgeschlossen, der die deutsche Westgrenze garantierte, die Entmilitarisierung des Rheinlands sicherte, einen Angriffskrieg verbot und die friedliche Regelung von Streitigkeiten vorsah. Damit waren die deutsch-französischen Beziehungen auf eine gesichertere Grundlage als bisher gestellt, was die Voraussetzung einer gemeinsamen künftigen Europa-Politik war. Im September 1929 schließlich hielt Briand vor dem Völkerbund eine Rede, in der er allen europäischen Ländern vorschlug, die Idee eines Zusammenschlusses ihrer Staaten zu einer Föderation zu prüfen und dabei die wirtschaftliche Kooperation in den Vordergrund zu stellen. Im Mai des folgenden Jahres legte der französische Politiker dem Völkerbund ein Memorandum über eine Union Europas vor, wobei die Souveränität der Mitgliedsstaaten jedoch nicht angetastet werden sollte.

Die Initiativen, Verträge und Vorschläge Herriots, Briands und Stresemanns wurden von europäisch gesinnten Schriftstellern publikumswirksam unterstützt. Besonderes Verdienst kam dem Lyriker Alexis Saint-Léger zu, der unter seinem Dichterpseudonym Saint-John Perse besser bekannt ist. Er stellte seine dichterische Produktion zurück, um sieben Jahre lang, von 1925 bis 1932, als Kabinettsdirektor Briands der europäischen Friedenspolitik zu dienen. Von ihm stammte auch der Text des Briandschen Memorandums von 1930. Ein kurzes, aber einprägsames Porträt von ihm skizzierte 1934 Coudenhove-Kalergi, der sich in den späten zwanziger und frühen dreißiger Jahren mit ihm beriet: »Um eine Generation jünger als Briand, teilt er dessen Leidenschaft für den Frieden und für eine bessere Zukunft der Menschheit. Seine Phantasie ist gezügelt durch geistige Disziplin, sein hoher Idealismus durch eine exakte Kenntnis der Menschen und Dinge. Als Kabinettschef und später als politischer Direktor Briands läßt er seine Person und seinen Namen bewußt verschwinden im Schatten des Glanzes, den er auf Briand und sein Werk fallen läßt. Nur dem kleinen Kreis der Menschen, die diesen hervorragenden jungen Staatsmann kennen, ist sein entscheidender Anteil klar an allen großen Friedensinitiativen seines Ministers, Freundes und Meisters« (105). Bei Kriegsausbruch emigrierte Saint-Léger in die USA, wo er sich wieder seinen literarischen Arbeiten widmete. Erst 1959 kehrte er nach Frankreich zurück, und ein Jahr später erhielt er den Nobelpreis für Literatur.

Zwar ist es kaum einem anderen Dichter möglich gewesen, so unmittelbar auf die Europa-Politik der zwanziger Jahre Einfluß zu nehmen wie Saint-Léger, aber auch der Beitrag anderer Autoren zum öffentlichen Räsonnement über die europäische Frage sollte nicht unterschätzt werden. Es ging um die Schaffung eines europafreundlichen Klimas im Bewußtsein der Nationen gegen die denkbar schärfsten Angriffe rechts- und linksextremer Parteien und Bewegungen. Eine Reihe von Schriftstellern ergriffen direkt Partei für Briand und Stresemann. Unmittelbar nach dem Tod Stresemanns veröffentlichte Rudolf Olden ein Buch über den Politiker, in dem er ihn als großen Europäer porträtierte. Olden stellte besonders heraus, wie sehr Stresemann »die wirtschaftliche Vereinigung der europäischen Staaten« angestrebt habe (270). (Noch 1935 verteidigte Olden den Staatsmann in Klaus Manns *Sammlung* gegen diffamierende Angriffe der Nationalsozialisten.) Thomas Manns »Deutsche Ansprache. Ein Appell an die Vernunft«, die er im Oktober 1930 (ein Jahr nach dem Tod des Außenministers) in Berlin hielt, war ein Bekenntnis zu Stresemann. Nach dessen Tod, so heißt es dort, habe sich die »Sympathie und Bewunderung« für diesen Politiker des Friedens und des Augenmaßes in einer Art »Welttrauerkundgebung« geäußert (887). Die Größe Stresemanns habe darin bestanden, »daß er seine Arbeit für Deutschland zugleich im Interesse Europas« geleistet habe. Die »ungeheure europäische Beliebtheit Stresemanns und die allgemeine Untröstlichkeit über seinen frühen Tod« seien damit zu erklären, daß er »die Welt auf schonende Art aus dem Banne von Versailles« hinausgeführt habe (888). Wie sehr auch in Frankreich der Tod Stresemanns in europäisch gesinnten Kreisen als Schock wirkte, geht aus einer Tagebucheintragung Harry Graf Keßlers vom 4. Oktober 1929 hervor. »Alle Pariser Morgenzeitungen«, so notierte er, »bringen die Nachricht vom Tode Stresemanns in größter Aufmachung. Es ist fast so, als ob der größte französische Staatsmann gestorben wäre. Die Trauer ist allgemein und echt. Man empfindet, daß es doch ein europäisches Vaterland gibt. Die Franzosen empfinden Stresemann wie eine Art von europäischem Bismarck« (595). Werner Weidenfeld kommentiert diese und vergleichbare Verlautbarungen mit dem kritischen Hinweis, daß die Mythisierung Stresemanns zum großen Europäer nach dessen plötzlichem Tod einsetzte, daß die Deutungen seiner Europa-Politik bald die Grenzen der politischen Wirklichkeit im Positiven wie Negativen überschritten.

Im selben Jahr 1929 publizierte Annette Kolb ihre essayistische Studie *Versuch über Briand*. Kolb schilderte den Franzosen vor allem als Politiker des Friedens und der Verständigung mit Deutschland sowie der engen Zusammenarbeit der europäischen Staaten. Die »vielhundertjährige Entfremdung zwischen Deutschen und Franzosen« (77) könne aufhören, führte sie aus, wenn die Briandsche Politik fortgesetzt werde. In Deutschland bestünden dafür begründete Aussichten, denn der »Nationalismus« entspreche – trotz aller »Auswüchse« – »im Grunde dem Wesen des Deutschen nicht« (81). Zentral für die Deutsch-Französin Kolb war der Vertrag von Locarno. Sie hob hervor, daß durch diesen Pakt Briand »der gefeiertste Staatsmann« im Europa seiner Zeit geworden sei (167). Zu Recht hätten er und Stresemann für diesen politischen Durchbruch 1926 den Friedensnobelpreis erhalten. »Paneuropa«, so hielt die Autorin am Schluß ihres Buches über Briand fest, »ist das Wort, zu welchem dieser Realist, dieser homme de la réalisation sich jüngst bekannte« (171 f.). Schickele war mit Kolb einer Meinung in der Hochschätzung der Politiker Briand und Stresemann. 1929 wies er auf das Briand-Buch von Kolb hin in seinem Artikel »Europäisch reden«. Auch Schickele sah Briand als Paneuropäer, wenn er ausführte: »Dem Propheten Coudenhove-Kalergi, einem Mann von einfältiger, fast kindlicher Glaubenskraft, ist Aristide Briand auf dem Fuße gefolgt. Er hat sich nicht nur zu ‚Paneuropa‘ bekannt, sondern auch gleich die Einberufung einer europäischen Staatenkonferenz angekündigt, mit dem Ziel, die Einigung des europäischen Kontinents in die Wege zu leiten. Wenn jemand die Bezeichnung eines Realpolitikers verdient, so ist es Aristide Briand« (932). Dem deutschen Außenminister Stresemann attestierte Schickele, daß er die »neue Sprache« Europas rasch gelernt habe: »Er sprach sie schon fließend«, stellte er fest, und würde »er noch fünf Jahre gelebt« haben, »so hätte er, er vor allen, sie Deutschland gelehrt« (933). Ein literarisches Denkmal errichtete im Jahr zuvor Bruno Frank dem französischen Außenminister in der *Politischen Novelle*. Dort taucht Briand unter dem Namen Achille Dorval auf. Dorval stellt sich als jemand vor, der seine »ganze Politik« der »Idee des europäischen Friedens« widme (67) und eine karolingische Vision von der Wiedervereinigung Frankreichs und Deutschlands habe: Der »Irrtum von tausend Jahren«, der den »Erben Karls des Großen«, diesen »Dummköpfen«, unterlaufen sei, müsse »wiedergutgemacht« werden (87 f.). Dorval gibt sich als lebensfroher, individualistischer, antikapitalistischer und antikommunistischer Bonvivant, dem die europäische Abrüstung wie die Emanzipation Asiens von der englischen Kolonialherrschaft am Herzen liege. Frank ging es in seiner in mancher Hinsicht problematischen und von Rassismus keineswegs freien Novelle mehr um die Vermittlung europäischer Zielvorstellungen als um ein realitätsgetreues Porträt des französischen Politikers.

Der Tod Stresemanns schockierte alle europäisch gesinnten Autoren. In seiner Ansprache im Reichstag, in der Heinrich Mann sich für die Errichtung eines Stresemann-Denkmals einsetzte, hieß es: »Wir haben Grund, Ehrenmale zu errichten denen, die Kraft genug hatten, in ihrem guten Willen beständig und ihrer Erkenntnis treu zu sein. Eines Tages wird der Weg, den Stresemann als einer der Ersten beschritt, zu Ende gegangen sein trotz allen Irrungen, die verschuldet, allen Fallen, die gelegt wurden, und trotz aller Müdigkeit, die oft eintritt. Deutschland und Frankreich werden endgültig Freunde geworden sein. Dann wird seiner mit Freuden und hellen Mutes gedacht werden.« Mann ging auch auf den Meinungsumschwung nach 1929 ein, der die Briand-Initiative zu Fall gebracht hatte. »Die Stimmung«, so hielt er fest, »die zur Zeit Stresemanns für Locarno und für Europa war, in diesem Augenblick ist sie zu einem großen Teil dagegen. Das kommt und geht, und es zählt nicht. Was allein Wert hat, ist die persönlich erkämpfte Überzeugung, daß Europa sich einigen muß, weil jeder seiner Teile, vor allem Deutschland, es braucht, und weil der Kontinent selbst es braucht: Europa, dies Ganze, aus dem die einzelnen Teile nicht einmal in Gedanken herauszunehmen wären« (35). Im selben Band *Das öffentliche Leben* von 1932, in den er die Stresemann-Rede aufnahm, publizierte er auch sein »Gespräch mit Briand«. Am 3. Juni 1931 hatte Mann den französischen Außenminister in seinem Arbeitszimmer am Quai d'Orsay in Paris besucht. Details über die Unterredung gab er nicht bekannt, doch unterstrich er erneut, wie sehr die »Idee des Friedens und der Verständigung« (285) im Zentrum von Briands Politik stehe.

Briand scheiterte vor allem an dem 1930/31 unternommenen Versuch des Reichsaußenministers Julius Curtius und des österreichischen Kanzlers Johannes Schober, die deutsch-österreichische Zollunion herbeizuführen. Diese Wirtschaftsgemeinschaft widersprach dem Geist der Friedensverträge, provozierte antideutsche Ressentiments in Frankreich und wurde im September 1931 durch den

Spruch des Internationalen Gerichtshofs in Den Haag untersagt. Ossietzky begriff, daß das Projekt der Zollunion den Bruch mit der Briand-Stresemann-Politik der zwanziger Jahre bedeutete. Er nahm bereits 1931 – ein Jahr vor dem Tode des Politikers – »Abschied von Briand«. Sein Artikel enthielt keine Spur mehr von jenem Spott, mit dem er noch im Vorjahr die Paneuropäer überschüttet hatte, keine einzige Anspielung mehr auf den angeblich nationalen Egoismus von Briands Europa-Initiativen. »Deutschland«, so schrieb Ossietzky jetzt, »verdankt Aristide Briand viel. Von Poincaré wund und lahm geprügelt jammerte es im Winkel der Weltpolitik, als Briand es wieder in den Rat der Völker holte. Seit dem Tode Stresemanns stand er verwaist [...]. Die feinen Herren in der Wilhelm Straße gerieten immer mehr unter die Fuchtel der nationalistischen Gosse. Anstatt den Mann in Paris nach besten Kräften zu stützen, unterhöhlten sie den Boden, auf dem er stand. Schließlich überrumpelten sie Briand und die ganze Welt mit dem Projekt der Zollunion und versetzten ihm damit den Coup de Jarnac, den kurzen Messerstoß in den Rücken« (711). »Welch ein Gemengsel von Torheiten«, fuhr Ossietzky fort, »bedeutet nicht die deutsche Außenpolitik seit Stresemanns Tod! [...] Ein nicht wieder gutzumachender Schaden ist angerichtet worden. Die deutschen und französischen Nationalisten werden triumphieren« (712).

Die Parteinahmen für Briand und Stresemann waren Teil einer Vielzahl von Veröffentlichungen, in denen sich die Europa-Essayisten für die Verständigung zwischen Deutschland und Frankreich aussprachen. Schon Mitte der zwanziger Jahre hatte Thomas Mann seinen Bruder Heinrich abgelöst in der Rolle des repräsentativen deutschen Gesprächspartners mit den französischen Intellektuellen. Vielleicht war ihnen, wie Sontheimer es sieht, Heinrich Mann mit seiner profranzösischen Einstellung zu verwandt, als daß Diskussionen mit ihm eine Herausforderung hätten darstellen können. Thomas Mann galt gerade deswegen als interessant, weil er das Deutsche als das kulturell andere vertrat und das Deutschtum eines seiner Lieblingsthemen war.

Zeugnis von diesem Dialog legte nicht zuletzt die bereits erwähnte »Pariser Rechenschaft« ab: Auf Einladung der

Carnegie-Stiftung, die sich für den Weltfrieden einsetzte, verbrachte Thomas Mann die beiden Wochen vom 12. bis zum 29. Januar 1926 in Paris. Dort traf er unter anderem mit Schriftstellern wie François Mauriac, Jules Romains und Charles Du Bos sowie mit Germanisten wie Henri Lichtenberger, Bertaux und Maurice Boucher zusammen. In die Diskussionen und Gespräche mit ihnen flocht er seine Meinungen über die geistigen Beziehungen zwischen Deutschland und Frankreich und die europäische Einigung ein. Europa wurde hier als eine Art geistiger Dachorganisation für nationale Traditionen verstanden. Europäismus und Nationalismus sollten miteinander versöhnt werden. So gab er den Europäern Recht, wenn er betonte, daß »Europa nur als Ganzes stehen« könne, und gleichzeitig kam er den Anhängern des Nationalstaats entgegen, wenn er bloß an »eine relative Einigung des Erdteils« glaubte. Diese »relative Einigung« aber betrachtete er als ein Gebot der »primitivsten Vernunft und der baren Notwendigkeit« (19). Mit fast identischen Worten erklärte der Autor ferner den »europäischen Pazifismus von heute« für »eine Sache der allerpraktischsten Vernunft« (73). Auch den Völkerbund-Anhängern kam er entgegen, wenn er betonte, daß »kein Volk sich ungestraft einer Idee praktischer Vernunftforderung, wie derjenigen der Menschheitsorganisation und Völkergesellschaft, verschließe« (21). Den Franzosen gegenüber erwähnte Thomas Mann Positives zum Thema der »Durchrepublikanisierung Europas« (22) und der »Idee der Demokratie« (21), aber dem deutschen Botschafter gestand er: »Was heute für Europa not täte, wäre die aufgeklärte Diktatur« (26). Unter dem neuen und weiten europäisch-republikanischen Repräsentationsmantel, den Mann sich in den zwanziger Jahren umwarf, lugte immer wieder sein konservativer Anzug aus prädemokratischen Zeiten hervor. Jene Schriftsteller, die ihren Europäismus während des Krieges gerade auch gegen nationale Angriffe Manns verteidigt hatten, sahen dem Europa-Tourismus ihres ehemaligen Gegners mit äußerstem Mißbehagen zu. »Diese neue Manie«, ereiferte sich Stefan Zweig in einem Brief an Romain Rolland, »als Missionar des Geistes durch Europa zu reisen, ist eine ansteckende Krankheit – Thomas Mann, Paul Valéry machen den Kinostars Konkurrenz. Und das Publikum schaut überall mit der gleichen stumpfsinnigen und ungetreuen Neugier zu« (187). Auch in der Pariser Monatsschrift *Europe* machte Zweig 1926 seinem Ärger Luft über den unverbindlichen Bankettcharakter der deutsch-französischen Kulturbeziehungen als Folge des so hart erarbeiteten Locarno-Paktes. Das Pompöse und Fanfarenhafte sei bezeichnend für die Konvertiten zum Kosmopolitismus. Zweig unterschied hier zwischen Kosmopoliten und Internationalisten. Der Kosmopolitismus sei eine relativ unverbindliche Angelegenheit; der Internationalismus hingegen mit Pazifismus verbunden und verlange einen konkreten Einsatz für die Völkerverbrüderung.

Großzügig und ohne eine Spur von Eifersucht erwähnte Heinrich Mann in seinem Essay »Die Literatur und die deutsch-französische Verständigung« von 1927 seinen Bruder, wenn er feststellte: »Der Gedanke der internationalen geistigen Verständigung, vor allem der deutsch-französischen, ist [...] von vielen aufgenommen und bekräftigt worden. Fast niemand entzieht sich ihm mehr ganz. Deutsche, vor allem mein Bruder Thomas, haben in Paris gesprochen, Franzosen, darunter der kraftvolle Jules Romains und der reizende Tristan Bernard, sind nach Berlin gekommen« (348). Allerdings wies Mann darauf hin, daß er bereits ein Jahr vor seinem Bruder in Paris in diesem Sinne aktiv geworden sei, und zwar während des Internationalen Pen-Kongresses. Der Autor erinnerte sich: »Der Vorsitzende aller Pen-Clubs, Galsworthy, eröffnete [...]. Dann sprachen Valéry und Duhamel. Als zweiter der Fremden ward der Deutsche aufgerufen, aber noch konnte ich nichts sagen, der Beifall, kaum daß ich aufgestanden war, erschütterte den Saal. Umso besser und umso größer, daß er nicht mir einzelnem galt, sondern dem Lande, aus dem ich kam, noch mehr, einem Gedanken« (348). Mann sah diese Art von Begegnung keineswegs als überflüssig an. »Die Schriftsteller sind die Vordiplomaten«, zitierte er einen französischen Politiker. »Die Minister konnten« bei der Vorbereitung des Locarno-Paktes, meinte Mann, »nur Erfolg haben, weil wir Schriftsteller vorgearbeitet und eine besser zu atmende Luft geschaffen hatten« (348). Als Bindemittel zwischen Frankreich und Deutschland verstand er »die europäische Idee«, die sie als »bleibende Idee« gemeinsam vertreten sollten (349). »Das schlechte Verhältnis zu Frankreich« verstand der Autor als »das Grundübel«, den »Konstruktionsfehler« früherer deutscher Politik. Mann gestand, daß es in der Europa-Angelegenheit nicht bloß aus »Vernunft« vorwärts gehe, vielmehr seien »zwingende Gründe, die wirtschaftlicher Art sind«, mit am Werk (330). Seine Arbeit sah der Schriftsteller in der Tradition Victor Hugos stehen, der bereits vor über einem halben Jahrhundert die Idee der Vereinigten Staaten von Europa propagiert habe (329).

Als weiteres Vorbild des heutigen Europäers hatte Mann 1925 in seinem Artikel »Die Memoiren Napoleons« den französischen Kaiser angegeben. »Napoleon wächst unaufhörlich«, schrieb er, und das *Mémorial* sei »das Buch«, zu dem er »am häufigsten zurückkehre« (258); es sei sein »Handbuch« (263). Auch Mann nahm die nachträgliche Selbststilisierung des entmachteten Napoleon zum großen Europa-Einiger für bare Münze. Dem politischen Locarno, forderte der Autor, müsse »Ein geistiges Locarno« – so der Titel seines Essays von 1927 – folgen. In diesem Beitrag ging es Heinrich Mann darum, sich mit zwei Hindernissen auf dem Weg zur Verständigung mit Frankreich auseinanderzusetzen: mit »unseren Nationalisten« und mit jenem »Teil der deutschen Jugend, der sich nur mit Rußland verständigen möchte« (425). Im Hinblick auf den Nationalismus in Deutschland wie in Frankreich war der Autor zuversichtlich: Ihm gehöre »nur gerade noch diese Gegenwart«, nicht mehr jedoch die Zukunft (426). In Frankreich, meinte er, sei der Europäer Georges Duhamel dabei, die Wortführer des Nationalismus (wie Maurice Barrès und Charles Maurras) zu verdrängen. Duhamel war inzwischen auch in Deutschland als europäisch gesinnter französischer Schriftsteller bekannt. 1928 hatte er in der *Neuen Rundschau* den Essay »Vom europäischen Geist« publiziert, in dem er sich für die Einigung Europas und für die Erziehung der Schüler im Sinne des Goetheschen Weltbürgertums aussprach. Was das Verhältnis zur Sowjetunion einerseits und zu Frankreich andererseits betraf, plädierte auch Mann jetzt »für den Anschluß nach beiden Seiten« (425) und sah Deutschlands Aufgabe darin, »zwischen Frankreich und Rußland den geistigen, wirtschaftlichen, politischen Ausgleich« zu suchen (428). Diese Position der Mitte, von der aus er mit Sympathie in das Land der bürgerlichen wie in das Land der sozialistischen Revolution schaute, nahm Mann nur in den zwanziger Jahren ein. Früher hatte er sich wesentlich stärker von Frankreich angezogen gefühlt, und in der amerikanischen Emigration wird er sich primär nach Moskau hin orientieren. Sein Bruder Thomas dagegen, der sich bis 1918 vom sogenannten Zivilisationswesten abgegrenzt und Deutschlands »asiatische« Tendenzen herausgekehrt hatte, bekannte sich im Lauf der Jahre immer eindeutiger zu den Prinzipien westlicher Demokratie, und zwar besonders während des Exils in den USA. Zu den Paradoxien in der Beziehung der Brüder zwischen 1919 und 1925 gehört auch, daß Heinrich Mann in seinen Essays zum lautstarken Befürworter der europäischen Einigung wurde, in seiner *Kaiserreich*-Trilogie jedoch rein deutsche Probleme behandelte, während Thomas Mann im Roman *Der Zauberberg* (wie es auch Erwin Koppen sieht) die geistige Landschaft Europas vermaß, in seinen Essays der unmittelbaren Jahre nach dem Ersten Weltkrieg jedoch Mühe hatte, sich von seinen auf Deutschland bezogenen nationalen Vorstellungen zu lösen.

Fünf Jahre nach der Veröffentlichung von »Ein geistiges Locarno« rechnete Heinrich Mann in seinem »Bekenntnis zum Übernationalen« wesentlich schärfer mit dem Nationalismus ab. Diese Stellungnahme erschien 1932 in der *Neuen Rundschau*. Seine frühere Voraussage, daß der Nationalismus quasi in den letzten Zügen liege, hatte sich nicht bewahrheitet. Zur Alternative von Chauvinismus und Europäismus schrieb er erneut: »Der Nationalismus ist endgültig festgefahren sowohl politisch wie wirtschaftlich, er sichert keinen Staat mehr, und er vernichtet die Menschen. Der Teil der Welt, der unser ist, sein geistiger und physischer Bestand, das Gefüge seiner Staaten sogar, ist nur noch zu halten und in aufsteigende Bewegung zu setzen durch übernationales Vorgehen« (37). Um der nationalsozialistischen Flut zu wehren, forderte der Autor die Vereinigung mit Frankreich: »Nur eins wäre wirkliche Sicherheit [...]. Das wäre das Zusammengehen Deutschlands mit Frankreich – nicht bloß ihre Verständigung; und sogar Zusammengehen sagt noch nicht genug. Sie müßten sich vereinigen, sie und ihr Staat. Es müßte derselbe sein« (40). Mann ging in seinem Essay weit über die Vorschläge Briands hinaus. Hatte der Politiker die Souveränität der Einzelstaaten nicht antasten wollen, forderte der Schriftsteller ihre radikale Einschränkung, besonders im Hinblick auf das »souveräne Recht, Krieg zu führen« (36). Der Autor verwies auf geistesverwandte französische Intellektuelle wie Jean Richard Bloch, Joseph Caillaux und Victor Margueritte. Margueritte hatte im selben Jahr in der *Neuen Rundschau* den Aufsatz »Ein Europäer spricht« publiziert, in dem er sich für die Fortsetzung der Politik von Briand und Stresemann eingesetzt und die Vereinigung Deutschlands und Frankreichs gefordert hatte. Für den vereinigten französisch-deutschen Bundesstaat forderte Mann ein »gemeinsames Wirtschaftsgebiet, die gemeinsame Heeresleitung und Diplomatie, dieselbe Notenbank und das Bundesparlament« (41). Das, was Börne 100 Jahre zuvor bereits propagiert und was Bruno Frank in seiner *Politischen Novelle* Dorval/Briand in den Mund gelegt hatte, machte Mann hier zu seiner Sache: die Restituierung eines Reiches von karolingischem Ausmaß und republikanischem Zuschnitt. Mit Hitler ante portas war das ein Beschwörungsruf in letzter Minute.

Die Brüder Mann waren damals zwar die prominentesten, keineswegs jedoch die einzigen Befürworter einer engen deutsch-französischen Zusammenarbeit. Zu ihnen gehörten auch so unterschiedliche Autoren wie Kurt Tucholsky, Gottfried Benn und Arnold Zweig. Schon 1925 forderte Tucholsky in *Europe* seine französischen Leser auf, Deutschland zu bereisen, um es besser kennenzulernen. Gegen André Suarès' bildungsbürgerliche Vorstellungen von Deutschland als der Heimat Goethes und Nietzsches gewandt, schlug er vor, der französische Kollege möge sich bei der Deutschen Reichsbahn einen Fahrschein zweiter Klasse besorgen und reisend das Land erkunden. Jene Literatur, die nach Suarès ein Deutschland-Bild vermittle, wirke eher als Barriere denn als Zugang zu den neuen Wirklichkeiten im Land zwischen Rhein und Oder. Tucholsky wies darauf hin, daß die republikanisch und demokratisch Gesinnten in Deutschland noch immer in der Minderheit seien, daß sie von Gleichgesinnten in Frankreich Ermutigung erwarteten. In seinem Vortrag »Frankreich und wir« von 1930 stellte Benn fest, daß »der Beitrag Deutschlands zur französischen Welt« sich im »Rollmops auf der Speisekarte« erschöpfe: Man müsse die »Fremdheit« in den kulturellen Beziehungen der beiden Länder eingestehen (64). Dabei sollte man es aber nicht bewenden lassen, und Benn wartete konsequenterweise mit einigen praktischen Vorschlägen zur deutsch-französischen Verständigung auf. »Der Franzose und der Deutsche«, schrieb Benn, »könnten beschließen, politisch vernünftiger miteinander zu leben als bisher, und ihre Bildung, ihren geistigen Besitz, ihre menschliche Gesinnung, auch ihre Nachsicht« sollten sie »in den Dienst dieses Beschlusses« stellen. »Um ihn zu verwirklichen«, fuhr er fort, sehe er »nur einen Weg: die Sprache lernen und die Länder besuchen«. Den Franzosen versprach Benn andere Reiseeindrücke als Tucholsky: Vielleicht werde der Franzose, vermutete er, »die Beobachtung machen, daß wir durch das, was wir in den letzten Jahrzehnten erlebten, als Volk abgeschliffener und skeptischer wurden, ja daß wir unter amerikanischem Einfluß eine Art Urbanität zu entwickeln im Begriff stehn, die vielleicht der französischen verwandter werden dürfte, als es heute noch scheint« (65). Vielleicht war Benns Beitrag indirekt gegen Friedrich Sieburgs im Jahr zuvor erschienenes und damals viel beachtetes Buch *Gott in Frankreich?* gerichtet. Sieburg hatte sein zwischen Kritik und Bewunderung changierendes Werk mit der Feststellung abgeschlossen, daß die Vorstellung von der individuellen Selbstverwirklichung, die der französischen Zivilisationsidee zugrunde liege, nicht mehr zeitgemäß sei. Das neue Ideal der jungen Generation sei vielmehr mit heroischem Opferwillen im Sinne eines Dienstes an der Gemeinschaft zu bestimmen. Benn hatte 1930 die Wende hin zu einer solchen Ideologie, wie sie von den rechtsradikalen Parteien Europas propagiert wurde, noch nicht vollzogen.

Im selben Jahr 1930 plazierte Arnold Zweig seinen Beitrag »Zur deutsch-französischen Verständigung« in der *Deutsch-französischen Rundschau*. Auch Zweig wollte den »gegenseitigen Verständigungswillen von Deutschen und Franzosen« (1000) mobilisieren und verlangte das »Abschleifen europäischer Grenzwälle«. »Macht die Grenzen gleichgültig den Politikern«, schrieb er, »so wie sie den wahren Geistigen gleichgültig sind. Und in fünfzig

Jahren wird das geeinigte Europa eine ebensolche Selbstverständlichkeit sein und ebenso auf wirtschaftlicher und geistiger Basis zustande gekommen, wie das geeinigte Deutschland uns Vierzigjährigen eine Selbstverständlichkeit war« (1001). Zweigs Artikel erschien im deutschen Pendant zur französischen *Revue d'Allemagne*. Albrecht Betz weist darauf hin, daß beide Zeitschriften als Resultat der Politik Briands und Stresemanns 1927/28 in Berlin und Paris begründet worden waren. Die *Deutsch-französische Rundschau* wurde von dem Kunsthistoriker Otto Grautoff, einem Jugendfreund Thomas Manns, herausgegeben, die *Revue d'Allemagne* von dem Germanisten Maurice Boucher.

III.

Auch wenn es nicht um Coudenhove-Kalergis spezielle paneuropäische Vision oder um die besonderen bilateralen Beziehungen zwischen Deutschland und Frankreich ging, zeigte sich das Lager der Europa-Theoretiker gespalten. Die skeptischen Stimmen machten sich besonders in der Stabilisierungsphase der Weimarer Republik zwischen 1924 und 1929 bemerkbar. Das hatte vielleicht auch damit zu tun, daß Europa zu einer Art Modethema wurde, zu dem plötzlich jeder sich zu melden verpflichtet sah. Auch so alte Asien-Verehrer wie Hermann Graf Keyserling hatten inzwischen die Vorzüge der europäischen Kultur wiederentdeckt, wie seinem 1928 erschienenen Opus *Das Spektrum Europas* zu entnehmen war. Keyserling, der auf opportunistische Weise andere Zeittendenzen mitberücksichtigen wollte, mischte antifranzösische und sogar antisemitische Bemerkungen in sein Buch ein, um auch die Leser von der chauvinistischen Gegenseite zufriedenzustellen. Was er von sich gab, lag mehr auf der Linie Rohans als auf der Coudenhove-Kalergis. So sprach er sich expressis verbis gegen eine politische Unifikation des Kontinents aus. Wie Rohan wollte er nur etwas von einer weltanschaulichen Einheit wissen.

Die Europa-Idee als Modethema provozierte den Widerspruch der kritischen Geister. »Europa kam nah. / Mir wurde herzschwer: / Europa war da! / Das Stück lief leer –«, dichtete Viktor Wittner 1928 in der *Weltbühne*. Robert Walser schrieb damals den Text »Der Europäer«, in der eine Schweizer Stadt als »Europäerlager« beschrieben wird, die einem »allzu europäisch« vorkam, weil man in ihr zuviel »europäelte« (289 f.). Die gleiche Distanz zum Thema sprach aus seinem »Brief eines Europäers«, der »zur Europäerei« neige (119), ja sich »in die Halle des Europäertums hinaufgeschwungen« habe (121). In einem Roman von Ödön von Horváth tauchte der Paneuropäer 1930 als »der ewige Spießer«, als bramarbasierender Journalist auf. Diesem gelingt es qua Phrasendrescherei, einen schmierigen jungen Geschäftemacher, den er auf einer Reise zur Weltausstellung von 1929 in Barcelona trifft, zum Paneuropäertum zu bekehren.

Wenig von den Einigungseuropäern hielt auch Rudolf Leonhard, der 1924 eine essayistische »Rhapsodie gegen Europa« publizierte. Den »guten Europäer« beschrieb Leonhard als eine »unwürdige Einschränkung des Weltbürgers«, als »Spottgeburt aus Jobber und Gentleman« (56). Seine »Lebensform« sei die der »internationalen Hotels«, und er trage einen »Smoking, der in der einen Tasche gefälschte Theosophie, in der andern verdrehten und dann ängstlich belächelten Marxismus, in der Nähe des Geschlechtsteils Rennbahntips und im Herzen Bergwerkskuxe hat. Er hat nicht die sinnliche, fruchtbare, sprungbereite, furchtbare, sondern die faule und verfettete Skepsis. Aber er glaubt an Automobile« (55). »Europa«, so faßte Leonhard seine Kulturkritik zusammen, sei die »entartete und gealterte Freundin des Zeus, die Rechnungsbücher führen lernte und sie Statistik nannte, ungläubig wurde, ohne sich des stolzen lachenden schäumenden gleißenden Heidentums zu erinnern« (155). Er schwärmte nicht von asiatischer Weisheit, sondern von afrikanischer Sexualität als Heilmittel für Europa.

»Nicht Asien«, schrieb Leonhard, »Afrika ist die eine Seite von des uniformen Europas Alternative« (160). »Es lohnt nicht«, hielt er den Einheitseuropäern vor, »die Grenzen zu öffnen und zu zerbrechen, um jenseits dasselbe Unwesen vorzufinden« (154). Vor die Wahl zwischen »Tropik oder Technik« (161) gestellt, solle der Europäer sich für die Tropik entscheiden. Dann werde der entsexualisierte

Europäer wieder »Banana und Phallus zusammendeuten« können (160), werde »stürmisch polygame, polymorphe Pansexualität« entdecken (164). Nicht den Abbau europäischer Zollschranken forderte Leonhard, sondern die sexuelle als »hetärische Revolution«. Die »hetärische Revolution« sei der »Prototyp der Revolutionen« schlechthin: ihr werde der Umbruch auf allen anderen Gebieten gesellschaftlichen Lebens folgen (164). »Laßt Euch den Inzest nicht verbieten« (165), beschwor der erregte Leonhard seine Leser, »behauptet Euer Geschlecht«, das »vielleicht der stärkste [...] Hebel zur sich umwälzenden Welt« sei. »Erst wenn nackte Mädchen auf den Straßen europäischer Städte ungefangen und unbefangen gehn«, so phantasierte er weiter, »könnt Ihr der Gegenwart und Zukunft Europas versichert sein.« »Seid unbefangen, Revolutionäre Europas, entäußert Euch, schweift aus«, so beschloß er seinen pansexuellen Appell. Mit der »hetärischen Revolution« würden Familie, Patriarchat, Besitzverhältnisse, Herrschaft und Staat stürzen, frohlockte der Anarchist Leonhard.

Die fixe Idee vom pansexuellen Afrika geisterte auch durch den zwei Jahre später veröffentlichten Roman *Der Neger Jupiter raubt Europa. Ein Liebeskampf zwischen zwei Welten* von Claire Goll. Allerdings liest sich das Buch wie die romanhafte Widerrede zu Leonhards Ideen von der Sexualisierung Europas durch Afrika. Hier wird die junge Ehe zwischen einer weißen Frau und einem afrikanischen Diplomaten geschildert. Zwar wird mit großer Bewunderung die Liebeskunst des Schwarzen erwähnt, aber die symbolische Liaison zwischen Europa und Afrika scheitert an unüberwindlichen Vorurteilen und kulturellen Differenzen.

Andere Autoren frönten damals einem Europa-Pessimismus ohne Hoffnung auf Hilfe aus asiatischen oder afrikanischen Gefilden. Zu ihnen gehörte Yvan Goll, der Gatte Claire Golls. 1927 und 1928 erschienen seine beiden Europa-Romane *Die Eurokokke* und *Der Mitropäer*. In ersterem Buch hatte Goll für die europäische Dekadenz eine Bazillusmetapher gefunden: Die Eurokokke verursacht die »europäische Krankheit« (111), das heißt sie zerfrißt alles, laugt alles aus, gibt alles dem »Zerfall« preis. Das Resümee des Romans lautete: »Das europäische Zeitalter ist im Verlöschen. Es hat keinen Sinn mehr, etwas retten zu wollen« (130). Fast identisch ist im *Mitropäer* (der Titel ist eine Abkürzung für »Mitteleuropäer«) vom »Selbstmord der Zivilisation« (190) die Rede, und auch hier heißt es abschließend: »Ein Oedland der Seele war Europa. Jeglicher Glaube war verloren: der Glaube an einen Gott, der Glaube an die Liebe, und selbst der Glaube an die Erde« (225). Goll war kein großer Romancier, und der Bazilluseinfall gab nur eine schmale Basis für ein fragiles Romangerüst ab. Noch schlichter und unorigineller fiel die Architektur des *Mitropäer*-Romans aus, der von der Gegensätzlichkeit zweier Halbbrüder (einem Franzosen und einem Deutschen) leben soll: ein schwacher Abglanz des Freundespaars aus Rollands *Jean-Christophe*. Endzeitstimmung herrschte auch in den Europa-Thesen Ossietzkys vor. »Europas wirtschaftliche Omnipotenz«, stellte er 1926 in der *Weltbühne* fest, »ist von Amerika zerschlagen worden.« In Anspielung auf das von Wilhelm II. angeregte Gemälde *Völker Europas, wahrt eure heiligsten Güter* fügte er spöttisch hinzu: »Die Völker Europas wahren ihre heiligsten Güter noch in alter Positur – aber der Stock, den sie schwingen, ist der Bettelstab« (799). In derselben Zeitschrift notierte Alfons Steiniger ein Jahr zuvor Reflexionen zu »Europas Ende«. In einer apokalyptischen Vision sah er bereits den kommenden Krieg voraus, und er benutzte den Begriff des »eisernen Vorhangs«, der später die politische Teilung des Kontinents bezeichnete. »Das ungeeinte Europa«, schrieb Steiniger, »spielt sich auf eine unerhört ekelhafte Art zu Tode: auf eine sehr moderne Art. Keine antike Tragödie, [...] sondern eine Revue [...]. Die Revue rast mit vielleicht haltloser Schnelligkeit ihrem Ende zu. Wenn der Vorhang, der eiserne Vorhang des letzten europäischen Krieges sich über dem Schlußakt und über Europa selbst gesenkt haben wird, kann kein Gott und auch keiner seiner Stellvertreter den Leichnam Europa, die verweste Bühnenmarionette zum Atmen mehr bringen« (115). Ähnlich – wenn auch ohne Kriegsprophezeiung – ließ sich Hermann Kasack vernehmen, der damals eine Polemik unter dem Titel »Jahrmarkt Europa« veröffentlichte. Da hieß es: »Man sieht sich die Augen aus dem Kopf: Europa ist eingeschrumpft. Tableau! Die Längen- und Breitengrade scheinen dieselben zu sein, aber wo sie in den Nullpunkt münden: Da liegt jetzt Europa. Auf unserm Kontinent sind die Fliegen geistig geworden und die Mücken politisch. ,Vereinigte Staaten von Europa' ihr Denk-Sport [...]. Europa: ein Fetzen Lächerlichkeit / sein europäischer Mensch eine Katheder-Proklamation. Protest über Protest! Kein Ausdruck, kein Sinn für Gemeinsamkeit, es sei denn: Ausrottung durch Stupidität à la Spengler. Ergo: Die Stunde Europas ist kalt, sie birgt keine Pubertätserneuerung. Der Kontinent wackelt, aber nicht von Leben gebärenden Revolutionen bewegt, seine Walze ist ausgeleiert. Zerfall bloß, ein recht bedeutungsloser Zustand« (5 f.).

»Zerfall« und »Nullpunkt« waren Termini, die auch in Hermann Brochs Essay über den »Zerfall der Werte« von zentraler Bedeutung waren. In all diesen kulturpessimistischen Stellungnahmen wirkte – wenn oft auch nur indirekt und vermittelt – der Einfluß von Spenglers *Untergang des Abendlandes* nach. Das war bei Broch nicht anders. Seine Essayfolge vom »Zerfall der Werte«, die viel tiefschürfender ist als die Äußerungen der genannten Zeitgenossen, erschien im letzten, 1932 publizierten Band der *Schlafwandler*-Trilogie *(1918. Huguenau oder die Sachlichkeit)*. Wie bei den zwei anderen großen deutschsprachigen Romanen der Moderne, Thomas Manns *Zauberberg* und Robert Musils *Mann ohne Eigenschaften*, handelt es sich auch hier um einen essayistischen Roman, in dem es um die Auseinandersetzung mit der großen europäischen Kulturkrise am Anfang dieses Jahrhunderts geht. Anders aber als Mann und Musil vermittelt Broch Essayistisches nicht auf indirekte Weise durch Reflexionen oder Dialoge von Romanpersonen, sondern indem er die Abhandlung über den Wertzerfall als eigenständigen Essay direkt in den Roman aufnahm. Auf Manns und Musils Romane kann hier nicht eingegangen werden, doch gehört der in die *Schlafwandler* integrierte Essay zum Gegenstand dieses Buches. Auf den ersten Blick scheint es, als könne man sich einen größeren Gegensatz zwischen Spenglers und Brochs Einstellung zu Fragen der Kultur ihrer Gegenwart gar nicht vorstellen. Broch propagierte um 1930 gerade nicht die Abkehr von Kunst und Literatur, und als er die *Schlafwandler* konzipierte und schrieb, war er überzeugt, daß es eine sinnvollere und erkenntnisträchtigere Arbeit als das Romaneschreiben gar

348

nicht geben könne. Das ist vielen Selbstkommentaren sowie seinen literarischen Essays aus der Zeit der Arbeit an der Trilogie zu entnehmen. Brochs Biographie schien Spenglers Rezept von der Hinwendung zur Praxis und der mit ihr verbundenen Naturwissenschaft zu widerlegen: Den Beruf als Ingenieur und Unternehmer hatte Broch aufgegeben, um sich geistigen Fragen und schließlich der Dichtung widmen zu können. Nichtsdestoweniger übte Spenglers *Untergang des Abendlandes* eine Faszination auf ihn aus. Es ist keine Frage, daß er mit dem Buch gut vertraut war. Das Verzeichnis seiner Wiener Bibliothek enthält diesen Band und andere Spengleriana. Zudem ist Broch in Briefen und Essays zwischen 1920 und 1949 mehrfach auf Spengler zu sprechen gekommen, und zwar vornehmlich abgrenzend beziehungsweise negativ.

Bei einem Vergleich der geschichtsphilosophischen Essayfolge »Zerfall der Werte« aus der *Schlafwandler*-Trilogie mit den Grundthesen aus dem *Untergang des Abendlandes* werden Brochs Distanz und Nähe zu Spengler noch deutlicher. Broch und Spengler verstanden im Sinne der Romantik das Mittelalter beziehungsweise die Gotik als eine exemplarische Phase einheitlicher Hochkultur, und beide betrachteten das 20. Jahrhundert als eine Zeit des Kulturverfalls und des bevorstehenden Kulturtodes. Die ursächlichen Begründungen des kulturellen Zerfalls lauteten bei Broch aber anders als bei Spengler.

Spenglers Morphologie zufolge durchläuft jede Kultur beziehungsweise »Kulturseele« – vergleichbar lebenden Organismen – einen jahreszeitlichen Rhythmus von der Geburt bis zum Tod beziehungsweise vom Frühling bis zum Winter. Die abendländische Winterzeit habe, so Spengler, ungefähr mit dem Jahre 1800 eingesetzt. Broch arbeitete nicht mit biologischen Analogien, sondern mit einer idealistisch-erkenntnistheoretischen Begründung. Nach ihm begann der Zerfall der europäischen, das heißt mittelalterlichen Kultur mit dem Beginn der Renaissance, wurde verstärkt durch Reformation, Aufklärung und moderne Wissenschaft, um sich in der Gegenwart dem Nullpunkt zu nähern, in dem eine neue Kultur beginnen könnte. Nach Broch brachte die Renaissance die Revolution der mittelalterlich-europäischen Kosmogonie mit sich. Spengler jedoch meinte, die Renaissance habe »die Denkweise Westeuropas, das Lebensgefühl in nichts verändert«; sie sei »eine Fortsetzung der Gotik« gewesen (300 f.). (Spengler benutzte den Begriff Mittelalter nicht, da er das historiographische Schema Altertum, Mittelalter, Neuzeit verwarf.) Während Broch hoffte, Anzeichen der künftigen Kultur erkennen und aufweisen zu können, blickte Spengler nicht über die seiner These nach Jahrhunderte dauernde Winterzeit des Abendlandes hinaus; nur sie interessierte ihn in seinen kulturphilosophischen Ausführungen. Broch zufolge liegt jeder Kultur ein Denksystem zugrunde, das alle Glaubens-, Wissens- und Verhaltensfragen letztlich bestimmt. Eine Kultur beginnt dann zu zerfallen, wenn »das Denken« dieses Systems »an seine Unendlichkeitsgrenze gestoßen ist, wenn es die Antinomien der Unendlichkeit nicht mehr mit den alten Mitteln zu lösen vermag und von hier aus genötigt ist, seine eigenen Grundlagen zu revidieren« (533). Diese Erkenntnissituation sei in der Renaissance gegeben gewesen, als man in der Wissenschaft nicht mehr bereit gewesen sei, die Frageketten an jenem »Plausibilitätspunkt« (472) endigen zu lassen, wie er von der mittelalterlichen Scholastik als Unendliches beziehungsweise als »Gott« definiert worden sei. Mit der »Liquidierung mittelalterlicher Logizität« (534) habe der Kulturzerfall begonnen, der nach wie vor den »europäischen Geist« (703 f.) charakterisiere. Im Mittelalter habe es einen der Höhepunkte menschheitlicher Kultur gegeben.

Broch erläuterte diesen Kulminationspunkt mit Hilfe seiner formalen Werttheorie: Eine Kultur erlebe dann ihre Glanzzeit, wenn sie ein einheitliches Wertsystem darstelle. Ein Wertsystem aber sei einheitlich und harmonisch, wenn die in ihm wirksam werdenden rationalen und irrationalen Kräfte sich »in einem saturierten Gleichgewichtszustand« befänden, wenn ihre »gegenseitige Durchdringung« ihr »Maximum erreiche«: Das seien die kulturellen »Zeiten des Höhepunkts und des vollkommenen Stils« (691). Im Lauf der vergangenen »fünfhundert Jahre« (539) hätten sich nun in Europa wie bei einer Scherenöffnung die ehemals deckungsgleichen Kräfte des Rationalen und Irrationalen auseinanderentwickelt: Das Irrationale werde nicht mehr durch das Rationale gebunden, und das Rationale erlebe keine Kräftigung mehr durch das Irrationale. Ergebnis dieses Auseinanderklaffens von Denken und Leben seien eine Rationalität, die ihre Fragekette ins Unendliche laufen lasse, und eine Irrationalität, die ihre Bindung nur noch erhalte durch berufsmäßig bedingte Partialwertsysteme kleiner und kleinster Dimensionen (etwa des Militärs, der Kunst, der Wirtschaft) oder durch die Subjektivität des einzelnen Ich. Die Entwicklung wissenschaftlicher Rationalität führe zu einem postreligiösen Zustand. »Der Schritt«, heißt es bei Broch, »der über die monotheistische Kosmogonie hinaus noch zu tun blieb, war ein fast unmerklicher [...]. Die Frageketten münden nicht mehr in dieser Gottesidee, sondern laufen tatsächlich in die Unendlichkeit [...]. Die Kosmogonie ruht nicht mehr auf Gott, sondern auf der ewigen Fortsetzbarkeit der Frage, auf dem Bewußtsein, daß nirgends ein Ruhepunkt gegeben ist, daß immer weiter gefragt werden kann« (474). Spengler waren solche erkenntnistheoretischen Herleitungen fremd. Aber auch er konstatierte, daß er in einem »irreligiösen Zeitalter« (62) lebe, in dem die Menschen pragmatische, metaphysisch desinteressierte Berufsmenschen geworden seien. Spengler akzeptierte diesen Zustand. »Wir können es nicht ändern«, schrieb er, »daß wir als Menschen des beginnenden Winters der vollen Zivilisation und nicht auf der Sonnenhöhe einer reifen Kultur [...] geboren sind« (62). Die Wertzersplitterung beziehungsweise der Zustand der Zivilisation wurden von Spengler und Broch mit fast identischen Worten beschrieben. »Die Kultur hat alle Kräfte in strenge Form gebunden«, liest man bei Spengler, »jetzt sind sie entfesselt und ‚die Natur' [...] bricht unvermittelt hervor« (1085). Auch bei Broch heißt es, daß die Wertgebiete in ihrer »Autonomie ‚entfesselt'« (498) seien, und er spricht von der »Entfesselung« des Irrationalen einerseits und der Rationalität andererseits (692). Broch hoffte auf einen neuen Zusammenschluß der Werte mit einer neuen Kulturblüte, auf ein Ende der rational-irrationalen Dichotomie und damit auf eine Überwindung der sogenannten Nullpunktsituation in der Gegenwart. Als »Nullpunkt der Wertatomisierung« definierte Broch den »Übergang von einem Wertsystem zu einem neuen« (712).

Wie stellte Broch sich dieses neue einheitliche europäische Wertsystem vor? Ein Zurück zur katholisch-mittelalterlichen Christenheit lehnte er als reaktionär, romantisch und undurchführbar ab (578). Broch verstand die Reformation als eine Wendung des Christentums hin beziehungsweise zurück zur abstrakten jüdischen Gottesvorstellung, sah im Protestantismus eine »Übereinstimmung mit der religiösen Struktur des Judentums« (580). Den Juden bezeichnete Broch »kraft der abstrakten Strenge seiner Unendlichkeit« als »den modernen«, den »‚fortgeschrittensten' Menschen kat'exochen« und erkannte in ihm das »Bild des Kommenden« (581 f.). Die protestantische »positivistische Doppelbejahung weltlicher Gegebenheit und rigoroser Pflichtaskese« betrachtete Broch als der jüdischen Religiosität verwandt. Die Radikalisierung dieser reformatorischen beziehungsweise jüdischen Doppelbejahung aber strebe »zu einer neuen Einheit von Denken und Sein, ethischer und materialer Unendlichkeit« (705). Der Mensch der Gegenwart stehe vor der Alternative, die »vorläufig noch vorhandene Geborgenheit im katholischen Allwert« der Vergangenheit zu suchen oder den »Mut« aufzubringen, »mit einem absoluten Protestantismus das Grauen vor dem abstrakten Gott auf sich zu nehmen« (582). Das Wertsystem der zukünftigen Kultur konturiert sich für Broch mit einer »dogmenfreien ‚Ethik an sich'« und einer »kirchenlosen ‚Kirche an sich'« als »ein Organon von jener letzten logischen und nüchternen Abstraktion, die durch die unendliche Hinausrückung des Plausibilitätspunktes gewonnen werden soll und in der die ganze Radikalität des protestantischen Geistes aufscheint« (705). Der Abstraktheit im Ethischen werde also die Abstraktheit im Rationalen entsprechen. Von der abstrakten Pflichtethik sei zu hoffen, daß sie die irrationalen Strebungen der Partialwertsysteme bändigen werde. Kennzeichen der neuen Kultur werde dann ein Maximum an individueller Entfaltung (621), das heißt an »Freiheit« (714) sein. Broch meint, daß Immanuel Kant und Søren Kierkegaard als die Begründer, gleichsam die Propheten der neuen, abstrakten protestantischen Theologie der Zukunft zu betrachten seien (580, 582, 705). Die existentialistische Theologie Kierkegaards und die Kantsche Ethik haben Brochs Denken nachhaltig geprägt. Was die Einschätzung des Judentums und der Kantschen Philosophie betrifft, liegt, wie Gisela Brude-Firnau gezeigt hat, ein Einfluß des Neukantianers Hermann Cohen vor, mit dessen Werk Broch vertraut war.

Die Gattung, die Broch für seine Essayfolge über den »Zerfall der Werte« wählte, steckt voller Ambivalenzen, Widersprüche und Vieldeutigkeiten. Es handelt sich sowohl um einen dichterischen Essay mit allen ihm eigenen Leerstellen und Ambiguitäten als auch um eine philosophische und kulturkritische Abhandlung, die sich, zumindest partiell, um Eindeutigkeit von Aussagen bemüht. Konträr zur Metaphern- und Argumentationsreihe, die auf einen protestantisch-jüdischen Abstraktismus der Ethik des kommenden Wertsystems abzielt, ist eine gegenläufige, im Sinne Brochs »katholische« Symbol- und Denkrichtung gelagert. In dieser Reihe wird mit »Grauen« von der »Kälte«, dem »Eisigen« und der »Stummheit« (712–715), dem tendenziellen Atheismus der künftigen Gottesvorstellung (706) und ihrer Ethik gesprochen. Hier wird schon der Anfang der protestantischen Auflösung der alten Einheit als »verbrecherisch« (533) gebrandmarkt. Broch zeichnet im »Zerfall der Werte« nach, wie »das christliche Wertgebilde« durch Renaissance und Reformation »in eine katholische und eine protestantische Hälfte zersprengt wurde« (533) und wie in beiden religiösen Richtungen ihre Grundtendenzen sich durchsetzen: der Katholizismus versuche, wenngleich vergeblich, den mittelalterlichen Kosmos der Werteinheit zu behaupten, und der Protestantismus treibe, ob er wolle oder nicht, seiner inneren Logik gemäß hin auf eine weitere Zersplitterung der Glaubensgemeinschaft und auf eine Radikalisierung der Abstraktionstendenz in Ethik und Gottesvorstellung. Beide Richtungen werden mit Hilfe negativer und positiver Metaphern einerseits kritisiert, andererseits aber auch in ihren Folgen akzeptiert und bejaht. Die katholische Tendenz gilt einerseits als romantisch-reaktionär, zum anderen als bewundernswürdig komplex und lebensbejahend; die protestantische Richtung wird zum einen als eisig-steinern-stumm bezeichnet, andererseits wird sie mit Freiheit und Individualismus assoziiert. Im »Zerfall der Werte« machen sich eine Doppelkodierung und eine Ambivalenz in der Bewertung kultureller Vorgänge bemerkbar. Die Mehrfachkodierung wird am Schluß des Romans noch verstärkt, wenn Broch in der letzten Passage der »Zerfall«-

Folge auf die Messiashoffnung zu sprechen kommt, womit intratextuell an die zahlreichen Erlösungsmetaphern im Roman angeschlossen wird. In diesem Hinweis auf die »Messiashoffnung« (715) wird sowohl die protestantische wie die katholische Argumentationsreihe aufgegriffen und auf ihre gemeinsame jüdische Wurzel zurückgeführt. Das letzte Wort im »Zerfall der Werte« hat Paulus, der in der Religionsgeschichte für die Transformation des Judentums zum Christentum steht. Das Paulus-Zitat »Tu dir kein Leid! denn wir sind alle noch hier!« (*Apostelgeschichte* 16.28) spielt nicht auf Theologisch-Dogmatisches oder auf eine Jenseitsgläubigkeit an, sondern auf eine ethische Praxis. Hier wird nämlich die »Stimme des Menschen«, der »unmittelbaren Güte« und der »Hoffnung« (715) beschworen. Vielleicht handelt es sich bei der Werttheorie des getauften Juden Broch letztlich um den säkularisierten Ausdruck jüdischer Messiashoffnung, wobei diese Hoffnung auf eine christliche Ethik gerichtet ist.

Deutlich wird, daß nach Brochs Werttheorie zwar dem Abstraktismus der Ethik und der Gottesvorstellung die Zukunft gehöre, daß aber die ideale Kosmologie jene sei, in der »das Absolute im Irdischen« (715) erfaßbar bleibe, wie Broch sie in der Vergangenheit im katholisch-mittelalterlichen Christentum glaubte erkennen zu können. Die protestantische Zerfalls- und Abstraktionstendenz müßte sich idealiter – gleichsam in einem qualitativen Sprung – zu einer neuen Einheit und menschlich-sozialen Konkretheit fügen, auf daß eine erneuerte Kosmologie quasi katholischer Art auf höherer Ebene zustande käme. Da dies aber so unwahrscheinlich und unlogisch wie die Quadratur des Kreises ist, bleibt es bei der jüdisch-messianischen Erwartungshaltung, die ihres Hoffnungs- und nicht ihres Erfüllungscharakters wegen geschätzt wird.

Im »Zerfall der Werte« ging es Broch tendenziell um eine erkenntnistheoretische Analyse der europäischen Kulturkrise, um den Versuch der – wenn auch vagen – Konturierung eines nachmodernen Denkens, das sich als tragfähig für ein neues Wertsystem erweisen könne. Die Welt der Vormoderne war nach Broch bestimmt durch das mittelalterlich-katholische Christentum mit seiner geschlossen-einheitlichen Kosmologie; die »Moderne«, zu der die Renaissance den »Samen« gelegt habe (533), war für Broch die Gegenwart mit ihrer von Angst begleiteten Wertauflösung. Die Zeit nach der Moderne, die Zukunft, die Postmoderne (ein Terminus, den Broch nicht benutzte), sei offen, werde geprägt sein durch die paradoxe Hoffnung auf ein neues einheitliches Wertsystem, wofür es jedoch logisch und faktisch keine Voraussetzungen gebe.

Brochs ratlose, zwischen Verzweiflung und Hoffnung schwankende geistesgeschichtliche Zustandsanalyse war zwar nicht als politische Parteinahme für oder gegen die Einigung Europas gedacht, doch ging sie implizite von der Existenz des Kontinents als zusammenhängender kultureller Entität aus. Der Essay »Zerfall der Werte« erschien zu einem Zeitpunkt, als jede proeuropäische Stimme im öffentlichen Meinungskampf zählte. 1930 war das Jahr der reaktionären Wende in Deutschland, und von nun an erhielten die Chauvinisten, besonders Hitlers Nationalsozialisten, Oberwasser. Eine Reihe von Schriftstellern und Autorinnen, die sich für die europäische Einigung beziehungsweise zumindest friedliche Koexistenz der Einzelstaaten entschieden hatten, meldeten sich damals zu Wort. Zu ihnen gehörten in den Jahren zwischen 1930 und 1932 Heinrich Mann mit seinem bereits erwähnten Essay »Bekenntnis zum Übernationalen«, Klaus Mann, Rudolf Pannwitz, Thomas Mann, Stefan Zweig, Ina Seidel und Fritz von Unruh. Es ging jetzt kaum noch um den in den Jahren zuvor beliebten Streit um Amerika, der in der Spätphase der Weimarer Republik unter bürgerlichen Autoren insgesamt im Sinne einer konstruktiven und positiven, wenn auch keineswegs imitativen Beziehung zu den USA entschieden worden war. Man vergleiche dazu den Artikel von Emil Ludwig über »Europas Vorurteile gegen Amerika« in der *Weltbühne* und Max Rychners Essay »Amerikanisierung Europas?« beziehungsweise Otto Flakes Beitrag »Wir bleiben Europäer« in der *Neuen Rundschau*. Ludwig umschrieb das Verhältnis zwischen der Neuen und der Alten Welt mit einer Familienmetapher: »Bis zum Kriege war Amerika immer die Tochter und Europa die Mutter. Jetzt hat sich eine sonderbare Umkehrung vollzogen: [...] Die Tochter ist mit einem Mal ein Vorbild geworden, und die verjüngte Mutter fängt an, von ihr zu lernen« (866). Derart stark auf die Schülerposition wollte Rychner

Europa nicht reduziert sehen. Er wünschte, daß sich zwischen beiden Erdteilen »ein Dialog entspinnen« werde. Ihn betrachtete Rychner als notwendigen Teil der künftigen Globalisierung von Wirtschaft und Politik. »Wir stehen«, schrieb er, »an der Schwelle eines Zeitalters, wo alles Geschehen in seinem funktionellen Verhältnis auf die ganze Erde bezogen wird, nicht mehr auf einen Erdteil oder gar eine einzelne Nation. Die Erdkugel wird zum erstenmal als eine geschichtliche Bedeutungseinheit empfunden und begriffen« (229). Flake setzte sich kritisch mit philosophischen Strömungen in Amerika wie Pragmatismus, Vitalismus und Behaviorismus auseinander. »Am Horizont der Zukunft« hebt sich nach seiner Meinung »der Umriß einer europäisch-amerikanischen Weltkultur ab«, in der europäischer Individualismus und amerikanisch-demokratischer Kollektivismus eine neue Synthese eingehen würden (25). Flake war zuversichtlich, daß »die Begegnung zwischen Amerika und Europa, insbesondere Deutschland, zu einer Modulation, nicht zu einem Substanzverlust führen« werde. »Und das gleiche gilt von Amerika«, fuhr er fort: »Dort wird das Individualistische, die Differenzierung, die Dämpfung des Rationalismus zunehmen« (27).

Seit 1930 ging es nicht mehr so sehr um die Bestimmung des Ortes gegenüber Amerika, sondern um die Abgrenzung von jenen rechts- und linksradikalen politischen Kräften in Europa selbst, die die fortschreitenden Integrationstendenzen hemmen wollten. (Der Begriff der wirtschaftlichen »Integration« Europas wird seit den frühen dreißiger Jahren benutzt, wie Fritz Machlup nachgewiesen hat.) Flake bezeichnete in seinem Beitrag »den Nationalsozialismus« als »primitiv bis zum Rowdytum« (25). In seiner »Deutschen Ansprache« ließ Thomas Mann es an Ausdrücken der Verachtung für den Nationalsozialismus nicht fehlen. Wie früher Annette Kolb, so meinte auch Mann jetzt, daß das »deutsche Volk [...] seiner natürlichen Anlage nach nicht radikalistisch« eingestellt sei. Besonders verübelte Mann den Nationalsozialisten, »daß sie die Idee der Freiheit zum bourgeoisen Gerümpel« geworfen hätten. In unmißverständlicher Deutlichkeit stellte er ihre »Verwilderung«, ihre »Losbändigkeit der Instinkte« und ihre »Diktatur der Gewalt« bloß (879). Dem Angriff auf die Nationalsozialisten ließ Mann eine Parteinahme für die Sozialdemokratie folgen, die er lobte, weil sie die Europa-Politik Stresemanns gestützt habe.

Im Frühjahr 1930 hielt Klaus Mann in Wien vor der Paneuropäischen Jugendsektion den Vortrag »Die Jugend und Paneuropa«. Dem Autor war bewußt, daß große Teile der Jugend damals bereits ins faschistische Lager abgedriftet waren. So stellte er gleich am Anfang seiner Rede klar: »*Die Sympathie der Jugend mit dem Terror, die mir unleugbar scheint, ist das Faktum, das zwischen der Jugend und der Idee Paneuropa steht*« (59). Er fragte nach den Gründen für »die Faszination, die der Faschismus für die Jugend hat«, und er meinte, sie in dem »verhängnisvollen Reiz« zu erkennen, »den die Gewalt als solche, die Brutalität als Prinzip, vor dem Geiste voraus haben, der mit Argumenten überzeugen muß, wo diese sich unbekümmert selbst beweisen« (60). Vor allem warnte der selbst noch junge Klaus Mann die Jugend vor dem »blutrünstigen Germanismus mit heidnisch dräuender Gebärde, Typus Ernst Jünger« (67). Daß die deutsche Rechte bereits 1930 den neuen großen Krieg vorbereitete, hat Mann erkannt. Er warnte: »*Wir stehen am Vorabend des Gaskriegs, in dem Europa sich nicht bekämpfen, sondern vernichten wird*« (85). Schon aus Gründen der Friedenserhaltung plädierte der Autor für die Einheit des Kontinents und beschwor seine Zuhörer: »*Daß, Europa ungeeinigt zu lassen, Selbstmord wäre, ist eine glatte, unwidersprechbare Tatsache*« (90). Mann sympathisierte damals, wie Uwe Naumann berichtet, mit der 1926 von Kurt Hiller gegründeten Gruppe Revolutionärer Pazifisten, der er wenige Wochen vor Hitlers Machtübernahme beitrat. Es handelte sich um eine überparteiliche linke Gruppierung, der auch Walter Mehring, Ernst Toller und Kurt Tucholsky angehörten. Obgleich Mann vor Paneuropäern sprach und wußte, daß Coudenhove-Kalergi und Hiller sich entzweit hatten, verteidigte er Hillers sozialistische Position und sprach sich – ohne Coudenhove-Kalergis Namen zu nennen – gegen dessen eine strukturelle Identität implizierenden »Vergleich zwischen dem Faschismus und der Sowjetdiktatur« aus (60).

Manns Rede war vor allem gegen die rechtsradikalen Parteien und Bewegungen gerichtet. Pannwitz hingegen argumentierte 1931 – ähnlich wie Coudenhove-Kalergi –

gleichermaßen gegen sowjetischen Kommunismus und deutschen Nationalsozialismus als antieuropäische politische Kräfte. Sein 1931 veröffentlichter Essay »Die deutsche Idee Europa« enthält bemerkenswerte Analysen und Prophezeiungen. Wie andere liberale Intellektuelle seiner Zeit gehörte er zu den Bewunderern Stresemanns. Verlasse man die Linie der Stresemannschen Europa-Politik, schrieb Pannwitz, werde »die vollkommene Katastrophe« folgen (2). Den Bolschewismus bezeichnete der Autor als »Staatskapitalismus« und neue Form der »Sklaverei«, zudem als ineffizient, was man an der Sowjetunion sehen könne, die »nicht aufgebaut, nicht durchorganisiert« sei (16). Auf die Dauer werde sich diese »Diktatur« von »Kulturfeinden« (22) nicht halten, und es sei abzusehen, »dass Russland Wirtschaftskolonie des Weltkapitals« werde. Zur Übergangsphase vom Kommunismus zum Kapitalismus in der Sowjetunion schrieb Pannwitz: »Die Machthaber werden dabei das Ruder, zum mindesten das Leben, behalten und die Überleitung selbst vollziehn« (26). Über den Nationalsozialismus hieß es zutreffend: »Das Anwachsen der völkischen, vorzüglich der nationalsozialistischen Bewegung hat die übernationale Verständigung verheert« (33). Wenn Pannwitz sich gleichermaßen von Bolschewismus und Nationalsozialismus distanzierte, bedeutet das nicht, daß er den Blick für deren Unterschiede verloren hätte. »Die nationalsozialistische Bewegung«, schrieb er, »ist anders gearteten Ursprungs als der Sozialismus, auch als der Bolschewismus und der Fascismus.« Hinter ihr stehe »der ältere Nationalismus: ausser der nationalen Partei die Bünde von Kriegsteilnehmern und Jüngeren, die den kriegerisch-vaterländischen Geist bewahren«. Gemeinsam sei den Anhängern Hitlers »die Wendung gegen Frankreich, die Wendung gegen den russischen Bolschewismus, der Antisozialismus, der Antisemitismus, die völkische Ueberhebung, die Zukehr zu anderen Wirtschaft-Auffassungen« (34). Soziologisch betrachtet sei der Nationalsozialismus »in der anwachsenden wirtschaftlichen Not« eine »Mittelstandsbewegung mit der Leidenschaft und Stoszkraft einer Volksbewegung«. Ihre Führer hätten Anregungen bezogen durch das »Vorbild des italienischen Fascismus und Mussolini«. Wirksam würden in der Bewegung »Träume, Wünsche, Methoden und Sekten-Fanatismus«, wie sie »einer beschränkt-anmaszlichen aber ursprünglich begeisterten Halbbildung gemäsz seien«. Charakteristisch für die Bewegung waren nach Pannwitz: »Verbohrtheit und Eifer, die Geschichte machen wollen, Regenerationbestrebung die nicht die eigne Seele lotet, politischer Dilettantismus, Eklektizismus, Barbarisierung und tiefe Korruptibilität. Dies Unhaltbare wurde von zwei Uebermächten zusammengeballt und als Ball rollend vergröszert und gesteigert: von Religion und Wirtschaft.« Zur religiösen Seite des Nationalsozialismus heißt es: »Der Verfall der christlichen Religion und der Abfall von ihr, gleichzeitig der Zusammenbruch der Ordnungen und der Seelen bewirkten ein Empordringen religiöser Urtriebe.« Die »völkische Erhebung« habe eine »unbestimmte Religiosität« an sich gezogen und »wie in Italien die religio durch die patria« ersetzt (34 f.). An »die Stelle des Christentums« sei »Heidnisches« getreten, eine »einheimische Mythologie, die ohne jede Zukunft« sei. »Da der Nationalismus«, prophezeite Pannwitz, »die Religion vertreten will, doch keine Religion schaffen kann, wird er überall, auch in Italien, gewaltigeren Mächten erliegen, religiösen und irreligiösen.« Die »tiefe Schuld« des Nationalsozialismus bestehe darin, »daß er die innere Regeneration gefordert und zugleich einen brutalen Machtkampf, der ihr entgegenwirkt, geführt« habe. Es sei keine Frage, daß die NS-Partei, falls sie zur Macht gelange, nichts unterlassen werde, Deutschland und Europa »auf dem kürzesten Wege« in »den Abgrund zu peitschen«. Denker von Format gebe es in dieser Bewegung keine, und so überrasche es nicht, wenn »ihr das Bewusstsein von der unendlichen Verschränktheit einer Kultur« mangele, »von der Unmöglichkeit, den gordischen Knoten Europas und der Welt« mit »Siegfrieds Schwerte zu zerhauen« (36). Zur Liaison von Industrie und Hitler-Partei schrieb Pannwitz: »Der Hochkapitalismus und -Industrialismus wird der Bewegung so lange sich bedienen, bis er am Widerstande der Welt zerschellen und den Schaden, den seine Helfer angerichtet haben, zugleich mit dem Wanken seiner eignen Mauern verspüren wird. Die entsetzliche Zerreissung des Volkes und die unerhörte Beunruhigung der andern Völker, dazu die hinhaltenden nie einlösbaren Versprechungen einer Wunderhülfe fürs eigne

Volk, werden auch den wirtschaftlichen Machthabern zuletzt auf das äusserste peinlich werden« (37). Statt den »niederträchtigsten Zwang« der »zentralisierenden Bolschewisierung« (50) auf sich zu nehmen oder in die »Wiedertäufer- und Taboriten-Rasereien« (33) der Nationalsozialisten zu verfallen, solle Deutschland den Weg Stresemanns und Briands, den Weg der europäischen Einigung weiterverfolgen. Pannwitz' neuer Europa-Plan erinnerte mit dem Vorschlag eines Nukleus-Europas in manchem an die Vorschläge von Saint-Simon und Thierry aus dem Jahr 1814 sowie an seine eigenen Pläne aus dem Jahr 1918. Pannwitz führte aus: »Europas Schicksal beruht darauf, daß sich zwei europäische Großmächte rechtzeitig zu einem festen Bündnisse zusammenschließen. Es können das Frankreich und England, Deutschland und Frankreich oder Deutschland und England sein. Es wird dann der Beitritt des Dritten zu dem Bündnisse in geschichtlichem Zwanglaufe nachfolgen.« »Für Deutschland«, fuhr er fort, gebe »es nichts, was es vor einem letzten tiefsten Sturze bewahren« könne, als der Schritt hin zur europäischen Einheit (62). Pannwitz dachte aber über Europa hinaus auch in globalen Kategorien. »Die letzten Probleme der Wirtschaft und des Geldes«, meinte er, »können nur noch auf politischem Wege bewältigt werden: durch Begründung eines Weltsystems« (57). Innerhalb dieses Weltsystems würden der »panamerikanische« und der »englisch-europäische« Wirtschaftsbereich eine wichtige pazifizierende Rolle spielen (59).

Um die Erhaltung des Friedens ging es auch Ina Seidel und Fritz von Unruh. Seidel hielt damals noch Distanz zum Nationalsozialismus, war noch nicht »gleichgeschaltet« und verfaßte noch keine Lobgedichte auf den Führer Adolf Hitler. Vor dem Bund Deutscher Frauenvereine hielt sie im Oktober 1931 in Leipzig eine Rede, in der sie sich für die europäische Verständigung und gegen den Krieg aussprach. Damals beschwor sie noch den »Geist Christi« beziehungsweise des »Christentums« (197), wenn sie forderte: »Liebe dein Nachbarvolk wie dein eigenes.« »Ein Volk«, so wußte sie, dürfe sich nicht durch »seine Führer [...] zur Selbstvergötterung« und zur Blindheit gegenüber den »berechtigten Ansprüchen seiner Mitvölker« verleiten lassen (199). Abschließend plädierte sie für die »Erreichung eines internationalen Übereinkommens, das den Krieg als Mittel der Entscheidung von Streitfällen ausschließt« (209). Unruh hielt 1932 in Basel eine Ansprache, der er den Titel »An die europäische Jugend« gab. Er bemühte nicht Argumente der Religion, sondern der philosophischen Aufklärung in seinem Plädoyer für den europäischen Frieden, den schon damals viele als gefährdet betrachteten. »Schauen wir aus nach der Vernunft«, so rief er seinen Hörern zu, »die das Steuer herumreißen könnte, ehe der Friede – das Testament der Toten – wieder versinkt in neuem Morast von Blut und Barbarei« (88). Unruh lag daran, in der »Sprache des Friedens«, in der Sprache der großen Europäer »wie Rolland, Schickele, Hesse, Zweig« (92) gegen die »Menschenjäger« (91) und »Kanonengläubigen« (93) zu argumentieren.

Einen Europa-Vortrag hielt im selben Krisenjahr 1932 Stefan Zweig in Florenz. Zweig holte weit aus, um aus der historischen Vergangenheit Argumente für die künftige Einheit des Kontinents zu beziehen. Zentral in seiner Rede ist das Thema der »Sehnsucht nach Einheit«, die aus jenem »in zweitausend Jahren« geschaffenen »wunderbaren Gemeinschaftsgebilde« spreche, das man »stolz europäische Kultur nenne« (186). Ähnlich wie Valéry vor ihm betonte er die Einheit Europas während der römischen Herrschaft. Unter ihr habe »die wahre politische und geistige Einheit Europas« (189) existiert, habe »eine einzige Sprache, die lateinische«, als Bindemittel fungiert, habe »die Idee der Zivilisation, der gesitteten, nach moralischem Maß verwalteten Menschheit« ihre Realisierung gefunden. »Hätte dieses Gebäude« des römischen Imperiums »noch dreihundert Jahre länger gedauert«, vermutete Zweig, »so wären die Wurzeln schon damals ineinander verwachsen, die Einheit Europas, die heute noch Traum ist, sie wäre längst schon dauernde Wirklichkeit geworden« (190). Den Untergang des Römischen Reiches deutete Zweig als »tragischen Augenblick«, als »Tiefpunkt unserer gemeinsamen geistigen Macht«, als »die furchtbarste Katastrophe, die jemals unsere Kultur betroffen hat«. Zweig trieb die »Angst« um, es »könnte noch einmal ein solches Erdbeben alles vernichten«, es »könnte noch einmal eine solche geistige und moralische Verwirrung mörderisch über unsere Erde dahingehen«. Allerdings habe man auch nach dem Untergang

Roms »nicht völlig den Gedanken der Einheit verloren« (191), denn »das Latein, die Einheitssprache, die Muttersprache aller europäischen Kulturen«, sei »auch in dieser apokalyptischen Stunde erhalten geblieben«. In vergleichbaren kulturgeschichtlichen Rückblicken wurde an dieser Stelle ein Lob auf die Kirche als Nachfolgerin Roms angestimmt. Zweig sparte dieses Kapitel jedoch aus. Von einer Verherrlichung des päpstlichen Mittelalters à la Novalis wollte er nichts wissen. Was bei ihm nachwirkte, war das dunkle Bild von der mediävalen Vergangenheit, wie es noch im 18. Jahrhundert vorgeherrscht hatte. »In den Katakomben der Klöster«, heißt es, habe sich »die Lebenskraft des Latein verdüstert« (192). Erst während der Zeit des Humanismus sei erneut deutlich geworden, daß Europa »an einem Gemeinsamen arbeitet«. Im »übernationalen Reich des Humanismus«, diesem »unsichtbaren Parlament Europas« (194), hätten »die Geister der Antike« ihre Renaissance erlebt (195). Die Reformation habe den Tod der Renaissance bedeutet, denn mit ihr sei die »europäische Einheitssprache« des Lateinischen durch die nationalen Einzelsprachen abgelöst worden (195). Von jetzt ab sei der »Bannerträger der europäischen Einheit« nicht mehr die Literatur, sondern die Musik gewesen (197). In Zweigs Rede schwangen imperialistische Untertöne mit. Die ausführliche Reverenz vor der Herrlichkeit des Imperium Romanum mag mit Ort und Zeit seines Vortrags (er hielt ihn im faschistischen Italien) zu tun haben. Zweig bestand darauf, daß die »europäischen Nationen berufen« seien, »die Führung der Welt zu bewahren und zu behaupten« (203). Er stimmte seinem belgischen Freund Emile Verhaeren zu, der diese Führung nicht an die USA abgetreten sehen wollte. Zweigs Pochen auf Einheit hatte nicht zuletzt mit diesem Dominanzanspruch zu tun. »Wir müssen einig sein«, so appellierte er an seine italienischen Zuhörer, »wir Männer des Abendlandes, wir Erben der alten Kulturen, wenn wir die Führung behalten und das Werk, das vor zweitausend Jahren auf dieser Erde begann, vollenden wollen« (203 f.).

Wenn Zweig für den Internationalismus und gegen den Nationalismus, für den »europäischen Überstaat« und gegen den Nationalstaat argumentierte (207), kann man sich des Gefühls nicht erwehren, daß er dies im Sinne Nietzsches tat, der die Europa-Idee aus Gründen der europäischen Vorherrschaft in der Welt befürwortet hatte. Das waren Vorstellungen, wie sie damals auch von José Ortega y Gasset und André Suarès verbreitet wurden. In ihren Essays »Wer herrscht in der Welt?« und »Europäische Perspektiven«, die 1931 und 1929 in der *Neuen Rundschau* erschienen, pochten Ortega und Suarès deutlicher und unverblümter als Zweig auf den Führungsanspruch Europas in der Welt und auf die Beherrschung von Kolonien durch eine europäische Elite. Bei Ortegas Essay handelte es sich um ein Kapitel aus seinem erstmals 1929 erschienenen Buch *La rebelión de las masas*, in dem sich der Autor für die Gründung der Vereinigten Staaten von Europa aussprach. Nur ein solcher europäischer Einheitsstaat werde die Macht haben, die alten Dominanzansprüche des Kontinents durchzusetzen. Allerdings stellte Zweig im Unterschied zu Nietzsche, Ortega und Suarès nicht die europäische Dominanz, sondern die Bewahrung des Friedens in den Mittelpunkt seiner Reflexionen zur geistigen und politischen Einheit des Kontinents. »Wird Europa«, so fragte der Autor, »seine Selbstzerstörung fortsetzen, oder wird es eins werden?« (208) Als Vertreter einer »geprüften, enttäuschten« Generation, die »den Irrwitz des Kriegs und den Aberwitz des Nachkriegs« erlebt habe, plädierte Zweig für »das geeinte Europa«. Das Ziel dieser Einheit, darüber war sich der Autor im klaren, lag jedoch in weiter Ferne (209). Nichtsdestoweniger war er von einem »Vorgefühl« der künftigen »vereinigten Staaten von Europa« (205 f.) erfüllt, und vorwegnehmend sah er sich als »Bürger dieses noch nicht vorhandenen Staates«, als ein Staatsbürger, der sich bereits jetzt »seinen Heimatbrief als Europäer« schreibe (209). Als solcher verstand Zweig es als seine Aufgabe, »sich den Atem reinzuhalten von dem fürchterlichen Haß, der heute wie eine Giftgaswolke über unserer Erde liegt« (210).

Als Zweig diesen Vortrag 1932 hielt, gedachte man des 100. Todestags von Goethe. Die europäisch gesinnten Schriftsteller feierten damals diesen Dichter als einen der ihren. So auch Zweig, der Goethes Weltbürgertum als Gipfelpunkt der Zivilisation Europas deutete (210). Suarès publizierte aus gegebenem Anlaß ein umfangreiches Buch mit dem Titel *Goethe. Le Grand Européen*. Daß Goethe aber ein europäischer Kulturimperialismus fremd war, ja daß sein Konzept des Weltbürgertums solche Ansprüche ausschloß, war Zweig und Suarès offenbar entgangen. In europäisch orientierten Kulturzeitschriften der Zeit (etwa in der *Neuen Rundschau, Europe, Nouvelle revue française*) feierte man 1932 in zahlreichen Artikeln Goethe als vorbildlichen, weil kosmopolitischen Europäer: In der *Neuen Rundschau* schrieben über Goethe die Europa-Essayisten Benn, Gide, Hesse, Ludwig, Thomas Mann und Ortega y Gasset; *Europe* brachte Beiträge von Romains, Hesse, Benedetto Croce, Thomas Mann und Rolland, und *La Nouvelle revue française* publizierte Essays zu Goethe von Ernst Robert Curtius, Gide, Bernard Groethuysen, Denis de Rougemont, Suarès und Valéry. In Deutschland veröffentlichte Curtius gleichzeitig sein Buch *Deutscher Geist in Gefahr*, mit dem er im Sinne Goethes für die Erneuerung eines europäischen Humanismus plädierte und sich gegen den Nationalismus und Kollektivismus der deutschen Rechten aussprach. Es war, als habe man in Goethe, dem denkbar größten Gegensatz zu Hitler in der Geschichte der Deutschen, einen Geist des Individualismus und der umfassenden Menschlichkeit beschwören wollen, der die drohenden Dämonen des Fanatismus, des Massenwahns, der Gewalt und der Menschenverachtung bannen möge.

Die Zeit der Hitler-Diktatur
(1933–1945)

> Eine sonderbare Verdeutschung Europas.
> Alles zerschlagen, und Deutschland mit.
> (Heinrich Mann, *Größe und Elend Europas*)

I.

Hitlers Diktatur veränderte die Motivation der europäisch gesinnten Schriftsteller. Zentral war jetzt weniger die Idee der Einheit des Kontinents als seine Verteidigung gegen nationalsozialistische Hegemonieansprüche. Nur wenige Autoren von Rang unterstützten 1933 den antieuropäischen Kurs des neuen Regimes. Zu ihnen gehörte Gerhart Hauptmann, der seinen Flirt mit Paneuropa schon wieder vergessen hatte. Drei Wochen nach Deutschlands Austritt aus dem Völkerbund rechtfertigte er am 9. November 1933 in den *Leipziger Neuesten Nachrichten* diesen außenpolitischen Schritt des Diktators. An sich, meinte Hauptmann, sei es »vollkommen überflüssig«, nach »der Rede des Reichskanzlers Adolf Hitler in dieser Sache das Wort zu ergreifen«. Seine Rede besitze »bei einer universellen Erfassung ihres Gegenstandes vollkommene Überzeugungskraft«. Denn »unser leitender Staatsmann für Deutschland« habe richtig ausgeführt, daß die »einzige Brücke über dem brodelnden europäischen Chaos«, die »zum Frieden« führe, den Namen »Gleichberechtigung« trage. Gleichberechtigt nämlich sei Deutschland im »sogenannten Völkerbund« nie gewesen (1133). So unterlag es nach Meinung des Autors »nicht dem geringsten Zweifel, daß die politische Maßnahme des Reichskanzlers Adolf Hitler in Deutschland einmütig gebilligt« werde (1134).

Dem Nationalsozialismus war der internationale Gedanke ein Feindbegriff, gegen den sich seine Propaganda jahrelang gerichtet hatte. Alfred Rosenberg verstand sich als der philosophische Schriftsteller der Bewegung. Als 1934 sein

Buch *Krisis und Neubau Europas* erschien, war er Chefredakteur des *Völkischen Beobachters*, Reichsleiter der NSDAP, Beauftragter des Führers für die Überwachung der gesamten geistigen und weltanschaulichen Schulung und Erziehung der NSDAP und Leiter des außenpolitischen Amtes der Partei. In seiner Schrift hob er hervor, daß der Nationalismus in der Gegenwart lebendiger sei als jemals in früheren Jahrhunderten und daß es sich bei der Idee Europa um etwas Abstraktes handle, dem sich die Völker Europas nicht verbunden fühlten. Die Nationalsozialisten hegten Pläne für Europa, die den Vorstellungen der Paneuropäer diametral entgegengesetzt waren. Es sollte, wie Rolf Hellmut Foerster zeigt, nicht um die freiwillige Mitgliedschaft gleichberechtigter Staaten gehen, sondern um das »Führen« und »Formen« Europas durch »das Reich«. So war in den Broschüren und Propagandaschriften der Nationalsozialisten ständig die Rede von der deutschen Verantwortung für Europa beziehungsweise von der kontinentalen oder gar globalen Ordnungsfunktion Deutschlands. Die Bücher von Europäern wie Romain Rolland, Stefan Zweig und Heinrich Mann wurden verboten und verbrannt. Fast alle Autoren, die sich in den zwanziger und dreißiger Jahren für eine Einigung des Kontinents im Sinne Aristide Briands und Gustav Stresemanns eingesetzt hatten, emigrierten.

1933 schlug überall in Europa nochmals die Stunde eines engstirnigen Nationalismus. In Deutschland machte er sich auf besonders aggressive und militante Weise bemerkbar, aber auch in anderen Ländern des Kontinents hatte er merklich an Anhängern gewonnen. Sogar ein Schriftsteller wie Julien Benda, der sich als Kind der französischen Aufklärung verstand, war nicht vor ihm gefeit. 1933 publizierte Benda sein Buch *Discours à la nation européenne*, das damals in Deutschland schon nicht mehr wahrgenommen wurde. In vielen Einzelheiten zeigt es sich als ein Werk von historischem Verständnis und prophetischem Weitblick. Benda diagnostizierte, daß Europa sich gegenwärtig nicht einigen könne, daß aber der Wille zur Unifikation am Ende des 20. Jahrhunderts seinen Höhepunkt erreichen werde. Wenn er empfahl, eine – bisher fehlende – europäische Weltanschauung zu entwickeln, offenbarte sich die Widersprüchlichkeit seines gleichermaßen europäischen wie nationalen Konzepts. Dabei wurde deutlich, daß er sich die Argumente – wenn auch ex negativo – von seinen Gegnern, den Nationalsozialisten in Deutschland, vorschreiben ließ. Zwar behauptete er, daß es zur neuen europäischen Weltanschauung gehöre, den Nationalismus als etwas Verrücktes und Anrüchiges hinzustellen, aber gleichzeitig wollte er die Kultur der romanischen Länder über die der germanischen gestellt sehen und forderte als neue gesamteuropäische Sprache das Französische. Das Französische nämlich erleichtere den Rückgang zur Klarheit, zur Rationalität und zum Apollinischen, was angesichts des verbreiteten Irrationalismus notwendig sei. An der Oberfläche argumentierte Benda gegen den Nationalismus, besonders jenen deutscher Provenienz, aber unterschwellig blieb er selbst einem französisch-romanischen Kulturchauvinismus verhaftet.

Emil Ludwig gehörte zu jenen Autoren, die nach dem Prinzip arbeiteten, daß, wer vieles bringt, manchem etwas bringen wird. Sein Buch *Führer Europas* erschien 1934 im Amsterdamer Exilverlag Querido und präsentierte Politiker als Helden, die so unterschiedlichen Lagern wie Demokratie, Faschismus und Bolschewismus entstammten. Von Lloyd George über Mussolini bis Stalin wurden mit verhaltener Bewunderung Staatsmänner vorgestellt, die in den zwanziger oder dreißiger Jahren das Geschick des Kontinents mitbestimmten. Trotz des Titels mit der Führervokabel blieb Hitler in diesem Buch unporträtiert. In Ludwigs literarisch-ideologischem Gemischtwarenhandel fand sich auch ein Porträt Briands, das als Nachruf angelegt war. Hier wurden nochmals die Verdienste Briands und Stresemanns um den Frieden in Europa betont. Auch Ludwig war der Meinung, daß der Versuch eines deutsch-österreichischen Zollbündnisses das Ende der Briandschen Politik bedeutet habe. Der baldige Tod nach seinem Scheitern, schrieb Ludwig abschließend, habe den Politiker vor einem »Leben bewahrt, das ihm gezeigt hätte, wie die Deutschen alle seine Hoffnungen zerstörten« (114).

Während der europäischen Krisenjahre unserer ersten Jahrhunderthälfte publizierte Ferdinand Lion wichtige Europa-Essays; so auch 1933. Damals schrieb er einen Beitrag für Klaus Manns neue literarische Monatsschrift *Die Sammlung*, die unter dem Patronat von André Gide, Aldous

Huxley und Heinrich Mann von September 1933 bis August 1935 ebenfalls im Amsterdamer Querido-Verlag erschien. *Die Sammlung* war nicht lediglich als Publikationsorgan deutscher Emigranten, sondern als europäisches Forum gedacht. Lion entsprach mit seinem Essay »Altes Europa – Neues Deutschland« im ersten Jahrgang der *Sammlung* den Erwartungen des Herausgebers. Wie bereits der Titel seines Beitrags andeutet, ging es hier um eine Fortsetzung der Kontroverse zwischen europäisch Gesinnten und deutschen Nationalisten. »Europa«, so hielt Lion als Kulturhistoriker fest, »ist das historische Gewebe von Antike, Christentum und einem neuen reinen oder partiellen germanischen Volkstum« (148). Diese »europäische Drei-Textur« stelle sich »am offenbarsten« nicht in Deutschland, sondern »in Italien dar«. Überall seien dort »Merkmale der Völkerwanderung und zugleich der Antike oder der Renaissance, und auch der Kirche« vorhanden (150). Lion lag unter anderem daran, den Nationalsozialisten das Werk Goethes streitig zu machen. So setzte er die Argumentationsstrategie der Europäer von Hofmannsthal bis André Suarès fort und bezeichnete Goethe als »*pater europae*«, dessen Werk »die vollkommene, europäische Summe«, die »höchste, europäische Figur« als »harmonische Zusammenfassung aller Elemente« auf dem Gebiet der Kunst darstelle (150 f.). Goethe galt Lion auch als Beispiel für die »unendlich vielen möglichen Permutationen«, die die europäische Drei-Textur bot. In Europa konnte man, schrieb Lion, »tief in die Antike eindringen, doch mit dem andern Teil seines Selbst noch dem Christentum oder seinem Volk angehören«. Goethes Lebenswerk galt Lion als Beleg für europäischen Individualismus. Mit ihm argumentierte er gegen den nationalsozialistischen Kollektivismus, dessen Devise bekanntlich »Du bist nichts, dein Volk ist alles« war. »Das Ich in Europa wurde zum Primären« (154), hielt der Autor fest, und er bezeichnete als unvereinbar mit dem europäischen Wesen eine Gemeinschaft, in der der einzelne nicht zähle. Wichtig war Lion die Vielheit der Grundlagen in der europäischen Kultur. Wenn einer der Traditionsstränge der abendländischen Geschichte zur Dominanz tendiert habe, sei er durch andere kontrolliert und korrigiert worden. »Die drei europäischen Grundlagen« hätten sich im Hinblick auf historische Realisierungen in ihren Mischformen und Metamorphosen als »unerschöpflich« erwiesen (158). Als Beispiel führte der Autor die Permutationen der Demokratie in der Geschichte Europas an. Dazu schrieb er: »Man nehme irgendeine hellenische Schöpfung, wie Demokratie, und verfolge, wie sie sich in Europa mit ganz anderen Dingen, die aus dem Christentum oder den Völkern gewachsen sind, verkoppelt; bald findet sich das Demokratische in der protestantischen Gemeinde, bald in den Freien Städten, bald wird es wie in der Französischen Revolution auf eine große Nation, also auf ein neues, quantitatives Maß übertragen. Jedes Mal, weil die sich treffenden Elemente nicht adäquat sind, ergeben sich weitere Versuche, neue Kreierungen.« Gegen die nationalsozialistischen Reduktionen und Verfälschungen gewandt, stellt Lion fest, daß es so etwas wie »geradlinige, einfache Ursprünglichkeit« in Europa nicht gegeben habe, da der Kontinent immer »vielfältigem Wachstum günstig« gewesen sei (157).

Den Nationalsozialismus betrachtete Lion als uneuropäisches Phänomen, als Rückfall in voreuropäische Zustände. Auf der ideologischen Landkarte lokalisierte er die Hitler-Bewegung in Asien. Der Autor verfiel hier den Asien-Klischees, wie sie vom europäischen Orientalismus seit langem verbreitet worden waren. So hieß es über Deutschland unter dem Hakenkreuz: »Dieses neue ist so alt, daß es jenseits des Griechischen liegt, es ist zu Hause – in Asien, dort gab es die jetzt viel gepriesene Totalität, die Einheit von Staat und Kirche, dort gab es die Massen und den Führer, der durch Wüsten führt, dort die durch keine Freiheit mehr, sondern nur durch Gerüchte getrübte eine Meinungsäußerung, dort die absoluten Gesetze, die Grausamkeit, die geheime Staatspolizei, die Ausrottung der Gegner, die großen Staatsbauten. Es ist bester Orient.« Lion dachte als Kulturhistoriker zu differenziert, um es bei einer solchen Ausgliederung des Nationalsozialismus aus der europäischen Geschichte bewenden zu lassen. Er verstand ihn durchaus als eine der geschichtlichen Möglichkeiten Europas, als Beispiel für jenen »Purismus« nämlich, der »in Europa entsteht, wenn aus dem Dreigewebe zwei Elemente ganz ausgeschieden würden«. Versuche, auf puristische Weise nur antik, nur christlich oder nur völkisch zu sein, müßten in Unfreiheit enden. Seine Bestimmung von Wesen und Folgen kultureller Vereinseitigung las sich so: »Purismus ist nur bloßes SEIN, es hat gar nicht den Drang, sich genau Rechenschaft zu geben, das Eine ist nie uneins mit sich, es genügt sich selbst. Zu Ende ist die Freiheit, die keineswegs ein natürliches Produkt, sondern etwas Seltenes, vielleicht Frevelhaftes, zweifellos sehr Gefahrvolles ist, sie entstand durch die Vielheit, welche Lücken ließ, während die Einheit die Freiheit nicht einmal begreift« (159). »In Deutschland«, fuhr Lion fort, »geht der Purismus am weitesten. Er verleugnet, mit Ausnahme der fridericianischen Periode, die Geschichte« (160). Das »Europäische« gehe bei »Mißachtung aller Subtilitäten« verloren (162). Letztlich jedoch sei »das Vielfältige vom alten Europa unzerstörbar«, und es werde sich auf Dauer gegen die Einheitsmanie im neuen Deutschland durchsetzen (163). Lions Essay lief hinaus auf eine Analyse des Nationalsozialismus, den er als Folge des Ersten Weltkriegs verstand und dessen widersprüchliche ideologische Doppelausrichtung auf Mythos und Technik hin er angemessen beschrieb. »Vier Jahre Krieg«, meinte der Autor, »haben ein Zurückwerfen in den Naturzustand bedeutet. Ein kürzerer Krieg kann wie eine Gletscherspalte übersprungen werden, doch dieser hatte zu lang gedauert, hatte fast alle Kräfte umfaßt« (160). Zu den »zwei Grundthemen« von Mythos und Technik in der spezifischen Gemengelage der NS-Ideologie führte Lion aus: »Das Primitive, der Mythos, die Sage, das heilige Urbild. Das andere: die Technik, der Staat als perfekte Maschinerie, Gleichschaltung wie bei einem Elektrizitätswerk, Statistiken, Großindustrie als Führerklasse, die prompte exakte Durchführung. Welche Spannung, welche Kluft zwischen diesen beiden Extremen! Das Früheste, Geheimnisvolle, Irrationale, aus Urgründen Wachsende, Traumhaft-Nächtige wird verbunden mit den spätesten, wissenschaftlichen Ergebnissen des neunzehnten Jahrhunderts. Das innere Bindeglied fehlt in dieser *conjunctio oppositorum*, welches die Logik nicht zu lösen vermöchte« (161).

Es war wohl diese verbreitete ideologische Mischung aus Irrationalismus und technischer Rationalität, die Edmund Husserl 1935 in Wien und Prag zu seinen Vorträgen über die Krisis des europäischen Menschentums veranlaßte. Mit

»europäisch« bezeichnete Husserl dort eine bestimmte geistige Identität, die auf die Philosophie der Griechen zurückzuführen ist. In ihr nämlich sei die Welt erstmals als Frage und Problem aufgefaßt worden, als Frage, die eine Antwort verlange, und als Problem, das gelöst werden müsse. Das Denken des griechischen Philosophen habe nicht auf einen Nutzen für die Praxis abgezielt, sondern sei der Leidenschaft der Erkenntnis entsprungen, einer Erkenntnis, die um ihrer selbst willen betrieben worden sei. Die Krisis des Denkens hielt Husserl für so tiefgreifend, daß er sich fragte, ob sie überhaupt überwunden werden könne. Begonnen habe die Kursänderung im Denken der Neuzeit, als die Naturwissenschaften ihren Aufschwung nahmen. Von jetzt ab seien lediglich Aspekte der Realität, nicht mehr die Welt als Ganzes, nicht mehr die konkrete »Lebenswelt« in ihrer Fülle bedacht worden. So seien Teile der Welt als bloße Objekte unter dem Gesichtspunkt technischer Verwertbarkeit mathematisch gemessen worden. Die Naturwissenschaften hätten auch die Spezialisierung, die Ausdifferenzierung der Disziplinen mit sich gebracht. Das habe zu dem paradoxen Ergebnis geführt, daß bei immer mehr angehäuftem Wissen man immer weniger über die Lebenswelt gewußt habe. Im Lauf der Zeit sei der Mensch selbst zu einem Gegenstand geworden: zu einem Objekt der Wissenschaften, der Technik und der Politik. Was Husserl hier beschrieb, erinnerte stark an Hermann Brochs Analyse von 1932 über den »Zerfall der Werte«, in der die Unterjochung des Individuums durch Partialwertsysteme diagnostiziert wurde. Obwohl Husserl im Unterschied zu Lion auf den Nationalsozialismus direkt nicht zu sprechen kam, war deutlich, daß er in dessen Ideologie den extremsten Gegensatz zum griechischen Verständnis von Wissenschaft sah. Weder der irrationale Blut-und-Boden-Mythos noch die »germanische Wissenschaft«, die sich einer Diktatur des Nutzens für ein Volk zu unterwerfen hatte, konnte in Verbindung mit der griechischen Philosophie gebracht werden. Wie Lion ging es Husserl darum, auf die Gefahren hinzuweisen, in der sich das freie Denken in der Gegenwart befand. Von der Idee der »menschheitlichen Sendung des Abendlandes« im Sinne des griechischen Denkens war Husserl überzeugt, und er hoffte auf eine neue »Vergeistigung« als »Unterpfand einer großen und ferneren Menschenzukunft« nach Überwindung der Krise (348).

»Die Unvernunft ist aufgestanden in Europa«, hieß es auch bei Ernst Toller, dem zwar das philosophische Rüstzeug fehlte, um wie Husserl die Krise geistesgeschichtlich auf ihre Ursprünge zurückzuverfolgen, der aber einen genauen Blick für die politischen Konvulsionen und Manöver im rechten Spektrum des damaligen Deutschland besaß. Wie Lion stellte er einen Zusammenhang zwischen dem Ersten Weltkrieg und der Hitler-Bewegung her. 1935 hielt Toller im englischen P.E.N.-Club eine Rede, in der er die Reaktion anklagte, sich damals wie heute selbst zu belügen. »Hat sie sich nicht belogen«, fragte er, »als sie die europäische Jugend auf die Schlachtfelder trieb, als Hekatomben von Menschen fielen für Ziele, die nie verwirklicht wurden?« (189) Und heute belüge sie sich erneut. »Überall der gleiche wahnwitzige Glaube«, stellte Toller fest, »ein Mann, der Führer, der Caesar, der Messias werde kommen und Wunder tun, er werde die Verantwortung für künftige Zeiten tragen, aller Leben meistern, die Angst bannen, das Elend tilgen, das neue Volk, das Reich voller Herrlichkeiten schaffen« (192). Zu den Aufgaben der Schriftsteller gehörte nach Toller, solche Verblendungen zu bekämpfen. Er erinnerte daran, daß es »die jungen Schriftsteller Europas« gewesen waren, die »nach dem Kriege die falsche und verlogene Kriegsromantik enthüllten, die den Krieg in seiner wahren Gestalt zeigten« (190). Entsprechend müßten die Autoren heute Hitlers Politik demaskieren, eine Politik, die auf den Krieg abziele. Ein Jahr später hielt Fritz von Unruh in Basel vor der Schweizer Europa-Union einen Vortrag, in dem er »den übernationalen Geistesschatz aller Rassen« (104) gegen nationale Vereinnahmungen verteidigte und gegen völkisches Provinzlertum ausspielte. Unruh war sicher, daß die Politik Briands sich in Europa letztlich durchsetzen werde, und hoffte, daß »die europäischen Völker die Schweiz zum Modell für Europa« nehmen würden (106).

Unter der Überschrift »Auch ein Heinrich, vor dem uns graute« rief, wie Renate Werner berichtet, der *Völkische Beobachter* vom 19./20. Februar 1933 zur »Ausschaltung« solcher »Barden des 9. November« beziehungsweise »Paneuropäer« wie Heinrich Mann auf. Sechs Monate später wurde dem Autor die deutsche Staatsbürgerschaft aberkannt. In Manns Exilzeit sind zwei distinkte Phasen zu unterscheiden: das europäische Exil in Frankreich während der dreißiger und die amerikanische Emigration in den vierziger Jahren. Nur letztere kam ihm wie eine Verbannung vor. Während der französischen Periode gelang es dem Autor vorübergehend, Wortführer der antifaschistischen Intellektuellen zu werden. Diese Rolle übernahm im amerikanischen Exil sein Bruder Thomas. Heinrich Mann hat früh die Absichten und fatalen Folgen Hitlers erkannt, hat Europas Versklavung und Entmachtung unter dessen Herrschaft vorausgesagt. »Die Wirkung Hitlers«, schrieb er 1938 in der Stellungnahme »Der eigenen Kraft bewußt sein!«, sei, »das menschliche Unglück über jedes bekannte Maß zu vermehren. Was er sonst treibt, hat immer als Endergebnis: mehr Unglück in Europa, noch ein unterworfenes Volk, wieder Millionen verlorener Menschen« (89). In »Nation und Freiheit« von 1934 stellte der Autor fest, das nationalsozialistische Deutschland habe »sich mutwillig verrannt in einen Gegensatz zum übrigen Europa«, und seine »eingebildete Überlegenheit« sei durch nichts zu begründen (100). Ob Mann die Ursachen des Nationalsozialismus so klar benannte wie seine Begleiterscheinungen und Folgen, wird man bezweifeln müssen. Seine Agententheorie fiel allzu einfach aus, wenn Hitler 1938 in dem Aufruf »Deutsche Arbeiter! Ihr seid die Hoffnung!« gesehen wurde als bezahlter Handlanger des Kapitalismus, als »Knecht« der »großkapitalistischen Herren«, für die er den »Sozialismus niederknüppeln« soll (350). Hier griff Mann vulgärmarxistische Schlagworte aus der Propaganda der Zeit auf.

Während des französischen Exils stellte der Autor sich Mitte der dreißiger Jahre in den Dienst der Volksfront. Das brachte es mit sich, daß nun der Sowjetunion in seinem Europa-Konzept ein wichtigerer Platz eingeräumt wurde, als das in den zwanziger Jahren der Fall gewesen war. »Frankreich und das künftige Deutschland« sollten nach Hitlers Niederlage einen »Bund mit der Sowjetunion« eingehen. »Europa«, so sah es Mann 1938 in seiner »Antwort an viele«, werde »zum erstenmal wahrhaft gesichert sein, wenn diese drei einander gefunden haben« (302 f.). Die Vorstellung vom Deutschland-Frankreich-Bündnis als

Avantgarde der europäischen Einigung wurde also abgelöst von der Idee des Dreistaatenbundes Deutschland-Frankreich-Sowjetunion als Kern des in Zukunft geeinigten Kontinents. Neu war auch die Vision von Europa als »einer großen Demokratie auf sozialistischer Grundlage«. In »Das Friedenstreffen« von 1936 führte der Autor dazu aus: »Frankreich arbeitet daran wie auch Spanien. Die Sowjetunion hat jetzt eine Verfassung bekommen, es ist die Verfassung einer autoritären Demokratie. Übrig bleibt Deutschland [...]. Der Friede ist nur gesichert, wenn die Regime ‚synchronisiert' sind von einem Ende des Festlands zum anderen« (211). Hier wurden Dinge zusammengebracht, die historisch wenig miteinander zu tun hatten. Die Traumprojektion des politisch Engagierten kam der nüchternen Analyse des kritischen Intellektuellen in die Quere. Die Bestrebungen der spanischen Republikaner, der französischen Volksfrontregierung unter Léon Blum und die Diktatur Josef Stalins leiteten sich aus unterschiedlichen Bewegungen ab und hatten ganz verschiedene Staatsformen zum Ziel. Nach der Ablösung der Linkskartellregierung in Paris durch das Kabinett Edouard Daladier im Frühjahr 1938 zerfiel der Volksfrontkreis um Heinrich Mann. Auf gültigere Weise als in seinen Essays behandelte er das Thema der konföderierten Zukunft Europas in *Henri Quatre*, seinem historischen Roman über König Heinrich IV. Dessen »großer Plan« lief nach der Überzeugung des Autors auf die Einigung gleichberechtigter Nationen hinaus, also auf das Gegenteil dessen, was Hitlers Politik bezweckte. In die Gestalt des Königs konnte Mann seine politische Philosophie der Synthese von Geist und Macht sowie seine Vision des geeinten Kontinents projizieren.

Thomas Mann sah in den ersten Exiljahren die Europa-Bewegung vor allem als Friedensfaktor. Am 11. November 1934 hielt er vor der Schweizer Europa-Union in Basel eine Rede, über die am folgenden Tag in der *Neuen Zürcher Zeitung* ausführlich und enthusiastisch berichtet wurde. Das siebenseitige Typoskript dieser unveröffentlichten Ansprache findet sich in der Genfer Fondation Archives Européennes. Mann warnte vor »einem neuen europäischen Krieg« und brandmarkte ihn als »verbrecherische Absurdität«. »Kein Rest von Kultur« werde danach bleiben; die

Folge wären »Verödung« und »Tod«. Im Gegensatz zu Hauptmann unterstützte Mann den Völkerbund, aus dem Deutschland inzwischen ausgetreten war. »Die Errichtung des Völkerbundes«, schrieb er, sei »ein kühner und großer Schritt in eine neue Welt hinein« gewesen, »ein Schritt von ungeheurer und historischer Tragweite auf dem Wege zum Besseren.« Obwohl der Autor nicht direkt auf Hitler und den Nationalsozialismus zu sprechen kam, wurde deutlich, gegen wen sich die Rede richtete. Mann griff jene Ideologie an, in der an die Stelle der »Wahrheit« ein »Ersatz-Absolutum« wie »Staat«, »Nation« oder »Rasse« gesetzt worden war. Er beklagte, daß die Welt in Waffen starre, die Jugend im »militaristischen Geist« aufwachse und glaube, daß »das Heroische nur in der atavistischen Form des Krieges zu verwirklichen sei«. Der Autor hoffte auf eine Zukunft, in der »der Friede und die europäische Idee nirgends mehr nur Lippenbekenntnis sind, sondern als Wille und Glaube wirklich allbeherrschend« würden. Von einem vergleichbaren Engagement wie Mann war damals auch Broch erfüllt. Auch er unterstützte den Völkerbund als Friedensinstitution. Broch forderte in seiner 1936/37 verfaßten »Völkerbund-Resolution« Kompetenzerweiterungen der Genfer Organisation: Sie müsse in die Lage versetzt werden, Europa friedenssichernd vor den Aggressionsabsichten der Diktatoren zu schützen, müsse sich effektiv für den Schutz der Menschenrechte einsetzen und den Emigrationszwang verhindern können. Mann erwog vorübergehend eine Veröffentlichung dieser Resolution in seiner mit Konrad Falke herausgegebenen Exilzeitschrift *Maß und Wert*, doch kam es dazu nicht mehr. Das hing zum einen mit Brochs Revisionen der Studie, zum anderen mit seiner 1938 erfolgten Emigration zusammen.

Seine entschiedenste Rede gegen Hitlers Politik und für den europäischen Frieden war Manns Beitrag für eine Anfang April 1935 in Nizza stattfindende Tagung des Comité de Coopération Intellectuelle. Sie trug den signalhaften Titel »Achtung, Europa!«. Auf deutsch wurde sie erstmals publiziert am 15. und 22. November 1936 im *Neuen Wiener Journal*. Wie fast alle übrigen europäisch eingestellten Schriftsteller polemisierte auch er gegen die kollektivistische Manie und plädierte für eine Rückbesinnung auf die

Bildung des Individuums. Gegen die Nationalsozialisten gewandt hieß es: »Das Entscheidende ist, daß sie von ‚Bildung' im höheren und tieferen Sinn, von der Arbeit an sich selbst, von individueller Verantwortung und Mühewaltung nichts mehr wissen und sich's dafür im Kollektiven bequem machen. Das Kollektive ist bequeme Sphäre im Vergleich mit dem Individuellen, bequem bis zur Liederlichkeit; was das kollektivistische Geschlecht sich wünscht, sich gönnt und bewilligt, sind die immerwährenden Ferien vom Ich. Was es will, was es liebt, das ist der *Rausch*« (768). Als Angelpunkt und Erfolgsrezept der Nationalsozialisten bezeichnete Mann den »Massenrausch«; er sei das Primäre, und »Ideologien wie ‚Staat', ‚Sozialismus', ‚Größe des Vaterlandes'« kamen ihm »mehr oder weniger unterlegt« vor. Mann bezog sich auf das neue Buch *La rebelión de las masas* von Ortega y Gasset und zitierte es zur Stützung seiner These, wenn er die Attraktion der Masse für den einzelnen darin sah, daß sie »die Glückserfahrung des Dispenses vom Ich« vermittle, die »Enthobenheit aus aller Selbstverantwortung« (769). Wie Lion und Toller verstand auch Mann den mit der »Machtergreifung des Massenmenschen« verbundenen »Kulturschwund« als Folge des Weltkriegs (770). Seinem Haß auf Hitler und seine Partei legte der Autor 1935 keine Zügel mehr an. Über die Nationalsozialisten und ihren Jargon hieß es: »Sie sind *sentimental* und sie sind auf katastrophale Weise *philosophisch*. Der Massengeist, von rummelhafter Modernität wie er ist, redet dabei den Jargon der Romantik; er spricht von ‚Volk', von ‚Erde und Blut', von lauter alten und frommen Dingen und schimpft auf den Asphaltgeist, – mit dem er identisch ist. Das Ergebnis ist eine lügnerische, in roher Empfindsamkeit schwimmende Vermanschung von Seele und Massenmumpitz, – eine triumphale Mischung; sie charakterisiert und bestimmt unsere Welt« (772). Wie bereits in der Basler Rede vom Jahr zuvor rechnete Mann auch hier ab mit einer falschen Auffassung von Heroismus. »Um auch nur begreifen zu können, was Heroismus sei«, rief er aus, braucht man »ein höheres moralisches Niveau als das einer Philosophie, für die Gewalt und Lüge die Grundprinzipien alles Lebens bedeuten« (776). Voll Zorn und Trauer beobachtete der Autor die Kapitulation des Bürgertums vor dem faschistischen Massenwahn. »Die Schwäche der älteren, gebildeten Welt angesichts dieses Hunnentums zu beobachten«, klagte er, »ihr beirrtes, verwirrtes Zurückweichen vor ihm mit anzusehen« sei »wahrhaft beängstigend« (778). Der Autor wünschte eine europäische Resistenz gegen den Nationalsozialismus und vergleichbare Bewegungen. Dazu hieß es: »Was heute not täte, wäre ein *militanter* Humanismus, ein Humanismus, der seine Männlichkeit entdeckte und sich mit der Einsicht erfüllte, daß das Prinzip der Freiheit, der Duldsamkeit und des Zweifels sich nicht von einem Fanatismus, der *ohne* Scham und Zweifel ist, ausbeuten und überrennen lassen darf.« Mann verstand diese Rede selbst als Beispiel für den von ihm geforderten kämpferischen Humanismus. Er beschloß den Vortrag mit der Warnung: »Ist der europäische Humanismus einer streitbaren Wiedergeburt seiner Ideen unfähig geworden; vermag er nicht mehr, sich die eigene Seele in kämpferischer Lebensfrische bewußt zu machen, so wird er zugrunde gehen, und ein Europa wird sein, das seinen Namen nur noch ganz historischerweise weiterführen wird und vor dem es besser wäre, sich ins Unbeteiligt-Zeitlose zu bergen« (779).

Daß bei Mann von einem solchen Rückzug, von einer solchen Kapitulation keine Rede sein konnte, belegten seine weiteren Arbeiten. Zu ihnen gehörte auch die Ansprache »Der Humanismus und Europa«, die er Mitte 1936 auf der Tagung des Comité International pour la Coopération Intellectuelle in Budapest hielt. Die Rede ähnelte jener vom Vorjahr, doch war sie weniger polemisch angelegt und stellte stärker die geistesgeschichtliche Verankerung dessen heraus, was Mann unter europäischem Humanismus verstand. Als »die beiden Grundpfeiler der abendländischen Gesittung« betrachtete der Autor hier »das *Christentum* und die *mediterrane Antike*«. Diese beiden Pfeiler wurden als miteinander verbunden betrachtet, und der Autor betonte, daß man »den anderen zu verlieren« drohe, wenn man den einen »verleugne«. »Ein jedes Volk«, hieß es weiter, »das auch nur einen dieser Grundpfeiler aufzugeben und zu verleugnen sich entschlösse«, verabschiede sich damit »aus der geistigen und sittlichen Gemeinschaft der europäischen Völker« (633). Erneut erhob er die Forderung nach dem »militanten Humanismus«. Dieser müsse erfüllt sein von der Einsicht, »daß das Prinzip der Freiheit, der Duldsamkeit und des Zweifels sich nicht von einem Fanatismus, der *ohne* Scham und *ohne* Zweifel ist, ausbeuten und überrennen lassen darf, von der Einsicht, daß er das Recht nicht nur, sondern auch die Pflicht hat, sich zu *wehren*« (635). Die Pflicht zur Gegenwehr bestimmte auch das Selbstverständnis der Schriftsteller im amerikanischen Exil, deren geachteter Sprecher Thomas Mann wurde.

Klaus Manns Engagement war damals dem seines Vaters vergleichbar. Nach dem Verlust der deutschen Staatsbürgerschaft im Jahre 1934 intensivierte er den publizistischen Kampf gegen Faschismus und Nationalsozialismus. Damals gab er *Die Sammlung* heraus und wurde gleichzeitig Mitarbeiter an der 1934 gegründeten Exilwochenschrift *Europäische Hefte*, die in Prag erschien. Das war eine linke, antifaschistische Zeitschrift, in der Autoren wie Willi Schlamm, Friedrich Torberg, Bertolt Brecht, Franz Werfel, Heinrich Mann, Karl Radek, Ignazio Silone, Oskar Jaszi und Ludwig Marcuse publizierten. Europa-Essays erschienen in den *Europäischen Heften* allerdings nicht. Im November 1935 verfaßte Klaus Mann in Küsnacht den Essay »Woran glaubt die europäische Jugend«, den er zwischen Dezember 1935 und März 1936 als Vortrag in der Tschechoslowakei, der Schweiz, in Luxemburg und den Niederlanden hielt. Mit ihrem Plädoyer für Frieden und Freiheit, für Europäismus, Humanismus und Vernunft sowie mit ihrer entschiedenen Gegnerschaft gegen die Kriegstreiberei, den Rassismus, Irrationalismus und Nationalismus in Hitler-Deutschland ähnelt die Rede sehr stark Thomas Manns Vortrag »Achtung, Europa!«, der ein halbes Jahr früher entstanden war. Auffallend bei der geschichtlichen Bestimmung der europäischen Kultur ist hier Klaus Manns Abwertung des Mittelalters, das seit der Romantik als Gipfelpunkt europäischer Eigenart hingestellt worden war. Klaus Mann dagegen war der Meinung, daß das Mittelalter »uneuropäisch« war, weil »das antike Element« in ihm »so gut wie gar nicht wirksam« gewesen sei (240). Die europäische Kultur sei sowohl vom »griechisch-römischen« (239) wie vom »judäisch-christlichen Geiste« (240) geprägt, und wo eine dieser Komponenten fehle, gehe das spezifisch Europäische verloren. Wegen der Verdrängung der jüdisch-christlichen

Anteile an der Kultur seien Faschismus und Nationalsozialismus als gegen die europäische Kultur gerichtete politische Bewegungen zu verstehen.

II.

»Fast krank von morgens an von einem Interview Papens, worin er als Deutschlands Kriegsziel die europäische Confoederation proklamiert! Nazi-Commonwealth! Jedesmal hätte man soviel schamlose Dummheit, dumme Schamlosigkeit nicht für möglich gehalten.« Thomas Mann drückte in dieser Tagebuchnotiz vom 16. November 1939 aus der Zeit des Princetoner Exils seine Entrüstung über die Unverfrorenheit aus, wie hier der europäische Einigungsgedanke von den Nationalsozialisten zur Kaschierung und Legitimierung ihrer Eroberungspläne benutzt wurde. In dem Augenblick, als Hitler durch den Krieg die deutsche Hegemoniestellung in Europa erzwingen wollte, formierten sich im Widerstand und im Exil Kräfte, die einen europäischen Zusammenschluß demokratischer Art zum Ziel hatten. Am Anfang des Zweiten Weltkriegs spielte bei diesen Zukunftsplänen besonders das französisch-englische Bündnis eine wichtige Rolle. Auch Mann setzte in seiner Tagebucheintragung die Hoffnung auf eine »französisch-britische Cooperation, die der erste Schritt zu einem foederierten Europa wäre« (501). Im deutschen Widerstand, in der französischen Résistance und im italienischen Movimento Federalista wurden, wie Walter Lipgens dokumentiert hat, Vorstellungen eines gesamteuropäischen Bundesstaates diskutiert. Zum zeitgeschichtlichen Bewußtsein im europäischen Widerstand gehörte die Erkenntnis, daß nur ein Zusammenschluß der Einzelstaaten Europa seine Selbständigkeit zwischen den Blöcken der Weltmächte USA und UdSSR garantieren könnte. Zwischen 1941 und 1944 entwarf Carl Goerdeler eine Reihe von Denkschriften über die Nachkriegszeit, in denen von der Kooperation und dem allmählichen Zusammenschluß der europäischen Staaten die Rede war. Im einzelnen wurden bereits die Abschaffung der Pässe, der Abbau der Zollschranken, die Angleichung des Handelsrechts, ein gemeinsames europäisches Militär, die Etablierung eines europäischen Gerichtshofs, ja sogar die einer europäischen Regierung diskutiert. Auch Adam von Trott zu Solz und Helmuth James Graf von Moltke waren sich über die Unzulänglichkeiten des souveränen Nationalstaates im klaren und dachten an eine kontinentale Föderation. Zu den bitteren Ironien der Geschichte gehört, daß Winston Churchill, der eine Fühlungnahme mit dem deutschen Widerstand gegen Hitler immer abgelehnt hatte, ganz ähnliche Europa-Pläne schmiedete. So sprach er bereits am 21. März 1943 in einer Rundfunkansprache von jenem Europarat, den er 1949 mitbegründete. Ursprünglich war dieser Rat als ein politisches Organ mit mehr Kompetenzen gedacht als jenen, die er dann tatsächlich erhalten hat.

Im französischen Widerstand zeigte sich die europäische Gesinnung bei gleichzeitiger Feindschaft gegenüber den Nationalsozialisten in Werken von Albert Camus und Jean Bruller, der unter dem Pseudonym Vercors publizierte. Im Herbst 1941 schrieb Vercors die Novelle *Le Silence de la mer*, die er 1942 in seinem eigenen geheimen Résistance-Verlag veröffentlichte und die durch Freunde illegal verbreitet wurde. Nach dem Krieg wurde der Text zu einem der meistgelesenen Bücher. Als internationaler Bestseller wurde die Novelle 1947/48 in Frankreich auch verfilmt. Das Buch erzählt von dem jungen deutschen Besatzungsoffizier Werner von Ebrennac, der ein Verehrer französischer Kultur ist und auf idealistische Weise von einer Vereinigung Deutschlands und Frankreichs sowie einer kulturellen Symbiose der beiden Länder träumt. In Paris erfährt er von den Plänen der deutschen Besatzer, die auf eine Unterwerfung und Erniedrigung Frankreichs hinauslaufen. Ebrennacs Lebensziel ist damit zerstört. An dem Frankreichprojekt der Nationalsozialisten will er sich nicht beteiligen, und um das Land verlassen zu können, meldet er sich freiwillig an die Ostfront. Zerstört wird mit seinem Weggang auch die aufkeimende Liebe einer jungen Französin zu ihm. Auf geheime Weise veröffentlichte Camus 1943 und 1944 seine ersten *Lettres à un ami allemand*. Wie vor ihm Rolland, Giraudoux und Vercors erkannte auch Camus in Europa das Frankreich und Deutschland übergeordnete Dritte, und wie sie lehnte er die Identifikation Europas mit den Expansionszielen Hitler-Deutschlands ab. Seiner Feindschaft gegenüber dem Nationalsozialismus gab auch Camus Ausdruck, wenn er dessen Fanatismus und Schwerfälligkeit, seinen Irrationalismus und Größenwahn bloßstellte. Seine Briefe sind an einen deutschen Freund gerichtet, womit angedeutet wird, daß es eine Grundlage der Verständigung nach der Niederlage Hitlers geben werde.

Kurt Hiller setzte seine Europa-Reflexionen auch in der Emigration fort. Im englischen Exil schrieb er im Januar 1941 auf der Isle of Man den Essay »Die Zukunft des Erdteils«. Der Autor verstand sich nach wie vor als sozialistischen Revolutionär und glaubte, Hitler könne nur durch eine Revolution in Deutschland, nicht jedoch auf militärische Weise von außen besiegt werden. »Wir freiheitlichen Revolutionäre Deutschlands«, schrieb er, »wollen die freiheitliche Revolution in Deutschland« (120). Hiller entwickelte ziemlich phantastische Ideen über den »*Generalstab der Europäischen Revolution*« mit dem Sitz »irgendwo in Britannien; gegliedert nach Nationen; bei weitestreichender Autonomie jeder nationalen Abteilung«. Die »oberste Leitung« dieses revolutionären Stabes sollte »in der Hand einer dem englischen Kabinett angehörenden Persönlichkeit« liegen (121). Mit dem, was Hiller damals über die kommende zollpolitische, währungsmäßige und militärische Einheit Europas schrieb, war er, wie er zugab, den Vorstellungen Richard Nicolas Graf Coudenhove-Kalergis verpflichtet. Anders als ein Jahrzehnt zuvor bekannte er sich jetzt wieder zu Paneuropa. Coudenhove-Kalergi bleibe, betonte der Autor emphatisch, »der Meister, der genialste, am meisten erleuchtende Verkünder, der Klassiker des paneuropäischen Gedankens«. »Die Idee einer europäischen Union schreit nach Verwirklichung«, fuhr Hiller fort, »die europäische Kleinstaaterei bedeutet den Dauerkrieg, die Selbstvernichtung unsres Erdteils, seinen Anheimfall an fremde Kontinente – wirtschaftlich, politisch, schließlich sogar kulturell.« Auch Hiller dachte sich die Schweiz als »das Vorbild einer Confoederatio Europaeorum« (124). England sollte selbstverständlich Mitglied des vereinten Europas sein. Als gleichzeitiger Kern seines Commonwealth werde es »eine Brücke des interkontinentalen Friedens bilden« können. Im Gegensatz zu Coudenhove-Kalergi stellte Hiller sich das vereinte Europa als einen Kontinent des »freiheitlichen Sozialismus« vor (125). »Daß wir als Sozialisten«, führte er aus, »die industriellen und kommerziellen Großbetriebe nebst den Banken verstaatlicht sehen wollen, den Großgrundbesitz in kleinere Bauerngüter zerlegt oder Siedlungsbünden auf genossenschaftlicher Grundlage übereignet« haben möchten, verstehe sich (129).

Der eigentümlichste Abschnitt in diesem Europa-Essay von 1941 ist jener über das Judentum. Hiller, selbst Jude, distanzierte sich von den Zielen des Zionismus, wenn er ausführte: »Ich glaube, es gibt auf die Judenfrage nur die philosophische Antwort: *Das Judentum löse sich endlich und schleunigst selber auf!* Seine Metaphysik ist dichterisch großartig, aber wissenschaftlich veraltet, das Ewige seiner Ethik eingegangen und geborgen in Christentum, Aufklärung und Sozialismus, seine Nationalität lange zerfallen, sein Schicksal seit beinahe zwei Jahrtausenden das einer überlebten heimatlosen Gemeinschaft, die nicht sterben will und die Mißfallen erregt, wo immer erheblichere Mengen ihrer Mitglieder sich ansiedeln« (131). Bei vielen jüdischen Emigranten brachten Verbannung, Flucht und Exil eine Rückbesinnung auf ihr Judentum mit sich; nicht jedoch bei Hiller. Für ihn waren Europäertum und Judentum nicht symbiosefähig; man habe zwischen ihnen zu wählen. Dazu schrieb der Autor: »Es gibt heute Juden, für die die alt-neue jüdische Nationalität eine Bewußtseinstatsache, ein Selbstgefühl, ja eine Selbstverständlichkeit, in jedem Falle ein echtes und dauerndes Erlebnis ist. Für sie mag Zion als Lösung gültig sein. Ich achte diese Juden, und ich fühle mich ihnen fremd. Selber Jude, vermag ich mich mit Indogermanen (beileibe nicht allen, aber mit solchen meiner Art, meines Lebensgefühls und Rhythmus) über fast sämtliche Dinge der Welt besser zu verständigen. Ich bin Europäer. Hunderttausende von Juden sind es mit mir. Sie sollten sich entschließen, es nachgerade *wirklich* zu werden« (132). Mit seinen Erwartungen einer innerdeutschen Revolution, seinen Ideen von einem staatssozialistischen Europa und seiner schroffen Entgegensetzung von Judentum und Europäertum vertrat Hiller Positionen, die sich nicht als zukunftsträchtig erweisen sollten.

Als Hiller diesen Essay schrieb, war der Polenfeldzug längst zu Ende, und Deutschland befand sich mit Frankreich und England im Kriegszustand. Vorher war Krieg und zugleich nicht Krieg, denn an den Fronten wurde bis zu Hitlers Angriff auf Frankreich Mitte 1940 nicht gekämpft. In dieser Situation verfaßte Anfang 1940 auch Alfred Döblin im französischen Exil eine Stellungnahme mit dem Titel »Programmatisches zu Europa«. Dem deutschen Plan eines nationalsozialistischen Kontinents setzte Döblin die Vision von der »großen Demokratie Europa« entgegen. Wie für die »nationalen Demokratien Frankreich, England und Amerika«, so müsse auch für den ganzen Kontinent »das Grundprinzip« gelten, »daß der Mensch frei geboren ist und daß er ewige Rechte besitzt, die unveräußerlich sind«. Das »Grund- und Ursprungsprinzip« der Menschenrechte in der Demokratie habe nämlich »an Wahrheits- und Werbekraft nicht verloren« (419). Was die politischen Weltanschauungen betreffe, meinte Döblin, liege derzeit »ein Vakuum vor«. Der Sozialismus biete keine Alternative zu Hitler und Stalin, denn er habe »jetzt zwei Niederlagen« einstecken müssen, und zwar »in Deutschland, wo die mächtige Arbeiterschaft kampflos die Waffen vor Hitler streckte, und dann in Rußland, wo aus dem Bolschewismus der imperialistische Stalinismus wurde«. In einer solchen Lage sei es »an der Zeit, mit der Forderung Europa hervorzutreten« (420). Dieses Europa müsse »machtpolitisch« einen gewichtigen Faktor darstellen und gleichzeitig »ein starkes ideelles Selbstbewußtsein« aufweisen als Vertreterin des »Prinzips vom freien Menschen und seinen unveräußerlichen Rechten« (421, 420). Das klang geradezu idealdemokratisch. Wenn Döblin jedoch dieses europäische Bewußtsein ergänzend definierte als »wirkliche geistige Vorherrschaft« und als »Missionswillen«, der »von derselben Art« sein sollte, »wie ihn die antiken und christlichen Kolonisatoren gegenüber Barbaren und Heiden empfanden«, rückte er, was die Wahl der Mittel betraf, bereits in die Nähe der Gegner. Kolonisierung und Verteidigung der Menschenrechte haben sich noch nie vereinigen lassen. Döblin dachte an »eine europäische Regierung«, deren »Kern« er »zunächst in Frankreich und England« sich entwickeln sah (421). Wenige Schriftsteller haben damals wie

Döblin die europäische Demokratie als einzig sinnvolle Alternative zum Totalitarismus erklärt. Dazu schrieb der Autor: »Erst der Krieg jetzt läßt ein wachsendes Bewußtsein entstehen, läßt den Begriff Europas auftauchen und enthüllt uns die Schwäche des bisherigen Selbstgefühls. In der jetzigen Defensivstellung kommt man zur Besinnung und sammelt seine Kräfte, im Angriff wächst man und zeigt sich erst ganz. Weicht man vor den Angriffen des Nazibolschewismus einfach defensiv zurück, ohne Europa und die Europakonstruktion, so riskiert man auch die Defensive zu verlieren.« »Es muß«, fuhr er fort, »in Frankreich und England eine Europafront entstehen. Reif dafür sind als mitwirkend: die Kirchen, die Gebildeten, Intellektuellen und Humanisten und die vom Sozialismus und Bolschewismus enttäuschten Arbeiter« (422).

Auch Klaus Mann verfaßte im New Yorker Exil weiterhin Europa-Schriften. Anfang 1940 entwarf er ein Filmskript mit dem Titel »The United States of Europe«. Der Film, der nie gedreht wurde, war für ein amerikanisches Publikum gedacht. Es handelt sich um ein elfseitiges Typoskript, das im Klaus-Mann-Archiv der Stadtbibliothek München aufbewahrt wird. Interessant ist, daß der Autor als durchgehendes musikalisches Motiv jenen Satz mit der Vertonung von Friedrich Schillers *An die Freude* aus Ludwig van Beethovens *Neunter Symphonie* vorschlug, der 1972 von der Beratenden Versammlung des Europarats zur offiziellen europäischen Hymne erklärt worden ist. Gleich zu Anfang des Filmskripts wird »das Dritte Reich« als »ein Zwischenspiel«, als »eine schmähliche Episode in der Geschichte des deutschen Volkes« bezeichnet. Vielleicht inspiriert durch das Freundespaar in Rollands *Jean-Christophe* oder durch die Halbbrüder in Yvan Golls *Mitropäer*, suchte Mann das komplizierte Verhältnis zwischen Deutschland und Frankreich an der Beziehung zweier Brüder zu exemplifizieren. Am Anfang des Films sollte die Vorgeschichte eingeblendet werden: Der Vater ist ein deutscher Offizier im Ersten Weltkrieg, der durch das Fronterlebnis zum Pazifisten wird. Über seine Kriegseindrücke führt er ein Tagebuch, das seine Söhne später lesen sollen. Den Weltkrieg bezeichnet er darin als »einen schauerlichen Anachronismus«, als »einen europäischen Bruderkrieg«. Die Haupthandlung setzt 1919 in Berlin ein. Der Vater ist gefallen; die Mutter der beiden Söhne ist Elsässerin und Halbfranzösin. Der ältere Sohn, Ernst, will wie sein Vater Offizier werden. Bruno dagegen interessiert sich für französische Kultur und flieht aus der Kadettenanstalt, in der sein Bruder reüssiert. Die Mutter läßt Bruno ein fortschrittliches Berliner Gymnasium besuchen. Einer der Lehrer dort ist überzeugter Pazifist und Paneuropäer. Bruno liest das Fronttagebuch seines Vaters und findet bestätigt, was er von seinem Lehrer über den Krieg und die politischen Verhältnisse erfahren hat. Das Porträt des Lehrers erinnert sowohl an Coudenhove-Kalergi wie an den jungen Paneuropäer Mann selbst. Es heißt über ihn: »Wir werden Zeuge, wie der fortschrittliche junge Pädagoge bei seinen Schülern mit Temperament und Gründlichkeit für die Idee der Europäischen Staaten-Föderation wirbt. Er zeigt an Hand von Landkarten, wie die Grenzen der europäischen Länder niemals etwas Stabiles, starr Bleibendes waren, sondern sich fließend veränderten. In bewegtem Vortrag bringt er alle moralischen, ökonomischen, politischen Argumente zur Geltung, die für die Vereinigung der europäischen Völker zu einem Staatenbund sprechen. Nur wenn dieser Bund zu Stande kommt, wird der Friede dauerhaft sein.« Bruno wird Journalist, und ein Höhepunkt in seinem Leben ist das Interview, das ihm Briand gewährt. Während eines Studienjahres an der Sorbonne hat er eine Französin kennengelernt, mit der er, wie sollte es anders sein, nach der Heirat eine Hochzeitsreise durch Europa antritt. Mann spielte auf den Kongreß der Paneuropäischen Union in Berlin 1930 an, wenn davon die Rede ist, daß Bruno zu jenen gehört, die in Berlin »ein großes Meeting organisiert« haben, »durch das die Idee der Europäischen Föderation propagiert und den Massen nahe gebracht werden soll«. Nach Hitlers Machtübernahme flieht Bruno nach Paris und wird Franzose. Ganz anders entwickelt sich der Lebenslauf des Bruders Ernst. Als rechtsradikaler Nationalist nimmt er an Sabotageaktionen im Ruhrgebiet teil, ist am Mordanschlag auf Walther Rathenau beteiligt und wird Anhänger Hitlers. Ernst macht jedoch eine ähnliche Wandlung wie sein Vater durch. Er glaubte an Hitlers Friedenswillen und ist entsetzt über den europäischen Krieg als Folge des Polenfeldzugs. Ernst desertiert zum französischen Kriegsgegner, trifft Bruno, liest das Tagebuch seines Vaters und wird ebenfalls zum Pazifisten und Europäer. Abgeschlossen werden sollte der Film mit einer Vision von den Vereinigten Staaten Europas, die sich »in friedlichem Wettbewerb mit den anderen großen Reichen der Erde« befänden. Offenbar wollte Mann in dem Film auch das »andere«, das europäisch orientierte Deutschland zeigen, das, glaubte man der nationalsozialistischen Selbstdarstellung, gar nicht mehr existierte. Ferner wurde die mögliche Wandlung eines enttäuschten Nationalsozialisten zum Paneuropäer gezeigt, womit demonstriert werden sollte, daß die junge Generation Hitler keineswegs hoffnungslos verfallen war. In den folgenden Jahren hielt Mann einige Vorträge und Rundfunkansprachen über Deutschland, Frankreich und Europa, in denen er seiner Überzeugung Ausdruck verlieh, daß der Krieg mit Hitlers Niederlage enden werde und daß danach Deutschland und Frankreich als freie Staaten das Zentrum eines vereinigten Europas bilden würden.

Klaus Mann identifizierte sich ein Leben lang auf existentiellere Weise mit der Europa-Idee als sein Vater, der ihr aus Vernunftgründen anhing. In seinem ansonsten antibürgerlichen und orientierungslosen Leben war diese Idee für den jungen Autor eine Art Glaubensbekenntnis, ein weltanschaulicher Fixpunkt, von dem aus er eine Bewegung wie die des Nationalsozialismus angreifen konnte. Sein Lebensbericht *Der Wendepunkt* zeigte im Hinblick auf die Bewertung europäischer Kulturgeschichte seine Abhängigkeit von Ferdinand Lion und von seinem Vater. Wenn Mann dort von »Hellas plus Christentum« als der »doppelten Basis« Europas sprach, so repetierte er die Ausführungen Thomas Manns zum Thema. Wie Lion stellte er die Mutationen und Metamorphosen, die Wandlungsfähigkeit und Wechselhaftigkeit der vielfältigen Filiationen der europäischen Zivilisation heraus. Stärker als die meisten Europa-Essayisten wies Mann auf die dunklen Seiten der europäischen Geschichte hin. »Hat der europäische Mensch«, so fragte er, »nicht seine Mission recht oft verleugnet und vergessen?« Und er fuhr anklagend fort:»Er, der als Künder der Freiheit und der Karitas hätte kommen sollen, machte sich zur Geißel fremder Rassen, zum Ausbeuter der Nationen, zum Joch der Welt. Die Liste seiner Verbrechen ist erschreckend lang; daheim wie in fernen Zonen wurde der weiße Mann zum Ausnutzer und Verführer; zum Fronvogt und Feinde derer, die da mühselig und beladen sind.« Allerdings lag dem Autor nicht daran, lediglich ein Sündenregister Europas zu führen. »Das europäische Drama«, meinte er, »vollzieht sich in dialektischer Form; jede Energie und Tendenz provoziert die eigene Opposition, auf jede These folgt die Antithese.« Innerhalb dieser dialektischen Abfolge sah er auch die positiven Kulturleistungen des Kontinents, wozu er schrieb: »Dasselbe Europa, das Qual und Frevel über die Meere trug, brachte doch auch seinen heilig-kreativen Funken – Anreger schönster Taten, Quelle unendlicher Hoffnung, ewiges Versprechen. Wenn der europäische Geist mit seinem rastlos-unstillbaren Ehrgeiz fünf Kontinente beunruhigte und korrumpierte, so erwies die gleiche Kraft sich doch immer als erfinderisch genug, um gleichzeitig das Gegengift und Heilmittel hervorzubringen« (216). Mann sprach zwei Fragen an, die den europäisch gesinnten Intellektuellen damals umtrieben: Wird Europa den Krieg überstehen, und wie sieht es mit der drohenden Hegemonie Deutschlands auf dem Kontinent aus? Was die erste Frage betraf, war der Autor zuversichtlich. »Mit zäher Vitalität«, so glaubte er, erhebe »sich der Kontinent, Phönixgleich, immer wieder aus Schutt und Asche fast tödlicher Katastrophen.« Erklärend fügte er hinzu: »Die Fäulnis oder Ermattung eines der Elemente, aus denen sich das Wesen Europas zusammensetzt, konnte stets korrigiert oder kompensiert werden.« Bei seinen Ausführungen zum Thema der Hegemonie eines Einzelstaats wies Mann darauf hin, daß »das Machtzentrum des Kontinents niemals lang stabil« geblieben sei. Die vorübergehende Dominanz Spaniens oder Frankreichs hätte den zeitweiligen »Triumph eines bestimmten Lebensstils, einer Sprache, einer Philosophie« bedeutet. Fast jede »Schattierung im europäischen Kaleidoskop« habe einmal »ihre historisch bedingte Chance« gehabt, »die Färbung des gesamten Systems zu bestimmen« (217). Bedrohlich für die europäische Kultur wäre erst eine Situation, in der »eine ihrer Komponenten« die »permanente Vorherrschaft« anstrebte. Das wäre dann »gleichbedeutend mit dem Zerfall, der Auflösung des Ganzen«. An die

Adresse der Nationalsozialisten gewandt hieß es weiter: »Die Harmonie Europas beruht auf Dissonanzen. Das Gesetz, welches der Struktur, dem Wesen des europäischen Genies immanent ist, verbietet die totale Uniformierung, die ‚Gleichschaltung' des Kontinents [...]. Europa ‚gleichschalten' heißt Europa töten.« Wie andere Intellektuelle vor ihm bekannte sich auch Mann zur Vielheit in der Einheit europäischer Kultur, wenn er festhielt: »Dies ist das doppelte Postulat, welches Europa erfüllen muß, um nicht zugrundezugehen: Das Bewußtsein europäischer *Einheit* ist zu bewahren und zu vertiefen (Europa ist ein unteilbares Ganzes); gleichzeitig aber ist die *Mannigfaltigkeit* europäischer Stile und Traditionen lebendig zu erhalten« (218).

Nach der Niederlage Frankreichs verfaßte Heinrich Mann 1940 im kalifornischen Exil einen Kurzessay mit dem Titel »Größe und Elend Europas«. Der Text wurde nicht veröffentlicht und befindet sich als sechsseitiges Manuskript im Heinrich-Mann-Nachlaß der Akademie der Künste zu Berlin. Wie deprimiert gerade der Frankreichfreund Mann über Hitlers Einmarsch in Paris gewesen sein muß, ist leicht vorstellbar. Der Kernsatz in diesem Europa-Text lautete: »Großbritannien hat sich zum Krieg entschlossen.« Aus dieser Tatsache schöpfte der Autor Mut; sie gab ihm die Zuversicht, daß Hitler den Krieg letztlich verlieren werde. Der habe nämlich nicht nur den Krieg nach Polen, Frankreich und England gebracht, sondern – durch die Herausforderung Englands – ins eigene Land geholt. Wenn »Hamburg kaum weniger den Krieg verspürt als Birmingham« und »die Einwohner Berlins ebenso oft in Kellern und Untergrundbahnhöfen lagern müssen, wie die Einwohner von London«, so sei bald mit »Widerständen« und längerfristig mit »hellen Empörungen« in Deutschland zu rechnen. Wie Klaus Mann prangerte auch sein Onkel das imperialistische Hegemoniestreben Hitlers an. »Den Deutschen«, schrieb er, »ist sieben Jahre lang beigebracht worden, daß ihr Recht in Europa die Ersten zu sein, nicht die mehr oder weniger ungewisse Folge eines europäischen Konfliktes, sondern seine Voraussetzung ist. Sie seien die vorbestimmte ‚Rasse', die Vollstrecker des Schicksals und Erneuerer der Weltordnung.« Daß die Deutschen dem »Fälscher und Betrüger« Hitler gefolgt seien, habe damit zu tun, daß sie »eine staats-

bürgerliche Erziehung zur Demokratie nie empfangen«
hätten; sie sei in den Jahren der Republik versäumt worden.
Mann betrachtete den Krieg der Deutschen gegen Europa
als das »unzeitgemäßeste Unternehmen« seines Jahrhunderts. Obgleich er jeden europäischen Krieg für »veraltet« erklärte, müsse dieser nun zu Ende gebracht werden,
müsse Hitlers »Zauberkunststück von Weltherrschaft« von
der Bühne der Geschichte gefegt werden. Wenn er am
Schluß festhielt, daß »jeder Franzose [...] mit dem Herzen
auf Seiten Englands« stehe, so galt das auch für ihn, den
Hitler aus der Wahlheimat Frankreich nach Amerika vertrieben hatte.

Zur französischen Kultur bekannte sich Mann ein Jahr
später erneut in dem Text »Der deutsche Europäer«. »Für
Frankreich habe ich«, hielt er fest, »eine geistige Liebe gefühlt, umfassend genug, daß sie den Jüngling begleitete,
den Mann ermutigte und standhält meinem Alter und was
es sehen muß« (547). Aber gleichzeitig fühlte sich der Autor
nach wie vor Deutschland verbunden. Er war so wenig wie
Klaus Mann bereit, die Deutschen mit den Nationalsozialisten zu identifizieren. »Es ist«, gab er zu bedenken, »eine
Frage des jeweiligen Geburtsjahres. Als Zeuge eines anderen ihrer Lebenstage hätte ich meinen Deutschen die edel-
ste, herzbeweglichste Widmung ins Gästebuch geschrieben« (550). Wie vor ihm Annette Kolb und sein Bruder
Thomas glaubte auch Heinrich Mann, daß Deutschland
anders handle, »als es im Grunde seines besseren Wissens
gewollt« habe. Der Autor betrachtete sich als einen »europäischen Schriftsteller, dem die Länder Europas gleichviel
wert gewesen« seien, und er war sicher, daß diese Staaten
(er meinte vor allem Frankreich, Deutschland und Italien)
nach dem Kriege zu sich »zurückfinden« würden (555). Der
kleine Essay enthält auch eine Reflexion über das Exil-
schicksal, das Mann mit anderen großen Europäern unter
den Schriftstellern teilte. »Was hat man«, wollte er wissen,
»eigentlich gegen das Exil? Soweit die Literatur in Frage
steht, wurde sie schon längst getragen von Weltreisenden,
die jetzt heimatlos heißen würden. Aus ihren Geburtslän-
dern wurden durch äußeren Zwang vertrieben: Lord Byron,
Chateaubriand, Heine, die deutschen Gelehrten des Jahres
achtundvierzig und für lange Victor Hugo und zeitweilig

Zola« (553). Im Rückblick auf sein Exil in Frankreich fragte er sich: »War es denn eines? Die Freiheit des Denkens und der Äußerung genießen [...]: das nenne ich ein Exil!« (554).

Aufschlußreich im Hinblick auf seine Europa-Ideen während der Emigration in den USA ist auch Heinrich Manns autobiographisches Buch *Ein Zeitalter wird besichtigt*, das mitten im Krieg geschrieben wurde. Noch forcierter als früher rückte der Autor jetzt die Bedeutung der Sowjetunion für Europa in den Mittelpunkt. Zeit und Ort der Entstehung des Buches spielten hier eine Rolle. Stalin war damals kein Bündnispartner Hitlers mehr, sondern Alliierter Roosevelts und Churchills im Kampf gegen das nationalsozialistische Deutschland. Roosevelt hatte inzwischen die Propaganda gegen die Sowjetunion einstellen lassen, und Stalin wurde als ‚Uncle Joe' in die Familie akzeptierter Staatsmänner aufgenommen. Zudem waren im Hollywood der frühen vierziger Jahre Sozialismus und Kommunismus politische Überzeugungen, mit denen viele Künstler sympathisierten. Da hier seit Jahrzehnten die Träume von den großen Einzel- als Kollektivpersönlichkeiten produziert worden waren, verwundert es nicht, wenn – bei aller Verachtung, die der Autor für Hollywood hegte – in diesem Umkreis seine schon immer vorhandene Verehrung für die »großen Männer, die Geschichte machen«, wild ins Kraut schoß. Napoleon, Bismarck, Roosevelt, Churchill, de Gaulle und immer wieder Stalin: sie paradieren hier durch die Historie wie die Götter, die die Welt nach ihren Vorstellungen schaffen. Jeder der alliierten Staatsmänner erhielt den Ehrentitel »Intellektueller« zuerkannt. Mann sah in ihnen die Verkörperung seiner Wunschsymbiose von Geist und Macht. »Das Zeitalter«, so liest man mit Erstaunen, »hellt sich auf, sobald ich bedenke: es sind Intellektuelle, es sind Moralisten, die jetzt die Macht haben und den Sieg an sich bringen« (174). Und weiter: »Als größter Realist unter den öffentlichen Männern hat Stalin sich der widerstrebenden Mitwelt herausgestellt. Gerade er verzichtet am wenigsten auf den Rang eines Intellektuellen. Eher noch ließe er seinen Marschallstitel fallen« (42). Man hat den Eindruck, Mann dichte an einem Roman, dessen Held er Stalin nennt.

Von solchen Heroen werden abgesetzt die europäischen Störenfriede, die Nichtskönner, die Möchtegerne und Imitationsfiguren wie Preußens König Friedrich II., Kaiser Wilhelm II. und Hitler. »Napoleon«, so hält Mann fest, »kam über Europa als Exekutor einer tief menschenfreundlichen Revolution. Hitler hat es befallen als eine Seuche« (25). Hitler sei eine »armselige Gestalt«, die »Furcht vor dem Intellektualismus« habe (176), ein »Taschenspieler der Weltbeherrschung« (437) und »gemieteter Knecht« (169), der »Veranstalter eines universalen Débâcle« (36), der »leibhaftige Irrationale« (212), der »mit Preußen-Deutschland das Geringste nicht gemein« habe (21), der »Direktor« einer »Bestattungsgesellschaft« (458), der ein Europa hinterlassen werde, das »nie wieder der führende [...] Weltteil« sein könne, einen Kontinent, der sich »allenfalls behaupte«, wenn »Amerika seinen ganzen Verfall nicht wünscht – und weil die Sowjet-Union davorsteht« (390). Hitlers Frevel bestehe darin, europäische Politik zu betreiben, ohne ihre grundsätzlichen Regeln zu kennen. Zum einen habe er »in dem merkwürdigen Traum dahingelebt«, daß »das europäische Gleichgewicht [...] plötzlich aufgehört [habe], die Briten zu interessieren«, und zum anderen hege er den »hirnverbrannten Vorsatz« (23), in seinem »imaginären Deutsch-Europa« (437) die »europäischen Nationen aufzuheben«, die »die ganze Lebenskraft Europas« ausmachten (23). Hitlers Programm sei »Versklavung der Nationen«, »Hungertod«, »Zwangsarbeit« und »Vernichtung der Kultur« (353). Die »schwere Frage« stelle sich, warum Deutschland »sich einem durchaus niedrigen Individuum in die Hände gab« (24). Schärfer als in früheren Essays ging Mann im *Zeitalter*-Buch mit den Deutschen ins Gericht. Der »Angriff Deutschlands auf Europa 1939«, so diagnostizierte er, sei »allenfalls erklärbar mit Zuhilfenahme der Soziologie und der Psychiatrie« (108). In einen solchen Krieg führe nur »geistige Blindheit«, eine »Selbstbesessenheit, die ein klinischer Fall« sei, die »Gründlichkeit im Verkehrten« und »die Überwindung der Moral« (118). Begonnen habe die deutsche Hybris mit Wilhelm II., diesem »ahnungslosen Komödianten«, dem Bismarck den »Unernst« und »die Zerstörung des Reiches« bereits angesehen habe (18). Des Kaisers Fehler und Schwäche habe darin bestanden, daß er sich mit dem neuen Besitzbürgertum verbunden habe, das allein von Gier und Neid beherrscht worden sei (22). Hier kam wieder die idealistisch-moralistische Gesellschaftskritik des Autors zum Vorschein. Das deutsche Bürgertum der Jahrhundertwende unterschied sich in seiner Moral substantiell wohl kaum von jenem in Frankreich, England oder Italien. So zutreffend seine Kritik an Hitler oft war, so vage und unzureichend fielen seine historischen Herleitungsversuche dieses inkommensurablen Phänomens aus. Bewegend bleibt das Ende von *Ein Zeitalter wird besichtigt*, wenn der Autor sich seiner »Verbannung aus Europa« (474) und des Abschieds von der Alten Welt erinnert. »Der Blick auf Lissabon«, schreibt Mann, »zeigte mir den Hafen. Er wird der letzte gewesen sein, wenn Europa zurückbleibt. Er erschien mir unbegreiflich schön. Eine verlorene Geliebte ist nicht schöner. Alles, was mir gegeben war, hatte ich an Europa erlebt, Lust und Schmerz eines seiner Zeitalter, das meines war [...]. Überaus leidvoll war dieser Abschied« (485).

Im Gegensatz zu seinem Bruder Heinrich konnte Thomas Mann in den USA eine öffentliche Wirksamkeit entfalten, zu der Vorträge und Rundfunkansprachen gehörten. Erst hier konnte er seine Idee des »militanten Humanismus« in die Tat umsetzen. Die präsidiale Demokratie der Roosevelt-Ära war ganz nach seinem Geschmack, und er gab seiner Bewunderung für den Präsidenten, den er persönlich zu sprechen Gelegenheit hatte, mehrfach Ausdruck. Seine Europa-Ideen paßte der Autor den One-World-Vorstellungen der amerikanischen Regierung an. Zu Beginn seines Exils in den USA sympathisierte er mit Gruppen, die die Notwendigkeit eines amerikanischen Eingriffs betonten, falls Hitler einen europäischen Krieg vom Zaun brechen sollte. 1940 unterstützte er das antiisolationistische Committee on Europe, das aus prominenten amerikanischen Intellektuellen wie Lewis Mumford und Dorothy Canfield Fisher sowie einer Reihe von antifaschistischen Emigranten wie Giuseppe Antonio Borgese, Hermann Broch und Gaetano Salvemini bestand. Dieses Komitee publizierte 1940 ein Buch mit dem Titel *The City of Man. A Declaration on World Democracy*. Mann war Mitautor. Dem Werk kann man Weitsichtigkeit nicht absprechen. Es erschien zu einer Zeit, als Hitler die dominierende politische Figur in Europa war. Das Buch ging davon aus, daß Amerika bald in den Krieg eintreten und

Hitler besiegen werde. Danach sollten die USA sich im Sinne einer Pax Americana für die globale Demokratisierung und für die internationale Verständigung einsetzen. Die Schrift sprach aus, was den Plänen der Roosevelt-Regierung entsprach. Das Eintreten Manns für eine Weltdemokratie hing, wie Frank Fechner zeigt, eng mit der Vorstellung des Autors vom Abbau nationaler Souveränitäten zusammen. Auf jeden Fall sollte in Zukunft verhindert werden, daß offensichtliche Unrechtssysteme sich unter dem Schutz der Staatssouveränität etablieren und Kriege entfesseln könnten. Über den Grad des Souveränitätsabbaus und über die Kompetenzen der utopischen weltdemokratischen Regierung machten Mann und die übrigen Autoren des Buches keine genauen Angaben. Klar wurde aber, daß während der Kriegszeit Mann den amerikanischen One-World-Vorstellungen den europäischen Einheitsideen gegenüber Priorität einräumte.

Auf das Thema der europäischen Föderation kam der Autor erst wieder zu sprechen, als Hitlers Propaganda die Idee von der Festung Europa, von einem einigen Kontinent unter deutscher Führung, zu verbreiten begann. In der Rundfunkansprache »Europäische Hörer!« von 1943 startete Mann im Sinne seines kämpferischen Humanismus gleichsam einen intellektuellen Luftangriff auf die nationalsozialistische Europa-Idee. »Der Gedanke der europäischen Einheit«, erklärte der Autor, sei »jetzt auf schauerliche Weise verfälscht und geschändet worden.« Denn er sei »in die Hände des Nazismus gefallen, der Deutschland vor zehn Jahren eroberte« und dem es jetzt dank der Uneinigkeit Europas gelungen sei, »den ganzen Erdteil zu unterjochen«. Diese Unterdrückung werde von »den Nazis als die Einigung Europas, als die gemäß den Gesetzen der Geschichte herbeigeführte ‚Neue Ordnung' bezeichnet«. »Von allen Lügen Hitlers«, fuhr Mann in seiner Attacke fort, »ist die empörendste diese europäische Lüge, dieser Diebstahl des Europa-Gedankens, diese unverschämte Auslegung seiner Raubzüge und Verbrechen als Einigungswerk im Geiste Europas.« »Die Versklavung, Demütigung und Entmannung der europäischen Völker als den Weg zur Einigung Europas zu bezeichnen« sei »eine groteske Verfälschung des europäischen Gedankens.« Den Gegensatz zwischen seinen eigenen Europa-Ideen und Hitlers Europa-Politik umriß der Autor mit den Worten: »Wir wollten, daß Deutschland europäisch werde. Hitler will Europa und nicht nur Europa deutsch machen.« »In Blut watend«, strebe »der Nazismus gegen den verzweifelten Widerstand der Völker danach, Europa zu einem [...] deutschen Protektorat im ehrlosesten Sinn des Wortes« zu machen (749). Dem Hitlerschen Unterwerfungskonzept hielt Mann seine Vision von der »Föderation gleichberechtigter freier Staaten« entgegen, einer »europäischen Föderation«, die ihren Platz finden werde »im größeren Rahmen der wirtschaftlichen Zusammenarbeit der zivilisierten Völker der Welt« (750), womit der Autor, wenn auch nur vage, auf die amerikanischen One-World-Utopien anspielte.

Im selben Jahr 1943 drückte Mann auch seine Trauer und Empörung über den »Untergang der europäischen Juden« aus. Anders als für Hiller schlossen seiner Meinung nach Europäismus und Judentum einander nicht aus. In Anspielung auf die nationalsozialistische Besetzung des Europa-Begriffs bekannte der Autor: »Niemals könnte ein geistiger, gebildeter, Europa zugewandter Mensch in Deutschland Antisemit sein.« Es seien »die katholische Kirche und die Juden« gewesen, die »gegenüber einem engen und kulturfeindlichen Nationalismus allein schon durch ihr Dasein die universalistischen europäischen Prinzipien repräsentierten« (500). Es ist bewegend, eine Stelle wie die folgende zu lesen, in der sich Zuspruch für die Verfolgten, Anklage gegen Hitler-Deutschland, Aufforderung zu Gegenmaßnahmen und Selbstkritik mischen und die wohl am intensivsten ausdrückt, was der Autor unter militantem Humanismus verstand. »Die Dinge werden sich ändern«, sagte Mann voraus, »und Israel wird überleben, so wie es immer überlebt hat. Aber was es heute erleidet, schreit zum Himmel, und wir, die wir uns rühmen, wir kämpften für Menschlichkeit und Menschenwürde gegen die Barbarei, müssen uns fragen, ob wir wenigstens alles in unserer Macht stehende tun, um die unbeschreiblichen Leiden zu lindern, die die ganze Menschheit erniedrigen, so lange wir sie nicht überhaupt verhindern können. Vielleicht ist es zu billig zu erklären: ›Man kann nicht mehr tun, weil vor dem Krieg, als es noch große Möglichkeiten zum Handeln gab, viel versäumt wurde'« (501).

Zu einer erneuten Zusammenarbeit zwischen Mann und Coudenhove-Kalergi kam es nach 1930 nicht mehr. Auch der Gründer der Paneuropäischen Union war in die USA emigriert, und 1942 etablierte er mit Arnold J. Zurcher ein kleines Forschungszentrum zum Thema European Federation an der New York University. Seit Ende 1941 plante Coudenhove-Kalergi einen Europa-Kongreß in New York City für das Frühjahr 1943, und er lud auch Mann zur Teilnahme ein. Noch Ende 1942 bestätigte der Autor seine Teilnahme, wie der erhalten gebliebenen Korrespondenz in der Genfer Fondation Archives Européennes zu entnehmen ist. Erst am 24. Februar 1943 sagte Mann ab. Er argumentierte erstens mit der amerikanischen One-World-Vision. »Was ist Europa noch?« fragte er. »Viel größere Zusammenfassungen« seien »heute an der Tagesordnung, und wir stolzen Europäer« müßten »darauf gefaßt sein, daß wir nach diesem Kriege vielleicht nur noch die Graeculi der Welt sein werden.« Zweitens war ihm Coudenhove-Kalergis »anti-russische« Einstellung nicht genehm; sie gehe gegen seine »Sympathien und Überzeugungen«. Und drittens störten ihn konservative europäische Mitarbeiter wie »Otto von Österreich«, der ihm »nicht ganz das Rechte« war. In seinen Lebenserinnerungen hob Coudenhove-Kalergi zwei Gründe hervor, die das Ausbleiben einiger Teilnehmer wie Mann erklärten: »Prorussische Kreise Amerikas« hätten »auf jede Weise« versucht, das »Zustandekommen« des Kongresses zu verhindern. Zudem habe man gewußt, daß Präsident Roosevelt »ein Gegner der europäischen Union« gewesen sei. Die Kriegslage sei eine solche gewesen, daß die USA geglaubt hätten, auf Wünsche der sowjetischen Interessen in Europa eingehen zu müssen. Dieses Zugeständnis war mit den alten paneuropäischen Plänen eines vereinigten Kontinents ohne die kommunistische Sowjetunion nicht vereinbar (262 f.). Mit welchem Argwohn man in der Botschaft der Sowjetunion in Washington damals die Aktivitäten Coudenhove-Kalergis beobachtete, ist leicht vorstellbar.

III.

Als die Nationalsozialisten erkannten, daß ihr Rußlandfeldzug möglicherweise scheitern werde, begann die Europa-
Idee in ihrer Propaganda eine verstärkte Rolle zu spielen.
Der Kampf gegen die Sowjetunion war als deutscher Eroberungskrieg unter der Devise »Lebensraum im Osten«
begonnen worden und wurde nun bei ausbleibendem
Kriegsglück zum abendländischen Verteidigungskrieg der
sogenannten »Festung Europa« uminterpretiert. Die Neu-
plakatierung war nicht zuletzt zur Gewinnung ausländi-
scher Hilfstruppen vorgenommen worden; mit nur mäßi-
gem Erfolg, wie man weiß. Rosenbergs Einwände von 1934
gegen die »abstrakte« Europa-Idee wurden in dieser konkreten Situation rasch vergessen. 1942 wurden im Zuge der
taktischen Umstellung zwei neue nationalsozialistische
Kulturzeitschriften begründet: *Deutschland–Frankreich* in
Paris und *Europäische Literatur* in Berlin. Erstere wurde vom
Deutschen Institut in Paris herausgegeben. In ihr veröffent-
lichten Autoren wie Ernst Jünger, Friedrich Sieburg und
Pierre Drieu la Rochelle. *Europäische Literatur* erschien im
Deutschen Verlag. Zu ihren Beiträgern zählten die Schrift-
steller Josef Weinheber, Wilhelm Schäfer, Hans Baumann,
Georg von der Vring, Wolf von Niebelschütz, Wilhelm von
Scholz, Erhart Kästner, Hans Friedrich Blunck und Bruno
Brehm. Beide Zeitschriften stellten 1944 bereits wieder ihr
Erscheinen ein. Über Europa wurde hier nicht nachgedacht.
Europäische Literatur brachte ideologisch Gewünschtes fast
ausschließlich aus dem und über den Bereich der deutschen
Dichtung. Einiges Wenige wurde aus der Kultur der ver-
bündeten oder besetzten Länder (dieser Unterschied ver-
wischte sich damals zusehends) veröffentlicht, aus Italien,
Finnland, Ungarn, Bulgarien, Spanien, Rumänien, Norwe-
gen, Dänemark und Belgien.

Baldur von Schirach war ein nationalsozialistischer Lyriker und Politiker, das heißt er reimte und kommandierte
gewöhnlich im Sinne seiner Partei und ihres Führers. Auf
beiden Gebieten gleichsam ein Frühvollendeter, hatte er mit
33 Jahren zwar nicht das Ziel seines Ehrgeizes, im Macht-
gerangel der Parteigrößen jedoch das Ende seiner Möglichkeiten erreicht. Immerhin hatte er es bis zum Schulbuch-

autor, Reichsleiter für die Jugenderziehung der NSDAP sowie Gauleiter und Reichsstatthalter von Wien gebracht. Das politische Amt in Wien hatte er fünf Jahre inne, von 1940 bis 1945. 1942 schlug für Schirach die europäische Stunde. Er gründete ohne Befehl der Parteiführung den Europäischen Jugendverband, um seine Kompetenz als Jugenderzieher auszuweiten. Michael Wortmann betont, daß Hitler diese Privatinitiative keineswegs bejahte und daß Schirach wegen seines Alleingangs in der Gunst des Diktators sank. Die Gründungsveranstaltung war der Europäische Jugendkongreß in Wien. Sie fand vom 14. bis zum 18. September 1942 im Parlamentsgebäude statt, das damals Gauhaus hieß. Der Partei gegenüber rechtfertigte Schirach die Gründung des Verbandes mit der Notwendigkeit, der internationalen Pfadfinder-Vereinigung eine faschistische Jugendorganisation entgegensetzen zu müssen. Er lud Jugendliche und Jugendfunktionäre entsprechender Verbände aus Deutschland, Italien, Belgien, Bulgarien, Dänemark, Finnland, Kroatien, den Niederlanden, Norwegen, Rumänien, der Slowakei, Spanien und Ungarn nach Wien ein. Anwesend waren auch Reichsjugendführer Artur Axmann und Reichsorganisationsleiter Robert Ley. Als Ehrengast aus Italien hatte man Aldo Vidussoni, den Generalsekretär der Faschistischen Partei Italiens, für den Kongreß gewinnen können. Die kurze Begrüßungsansprache versah Schirach mit dem Titel »Die Einheit der Jugend Europas. Ein Schlag gegen Roosevelt«. Das ist dem offiziellen Band *Europa. Kontinent der Jugend* zu entnehmen. Zu einem Referat über die kulturelle Einheit des Kontinents hatte sich Schirach nicht aufraffen können; es blieb bei einigen gegen die Alliierten gerichteten militanten Floskeln. Der faschistische Wiener Jugendkongreß hatte nur einen geringen propagandistischen Wert, und die Gründung des europäischen Jugendverbandes blieb ohne Folgen für die Entwicklung des Krieges. Anfang 1943 wußte Schirach, daß der Krieg verloren war. In seinem begrenzten Machtbereich schaltete er deshalb, wie Wortmann belegt, um vom Konzept der deutschen Gewaltherrschaft auf das der freiwilligen Kooperation europäischer Länder. Wegen seiner Mitverantwortung am Transport jüdischer Wiener Bürger in Konzentrationslager wurde er während des Nürnberger Pro-

zesses zu 20 Jahren Haft verurteilt, die er in Spandau ab-
büßte.

Wie Schirachs opportunistische Europa-Initiative und
seine schlechten Gedichte sind zu Recht vergessen auch die
essayistischen Äußerungen eines nationalsozialistischen
Schriftstellers. Hans Friedrich Blunck wurde 1933 mit
45 Jahren Präsident der Reichsschrifttumskammer. Dieses
Amt bekleidete er bis 1935. Die Vertreibung der jüdischen
und oppositionellen Schriftsteller bleibt auch mit seinem
Namen verbunden. In seinen völkisch-nationalen Dichtungen behandelte er mit Vorliebe Themen aus der germanischen Vorzeit. Die Anfang der vierziger Jahre gewünschte
Umstellung vom teutonischen Barden und nationalistischen Ideologen zum europäisch orientierten Autor fiel
Blunck nicht leicht. Aber als getreuer Gefolgsmann Hitlers
fand er einen Weg, Altgewohntes und Neuverlangtes zu
synthetisieren: Er erbrachte gleichsam den Ariernachweis
der europäischen Kultur. Im August 1944 veröffentlichte er
den Aufsatz »Grundlagen und Bereich einer geistigen Einheit Europas« in der *Europäischen Revue*, die sich ein Jahrzehnt zuvor bereits von einer tendenziell faschistischen zu
einer offiziös-nationalsozialistischen Zeitschrift gewandelt
hatte. »Es wird«, schrieb Blunck eingangs, »wieder Zeit,
nach den größeren Zusammenhängen zu fragen, weil aus
der Selbstzerfleischung der weißen Völker zum erstenmal
seit dem Mittelalter eine Schwäche des ganzen Europas
erwächst, die seine Selbständigkeit und damit die uns allen
heilige Kultur des Abendlandes mit Zertrümmerung bis in
die Grundfesten bedroht« (195). Daß andere Autoren eine
solche Lehre bereits aus den Folgen des Ersten Weltkriegs
gezogen hatten, daß Hitler selbst diesen Krieg begonnen
hatte, und zwar unter Vorzeichen, die eine Zerstörung der
kulturellen Basis Europas implizierten, das alles wurde von
Blunck nicht erwähnt. Die meisten kulturhistorisch argu-
mentierenden Schriftsteller erkennen in der Antike und
dem jüdisch-christlichen Religionserbe die Grundlagen
abendländischer Zivilisation. Auf den ersten Blick unterscheidet sich auch Bluncks historische Herleitung nicht
prinzipiell von diesem Schema. Man hat sogar den Eindruck, als habe er sich mit seinem Dreierschema Antike–
Christentum–Germanentum durch Lions Europa-Essay

von 1934 inspirieren lassen. Anders als allen übrigen Europa-Essayisten ging es Blunck jedoch darum, den genannten Grundlagen noch eine Art Urbasis zu unterlegen. Bei ihr handelte es sich, wie der Autor es nannte, um die »alte arische Einheit«. »Einheitlich«, so führte er aus, »ist in Europa durch viele Jahrtausende vor Einführung des Christentums ein alter Glaube, der die gleichen Vorstellungen von Schöpfung und Göttern hat, der, und das ist wohl das Hauptsächliche, einen höchsten Waltenden kennt, Tiu oder Ziu im Norden, Diuspater-Jupiter in Italien, Zeus bei den Griechen, Djaus im Osten. Der Name bedeutet vielleicht ‚Glanz oder Leuchten des Himmels'; es ist der Schöpfende, der sich der mütterlichen Erde annimmt« (196).

Neben den patriarchalischen Mythen führte Blunck auch die »Verwandtschaft der Sprache und der Schrift« zum Beweis dafür an, »daß der arische Mensch seit einigen Jahrtausenden das Schicksal unseres Erdteils vorherrschend bestimmt« (197). In den »hinter uns liegenden Jahrtausenden« seien »drei Hauptformen der arischen Völker« zu unterscheiden: »Germanen, Romanen und Slawen«. Bei Blunck war nicht die Rede vom »slawischen Untermenschen«, von dieser inhumanen Massenmordformel, mit der die nationalsozialistische Propaganda ihren Vernichtungskrieg im Osten Europas zu rechtfertigen versuchte. Da der Autor aber in der Folge nur die romanischen und vor allem die germanischen Völker als kulturschaffend herausstellte, blieb es bei einer indirekten Diffamierung der Slawen. Zwar übernahm Blunck bei der Beschreibung der europäischen Kulturgrundlagen weitgehend Lions Schema der Dreitextur Antike–Christentum–Germanentum, doch setzte er im einzelnen merklich andere Akzente, nämlich zugunsten germanisch-deutscher Dominanz. Im Abschnitt über die Antike werden als Beispiele für die Wiederbelebung nicht etwa Persönlichkeiten der italienischen Renaissance genannt, sondern der »Staufer Friedrich der Zweite« und »Albert der Große« (199). Bei den Ausführungen über das Christentum wurde betont, daß »der christliche Glaube inzwischen von ursprünglichen Vorstellungen entfernt« sei und sich »in vielem den indogermanischen Lebensformen angeschmiegt« habe. »Aus der Predigt der Armut« sei »eine ständische Ordnung, aus der asketischen

Weltflucht eine harte Bejahung des staatlichen Lebens geworden.« Gar nicht in das Bild der nationalsozialistischen Haßpropaganda passend und deswegen erstaunlich war Bluncks Einsicht: »Das eindringlichste Wort des Christentums aber, die Predigt der Liebe, bleibt bestehen; ihrer bedürfen alle Völker.«

Ganz Rassist war Blunck aber wieder, wenn es um die dritte Komponente, um die Registrierung des germanischen Einflusses auf Europa seit der Völkerwanderung ging. Er habe, betonte Blunck, den Eindruck, daß der »Einfluß der germanischen Wanderungen auf das Werden des Abendlandes unterschätzt« worden sei (200), und dieses Fehlurteil wolle er korrigieren. So fabelte er von den Germanen, die »kriegerisch, reich an Musik und Dichtung, immer zum Einsatz bereit« die »Jahrhunderte hindurch Europas Herrenschicht« gestellt und »die zerfallende Alte Welt gegen die Angreifer von Osten und Süden« geschützt hätten. In Anlehnung an Spengler, der jedoch nicht genannt wurde, meinte Blunck, daß die germanische »Durchdringung unserer Welt« den »schöpfenden Drang der Unruhe« Fausts in »das Wesen des Abendlandes« gebracht habe (201). Den Rest des Beitrags füllte der Autor mit Beschwerden darüber, daß im momentanen »Einigungskrieg des Abendlandes« einige europäische »Staaten abseits« stünden. Namentlich wurden diese Länder nicht genannt, doch war Spanien sicher mitgemeint. Aus der »europäischen Einheit im Geiste« (204) folge logischerweise, daß die Länder des Abendlandes »einig in der Not« sein müßten (207). Um ihnen den Eintritt in den Krieg schmackhafter zu machen, rückte Blunck ein wenig von der für die Nationalsozialisten so bezeichnenden starren Einheitsideologie ab. Er räumte ein, daß innerhalb dieser – auch ihm äußerst wichtigen – Einheit ein gewisses Maß an Vielfalt herrschen könne. »Viele Landschaften kennt Europa«, orakelte er, »verschieden wird der Baustil Europas sein« (206). Am Schluß klingt sogar so etwas wie die Idee einer Föderation Europas an. Natürlich wurde nicht diese lateinische Vokabel, sondern das deutsche Wort »Verbund« benutzt. Die Losung für die Zukunft lautete nach Blunck »Verbund, nicht Vermengung« der Völker (207), womit auf weniger drastische Weise als früher die alte Forderung Hitlers wiederholt wurde, nämlich die nach der »Reinheit der Rasse« und nach der Führung Europas durch Deutschland. »In erwartungsvoller Freude«, hieß es abschließend, »schauen wir in die Zukunft« (208). Wer im Sommer 1944 als Hitler-Anhänger noch freudig in die Zukunft blickte, mußte ein eigenartiges Verhältnis zur Realität haben. Diese ideologische Verblendung sprach aus dem ganzen Beitrag des Autors. Blunck konnte und wollte wie die übrigen Nationalsozialisten kein Konzept für ein einiges und freies Europa entwerfen. Aus dem Studium der Geschichte hätten sie die Lehre ziehen können, die ihnen das Ergebnis des Krieges beibrachte: daß Europa sich nicht dem Diktat eines seiner Teile unterwirft, daß seine schöpferische Kraft sich aus der Begegnung und ständigen Vermischung ihrer vielfältigen Komponenten ergibt. Ein unverhältnismäßig besserer Kenner der europäischen Geschichte als Blunck war der Kulturphilosoph Erich Kahler. Er hatte in der Einleitung zu seinem 1937 im schweizerischen Exil veröffentlichten Werk *Der deutsche Charakter in der Geschichte Europas* vorausgesagt, daß das »dritte Reich« mit seiner »prinzipiellen Richtung gegen Europa« die »Zertrümmerung dieses Erdteils« herbeiführen werde (9).

Die Nachkriegszeit
(1945–1960)

Europa wird vom Gehirn gehalten,
vom Denken, aber der Erdteil
zittert, das Denken hat seine
Sprünge.
(Gottfried Benn, *Der Ptolemäer*)

I.

Die bedingungslose Kapitulation von Hitlers Generälen markierte 1945 den Zusammenbruch des sogenannten Dritten Reiches. Darüber hinaus aber bedeutete der Schluß des Krieges auch das Ende jenes europäischen Mächtesystems überhaupt, das seine Basis in der Souveränität seiner Staaten gehabt hatte. Die einzelnen Länder Europas gerieten in die Abhängigkeit der beiden siegreichen Großmächte, der USA und der UdSSR. Noch bevor 1949 die Teilung des Kontinents in einen östlichen und einen westlichen Bereich vollzogen war, erkannten eine Reihe von europäischen Intellektuellen und Politikern die Zeichen der Zeit. Souveränität war nicht mehr im Alleingang eines Einzelstaats zurückzugewinnen, sondern nur noch als Ziel eines vereinigten Europas anzustreben. Innerhalb der kurzen Frist von nur einem Jahrzehnt schaffte man dazu zwischen 1948 und 1957 die Grundlagen, ein Fundament, auf dem auch heute noch am europäischen Haus fortgebaut wird. Jetzt wurde relativ rasch geschaffen, was Aristide Briand und Gustav Stresemann geplant hatten, jedoch zu ihrer Zeit politisch nicht durchsetzen konnten. 1948 rief man im niederländischen Den Haag auf dem Europäischen Kongreß die Europäische Bewegung ins Leben, welche die Schaffung der Vereinigten Staaten von Europa anstrebte. Ein Jahr später fand im französischen Straßburg die Gründung des Europarates statt. 1951 begann die Europäische Gemeinschaft für Kohle und Stahl, die Montanunion, ihre Arbeit, und sechs Jahre später unterzeichneten westeuropäische Staatsmänner die Römischen Verträge der Europäischen Wirtschaftsgemeinschaft. Von Anfang an stand dabei – wenn auch nicht von allen Regierungen gleich stark unterstützt – die Vision einer politischen europäischen Union im Hintergrund. Von einem konstanten Vorwärtsschreiten der europäischen Integration konnte allerdings keine Rede sein. Schon in den frühen fünfziger Jahren gab es mit dem Scheitern der Europäischen Politischen Gemeinschaft und der Europäischen Verteidigungsgemeinschaft Rückschläge, die bislang noch nicht überwunden worden sind. Andererseits konnte man bereits in der Nachkriegszeit ein ständiges Zusammenwachsen Europas beobachten. Maßnahmen in Politik und Wirtschaft halten sich auf Dauer nur, wenn sie von einem breiten Konsensus in der Bevölkerung getragen werden. Die Europa-Politiker konnten in den Jahren nach 1945 beziehungsweise 1949 mit Zustimmung rechnen, weil im späteren Nukleus-Europa der Sechs (Frankreich, Italien, Deutschland, die Beneluxstaaten) die Europa-Idee viele Anhänger fand. Richard Nicolas Graf Coudenhove-Kalergi war aus dem Exil zurückgekehrt, erhielt 1950 als erster den Internationalen Karlspreis für europäische Verständigung der Stadt Aachen und gründete 1952 erneut die Paneuropäische Union. Neben ihr entwickelte sich die Europa-Union als starke Gruppe innerhalb der Europäischen Bewegung.

Eine Wurzel der Europa-Idee in der Nachkriegszeit war der ehemalige Widerstand gegen Hitler, eine andere der kalte Krieg. Winston Churchill sah die Teilung des Kontinents voraus. In seiner Zürcher Rede vom 16. September 1946 forderte er die Gründung der Vereinigten Staaten von Europa, und an der Etablierung des Europarates war er maßgeblich beteiligt. Auch Europa-Strategen wie Jean Monnet oder Walter Hallstein und Europa-Politiker wie Robert Schuman, Alcide De Gasperi, Konrad Adenauer und Paul Henri Spaak hätten nicht die Montanunion beziehungsweise die Europäische Wirtschaftsgemeinschaft gründen können, wäre die Bevölkerung weiterhin im nationalen Denken befangen geblieben. Wieder waren es prominente Schriftsteller, die sich als Wegbereiter des Europa-Gedankens erwiesen. Daß die deutschen Autoren sich in dieser Sache besonders engagierten, ist verständlich. Ging es ihnen doch nach Holocaust und Kriegsverbrechen, die von Deutschen begangen worden waren, darum, neben der vergangenheitsmäßig belasteten nationalen eine neue und positive zweite Identität, nämlich die europäische, zu vermitteln. So sehen es auch Klaus Harpprecht und Hans Magnus Enzensberger. Die Europa-Idee war in den Nachkriegsjahren nicht zuletzt deswegen so populär, weil sie – massenpsychologisch gesehen – eine Entlastungsfunktion übernahm. Alles Postnationale stand nach der unerträglichen Hypertrophie des Nationalismus bei den Deutschen hoch im Kurs: in Westdeutschland als Europa-Gedanke, in Ostdeutschland als sozialistischer Internationalismus. Hatte nach dem Ersten Weltkrieg die *Neue Rundschau* sich zum Sprachrohr des Europäismus gemacht, so übernahm diese Rolle nach dem Zweiten Weltkrieg die 1947 gegründete, von Hans Paeschke und Joachim Moras herausgegebene »Deutsche Zeitschrift für europäisches Denken« *Merkur*. Gleich in ihren ersten Jahrgängen finden sich eine Reihe von Aufsätzen zum Thema von Denis de Rougemont, Lionel Curtis, Percy Winner, Friedrich Minssen, Karl Schmid, Wilhelm Grewe, Ferdinand Lion, Albert Mirgeler und Herbert von Borch.

Der erste Autor, der sich nach dem Krieg in Deutschland für eine friedliche Europa-Politik einsetzte, war ausgerechnet der ehemals nationalistisch-kriegsfreudige Barde der Materialschlacht Ernst Jünger. Die Mutation vom Militaristen zum Friedensapostel gelang jedoch nicht völlig, wenn er sich in seiner Schrift »Der Friede« auch alle Mühe gab, seine Wandlung glaubhaft zu machen. Die Arbeit war noch während des Krieges entstanden und wurde zwischen 1945 und 1949, als ihre Publikation in Deutschland durch die Besatzungsbehörden verhindert wurde, in Abschriften und Raubdrucken verbreitet. Gewidmet war die Arbeit »der Jugend Europas« und »der Jugend der Welt«. Jünger gehörte zu den wenigen, die der Sinnlosigkeit, Absurdität und Inhumanität des Zweiten Weltkriegs unbedingt einen Sinn abgewinnen wollten. Er sprach vom »großen Schatz von Opfern«, der sich »als Grundstock zum neuen Bau der Welt« angesammelt habe (196). »Fallend« würden die Kriegsopfer »zum guten Korne, das vielfach fruchten« werde (206). Wie schon 1948 Hoimar von Ditfurth kritisch bemerkte, verherrlichte Jünger bis zur Geschichtsverfälschung den Krieg, wenn er sich als Historiker kommender

Jahrhunderte imaginierte und verkündete: »Und es wird in der Erinnerung fernster Zeiten ein großes Schauspiel bleiben, wie sie in allen Ländern aufbrachen, als die Stunde gekommen war, zum Waffengange an den Grenzen, zum Treffen der Schiffe auf den Ozeanen, zur tödlichen Begegnung der Geschwader in der Luft« (196). Der größte Widersinn unseres Jahrhunderts wurde hier zum heroischen Schauspiel verklärt, als handle es sich um den Zweikampf homerischer Helden.

Wegen der in ihr enthaltenen Ideen zur Vereinigung Europas wurde Jüngers Schrift in der unmittelbaren Nachkriegszeit stark beachtet. Er ging davon aus, daß global neue Imperien, überstaatliche Unionen in der Entstehung begriffen seien. »Der nationale Stoff« habe sich im Feuer des Krieges »verzehrt« (217). Für Europa sei nun »die Stunde zur Vereinigung gekommen«, der Moment, in dem es »sich Hoheit und Verfassung gibt«. Die »Sehnsucht nach dieser Einheit« sei »älter als die Krone Karls des Großen, doch war sie nie so brennend, so dringend wie in unserer Zeit« (209). Im Vergleich zu den Europa-Vorstellungen der Weimarer Republik bot Jünger kaum Neues. Als Modelle für das geeinte Europa pries er wie gehabt die Schweiz, die USA und die UdSSR an. Wie früheren Europa-Theoretikern war ihm innerhalb der neuen »planetarischen Ordnung« (211) an Partnerschaft mit und Unabhängigkeit von den übrigen Imperien gelegen. Auf das Nachkriegs-Europa würden Amerika und die Sowjetunion zwar »mächtigen Einfluß« ausüben, aber der Kontinent werde weder amerikanisch noch russisch werden. »Dem wirkt«, so Jünger, »die ungeheure Schwerkraft der Geschichte entgegen, der Schatz an altem Erbe« (228). Auch Jünger legte Wert auf die deutschfranzösische Kooperation. Froh war er besonders darüber, daß Paris (wo der Autor Besatzungsoffizier gewesen war) den Krieg überstanden hatte. Die erhalten gebliebene Stadt Paris schien ihm ein gutes Omen für die Zukunft zu sein. »Sie möge«, schrieb er, »als eine mit alten und schönen Dingen überreich gefüllte Arche aus dieser Sintflut den Strand der neuen Sicherheit erreichen, um fernere Geschlechter zu erfreuen« (217). Von den englischen Politikern hoffte er, daß sie ihr Gleichgewichtsdenken von der nationalstaatlichen auf die globale Ebene verlagern würden. Der große Vorteil eines vereinigten Kontinents lag nach Jünger nicht nur in der Möglichkeit einer Selbstbehauptung zwischen den übrigen Machtblöcken, sondern auch in der größeren Freiheit für die Einzelregionen, die organischer gewachsen seien als die Nationalstaaten. Das war eine Idee, die auch T. S. Eliot in seinen *Notes Towards the Definition of Culture* festgehalten hatte. Jünger schrieb dazu: »Indem die Konkurrenz der Nationalstaaten erlischt, kann etwa der Elsässer als Deutscher oder als Franzose leben, ohne zu dem einen oder dem anderen gezwungen zu sein. Vor allem aber kann er als Elsässer leben, wie es ihm gefällt. Das ist ein Wiedergewinn an Freiheit, der bis in die Völkersplitter, die Stämme und Städte sichtbar werden wird. Im neuen Hause kann man, freier als in den alten [Häusern], Bretone, Welfe, Wende, Pole, Baske, Kreter, Sarde oder Sizilianer sein.« Nicht nur im Hinblick auf die Nationen, sondern auch auf die Regionen meinte Jünger: »Europa kann Vaterland werden, doch bleiben viele Mutterländer« (225).

Andere Schriftsteller seiner Generation hatten vergleichbare Einsichten bereits nach dem Ersten Weltkrieg formuliert, als er noch auf nationalistischer Militanz beharrte. Wären Jünger und das konservative Lager der Weimarer Republik allgemein europäisch gesinnt gewesen, hätte die Hitler-Katastrophe verhindert werden können. Statt bereits 1918 gelangte er erst jetzt zu der Einsicht: »Zwei Wege tun sich vor den Völkern auf. Der eine ist der des Hasses und der Vergeltung; und es ist sicher, daß auf ihm nach kurzer Ermattung der Streit von neuem und heftiger entbrennen wird, um in der allgemeinen Vernichtung zu endigen. Der rechte Weg dagegen führt zueinander: die Kräfte, die sich in tödlichem Widerspiel verzehrten, müssen sich zu neuer Ordnung, zu neuem Leben vereinigen. Hier sind allein die Quellen des wahren Friedens, des Reichtums, der Sicherheit, der Macht« (210).

Jünger bedachte auch die Staatsform des künftig vereinigten Kontinents. Vielleicht wollte er der deutschen Rechten eine Brücke in die Zukunft bauen, wenn er eine Synthese von »autoritärem« und »liberalem« Staat für das kommende Europa vorschlug. »Die Formen des autoritären Ordnungsstaates«, führte er aus, wären »dort am Platze, wo Menschen und Dinge technisch organisierbar« seien. Das betreffe »die Technik, die Industrie, die Wirtschaft, den Verkehr, den Handel, das Maß und die Verteidigung«. »Freiheit dagegen« habe »zu walten im Mannigfaltigen – dort, wo die Völker und Menschen verschieden« seien. Das gelte »für ihre Geschichte, ihre Sprache und Rasse, für ihre Sitten, Gebräuche und Gesetze, für ihre Bildung, ihre Kunst und ihre Religion. Hier können«, meinte der Autor, »nicht zuviel Farben auf der Palette sein.« Jünger machte deutlich, daß das künftige Europa ohne »Demokratie« (224) und »Menschenrechte« (228) nicht denkbar sein werde. Das waren für seine alten Anhänger ungewohnte Töne. Vollends überrascht war die bisherige Jünger-Gemeinde, als sie ihren Meister ein Bekenntnis zur Kirche und zur christlichen Religion aussprechen hörte. Zur Vereinigung brauche Europa die Kirche, schrieb Jünger, denn sie sei »das stärkste der alten Bänder, welche die Zeiten der nationalen Trennung überdauerten« (232). »Die wahre Besiegung des Nihilismus und damit der Friede«, philosophierte er, »wird nur mit Hilfe der Kirchen möglich sein« (230). Der antimetaphysische, technikbesessene Autor des *Arbeiters* von 1932 verkündete nun, daß »den reinen Technikern die Menschenführung nicht zugebilligt werden« könne, daß »die Menschen sich metaphysisch stärken« müßten »im gleichen Maße, in dem die Technik wächst« (229). Nicht mehr der »Arbeiter«, sondern der »Theologe« wurde nun zur Leitfigur der Zukunft erhoben. Es sollten, hieß es dazu, »der Theologie als oberster der Wissenschaften nicht nur die besten Herzen, sondern auch die besten Köpfe, die feinsten Geister zuströmen – jene, die in den Einzeldisziplinen und selbst in der Philosophie nicht ihr Genügen finden, sondern die dem Ganzen, dem Universum sich zuwenden« (231). Am Schluß des Essays sah Jünger sich bereits selbst als Theologen. Zum einen prophezeite er als eine Art ökumenischer Zukunftspatriarch die Versöhnung der Kirchen im vereinigten Europa, wenn er meinte: »Das Schisma, das die Geburt der Nationen begleitete, verliert mit ihrem Untergang den Sinn« (233). Auf der Linie der neu entdeckten Christlichkeit mit ihrer individuellen Verantwortung lagen auch die zur inneren Umkehr mahnenden frommen Worte des Autors. »Der echte Friede« nämlich setze erst ein, »wenn man das rote Feuer in sich selbst zu löschen« bereit sei, wenn man »sich zunächst im Eigenen vom Haß und seiner Spaltung zu lösen« wisse. Ein solcherart entfachtes »kleines Licht« sei »größer« und »zwingender als sehr viel Dunkelheit« (235 f.). Jünger entpuppte sich hier als Nachfolger Joseph von Eichendorffs, der seine Novelle *Das Schloß Dürande* mit einer vergleichbaren Mahnung beschlossen hatte: »Du aber hüte dich, das wilde Tier zu wecken in der Brust, daß es nicht plötzlich ausbricht und dich selbst zerreißt« (1364).

Die Kirche und die christliche Religion standen in den Nachkriegsjahren des westlichen Europas allgemein hoch im Kurs. Das zeigen auch die Europa-Beiträge von T. S. Eliot, Frank Thiess und Werner Bergengruen. Die Situation erinnerte bis zu einem gewissen Grad an die Zeit um 1800, als nach der Ernüchterungsphase, die der Französischen Revolution folgte, François René de Chateaubriand und Novalis den Geist des Christentums priesen. Eliot hielt 1946 den Vortrag »Die Einheit der europäischen Kultur«. »Wenn das Christentum dahingeht, so geht unsere gesamte Kultur dahin«, lautete Eliots Kernthese (112). Der Autor führte dazu begründend aus: »Unserm christlichen Erbe verdanken wir viel mehr als seinen religiösen Glauben. In ihm liegt die Entwicklung unserer Künste beschlossen, es vermittelte uns die Grundgedanken des Römischen Rechts, die so viel zur Gestaltung der westlichen Welt beigetragen haben, und unsere Begriffe von persönlicher Sittlichkeit und öffentlicher Moral. Es vermittelte uns auch die Literatur der Griechen und Römer und damit gemeinsame literarische Maßstäbe. Die Einheit der westlichen Welt beruht auf dieser Hinterlassenschaft, auf dem Christentum und auf den antiken Zivilisationen von Griechenland, Rom und Israel, auf die wir dank einer zweitausendjährigen Herrschaft des Christentums unsere Herkunft zurückführen können.« Um zu verdeutlichen, was das Ende des Christentums für die kulturelle Situation in Europa bedeuten würde, benutzte Eliot folgenden Vergleich: »Dann wird man mühselig von vorn anfangen müssen, denn man kann eine neue Kultur nicht anziehen wie einen Konfektionsanzug. Erst wächst Gras, dann frißt das Schaf, dann schert man das Fell, dann erst gibt's Wolle zum neuen Anzug. Europa würde durch viele Jahrhunderte der Barbarei hindurchmüssen. Wir würden die neue Kultur nicht erleben, auch nicht unsere Ur-ur-urenkel; und erlebten wir sie, nicht einer von uns würde sich glücklich in ihr fühlen« (112). Nichts lag Eliot ferner, als sich missionarisch für das Christentum zu engagieren. Von Kirchenfrömmigkeit im engen Sinne hielt er nichts. So schrieb er denn zur Erläuterung seines Standpunkts: »Der einzelne Europäer mag die Lehre des Christentums für falsch halten, und doch wird alles, was er sagt und tut und schafft, seinem christlichen Kulturerbe entspringen und diese Kultur als sinngebend voraussetzen. Nur eine christliche Kultur konnte einen Voltaire oder Nietzsche hervorbringen. Ich glaube, daß die europäische Kultur das völlige Verlöschen christlicher Religiosität nicht überleben könnte« (111).

Die Einheit der europäischen Kultur zeigte sich Eliot zufolge nicht nur in der christlichen Religion, sondern auch in der europäischen Literatur. Er machte klar, daß es isolierte Nationalliteraturen in Europa nie gegeben habe. »Wenn ein Vergil«, stellte er fest, »ein Dante, ein Shakespeare, ein Goethe geboren wird, so bestimmt das den weiteren Verlauf der gesamten europäischen Literaturentwicklung« (103). »Um die Literatur eines europäischen Landes verstehen zu können«, so folgerte der Autor – wie über ein Jahrhundert zuvor August Wilhelm von Schlegel –, »müssen wir auch über die der anderen Bescheid wissen«, denn »ein dichtes Netz hin und her gehender Einflüsse« bestimme »die europäische Literaturgeschichte« (101). Mit seinem Bezug auf Religion und Dichtung betonte Eliot die Bedeutung der kulturellen Aspekte gegenüber der »materiellen Organisation Europas«. Mit der Organisation waren die damals geplanten wirtschaftlichen und politischen Verbände Europas gemeint. Wenn »der geistige Organismus« sterbe, so werde das, »was man dann noch organisiert, nicht mehr Europa sein, sondern nur noch eine Masse von Menschenwesen, die soundsoviele verschiedene Sprachen sprechen« (109). »Das wahre Band« zwischen den europäischen Ländern sei, so meinte er wie ehedem Novalis, die in den »gemeinsamen Kulturen liegende jahrhundertealte Einheit«. »Wenn wir unser gemeinsames Kulturerbe vergeuden oder mißachten«, beschwor der Autor seine Zuhörer, »dann kann alles Organisieren und Planen der genialsten Köpfe uns nicht helfen oder uns näher zusammenbringen.« Auch Eliot verstand die europäische »kulturelle Einheit« als »eine Vielfalt von Bindungen« (112). Die Furcht, die er vor einem möglichen Ende der europäischen Kultur hatte, begründete er mit dem Erlebnis des Krieges. »Wer so viel Verwüstung in der sichtbaren Welt erlebt hat wie wir«, erklärte er, »der sieht auch die geistigen Güter unmittelbar bedroht.« Wie Jünger forderte er die Wissenschaft auf, den Bestand der Kultur zu sichern. Zwar verlangte er nicht wie Jünger die quasi mittelalterliche Restitution der Theologie als höchster akademischer Disziplin, doch wandte er sich gegen die pragmatische Tendenz, aus den Universitäten »Anstalten zur Heranzüchtung eines leistungsfähigen Beamtenkörpers« zu machen. Die Universität als »ausschließliche nationale Einrichtung« wünschte er abgeschafft. »Die Universitäten Europas müßten«, hob er hervor, »ihre gemeinsamen Ideale und gegenseitigen Verpflichtungen haben«, die bestünden im »Suchen nach Wahrheit«, in dem Ziel, »Menschen weise werden« zu lassen (113).

Auch Eliots Landsmann Stephen Spender befand sich im selben Jahr 1946 »auf der Suche nach Europas Bestimmung«. Spender fand sie – wie viele andere Europa-Essayisten – in ihrer universalen Geltung. Mitte September 1946 gehörte der Autor zu einer Gruppe europäischer Intellektueller, die sich in Genf zu einer Tagung trafen, um über die geistige Situation auf dem durch die Kriegsfolgen verödeten Kontinent zu diskutieren. Zu diesen Intellektuellen, die nach Genf gekommen waren, gehörten Georges Bernanos, Karl Jaspers, Ignazio Silone, Denis de Rougemont, Georg Lukács und Julien Benda. Spender verdeutlichte in seinem Bericht über diese Tagung, daß er viel von der internationalen Rolle der europäischen Kultur hielt, daß er aber, was Europas eigene augenblickliche Situation betraf, äußerst pessimistisch war. Er führte dazu aus: »Europa kann seine kulturelle Einheit nicht mehr länger im Gedanken an Europa finden, sondern im Hinblick auf die europäische Kultur in der Welt. Nihilismus, Nationalismus, Zerstörung und Haß sind solch gewaltige Kräfte im heutigen Europa, wenn man dessen Isolierung von der übrigen Welt bedenkt, daß die Sache Europas als solche verloren erscheint. Aber eine andere Möglichkeit des Ausblicks auf

Europa besteht darin, es als einen Außenposten europäischen Geistes zu betrachten, der in Amerika existiert und der auch in Rußland vorhanden sein könnte. Man kann sich nicht mehr vorstellen, daß Europäer vermöchten Europa für Europa zu retten (die Trennungslinien im Innern sind dazu bereits viel zu tief), aber sie könnten dies tun für die ganze Welt. Wenn wir Europa nicht eben nur als Europa sehen, sondern als einen kleinen Teil einer Welt, in der die anderen Kontinente die dominierenden Stellungen einnehmen« (6). Spender konstatierte nüchtern, wovor in früheren Jahrzehnten Autoren wie Heinrich Mann, Paul Valéry, Stefan Zweig und André Suarès so eindringlich gewarnt hatten: den Verlust der politischen Vorherrschaft in der Welt.

Spenders Artikel erschien in der Zeitschrift *Der Ruf*, die 1946 von Alfred Andersch und Hans Werner Richter neu begründet worden war, nachdem sie unter dem gleichen Titel bereits von März 1945 bis April 1946 als Zeitschrift der deutschen Kriegsgefangenen in den USA bestanden hatte. Anderschs Eröffnungsbeitrag in der ersten Nummer vom 15. August 1946 lautete: »Das junge Europa formt sein Gesicht«. Wie eine vorwegnehmende Entgegnung auf Spenders Bedenken liest sich Anderschs erster Satz in diesem Essay: »In dem zerstörten Ameisenberg Europa, mitten im ziellosen Gewimmel der Millionen, sammeln sich bereits kleine menschliche Gemeinschaften zu neuer Arbeit. Allen pessimistischen Voraussagen zum Trotz bilden sich neue Kräfte- und Willenszentren« (19). Die Ziele, die Andersch der Jugend setzte, umschrieb er mit »europäischer Einheit« und »sozialistischem Humanismus«. Sozialistisch bedeute, daß »Europas Jugend ‚links' steht, wenn es sich um die soziale Forderung handelt«, und unter Humanismus verstehe sie die »Anerkennung der Würde und Freiheit des Menschen« (20). Wie wichtig Andersch die Respektierung der Menschenrechte im Europa der Zukunft war, wurde deutlich, wenn er ausführte, daß die europäische Jugend bereit sei, »das Lager des Sozialismus zu verlassen, wenn sie darin die Freiheit des Menschen aufgegeben sähe zugunsten jenes alten orthodoxen Marxismus, der die Determiniertheit des Menschen von seiner Wirtschaft postuliert und die menschliche Willensfreiheit leugnet« (21). Im

Gegensatz zu Jünger gedachte Andersch auch der Emigranten, die während der Hitler-Zeit aus Deutschland vertrieben worden waren. »Wir fordern und erwarten«, hob er hervor, »die Vereinigung der Emigration mit Deutschlands junger Generation« (24).

Ein halbes Jahr später meldete sich auch Richter im *Ruf* zum Thema Europa zu Wort. Sein Beitrag »Churchill und die europäische Einheit« eröffnete das Heft vom 1. März 1947. Wie Andersch forderte Richter gleichzeitig die europäische Einheit und eine sozialistische Gesellschaftsordnung. Richter erinnerte eingangs an die Vision Victor Hugos von den Vereinigten Staaten von Europa und begrüßte es, daß Churchill, der »gestern« noch »ein Reaktionär und Nationalist« gewesen sei, sich »heute« als »ein Vorkämpfer der europäischen Idee« präsentiere (257). Churchills Fehler bestünde aber darin, daß er Europa »in seiner liberalen und privatwirtschaftlichen Organisation« bewahren wolle. Dieses »alte Europa« war nach Richter »im Untergang begriffen«, müsse »absterben, damit ein neues geboren werden« könne. »Dieses neue Europa«, führte er aus, »aber wird sozialistisch sein oder es wird nicht sein« (258). Der »Sozialismus« sei die »Voraussetzung« der kontinentalen Unifikation: »Nur in einer sozialistischen und einheitlichen Wirtschaftsordnung« könne »die politische Einheit« Europas »Bestand haben« (261 f.). Die Situation der jungen europäischen Nachkriegsgeneration erläuterte Richter mit folgendem historischen Vergleich: »Ähnlich wie nach den Befreiungskriegen 1815 eine junge Generation von den Schlachtfeldern Europas nach Deutschland zurückkehrte und leidenschaftlich die Einheit Deutschlands wünschte, kehrt heute die junge Generation Europas von den Schlachtfeldern der Welt zurück und wünscht die Einheit Europas. Wie jene Generation, entsprechend der Tendenz ihrer Zeit, liberalistisch gesonnen war, so ist diese sozialistisch gesonnen« (260). Richters geschichtliche Parallele war allerdings nicht sonderlich ermutigend, denn die Generation der Befreiungskriege erlangte ja alles andere als die nationale Einheit und eine liberale Verfassung für ganz Deutschland. Der Pessimismus, der in dieser Parallele mitschwang, war von Richter vielleicht beabsichtigt, denn schon eingangs hatte er geklagt: »Die Stunde einer europäischen Wiedergeburt ist bereits versäumt. Die Regeneration der Nationalstaaten, die Aufteilung nach unten statt der Zusammenfassung nach oben bestimmt die politische Ausrichtung der Gegenwart. Die Mitte Europas wird von dem politischen Fieber der Welt zerrissen. An die Stelle der großen Nationalstaaten, deren Zusammenfassung in einen europäischen Staatenbund möglich gewesen wäre, tritt nun die Kleinstaaterei« (257).

1946 schrieb auch Frank Thiess einen Essay über »Europa als geistige Einheit«. Wie Eliot unterstrich er die *»geistesgeschichtliche Einheit«* in der Religion, der Philosophie, Dichtung und Wissenschaft und betrachtete sie als Voraussetzung für die »geschichtliche Wirksamkeit«, die die Europa-Idee nach dem Krieg entfalten könne (84). Ähnlich wie Valéry nach dem Ersten Weltkrieg konstatierte Thiess jetzt, daß das abendländische Erbe auf »drei Grundwerten« basiere, die »für alle europäischen Nationen verbindlich« seien: »der Idee der *Schönheit«* (als hellenischem), »des *Rechts«* (als römischem) und »der *Menschlichkeit«* (als christlichem Erbe) (86 f.). 1948 ergänzte Thiess diesen Essay um die Studie »Europa als politisches Problem«. Hierbei handelt es sich um ein Plädoyer für die Überwindung des Nationalismus zugunsten der europäischen Einheit. Dem »Wahn der nationalistischen Selbstvergottung« müsse ein Ende gemacht werden (88). Eine Voraussetzung für die Schaffung der Vereinigten Staaten von Europa sei, daß die Einzelstaaten »einen Teil ihrer Souveränität zugunsten einer europäischen Gruppenbildung« aufgäben. Genauso wichtig sei auf kulturellem Gebiet »der geistige Austausch zwischen den europäischen Nationen« (89). Wie Eliot warnte Thiess vor einem einseitig administrativ betriebenen Einigungsprozeß. Wenn »das Gefühl für die Notwendigkeit einer Europa-Union nicht in den Völkern lebte«, konstatierte der Autor, so »würde keine Staatskunst sie ins Leben rufen können« (92). »Die Verwirklichung der europäischen Einheit« werde »weniger ein Ergebnis politischer Schachkunst als einer Lebens- und Geisteshaltung sein« (104). Das hatte schon Novalis so gesehen, und offenbar setzte Thiess den Beginn der Reflexionen über ein vereinigtes Europa mit Novalis' Rede an, wenn er als Kulturhistoriker bemerkte: »Die Vorstellung einer übernationalen Einheit der euro-

päischen Staaten tauchte seit rund 150 Jahren im Bewußtsein führender Köpfe auf« (92). Der freiwillige Souverä-
nitätsabbau der Einzelstaaten zugunsten europäischer Entscheidungsgremien ist nach Thiess das Gegenteil des
Hitlerschen Konzepts, das auf die »Beherrschung aller übrigen Staaten durch Deutschland« hinauslief. Hitler habe
nicht begreifen wollen, daß »ein Staatenbund nur auf der
Basis der Parität seiner Teilnehmer verwirklicht werden«
könne, und so sei dessen »Neues Europa« »ein Widerspruch
in sich« gewesen (93). Nichtsdestoweniger gewann Thiess
wie Jünger dem Zweiten Weltkrieg positive Seiten ab. Die
»Ausbreitung der deutschen Armeen« habe gezeigt, daß
»Kriege nicht trennen sondern verbinden«. Die Deutschen
hätten durch den Krieg erst andere Völker kennengelernt,
und dadurch seien »Riesenmauern von Vorurteilen eingerissen« worden (94). Das war die unsinnigste nachträgliche Rechtfertigung des Krieges, die damals zu Papier gebracht wurde. Handelte es sich bei Jüngers Opferidee noch
um eine – wenngleich höchst dubiose – geschichtsphilosophische Interpretation, so wurden bei Thiess die Tatsachen
schlicht auf den Kopf gestellt. Kein Wort über die Kriegs-
greuel, die durch das deutsche Militär in ganz Europa verbreitet worden waren, kein Wort auch über den Mord an
Juden, Zigeunern und Gegnern des Regimes in den Ver-
nichtungslagern. Jünger hatte zumindest von den »Mord-
höhlen« gesprochen, die »auf fernste Zeiten im Gedächtnis
der Menschen haften« bleiben würden (202 f.), hatte aufgedeckt, wie im Dritten Reich »die Welt sich rein zum
Schlachthaus wandelte, zur Schinderhütte« (200), hatte »die
großen Massengräber« und die »kalte Mechanik der Ver-
folgung, die überlegte Technik der Dezimierung« (201) in
den »Lagern« der »Vernichtung« erwähnt (202). Aber auch
Jünger benannte nicht die Tatsache des Holocaust als solchen, und das Wort Jude wird man in seiner Schrift vergeblich suchen.

Das war bei Bergengruen nicht anders. Er schwärmte in
seiner 1948 gehaltenen frommen Ansprache »Über abendländische Universalität« vom »domglockengleichen Klang
des Wortes ‚Abendland'« (331). Dieses Wort bestimmte er
dann in der konventionellen Weise mit dem Hinweis auf
das antik-christliche Erbe und mit dem Gegensatz zwischen

414

Europa und Asien als jenem zwischen Ordnung und Chaos. Wie die drei genannten Autoren erwies auch Bergengruen der Kirche seine Reverenz, und wie Eliot meinte er, daß die Antike durch die Kirche in Europa lebendig geblieben sei. Dazu schrieb er: »Die Antike gipfelt in der Kirche, niemand als die Kirche hat sie uns tradiert, und so geschieht es von rechts wegen, daß in Rom das Kreuz über so vielen Tempeln des Altertums steht, ein Triumphzeichen nicht der Zertrümmerung, sondern der Vollendung. Solange die Kirche lebt, solange lebt auch die Antike« (336). In Deutschland gebe es Städte wie Trier und Köln, wo diese Synthese von Antike und Christentum an Bauwerken sinnfällig werde. In Köln zum Beispiel – dort hielt Bergengruen diesen Vortrag an der Universität – sei im »Kirchennamen Maria im Kapitol« dasjenige »präfiguriert, was wir auch heute noch als das eigentlich abendländische Palladium empfinden« (335). Als »wichtigste Tugend« abendländischer Kultur pries Bergengruen »die Mäßigung, dieses Attribut der Reife« (332). Von hier aus schlug der Autor einen Bogen zum Unmaß und zur Hybris Hitlers, die man »in voreiliger Glorifizierung als faustisch oder titanisch bezeichnet« habe (333). Theologisierend wie Jünger sprach Bergengruen von den »widergeistigen und widergöttlichen Irrlehren« (337) der Nationalsozialisten und von der »Arroganz des seiner Sache und seiner selbst nicht gewissen Hysterikers« Adolf Hitler (342). Von den Verbrechen des Dritten Reiches erwähnte der Autor die sogenannten Euthanasiemaßnahmen, wenn er das »Hinmorden der Erb- und Geisteskranken« (337) anprangerte. Der Mord an den Juden blieb auch bei Bergengruen unerwähnt. Wie man ohne Einbekenntnis dieser Schuld dazu aufrufen konnte, »die abendländische Gesinnung in uns zu erneuern« (345) und »den Weg der christlichen Lehre, den Weg der abendländischen Mäßigung und Hochherzigkeit« erneut zu beschreiten (347), bleibt ein Rätsel. Und so liest man die Novalis-Worte über Rom als neues Jerusalem, mit der Bergengruen seine Predigt beendete, mit dem bestimmten Gefühl, daß sich hier ein Mitschuldiger auf einen Schuldlosen, ein Kirchenfrömmler auf einen unabhängigen Geist, ein Epigone auf einen originellen Denker beruft. »Nur Geduld«, so wiederholte Bergengruen die schönen Worte des Romantikers in unangemessener Naivität, »sie wird, sie muß kommen, die heilige Zeit des ewigen Friedens, wo das neue Jerusalem die Hauptstadt der Welt sein wird« (348).

II.

Thiess und Bergengruen hatten sich 1948 noch nicht aus der geistigen Isolation der inneren Emigration gelöst. Sie dachten sich zurück zu Romantik, Mittelalter und Antike, hatten aber keinen Anteil am explosiven intellektuellen Leben der neuen Nachkriegsgeneration. Das wird deutlich, vergleicht man ihre Vorträge mit den Europa-Stellungnahmen von Jean-Paul Sartre und Klaus Mann, die 1949 erschienen. Im Zentrum des Interesses beider Autoren stand die Frage, ob das zerstörte Europa seinen Platz zwischen den beiden Siegermächten USA und UdSSR werde behaupten können. Sartre wünschte sich »eine vereinigte, sozialistische europäische Gemeinschaft«, deren Ziel es sein solle, die verlorene »Autonomie wiederzugewinnen«. Der kalte Krieg zwischen Ost und West, der 1948 bei Bergengruen und Thiess weder dem Wort noch der Sache nach erwähnt wurde, war bei Sartre und Mann das zentrale Thema. Europa, so überlegte Sartre, könne »von der Feindseligkeit der Vereinigten Staaten gegenüber der Sowjetunion und der Sowjetunion gegenüber den Vereinigten Staaten profitieren, anstatt zwischen beiden hin und her gerissen« zu werden. Aber nicht nur seine politische und ökonomische Autonomie müsse Europa »gegen Amerika und die Sowjetunion verteidigen«, sondern auch seine kulturelle. Europa dürfe sich nicht, meinte Sartre, »zwischen dem amerikanischen Optimismus und dem russischen Szientismus zerreißen« lassen. Das »Schicksal Europas« stehe auf dem Spiel; der »zwischen zwei Einflußzonen gespaltene« Kontinent stehe in der Gefahr, »ein Schlachtfeld« der Politiker und Ideologen zu werden (110 f.).

Als solches ideologisches Schlachtfeld empfand Mann das Nachkriegs-Europa. Im Jahr zuvor hatte er am 12. April 1948 in Den Haag den Vortrag »Deutschland und seine Nachbarn« gehalten. Dort forderte er, daß Deutschland »seinen Weg zurück zur europäischen Völkerfamilie finden« müsse.

Als Lösung dieses Problems hatte er »*eine europäische Föde-ration*« inauguriert, »in die Deutschland sich allmählich eingliedern lassen würde«, und zwar »zunächst überwacht, mit gewissen Garantien: im Lauf der Jahre immer selbstän-diger, schließlich als ein gleichberechtigtes Mitglied«. Er verstand seinen Vortrag in den Niederlanden als Beitrag zur Aussöhnung der europäischen Länder. »Wer die Deutschen für *unverbesserlich* und *unheilbar*« halten wollte, so führte er aus, der mache »sich eben jenes Irrtums schuldig, auf dem die abscheuliche Wahn-Lehre des Nationalsozialismus ba-sierte«, nämlich der Ideologie von den »minderwertigen Rassen«.

Im Juni 1949 – wenige Tage nach seinem Tod – erschien auf englisch Manns Essay »Europe's Search for a New Cre-do« in der New Yorker Kulturzeitschrift *Tomorrow*. Dieser Essay dokumentiert den krisenreichen Abschied des Autors von der Europa-Idee als sinnstiftender Weltanschauung. Das wird schon durch den Titel signalisiert, dessen korrekte Übersetzung »Europas Suche nach einem neuen Glaubens-bekenntnis« gewesen wäre. Der Essay wurde den deutsch-sprachigen Lesern in der – zum Teil freien – Übertragung durch Erika Mann zugänglich. Sie gab ihm die – durchaus passende – Überschrift »Die Heimsuchung des europäi-schen Geistes«. Im Gegensatz zu Jünger, Eliot und Bergen-gruen ging es Klaus Mann nicht um eine Erneuerung des christlichen Glaubens, sondern um die Suche nach einer – nicht auffindbaren – neuen Überzeugung von umfassender Plausibilität. Anders als bei Bergengruen und Thiess wurde »die Welt von Auschwitz«, diese »Welt von Alpträumen« und »Gaskammern«, bei diesem Autor nicht verdrängt. Weil die »barbarischen Kräfte« ihre »blutigsten Phantasien« im »totalitären Staat« (322) ausgelebt hätten, sei jetzt »jeder-mann in Europa [...] gequält und beunruhigt«, von »Angst-gefühl« erfüllt (317). Diese Angst mache sich besonders bei den Intellektuellen bemerkbar. »Angstvoll und verwirrt«, stellte der Autor fest, »suchen sie Trost in den alten Auf-zeichnungen der Hindus und in den Schriften von Lenin. Sie zitieren die Bibel und Jean-Paul Sartre« (318). Mann diagnostizierte eine fundamentale Verunsicherung der europäischen Intellektuellen. Diesen Befund bewertete er jedoch nicht negativ. Im Gegenteil, er erhob Unsicherheit und Zweifel zu Kriterien intellektueller Redlichkeit. Als Intellektueller gehöre man »unwiderruflich einer Spezies von Forschern und Dissidenten« an, kenne nur »sein eigenes Gesetz und Evangelium«, entdecke nur »seine eigene Wahrheit«.

Der Autor war offensichtlich dem Intellektuellenverständnis Karl Mannheims verpflichtet, der die kritische Intelligenz als »freischwebend« bestimmt hatte. »Der echte Intellektuelle«, definierte Mann, »erachtet nichts als gegeben, bezweifelt alles. Sein Hauptmerkmal ist eine grenzenlose und leidenschaftliche Neugier. In alles Neue und Gefährliche ist er vernarrt« (320). Was Mann zur Verzweiflung trieb, war seine Erfahrung, daß der Ost-West-Konflikt zu kritischer Unabhängigkeit keinen Raum ließ. Schon der junge Autor von 1927 hatte sich sowohl vom Amerikanismus wie vom Sowjetmarxismus abgegrenzt, und auch im neuen Ost-West-Konflikt konnte er nicht Partei für eine der beiden Seiten ergreifen. Weder beeindruckte ihn »die Entschlossenheit der Pro-Sowjet-Intellektuellen« (327), noch wollte er in den Chor der »hysterischen und schrillen Stimmen« der »fanatischen Kommunistenfresser« einstimmen (329). Er konstatierte: »Die Luft des zerrissenen gequälten Erdteils ist voll von Anklagen und Gegenanklagen, Beleidigungen, Denunziationen und Schmähworten. Während Ost und West sich drohend gegenüberstehen, hält die Schlacht der Ideologien die besten europäischen Köpfe in Bann. Neutralität, Weisheit, Objektivität, gelten als Hochverrat« (330). Der Titel des Essays hätte auch »Der europäische Intellektuelle im Ost-West-Konflikt« lauten können. Der kalte Krieg war es, der den Autor an seiner früher so emphatisch vertretenen Europa-Idee verzweifeln ließ. Für sie sah er im Gegensatz zu Sartre während des Konflikts der Supermächte keine Durchsetzungsmöglichkeit. Mann stellte fest, daß »die Schlacht der Ideologien« weitergehe, daß »die verhängnisvolle Kluft zwischen zwei Weltanschauungen [...] täglich tiefer« werde. Der Autor sah den Kontinent bedrängt von zwei »anti-geistigen Riesenmächten«, vom »amerikanischen Geld und dem russischen Fanatismus«. Er zitierte einen schwedischen Studenten, dem er Worte in den Mund legte, die seine eigene Problematik zum Ausdruck brachten. Es hieß dort: »Wir Intellektuellen [...] täten gut daran, die völlige Hoffnungslosigkeit unserer Lage zu erkennen. Warum sollten wir uns etwas vormachen? Wir sind geliefert! Wir sind geschlagen!« (336) Der Student fuhr fort: »Eine neue Bewegung sollten sie ins Leben rufen, die europäischen Intellektuellen, eine Bewegung der Verzweiflung, die Rebellion der Hoffnungslosen. Statt des sinnlosen Versuches, ,die Macht' zu ,appeasen'; anstatt habgierige Bankiers und herrschsüchtige Bürokraten zu verteidigen und ihren Machenschaften Vorschub zu leisten, sollten wir laut und deutlich protestieren und unserer Bitterkeit, unserem Entsetzen den unmißverständlichsten Ausdruck verleihen. [...] Hunderte, ja Tausende von Intellektuellen sollten tun, was Virginia Woolf, Ernst Toller, Stefan Zweig, Jan Masaryk getan haben. Eine Selbstmordwelle, der die hervorragendsten, gefeiertsten Geister zum Opfer fielen, würde die Völker aufschrecken aus ihrer Lethargie, so daß sie den tödlichen Ernst der Heimsuchung begriffen, die der Mensch über sich gebracht hat durch seine Dummheit und Selbstsucht [...]. Der absoluten Verzweiflung sollten wir uns überlassen. Nur das wäre ehrlich und nur das könnte helfen« (337 f.). Die Einsicht in die Unmöglichkeit, als Intellektueller zwischen den Ost-West-Fronten etwas ausrichten zu können, hat wohl mit zu Manns Entschluß beigetragen, im Mai 1949 den Freitod zu wählen. Der Europa-Aufsatz war die vermächtnishafte Dokumentation seiner weltanschaulichen Auswegslosigkeit.

Manns Essay bezeichnete, um einen zentralen biographischen Terminus des Autors zu zitieren, den »Wendepunkt« in der Europa-Diskussion der Nachkriegszeit. Von jetzt an wurde seltener das ewige Erbe von Antike und Christentum als geistiger Schutzmantel ehrwürdiger Vergangenheiten um den lädierten Körper des gegenwärtigen Kontinents gebreitet. Häufiger als zuvor hielt man dem Blick auf das physische und geistige Ruinenfeld Europas stand. Eugen Kogon waren sowohl das Weihrauchwedeln eines Eliot oder Bergengruen wie auch der Katastrophengeist eines Klaus Mann fremd. In seinem Essay »Die Aussichten Europas«, der 1949 in der *Neuen Rundschau* erschien, schrieb er den Antikeschwärmern wie den Christgläubigen ein paar kritische Fragen ins europäische Tagebuch. Der Publizist Kogon war wegen seines Widerstands gegen Hitler von

1939 bis 1945 im Konzentrationslager Buchenwald inhaftiert gewesen und hatte 1947 mit dem Werk *Der SS-Staat* eine grundlegende Arbeit über das Dritte Reich vorgelegt. Es sprach keine Frivolität, sondern Lebenserfahrung aus seiner Frage:»Wer wollte behaupten, daß die klassisch Gebildeten heute in irgendeinem europäischen Lande mehr wären als zurückgelassene Gepäckträger einer mehr und mehr vergessenen, wenn nicht gar mißachteten Erbschaft?« In seinem Zorn über die mangelnde Widerstandskraft und rasche Anpassung der Klassikverehrer, der Christen und der angeblich aufgeklärten Philosophen während der Hitlerzeit setzte er hinzu:»Der Humanismus als eine Welt des Wissens rieselt von Staub [...]. Die großen Religionen und Ersatzreligionen: das Christentum, der Humanismus, der Rationalismus, sie haben in Europa und weit darüber hinaus ihre Kraft verloren, die Welt und die Menschen umzuwandeln. Auch die Bibel ist ohne Wirkung, man braucht sich die Entwicklung der letzten hundertfünfzig Jahre bei uns nur anzusehen« (1 f.). Es hat den Eindruck, als habe Kogon seinen Essay bewußt gegen die graeco-römisch-christlichen Glanzvokabeln über die abendländische Tradition angeschrieben. Doch tat er dies keineswegs von einem marxistischen Standpunkt aus. Die »Nachläufer und Nachbeter« von Karl Marx bedachte er mit sarkastischem Spott (2). Wie Mann diagnostizierte er, daß »die europäischen Bevölkerungen [...] desorientiert bis zum äußersten« seien: »Desintegration und Diskontinuität« bezeichneten ihm zufolge den »Zustand Europas« (3). Aber anders als Mann, den diese Befindlichkeit in die Verzweiflung trieb, bezog Kogon aus dem »apokalyptischen Bewußtsein« einen »Energieaufschwung«. »Wir *haben* Aufgaben«, so zog er einen Schlußstrich unter seine Klagen und wandte sich den politischen Problemen zu (4). In der Situation des kalten Krieges, der Ost-West-Konfrontation, meinte Kogon, müsse unter allen Umständen vermieden werden, daß sich die Überzeugung durchsetze, mit »einem Dritten Weltkrieg« wäre »irgendeine Lösung irgendeines unserer Probleme« herbeizuführen. Nur »Narren oder Verbrecher« könnten an einem Schüren von Kriegspropaganda interessiert sein (8).

Mit klarem Blick zeichnete der Autor an der Jahreswende 1948/49 jenes Szenario, das in den folgenden Dekaden unter der Leitung westeuropäischer Politiker in die Praxis umgesetzt wurde. Kogon schrieb: »Die Hauptaufgabe besteht darin, ohne die Verbindung nach dem Osten abreißen zu lassen, im Westen Europas jederzeit auf ganz Europa hin die ökonomischen und gesellschaftlichen Verhältnisse vorerst zumindest in den Grundlagen zu ordnen und sie in erster Etappe zu stabilisieren, was von einer politischen Ebene aus möglich wäre, gleichzeitig jedoch jene militärische Macht an den Tag zu legen, die zusammen mit der beständigen Bekundung wirklicher Verständigungsbereitschaft allein geeignet sein dürfte, auf den Kreml Eindruck zu machen. Also Stärke unbedingt, Wohlstand unbedingt, und guten Willen ohne Schwäche« (10). Kogon war überzeugt, daß gerade mit dem Jahr 1949 »ein seltener geschichtlicher Augenblick gegeben« sei, in dem man die »Einheit Europas zustandebringen« könne (13). Eine »westeuropäische Föderation«, meinte er, sei »kein Traum mehr, kein bloß literarischer Plan« (14). Ergänzt werden müsse das Einigungskonzept durch »eine europäische Armee«. Anders als Eliot, Thiess und Bergengruen glaubte Kogon, daß die reale, das heißt politisch-wirtschaftlich-militärische Erneuerung der kulturellen vorausgehen müsse. »Wird eine solche Politik wirksam werden«, schrieb er, »*dann* erst wird sich, in Jahrzehnten, zeigen, ob Europa einer echten kulturellen Regeneration auf neue Ziele hin fähig ist« (15). Wie Anfang der vierziger Jahre Thomas Mann, so liebäugelte jetzt Kogon am Ende des Jahrzehnts mit der Utopie einer »Weltregierung« (16). Aber anders als der Romancier, der der One-World-Idee Vorrang gegenüber dem Einigungsprojekt Europas eingeräumt hatte, verstand Kogon die Unifikation des Kontinents als entscheidenden Schritt hin zum Ziel der politischen Weltrepublik. Die »Gemeinschaft der Kämpfenden für die Erneuerung Europas« verstand Kogon als das Zeichen der »Hoffnung« seiner Zeit schlechthin. »Mag sein«, so äußerte er mit gleichermaßen prophetischem wie vorsichtigem Optimismus, »daß gerade wir es sind, die siegen und um die Wende dieses Jahrhunderts ihm einen neuen Sinn verleihen« (17).

1949 war es auch, daß Ferdinand Lion im *Merkur* »Betrachtungen zum deutsch-französischen Problem« anstellte. Er ließ darin nochmals die Gegensätze, die zum Ersten

Weltkrieg geführt hatten, die Versuche einer Verständigungspolitik der Briand-Stresemann-Ära und die Umstände, die 1940 die Niederlage Frankreichs bewirkt hatten, Revue passieren. Worauf sein Essay hinauslief, war Kogons These, daß sich jetzt eine erneute Chance zur Einigung des Kontinents biete. Anders aber als Kogon beharrte Lion darauf, daß dieses Europa seine Basis in der engen Kooperation Frankreichs mit Deutschland finden müsse, daß das Einigungswerk nur auf dieser Grundlage bewerkstelligt werden könne. Lion forderte das Gespräch zwischen den beiden Staaten, zwischen der gerade gegründeten Bundesrepublik Deutschland und der vierten französischen Republik. »Zwei Staatsmänner vom Rang Briands und Stresemanns«, konstatierte Lion, »scheint es heute noch nicht zu geben; sie müßten erst im Lauf des möglichen Gesprächs aus ihm herauswachsen und Autorität gewinnen« (1 231). Das war bald mit Adenauer und Schuman sowie ihren Beratern Walter Hallstein und Jean Monnet der Fall. Lion riet, daß die Deutschen das »neue Gespräch mit Frankreich« möglichst bald auf »das wirtschaftliche [...] Gebiet verlagern« sollten, denn das »Wort Napoleons« müsse dahin gehend variiert werden, daß heute »die Wirtschaft das Schicksal« sei (1 232). Das Ökonomische war – im Gegensatz zur Politik – nach Lion ein Terrain, auf dem die Deutschen »Meister« seien, und so könnten sie auf diesem Gebiet mit ihrem Pfunde wuchern (1 233). Gerade an Lions Aufsatz läßt sich der kulturelle Klimawechsel nach der Währungsreform und der Gründung des westdeutschen Staates ablesen. In seinen früheren Europa-Essays hatte der Autor vorwiegend kulturhistorisch und kulturphilosophisch argumentiert, und dies wird er in den fünfziger Jahren erneut tun. Jetzt aber wartete er wie Kogon mit einer nüchternen soziologisch-politischen Analyse auf. Zwischen den Essays von Thiess/Bergengruen und Kogon/Lion lag nur ein Jahr, und doch verlief zwischen ihnen eine Diskurslinie, die die alte Welt eines zweifelhaft gewordenen Humanismus von einer praxisbezogenen politischen Reflexion trennte. Auf dieser Trennungslinie war der Essay von Klaus Mann angesiedelt. In ihm wurde das Dubiose eines die Bewährungsprobe nicht bestandenen Humanismus durchschaut, aber gleichzeitig auch kein Vertrauen in eine politische Parteinahme gesetzt, keine Hoffnung mit gesellschaftlichem Engagement verbunden. In modifizierter Form wurden alle drei Variationen des Europa-Diskurses fortgesetzt: Geistesgeschichtliche Erbedefinitionen, skeptisch-kritische Zweifelskultivierungen und praxisorientierte Gegenwartsanalysen beziehungsweise Zukunftsprojektionen fanden sich in der Folge in bunter Mischung.

1949 gedachte man des 200. Geburtstags von Johann Wolfgang von Goethe, und in einem von der UNESCO herausgegebenen Sammelband zum Anlaß feierten internationale Vertreter von Kultur und Politik Goethe als europäisches Genie, als Präsidenten Europas oder gar als Inkarnation des guten Geistes internationaler Beziehungen. Das ist einem Aufsatz Katharina Mommsens zu entnehmen. Auch an Napoleon erinnerte man – ohne Jubiläumsanlaß – 1949, und zwar in Arno Schmidts »historischer Revue« *Massenbach*. Napoleon, den auch Jünger in »Der Friede« als großen Europäer gefeiert hatte, wurde hier in der Vorstellung Christian von Massenbachs als Politiker gesehen, der Europa militärisch einigen und dem Kontinent eine freiheitliche Verfassung geben könnte. Massenbach war ein aus Schmalkalden stammender Reichsfreiherr, der seine militärische Ausbildung gemeinsam mit Friedrich Schiller an der württembergischen Militärschule auf Schloß Solitude erhielt. Als junger Offizier trat er aus Bewunderung für Friedrich II. in preußische Dienste. Ein Leben lang plädierte er für ein Bündnis Preußens mit Frankreich und forderte einen europäisch-kontinentalen »Völkerbund« gegen England und vor allem gegen Rußland. Zudem war er ein Konstitutionalist. Frankophilie, Konstitutionalismus und Russenfeindschaft machten ihn in Preußen zur Unperson, brachten ihm den Vorwurf des Landesverrats, Publikationsverbot und jahrelange Festungshaft ein. Daß ihm in der DDR keine nachträgliche Anerkennung gezollt wurde, versteht sich von selbst. Schmidt entdeckte ihn als eine der großen historischen Persönlichkeiten der napoleonischen Ära und sah in Massenbach den »ersten Europäer« (450), was er sicher nicht war. Wie Hans-Werner Engels zeigt, ist Schmidts »historische Revue« – im Gegensatz zu dessen *Fouqué*-Studie – nicht als historiographische Arbeit, sondern als Dichtung angelegt, die mit den Quellen frei schaltet. Das wichtigste

Ziel, so Schmidt, sei Massenbach die europäische Unifikation gewesen. Napoleon habe ihm als Garant dieser künftigen Einheit gegolten, und so habe er von einem Zusammengehen Preußens mit Rußland gegen Napoleon nichts wissen wollen. Rußland wurde auch bei Schmidts Massenbach nur als Bedrohung Europas verstanden, womit der Autor die Befürchtungen der Westeuropäer in der Situation des kalten Krieges artikulierte. Allerdings ging die Revue keineswegs in der Ideologie der Zeit auf. In einem 1948 stattfindenden »Vorspiel«, das Teil der Revue ist, erklärt »Arno«, daß die eigentliche Zeit der Einigung Europas in den 20 Jahren zwischen 1790 und 1810 gelegen habe, als sie im Sinne der Ideale der Französischen Revolution hätte verwirklicht werden sollen (314). Daß Schmidt auch später das einigfriedliche Europa als das »schönere Europa« dem uneinigkriegerischen vorzog, zeigt ein 1980 im *Tintenfaß* erschienener Essay. Dort schildert der Autor, wie sich 1769 alle europäischen Länder auf eine Kooperation im Gebiet der Astronomie verständigten. Es war eines der seltenen Jahre mit einem sogenannten Venusdurchgang, wenn der Planet Venus zwischen Erde und Sonne als kleine dunkle Scheibe an der Sonne vorbeizieht. Europäische Expeditionen verstreuten sich über den ganzen Globus, und durch den Vergleich der Messungen konnte man die Entfernungen der Himmelskörper neu und exakter als bisher bestimmen. Für Schmidt war dies im wörtlichen Sinne eine Sternstunde Europas, ein Geschehen, das hoffnungsvoll stimmte im Hinblick auf künftige gemeinsame europäische Friedensprojekte.

Salvador de Madariaga meldete sich nach dem Krieg erneut als Europäer zu Wort. Er war sicher, daß die Europa-Idee jetzt »triumphal auferstehen« werde (13), und umschrieb die neue »Aufgabe« dahin gehend, »daß wir uns bemühen, künftig an alle Europäer zu denken« (8). Der Autor versuchte sich erneut in geistesgeschichtlichen Bestimmungen dessen, was das Wesen Europas ausmache, und wartete mit sehr allgemein gefaßten Definitionen auf, nach denen der Kontinent »eine Landschaft der Qualität, nicht der Quantität, reich an Nuancen und Spannungen« sei. Hübsch war, was er zur Nationalcharakteristik der einzelnen europäischen Länder notierte. Um die kulturelle

Vielfalt Europas zu demonstrieren, führte er aus: »Der Engländer, eine Insel; der Franzose, ein Kristall; der Spanier, ein Schloß; der Deutsche, ein Fluß; der Italiener, ein Florett [...]. Das *Wort*, für den Engländer ein Werkzeug, ist die Abstraktion des Gegenstandes für den Franzosen, ein geistiges Geschoß für den Spanier, eine bedeutungsvolle Enzyklopädie für den Deutschen, ein genußreicher Leckerbissen für den Italiener. Die *Liebe*, eine Nachsicht gegen sich selbst für den Engländer, ist ein körperliches Spiel für den Italiener, ein Feuer für den Spanier, eine Flutwelle für den Deutschen, eine mystische Perversion für den Russen. Der *Gedanke*, eine Ziererei für den Engländer, ist eine natürliche Funktion für den Franzosen, ein Vergnügen für den Italiener, ein Spezialfach für den Deutschen, ein Laster im Russen und eine Qual für den Spanier« (235).

Mitte 1952 hielt Alfred Döblin eine feurige proeuropäische Rede mit dem Titel »Das permanente geistige Europa« im Saarländischen Rundfunk. Die Rede war mehr appellhaft als analytisch angelegt. »Die Spatzen pfeifen es auf den Dächern«, teilte Döblin seinen Hörern mit, »man ist längst einig in allen Ländern, der gegenwärtige Zustand ist überaltert, ist undurchdacht, ist eigentlich der Männer und Frauen, die hier wohnen, unwürdig.« Was Europa betraf, wollte er die Vergangenheit vergangen sein lassen. »Der Gigant«, so klagte Döblin, »der seine Häuser immer wieder umwirft, heißt Vergangenheit, die [...] uns die Gegenwart und die Zukunft stiehlt.« Mit bemüht klingendem Pathos rief der Autor aus: »Europa! Es ist das Signal, die Marschroute ist gegeben. Es ist das Zeichen zum Aufbruch.« Die Politiker, so sah es Döblin, hinkten mit ihrer nationalen Politik hinter der bewußtseinsmäßigen Entwicklung der Europäer her. So beschwerte er sich: »Die alten Staatensysteme haben ihren Sinn verloren. Europa heißt die Realität von heute und ist eine Realität in uns und keine draußen.« Im Stil expressionistischer Geistesrevolutionäre seligen Angedenkens forderte der Dichter die biederen Saarländer auf: »Mut, Mut, tut Euch zusammen. Zeigt hinter der alten rostigen Realität die junge und prächtige neue. Zeigt die Macht, die Ihr besitzt, um das alte Gemäuer niederzureißen. Tut Euch zusammen! Keine kleinen Parolen. Der gerechte Kampf, der einzige Kampf. Fordert Europa eine Etappe! Ihr fordert Euer Leben, Ihr fordert Euch.« Ob seine Hörer mit dieser überzogenen Rhetorik, die klang, als ginge es für sie um eine Entscheidung auf Leben und Tod, etwas anfangen konnten, ist zu bezweifeln. Jedenfalls zeigte drei Jahre später die Volksabstimmung im Saarland, daß der Bevölkerung die Eingliederung in die Bundesrepublik Deutschland wichtiger war als der unmittelbare Aufbruch nach Europa, der 1954 möglich gemacht wurde. Mit dem Saarstatut hatte man den Saarländern eine europäische Autonomie angeboten, die sie nicht wollten.

Der in den zwanziger Jahren so beliebte Europa-Amerika-Vergleich erlebte 1953 eine Auferstehung in Max Frischs Stellungnahme »Unsere Arroganz gegenüber Amerika«. Der Autor versuchte so redlich wie möglich, die kulturellen Unterschiede zu bestimmen, doch sagte er wenig Neues, wenn er feststellte, daß »die kulturelle Schicht« in Amerika »sehr dünn« sei (224) und daß dort »der Dollar als Maßstab aller Dinge« gelte (225). Der »durchschnittliche Amerikaner«, so verallgemeinerte Frisch, sei »ungebildeter als der durchschnittliche Europäer«, doch sei er »auch weniger verbildet« (224). Da der Essay dazu gedacht war, die »europäische Arroganz« gegenüber den USA zu kritisieren, strich der Autor »die amerikanische Verfassung« als bedeutende »kulturelle Leistung« heraus (225). 1953 befand sich Amerika auf dem Höhepunkt seiner Machtentfaltung, und Frisch gab den Europäern zu bedenken, daß der »Unwille« der Amerikaner »für niemand von Vorteil« sei. Dieser Unwille werde in den USA durch die Arroganz von Europäern erregt, die ihre bildungsmäßige Überlegenheit herausstellten. »Die Zahl der amerikanischen Söhne«, konstatierte Frisch, »die es einfach satt haben, von dem alten Europa-Papa, den sie füttern müssen, im Geistigen begönnert zu werden«, sei »gewaltig« (227). Das damals herrschende Machtgefälle zwischen Amerika und Europa ließ Frisch einen alten Vergleichstopos, den auch Thomas Mann im Exil bemüht hatte, aufgreifen: den zwischen Rom und Athen. Doch gab er dem Vergleich eine neue Note, indem er herausstellte, daß ja auch Rom keineswegs nur Kulturempfänger gewesen sei. »Die Amerikaner«, bemerkte der Autor, »sind für das alte Europa, was die Römer gewesen sind für das alte Athen, die Kolonie, die zur Weltmacht wird. Auch Rom war ja groß im

Zivilisatorischen, im Bau von Straßen und Aquädukten, Griechenland aber noch immer wichtig, als es lange schon machtlos war, wichtig in seinen geistigen Beständen, auch wenn sie sich verwandelten. Sicher war es für die Griechen fast unmöglich, so etwas wie eine römische Kultur zu sehen und anzuerkennen. Dennoch gab es sie« (228). Es hat den Eindruck, als habe sich die amerikanische Idee der »One World«, die politisch nicht realisiert werden konnte, bei Frisch zu einer geistigen Einstellung, zu einem Kosmopolitismus amerikanischer Prägung sublimiert. Wovon er träumte, war eine Art »neuer Mensch«, war »der Typus des globalen Menschen«. Noch sei dieser Typus Utopie, noch müsse er »erst geboren« werden, doch war Frisch überzeugt, daß er sich »vor allem in Amerika« vorbereite. Dieser »Typus des globalen Menschen« werde »sich weigern [...], Europa als die geistige Weltmitte zu betrachten«. Die Vorstellung, »daß die Welt sich um Paris drehe«, sei passé. Dem Autor ging es nicht darum, den Europäern die Zukunftshoffnung zu nehmen; er wollte lediglich ihren arroganten Eurozentrismus bekämpfen, womit Frisch seinen Zeitgenossen um mehr als ein Jahrzehnt voraus war. So hieß es abschließend: »Europa ist wichtig, aber es ist nicht die Menschheit, nicht ‚die Kultur'« (229).

Wie die meisten sozialistischen Autoren kümmerte sich auch Bertolt Brecht wenig um die europäische Einigung. Ein kurzer Kommentar zum Thema stammte aus den frühen fünfziger Jahren. Er reflektierte die offizielle politische Linie der DDR und zeugte nicht gerade von einer Komplexität des politischen Denkens, geschweige denn von Weitblick. »Die friedliche Einigung Europas«, schrieb Brecht, »kann nur darin bestehen, daß die Staaten Europas sich darüber einigen, ihre verschiedenen wirtschaftlichen Systeme nebeneinander bestehen zu lassen. Im Augenblick gibt es für den Frieden Europas keine größere Gefahr als die Wiederbewaffnung Westdeutschlands, das ohne Zweifel diese Waffen früher oder später zu einer Auseinandersetzung mit dem östlichen Teil Deutschlands einsetzen würde« (348).

III.

Brechts Stellungnahme zeigt, daß er sich mit der Teilung Europas und Deutschlands abgefunden hatte. Ein Wiederzusammenfügen der westlich-demokratischen und östlich-kommunistischen Hälften wurde allgemein als unmöglich betrachtet. Die literarischen Europa-Essays, die zwischen der Mitte und dem Ende der fünfziger Jahre erschienen, setzten sich mit der Teilung des Kontinents auseinander. Der produktivste der Europa-Essayisten, Rudolf Pannwitz, legte 1954 und 1956 zwei neue Arbeiten zum Thema vor. In seinen *Beiträgen zu einer europäischen Kultur* empfahl er, man möge aus der gegenwärtigen Situation der Teilung des Kontinents das Beste machen. Er plädierte für eine Politik des momentan Möglichen, wenn er die forcierte Integration des westlichen Europas forderte. Vorläufig werde diese Einigung auf das »kontinentale Westeuropa« beschränkt bleiben, weil England »sich nicht an einen Kontinent binden« wolle, »der sich noch nicht einmal selbst verbunden« habe (14). Das besondere Augenmerk des Autors galt der Rolle Deutschlands in dem sich zu vereinigenden Westeuropa. »Die Wiedervereinigung von Deutschland«, überlegte Pannwitz, »ist das zentrale Problem Europas. Und sie ist wahrlich nicht in der Form möglich, daß Deutschland aus Westeuropa – dem leider noch immer einzigen Europa –, sei es auch nur militärisch und teilweise wirtschaftlich, herausgerissen und als ein Vakuum und Einfallstor dem Osten und der Völkerwanderung preisgegeben wird« (36). Kategorisch hielt er fest: »Die Neutralisierung von Deutschland kommt jedenfalls nicht in Betracht.«

Die langfristige Perspektive, die Pannwitz zur deutschen Wiedervereinigung anbot, war identisch mit jener, die damals von der Bonner Regierung vertreten wurde. Der Autor prophezeite: »Die Russen werden sich allerdings aus Ostdeutschland zurückziehen, sobald es sich für sie nicht mehr empfiehlt dazubleiben. Dies aber läßt sich nur beschleunigen, wenn man ihnen eine Übermacht entgegenstellt, die, ohne selbst anzugreifen, unangreifbar ist [...]: eine Wiedervereinigung Deutschlands läßt sich auf dem direkten Wege heute nicht befördern, sondern nur verzögern. Indirekt dagegen ist sie sicher zu erreichen. Erstens durch Aufbau,

Ordnung, Rüstung und Einheit. Zweitens durch die gleichzeitige Behandlung und Auflösung der Problematik zwischen Amerika, Westeuropa und Westdeutschland. Dann wird auch diese Frucht von selber reifen und zu ihrer Stunde vom Stamme fallen« (16). Prophetische Begabung kann man in diesem Fall Pannwitz nicht absprechen. Zur neuen globalen Mächtekonstellation stellte der Autor fest, daß »Amerika und Rußland« je einen »Weltblock gebildet« hätten, »während Westeuropa sich in zwei Weltkriegen zerfleischt und erschöpft« habe (17). So könne Westeuropa zwar nicht mehr »an der Spitze stehen«, aber »nachzuhinken« brauche »es auch nicht« (20). Dem Autor ging es nicht nur um eine politische Analyse, sondern – wie in älteren Arbeiten – um die Definition europäischer Identität. In früheren geschichtlichen beziehungsweise kulturhistorischen Rückblicken war es Pannwitz und anderen Europa-Essayisten darum zu tun, eine gesamteuropäische Kontinuität nachzuweisen. Nach der Teilung des Erdteils entdeckte Pannwitz gravierende Unterschiede in der geschichtlichen Entwicklung West- und Osteuropas. Den Deutschen verstand Pannwitz als »Sonderform des Westeuropäers« (23). Mitteleuropa spielte für ihn jetzt als Ordnungsbegriff keine Rolle mehr. Pannwitz wollte eine historische Legitimation für die einseitige Integration Westeuropas finden. Die Geschichtsschreibung hat für fast alle Gelegenheiten ein paar passende Daten und Ereignisse parat, die sich zur Konstruktion historischer Kontinuitäten benutzen lassen. Die 1500-Jahr-Feier von 1951 zur Erinnerung an die Schlacht auf den Katalaunischen Feldern kam dem Autor gerade recht, um den Beginn der westeuropäischen Geschichte mit dieser Defensivaktion aus dem Jahre 451 beginnen zu lassen. »Seit der Schlacht auf den Katalaunischen Feldern«, schrieb Pannwitz, »sind Weströmer, Kelten und Westgermanen zu einem westlich-christlichen Westeuropa erstmals zusammengetreten: damals begann das westeuropäische Mittelalter. Seitdem hat Westeuropa und mit ihm und in ihm das ihm zugehörige Deutschland eine neue Hochkultur hervorgebracht, die unaufhörlich sich wandelt, ungebrochen fortbesteht, ja die Welt erobert hat« (22). Mit dem »Tag der Katalaunischen Felder« habe »die seitdem nicht mehr unterbrochene Verbindung und

Verschmelzung der westeuropäischen Stämme: das mittelalterliche römisch-keltisch-germanisch-katholische Europa« begonnen. Der »unfreiwillige Stifter« Westeuropas sei »Attila gewesen« (31). Was Pannwitz ansonsten in seinem historischen Rückblick unterbrachte, ging über die üblichen Formeln nicht hinaus. Allerdings war er einer der wenigen Europa-Essayisten der Nachkriegszeit, die offen die »unermeßliche Schuld« zur Sprache brachten, die Europa mit seinen »kolonialen und sozialen Verbrechen« auf sich geladen habe. Auf seine »Räuber- und Ausbeuterbräuche« müsse der Kontinent endgültig verzichten (34).

Dem Konstrukt des einheitlich westlichen entsprach die These vom ganz anderen östlichen Europa. »Das osteuropäische Wesen«, so wußte Pannwitz, »ist etwas vollständig Verschiedenes, dem Westeuropäer schlechthin Undurchdringliches, in östlichere und östlichste Ur- und Vorzeiten sich Verlierendes.« Der Leser fühlte geradezu physisch, wie Pannwitz vor den seines Erachtens öden Kultursteppen des Ostens zurückbebte. Um überzeugender zu klingen, wies der Autor auf die antiwestlichen Stellungnahmen von russischen Dichtern wie Nikolai Gogol und Fjodor Dostojewski hin, die sich selbst des fundamentalen Ost-West-Gegensatzes bewußt gewesen seien (22). Westeuropäische Aufklärungs-, Menschenrechts- und Demokratievorstellungen hätten in Rußland nur eine kleine Bildungsschicht geteilt, in der Bevölkerung aber keine Wurzeln geschlagen. Auf lange Sicht, so war Pannwitz überzeugt, würde sich aber auch die Sowjetunion westlicher Mentalität und westlichen Organisationsformen in Politik und Wirtschaft nicht verschließen können. Einen ersten Hinweis darauf sah er in den Ansätzen zu Reformversuchen nach Stalins Tod. Die Sowjetunion, so stellte er 1954 fest, befinde sich »in einer schweren Wirtschaftskrise und braucht, vielleicht um jeden Preis, ausgedehnten Handelsverkehr, sogar mit seinen Gegnern. Überdies schwächen es Kämpfe der Machthaber und Unruhen der Völker« (35). Ein »durch die Alleinherrschaft der parteistaatlichen und militärischen Gesichtspunkte vernachlässigter Aufbau von Land, Volk und Wirtschaft« lasse in der Sowjetunion »eine gewisse Angleichung an den Westen oder vorbolschewistischen Osten« als »unerläßlich« erscheinen (24).

Ähnlich wie Kogon glaubte Pannwitz, daß dem Westeuropa des Nachkriegsjahrzehnts eine große Chance zu seiner Einigung gegeben sei. »Europa erlebt jetzt«, meinte der Autor, »– nicht zum ersten, eher zum letzten Male – seinen Kairos. Alles ist im Flusse und wartet der Gestaltung. Wenn Europa sich seiner Mittel bedient und seine Kräfte richtig anwendet, kann es für sich und die Welt Unwahrscheinliches erreichen« (34). »Drei Aufgaben« formulierte Pannwitz, die Westeuropa zu lösen habe: »die Ordnung seiner äußeren Gemeinschaft, die Ordnung seiner Angelegenheit mit dem Osten, die innere Ordnung seiner Einzelstaaten«. Pannwitz gehörte zu den Schriftstellern, die wie Eliot oder Bergengruen dem Kulturellen letztlich Priorität gegenüber dem politisch-wirtschaftlichen Bereich einräumten; nur trennte er beide Sphären nicht so stark wie sie. Für ihn waren Ethos und Politik aufs engste miteinander verbunden, mußten sich in ständiger Durchdringung und Überprüfung gemeinsam entwickeln. Den föderativen wirtschaftlich-politischen Zusammenschluß Westeuropas erachtete er als dringlich. Für akuter hielt er jedoch die Arbeit an einem »neuen Ethos« des Europäers (33), das Pannwitz so umriß: Europa habe »von Anbeginn das Maß des Menschen und den Menschen als Maß in die Mitte seiner Welt gestellt«. In der Situation des aggressiven amerikanischen und sowjetischen Materialismus könnte der Europäer »in der freiwilligen Begrenzung der Entwicklungen und einer daraus folgenden menschenwürdigen Ordnung des Lebens seine neue Aufgabe finden« (32).

In seinem Vortrag »Aufgaben Europas« von 1956 hat Pannwitz genauer erklärt, was er sich unter dem neuen europäischen Ethos vorstellte. Über die Beziehung von Ethos und Praxis beim Einigungsprozeß schrieb er dort: »Europa muß im Geiste seiner gemeinsamen Aufgaben wirken und überstaatlich sich einigen. Die Gesinnung ist dabei wichtiger als der Vertrag und die Verfassung« (17). Er wiederholte, daß »die *Europäische Idee*« sich »mit weniger als einem Satz« formulieren lasse: »*der Primat des Menschen*« (3). Der »zur Sintflut anschwellenden Inflation der Materie und Energie« solle der Europäer Vorstellungen von »den Ordnungen des organischen Lebens« (4) entgegensetzen. Lange bevor sich die Grünen als Bewegung und Partei formierten,

pochte Pannwitz auf das »Gleichgewicht zwischen Lebe-
wesen und Umwelt«. Dieses Equilibrium, stellte er fest, »ist
erschüttert und kann zerfallen« (5). Wenn, wie in der Gegenwart, »zwar schweres Wasser, aber kein Grundwasser
und kein frisches Trinkwasser mehr« vorhanden sei, komme »eine Kulturepoche« an ihr »Ende« (6). Auf die Grenzen
des Wachstums wies Pannwitz zwölf Jahre vor der Gründung des Club of Rome hin. »Die Bedingung der Gesun-
dung«, stellte der Autor fest, sei, »die automatische Selbst-
steigerung« der Produktion und Konsumtion »zu stoppen«
(14). Bereits 1956 sprach er sich gegen die Nutzung der
Atomenergie und für die Erschließung der Sonnenenergie
aus. »Wird man wohl«, so fragte er, »das Gewissen haben,
soweit wie man die Atomenergie-Investition und -Spekula-
tion schon vorgetrieben hat, rechtzeitig, also sofort, alles für
die anderen Kraftquellen, insbesondere die der Sonnenenergie, zu unternehmen und die Mittel dafür abzuzwei-
gen?« (11)
Ähnlich wie Theodor W. Adorno war der Kulturkritiker
Pannwitz der Meinung, daß der westliche Mensch bereits
»zur Funktion seiner Waren und zur Ware selbst geworden«
sei. Den Kapitalismus definierte der Autor als den »Kommunismus [...] der Waren«. Sein Ziel sei, »grenzenlos und
wahllos Sachen herzustellen und mit allen Mitteln und
ohne alles Gewissen über den Erdball zu ergießen« (6).
Ginge diese Entwicklung weiter, werde es zu einer »Atomisierung der Fundamente« der menschheitlichen Kultur
überhaupt kommen (7). Im Zug seiner Kritik am Materialismus griff er Amerika und die Sowjetunion an. Mit ihrem
»Unverständnis für fremde Nationen und Kulturen«, mit
ihrer »Haltlosigkeit« und ihrer »indirekten imperialistischen Kolonialpolitik« habe »die westliche Vormacht Amerika« sich »schon unendlich geschadet«. Die Kritik an der
Sowjetunion fiel noch schärfer aus. Die »Haltung« des
»Ostens« sei »amoralisch und zynisch«: »nach außen«
wechsle sie »von Fall zu Fall gewissenlos«, und »nach innen« bleibe sie »undurchdringlich« (10). Den Zynismus
führte der Autor auf »die verhängnisvolle Verwirklichung
der [...] Geschichtslehre von Marx« zurück. Die sozialistische »Umstürzung der Regel von Angebot und Nachfrage,
die Erlistung und Erzwingung des Konsums nach dem

Maße der Produktion« sei »unhaltbar«. Gleich »Kronos«, der »seine Kinder frißt«, verschlinge die kommunistische Wirtschaft alles, was sie erzeuge, »die Menschen einbegriffen«, und endige »in Verfall, Krieg oder Revolution« (13). Die »Amerikaner und Russen« seien »von einem an Irrsinn grenzenden Rationalismus und Materialismus« besessen (16). Ihnen wollte Pannwitz den Typus des Homo europaeus entgegensetzen. Er definierte diesen Typus als jenen Menschen, »der die extrem extensive Entwicklung, ohne sie, im reaktionären Sinne, zurückwerfen zu wollen, schon als nicht mehr zeitgemäß erkennt und die Wendung zu einer intensiven Bewegung vollzieht« (6). Pannwitz hoffte auf eine bewußtseinsmäßige Mutation, auf einen geistigen »Stufensprung« des Europäers hin zum »neuen Menschen« einer postmaterialistischen Kultur (7). Pannwitz' Gesundungsrezept war die »europäische Idee« vom »Primat des Menschen«. Sie sei nicht als »eine Fürsorge für Europa«, sondern als »eine Fürsorge für den Menschen durch Europa« gedacht. Der »Homo Europaeus« verändere »die bestehende un- und widermenschliche Welt in eine Welt des Menschen«. Bei dieser Wandlung handle es sich um eine nicht geringere Wende als bei der »kopernikanischen vom geozentrischen zum heliozentrischen astronomischen System« (8). Die dem Materialismus entgegengesetzte »andere Moral« des europäischen Menschen werde sich durch »ein innerliches Stillstehen und Stillehalten« auszeichnen, zu dem Laotse gemahnt habe (16). Pannwitz schlug hier von einem seiner spätesten Essays den Bogen zu einem seiner frühesten, wenn er die altchinesische Weisheit Laotses für die neue europäische Haltung fruchtbar machen wollte. Auf ähnlich kulturkritische Weise argumentierte Ende der achtziger Jahre Peter Sloterdijk in seinem Buch *Eurotaoismus*.

Wie Pannwitz meinten Kasimir Edschmid und Reinhold Schneider, die 1957 Beiträge zum Europa-Thema vorlegten, daß Europa sich derzeit unter äußerem Druck zusammenschließe. »Die Gefahr drängt zur Einheit« (430), hieß es in Schneiders Vortrag »Europa als Lebensform«, den er im August 1957 in Wien hielt. Edschmid sprach in seinem Essay »Europa durch die Jahrhunderte« vom »Schatten gigantischer Bedrohungen« (3), in dem sich das Einheitswerk vollziehe. Ähnlich wie Pannwitz dachte man dabei sowohl an eine Gefährdung europäischer Lebenseinstellungen durch einen westlichen wie östlichen Materialismus wie auch an eine militärische Bedrohung durch die Sowjetunion. Edschmid grenzte wie Pannwitz (und wie lange vor ihnen Börne, Mackay, Menzel und Ruge) Rußland aus der europäischen Entwicklung aus. »Das europäische Rußland«, schrieb Edschmid als Kulturhistoriker, sei »fast unberührt von den großen Bewegungen der Kunst« geblieben, die »das Gesicht der europäischen Länder« geprägt habe. »Jahrhundertelang« sei »es den geistigen Revolutionen des Westens aus dem Wege gegangen«, sei »nie europafreundlich« gewesen, »auch nicht in seiner Literatur« (3). Dabei ging es Edschmid nicht wie Pannwitz um den Nachweis einer eigenständigen westeuropäischen Geschichte. Für ihn begann Europa nicht mit der Schlacht auf den Katalaunischen Feldern, sondern mit Rom, dessen »kulturelles Schwergewicht« im »Mittelmeerraum« gelegen habe (1). Noch der Stauferkaiser Friedrich II. habe über ein Reich geherrscht, das europäische, kleinasiatische und afrikanische Teile umfaßt habe. So konnte Edschmid festhalten, daß »Europa« in der »Vergangenheit weder geographisch noch ideologisch ein scharf umgrenzter Begriff« gewesen sei (2). Wie wenig es Edschmid um die Konstruktion einer eigenen westeuropäischen Identität zu tun war, ging daraus hervor, daß er Polen – im Gegensatz zu Rußland – als integralen Bestandteil Europas betrachtete. Polen habe »sein Antlitz stets nach Europa hingewandt« und sei ihm »geistig verbunden« geblieben (3). Er sah Deutschland nicht als östlichen Teil Westeuropas, sondern als Zentrum des Kontinents. Auch Edschmid drängte die Europäer zur Vereinigung, auch er schlug als Modell die Schweizer Eidgenossenschaft vor. Sie könne »einem künftigen Europa als idealer politischer Modellfall dienen«. »Das Schicksal« habe »hier den Völkern Europas einen Wink gegeben« (6).

Wie die meisten Autoren bedauerte Schneider das Überwiegen der ökonomischen Aspekte beim europäischen Einigungsprozeß. Gerade waren die Römischen Verträge zur Gründung der Europäischen Wirtschaftsgemeinschaft unterzeichnet, als der Autor sich über die neuen »Euro«-Bezeichnungen (wie Euromarkt) mokierte. In der Reduktion des Wortes Europa auf solche Kürzel sah er ein Indiz für den Verlust »lebendiger Überlieferung« (421), für das Schwinden eines europäischen Geschichtsbewußtseins. »Alles kommt darauf an«, so insistierte Schneider, »daß die Börse des umstrittenen europäischen Marktes nicht mehr gilt als das Herz, Euromarkt nicht mehr als Europa.« Denn »vom wirtschaftlichen Zusammenschluß« könne »man nicht leben«, und es müsse »Besorgnis erregen, daß diese Devise« von der ökonomischen Integration »fast in der gesamten Presse des Westens an erster Stelle« stehe (422). Im Gegenzug zu einer solchen Tendenz rief Schneider das Spezifische der europäischen Kultur in Erinnerung, das er als die Komplementarität von »Eigenständigkeit und Universalität« bestimmte. »Wir können nicht gesamteuropäisch empfinden«, führte er dazu aus, »wenn wir nicht eigenständig sind. Aber der Eigenständigkeit muß die Erfahrung der Universalität vorausgehen« (423). Wesentlichster Bestandteil universalistischer Werte, wie sie sich in der europäischen Kultur herauskristallisiert hätten, sei der seit den Griechen postulierte und nie aufgegebene »Freiheitsanspruch«. Die Geschichte Europas sei primär bedingt durch das Spannungsverhältnis von Herrschaft und Freiheitsanspruch. Schneider kam hier auf ein Thema zu sprechen, das er in seinen Dichtungen häufig behandelt hat, auf das »tragische Verhältnis« von Geist und Macht, von Denker und Herrscher, auf den »Zusammenstoß der Macht mit unabhängigem sittlichen Bewußtsein« (424). Diese Spannung und Dialektik habe es in anderen Kulturkreisen, deren politische Organisationsform oft dem »Bienenstaat« geglichen habe, nicht gegeben (427). Hatte bei Pannwitz und Edschmid ein Unterton von Kalter-Kriegs-Stimmung in ihren Ab- und Ausgrenzungen Rußland betreffend mitgeschwungen, so konnte davon bei Schneider keine Rede sein. Wien, wo der Autor den Vortrag hielt, betrachtete er offenbar als mögliche Brücke einer Verständigung zwischen Ost und West. Die politischen Differenzen zwischen den beiden Machtblöcken wurden direkt nicht angesprochen. Doch war jedem Hörer klar, worauf der Autor anspielte, wenn er die »Perserkriege der Griechen und Römer« erwähnte. Die Perserkriege stellte Schneider jedoch nicht hin als Beispiele bloßen Behauptungswillens der Europäer gegenüber Asien. Vielmehr kam er auf Aischylos zu sprechen, der »auf unvergleichliche Weise« in seinem Drama *Perser* Griechenlands »positives Verhältnis zu den Feinden« vergegenwärtigt habe. Die heutigen Kriege mit ihrer Gefahr allgemeiner Vernichtung müßten durch ein dialogisches Verhältnis ersetzt werden, innerhalb dessen man »Aufgabe, Forderung« auch »von seinen Feinden empfangen« könne (429). Eine »mögliche Rettung« in der Krise Europas sah Schneider in der »Übertragung des Gesamtgeschichtlichen in unser Bewußtsein«. Europa sei in der Vergangenheit nie ein »Friedensreich« gewesen; es habe »sich immerfort selbst zerstört« und sei »immerfort wieder geboren worden«. So habe das europäische Geschichtsbewußtsein »mit der Furchtbarkeit fast tödlicher Gegensätze zu rechnen«. Dieses Bewußtsein, verbunden mit der Einsicht, daß der militärische »Kampf zwischen Westen und Osten« im Zeitalter der Atomenergie »absurd geworden« sei, biete einen Schutz vor »innereuropäischen Kriegen« (434). Zur Symbolgestalt der europäischen Geschichte und des Bewußtseins von ihr erklärte der Autor Mark Aurel, den stoischen Philosophen auf dem römischen Kaiserthron. Dabei dachte er an das Denkmal, das man ihm in Rom auf dem Kapitol errichtet hat. In diesem Standbild, das Mark Aurel, »der sein Leben« in »Schlachten verzehrt« habe, als »Stadt und Welt segnenden und beschützenden Kaiser« vorstelle, sei »Europa Gestalt geworden« (443).

Ebenfalls als Reaktion auf die Gründung der Europäischen Wirtschaftsgemeinschaft veröffentlichte Ferdinand Lion 1957 in den *Akzenten* den Essay »Der europäische Pluralismus«. Lion stand der EWG nicht ablehnend gegenüber, meinte sogar, daß Novalis »von diesen Anfängen des Bundes entzückt« gewesen wäre. Nur gab er zu bedenken, »daß die Vereinheitlichung das europäische Wesen gefährde«. »Mag der Bund notwendig sein, um Europa physisch zu retten«, so erläuterte er seinen Standpunkt, werde es ein »Problem« sein, »trotz aller Einheitsbestrebungen den Pluralismus zu bewahren« (295). Das »europäische Wesen« auf »einen einzigen Generalnenner« zu bringen lehnte Lion ab. Oswald Spenglers Verallgemeinerung zum Beispiel sei »das Faustische«, doch hätten solche Reduzierungen eigentlich nie überzeugt. Sicher sei eine »immer schaffensgierige Dynamik ein Grundzug von Europa« gewesen, doch »kontrapunktlich dazu« habe es »statische Ruhepunkte« zahlreicher politischer und wissenschaftlicher Institutionen gegeben. Dem Schweifen »ins Extreme« habe immer ein Setzen von »Grenzen« entsprochen. Im Politischen etwa habe »das Zünglein an der Waage« stets »zwischen dem Konservativen und dem Revolutionären« gependelt (290). Jede Macht sei in der europäischen Geschichte durch eine Gegenmacht kontrolliert worden. Im Mittelalter sei das im Messen der Kräfte zwischen Papst und Kaiser deutlich geworden. »Es war das europäische Glück«, meinte Lion, »daß der Papst als der geistige Cäsar, der Kaiser als der körperliche sich bekämpften. Hätte der eine ganz gesiegt, so war das europäische Wesen verloren« (294). Wenn man von einem allgemeinen Kennzeichen europäischer Geschichte und Kultur sprechen könne, wäre es nicht etwas Eindeutiges, Einseitiges oder Einheitliches, sondern der Pluralismus. »Der Pluralismus der europäischen Fühler nach allen Richtungen« habe »sich als überaus fruchtbar für die Kunst erwiesen« (291). Davon zeugten so unterschiedliche literarische Typen wie Don Quijote, Don Juan und Faust (292). In der Vielfalt der europäischen Literatur gelte das Motto »*Nemo contra Europa nisi Europa ipse*« (293). Die Kunst spiegele die Vielfalt des europäischen Erbes. »In der Sixtinischen Kapelle« beispielsweise hätten »die Sybillen neben den Propheten das gleiche Daseinsrecht«, und auch »der Adam, der von Jehova den Lebensfunken erhält«, sei »von apollinischer Schönheit« (294). Damit sei die Symbiose von Antike, Judentum und Christentum in einem der großen ikonographischen Werke Europas sinnfällig geworden. Über die Zukunft wollte Lion keine Aussage machen, doch hoffte er, daß in einem sich permanent stärker zusammenschließenden und vereinheitlichenden Europa auch künftig »Schätze im Plural« gefördert werden würden (295).

Schneider hatte die Kriege zwischen Griechen und Persern als Exempel dafür angeführt, daß zur europäischen Identität auch ein positives Verhältnis zum Gegner gehöre. Zwei Jahre später wies Frank Thiess auf diese Konflikte hin, um sie als »unversöhnlich« zu charakterisieren. »Über ein volles Jahrtausend hin« hätten sie »das Bewußtsein« der Europäer geprägt. In seinem Referat »Die geschichtlichen

Grundlagen des Ost-West-Gegensatzes« holte der Autor weit aus, um die seiner Meinung nach nahezu unüberbrückbaren Differenzen zwischen Westeuropa beziehungsweise dem Westen allgemein und Rußland beziehungsweise der Sowjetunion herauszustellen. Ein Vierteljahrhundert vor Milan Kundera wies er dabei auf »die Tragödie« der mitteleuropäischen Staaten hin, »die wie Ungarn, Polen, Rumänien« ihrer »Religion, ihrer geschichtlichen Entwicklung« nach »zu Europa gehören und sich doch nicht aus der Umklammerung einer ihr wesensfremden Welt zu befreien vermögen« (58). Die »östliche Welt« Rußlands besitze ihr eigenes »geistiges Kontinuum, das mit dem Abendland niemals zur Einheit verschmolzen« sei (9). Der gleiche Gegensatz, der schon zwischen den Griechen und Persern bestanden habe, existiere zwischen Europa und Asien und zwischen West- beziehungsweise Mitteleuropa und Rußland. Die grundlegende Differenz ließe sich an der Auffassung von der »Existenz des Einzelnen« festmachen. Während das den Westen prägende »christianisierte römische Recht« eine »auch dem Herrscher übergeordnete moralische Ordnung anerkannte« (34) und dadurch das Recht des Individuums schützte, habe »das Leben des Einzelnen« in den »östlichen Bereichen« lediglich »einen Kollektivwert« besessen (35).

Der Bruch mit den im Westen weiterwirkenden »gräcoromanischen, byzantinisch-christlichen und mittelalterlich-humanistischen Denkweisen« (8) sei in Rußland durch die vom 13. bis zum 15. Jahrhundert während Tatarenherrschaft erfolgt. Die Mongolen hätten mit ihrem »asiatischen Rechtssystem der Unterwerfung« (44) über »ein zitterndes Volk von Knechten« regiert, »das sich den Methoden ihrer Herrschaft angepaßt« habe (43). Damals sei in Rußland »die Herrenschicht mongolisiert« worden, und »was die Bibel unter Gewissen« verstehe, habe von nun an für sie keine Rolle mehr gespielt (45). Einen grundsätzlichen Wandel habe die Rückkehr der Zaren auf den Thron nicht bedeutet. Auch die Regierung Peters des Großen mache hier keine Ausnahme. »Unterhalb der Kirchenfrömmigkeit der regierenden Klasse und unterhalb des blendenden Lackglanzes der französischen Kultur«, so meinte Thiess, habe »das alte asiatische Rechtssystem der Menschenverachtung« fortexistiert (47). Entstanden sei eine »korruptive Despotie«, die nicht europäisch genannt werden könne, wenngleich sie auch nicht – wegen der Einwirkung des orthodoxen Christentums – als asiatisch zu bezeichnen sei (50). Die Konfession Rußlands sei eine »Religion der Liebe«, gleichzeitig aber auch eine »Religion der Weltverachtung« (55). Da sie keinen Einfluß auf politische Entscheidungen zu nehmen versucht habe, sei es für die Regierenden immer einfach gewesen, das »Volk nicht als eine Summe von Einzelnen, sondern als eine kollektive Masse zu behandeln«, die »leicht zu regieren« sei (56). Das westliche Europa sei von Tendenzen hin zu solchen Praktiken auch nie völlig frei gewesen, doch seien solche Rückfälle in voreuropäische Zustände – siehe Hitler – von der Geschichte selbst immer wieder korrigiert worden. Thiess wollte mit diesen Ausführungen verdeutlichen, daß er eine westeuropäische Übernahme politischer Ideologie und Praxis aus der Sowjetunion für einen Rückschritt erachtete. Er schloß seinen Vortrag mit der Mahnung: »Wir müssen festhalten am Glauben an die Menschenrechte, die allein den Einzelnen vor der Versklavung schützen. Wir müssen festbleiben in einer jeden Selbstbetrug scheuenden politischen Vernunft. Und wir dürfen den Willen zur Einheit Europas nie verlieren« (61). An sich formulierte der Autor hier löbliche Maximen, doch boten sie wenig Möglichkeiten zu einem Dialog mit dem Gegner, wie ihn Schneider gefordert hatte. Die Abgrenzung von Moskau verlief zu defensiv, als daß sie Zeugnis einer souveränen Haltung gewesen wäre. Auch unterschätzte Thiess die kritische, aufklärerisch und antitotalitär gesinnte Intelligenz in Rußland, die ihre eigene Tradition hatte. Der Begriff des Dissidententums zum Beispiel kam in seiner Abhandlung nicht vor.

Um den Ausdruck der Überlegenheit europäischer Werthaltungen ging es zur gleichen Zeit George Saiko in seinem Essay »Europa als Wunsch und Wirklichkeit«. »Eine wirkliche Bedrohung unserer abendländischen Kultur durch den Bolschewismus« zählte er »zu den illusionsmäßigen Befürchtungen« der Zeit (200). Wie Thiess sah er in der »Despotie« Rußlands »ein Stück seelisches Asien«, das »in die europäische Geographie hineinrage« (201). Auch in der historischen Herleitung der sowjetischen Diktatur stimmte er mit Thiess überein, wenn er schrieb, daß »die Mongolen diese Art Herrschaft verbreitet« hätten. Damals seien »die vom Apparat repräsentierten und verwalteten Machtmittel« einer »Verselbständigung anheim« gefallen, woran sich weder im Zarismus noch unter den Bolschewiki etwas geändert habe. Und schließlich kontrastierte er wie Thiess die europäische »Zielvorstellung« von der »Emanzipation des Individuums« mit der »institutionellen Despotie« der Sowjetunion, die eine Entfaltung individueller Bedürfnisse verhindere (202). Im Gegensatz zu Thiess unterschied Saiko aber zwischen dem »Marxismus« als Ideologie, die »abendländischer Herkunft« sei (201), und sowjetischer Regierungsform, die auf asiatische Ursprünge zurückgehe. Implizit verdeutlichte Saiko, daß der Marxismus als Philosophie (nicht jedoch in seiner Variante als Sowjetideologie) eine mögliche Dialogbrücke zwischen Ost und West bilden könnte. Daß er diesen Dialog wie Schneider für nötig erachtete, machte auch er deutlich mit dem Hinweis auf die Gefahr der »Selbstzerstörung der Menschheit durch die modernen Atomwaffen« (196 f.). Gerade angesichts dieser Gefahr müsse Europa an dem »Kerngedanken« seiner Kultur festhalten. Dieser Kerngedanke, »in dem die tiefste Selbstliebe gleichgesetzt« sei mit »der tiefsten Nächstenliebe«, durchziehe das europäische Denken »von der päpstlichen Dogmatik bis zum Kant-Goetheschen Humanismus sozialpolitischer Prägung« (198), und auch der Marxismus sei von ihm nicht unberührt geblieben.

Wie Thiess auf die Tragödie der Sowjetisierung der mitteleuropäischen Staaten hingewiesen hatte, so tat Edzard Schaper das gleiche für die Länder des Baltikums in seinem Vortrag »Die baltischen Länder im geistigen Spektrum Europas«. Er verwies darauf, daß die Universitäten in Wilna und Dorpat »akademische Leuchten zwischen Westen und Osten« gewesen seien (7) und daß ganz allgemein »die baltischen Länder und Völker« im Bereich der »Geistigkeit Europas« gelegen seien. Daran hätten auch alle »russifizierenden Maßnahmen« unter den Zaren nichts ändern können, wenn sie auch als bedrohliche »Hemmungen« empfunden worden seien (11). »Am Ende des Ersten Weltkriegs« sei die Macht »der Russen wie der Deutschen« zerbrochen, »und der Weg für die drei selbständigen Republiken Estland, Lettland und Litauen« wäre offen gewesen. Die folgenden »zwanzig Jahre der Selbständigkeit« hätten »die Völker der Esten, Letten und Litauer noch einmal mehr für die Kulturgemeinschaft Europas legitimiert« (13). Und auch nach der Okkupation dieser Länder durch die Sowjetunion, sei trotz »Emigration« und »Gefängnis« das »Bewußtsein der europäisch-humanistischen Selbständigkeit erhalten geblieben« (13 f.). Schaper hob nicht nur die geistige Unabhängigkeit der baltischen Länder von der Sowjetunion hervor, sondern auch die Differenz gegenüber der Lebenseinstellung im Westen. Die Balten seien »Kinder Europas«, die jenseits der »seelenarmen Tüchtigkeit« in Westeuropa »noch Kräfte des Herzens, des Gemütes, des Glaubens« besäßen, »ohne die zu leben sich eigentlich nicht geziemt und nicht lohnt« (15).

Die Schriftsteller, die sich zur Zeit des kalten Krieges der fünfziger und frühen sechziger Jahre zum Thema Europa meldeten, waren zu verantwortungsbewußt, als daß sie in ein Kreuzzugspathos verfallen wären. Was vorherrschte, war eine Defensivstrategie, in der das europäische Erbe mit seinen Grundwerten der Menschenrechte totalitärer Praxis entgegengesetzt wurde. Gleichzeitig gab es Stimmen, die auf die Tragödie Mitteleuropas und des Baltikums verwiesen, und hie und da fand sich eine Dialogbereitschaft ausgedrückt, in der sich ein Klima andeutete, das die neue Ostpolitik der späten sechziger Jahre vorbereitete. Skeptischer als 1949 wurde 1957 die einseitige wirtschaftliche Integration Europas beurteilt. Selbstkritische Ansätze bei Pannwitz, die die eigene europäische kulturelle Situation betrafen, wurden in den folgenden Jahren im Zuge der Studentenbewegung und der Aktivität der Ökologen intensiviert.

Vom Mauerbau bis zum Ende des kalten Krieges (1961–1991)

> Die europäische Einheit. Diese
> Idee stammt noch aus Zeiten, in
> denen alle Welt an den technischen
> Fortschritt, an Wachstum und
> Rationalisierung glaubte.
> (Hans Magnus Enzensberger,
> *Ach Europa!*)

I.

Eine so lebhafte und kontroverse Europa-Debatte der Dichter und Intellektuellen wie in der Weimarer hat in der Bonner Republik nie stattgefunden. In den Nachkriegsjahren suchte man sich wegen der Diskreditierung alles Nationalistischen das Europäertum als »zweite Identität« zuzulegen. Gerade weil aber dieses Greifen nach dem europäischen Rettungsring häufig mit dem Verdrängen von nationaler Schuld Hand in Hand ging, war der nächsten Generation die Europa-Idee suspekt. Seit den sechziger Jahren holte man – nicht zuletzt in der Studentenbewegung – die überfällige Auseinandersetzung mit der nationalsozialistischen Vergangenheit nach. Zudem standen nun gesellschaftskritische Themen, Diskussionen über Krieg und Frieden, über Dritte Welt und Umweltzerstörung im Mittelpunkt des öffentlichen Interesses. Diese Fragen bewegten die bundesrepublikanischen Autoren und Autorinnen mehr als das Europa-Thema, das sich in Organisationsfragen des Agrarmarktes zu erschöpfen schien. Die Linksintellektuellen mißtrauten der Europa-Idee, die – wie Edgar Morin im Rückblick feststellte – die EWG als eine Art »kapitalistische Superfestung« betrachteten, durch die »der honigsüße sozial- und christdemokratische Mythos eher entlarvt als verschleiert würde« (141). Die meisten Autoren ignorierten damals die Brüsseler Behörde und ihre Politik. Die die Regel bestätigende Ausnahme findet sich lediglich in einem Interview mit Heinrich Böll, das 1979 unter dem

Titel »Europa – aber wo liegt es?« im *Merkur* erschien. Auch Böll machte klar, daß es sich bei ihm um keinen EG-Interessenvertreter handle. Der Autor betonte, daß es falsch sei, Europa mit Westeuropa gleichzusetzen, und wies darauf hin, daß »das alte Rußland« ebenso wie »Polen, die Tschechoslowakei« und »alle Balkanstaaten« zu Europa gehören (343). Böll hoffte auf ein Ende der Ost-West-Konfrontation. Er forderte »ein ganz neues europäisches Denken« (349), in dem endlich die Verhaftung an Vorstellungen von »Kolonisation« beziehungsweise »Imperialismus« aufgegeben würde. Dies vorausgeschickt, bekannte er: »Ich fühle mich als Europäer« (353). Zu den wenigen übrigen Autoren und Autorinnen, die sich zu einem vergleichbaren Bekenntnis während der siebziger Jahre durchrangen, gehörten Peter Härtling und Hilde Spiel. Thilo Koch stellte 1973 in dem Sammelband *Europa persönlich* Stellungnahmen deutschsprachiger Intellektueller zu Europa zusammen. Es war die Zeit der sogenannten »neuen Subjektivität«, und so belegten Härtling und Spiel dort ihre Verbundenheit mit Europa durch Schilderung privater Erfahrungen. Bei diesen biographischen Erinnerungen standen die Lektüreerlebnisse mit europäischer Literatur im Vordergrund.

In anderen Teilen des Kontinents begannen die Schriftsteller während der achtziger Jahre Europa neu zu entdecken. Wegen der wirtschaftlich desolaten und politisch repressiven Situation in den sogenannten Ostblockstaaten nahm dort die Stärke der Oppositionsbewegungen zu. Von Anfang an zählten die Autoren als Dissidenten und Emigranten zu den schärfsten Kritikern der Regierungen des Warschauer Paktes. Zu ihrer Strategie gehörte, daß man die Legitimität der moskauorientierten kommunistischen Regierungen durch eine neue Mitteleuropa-Debatte in Frage stellte. Eine Ausnahme machte lediglich die literarische Intelligenz der DDR. Hier hielt man sich aus solchen Diskussionen heraus, weil die Reformer unter ihnen zu sehr mit der Irrealität des real existierenden Sozialismus im eigenen Land beschäftigt waren. Im Vergleich zu Erich Honeckers spätstalinistischem Regierungsstil erschien Michail Gorbatschows Sowjetunion als Reformvorbild, und so sah man zu antisowjetischen mitteleuropäischen Reflexionen wenig Anlaß. Vor allem waren es tschechische und ungarische Autoren, die die Mitteleuropa-Diskussion als einen der Hebel ansetzten, mit dem die sowjethörigen Parteichefs ihrer diktatorischen Ämter enthoben werden sollten. Zwei Namen sind hier vor allem zu nennen: der des Tschechen Milan Kundera und der des Ungarn György Konrád.

Der Romancier Kundera lebt seit dem Ende des Prager Frühlings von 1968 im Pariser Exil. Im April 1984 veröffentlichte er den Essay »Die Tragödie Mitteleuropas« in der amerikanischen Kulturzeitschrift *The New York Review of Books*. Danach erschien der Aufsatz in mehreren europäischen Ländern. Für Kundera wie für Konrád ist der Begriff »Jalta« traumatisch besetzt. Mit der Krimkonferenz vom Februar 1945 wurden die Voraussetzungen für eine Dominanz der Sowjetunion in Mitteleuropa geschaffen. Weder die Teilung Deutschlands noch die Europas in zwei Hälften wurde in Jalta festgeschrieben, doch war der Eiserne Vorhang die Folge der Zugeständnisse, die Roosevelt und Churchill hier an Stalin machten. Für Kundera ist die Teilung Europas durchaus akzeptabel, nur sollte die Trennungslinie nicht die des Eisernen Vorhangs sein, sondern entlang der russischen Grenze verlaufen.

Viele Schriftsteller des 19. und 20. Jahrhunderts hatten den kulturellen Gegensatz zwischen Europa und Rußland betont. Ihnen schloß sich 1959 der polnische Dichter Czesław Miłosz an, als er in seiner Autobiographie *West- und Östliches Gelände* festhielt: »Ich aber konnte der Begegnung mit der russischen Dichtung nicht ausweichen, und dort fand ich schon in der Sprache eine grundsätzliche Fremdheit, ein ganz anderes gefühlsmäßiges Verhältnis zu Menschen und Dingen, die Fremdheit einer anderen, in sich geschlossenen Zivilisation« (11). Auch Kundera meinte, daß das »geographische Europa«, also der ganze Erdteil vom Atlantik bis zum Ural, schon »immer in zwei Hälften geteilt« war, »die sich getrennt entwickelten«. Das eine Europa sei »an das antike Rom und die katholische Kirche gebunden«, das andere aber »in Byzanz und der orthodoxen Kirche verankert« gewesen. Als Konsequenz der Beschlüsse von Jalta habe sich jedoch »nach 1945« die »Grenze zwischen den beiden Europa mehrere hundert Kilometer nach dem Westen« verschoben. So hätten »verschiedene Völker«, die »geographisch in der Mitte« Europas lokalisiert und

»kulturell im Westen« beheimatet waren, plötzlich entdecken müssen, daß sie »politisch« dem »Osten« zugehörten (133). Damit, so Kundera, habe die Tragödie Mitteleuropas begonnen. Der Autor war überzeugt, daß sich »in jedem Fall« das »jeweilige Regime« der Kommunisten »nicht länger als drei Stunden aus eigener Kraft« gehalten hätte, »wenn es nicht von Rußland unterstützt worden wäre«. Dieses Mitteleuropa bezeichnete Kundera als den »entführten Westen«, als einen Teil Europas, der »verschleppt und einer Gehirnwäsche unterzogen« worden sei, der aber darauf bestehe, »seine Identität zu verteidigen«. Die gefährliche Arbeit der europäischen Identitätsdefensive hätten von Anfang an die Schriftsteller auf sich genommen. »Es war«, hielt Kundera als Historiker fest, »eine Gruppe ungarischer Schriftsteller (benannt nach dem romantischen Dichter Sándor Petöfi), die jene kräftige Kritik übten, die den Weg zur Explosion des Jahres 1956 ebnete« (134). Die Zielvorstellungen des Mitteleuropas der Nachkriegszeit hätten zu den sowjetischen Plänen quergestanden. »Mitteleuropa«, schrieb Kundera, »sehnte sich danach, eine verdichtete Version Europas in all seiner kulturellen Vielfalt zu sein, ein kleines Erz-Europa, ein Europa im verkleinerten Maßstab, zusammengesetzt aus Nationen und geplant nach dem einen Grundsatz: größte Vielfalt auf kleinstem Raum.« Moskaus Absicht dagegen sei darauf hinausgelaufen, »gleichförmig, normierend, zentralisierend« zu wirken (135). Die Mitteleuropäer sehen Kundera zufolge Rußland »nicht als eine europäische Macht« im eigentlichen Sinne an, »sondern als eine eigene«, eine »andere Zivilisation« (136). Deshalb müßten »die Länder Mitteleuropas ihr Schicksal nach 1945 nicht nur als eine politische Katastrophe«, sondern auch als eine kulturelle Tragödie verstehen, da es sich hier um einen »Angriff auf ihre Zivilisation« handle.

Kundera sah, daß diese Tragödie bereits ihre Geschichte hatte. Österreich sei seiner Aufgabe, in Mitteleuropa »eine Föderation gleichberechtigter Nationen zu bilden«, nicht gewachsen gewesen, und dieses Scheitern sei als ein »Unglück für ganz Europa« zu betrachten (137). An die kulturellen Höhepunkte der mitteleuropäischen Vorkriegszeit erinnerte Kundera, wenn er Namen wie Arnold

Schönberg, Béla Bartók, Franz Kafka, Jaroslav Hašek, Robert Musil, Hermann Broch, Witold Gombrowicz, Bruno Schulz und Stanisław Witkiewicz nannte (138). Ein Denkmal setzte er auch dem »Einfluß jüdischen Geistes« in dieser Region: »Die Juden im 20. Jahrhundert« seien in Mitteleuropa »das führende kosmopolitische, integrierende Element«, ja »die Schöpfer seiner geistigen Einheit« gewesen (140 f.). So habe »in Auschwitz« Mitteleuropa »seine Seele verloren« (143). Kunderas Kritik richtete sich nicht lediglich gegen die Mitteleuropa okkupierenden Sowjets, sondern auch gegen das westliche Europa. Dieser Teil des Kontinents sei »selbst dabei«, seine »eigene kulturelle Identität zu verlieren«, und erblicke deswegen »in Mitteleuropa nichts als ein politisches Regime«. Westeuropa beschränke sich, was sein Selbstverständnis von Einheit betreffe, auf die wirtschaftlichen und politischen Aspekte; eine Diskussion über kulturelle europäische Identität aber gebe es nicht. So hätten denn – im Vergleich dazu – die »mitteleuropäischen Revolten etwas Konservatives, beinahe Anachronistisches« an sich: Sie versuchten in einem identitätslosen Europa geradezu verzweifelt, »die Vergangenheit der Kultur« wiederherzustellen. Die Verteidigung ihrer Identität gegenüber der Sowjetunion werde im Westen gar nicht verstanden. »Die wirkliche Tragödie für Mitteleuropa«, resümierte Kundera, sei »also nicht Rußland, sondern Europa« (143).

Die Resonanz auf Kunderas Essay war international stark, und an kritischen Einwänden fehlte es nicht. In Frage gestellt wurde die schroffe Trennung zwischen Europa und der Sowjetunion: Kundera argumentiere, als habe es in Rußland nicht über Jahrhunderte eine teils offene, teils unterschwellige Westorientierung gegeben. Was Mitteleuropa und den Nationalsozialismus betraf, fragte François Bondy: »War Adolf Hitler weniger Mitteleuropäer als Franz Kafka?« Egon Schwarz wies auf den Antisemitismus, den Nationalismus und die Unterdrückung ethnischer Minoritäten im Mitteleuropa der Vorkriegszeit hin, auf Erscheinungen, die Kundera unerwähnt ließ. Trotz dieser Einwände ist Kunderas Beitrag als ein Meilenstein auf dem Weg zu einer neuen Diskussion über europäische Identität zu werten.

Der andere wichtige Sprecher Mitteleuropas ist György Konrád. Als Romancier ist er weniger bekannt als Kundera, aber seine Europa-Schriften sind ausgreifender und umfassender als die seines tschechoslowakischen Kollegen. Mit seinem Buch *Antipolitik. Mitteleuropäische Meditationen* legte er die umfassendste Behandlung des Themas in den achtziger Jahren vor. Die Veröffentlichung des Buches auf Ungarisch wurde durch die staatliche Zensur unterbunden; es erschien 1985 zuerst in der Bundesrepublik Deutschland. Im Rückblick erweist sich die Schrift als zuverlässiger Fahrplan für die Reise des mitteleuropäischen Zuges in die politische Eigenständigkeit. Im Zentrum von Konráds Denken steht der Begriff der Antipolitik. Konrád wehrte sich gegen eine Panpolitisierung, gegen die Durchdringung sämtlicher Lebensbereiche mit einer wie immer definierten Staatsräson. Sein Grundsatz lautete: »Wir müssen uns gegen die Politiker schützen« (93). Von »jenem Treibstoff« nämlich, »der in Hitler mit besessener und primitiver Brutalität« gewirkt habe, sei in jedem Politiker etwas vorhanden: »Sonst hätte er nicht diesen Beruf gewählt« (92). In der Gegenwart sei das »letzte immanente Argument der politischen Macht die Atomrüstung«. Deswegen sei »Antipolitik« heute gleichzusetzen mit der »prinzipiellen Ablehnung des Atomkriegs«. »Antipolitik«, heißt es weiter, bedeute, »mit dem Atomkrieg auf gar keinen Fall als einer adäquaten Antwort rechnen« zu wollen, bedeute »für unmöglich zu halten, daß es ein historisches Unglück geben könne, das schlimmer wäre als der Tod von ein bis zwei Milliarden Menschen«. Die »Antipolitik«, faßte Konrád zusammen, gründe »die Politik auf die bewußtgemachte Todesangst« (89).

Von diesem Prinzip ausgehend, entwickelte der Autor Vorschläge zur Pazifizierung des Kontinents. Wie Kundera war er der Meinung, daß der auf den Entscheidungen von Jalta basierende Status quo überwunden werden müsse. Er sei nämlich gekennzeichnet durch den Aufmarsch der beiden atomar gerüsteten Militärblöcke in Mitteleuropa. Deswegen riet der Autor zu einem »gegenseitigen und ausgewogenen Truppenrückzug« (9): Die Sowjets sollten aus Mitteleuropa und die Amerikaner aus Westeuropa ihr Militär abziehen. Erst dann sei der Weg zu einer eigenständigen »europäischen Konföderation« frei (14). Einen einseitigen Truppenabzug hielt Konrád nicht für ratsam.

Bei der Frage nach der Möglichkeit eines solchen beiderseitigen Abzugs erörterte der Autor die ideologischen Differenzen zwischen Ost und West. Inzwischen nehme niemand mehr – weder im Osten noch im Westen – den Marxismus-Leninismus als Weltanschauung, politische Philosophie oder praxisbezogene Gesellschaftstheorie ernst. Er habe lediglich noch die Bedeutung, als »Ideologie einer russischen Dominanz« in Mitteleuropa zu fungieren (22). Bei den Konflikten und Interessengegensätzen – das hatte Hermann Broch bereits in den vierziger Jahren gesehen – gehe es nicht um einen ideologischen Streit zwischen Kapitalismus und Kommunismus, sondern um den Machtkonflikt zweier Staaten, die sich als Großmächte verstünden und die ihren Streit um Einflußsphären mit ideologischen Mitteln führten. Ziel dieser Interessenkämpfe sei die Durchsetzung einer »Pax Americana« oder »Pax Sovietica«. Solchen Träumen müßten die Europäer ihre Unterstützung entziehen, denn der Versuch ihrer Realisierung sei der »sichere Weg zum Weltbrand«, wobei Europa der Kriegsschauplatz wäre (30). Die Europäer sollten sich selbst zu helfen versuchen, sollten weder einer »sowjetischen« noch einer »amerikanischen Ideologie« anhängen, sondern eine eigene »europäische Ideologie« entwickeln (39), deren Zentrum die »offene Demokratie« bilden würde (38). Die »europäische Emanzipationsbewegung« als »Anti-Jalta-Bewegung« (34) müsse Europa zu einem »selbständigen Subjekt« zwischen Ost und West machen (36). Für die kommunistisch regierten Länder Mitteleuropas gelte die Devise, mit evolutionär-friedlichen Mitteln an der Errichtung eines »pluralistischen politischen Systems« zu arbeiten, wie es in den Staaten Westeuropas bereits existiere. Bei der Frage danach, was die Westeuropäer zur Beschleunigung dieses Demokratisierungsprozesses beitragen könnten, fiel die Antwort ganz anders aus als bei Kundera. Während Kundera die ökonomisch-politische Westintegration mit kulturkritischen Argumenten attackierte, wurde sie von Konrád unterstützt. Dazu hieß es: »Was können die Westeuropäer für uns tun? Sie sollen sich integrieren. Je einheitlicher Westeuropa ist, ein desto größeres Selbstbewußtsein können wir in Ost-Mitteleuropa haben. Wenn sie uns helfen wollen, müssen sie die europäische Identität stärken und die Idee fördern, wonach Europa Subjekt des eigenen Schicksals wäre, ein Subjekt mit selbständiger Strategie und selbständigem politischem Profil. Diese europäische Identität schließt historische Anachronismen, in denen eine Nation über andere Nationen herrschen kann, von vornherein aus« (62). Als wichtigen Schritt bei der Überwindung des Eisernen Vorhangs betrachtete Konrád die Verständigung der unabhängigen und demokratisch gesinnten Intellektuellen in Ost und West. Die Trennung der politischen Blöcke müsse zunächst einmal »in den Köpfen« überwunden werden. »Wir müssen uns«, forderte Konrád, »über den Eisernen Vorhang hinweg unterhalten, wir Osteuropäer und Westeuropäer müssen uns zu europäischen Intellektuellen entwickeln« (110). So könnten sie erreichen, eine »selbstbewußte Mitte« zwischen den Extremen des Ost-West-Gegensatzes auszubauen (128). Als Konrád sein Buch *Antipolitik* während der ersten Hälfte der achtziger Jahre schrieb, war von Gorbatschow noch nicht die Rede, und einen russischen Reformkurs gab es nicht. In Polen und Ungarn war aber bereits der Boden für Überlegungen, wie Konrád sie anstellte, vorbereitet, und niemand konnte absehen, daß seine Forderungen sich so rasch erfüllen würden. Der Autor meinte, daß ein oder zwei Generationen hart arbeitender antipolitischer Intellektueller nötig seien, um Mitteleuropa von der Hypothek Jaltas zu befreien.

In einer Reihe von Aufsätzen hat Konrád seinen »Traum von Europa« beziehungsweise von »Mitteleuropa« analysiert und gedeutet. Im Beitrag zum *Kursbuch*-Heft von 1985 mit dem Thema »Die andere Hälfte Europas« schrieb er: »Mitteleuropa, das ist eigentlich nicht mehr als ein Traum«, und er betonte, daß er sich nicht als ein »Anhänger von Bewegungen«, sondern als »Dichter« verstehe (187). Das hielt ihn aber nicht davon ab, praxisbezogene Vorschläge zu unterbreiten. Wiederum forderte er Westeuropa zu verstärkter Integration auf, verstand erneut »die Union des kleinen Europa« im Westen des Kontinents als »einen Weg zur Union des großen Europa« (175). Parallel dazu könnte sich in einer Übergangsphase eine von der Sowjetunion unabhängige »ost-mitteleuropäische Konföderation« bilden. Die »wirtschaftlich-kulturelle Kooperation« der mitteleuropäischen Länder würde »im Inneren« zur »Selbstbestimmung« und im Äußeren zur »Neutralität« führen (176). Bei der Erörterung der Gesellschafts- und Regierungsform plädierte Konrád für einen »demokratischen Sozialismus« (183), wobei er – wie nach dem Krieg Alfred Andersch in seinen Überlegungen zu Europa – der Demokratie gegenüber dem Sozialismus den Vorrang einräumte. Er gab zu bedenken: »Ist ein Staat demokratisch, so kann er nur in begrenztem Umfang sozialistisch sein« (177). Seinen Traum von Mitteleuropa erläuterte der Autor mit Wendungen, die aus dem Vokabular postmoderner Kulturkritik stammen. »Die Idee einer gerechten, als gut begriffenen utopischen Gesellschaft«, führte er aus, »wird um die zweite Jahrtausendwende individualistisch und nicht kollektivistisch sein, komplex und nicht monolithisch, dezentralisiert und nicht zentralisiert, heterogen und nicht homogen, künstlerisch und nicht militärisch« (183). »Die mitteleuropäische Idee«, hieß es ergänzend, »bedeutet die blühende Vielfalt der Bestandteile, das Selbstbewußtsein der Diversität« (186). Wie zahllose Europa-Theoretiker vor ihm, pries auch Konrád »die Schweiz als Paradigma für ein würdiges Zusammenleben der Völker« (186). Immer wieder kam er auf Jalta und die Teilung Europas zu sprechen. Der Dichter verstand sich als ein Arzt Europas, der das Verheilen dieser Wunde sich zur Lebensaufgabe gesetzt habe. »Mitteleuropäer ist«, definierte er entsprechend, »wer die Teilung Europas weder für natürlich noch für endgültig hält« (187).

Ein Jahr später formulierte Konrád im Essay »Der Traum von Mitteleuropa« noch eindringlicher: »Mitteleuropäer ist der, den die Teilung unseres Erdteils verletzt, berührt, behindert, beunruhigt und beengt« (88). Hier brachte er erstmals den Begriff des »Euronationalismus« ins Spiel, den er – im Gegensatz zu Friedrich Nietzsche – antichauvinistisch definierte und der von ihm als Gegengewicht zum neu erwachten Nationalismus der mitteleuropäischen Einzelstaaten gedacht war. Dazu hieß es: »Prinzip des Euronationalismus sind die Autonomie, die Gleichberechtigung und die demokratische Föderation der Völker Europas. Möglicherweise können die Neonationalismen unseres mitteleuropäischen Raums in diesem begrifflichen Rahmen zu sich selbst finden« (92). »Die geistige Entwicklung des Nationalismus«, so meinte er optimistisch, »ist nicht ausgeschlossen, er kann sich verwandeln in einen mitteleuropäischen, wir könnten sagen: in einen Euronationalismus« (94). Die Hoffnung auf einen europäischen Patriotismus hat ihre eigene Tradition; wir stellten sie bereits bei Saint-Simon und Hugo im 19. Jahrhundert fest. Auch Konrád verstand den Europatriotismus als »verheißungsvollen Traum«, doch wünschte er sich gleichzeitig einen europäischen Matriotismus. »Ein wenig könnten wir getrost auch Matrioten sein«, meinte er, denn »Mitteleuropa« sei »etwas Mütterliches« (97). (Thomas Mann hatte in seiner Paneuropa-Rede von 1930 das Europäische als etwas »Väterliches« bezeichnet.)

Das Unwahrscheinliche zu denken wurde Mitte der achtziger Jahre in Ungarn mehrfach gewagt. Dasselbe *Kursbuch*-Heft von 1985, in dem Konrád von Europa träumte, machte auch sein Landsmann György Dalos zum Forum seiner mitteleuropäischen Wunschprojektionen. Dalos formulierte sie so: »Stellen wir uns das Unwahrscheinliche vor: ein verjüngtes Zentralkomitee in Moskau entscheidet sich für die Befreiung der Sowjetunion von ihren immer lästiger werdenden Verbündeten […]. Die in der osteuropäischen Region stationierten sowjetischen Truppen werden mit Militärmusik und Blumen verabschiedet, und die Länder des ehemaligen Ostblocks beginnen mit der Regelung ihrer eigenen Probleme. Durch freie Wahlen, an denen mehrere Parteien teilnehmen dürfen, schaffen sie ihre parlamentarischen Institutionen, sie öffnen die Grenzen und garantieren die Freiheitsrechte, einschließlich eines vernünftig beschränkten Privatbesitzes. Alles andere: das McDonald-Netz, die Arbeitslosigkeit, die Peep-Show kommen von selbst« (1). Daß alles genauso innerhalb eines halben Jahrzehnts geschehen würde, hätte Dalos damals eher befürchtet als geglaubt. 1990 kommentierte der Autor diese Zeilen selbst mit den Worten: »Die meisten Übertreibungen dieser ironisch gemeinten Prophezeiung sind inzwischen als Untertreibungen anzusehen. Die geradezu übermäßige Verwirklichung der Träume der siebziger/achtziger Jahre erscheint manchen Beobachtern wie eine Kette von Absurditäten« (185). Dalos war es 1985 darum gegangen, daß Mitteleuropa »weder das westliche noch das östliche Modell nachahmen« sollte. Er wünschte, daß »diese Länder *sich selbst* ähnlich werden, ihrer historischen Identität näherkommen« möchten (3). Dazu aber gehörten seiner Meinung nach weder repressive kommunistische Zentralbürokratien noch enthemmende Peep-Shows. Stärker als Konrád verfocht Dalos die Idee einer eigenständigen »ostmitteleuropäischen Konföderation« (7). Konrád betrachtete sie nur als Übergangslösung bei der Unifikation des ganzen Kontinents; Dalos dagegen verstand diese Assoziation als Weg zu einem eigenständigen Mitteleuropa, das sich gleichermaßen von Ost- wie von Westeuropa abgrenzen würde. Die Ostmitteleuropäische Konföderation sollte eine Politik strikter Neutralität verfolgen und »sich keinerlei militärischem Block oder politischer Machtkonstellation« anschließen. Wie Konrád dachte Dalos sich diese Vereinigung als einen »Bund freier und demokratischer Staaten auf der Basis der [...] nationalen Selbstbestimmung« (11). Auch nach der Etablierung der Demokratie in Ungarn versteht Dalos sich als unabhängiger Gesellschaftskritiker, will sich weiterhin an »der Produktion von Ideen« beteiligen, »die nicht zum alltäglichen politischen Gebrauch bestimmt« sind, und plädiert, um neue Verhärtungen, Konformismus und Dogmatismus zu verhindern, »für die Fortsetzung der Dissidenz mit anderen Mitteln« (188).

Der Anteil der Intellektuellen – und besonders der Schriftsteller – an den Umbrüchen von 1989 in Mitteleuropa kann, wie auch Wolf Lepenies betont, kaum überschätzt werden. Dokumentiert und reflektiert ist dieser Anteil unter anderem in dem von Frank Schirrmacher herausgegebenen Band *Im Osten erwacht die Geschichte* mit Beiträgen unter anderem von Dalos und Konrád aus Ungarn, von Mircea Dinescu aus Rumänien sowie Andrzej Szczypiorski aus Polen.

Auch in den deutschsprachigen Ländern haben sich Schriftsteller zum Thema Mitteleuropa zu Wort gemeldet, etwa Christoph Ransmayr, György Sebestyen und Manès Sperber in Österreich, Reto Hänny in der Schweiz sowie Karl Schlögel in der Bundesrepublik Deutschland. 1985 stellte Ransmayr einen Band mit Erzählungen österreichischer Autoren zusammen, dem er den Titel *Im blinden Winkel. Nachrichten aus Mitteleuropa* gab. Durch diesen Titel wollte er verdeutlichen, daß Mitteleuropa im sogenannten »blinden« oder »toten« Winkel des westlichen Kulturbewußtseins liege. Implizit abgelehnt wurde die Identifizierung des Begriffs Mitteleuropa mit der alten Habsburgermonarchie; eine neue Berechtigung erhalte er vielmehr durch die grenzüberschreitende und grenzauflösende Rolle, die von den Intellektuellen im Dreieck Budapest–Prag–Wien übernommen worden sei. Sebestyen, der 1956 nach dem Scheitern des ungarischen Aufstands von Budapest nach Wien floh, bedauerte wie Kundera das Versagen der österreich-ungarischen Monarchie vor ihrer Aufgabe, die mitteleuropäische Konföderation zu begründen.

Ähnlich wie Konrád sah Sebestyen, daß das »Gegensatzpaar Kapitalismus–Sozialismus« seine Bedeutung verloren habe. Dadurch sei die Chance zu »einer neuen Form der regionalen Zusammenarbeit« in Mitteleuropa gegeben (47). Sebestyens Ausführungen mangelte es an der visionären Entschiedenheit seiner ehemaligen ungarischen Landsleute. Das hat mit der Tatsache zu tun, daß die Mitteleuropa-Diskussion zwar in Österreich aufgegriffen wurde, ihr jedoch nicht entstammte. In Ländern wie Ungarn und der Tschechoslowakei hatte sie in den achtziger Jahren eine ganz andere Brisanz als in Österreich, Italien oder der Bundesrepublik Deutschland, wo sie des öfteren zu einer Angelegenheit akademischer Veranstaltungen, nostalgisch gestimmter regionaler Vereinigungen und Fehleranalysen geschichtlicher Vergangenheit wurde.

Nur Sperbers »Ende der Verführbarkeit Europas« hat etwas von der Bestimmtheit, wie sie aus den Beiträgen Kunderas und Konráds spricht. Sperber setzte sich für ein starkes Europa als Machtblock zwischen den Großmächten USA und UdSSR ein. »Mut zur Menschlichkeit«, »Mut zur Selbstbehauptung« (132) und Ablehnung jeglicher »Ideologie oder Heilslehre« waren seine Parolen (131). Das Insistieren auf weltanschaulicher Vielfalt hatte in der jüngeren österreichischen Gegenwartsliteratur bereits Tradition. In Oswald Wieners Roman *Die Verbesserung von Mitteleuropa* (1969) heißt es: »A ist nämlich idealist und individualist. / B ist idealist und kollektivist. / C ist realist und sensualist.

/ D ist thomist und szientist [...]« – und so geht es weiter durch das Alphabet mit der Aufzählung unterschiedlichster, auch widersprüchlichster Einstellungen, Auffassungen und Weltanschauungen (XLVII).

Der Schweizer Schriftsteller Hänny veröffentlichte 1991 seinen Erlebnisbericht *Am Boden des Kopfes. Verwirrungen eines Mitteleuropäers in Mitteleuropa.* Er erzählt von Eindrücken, Begegnungen, Erkundungen, Diskussionen auf seiner Lesereise durch Polen im Herbst 1989. Aus Schweizer Perspektive werden Gegenwart und Historie seines Gastlandes gesichtet. Hänny ist verwirrt über die polnischen Wünsche nach einem »richtigen« Kapitalismus und teilt die Skepsis der Polen gegenüber dem deutschen Einigungsprozeß. Gegen die in Mitteleuropa neu sich regenden Nationalismen setzt er die Vorstellung von einem Europa kosmopolitischer Kleinstaaterei.

In Norditalien etablierte sich in den achtziger Jahren eine kleine politische Gruppe mit dem Namen Movimento Mitteleuropeo. Wie bei Sekten üblich, ergab sich bald eine Spaltung: die zwischen Friaul und Triest. Die friaulische Komponente sah in Mitteleuropa eine Bastion gegen die kommunistische Welt, die triestinische stellte sich Mitteleuropa als neutrale und bündnisfreie Großregion zwischen einem kapitalistischen Westeuropa und einem sowjetisch bestimmten Osteuropa vor. Mit diesen Quisquilien haben die Arbeiten des Triestiner Literaturwissenschaftlers und Schriftstellers Claudio Magris nichts zu tun. Beachtenswert sind nicht nur seine Europa-Essays, in denen er den Universalismus der europäischen Kultur herausstellt, sondern auch seine Betrachtungen über Mitteleuropa in seinem Buch *Donau.* Hier erzählt er anschaulich über die nationale Grenzen überschreitende alte gemeinsame Kultur des Donauraums.

In der Bundesrepublik Deutschland steuerte Schlögel einen Essay zum Thema bei. »Daß ein blocktranszendentes Mitteleuropa wieder gedacht wird«, beobachtete er 1986, liege »gewiß an der neuen Beunruhigung, die von der alten Rivalität der amerikanischen und sowjetischen Supermacht« ausgehe (9). Er bezeichnete die Mitteleuropa-Diskussion als Instrument, »mit dem sich etwas gegen die Übermacht der Supermächte zuwege bringen lasse« (11).

Mit seinem kleinen Buch wollte Schlögel die Deutschen auf die Möglichkeit eines Neutralitätskurses zwischen West und Ost hinweisen, wie er damals in Ostmitteleuropa favorisiert wurde. Berlin war ihm nicht nur Symbol, sondern »wirklicher Ort« der »verlorenen Mitte« (120) des Kontinents, wie sie – seiner Meinung nach – Kundera und Konrád wiedergewinnen wollten. Aber in den mitteleuropäischen Träumen der tschechoslowakischen und ungarischen Autoren kamen Berlin und Deutschland nicht vor, und Schlögels deutscher Eingliederungsversuch in dieses Konzept ist auf keine Gegenliebe gestoßen. Schlögel meinte, daß die Deutschen ihre Identität »allein aus der europäischen Mittellage« beziehen könnten, nicht aber »aus der transatlantischen« oder »der transelbischen Schieflage« (121). Sobald die Deutschen anfangen, sich als Mitteleuropäer zu verstehen, verdirbt die Erinnerung an Friedrich Naumanns imperiale Ansprüche aus der Zeit des Ersten Weltkriegs den europäischen Partnern die Lust an der weiteren Diskussion. Um auch terminologisch klarzustellen, daß Deutschland nicht als Teil Mitteleuropas zu betrachten sei, wurde von Deutschlands Nachbarn immer häufiger der Begriff »Ostmitteleuropa« anstelle von »Mitteleuropa« benutzt. Schlögel dachte gewiß nicht daran, Naumannsche Vorstellungen zu beleben. Ein neutrales Mitteleuropa (unter Einschluß Deutschlands) sah er als Voraussetzung einer möglichen Wiedervereinigung Berlins und Deutschlands an. Aber dieses Ziel ist inzwischen ohne Preisgabe der Westbindung erreicht worden.

Die Mitteleuropa-Debatte der achtziger Jahre hat ihren intendierten Beitrag zur Überwindung Jaltas, zur Rückgängigmachung der Teilung Europas geleistet. Sie ist damit nicht beendet, doch wird sie eine andere Funktion erhalten. Sie wird sich zu einer Diskussion wandeln, in der die Mitteleuropäer über ihren Ort in Europa als Ganzem und in der die West- und Osteuropäer über ihre Beziehung zu Mitteleuropa reflektieren. Ein Beispiel für die Neuorientierung der Debatte hat der tschechoslowakische Schriftsteller und Staatspräsident Václav Havel bereits gegeben. Im Frühjahr 1990 veröffentlichte er in *The New York Review of Books* einen Essay über die Zukunft Mitteleuropas. Hier gab er zu, daß es augenblicklich noch schwierig sei vorauszusehen, welche politischen Formen die mitteleuropäische Zusammenarbeit in den nächsten Jahren annehmen werde. Er wies darauf hin, daß Westeuropa in der Integration verhältnismäßig weiter fortgeschritten sei als Mitteleuropa. Alle ostmitteleuropäischen Staaten, so wünschte er, sollten Mitglieder der verschiedenen in Westeuropa bereits existierenden Europa-Assoziationen werden. Havel hielt es aber für sinnvoller, daß sich die aus dem Warschauer Pakt gelösten Staaten nicht einzeln und in Konkurrenz zueinander um solche Mitgliedschaften bewürben, sondern zunächst einmal eine eigene Vereinigung gründeten, welche die mitteleuropäischen Pläne und Interessen gegenüber den westeuropäischen Gemeinschaften artikulieren würden.

II.

In der Bundesrepublik Deutschland, der DDR und der Schweiz wurde während der achtziger Jahre die Diskussion über Europa in Politik und Kultur unter neuen Vorzeichen aufgenommen. Das lag zum einen an der Mitteleuropa-Debatte, zum anderen an den immer deutlicher werdenden Folgen der westeuropäischen Integration innerhalb der EG-Länder. Über die Beschäftigung mit der nationalen Vergangenheit und Gegenwart hatten die meisten Schriftsteller in den beiden deutschen Staaten die europäische Entwicklung aus den Augen verloren. Das Problem Deutschland, die Teilung der Nation, brannte ihnen mehr auf den Nägeln als die Brüsseler Sorgen der Euromanager oder die mitteleuropäischen Strategien in Budapest und Prag. Erinnert sei an die einschlägigen Publikationen aus den achtziger Jahren von Peter Schneider, Botho Strauß und Martin Walser, die in Studien von Karl-Rudolf Korte sowie Thomas Steinfeld und Heidrun Suhr analysiert worden sind. Diese Diskussion der nationalen Belange hat durch die Vereinigung der beiden deutschen Staaten an Umfang, Vehemenz und Brisanz noch erheblich zugenommen, wie neuere Stellungnahmen unter anderem von Walser, Günter Grass, Christa Wolf, Christoph Hein, Patrick Süskind und Peter Sloterdijk zeigen. Bei diesen Autorinnen und Autoren wird die deutsche Frage meistens isoliert behandelt, wird allzusehr abgesehen von der engen Verflechtung der deutschen Problematik mit der europäischen beziehungsweise internationalen Situation.

Eine Ausnahme machte Grass. In seinem 1989 in Buchform erschienenen Dialog über Europa mit der französischen Journalistin und Politikerin Françoise Giroud propagierte Grass den, wie er es nannte, »umfassenderen Europagedanken«, bei dem es nicht um die Legitimation eines EG-Resteuropas gehe, sondern um die Kultur eines Kontinents, in dessen Zentrum Prag zu lokalisieren sei (16). In diesem Gesamteuropa hat Grass für das geteilte Deutschland die »Rolle des Vermittlers zwischen Osten und Westen«, die Funktion des »Bindegliedes« vorgesehen (21). Seine Europa-Vorstellungen waren noch in den späten achtziger Jahren viel weniger radikal als die der mitteleuropäischen Vordenker Kundera und Konrád. Sie strebten die Wiedereingliederung ihrer Länder in das Europa westlicher Kultur an; Grass dagegen dachte im Grunde noch in den Kategorien von Jalta und hielt fest am Konzept eines kapitalistischen Westens und eines kommunistischen Ostens. Was er wollte, war nicht die Aufhebung der politischen Teilung des Kontinents, sondern das Erträglichmachen der Spaltung mittels Abrüstung, wirtschaftlichen Austausches und kultureller Kontakte. Um der Kriegsgefahr im Europa des Eisernen Vorhangs zu begegnen, wollte er nicht die Spaltung an sich beenden, sondern lediglich »eine atomwaffenfreie Zone in Mitteleuropa« herbeigeführt sehen (113). Ein politisch weiterhin geteiltes, kulturell und wirtschaftlich aber kooperierendes Deutschland in der Mitte des Kontinents war seiner Meinung nach in der Lage, im Kleinen vorzuführen, was er für den Kontinent insgesamt erstrebte: die friedliche Koexistenz der beiden unterschiedlichen politischen Systeme.

Schon 1967 hatte Grass in seinem Essay »Die kommunizierende Mehrzahl« den Vorschlag gemacht, die beiden deutschen Staaten zu einer Konföderation zusammenzuschließen. Die zwei Teile Deutschlands sollten dann Aufgaben übernehmen, die die Trennung des Landes und des Kontinents nicht aufheben, sondern sinnvoll erscheinen lassen würden. Dazu führte er aus: »Es wird dem Gremium dieser Konföderation, das seinen Sitz alternierend in

Leipzig und Frankfurt am Main haben möge, nicht an Aufgaben fehlen: Es gilt, zwei stehende Armeen Zug um Zug abzurüsten; es gilt, mit den freiwerdenden Mitteln gemeinsame Forschungsprojekte und Entwicklungshilfe zu finanzieren; es gilt, in beiden konföderierten Staaten die politische Strafjustiz aufzuheben« (105). Und um zu unterstreichen, daß es ihm nicht um die Beseitigung der Spaltung Deutschlands und Europas gehe, fügte er hinzu: »Einigkeit, europäische wie deutsche, setzt nicht Einheit voraus« (106). Im 1970 veröffentlichten Aufsatz »Deutschland – zwei Staaten – eine Nation?« pries er erneut sein Modell Deutschland für Europa an. »Es wird«, führte er aus, »keine Vereinigung der DDR und der Bundesrepublik unter westdeutschen Vorzeichen geben; es wird keine Vereinigung der DDR und der Bundesrepublik unter ostdeutschen Vorzeichen geben«, denn »zwei grundsätzlich verschiedene Gesellschaftssysteme« schlössen »einander aus«. Als weiteres Argument gegen die Vereinigung der Bundesrepublik mit der DDR nannte er den »Einspruch unserer west- wie osteuropäischen Nachbarn«, die eine solche erneute »Machtballung« in deutscher Hand nicht dulden könnten (62). Als »Aufgabe der zwei Staaten« bezeichnete er auch hier die »Entspannungspolitik in Europa«. Dazu hieß es im einzelnen: »Der Bundesrepublik und der DDR als Partner des Nordatlantischen Bündnisses und des Warschauer Paktes stehen Aufgaben ins Haus, die im Interesse der neuen Nation zugleich europäische Aufgaben sind. Der oft verkündete Wille nach schrittweiser Abrüstung der beiden Blocksysteme könnte in den beiden deutschen Staaten seine erste Probe ablegen und also dem neugefaßten Begriff Nation Sinn geben« (65). Grass hatte Ende der achtziger Jahre Schwierigkeiten, sich von seiner Lieblingsvorstellung vom konföderierten Deutschland als Modell für ein konföderiertes Europa zu lösen. Als die mitteleuropäischen Staaten und die DDR sich im Zuge der friedlichen Revolution von 1989 von der Bevormundung durch die Sowjetunion emanzipierten und ihre kommunistischen Regierungen stürzten, wurde diesem Modell der Boden entzogen. So weiterführend zur Zeit des kalten Krieges Ideen über die friedliche Koexistenz der beiden unterschiedlichen Systeme von Kommunismus und Kapitalismus gewesen waren, so überholt klangen sie nach dem Verschwinden des Eisernen Vorhangs und der Transformation der mitteleuropäischen Staaten in Demokratien. Grass aber hielt fest an seinem Gedanken einer Konföderation zweier deutscher Staaten. Wiederum argumentierte er europäisch, doch konzentrierte er sich jetzt auf das schon früher erwähnte Argument gegen eine erneute Machtballung in Deutschland. »Niemand«, schrieb er Ende 1989 in seinem Artikel »Lastenausgleich«, »der bei Verstand und geschlagen mit Gedächtnis« sei, könne »zulassen«, daß »es abermals zu einer Machtballung in der Mitte Europas kommt: Die Großmächte, nun wieder betont Siegermächte, gewiß nicht, die Polen nicht, die Franzosen nicht, nicht die Holländer, nicht die Dänen. Aber auch wir Deutsche nicht, denn jener Einheitsstaat, dessen wechselnde Vollstrecker während nur knapp fünfundsiebzig Jahren anderen und uns Leid, Trümmer, Niederlagen, Millionen Flüchtlinge, Millionen Tote und die Last nicht zu bewältigender Verbrechen ins Geschichtsbuch geschrieben haben, verlangt nach keiner Neuauflage und sollte – so gutwillig wir uns mittlerweile zu geben verstehen – nie wieder politischen Willen entzünden« (8).

In seiner »Kurzen Rede eines vaterlandslosen Gesellen« vom Februar 1990 führte der Autor erneut den Rassenwahn und die Verbrechen der Nationalsozialisten als Argument gegen den deutschen Einheitsstaat an. Dieser »Einheitsstaat«, schrieb er, »war die früh geschaffene Voraussetzung für Auschwitz. Er wurde latentem, auch anderswo üblichem Antisemitismus zur Machtbasis. Der deutsche Einheitsstaat verhalf der nationalsozialistischen Rassenideologie zu einer entsetzlich tauglichen Grundlage.« Grass beschwor seine Leser: »An dieser Erkenntnis führt nichts vorbei. Wer gegenwärtig über Deutschland nachdenkt und Antworten auf die deutsche Frage sucht, muß Auschwitz mitdenken. Der Ort des Schreckens, als Beispiel genannt für das bleibende Trauma, schließt einen zukünftigen deutschen Einheitsstaat aus« (13). Erneut plädierte er hier für einen »Bundesstaat« (12) im Sinne seiner Konföderationsidee. Sosehr Grass zuzustimmen ist, daß Auschwitz beim Wiedervereinigungsprozeß mitzudenken war, so wenig sind nach Verfassung und Regierungsform das preußisch dominierte Deutsche Reich Bismarcks sowie der »Einheitsstaat« Hitlers mit der erweiterten Bundesrepublik Deutschland identisch zu setzen. Diese Länder sind weder der Verfassung noch der Staatsform nach miteinander zu vergleichen. Beim vereinigten Deutschland handelt es sich um einen demokratischen Bundesstaat, also um den föderativen Zusammenschluß von Bundesländern, nicht aber um einen zentralistisch gesteuerten Einheitsstaat etwa im Sinne Frankreichs oder der ehemaligen DDR. Die Bundesrepublik steht quasi in der Mitte zwischen einer Konföderation mit souveränen Einzelländern und einem Einheitsstaat, in dem die Provinzen lediglich Befehlsempfänger der Zentralregierung sind. Grass blieb bei seiner Idee von der Konföderation zweier deutscher Staaten und unterstrich erneut ihren Modellcharakter für Europa. Auch in diesem Beitrag von 1990 betonte er: »Eine Konföderation der beiden deutschen Staaten steht dem europäischen Einigungsprozeß näher als ein übergewichtiger Einheitsstaat, zumal das geeinte Europa ein konföderiertes sein wird und deshalb die herkömmliche Nationalstaatlichkeit überwinden muß« (11). Es ging jetzt nicht mehr um eine europäische Konföderation zweier unterschiedlicher ideologischer Blöcke, sondern um ein Bündnis, wie es sich bei der Fortentwicklung der Europäischen Gemeinschaft ergeben werde. Grass' erneuter Rekurs auf die deutsche Konföderation als Modell für Europa klang wenig überzeugend. Ob Deutschland föderiert oder konföderiert ist: die Europäische Gemeinschaft hat ihre eigene Geschichte und wird sich kaum ein einzelnes ihrer Mitgliedsländer zum Vorbild nehmen.

Inzwischen ist die politische Vereinigung der beiden deutschen Staaten vollzogen, und es deutet sich an, daß in den zeitkritischen Essays von Grass das Europa-Thema noch stärker in den Vordergrund rückt. In seinem Artikel »Chodowiecki zum Beispiel« vom Juni 1991 feierte er den polnisch-preußischen Künstler als »Europäer« und nahm die Gelegenheit wahr, gegen den »verruchten Nationalismus« zu polemisieren, der sich gerade im Grenzgebiet zwischen Deutschland und Polen erneut rühre. An Brüssel gerichtet, kritisierte der Autor, »daß Westeuropa den größer gewordenen Kontinent als Herausforderung entweder nicht begriffen oder gar ignoriert« habe. »Zwar wird Europa«, stellte Grass fest, »gebetsmühlenhaft zu Beginn oder

Ende jeder Festrede beschworen, doch immer noch dominieren westeuropäisches Denken und Handeln. Zwar gibt es den Eisernen Vorhang nicht mehr, doch seinen Schatten wirft er dennoch. Zwar sind wir alle Europäer, doch vorerst nur und allenfalls im Geographieunterricht.« Der EG warf Grass »Versagen angesichts der ost- und mitteleuropäischen Nöte« vor. Verwunderlich sei das insofern nicht, als »die europäische Einheit in ihrem ausschließlich ökonomischen Selbstverständnis ohne kulturellen Begriff« auskomme (18). Das sind Anschuldigungen, wie sie seit langem zum Repertoire intellektueller Kritik an Brüssel gehören.

Die neue Europa-Debatte der Schriftsteller bezieht nämlich ihre Energie vor allem aus der Opposition zur EG. Hilmar Hoffmann bemerkte zutreffend, daß die »humanistischen Traditionen verhafteten Intellektuellen so gut wie kein Interesse daran zeigten, ein kulturelles Mäntelchen für jenes EG-Europa zu stricken, das pervers genug ist, in einer Welt des Hungers Lebensmittel sinnlos zu vernichten«. Hans-Günther Brüske stellte in seiner Studie »Europa in der französischen Literatur« fest, daß die Schriftsteller Frankreichs ihre moralische Unterstützung einem Unternehmen verweigern, das im Zeichen von Wirtschaftsperfektionismus, Konsumhaltung und Bürokratie das ehemals Originelle, Oppositionelle und Pionierhafte der europäischen Einigungsbewegung zum Verschwinden bringe. Brüske belegt seine These unter anderem mit einer ausführlichen Analyse von Arthur Adamovs Drama *Sainte Europe* von 1966. Dort trägt der erste Präsident der Nord-mittel-südeuropäischen Konföderation – womit die EWG gemeint ist – den Namen Crépin. Crépin – offensichtlich eine Anspielung auf »crétin« (Schwachkopf) – vermag gegen die amerikanische Interessenpolitik europäische Positionen nicht zu behaupten.

Auch in der Schweiz spielte die Diskussion um die EG eine wichtige Rolle, obgleich – oder gerade weil – das Land nicht Mitglied der Europäischen Gemeinschaft ist. Der einzige Roman, der sich mit dem Europa der Brüsseler Kommission beschäftigte, wurde 1985 von dem Schweizer Autor Hans Jörg Mettler vorgelegt. Die Realisierung der 1992-Pläne würde für die Eidgenossenschaft ein ökonomisches Inseldasein mit sich bringen. Auf satirische Weise scheint

Mettler gegen die Befürchtungen anzuschreiben, die sich in seinem Heimatland mit dem Brüssel-Komplex verbinden: Während einer EG-Tagung in Florenz verwickelt der Clown und Zauberer Francesco Boil die Staatschefs der Mitgliedsländer in ein therapeutisches Allianzspiel, in dessen Verlauf die latenten Wünsche der EG-Politiker immer ungehemmter zum Ausdruck kommen. Die Konferenz gipfelt in der Gründungserklärung der Vereinigten Staaten von Europa, der Konstituierung gesamteuropäischer Souveränität und dem Ausscheren aus den West-Ost-Blocksystemen: all dies zum Entsetzen von Washington und Moskau. Die Europa-Furcht der Schweizer wurde auch in einem Essay Adolf Muschgs angesprochen. Der Autor selbst teilt diese Ängste allerdings nicht und hält nicht viel von der Schweiz als »einem Europa-Müsterchen«. Er meint, daß politische Werte wie nationale Souveränität und Neutralität in einer Zeit multinationaler Konzerne und globaler Probleme ohnehin bereits zur Fiktion geworden seien. Eigentlich wisse man das auch in der Schweiz, und so werde dort der Einfluß der Europäischen Gemeinschaft auf das Alltagsleben nicht als existenzbedrohend gesehen. Das Empfinden seiner »Landsleute dem Jahr 1992« gegenüber verglich Muschg »mit dem Gefühl eines Sammlers«, der »fürchtet, er müßte seinen Oldtimer oder seine kostbare Neuenburger Pendule zum Schrottwert verkaufen« (102). Es sind eigentlich nur die Schweizer Autoren, die ihren Staat als Modell für Europa in Frage stellen. So auch Peter Bichsel, der die Neutralität seines Landes als »eine Erfindung des Wiener Kongresses von 1815«, als »ein[en] Betrug mit Selbstverständlichkeit« definierte (112). »Das Schweizer Vorbild« bestehe in der Devise »Krieg ja – aber nicht hier!« und habe auf deprimierende Weise »weltweit Schule gemacht« (113). Bichsel beschloß seine Reflexionen über »des Schweizers Schweiz« damit, »vor dem Vorbild Schweiz zu warnen« (114).

Die Autoren aus der DDR äußerten sich höchst selten zum Thema der Europäischen Gemeinschaft. Wenn sie – wie im Fall Heiner Müllers – Stellung nahmen, fiel sie negativ aus. Für den 1992-Ehrgeiz in Brüssel, Luxemburg und Straßburg hatte Müller nur Worte ätzender Kritik übrig: Die Idee des Binnenmarktes entstamme einer Leistungsutopie, die der Ausdruck einer internationalen Solidarität des Kapitals gegen die Armut sei. In Anspielung auf Nietzsches Vision vom »guten Europäer« bekannte er aggressiv: »Ich bin ein schlechter Europäer« (25). Die Europa-Idee, so Müller, werde heute von den Brüsselstrategen zu einer »rein ökonomisch motivierten Kampagne« herabgewürdigt. Das Brüssel-Europa sei – im Verein mit und in Konkurrenz zu den Großmächten – vor allem am »Kampf um die Neuaufteilung von Großräumen« interessiert (27). Angesichts solcher Vorwürfe hätte man sich vorstellen können, daß man in der DDR im Gegenzug zu Brüssel eine Kulturdiskussion über Europa begonnen hätte. Das war jedoch keineswegs der Fall. Im Herbst 1985 trafen sich Künstler und Intellektuelle aus fast allen europäischen Ländern zum KSZE-Kulturforum in Budapest. Grass schlug dort die Gründung einer gesamteuropäischen Kulturstiftung mit Sitz in Budapest vor. Er wünschte sich diese Stiftung als »Dach und Clearingstelle« von Bemühungen, »die zwar widersprüchliche aber auch resistente Einheit Europas auf kreative Weise deutlich [zu] machen und [zu] fördern« (42). Offiziell scheiterte der Vorschlag des Autors am Veto Rumäniens. Daß aber auch die DDR kein Interesse an der Stiftung hatte, zeigte die Reaktion Hermann Kants. Kant war damals Präsident des Schriftstellerverbandes der DDR und in dieser Funktion Delegierter beim Budapester Forum. Die nervöse Abwehr der Grassschen Idee von der europäischen Kulturstiftung ist dokumentiert in Kants wenig witzigem, wenngleich satirisch gemeintem Bericht *Die Summe*, der zwei Jahre nach dem Treffen erschien. Der Autor betrachtete die von Grass ins Auge gefaßte Kulturstiftung in Budapest als eine Institution des »Als ob«, der Simulation und der Pseudoaktivität. Der Ich-Erzähler wird von amtlicher DDR-Stelle aus zur Tagung nach Budapest geschickt und instruiert, das Ganze als Sandkastenspiel und Scheinunternehmen zu betrachten. Entsprechend sollen nur Harmlosigkeiten wie Harfensymposien und Freiluftfeste für Batik organisiert werden. Die Abkürzungen, die der Erzähler für die europäische Kulturstiftung erfindet, lauten vielsagend KUSTIPEST und EUROPEST.

Parallel zur KSZE-Konferenz fand damals in Budapest ein Schriftstellertreffen statt, das von einigen als Gegenveranstaltung interpretiert wurde und an dem keine

Autoren aus der DDR teilnahmen. Initiator dieses Treffens war György Konrád, der sich in seiner Wohnung mit Schriftstellern und Schriftstellerinnen traf, die sich als Dissidenten verstanden, wenn sie in den östlichen Ländern Europas lebten, und die zur unabhängigen, kritischen Intelligenz gehörten, soweit sie aus westlichen Ländern angereist waren. Anwesend waren unter anderem Pavel Kohout, Danilo Kiš, Per Wästberg, Susan Sontag, Amos Oz und Hans Magnus Enzensberger. Die Situation Europas zwischen den Weltmächten betreffend hielt Enzensberger – wie Bondy berichtete – während der Tagung fest: »Man hat uns gesagt, daß Osteuropa sowjetisiert und Westeuropa amerikanisiert würde; doch die einzigen Sowjets in Osteuropa sind die Sowjets, und die einzigen Amerikaner in Westeuropa sind die Amerikaner.«

Autoren aus der Bundesrepublik Deutschland reagierten immer distanziert bis negativ auf Botschaften aus Brüssel oder Straßburg. Die ersten zaghaften Versuche, Schriftsteller für das Europa der Einigungsinstitutionen zu interessieren, wurden 1984 unternommen. Damals lud das Zweite Deutsche Fernsehen 70 Schriftstellerinnen und Schriftsteller aus westeuropäischen Ländern zu einer Rheinfahrt von Basel bis Rotterdam ein. Am Pfingstsamstag durften sie das leere Parlament des Europarats in Straßburg bestaunen, was nicht ganz so inspirierend wirkte, als wäre es vollbesetzt und in Aktion gewesen. Michael Buselmeier kam sich dabei wie ein Schuljunge vor. Namhafte Autoren waren zur Fahrt auf dem Rheindampfer, den man – in Anspielung auf Sebastian Brants Satire von 1494 – sinnigerweise in »Narrenschiff '84« umgetauft hatte, nicht gewonnen worden. Fritz Rumler fiel auf, »daß das deutsche Kontingent nicht gerade mit seinen Weltmeistern« angetreten sei. Trotz ergangener Einladung habe »die Viererbande – Grass, Böll, Walser, Enzensberger« gefehlt, »ebenso wie der Herz-Schrittmacher der Nation, Siegfried Lenz«.

Im selben Jahr 1984 trug Carl Amery in dem Essay »Wegweisung Europa« seine Bedenken gegen die EG vor. Ihn störte die herrschende europäische »Tiefenideologie«, die vom »Primat der Ökonomie« ausgehe (78). Diese Ideologie gebe auch die Basis der Brüsseler Organisation ab. Er warnte: »Der bisherige EG-Pfad endet am Absturz. Die gesamte

Konstruktion der Europäischen Gemeinschaft ist zukunfts-
widrig – von der feierlichen Inthronisation des Wirtschafts-
wachstums als Vertragszweck durch die Römischen Verträge über die Beschränkung auf die westlich-kapitalisti-
sche Geographie bis zu der wahrhaft glänzenden Idee, die
Böcke, nämlich die Nationalstaaten, zu Gärtnern zu machen« (79). Europa könne nicht als Zusammenschluß von
souveränen Nationalstaaten, sondern nur als Gemeinschaft
der historisch gewachsenen alten Regionen funktionieren.
An die Stelle der Brüsseler Behörde habe ein »Senat der
europäischen Regionen« zu treten, dem es aufgetragen sei,
eine »europäische Konstitution« zur Begründung einer »Föderation aus fünfunddreißig bis vierzig Regionen« zu erarbeiten (85). Wie 40 Jahre zuvor Ernst Jünger betrachtete
jetzt auch Amery ein so strukturiertes Europa als einen
Freiheitsgewinn besonders für jene europäischen Regionen,
die aufgrund der nationalstaatlichen Gliederung zerrissen
und unterdrückt worden seien.

Im Herbst 1987 fand – auf Einladung des Europarats in
Verbindung mit dem französischen Schriftstellerverband
und der Stadt Straßburg – das erste Europäische Autoren-
Festival in Straßburg statt. Immerhin nahmen 160 Schriftstellerinnen und Schriftsteller aus 15 europäischen Ländern
teil. Festivalpräsidentin war Michèle Kahn. Zur »Europäischen Schriftstellerin des Jahres« wurde Marguerite Your-
cenar gewählt, die man an sich, da sie in den USA lebt, für
eine amerikanische Autorin hält. Da ihr Herkunftsland aber
Belgien ist, konnte sie die Auszeichnung akzeptieren. Zu
den prominenteren Autoren, die nach Straßburg kamen,
gehörten Anthony Burgess aus England und Friedrich Dür-
renmatt aus der Schweiz. Die Festansprache zum Thema
»Die Rolle des Schriftstellers bei der Entwicklung der europäischen Demokratie« hielt Burgess im Plenarsaal des Pa-
lais de l'Europe. Begrüßt wurden die Gäste durch den Franzosen Pierre Pflimlin (ehemaliger Präsident des Europäischen Parlaments) und durch den Spanier Marcelino Oreja
(Generalsekretär des Europarats). Im Jahr darauf lud das
französische Außenministerium zu einem Schriftsteller-
kongreß in Paris ein, bei dem es, wie Ulrich Greiner berichtete, um neue Definitionsversuche der kulturellen Identität Europas ging. Den Pressestimmen nach zu urteilen

erwiesen sich weder das Straßburger noch das Pariser Treffen als sonderlich ergiebig, und aus der Bundesrepublik Deutschland waren nur wenige Gäste angereist. Offenbar hatte eine Reihe von Eingeladenen den unangenehmen Eindruck, als kulturelle Zugpferde vor den Europa-Karren der Außenpolitiker und Wirtschaftsstrategen gespannt zu werden.

Ein Jahr später, also 1988, raffte sich – nach Konsultationen mit Konrád – eine Gruppe Berliner Autoren (Hans Christoph Buch, Anna Jonas, Hans Joachim Schädlich und Peter Schneider) dazu auf, ein Schriftstellertreffen nach Berlin einzuberufen, das sie unter das Konrádsche Motto »Ein Traum von Europa« stellten. Die Vorträge dieses Berliner Symposiums erschienen, von Buch herausgegeben, als *Literaturmagazin 22*. Zur Tagung kamen Autoren und Autorinnen zusammen, um über ihre nationalen und kontinentalen Identitätskrisen zu berichten, ihre Wohnungsprobleme im zu kleinen oder zu großen europäischen Haus zu erörtern, ihre europäischen Träume und Traumata zu analysieren, Nachrufe auf die europäische Kultur einer Welt von gestern zu verlesen sowie Postulate und Visionen zu verkünden. Die Tagung begann mit Konráds »Unabhängigkeitserklärung europäischer Schriftsteller« in zehn »Feststellungen«, um nicht zu sagen Geboten. Hier wurde gefordert, was schon anderthalb Jahre später politisch möglich wurde: die Umwandlung autoritärer Regime Mitteleuropas in parlamentarische Demokratien. In bester europäischer Tradition und in Fortführung von Gedankengängen aus Thomas Manns Schrift *Achtung, Europa!* wünschte sich Schneider eine europäische Kultur des Zweifels. »Wenn es wahr ist«, so Schneider, »daß die einzig erkennbare Identität Europas in der Vielfalt [...] liegt, dann kann ein sinnvolles europäisches Projekt nur darin bestehen, diese Vielfalt zu schützen und ihre Autonomie zu entwickeln.« Europa als »Biotop für die Kultur des Zweifels« – diesem Traum von Europa mochten alle Teilnehmer gerne nachhängen (22). Aus den deutschsprachigen Ländern waren Jürg Laederach, Barbara Frischmuth, Muschg, Bichsel, F. C. Delius, Horst Bienek und Richard Wagner zum literarischen Berliner Europa-Kongreß angereist. Sie alle gingen – im Gegensatz zu Konrád – direkt oder indirekt auf Distanz zu den Brüsseler Integrationsplänen und hielten es mit Susan Sontag, die zwischen Europa und »Euro-Land« (135) unterschied. Bei Sontag steht Euro-Land für Brüssel, für die EG, und ist sozusagen das Ergebnis der Rechnung Europa minus Kultur. Mit Euro-Land, mit »Eurogeschäft« und der »sogenannten europäischen Möchtegern-‚Gemeinschaft'« (131) wollte sie nichts zu tun haben. In diesem Euro-Land der Geschäftsleute und Bürokraten würden sich ihrer Meinung nach höchstens einige Kulturinseln halten, würden »kleine Europas überleben«, allerdings nur »in Form innerer Emigration« (135). Eine »wachsende Zahl von Bürgern und Anhängern Europas«, so schrieb sie, »werden sich selbst als Emigranten, Exilierte und Fremde fühlen« (136).

Am unermüdlichsten gegen Brüssel streitet Enzensberger. Von Einheit, Integration und Zusammenwachsen hält der Autor nichts. Möglicherweise beeinflußt durch das kritische Buch über die EG des norwegischen Friedensforschers Johan Galtung, bekannte er sich schon 1982 in seinem Essay »Eurozentrismus wider Willen« zu dem anarchistischen Kredo: »Der Wirrwarr, die Unruhe, die Unregierbarkeit ist unsere einzige Chance. Uneinigkeit macht stark« (52). Enzensberger – Avantgardist wie stets – scherte als erster aus der Verhaftung bundesrepublikanischer Autoren mit deutschlandpolitischen Themen aus. Im Interview mit Martin Chalmers und Robert Lumley von 1989 berichtete er, daß die Fixierung auf deutsche Fragen für seine Generation kennzeichnend sei und daß er sein Buch *Ach Europa!* als bewußten Versuch verstanden habe, sich aus dieser Obsession zu lösen. Seine Bemerkungen über die EG in *Ach Europa!* zeugen von Antipathie gegenüber der Brüsseler Behörde. Ein »hoher europäischer Beamter« in Lissabon wird als »händereibender«, von einer »kapitalistischen Rationalität« besessener Bürokrat geschildert, dem es an Sensibilität für die eingefleischte »Vernunftkritik« der Portugiesen mangelt (231 f.). Die Europäische Gemeinschaft, so prophezeit er, werde sich nicht zu einer Großmacht (halb Über-Japan, halb Super-USA) mit einigen hundert Millionen fleißiger Einheitseuropäer entwickeln, sondern als »Hühnerstall« erweisen, als »Knäuel von immer kleiner werdenden Staaten«, die sich nur dann »alle einig« seien, wenn es darum gehe, die Großmächte »zu brüskieren«

467

(455). Im »Epilog« des Buches liest man: »Der sogenannte Europa-Gedanke lief auf die Absicht hinaus, den großen Blöcken einen großen Block entgegenzusetzen. Also nichts als Big Science, High Tech, Raumfahrt, Plutonium, all diese bösen Scherze. Die Politiker haben jahrzehntelang auf dieses Europa der Manager, der Rüstungsexperten und der Technokraten gesetzt, und als leuchtendes Beispiel haben sie uns Japan entgegengehalten. Nur haben sie ihre Rechnung ohne die Bewohner unserer schönen Halbinsel gemacht« (481).

Das Verdienst der Berliner Schriftstellertagung bestand nicht zuletzt darin, daß in ihrem Verlauf ein Autor der Dritten, der armen Welt zu Wort kam und aus deren Perspektive über Europa referierte. Kum'a Ndumbe III, Vorsitzender des Kameruner Schriftstellerverbandes, wies in seinem Referat »Damit der Traum von Europa kein Alptraum für die Welt wird« auf den anhaltenden wirtschaftlichen und kulturellen Kolonialismus der europäischen Länder in der Dritten Welt, besonders in Afrika, hin. Zu den engagiertesten Befürwortern einer Revision eurozentristischer Einstellungen gehört auch Enzensberger seit langem. Bereits in seinem *Kursbuch*-Artikel »Europäische Peripherie« von 1965 sagte er die Verringerung der Konflikte zwischen Ost und West und die gleichzeitige Verschärfung des Gegensatzes zwischen den Industrienationen und der sogenannten Dritten Welt voraus. Während die USA und die UdSSR das atomare Patt zum Frieden zwinge, sei ein Ende der kolonialen Aggression mit ihrer »Ausplünderung der armen Welt« nicht abzusehen (175). In der Dritten Welt, so Enzensberger, habe man den Eindruck, daß der Friede unter den industrialisierten Staaten auf ihre Kosten gehe. Seinen westlichen Lesern, die nach Enzensberger »ein ruhiges Leben führen an der europäischen Peripherie« (176), stellte er die nach wie vor aktuelle Frage: »Ist unser Reichtum auf die Armut der anderen angewiesen oder nicht?« (175) 15 Jahre später kam der Autor mit seinem Aufsatz »Eurozentrismus wider Willen« auf diese Frage zurück. Diesmal griff er nicht nur den Eurozentrismus der Europäer, sondern auch den der Vertreter der Dritten Welt an. Ihr »frenetischer Nachahmungstrieb« sei so weit gediehen, daß »jede Wahnidee des Westens wiederholt« werde (39 f.). Die »*idée fixe* des

Fortschritts« zum Beispiel, die »von den Europäern und Nordamerikanern zunehmend in Zweifel gezogen« werde, herrsche unangefochten »nur noch in den ‚Entwicklungsländern' Asiens, Afrikas und Lateinamerikas«. »Die wahren Eurozentristen«, so umschrieb Enzensberger die paradoxe Situation, »das sind die anderen« (42). Diesen »Eurozentrismus der Unterentwickelten« fand er »ausgesprochen deprimierend« (48). Sein Artikel war offenbar mehr an Leser der armen als der reichen Welt gerichtet. Der Autor versuchte klarzumachen, daß der »Lerneifer der ‚Dritten Welt'« (49) zur Wiederholung jener Fehler führen werde, über die sich – man denke an die Analysen des Club of Rome – die westlichen Länder allmählich klar geworden seien. Zudem handle es sich bei dem Eurozentrismus der Dritten Welt um die Nachahmung von Äußerlichem. Das Besondere des europäischen Denkens, wozu nicht zuletzt Selbstkritik gehöre, werde nicht eigentlich begriffen. »Die Lebenskraft des Westens«, gab Enzensberger zu bedenken, »rührt am Ende von der Negativität des europäischen Denkens her, seiner ewigen Unzufriedenheit, seiner gierigen Unruhe, seinem *Mangel*. Der Zweifel, die Selbstkritik, ja der Selbsthaß sind seine wichtigste Produktivkraft. Daß wir uns, und das, was wir hervorgebracht haben, nicht akzeptieren können, ist unsere Stärke. Deshalb betrachten wir den Eurozentrismus als eine Sünde des Bewußtseins. Die westliche Zivilisation zehrt von dem, was sie in Frage stellt, seien es Barbaren oder Anarchisten, Indianer oder Bolschewiki« (51).

So gehört auch in *Ach Europa!* die Sympathie des Autors nicht der bürokratischen EG mit ihren Großmachtambitionen und Dominanzansprüchen, sondern den liebenswürdig-anarchistischen, den kulturell-chaotischen Seiten des Kontinents und vor allem der Dritten Welt innerhalb Europas. Im ungarischen Esztergom (Gran) entdeckt er die »Dritte Welt im Herzen Mitteleuropas« (155); »nirgends« tritt nach Enzensberger »die Dritte Welt selbstverständlicher auf« (207) als im portugiesischen Lissabon; ein Pole gibt im Interview zu verstehen: »Die Dritte Welt, das bin ich selber« (354); und auf der Iberischen Halbinsel macht der Erzähler nicht an jener sozialen Grenze halt, wo »das Spanien der Reisebüros zu Ende« ist (441 f.) und die Welt der »kaputten Häuser« (445) beginnt. Heiner Müllers

Bemerkung, daß Enzensbergers Polemik »gegen das Hochleistungsdenken« der Europäer einer Bemühung um »die Rettung Europas« gleichkomme (41), ist angesichts der Ambivalenzen in *Ach Europa!* zu einseitig und zu pathetisch ausgefallen, aber sie benennt eine kulturkritische Dimension des Buches, die ohne Enzensbergers dezidierte Ablehnung dessen, was mit Eurozentrismus und europäischem Kolonialismus zu tun hat, nicht zu verstehen ist.

Am deutlichsten hat Enzensberger sich von dem durch die Chiffren »Brüssel« beziehungsweise »1992« bezeichneten Komplex in seinem 1989 erschienenen Aufsatz »Brüssel oder Europa – eins von beiden« distanziert. »Auf dem ideologischen Drogenmarkt«, liest man dort, »wird ein Präparat namens Europa herumgereicht, als wäre es das Amphetamin der neunziger Jahre. Dabei tun sich besonders die Wirtschaftsblätter hervor; Tag für Tag bieten sie, neben dem Dollarkurs und dem Aktienindex, eine rosige kleine Pille mit der magischen Inschrift ,1992' feil, offenbar in der Absicht, das Publikum in den Zustand der Europhorie zu versetzen« (117). Von den humanistischen Europa-Formeln der Nachkriegsjahre sei in der jetzigen EG-Reklame nichts übriggeblieben. »Dreißig Jahre später«, so Enzensberger, »haben sich die Propagandisten des Gemeinsamen Marktes alle abendländischen Prätentionen abgeschminkt. An die Stelle der Idee sind die Interessen getreten. Wo es einzig und allein um ein wirtschaftliches Konglomerat geht, ist der einst so eindringlich gepredigte ,Gedanke' entbehrlich geworden« (118). Wovor Enzensberger graut, ist die Einebnung historisch entstandener kultureller Unterschiede in den verschiedenen Regionen und Ländern des Kontinents, die Internationalisierung, Modernisierung, Technisierung und Computerisierung um jeden Preis. »Damit Europa als Wirtschaftsmacht überleben kann«, so lautet seine kritische Diagnose, »muß alles, was unseren Erdteil von andern unterscheidet, so rasch und so gründlich wie möglich liquidiert werden. Ein konkurrenzfähiges Europa muß schneller, größer und effizienter werden, übersichtlicher und homogener; es muß, als eine Art synthetischer Supermacht, den Schrittmachern der Neuen Technologien nacheifern« (119).

Ein weiterer entscheidender Grund für die Ablehnung Brüssels ist für Enzensberger die nicht vorhandene demo-

kratische Legitimation der EG-Behörden und damit die fehlende politische Kompetenz. Was den Grad ihrer Demokratisierung betrifft, erinnert ihn die Kommission der EG an
die Praxis des ehemaligen sowjetischen Politbüros. »Westeuropa«, so schreibt er, »droht am Ende des zwanzigsten
Jahrhunderts in vorkonstitutionelle Zustände zurückzufallen. Der Gemeinsame Markt wird nach Prinzipien regiert, wie sie vor 1830 üblich waren, ganz so, als wären die
Verfassungskämpfe der letzten hundertfünfzig Jahre vergeblich gewesen. [...] Die Regierung der Gemeinschaft [...]
wird weder durch das Volk noch durch ein Parlament gewählt, sondern *in camera* ernannt. Das Straßburger Parlament hat auf ihre Zusammensetzung keinen Einfluß; es
kann sie auch nicht stürzen« (121 f.). Gegen die Verfilzung
von Eurokratie und Euro-Lobbyismus, gegen die Machtlos-
haltung des Europäischen Parlaments, werden sich, meint
Enzensberger, die Europäer zu wehren wissen. Er sagt einen
Aufstand der Bevölkerung gegen Brüssel voraus: »Erst
nach 1992 wird den Bürgern ein Licht aufgehen [...]. Spätestens dann werden die Leute begreifen, daß das Brüsseler
Projekt, bei dem ihnen jede Mitsprache verweigert wird,
ihre sozialen Rechte, ihre Umwelt und ihre Kultur bedroht.
Es ist absehbar, daß dann der stillschweigende Vorbehalt in
offenen Widerstand umschlägt« (124). »Das eurokratische
Projekt«, so resümierte Enzensberger, »ist zum Scheitern
verurteilt. Brüssel oder Europa – vor diese Alternative gestellt, wird den Europäern die Wahl nicht schwerfallen«
(125). Zu dem von Enzensberger angeschnittenen Thema
erschienen wenig später im neuen *Jahrbuch für europäische
Kulturpolitik* Artikel von Steve Austen und Hajo Cornel, von
Eva Krings sowie Olaf Schwencke, in denen ebenfalls nachzulesen war, daß die EG-Kommission die einzige Behörde
der westlichen Welt ist, die das Recht zur Gesetzesinitiative
hat, ohne dazu demokratisch legitimiert zu sein.

Enzensberger bezieht hier eine Position, die der seines
Freundes Konrád diametral entgegengesetzt ist. Konrád
sieht die Demokratisierung ganz Europas mit dem Integra-
tionsprozeß der Europäischen Gemeinschaft verbunden;
Enzensberger dagegen versteht die Arbeit der EG-Behörde
als Rückfall in vordemokratische Verhältnisse. Dieser Unterschied in der Einschätzung der EG wird auch deutlich,

wenn Konrád in »Mein Traum von Europa« meint, daß »der supranationale Zusammenschluß« die »Selbständigkeit« der »Regionen innerhalb des Nationalstaats« erhöht (175). Enzensberger dagegen sieht Brüssel als große Planierwalze, die auf dem Weg zur Integration alle regionalen Kultur-unterschiede zermalmt. Seine Kritik an der undemokrati-schen Struktur der Brüsseler Bürokratie ist nicht unbegrün-det. Worauf sich sein Optimismus bezüglich des Wider-stands gegen die EG in der Bevölkerung stützt, war zur Zeit der Niederschrift des Essays noch nicht ganz einsichtig. Inzwischen jedoch gibt es eine engagierte und breit an-gelegte Diskussion in den Mitgliedsländern der Europäi-schen Gemeinschaft, die in Protestaktionen und Referenden gipfelt.

Eine gedanklich weniger präzise, in ihrer Polemik aber um so schärfere Variation von Enzensbergers Kritik an Brüssel findet sich gleichzeitig in Joseph von Westphalens Diatribe *Der Ideenberg. Unsubventionierte Gedanken zu Europa*. Sein »Versuch, den Europagedanken mit einem Stein an der Stirn zu treffen«, hat mit den Ausfällen gegen »das Ge-schwätz der großen Idioten« aus Brüssel und Straßburg etwas übertrieben Polemisches an sich (11 f.). Letztlich wird bei ihm alles ins Spaßig-Komische gezogen, und so wird der durchaus angebrachten Kritik die Schärfe genommen. Dem Autor ekelt vor dem »Faseln« über die »Vereinigten Staaten von Europa« (27), und wie Heiner Müller nimmt er sich vor, ein »möglichst schlechter Europäer« zu sein (25). Das sei ihm unbenommen, doch hat er als Alternative zur EG-Be-jahung nur einen Scherz zu bieten: Statt eines vereinigten Europas strebt er »souveräne Zwergstaaten« (35) für die Regionen an, und die Propagierung der Europa-Idee mit ihrer völkerversöhnenden Botschaft soll abgelöst werden durch eine auf Nationalitätenhaß abgestellte Buchreihe mit Titeln wie »Der häßliche Belgier, der häßlich Däne, der häßliche Deutsche, der häßliche Franzose, der häßliche Holländer« (36). Mit Amery teilt Westphalen die Skepsis gegenüber dem Nationalstaat und die Vision eines Europas der Regionen, doch schließen europäische Einheit und Re-gionalismus sich bei Amery nicht aus.

Die jüngste Debatte über die Europäische Gemeinschaft, wie sie von den meisten Autoren geführt wird, unterscheidet sich grundsätzlich von der Europa-Diskussion nach den beiden Weltkriegen. Damals suchten die Schriftsteller unterschiedlichster politischer Überzeugungen auf konstruktive Weise nach Wegen zu einem vereinigten oder zumindest föderierten Europa. Auf den Kurs der konkreten europäischen Einigungsbewegung im Sinn ihrer politischen Ahnen Aristide Briand und Gustav Stresemann beziehungsweise ihrer Großväter Konrad Adenauer, Alcide De Gasperi und Robert Schuman lassen sich die Autoren heute nicht festlegen. Das hat weder mit einem anhaltenden oder neuen Nationalismus zu tun noch primär mit der Sprödigkeit der wirtschaftlich-technischen Materie. Der Grund dafür liegt vielmehr in erster Linie in der Abneigung gegenüber und in der Angst vor einem künftig integrierten Kontinent, den man sich wie einen Tyrannosaurus Rex unter den übrigen wirtschaftlich-politischen Dinosauriern der Welt vorstellt. Was sich bei den Schriftstellern bemerkbar macht, ist das Mißtrauen gegenüber der Machtkonzentration in den Händen einer Regierung der avisierten »Vereinigten Staaten von Europa«. Deswegen ist die Europa-Essayistik der letzten Jahre auf Opposition abgestellt, auf Polemik und Satire.

III.

Das wichtigste literarisch-essayistische Werk der achtziger Jahre zum Europa-Thema ist Enzensbergers *Ach Europa!*. Dichtungen entstehen nicht aus einem Vakuum heraus, und ohne die beiden Tendenzen in Europa: der westlichen 1992-Politik und der östlichen Mitteleuropa-Strategie, ist auch dieses Buch nicht zu verstehen. Zudem ist es im Kontext der literarischen Gattung des Reiseberichts zu sehen, wie er uns im deutschsprachigen Bereich unter anderem von Seume, Forster, Goethe, Heine, Börne über Döblin, Kisch, Roth, Benjamin bis Canetti, Koeppen, Andersch und Hubert Fichte bekannt ist. Ein Nachspüren möglicher intertextueller Verbindungen – etwa zu Heines *Reisebildern* oder zu Madame de Staëls *De l'Allemagne* – könnte einige für den Philologen interessante Ergebnisse an den Tag bringen. Es finden sich Hinweise auf literarische Reportagen von Stig Dagerman (*Deutscher Herbst*, 1947), Guido Piovene (*L'Europa semilibera*, 1973) und Kazimierz Brandys (*Warschauer Tagebuch*, 1979). Auch wirkt die Europa-Diskussion deutscher Autoren nach, wie sie vor allem in den zwanziger Jahren durch die *Neue Rundschau* angeregt und publiziert wurde und wie man sie im Exil fortführte (erinnert sei an Thomas Manns *Achtung, Europa!*, eine Schrift, auf die Enzensberger mit dem Titel »Ach Europa!« anspielt). Zwar geht der Autor auf keine der vielfältigen Europa-Stimmen aus der Weimarer Republik direkt ein, aber deutlich ist, daß er deren Akzentsetzung bewußt verkehrt. In früheren Jahrzehnten nämlich wurden bei der Diskussion der Polarität von Vielfalt und Einheit in Europa vor allem das kommune Erbe und der Gedanke des Unifizierenden hervorgehoben. Paradigmatische Qualität kommt hier dem 1948 gehaltenen Vortrag »Über abendländische Universalität« von Werner Bergengruen zu, in dem die »lebendige, die organische Einheit« der europäischen Kultur herausgestellt wurde (346). Bei Enzensberger ist es umgekehrt: Er demonstriert den Triumph der Vielfalt, des Inkommensurablen und der Gegensätze über das Gleiche, Ähnliche und Gemeinsame. Von der geradezu rituellen Beschwörung europäischer Einheit qua griechisch-römisch-christlichem Erbe, wie sie die Europa-Reflexionen der ersten Jahrhunderthälfte so oft kennzeichnete, wird man bei ihm nichts finden.

Enzensbergers Europa-Buch ist eine Sammlung von Reportagen aus europäischen Hauptstädten, die in den Jahren zwischen 1982 und 1987 geschrieben wurden. Es sucht die in allen denkbaren hellen und dunklen Farbtönen schillernde Vielfalt Europas von seiner Peripherie her zu zeigen. Ein Kontinent wird sichtbar, der weder über einen EG-Integrationskamm zu scheren ist noch insgesamt zur sogenannten westlichen Industriewelt gezählt werden kann, wie die zahlreichen Nachweise einer »Dritten Welt« in Europa zeigen. Porträts über Staaten wie Frankreich, die Bundesrepublik Deutschland und England sind ausgespart; sie kommen nur in Vergleichen zur Sprache. Für die zukünftige Entwicklung Europas scheinen Enzensberger Länder wie Italien oder Schweden, Norwegen oder Ungarn, Polen oder Spanien und Portugal signifikanter zu sein als die derzeitigen EG-Lokomotiven. Es ist nicht so, daß einem dieser beschriebenen Länder ein Modellcharakter zuerkannt würde. Weder das bürokratisch-moderne schwedische noch das flexibel-postmoderne italienische »Modell« ist für den Export bestimmt. Sie sind jeweils Ergebnis einer besonderen historischen Entwicklung, die Transplantationen in andere Regionen des Kontinents als unratsam erscheinen lassen. Enzensberger legt eine grundsätzliche Skepsis gegenüber Modellen an den Tag, wenn er die politische Umsetzbarkeit von rationalen Zukunftsentwürfen in Zweifel zieht und einer Deutung der Menschheitsentwicklung als »stochastischem Prozeß« (48) zuneigt. Dabei wird Geschichte nicht als Realisierung von Utopien, sondern als durch Zufälle gesteuert verstanden. Von ehemals neomarxistischen Ansätzen hat Enzensberger sich gelöst und sich inzwischen einer Chaostheorie genähert, wie sie im *Kursbuch* vom November 1989 (vor allem in den Beiträgen von Rainer Paslack und Rudolf von Woldeck) skizziert wurde.

Nicht nur, daß die Historie in jedem der von Enzensberger behandelten europäischen Länder anders verlaufen ist, sie wird auch überall unterschiedlich vergegenwärtigt. Bei Enzensbergers Wahrnehmungen nationaler Eigenheiten geht es nie ohne historische Rückblicke ab. Die Reflexion auf Geschichte als kollektives Erinnerungsvermögen ist ein Hauptgegenstand seines Buches. Er registriert den Geschichtsverlust der Schweden und den norwegischen Hang zur Geschichtserfindung, die polnische Geschichtsversessenheit und die Geschichtsvergessenheit der Spanier. Pauschale Äußerungen über Europa, wie sie die Modernisten unter den Europa-Essayisten liebten, wird man bei Enzensberger selten finden. Eine einzige generalisierende Stelle ist auszumachen, die aber gleichzeitig ihre Verallgemeinerung wieder aufhebt. Gegen Ende des Buches ruft der Erzähler aus: »Was ist Europa anderes als ein Konglomerat von Fehlern? Fehlern, die so verschieden sind, daß sie einander ergänzen und ausbalancieren. Für sich betrachtet, sind wir alle unerträglich. Jeder auf seine Art. Schaut euch doch die Schweizer an, oder die Griechen! Von den Deutschen ganz zu schweigen« (378). Der Europäer schlechthin kommt bei Enzensberger nicht vor. Aber es gibt in seiner Vorstellungswelt so etwas wie einen Wunsch-Europäer, den man den

»Homo europaeus enzensbergensis« nennen könnte. Der läßt sich am besten mit jenen Schlußzeilen aus Ingeborg Bachmanns Gedicht *Böhmen liegt am Meer* definieren, dessen verkürzte Überschrift »Böhmen am Meer« den Titel zum »Epilog« in *Ach Europa!* abgibt: »ein Böhme, ein Vagant, der nichts hat, den nichts hält« (499).

Es liegt in der Logik des Buches, daß nicht die großen Europa-Konzepte wie »Europäische Union« oder »Mitteleuropa« im Zentrum stehen, sondern die Charakteristik einzelner Nationen, Regionen und Städte. »Mitteleuropa« wird nicht im Sinne eines künftigen Staatenkonglomerats mit definierbaren gemeinsamen Interessen und Zielen beschrieben. Im Ungarn seines »Freundes György Konrád« (167) steht »Mitteleuropa« für die »urbane Intelligenz« (133) der Opposition, in Polen dagegen für eine geschichtliche Vergangenheit des 19. Jahrhunderts, in dem es eine bürgerliche Kultur gab, die gleichermaßen in Städten wie »Zagreb, Brünn, Budapest, Wien, Krakau, Triest, Berlin« (344) anzutreffen war.

Wichtiger als europäische Einheitskonzepte sind Enzensberger die nationalen und regionalen Besonderheiten der europäischen Länder. Seit Joseph Görres' *Europa und die Revolution* von 1821 sind von einem deutschen Schriftsteller nicht mehr so plastische Porträts nationaler Eigenheiten gezeichnet worden. Auch hier verfällt Enzensberger nicht in den Fehler undifferenzierter Verallgemeinerungen. Nicht nur, daß die Unterschiede der Regionen – etwa im Fall Spaniens oder Italiens – und die Spezifika der Hauptstädte herausgearbeitet werden: auch die sozialen Schichtungen werden nicht simplifizierend auf den imaginären gemeinsamen Nenner »Nationalcharakter« gebracht. »Gibt es«, fragt Enzensberger, »etwas Öderes als die ‚Völkerpsychologie', diesen verschimmelten Müllhaufen von Stereoptypen […]? Und doch«, räumt er ein, »sind sie nicht auszurotten, die traditionellen Gartenzwerge mit den naiv bemalten Nationalgesichtern« (105). So geht es auch bei ihm nicht ohne Verallgemeinerungen ab, aber sie sind das Ergebnis eines Abstrahierungsprozesses, den der Leser wegen der Fülle des Belegmaterials überprüfen kann.

In jedem Kapitel findet oder erfindet Enzensberger eine Figur aus dem Bereich der Allegorese, des Märchens, der

Geschichte oder der Romanliteratur, die einen markanten Zug der Bevölkerung, ein hervorstechendes Charaktermerkmal des sozialen Systems oder ein typisches Kennzeichen nationaler Kommunikation benennt. Die religiöse allegorische Figur des »guten Hirten« verkörpert in ihrer säkularisierten Abwandlung das sozialdemokratische »schwedische Modell«. Seit der Kunst des Urchristentums ist der »pastor bonus« die sinnbildliche Darstellung Christi, wie sie in den Vergleichen des Lukas- und des Johannesevangeliums vorkommt: der gute Hirte, der seine Lämmer weidet oder das verlorene Schaf auf seinen Schultern zur Herde zurückbringt. Das Verhältnis von sozialdemokratischer Regierung und Bevölkerung wird mit dem von Hirt und Herde verglichen, wobei beide Seiten gewillt seien, ihren Part so kooperativ wie möglich zu spielen. »Die Schweden«, beobachtet Enzensberger, geben sich »dem Glauben hin, die Behörden wollten nur ihr Bestes«, und akzeptierten deshalb ein so hohes Maß an Reglementierung, wie es »in freien Gesellschaften beispiellos« (23) sei. Als Regierung wiederum bringe man »nichts als Hilfsbereitschaft und Verständnis« den »Schafen entgegen« (21). Den sozialdemokratischen guten Hirten umwehe der »modrige Geruch einer allgegenwärtigen, sanften, unerbittlichen Pädagogik« (16), doch die Bevölkerung nehme diesen »weichen Terror« in Kauf, weil er verbunden werde mit »einem Grad an Daseinsfürsorge, der beispiellos« sei (25). Die Unruhen und Veränderungen in der schwedischen Gesellschaft der späten achtziger und frühen neunziger Jahre, die mit dem Bild von Hirt und Herde nicht mehr angemessen zu umschreiben sind, hat Enzensberger nicht vorausgesehen.

Einen größeren Gegensatz zwischen schwedischen und italienischen Sozialverhältnissen kann man sich Enzensberger zufolge nicht vorstellen. »Wir brauchen keinen Guten Hirten« (77), betont ein Italiener dem Erzähler gegenüber, jedenfalls nicht im Bereich von Gesellschaft und Politik. Jeder Italiener beziehungsweise jede Italienerin sei »ein Häuptling, ein Chef, eine Diva«. Deshalb könne es »in Italien keine Sozialdemokratie geben«, darum seien »die Gesetze ein Haufen toten Papiers« und »der Staat« ein »abstrakter Freßsack, eine nimmersatte Chimäre«. Für den Italiener gelte durchweg die anarchistische Devise »Jeder für sich und für die Seinen« (78). Nicht der gute Hirte, sondern der Magier verkörpert nach Enzensberger dominierende Tendenzen der italienischen Gesellschaft. »Jede größere Stadt in Italien«, so weiß er zu berichten, verfüge »über Dutzende von Magiern, die auf den Gelben Seiten verzeichnet« seien (54). Im ganzen Land würden etwa 100 000 von ihnen praktizieren: »Exorzisten und Pendler, Sterndeuter und Chiromanten, Hellseher und Pranotherapeuten, Magnetiseure und Parapsychologen, Kaffeesatzleser und Paragnosten, Dämonologen und Radio-Ästhesisten, Kartenschläger und Geisterseher« (54 f.). Freilich hätten Rationales und Irrationales im italienischen Alltagsleben einen Rollenwechsel vorgenommen: »Der Mago« wirke »als Aufklärer« (63), als »letzte Zuflucht des *common sense*«, während »in der Welt der Banken und Parteien, der Krankenkassen und Fernsehsender, die Wirklichkeit immer wahnhafter, der Wahn immer wirklicher« werde (59). Aber so wie man die Parteien und die Bürokratie, Staat und Verwaltung nicht ernst nehme, so wenig glaube man letztlich den Maghi. Einer der prominenteren Astrologen teilt mit: »Meine Klienten […] sind ungläubige Leute. Sie hören mir zu, aber sie nehmen mich nicht allzu ernst… Sie lieben das Phantastische, aber dann gehen sie nach Hause und denken sich ihr Teil« (67). Es liegt dem Autor fern, irgendein nationales Modell dem restlichen Europa als Vorbild anzudienen. Aber der »italienische Kuddelmuddel« (115) sei »keine Frage des ‚Volkscharakters', sondern eine unter mehreren denkbaren Reaktionen auf eine neuartige historische Lage« (109 f.). Italien trage Züge eines »Laboratoriums der Postmoderne« (114), in dem »neue Strategien des Überlebens, der Selbsthilfe und der Improvisation« (109) ausprobiert würden. Diese Strategien könnten sich als »mögliche Antwort auf eine Herausforderung, die ganz Europa betrifft«, erweisen (110). Vielleicht erhält diese Sicht der italienischen Verhältnisse im Hinblick auf die neuen Gegebenheiten in Mitteleuropa und auch auf die Umbrüche in Rußland eine neue Aktualität. Enzensberger ist weit davon entfernt, die italienischen Gegebenheiten in einem rosafarbenen Licht zu sehen und vor den gravierenden Konflikten des Landes die Augen zu verschließen. »Verluderte Parteien, parasitäre

Verwaltungen, Subventionsbetrug, Patronagefilz« (109) – die Liste der Negativposten in der italienischen Bilanz ist deprimierend lang und wirkt als Gegengewicht zur positiven Seite mit den Vorzügen einer individualistischen Anarchie, wie Enzensberger sie liebt. So wird die italienische Gesamtsumme mit »gemischten Gefühlen« gezogen, mit Emotionen wie »Angst und Bewunderung, Entsetzen und Neid« (117).

Was für Schweden der »gute Hirte« und für Italien der »Mago«, das sei für das Ungarn des Jahres 1985 die Figur des mitteleuropäischen Oppositionellen, für Portugal der literarische Inselheld Robinson, für Norwegen der Märchentypus des Askeladden (ein männlicher Aschenbrödel), für Polen der Priester als Märtyrer und für Spanien der liberale Journalist. Enzensberger gibt sich zuweilen als strenger Richter über die Verhältnisse in den genannten Ländern, aber seine Kritik ist meistens auch deutsche Selbstkritik. Bei Vergleichen mit dem Heimatstaat Bundesrepublik schneiden seine eigenen Landsleute durchweg nicht gut ab. Denkt Enzensberger an Schweden, erscheinen ihm die Deutschen wie »eine Horde von Egoisten und Asozialen, die sich der Verschwendung, der Prahlerei und der Aggressivität« hingeben (16). Bei einem Blick in die italienische Presse mokiert er sich zwar über die etwas hochstaplerische Allwissenheit der Journalisten in Mailand und Rom, denkt aber gleichzeitig an den »mausgrauen Konformismus« der deutschen Zeitungen, denen eine italienische Prise »Tempo, Brio« gut täte (65).

Was ist das Spezifische von Enzensbergers Europa-Reflexionen, vergleicht man sie mit den Europa-Essays der Modernisten in der ersten Hälfte unseres Jahrhunderts? Die Modernisten der Weimarer Republik waren, wenn sie über Europa schrieben, in gewichtigen Universalitätskonzepten und utopischen Einheitsvorstellungen befangen. Enzensberger qualifizierte am Schluß des 1984 geschriebenen Norwegen-Kapitels die Theorie von der »Postmoderne« als »dreiste Behauptung« ab (310). Die dreiste Behauptung sei gewagt, daß in Enzensbergers Beobachtungen und Reflexionen sich eine postmoderne Sicht (im Sinne von Matei Calinescu, Ihab Hassan, Linda Hutcheon, Jean-François Lyotard und Wolfgang Welsch) bemerkbar macht, die sich in Abgrenzung von der Position der Modernisten so umschreiben läßt: statt Verfallenheit ans große Allgemeine eine Schwäche für das Besondere, statt der Verliebtheit in Abstrakta die Nähe zum Konkreten, statt Eröffnung von Totalitätsperspektiven der Blick aufs Lokale und Regionale, statt monistischer Herleitungen und dogmatischer Erklärungen eine Pluralität von Deutungsversuchen, statt europäischer Unifikationsperspektiven Strategien nationaler und regionaler Diversifizierung, statt Einheitsobsessionen eine Bevorzugung der Vielfalt der Sprach-, Denk- und Lebensformen, statt der Fixierung auf die kulturellen Großleistungen das Insistieren auf Alltagserfahrungen, statt des Vorgriffs auf die Utopie des immer Morgigen der Dialog mit der Geschichte. Aus seinem Interview mit Chalmers und Lumley von 1989 geht hervor, daß Enzensberger inzwischen eine differenziertere und positivere Einstellung zur Postmoderne gefunden hat. Die Art, wie Enzensberger hier den Essay als Instrument der Entdeckung beschreibt, wie er sich bemüht, die Grenzziehung zwischen Schriftsteller und Intellektuellem aufzuheben, wie er Peripheres zum Zentralen erklärt, wie er die Moderneauffassung von Jürgen Habermas (und damit dessen Ablehnung der Postmoderne) kritisiert, wie er den Staat und seine Bürokratie geringschätzende neue Verhaltensweisen als »postmodern« charakterisiert – all das zeigt, wie der Autor inzwischen seine Vorbehalte gegen die Postmoderne als Theorie der gegenwärtigen Kultur in den westlichen Ländern weitgehend aufgegeben hat. Das sollte niemanden überraschen, denn eine postmodernere, das heißt utopieskeptischere geschichtsphilosophische Reflexion, wie Enzensberger sie schon 1978 im *Kursbuch* publizierte, kann man sich kaum vorstellen. Dort meinte er, »daß es keinen Weltgeist gibt; daß wir die Gesetze der Geschichte nicht kennen; daß auch der Klassenkampf ein ‚naturwüchsiger‘ Prozeß ist, den keine Avantgarde bewußt planen und leiten kann; daß die gesellschaftliche wie die natürliche Evolution kein Subjekt kennt und daß sie deshalb unvorhersehbar ist; daß wir mithin, wenn wir politisch handeln, nie das erreichen, was wir uns vorgesetzt haben, sondern etwas ganz anderes, das wir uns nicht einmal vorzustellen vermögen, und daß die

Krise aller positiven Utopien eben hierin ihren Grund hat«
(7).

Nach dieser Verortung des Buches in der Kulturgeogra-
phie der Gegenwart sei ein kurzer Epilog angefügt. Der ist
schon deswegen am Platz, da neben den Porträts der sieben
Länder *Ach Europa!* ebenfalls einen »Epilog« enthält (mit
dem erwähnten Titel »Böhmen am Meer«). Dieser Epilog
wurde 1987 aus der Zukunftsperspektive des Jahres 2006
geschrieben. Enzensberger versetzte sich in die Rolle eines
US-Journalisten, der einen Artikel für *The New New Yorker*
schreibt. Viel von dem, was hier aus der Rückschau berichtet wird, ist bereits eingetroffen oder dabei, Wirklichkeit zu
werden: Die Mauer hat keine Funktion mehr und wird an
bestimmten Stellen Berlins nur noch aus ökologischen und
musealen Gründen erhalten. Die Siegermächte des Zweiten
Weltkriegs haben ihre Truppen aus Deutschland abgezo-
gen. Der Kommunismus hat in den osteuropäischen Ländern kapituliert; dort florieren jetzt westliche Firmen. In
Rumänien ist vor Jahren Nicolaie Ceauşescu von seinen
Landsleuten erschossen worden. Und wie steht es um die
Wiedervereinigung der beiden Deutschlands? Der amerikanische Journalist erinnert sich der »neunziger Jahre, wie
damals die nackte Angst vor den Deutschen umging, besonders natürlich bei den Franzosen, aber auch in England
erhoben sich besorgte Stimmen; von den Polen ganz zu
schweigen, die sahen schon den Dritten Weltkrieg kommen« (472). Und dann: »Gar nichts«: »Die Deutschen«, heißt
es im »Epilog«, können »einander nicht ausstehen. Ossies
und Wessies – das ist wie Hund und Katze! [...] Sie haben
sich an ihre Vergangenheit erinnert: ein Jahrtausend Flick-
schusterei. Am liebsten hätten sie ihre provinziellen Könige
und Fürsten wieder« (472 f.). Aber da die nicht mehr zu
haben waren, blieb es bei jener Ost-West-Teilung, an die
man sich seit 1949 gewöhnt hatte. Im Hinblick auf die Vereinigung der beiden deutschen Staaten irrte der Prophet
Enzensberger. Ob er mit seiner Skepsis gegenüber dem
europäischen Unifikationsprozeß recht haben wird, bleibt
abzuwarten. Enzensbergers Ablehnung des Brüssel-Euro-
pas ist entschieden. Eine schärfere Absage an die moderne
Europa-Utopie, wie sie im 20. Jahrhundert erstmals umfassend von Richard Nicolas Graf Coudenhove-Kalergi

1923 in seiner vielbeachteten Schrift *Pan-Europa* umrissen wurde, ist seit der Kritik von Willy Haas in der *Neuen Rundschau* von 1924 nicht mehr erschienen. Nicht dem rational-bürokratischen Europa der Politiker, sondern dem poetisch-anarchistischen der Dichter gilt Enzensbergers Sympathie: Die Mitte Europas ist Böhmen, das seit William Shakespeares Zeiten ans Meer grenzt. An dessen Strand – so spinne ich Enzensbergers poetischen Faden weiter – finden sich Ingeborg Bachmann und Thomas Bernhard, um gemeinsam ein europäisches Wintermärchen zu dichten. Zur Einstimmung rezitieren sie im Duett *Böhmen liegt am Meer*, wobei sie die Zeilen »ein Böhme, ein Vagant, der nichts hat, den nichts hält« wie übermütige Kinder immer lauter aus sich herausrufen.

Nachwort

I.

Die Untersuchung ist der Chronologie der Europa-Essays gefolgt und hat die Eigenart des Europa-Diskurses in den verschiedenen literarischen Epochen verdeutlicht. Die diachronische Darstellung sei durch eine synchronische Übersicht ergänzt, in der zentrale Thesen der Essays rekapituliert werden.

Wie groß ist das Europa der Autoren, was ist seine geographische Ausdehnung, und seit wann gibt es das Europa, von dem hier die Rede ist? In vielen Essays wird das Problem der Geographie nicht angeschnitten. In der Romantik etwa begnügte man sich damit, vom »christlichen« Europa zu sprechen, womit der ganze Kontinent gemeint war. Aber schon im 19. Jahrhundert wurden Stimmen laut, die zwischen einem Europa im engeren Sinne und einem »uneuropäischen« Europa unterschieden. In seinem Rheinbuch von 1842 zum Beispiel war Victor Hugo der Meinung, daß Europa sich einigen solle, daß aber die beiden großen Flügelstaaten England und Rußland nicht Teil dieses unifizierten Kontinents sein könnten: England, weil es das Zentrum eines weltweiten Kolonialimperiums vorstelle, Rußland, da es als eurasische Macht zu sehr mit Asien verknüpft sei. Diese Vorstellungen wurden zwar von Hugo selbst später aufgegeben, doch waren sie damit nicht aus der Welt geschafft. In seinem Buch *Pan-Europa* von 1923 forderte Richard Nicolas Graf Coudenhove-Kalergi ebenfalls den Zusammenschluß des Kontinents ohne England und ohne die UdSSR. Während der zwanziger Jahre wurden diese Thesen von vielen Autoren unterstützt. Zweifellos gab es mehr Stimmen gegen Rußland als gegen England. Die antirussische Tradition unter Liberalen und Linken wie Ludwig Börne, Charles Mackay, Wolfgang Menzel und Arnold Ruge war schon im 19. Jahrhundert stark. Großbritanniens Kolonialreich zerfiel nach dem Zweiten Weltkrieg, und so wurden in den letzten Jahrzehnten die alten Ausschlußargumente aufgegeben. Die Stimmen, ein Europa ohne die

Sowjetunion zu gründen, sind dagegen eher zahlreicher geworden. Schriftsteller wie Milan Kundera und György Konrád zum Beispiel konnten sich mit sowjetischen Visionen vom gemeinsamen europäischen Haus nicht befreunden. Die Mitteleuropa-Diskussion der achtziger Jahre läuft zum großen Teil auf eine Abgrenzung Europas von der Sowjetunion hinaus.

Auch die zeitliche Dimension ist in den Europa-Essays alles andere als eine klar umrissene Größe. Ist Asien die eigentliche Wiege Europas, wie Johann Gottfried Herder, Friedrich Schlegel und in ihrem Gefolge eine Reihe von Autoren am Anfang des 20. Jahrhunderts es sahen? Begann Europa mit der griechischen Antike, mit dem römischen Cäsarenreich, mit der Symbiose von Antike und Christentum durch Kaiser Konstantin oder mit der Neubegründung des römischen Imperiums durch Karl den Großen? Für Autoren wie Rudolf Borchardt und Hugo von Hofmannsthal, Paul Valéry und Georges Duhamel, Stefan Zweig und Thomas Mann, Frank Thiess und Werner Bergengruen sind die Antike (griechische wie römische) die Grundpfeiler Europas. Bei Novalis aber wird Europa mit dem mittelalterlichen Christentum identifiziert, und so ist es noch bei Ferdinand Lion. Die Antike ist für Lion eine europäisch-asiatische Kultur mit dem Mittelmeer als Zentrum. Erst als das Christentum durch die arabischen Eroberungen auf die nördlichen Länder begrenzt wurde, habe sich im Mittelalter die spezifisch europäische Kultur mit ihren weiteren Stationen von Renaissance, Reformation, Aufklärung und Revolution entwickelt. Doch Lion stellt hier eine Ausnahme dar. Fast alle übrigen Autoren mögen die beiden Antiken als Fundament und Bestandteil europäischer Tradition nicht missen.

Die griechische Mythologie kennt Kairos, einen Gott beziehungsweise Dämon der günstigen Gelegenheit oder des rechten Augenblicks. Lysippos stellte ihn dar als jungen Mann mit großer Stirnlocke, mit Flügeln an den Füßen und einem Schermesser in der Hand. So huscht er geschwind an den Menschen vorbei, die ihn, so sie geistesgegenwärtig und geschickt sind, beim Schopfe packen. In der christlichen Religionsphilosophie wurde Kairos zu einem Begriff abstrahiert, der die Fülle beziehungsweise Erfüllung der

Zeit durch die leibliche Anwesenheit Gottes auf Erden bedeutet. Später machte der Kairos als Begriff einen Säkularisierungs- und Entmythologisierungsprozeß durch, und heute versteht man, wie bei Jörn Rüsen nachzulesen ist, unter Kairos eine kurze historische Zeitspanne, in der sich der Sinn einer ganzen Kulturepoche momenthaft verdichtet, in dessen Gegenwart Vergangenheit (als Summe bisheriger Erfahrungen) und Zukunft (als vorausstrukturiert Kommendes) zusammenfallen. Karl Jaspers hat in seinem Vortrag *Vom europäischen Geist* (1946) für die Mitte des letzten Jahrtausends vor Christus den Begriff der »Achsenzeit« (9) geprägt. »Es ist die Zeit«, so sagt er dort, »von Homer bis Archimedes, die Zeit der großen alttestamentlichen Propheten und Zarathustras – die Zeit der Upanischaden und Buddhas – die Zeit von den Liedern des Shiking über Laotse und Konfuzius bis zu Tschuang-tse. In dieser Zeit wurden alle Grundgedanken der folgenden Kulturen gewonnen.« Jaspers deutet an, daß man den Begriff der »Achsenzeit« auch allgemeiner, das heißt übertragen auf andere als grundlegend wichtig empfundene Zeiten verwenden kann. »Für den christlichen Glauben« zum Beispiel sei – mit Georg Wilhelm Friedrich Hegel gesprochen – »Christus die Achse der Weltgeschichte« (8). So wäre »Achsenzeit« ein alternativer und passender Ausdruck für kairoshaft verstandene Zeitspannen, weil sich um sie Vergangenheit und Zukunft wie um eine Achse drehen. »Achsenzeit« und »Kairos« sind freilich relative Begriffe, weil unterschiedliche Kommunikationsgemeinschaften divergierende Auffassungen darüber haben, was jeweils als »erfüllte Zeit« zu begreifen ist.

In den Europa-Essays ist viel die Rede von tatsächlichen und von verpaßten europäischen Kairos-Momenten. Die Autoren nennen folgende historische Augenblicke, in denen sich die Einheit der europäischen Kultur kairoshaft offenbarte und für die Zukunft prägend wurde: den Verteidigungskampf der Griechen gegen die Perser bei den Thermopylen 480 v. Chr. (Heinrich Mann), die Schlacht der verbündeten Römer, Gallier und Goten unter Aetius gegen Attilas Hunnen auf den Katalaunischen Feldern 451 n. Chr. (Pannwitz), die Fusion von Antike und Christentum unter Konstantin dem Großen im Jahre 313 (Thiess), die Krönung

Karls des Großen als römischer Kaiser im Jahre 800 (Pannwitz), die Herrschaft des Papstes im letzten Viertel des 11. Jahrhunderts (Novalis), den Beginn der Kreuzzüge im Jahre 1096 (Heinrich Mann), den Ausbruch der Französischen Revolution (Börne, Heinrich Mann) und die napoleonische Herrschaft (Heine). Unser 20. Jahrhundert war nach Meinung der Schriftsteller eine Zeit der verpaßten Kairoschancen. Was die Einigung des Kontinents betrifft, zeigte sich der so scheue wie fußschnelle Jüngling zwar immer wieder, doch enteilte er, weil sich niemand fand, der seiner habhaft hätte werden wollen oder können. Als erhoffte, doch versäumte Kairosmomente wurden verstanden das Ende des Ersten Weltkriegs (Pannwitz), das Krisenjahr 1923 (Heirnich Mann), 1928 als Jahr Briands und Stresemanns (Kogon) und das Ende des Zweiten Weltkriegs (Ernst Jünger). Die wirklichen Kairosmomente, die in der Geschichte Europas zu verzeichnen sind, lassen sich also an zwei Händen abzählen, und es hat den Anschein, als werde unser 20. Jahrhundert verstreichen, ohne daß einem bestimmten Datum oder Ereignis von den Europa-Essayisten die Würde erfüllter Zeit zuerkannt werden könne. Weder wird das Jahr 1957 so gesehen (Unterzeichnung der Römischen Verträge), noch setzt man große Hoffnungen auf das Jahr 1992, das im Gegenteil von Autoren wie Enzensberger und Carl Amery eher als Negativdatum apostrophiert wird, als Vorgang, der mehr mit Auflösung als mit Erfüllung assoziiert wird.

Nicht nur in bestimmten historischen Ereignissen inkarniert sich nach Meinung der Autoren die Essenz europäischer Kultur auf vorausdeutende und prägende Weise. Auch Figuren aus der Mythologie, der Politik und der Dichtung erfüllen eine vergleichbare Funktion. Für Lion ist Proteus, der Gott des Wandels und der Veränderung, die europäische Symbolgestalt schlechthin. Spengler erkannte dem faustischen Menschen und seinen Derivaten wie Don Quijote und Don Juan repräsentative Qualität zu. Unter den großen Politikern sind es Namen wie Mark Aurel (Reinhold Schneider), Kaiser Konstantin (Thiess), Karl der Große (Pannwitz) und Napoleon (Heine), die in ihrer jeweiligen Epoche europäische Repräsentanz erlangten. Unter den Dichtern ist es Goethe, dem von Schriftstellern wie Hesse,

Rolland, Hofmannsthal, Lion und André Suarès der Status eines Wegweisers in die europäische Zukunft bescheinigt wird.

Wichtig ist den Europa-Essayisten die Umschreibung europäischer Identität. Bestimmte Werte wie Einheit, Individualismus und Idealismus stehen im Mittelpunkt dieser Identitätsbestimmungen, wobei Amerika und Asien als beliebte Abgrenzungs- und Vergleichsgrößen eine Rolle spielen. Die Kurve der Argumentation über Einheit und Vielfalt europäischer Kultur reicht von der Insistenz auf Einheit bei Novalis und Friedrich Schlegel über den Glauben an die Vielfalt in der Einheit bei Börne, Heine, Stadler, Schickele, Lion, Annette Kolb und Stefan Zweig bis zu den Autoren der achtziger Jahre, das heißt bis zu Enzensberger und Peter Schneider, die von der Einheit europäischer Zivilisation nichts wissen wollen: Sie pochen auf die Anerkennung eines totalen Pluralismus. Von Europa wird durchweg angenommen, daß sich hier Idealismus, Individualismus und Einheit in einem ständigen Widerstreit mit Materialismus, Kollektivismus und Vielfalt befinden.

Das Vollkommenheitsideal von kultureller Einheit wurde häufig auf Asien (Altchina und Altindien) projiziert. Wie Edward Said gezeigt hat, handelte es sich dabei meistens um eurozentristische Konstruktionen. Der Sieg eines extremen Materialismus und Kollektivismus bei gleichzeitigem weltanschaulichen Pluralismus wurde oft in Amerika angenommen. Zu den Asienbewunderern zählten Friedrich Schlegel, Hermann Graf Keyserling, Pannwitz, Hofmannsthal, Theodor Lessing und Wyneken. Gegenwärtig wird erneut der Blick nach Asien gerichtet, wie Peter Sloterdijks Buch *Eurotaoismus* zeigt. Der europäischen Kultur mit ihrer verselbständigten Mobilität ist nach Sloterdijk ein Innehalten, ein Sichsammeln im Sinne des Taoismus vonnöten, wolle sie sich nicht gänzlich verausgaben und entleeren. Allerdings gab es auch Asienkritiker und Amerikaverehrer unter den Europa-Essayisten. Bei denjenigen, die Asien ablehnten, weil sie mit ihm Chaos statt Einheit verbanden, gehörten Heinrich Mann, Bergengruen und Thiess. Bei den wenigen Bewunderern der Vereinigten Staaten wie August Wilhelm Schlegel, Hugo und Coudenhove-Kalergi wurden die organisatorische Einheit der USA und der freiheitliche

Individualismus der Amerikaner hervorgehoben. Zu denjenigen Schriftstellern, die von Asien lernen wollten, ohne europäische Besonderheiten aufzugeben, gehörte Reinhold Schneider, und vergleichbar war die Beziehung Flakes zu Amerika.

Noch tiefer gespalten als das Verhältnis gegenüber Asien und Amerika war das gegenüber Rußland beziehungsweise der Sowjetunion. Franz von Baader sah in Rußland alteuropäische Werte aus vorrevolutionärer Zeit konserviert, Heine dagegen betrachtete Rußland zeitweise als Avantgarde der Demokratie, und beide Autoren glaubten, daß sich das westliche Europa dieses Rußland zum Vorbild nehmen könne. Meistens jedoch wurde die eurasische Großmacht mit den negativen Asienklischees von Chaos und Formlosigkeit belegt und entsprechend als Bedrohung europäischer Lebenshaltung betrachtet: so beim frühen Heinrich Mann, bei Pannwitz, Reinhold Schneider, Saiko, Schaper und Thiess. Von einem substantiellen Unterschied zwischen europäischer und russischer Kultur gingen auch Kundera, Konrád und Schlögel aus, die Vertreter der Mitteleuropa-Debatte der achtziger Jahre. Afrika kommt in der Europa-Essayistik nur selten vor. Börne war der Meinung, daß in der Zukunft die Menschheitskultur nach ihren Höhepunkten in Asien und Europa sich in einem künftigen Afrika entfalten werde. Rudolf Leonhard wertete von einer vermeintlich afrikanischen Warte aus, wenn er den Sensualismus und die Sexualität der Afrikaner höher schätzte als den Rationalismus und die Gefühlskälte der Europäer.

Was trieb die Europa-Essayisten zu ihrem Handwerk, was motivierte sie zu ihren Reflexionen, Thesen und Postulaten? Die Gründe dafür, warum sie zur Feder griffen, sind letztlich politischer Natur. Bei einigen ging es um die Sicherung der geistigen und/oder materiellen europäischen Vorherrschaft in der Welt, um die Behauptung einer ideellen und/oder realen imperialen Position. Dies war in erster Linie der Fall bei Schmidt-Phiseldek, Nietzsche, Paquet, bei dem frühen Heinrich Mann, bei Suarès, Ortega y Gasset, Pannwitz und Stefan Zweig. In ihren Studien taucht zuweilen die Furcht vor einer Überflügelung oder auch Einkreisung Europas durch die Weltmächte USA und Rußland beziehungsweise die Sowjetunion auf. Die weitaus größte

Gruppe der Europa-Essayisten jedoch gibt humanere, selbstlosere, idealere Gründe für ihre Stellungnahmen und Bekenntnisse zu Europa an. In erster Linie geht es bei diesen Autoren um die Verhinderung europäischer Kriege, um die Beseitigung von nationalen Vorurteilen, um den Abbau von Haßgefühlen und um die Förderung der Freundschaft zwischen den europäischen Ländern, speziell zwischen Deutschland und Frankreich. In diesem Sinne argumentierten, räsonierten und polemisierten Novalis, Saint-Simon, Heine, Börne, Ernst von Wildenbruch, Heinrich Mann, Stadler, Schickele, Hesse, Annette Kolb, Borchardt, Hofmannsthal, Thomas Mann, Gide, Ina Seidel, Jacques Rivière, Barbusse, Yvan Goll, Coudenhove-Kalergi, Emil Ludwig, Arnold Zweig, Rudolf Olden, Fritz von Unruh und Klaus Mann. Häufig war dieses angestrebte Ziel verbunden mit dem Kampf für eine stärkere Liberalisierung der politischen Verhältnisse und der Forderung nach einer Emanzipation unterprivilegierter Gruppen oder sozialer Schichten innerhalb der betreffenden Staaten. Hier sind vor allem die Namen Görres, Börne, Heine, Mazzini, Hugo, Heinrich Mann und Hiller zu nennen.

Auf dem Weg zur europäischen Einheit müssen drei Problemhürden genommen werden: Das erste Problem betrifft das Vorgehen bei der Unifikation, das zweite hat mit der Art des Zusammenschlusses bisher souveräner Einzelstaaten zu tun, und das dritte Problem tangiert den Bereich der Regierungsform in ganz Europa. Soll die Einheit mittels Dominanz eines Einzelstaats herbeigeführt werden, oder ist es besser, sie durch das Gleichgewicht der Kräfte zu erreichen? Die Autoren trauten unterschiedlichen Nationen die Avantgarderolle beim Prozeß des kontinentalen Zusammenschlusses zu. Börne, Heine, Ruge und Julius Fröbel wünschten sich Frankreich als Vorreiter der Einheit, weil sie in diesem Land den fortschrittlichsten beziehungsweise mächtigsten Staat Europas zu erkennen glaubten. Ruge schwankte zwischen einer Präferenz für Frankreich und für Deutschland. Für eine deutsche Führungsrolle sprachen sich Novalis, Friedrich Schlegel und Görres aus, die von einer Reinkarnation des Heiligen Römischen Reiches Deutscher Nation träumten, sowie Paquet, der das wilhelminische Deutschland überschätzte, wenn er ihm zutraute, sich

Kontinentallasten aufbürden zu können. Während und nach dem Zweiten Weltkrieg glaubten Hiller und Thiess, daß England die Unifikation bewerkstelligen werde. Im amerikanischen Exil schließlich hoffte Heinrich Mann, daß die Sowjetunion zustande bringen werde, woran andere Nationen gescheitert waren.

Neben den Dominanz- beziehungsweise Avantgarde-apologeten behaupteten sich hartnäckig die Verfechter des Gleichgewichts der europäischen Mächte. Ihre bekanntesten Vertreter unter den Autoren waren Gentz, Menzel und der frühe Lion. Nach Menzel sollte idealiter England das Gegengewicht zu Rußland und Frankreich das Machtäquivalent zu Deutschland darstellen. Die meisten Autoren konnten sich aber weder für das Prinzip des Equilibriums noch für die Vorreiterrolle von Einzelstaaten erwärmen. Die Mehrzahl schlug ein Bündnis vor, das durch den freien Konsens aller Länder Europas zustande kommen sollte. Dabei erfreute sich jenes Denkmodell besonderer Beliebtheit, das von einem Nukleus-Europa ausging, das sich durch den Anschluß weiterer Staaten allmählich zu einem vereinigten Europa addieren sollte. Saint-Simon und Thierry dachten sich im 19. Jahrhundert so ein Nukleus-Europa aus England und Frankreich bestehend, dem sich in der Folge Deutschland und weitere Nationen angliedern würden. Börne und Hugo gingen von einem Kern-Europa aus, das aus dem Bündnis Deutschland–Frankreich hervorgehen sollte. Pannwitz hinwiederum sehnte 1918 die Kombination England–Deutschland als Grundstock der kommenden Europäischen Union herbei; zwei Jahre später hingegen griff er das karolingische Modell Frankreich–Deutschland–Italien auf und räumte ihm die größten Chancen als Ausgangsbasis für den vereinigten Kontinent ein. Kogon sah 1949 in der klein- beziehungsweise westeuropäischen Lösung ein Versprechen für eine spätere Einheit des ganzen Kontinents gegeben.

Die Überlegungen zum Modell des Länderbündnisses, wie sie von den Schriftstellern vorgelegt wurden, waren durchaus von dieser Welt, hatten eher antizipatorischen als bloß utopischen Charakter und berücksichtigten die politischen, wirtschaftlichen und militärischen Aspekte. Was die politische Seite betrifft, so dachte man *erstens* an ein lockeres

Verständigungsbündnis friedlich koexistierender Nationalstaaten, die sich eventuell als permanenten Treffpunkt
einen europäischen Kongreß schaffen würden. In diese
Richtung zielende Ideen wurden von Autoren wie Arndt,
Görres, Mazzini, Kühne und Ruge vorgetragen. *Zweitens*
faßte man einen Staatenverein ins Auge, bei dem sich die
Grenzen zwischen Föderation und Konföderation oft ver-
wischten. Beliebtestes Vorbild für diese Art des Zusammenschlusses war die Schweiz, wobei nicht immer klar war, ob
man die ältere Schweiz als Konföderation oder die neuere
Schweiz als Bundesstaat meinte. Die Idee eines europäischen Bundes wurde verfochten von Novalis, Saint-Simon,
Schmidt-Phiseldek, Mackay, Fröbel, Coudenhove-Kalergi,
Heinrich Mann, Hiller, Edschmid, Pannwitz, Sperber und
vielen anderen. Das erste und das zweite Vereinigungsmo-
dell wurden jeweils als Nahziel ins Auge gefaßt. Gleich
einem Fernziel imaginierte man sich die *dritte* Unifikations-
möglichkeit nach dem Vorbild der USA: Die Realisierung
der Vereinigten Staaten von Europa glaubte man nur im
Lauf von Jahrhunderten erreichen zu können. Als Stich-,
Reiz- und Schlagwort taucht die Idee von den Vereinigten
Staaten Europas in allen möglichen Europa-Essays auf, zuerst bei Mackay und dann am häufigsten bei Hugo und
Heinrich Mann. Während im ersten Modell die Souveränität der Einzelstaaten nicht abgeschwächt würde, sollte
sie nach dem zweiten zugunsten gemeineuropäischer Interessen eingeschränkt werden, und bei den Vereinigten Staaten Europas würde die einzelstaatliche Unabhängigkeit
dann weitgehend zugunsten einer zentralen Vertretung
und Regierung aufgehoben.

Gleichgültig, welches der drei Modelle die Autoren
jeweils favorisierten, fast alle stimmten in einem Punkt
überein: in der Forderung nach der Aufhebung der Zollschranken zwischen den europäischen Staaten. Freier
Handel, Zollverein, Wirtschaftsunion und ökonomische
Kooperation sind Nenner, auf die sich bis auf wenige
Ausnahmen die Europa-Essayisten haben einigen können.
Man denke an die entsprechenden Ausführungen bei Görres, Hugo, Paquet, Coudenhove-Kalergi, Heinrich Mann,
Harden, Lion und Konrád. Auf dem militärischen Sektor
traten die Autoren, die zum großen Teil Pazifisten waren,

für den Abbau der stehenden Heere in den Einzelstaaten ein. Über diesen Aspekt ist nachzulesen bei Kühne, Mazzini, Ruge und immer wieder bei Hugo, der eine Reihe von Spezialstudien dem Thema der Verschwendung von Nationalvermögen durch Auf- und Wettrüsten gewidmet hat.

Was die Form politischer Repräsentation beziehungsweise die Art der Regierung betrifft, so favorisierten im 19. Jahrhundert die meisten Autoren die konstitutionelle Monarchie. Zu ihren engagiertesten Befürwortern zählten Saint-Simon, Görres, Heine, Menzel, Kühne und Ruge. Dabei erfreute sich das englische Vorbild einer größeren Beliebtheit als das französische Modell des Bürgerkönigtums. Einige wenige deutsche Schriftsteller wie Friedrich von Schlegel und Paquet plädierten für die Errichtung eines europäischen Kaiserreichs. Im 20. Jahrhundert nahm die Zahl jener Autoren zu, die auf der Etablierung demokratischer Republiken in Europa insistierten. Man denke an die entsprechenden Äußerungen vor allem bei Heinrich, Thomas und Klaus Mann. Im 19. Jahrhundert hatten sie ihre Vorläufer in Börne, Mazzini und Ruge. Europa als ein Konglomerat sozialistischer Republiken wünschte sich in der Zwischenkriegszeit vor allem Hiller, und nach 1945 wurde ein im Zeichen von Humanität, Demokratie und Sozialismus geeinter europäischer Kontinent von Andersch und Hans Werner Richter befürwortet.

Wichtig war den Autoren ferner die Rolle Europas im Konzert der übrigen Weltmächte. Das auf die innereuropäischen Verhältnisse bezogene Gleichgewichtsdenken verlor immer mehr Anhänger, doch fand die Idee eines globalen Equilibriums zunehmend Unterstützung. Vor allem wurde eine Mächtebalance USA, Europa, Rußland beziehungsweise Sowjetunion angestrebt. Dafür sprachen sich Schmidt-Phiseldek, Fröbel, Pannwitz, Coudenhove-Kalergi, Ernst Jünger und Sperber aus. Bei Pannwitz wurde bereits 1919 Japan in dieses Gleichgewicht der Weltmächte miteinbezogen. Bezeichnend für die Europa-Essayisten war bis zur Zeit des Zweiten Weltkriegs, wie selbstverständlich man über die sogenannte Dritte beziehungsweise arme Welt als koloniales Kräftereservoir für Europa verfügte. Für Schmidt-Phiseldek, Hugo, Paquet und Coudenhove-Kalergi war es eine ausgemachte Sache, daß die Europäer über die Reichtümer Afrikas und Asiens verfügen würden.

In den vierziger Jahren wurde Roosevelts »One-World«-Vision einer Pax Americana von Thomas Mann im amerikanischen Exil aufgegriffen und für gut befunden, doch hat sie sich gegen das globale Gleichgewichtsdenken nicht behaupten können.

II.

Der Name Thomas Mann wird heute weniger mit der One-World-Vorstellung als mit der These vom deutschen Sonderweg verbunden, wie er sie in seinen essayistischen Arbeiten aus der Zeit des Ersten Weltkriegs – besonders in den *Betrachtungen eines Unpolitischen* – zu unterstützen suchte. Die Europa-Essayistik der Schriftsteller relativiert die Bedeutung des Sonderweg-Diskurses in Deutschland. In fast allen Europa-Essays wird die Eigenart einer jeden europäischen Nation, ihres besonderen geschichtlichen Weges respektiert, doch wird vor allem die kulturelle und geschichtliche Gemeinsamkeit des ganzen Kontinents hervorgehoben. Im späten 19. und frühen 20. Jahrhundert mühten sich Tolstoi in Rußland, Unamuno in Spanien, Kipling für England, D'Annunzio in Italien, Barrès in Frankreich und Thomas Mann in Deutschland darum, den russischen, spanischen, englischen, italienischen, französischen und deutschen Sonderweg als einzigartig innerhalb der europäischen Geschichte herauszustellen. Die Beschreibungen dieser Singularitäten und die forcierten Abgrenzungsbemühungen glichen sich zuweilen (etwa bei Unamuno und Thomas Mann) und waren, worauf auch Wolf Lepenies hinweist, zum Teil austauschbar. Vergessen werden sollte nicht, daß die hier genannten Sonderweg-Dichter gleichzeitig Europäer waren, die je nach historischer Situation und damit verbundener Identitätskrise ihre gemeineuropäischen oder ihre speziell nationalen Präferenzen herausstellten, die sich des unauflösbaren Ineinanders von europäischer und nationaler Identität bewußt blieben. Die ideologische Rolle, die die Sonderweg-Debatte im Deutschland des 19. und frühen 20. Jahrhunderts bei der Bemühung um nationale Identitätsfindungen spielte, darf in ihren fatalen Konsequenzen nicht unterschätzt werden. Zu bedenken ist aber, daß der Sonderweg-Diskurs bei den Schriftstellern nur ein Diskurs unter vielen war. Nach dem Zweiten Weltkrieg führten die Einzigartigkeit und Inkommensurabilität des Holocaust und anderer Verbrechen der Nationalsozialisten dazu, den deutschen Sonderweg für die Katastrophe des Dritten Reiches mitverantwortlich zu machen. Im Vergleich zu Frankreich und England, so argumentierten viele Historiker und Sozialwissenschaftler zu Recht im Sinn von Helmuth Plessners These von der »verspäteten Nation«, habe den Deutschen die große und erfolgreiche bürgerliche Revolution gefehlt, die in England und Frankreich eine parlamentarisch-demokratische Tradition begründet habe, mit der autoritäre Systeme wie die Bismarcks und Diktaturen im Stil Hitlers verhindert worden seien. Bernd Faulenbach hat den Anteil der deutschen Historiker im 19. und frühen 20. Jahrhundert an der Sonderweg-Ideologie nachgewiesen. Auch heute hängen vor allem die Historiker an der These vom deutschen Sonderweg. Dabei haben sich die Vorzeichen allerdings von Plus in Minus verwandelt: Was die konservativen Historiographen vor und nach 1918 als autoritär-staatlichen »Königsweg in die Moderne« bejubelten, hat sich nach 1945 als »schwere Hypothek der deutschen Geschichte« erwiesen (Heinrich August Winkler). Die Berechtigung, von einem deutschen Sonderweg in der neueren Geschichte im Vergleich zu Frankreich und England zu sprechen, leuchtet ein. Die These bleibt relevant auch nach dem Erscheinen des Buches von David Blackbourn und Geoff Eley, die sie als Mythe hinstellen.

Die deutschen Historiker stehen allerdings in der Tradition eines gleichsam fachinternen Sonderweg-Diskurses, und diese Tatsache läßt sie zu oft den Europa-Diskurs übersehen, an dem deutsche Schriftsteller prominent beteiligt waren. So besteht unter Geschichtswissenschaftlern eine Tendenz, den alten Sonderweg-Diskurs kulturhistorisch zu isolieren und ihn zuwenig als Teil eines komplexeren politischen Diskurses zu werten. Parallel zu den nationalistischen Sonderweg-Debatten in den europäischen Einzelstaaten verlief – auch in Deutschland – eine Europa-Diskussion, die die Sonderweg-Argumente zum Teil umgriff, zum

Teil neutralisierte oder bekämpfte. Beide Diskurse sind nicht bloß historisch zu betrachten, denn sie finden in aktuellen Debatten ihre Fortsetzungen und Neubelebungen. In den mitteleuropäischen Ländern zum Beispiel, die sich der Zwangsumarmung durch die Sowjetunion entzogen haben, ist eine so rege europäische wie nationale Diskussion im Gange. In eigentlich allen europäischen Ländern wird auf verschiedenen Ebenen, der lokalen, regionalen, nationalen, der europäischen und der globalen, argumentiert und geplant. Will man die Zukunft im europäischen wie internationalen Kontext meistern, ist in Deutschland wie in anderen Ländern nicht nur eine kritische Diskussion der alten Sonderweg-, sondern auch der Europa-Ideen erforderlich. Dabei besteht kein Grund, die Europa-Debatte unter den Schriftstellern zu glorifizieren; auch in ihr mischten sich reaktionäre Ideologien mit zukunftsträchtigen Realitätseinsichten wie Spreu und Weizen. Zuweilen wurden nationalistische Vorstellungen lediglich zur eurochauvinistischen Einstellung erweitert, wie etwa bei Nietzsches Konzept vom »guten Europäer«. Meistens trugen die Europa-Essays jedoch bei zur Überwindung von nationalen Vorurteilen, von Völkerhaß und Kriegstreiberei.

Alain Finkielkraut hat die Kontroverse vorgestellt, die derzeit über das Thema der europäischen Identität im Gange ist. Individualismus, Idealismus und Wissenschaft, so argumentierten die kosmopolitisch gesinnten Europa-Essayisten, seien nicht nur Werte für Europa, sie seien vielmehr von allgemeiner, universaler Gültigkeit: Persönliche Autonomie und Freiheit beinhalte die allgemeine Anerkennung von Menschenrecht und Demokratie. Da diese europäische Identität jedoch paradoxerweise im 19. Jahrhundert instrumentell zur Legitimierung der Bevormundung, Unterwerfung und Kolonisierung nichteuropäischer Völker eingesetzt wurde, sind Kosmopolitismus und Universalismus in Mißkredit geraten. Gegen sie an argumentiert die Fronde der Ethnozentriker, die keine menschheitliche Zivilisation im Singular kennt, sondern nur von Kulturen im Plural spricht, die keine transhistorische Ethik akzeptiert, sondern nur ethnisch bedingte Wertmaßstäbe gelten läßt, die keinen Begriff von Weltliteratur übernimmt, sondern auf der Eigenart kultureller Äußerungen insistiert, die nicht die Einheit, sondern die Unterschiede und Trennungen der Seinsweisen hervorhebt. Benutzt werde, so Finkielkraut, der Ethnozentrismus allzu häufig zur Abdeckung diktatorischer Maßnahmen und polizeistaatlicher Unterdrückung. Finkielkraut ist der Julien Benda der achtziger Jahre: Wie Benda vor einem halben Jahrhundert beklagt er das Verschwinden der kosmopolitisch gesinnten Intellektuellen, die den Universalismus gegen die Angriffe der Nationalisten beziehungsweise Ethnozentriker verteidigen. Scharf geht der Autor mit den Vertretern der Postmoderne ins Gericht, denen er vorwirft, sich die unterschiedlichen Kulturen beliebig zusammenzuwürfeln, um über sie je nach Konsumentenlaune als Optionen verfügen zu können. So grenzt er sich ab sowohl von den Ethnozentristen der Dritten Welt, deren geistiger Vater Frantz Fanon ist, wie auch von den Repräsentanten einer scheintoleranten westlichen Einstellung, der zufolge alle Kulturen wie auf einem globalen Identitätsmarkt als gleichwertige Waren zum Erwerb angeboten werden können. Die Gefahr des Ethnozentrismus, der nichts anderes als eine wiedererstandene Volkstumsideologie sei, liegt nach Finkielkraut in seinem potentiellen Rassismus und Fanatismus; die Konsequenzen der »anything-goes«-Einstellung dagegen seien Unernst, Standpunktlosigkeit und Clownerie.

Mit der Konfrontation der beiden Extreme des Fanatikers und des Zombies bezeichnet Finkielkraut Gefahrenmomente im Prozeß gegenwärtiger Identitätsbildungen. Im Zuge seiner polarisierenden Argumentation verliert er jedoch das breite Mittelfeld aus den Augen, auf dem ethnische (das heißt kontinentale, nationale, regionale und stammesmäßige) Identitäten und kosmopolitische Vorstellungen einander begegnen. Die Metapher des Rhizoms, die ich in der Einleitung zur Verdeutlichung kultureller Prozesse in Europa benutzte, kann auch zur Erhellung der Verflechtung privater, lokaler, regionaler, nationaler, kontinentaler und globaler Identitäten bemüht werden. Auf jeder Ebene menschlicher Kommunikation kommen Identitäten ins Spiel, die den Verlauf von Diskussionen und Aktionen steuern. Keine der Ebenen kann bei der Identitätsbildung einer Person außer acht gelassen oder übersprungen werden. Je dichter das internationale Kommunikationsnetz der Partner geknüpft ist, desto stärker gehen universale und globale Bestandteile in ihre Identitäten ein. Aber auch auf lokaler und regionaler Ebene kann sich im Zeitalter weltweiter Nachrichtenvernetzungen niemand mehr den Einflüssen nationaler, kontinentaler und globaler Konflikt- und Meinungsbildungen entziehen. Je nach den divergierenden örtlichen und sozialen Umständen mögen lokale, regionale und nationale oder kontinentale und globale Prägekräfte stärker oder schwächer ausfallen. Auf jeden Fall gibt es keine geschützten Winkel sozialer Oasen mehr, in denen quasi organisch und völlig aus sich selbst heraus originäre Zivilisationen sich entfalten und gegen andere Kultureinflüsse abschotten können. Werden solche Versuche unter diktatorischen Verhältnissen doch unternommen, ist ihr Scheitern abzusehen.

Die arme sogenannte Dritte Welt entläßt einen ständigen Strom ihrer Menschen in die reicheren Länder, und die Staaten der Dritten Welt wiederum sowie in noch stärkerem Maße die sich industrialisierenden Schwellenländer werden überflutet von einem Angebot asiatischer, europäischer und amerikanischer Waren, Lebensweisen und Weltanschauungen. Zu den wirtschaftlichen Faktoren der großen Migrationen kommen hinzu die politischen Pressionen in den Heimatstaaten, Revolutionen und Staatenkriege, in deren Folge jährlich Millionen zu Flüchtlingen werden. So entstehen gewollt und ungewollt dauernd neue kulturelle Symbiosen, die von Identitätsbrüchen begleitet sind. Als Gegentendenz zu den krisenhaften zivilisatorischen Mischungen ist weltweit (auch in Europa) eine ethnische und nationale Fundamentalismusbewegung zu beobachten, deren Führer den verunsicherten Bevölkerungsgruppen die Sicherheit alter Traditionen zurückzugeben versprechen. Daß diese konservativen Gruppen den Härtetest der Zeit bestehen, ist unwahrscheinlich. Werthaltungen, die auf eine Beschränkung individueller Entfaltung abzielen, werden weltweit in Frage gestellt durch den Wunsch nach mehr persönlicher Freiheit, nach mehr Demokratie, nach stärkerer rationaler und wissenschaftlicher Bewältigung der Lebensprobleme, mit einem Wort nach einem Way of life, wie er mit Europa beziehungsweise dem Westen assoziiert wird. In der neuen kulturellen Gemenge- und Konfronta-

tionslage sind auch europäische Normen Bewährungs-
proben ausgesetzt. Bestandteil europäischer Identität ist
seit der Aufklärung die Toleranz gegenüber ethnischen Minoritäten, gegenüber Lebensweisen, Weltanschauungen
und Religionen von Minderheiten. Diese Toleranz ist in der
europäischen Geschichte nicht bloße Theorie geblieben,
doch ist ihr auch – gerade in Deutschland – durch Verfolgungen und Völkermord aufs schändlichste zuwider
gehandelt worden. Mit dem Begriff der multikulturellen
Gesellschaft wird derzeit die neue Offenheit gegenüber der
faktisch gegebenen Vielfalt bisher fremder Kulturen in
Europa umrissen, und es ist keine Frage, daß der Weg zu
diesem Ziel steinig und beschwerlich sein wird. In allen
Fällen zwischenkultureller Interferenz wird man daran arbeiten müssen, jene extremen Polarisierungen, wie Finkielkraut sie als mögliche Gefahren beschwor, zu verhindern.
Das fanatische Bestehen auf Ethnozentrismus würde bür-
gerkriegsähnliche Konflikte mit sich bringen, und das
durch eine – von Finkielkraut als postmodern apostrophier-
te – Konsumhaltung bestimmte neugierige Interesse an exo-
tischer Andersartigkeit zeugt lediglich von Abwehr des
Fremden mit anderen Mitteln.

Es läge aber ein grobes Mißverständnis der Postmoderne
vor, wollte man sie mit Oberflächlichkeit und Konsum-
appetit identifizieren. Vor allem Wolfgang Welsch hat die
»veritable« Postmoderne verteidigt gegenüber einer bloß
verspielt-eklektizistischen »Potpourri«-Postmoderne des
»anything goes«. Die Postmoderne hat den Mut, ohne Ge-
horsamspflicht gegenüber einem »supercode« der Kommunikation auszukommen. In ihr werden die Einheitsobsessionen und Ganzheitsvorstellungen der Moderne im
Zeichen von Pluralismus und Differenz überwunden.
Jacques Derrida hat in einem Essay über europäische Identität im Hinblick auf die Dialektik von Zielgerichtetheit und
Offenheit, von Eigenem und Fremdem, von Singularität
und Universalität mit Recht von Verpflichtungen gesprochen, die uns die Idee Europas auferlege, einer Idee, die –
wie es auch Enzensberger sieht – gerade darin bestehe,
»sich nicht in seiner eigenen Identität zu verschließen«.
»Die Geschichte einer Kultur«, schreibt Derrida, »setzt
zweifelsohne ein identifizierbares Kap, ein *telos* voraus, auf

das hin die Bewegung, das Gedächtnis und das Versprechen sich versammeln, und sei es als Differenz mit sich. Aber die Geschichte setzt ebenfalls voraus, daß der Kurs aufs Kap nicht im voraus und ein für allemal gegeben sei« (11). Anders als bei Finkielkraut werden bei Derrida das Eigene und das Fremde, das Besondere und das Universale nicht als unüberbrückbare Gegensätze, sondern als Pole einer durchzuhaltenden kulturellen Spannung begriffen. Derrida spricht von der Pflicht, Europa »auf dasjenige hin zu öffnen, das nicht Europa ist, es niemals war und niemals sein wird«, und er fährt fort: »Dieselbe Pflicht gebietet, den Fremden nicht nur aufzunehmen, um ihn einzugliedern, sondern auch um jene Andersheit anzuerkennen und anzunehmen.« Weiter heißt es: »Dieselbe Pflicht gebietet, die Differenz, das Idiom, die Minderheit, die Singularität zu respektieren, aber ebensosehr die Universalität des formalen Rechts, den Wunsch nach Übersetzung, das Einverständnis und die Eindeutigkeit, das Gesetz der Mehrheit, die Opposition gegen den Rassismus, den Nationalismus, den Fremdenhaß« (13). Das sind zeitgerechte Ermahnungen in einer Epoche historischer Umbrüche, wo ethnische und nationale Konflikte Europa erschüttern, wo trotz Beendigung des kalten Krieges die Gegensätze zwischen Ost und West spürbar bleiben und jene zwischen Nord und Süd sich verschärfen.

III.

Der Blick in die Geschichte europäischer Identitätsbildung lehrt, daß die Werthaltungen dieses Kontinents einem in den letzten Jahrhunderten rapider werdenden ständigen Prozeß der Veränderung unterlagen. Alle Anzeichen deuten darauf hin, daß diese Entwicklung auf eher beschleunigte als verlangsamte Weise fortgesetzt werden wird. Welche Richtungsänderungen sich in der europäischen Werteskala durch die verstärkte Konfrontation mit anderen Kulturen ergeben werden, ist noch nicht abzusehen. Jedenfalls werden auf neue Weise und mit neuen Resultaten die alten Gegensätze von Anarchie und Ordnung, Individualismus und Gruppenbindung, Rationalität und Glaube, Idealismus und Materialismus, Vernunft und Vernunftkritik, Wissenschaft und Ideologie, Logos und Mythos, Geschichte und Utopie, Tradition und Fortschritt, Einheit und Pluralität miteinander im Widerstreit liegen. Dies sind Polaritäten, die Jaspers als unverzichtbare Kennzeichen europäischer Freiheit verstanden hat. Die »unitas multiplex« hält auch Edgar Morin in seinem Buch *Europa denken* für das Wesen der europäischen Identität. Zur Erläuterung dieser vielschichtigen und widersprüchlichen Identität benutzt er den Begriff der »Dialogik«. Dazu schreibt er: »Das Prinzip der ‚Dialogik‘ bedeutet, daß zwei oder mehr verschiedene Arten von ‚Logik‘ in komplexer Weise (komplementär, konkurrierend, antagonistisch) in einer Einheit miteinander verbunden sind, ohne daß sich jedoch die Dualität in der Einheit verliert. So ist das, was die Einheit der europäischen Kultur ausmacht, nicht die jüdisch-christlich-griechisch-römische Synthese, nicht nur die Komplementarität dieser Elemente, sondern auch die Konkurrenz und der Antagonismus zwischen allen diesen Instanzen, die jeweils ihre eigene Logik haben: eben ihre ‚Dialogik‘« (29).

In jedem Land, in jeder Region Europas werden sich andere Ausprägungen kultureller Identität ergeben, und so ist auch in Zukunft nicht zu befürchten, daß der Kontinent das Bild einer faden Einheitsidentität abgeben wird. Die kulturelle Szene Europas wird weiterhin einem Laboratorium (Hugo Dyserinck) gleichen, und man darf auf die Ergebnisse der vielfältigen Experimente gespannt sein. Daß die Eigenheit gegenwärtiger europäischer Identität sozialgeschichtlich manifeste Entsprechungen aufweist, wurde von Hartmut Kaelble belegt, der die Besonderheit der Sozietät Europas im Vergleich zu jener Japans, der UdSSR und Nordamerikas herausgearbeitet hat. Die jungen europäischen Kulturzeitschriften wie *Lettre international* und *Transit* haben sich die Beobachtung und Analyse der neuen Veränderungen innerhalb Europas zum Ziel gesetzt, und sie beleben und befruchten die Diskussion über europäische Probleme auf bis noch vor wenigen Jahren ungeahnte Weise.

Heinrich Mann und Hofmannsthal brachten während des Ersten Weltkriegs den Terminus der europäischen Gemeinbürgschaft in die Diskussion. Solidarität war in Polen der Begriff, der als Hebel angesetzt wurde, um jenen Stein ins Rollen zu bringen, der, zur Lawine angewachsen, schließlich die Festungsmauer des Ostblocks durchschlug. Europäische Solidarität ist erforderlich, um die Konflikte und Gefahren zu bewältigen, die sich bei der demokratischen Umstrukturierung Mittel- und Osteuropas nach den insgesamt friedlichen, teilweise sogar sanften Revolutionen von 1989 und 1991 stellen. Falls die dortigen Umbrüche vor allem einzelstaatliche Partikularinteressen zutage treten lassen, wird dies der Beginn eines europäischen Erosionsprozesses sein, der alle Erwartungen auf eine stärkere Integration des Kontinents für lange Zeit zunichte machen wird. (Den vielen Nomina, die mit »Euro« beginnen, wird man dann den Begriff der »Eurosion« hinzufügen können.) Die Gefahr einer Entsolidarisierung ist in Europa, wie Werner Weidenfeld gezeigt hat, aufgrund der dynastischen und nationalstaatlichen Traditionen immer gegeben, und es bedarf großer Anstrengungen, ihr zu steuern. Unter den Schriftstellern wächst die Einsicht, daß die mittel- und osteuropäischen Vorgänge die gesamteuropäische Solidarität erfordern.

Die meisten Autoren der Vergangenheit wurden zu überzeugten Europäern erst, als ihre Vaterländer katastrophale Niederlagen erlitten hatten und die europäische Gemeinbürgschaft wie ein Rettungsanker vor dem Untergang der Nation erschien. Die großen Europäer waren zugleich die großen nationalen Verlierer. War die nationale Identität angeschlagen, entdeckte man die europäische wieder. So war es während der napoleonischen Epoche in den deutschen Ländern, als der französische Kaiser ihre Entmachtung betrieb, die Arndt, Görres und Gentz dazu veranlaßte, nach europäischen Heilmitteln Ausschau zu halten; so war es 1814, als Saint-Simon und Thierry nach der Niederlage Frankreichs ein Konzept für ein vereinigtes Europa entwarfen, in dem auch ihr Heimatland wieder eine ehrenvolle Rolle spielen sollte; so war es 1870, als das Kaiserreich Napoleons III. von den Preußen beziehungsweise Deutschen zerstört wurde und Hugo nach der Vereinigung des Kontinents rief; so war es 1917, als Borchardt und Hofmannsthal das Elend oder gar den Zerfall ihrer Vaterländer vor Augen hatten und sich – anders als zu Kriegsbeginn – auf die europäischen Gemeinbürgschaften besannen; so war es 1945, als Ernst Jünger die Unifikation Europas forderte, die ein Überleben Deutschlands als Ganzes gesichert hätte; und so war es in den achtziger Jahren, als Kundera und Konrád im Namen ihrer unterdrückten mitteleuropäischen Länder an die Solidarität der Westeuropäer appellierten. Zu Weihnachten 1989, so berichteten damals die Medien, marschierte eine Gruppe rumänischer Studenten in Bukarest mit dem Ruf »Europa ist mit uns! Europa ist mit uns!« auf die Gewehre der Securitate-Polizisten los. Einen verzweifelteren Ausdruck der Hoffnung auf die Hilfe Europas hat es in jenem Jahr wohl kaum gegeben. Heute sind es die Sprecher der sich demokratisierenden Völker Mittel- und Osteuropas, die wegen der materiellen Not in ihren Nationalstaaten an die europäische Solidarität appellieren.

Die europäische Hoffnungsassoziation, die von den nationalen Verlierern immer wieder beschworen wurde, hat sich im Lauf der Jahrhunderte zu so etwas wie einer europäischen Gesellschaft mit beschränkter Haftung, zur heutigen Europäischen (Wirtschafts-)Gemeinschaft entwickeln können. Worauf man sich im Westen wie im Osten des Kontinents im Lauf der Zeit vielleicht wird einigen können, ist die Erweiterung der bisher auf Westeuropa beschränkten EG zur gesamteuropäischen Wirtschaftsgemeinschaft. Deren Ausbau ist abzusehen, obgleich dann ihre zentrale Brüsseler Planungsbehörde überfordert sein wird. Wie man bereits im 19. Jahrhundert voraussah, drängt die Wirtschaft nach Beseitigung nationaler Schranken, und es ist nur eine Frage der Zeit, bis der Handel, der Arbeitsmarkt und die Währung innerhalb Europas freizügig funktionieren werden. Mit der politischen Einigung scheint es kein Land des Kontinents sonderlich eilig zu haben. Von politischer Souveränität verabschieden sich national gewählte Parlamente, Regierungschefs und Staatsoberhäupter nur ungern, da dies reale Machteinbußen mit sich bringt. Trotzdem wird auf immer mehr Sektoren gesamteuropäisch gearbeitet werden, und diese vermehrte Kooperation und Konsultation geht Hand in Hand mit einem Abtreten von Kompetenzen nationaler Regierungen an gesamteuropäische Entscheidungsgremien. Ob die Idee von den seit 1848 immer wieder inaugurierten Vereinigten Staaten von Europa realisiert werden kann, ja ob die Verwirklichung dieser Idee überhaupt wünschbar wäre, gehört zu den Fragen, die die Autoren – und nicht nur sie – noch lange beschäftigen werden.

Was immer die Repräsentations- und Regierungsformen sein werden, die sich bei zunehmender Integration des Kontinents etablieren, so wird ein Rat Joseph Rovans zu beherzigen sein, der die Strukturierung des künftigen Europas nach dem Subsidiaritätsprinzip empfiehlt. Dieses Prinzip besagt, daß nur das an die nächsthöhere Ebene zu delegieren ist, was auf der unteren nicht erledigt werden kann. Was auf lokaler, regionaler, landesweiter und nationaler Ebene zu bearbeiten und zu klären ist, soll nicht an höchste Behörden weitergereicht werden. Es ist also das umgekehrte Prinzip zur zentralisierten Verwaltung solcher Staaten, in denen alles von einem Ministerium in der Hauptstadt genehmigt werden muß. Die Ineffizienz dieses Verfahrens ist vor allem in den Ländern des ehemaligen sozialistischen Ostblocks evident geworden. Über die Diskreditierung des zentralistisch organisierten Sozialismus und die Bedeutung der freien Marktwirtschaft für die Zukunft von ganz Europa ist nachzulesen in dem programmatischen Entwurf *Europa 2000* von Dieter Senghaas. Zu warnen ist auch vor einer Brüsseler Überbürokratie, mit der versucht würde, für den ganzen Kontinent Detailentscheidungen zu fällen. In einem Europa der Zukunft dürften sowohl die Nationen und – verstärkt – die Regionen als wichtige Entscheidungsträger weiterhin beziehungsweise erneut eine wichtige Rolle spielen. Die alten europäischen Regionen sind häufig durch nationale Grenzverläufe und durch künstliche Bezirksgrenzen willkürlich zerschnitten und in ihrer Entfaltung beschränkt worden. Gerade den Regionen müßte ein juristisch abgesichertes Subsidiaritätsprinzip zur Durchsetzung ihrer Ansprüche verhelfen. Vergleicht man wie Rovan die gesamteuropäische Verwaltung mit einem Gebäude, so besteht sie aus den Etagen Lokales, Regionales, Nationales und Europäisches. Die Etage Europa beschäftigt sich dann ausschließlich mit den Problemen, die in der Etage der Nationen nicht zu bewältigen sind; die Nationsetage bekommt nur die Fragen zur Beantwortung gestellt, die sich regional nicht klären lassen; und an die

Etage der Regionen wird nur delegiert, was lokale Kompetenzen überschreitet. Mit einem subsidiär organisierten Europa wären vielleicht auch jene Brüssel-Kritiker einverstanden, denen es um die Erhaltung der lokalen Farben und der regionalen Vielfalt in Europa geht und denen nichts mehr verleidet ist als eine praxisfremde und daher inkompetente Zentralbürokratie. Bei der politischen Intelligenz der Bundesrepublik setzt sich, wie die Europa-Studien von Peter Glotz, Jens Reich und Werner Weidenfeld zeigen, die Überzeugung durch, daß es vom Weg des Nationalstaats zahlreiche Wege zurück nach Europa gibt und daß der über die Regionen nicht der schlechteste ist.

Gleichsam subsidiär strukturiert ist menschliche Identität überhaupt, in der geschlechtsspezifische, familiäre, professionelle, soziale, religiöse, lokale, regionale, nationale, kontinentale und globale Identitäten im Sinne der Dialogik Morins konfliktreich miteinander verbunden sind. Es ist das bleibende Verdienst vor allem der Schriftsteller Europas, und nicht zuletzt der deutschsprachigen Autoren, sich zur europäischen Dimension ihrer Identität im 19. und 20. Jahrhundert bekannt zu haben, in Zeiten also, wo Nationalismen identitätsmäßige Einheits- und Totalitätsansprüche anmeldeten und – mit katastrophalen Folgen – durchsetzten. In der proteushaft sich wandelnden inhaltlichen wie formalen Vielfalt der Stellungnahmen spiegelt sich der europäische kulturelle Pluralismus, der so oft Gegenstand der literarischen Essays über Europa ist.

Zur Zitierweise

Zitate sind durch doppelte Anführungszeichen markiert. Auslassungen innerhalb eines Zitats wurden durch drei Punkte in eckigen Klammern gekennzeichnet. Am Anfang und am Schluß eines Zitats wird auf das Auslassungszeichen verzichtet, da es sich von selbst versteht, daß die Zitate einem Kontext entnommen sind. Bei den Zitaten wurden keine Veränderungen gegenüber der Vorlage vorgenommen, das heißt, daß auf eine Modernisierung der Schreibweise oder auf eine Anpassung an die heutigen Regeln der Zeichensetzung verzichtet wurde. Sind die Zitate Satzteile, die in Sätze des Darstellungstextes integriert wurden, so veränderten sich zuweilen die Kasusendungen bei den zitierten Haupt- und Eigenschaftswörtern. Zitiert wurde, wenn möglich, nach den vorhandenen kritischen Ausgaben. In vielen Fällen wurde jedoch auf die Erstveröffentlichung in Zeitschriften zurückgegriffen, weil Gesamtausgaben fehlten. Zuweilen mußten Originalveröffentlichungen trotz vorhandener Sammeleditionen herangezogen werden, weil die spätere Publikation von der ersten abwich. Die den Zitaten folgenden Ziffern in Klammern bezeichnen die Seitenangaben des herangezogenen Textes. Werden im Darstellungstext mehrere Zitate hintereinander gebracht, die derselben Seite der Textvorlage entstammen, wird die Seitenangabe nur bei dem zuletzt angeführten Zitat erwähnt. Die Seitenangabe gilt dann also auch für die vorausgegangenen Zitate. Die genaue Identifikation der herangezogenen Texte findet sich ab Seite 508 unter der Überschrift »Bibliographische Anmerkungen«. Jedes Kapitel ist in drei Abschnitte unterteilt, und zu jedem Abschnitt gibt es Anmerkungen. In ihnen sind die zitierten Texte – sieht man von der »Einleitung« und dem »Nachwort« ab - nach »Primär-« und »Sekundärliteratur« unterteilt. Innerhalb dieser Rubriken wurden die bibliographischen Angaben nach Verfasser- beziehungsweise Herausgebernamen in alphabetischer Reihenfolge angeordnet.

Danksagung

Die Vorarbeiten zu diesem Buch reichen in die siebziger Jahre zurück; mit der Idee dazu trug ich mich bereits in meiner Studentenzeit, und die Motivation hat mit Erlebnissen in Kindheit und Jugend zu tun, die ich im Dreiländerbereich Deutschland–Holland–Belgien verbrachte. Die Liebe zur Lehre und die Pflicht zur akademischen Selbstverwaltung an der Universität und in den Berufsverbänden treten ab und zu zurück, wenn die Neigung zur Forschung zu ihrem Recht kommt: Während meines »sabbaticals« im akademischen Jahr 1990/91 konnte ich einen Großteil des Buches schreiben. Für die Gewährung dieses Freijahres danke ich dem Dekan Martin H. Israel von der Washington University in Saint Louis, wo ich als Professor für deutsche und vergleichende Literaturwissenschaft tätig bin und ein interdisziplinäres Europa-Programm leite. Zwei Jahre zuvor hatte ich mit Hilfe eines Thyssen-Stipendiums für den Sommer 1989 im Deutschen Literaturarchiv in Marbach meine Recherchen fortsetzen können. Für die Vermittlung des Stipendiums danke ich Eberhard Lämmert und Ulrich Ott. Im Sommer 1991 konnte ich die Studie als Gast der – ausgesprochen kosmopolitisch-europäischen – Akademie Schloß Solitude in Stuttgart fertigstellen. Ihr Direktor, Jean-Baptiste Joly, hatte mich freundlicherweise eingeladen. Danken möchte ich auch Jürgen Kocka, an dessen Bürgertums-Projekt im Zentrum für interdisziplinäre Forschung (ZiF) der Universität Bielefeld ich 1986/87 teilnahm. Meine dort betriebenen Studien kamen diesem Buch teilweise zugute. Schließlich gilt mein Dank Klaus Piper, der mit einem Interesse und einer Anteilnahme der Entstehung des Buches folgte, wie man sie sich von einem Verleger nur wünschen kann. Für die Hilfe bei der Erstellung des Registers danke ich Ellein Feinstein und Mark Gruettner.

Drei von mir bereits veröffentlichte kleinere Aufsätze zum Thema wurden – in überarbeiteter Form – in dieses Buch integriert: »‚Kosmopoliten der europäischen Kultur'. Romantiker über Europa«, *Romantik. Ein literaturwissenschaftliches Studienbuch* (Königstein i. Ts.: Athenäum, 1979)

213–236; »Heinrich Mann 1923: Die Europa-Idee zwischen Pragmatik und Religionsersatz«, *Heinrich-Mann-Jahrbuch* 7 (1989) 85–103; »Bachmann und Bernhard an Böhmens Strand. Schriftsteller und Europa oder Die Entdeckung des Homo Europaeus Enzensbergensis«, *Neue Rundschau* 102.1 (1991) 23–35. Den Herausgebern Ernst Ribbat, Helmut Koopmann / Peter-Paul Schneider und Uwe Wittstock sei für die Genehmigung zum Nachdruck gedankt.

Bibliographische Anmerkungen

Einleitung

I.

Benedict R. Anderson, *Imagined Communities. Reflections on the Origin and Spread of Nationalism* (London: Verso, 1983); Daniele Archibugi, »Der ewige Friede. Utopische Entwürfe zur Abschaffung des Krieges«, *Lettre International* 12.1 (1991) 22–28; Jürgen Fischer, *Oriens – Occidens – Europa. Begriff und Gedanke »Europa« in der späten Antike und im frühen Mittelalter* (Wiesbaden: Steiner, 1957); Rolf Hellmut Foerster, *Europa. Geschichte einer politischen Idee* (München: Nymphenburger, 1967); *Die Idee Europa 1300–1946. Quellen zur Geschichte der politischen Bildung*, hrsg. v. Rolf Hellmut Foerster (München: dtv, 1963); Heinz Gollwitzer, *Europabild und Europagedanke. Beiträge zur deutschen Geistesgeschichte des 18. und 19. Jahrhunderts* (München: Beck, ²1964); Friedrich Heer, *Europa, Mutter der Revolutionen* (Stuttgart: Kohlhammer, 1964); Jacob ter Meulen, *Der Gedanke der internationalen Organisation in seiner Entwicklung* (Den Haag: Nijhoff, 1968); Bernard Voyenne, *Histoire de l'idée européenne* (Paris: Payot, 1964).

II.

Gilles Deleuze / Félix Guattari, *Rhizome: introduction* (Paris: Minuit, 1976); *Exotische Welten – Europäische Phantasien*, hrsg. v. Institut für Auslandsbeziehungen, Württembergischer Kunstverein (Stuttgart: Cantz, 1987); Hanns-Josef Ortheil, *Schauprozesse. Beiträge zur Kultur der 80er Jahre* (München/Zürich: Piper, 1990); *Die edlen Wilden. Ethnoliterarische Lesebücher*, 3 Bde., hrsg. v. Gerd Stein (Frankfurt a. M.: Fischer, 1984).

III.

Theodor W. Adorno, »Der Essay als Form«, *Noten zur Literatur I* (Frankfurt a. M.: Suhrkamp, 1974) 9–49; Dieter Bachmann, *Essay und Essayismus. Benjamin, Broch, Kassner, H. Mann, R. Musil, Rychner* (Stuttgart: Kohlhammer, 1969); Max Bense, »Über den Essay und seine Prosa«, *Merkur* 1.3 (1947) 414–424; Bruno Berger, *Der Essay. Form und Geschichte* (Bern: Francke, 1964); Hugo Friedrich, *Montaigne* (Bern: Francke, ²1967); Gerhard Haas, *Essay* (Stuttgart: Metzler, 1969); O. B. Hardison Jr., »Binding Proteus. An Essay on the Essay«, *The Sewanee Review* 96 (Herbst 1988) 610–632; Gotthold Ephraim Lessing, *Sämtliche Schriften*, hrsg. v. Karl Lachmann, Bd. 13 (Leipzig: Göschen, 1897); Ferdinand Lion, »Gedanken über Europa«, *Geist und Politik in Europa. Verstreute Schriften aus den Jahren 1915–1961* (Heidelberg: Schneider, 1980) 31–46; Georg Lukács, »Über Wesen und Form des Essays: Ein Brief an Leo Popper«, *Die Seele und die Formen* (Neuwied/Berlin: Luchterhand, 1971) 7–31; John A. McCarthy, *Crossing Boundaries. A Theory and History of Essay Writing in German 1680–1815* (Philadelphia: Univ. of Pennsylvania Press, 1989); J. D. C. Potgieter, »Essay: Ein ‚Misch-Genre'?«, *Wirkendes Wort* 37.3 (1987) 193–205; Helmut Rehder, »Der Essay«, *Deutsche Vierteljahrsschrift für Literaturwissenschaft und Geistesgeschichte* 40.1 (1966) 24–42; Ludwig Rohner, *Der deutsche Essay. Materialien zur Geschichte und Ästhetik einer literarischen Gattung* (Neuwied/Berlin: Luchterhand, 1966); Marie-Louise Roth, »Essay und Essayismus bei Robert Musil«, *Probleme der Moderne. Studien zur deutschen Literatur von Nietzsche bis Brecht*, hrsg. v. Benjamin Bennett, Anton Kaes u. William J. Lillyman (Tübingen: Niemeyer, 1983) 117–131; Ruth Schirmer-Imhof, »Montaigne und die Frühzeit des englischen Essays«, *Germanisch-Romanische Monatsschrift* NF 3 (1953) 121–135; Klaus Weissenberger, »Der Essay«, *Prosakunst ohne Erzählen. Die Gattungen der nicht-fiktionalen Kunstprosa*, hrsg. v. Klaus Weissenberger (Tübingen: Niemeyer, 1985) 105–124.

Die napoleonische Ära (1799–1814)

I.

Primärliteratur: Friedrich von Hardenberg (Novalis), »Die Christenheit oder Europa. Ein Fragment«, *Schriften*, Bd. 3: *Das philosophische Werk II*, hrsg. v. Richard Samuel in Zusammenarbeit mit Hans-Joachim Mähl u. Gerhard Schulz (Stuttgart: Kohlhammer, 1968) 507–524; Georg Wilhelm Friedrich Hegel, »Einleitung«, *Vorlesungen über die Philosophie der Geschichte* (Stuttgart: Reclam, 1961) 39–176; ders., »Die germanische Welt« (ebd.) 468–605; Adam Müller, *Die Elemente der Staatskunst* (Berlin: Haude & Spener, 1968).

Sekundärliteratur: Friedrich Heer, »Abendländisches Mittelalter«, *Europa, Mutter der Revolutionen* (Stuttgart: Kohlhammer, 1964) 27–38; Rolf-Peter Janz, »Geschichtstheologische Deutung der Französischen Revolution«, *Autonomie und soziale Funktion der Kunst. Studien zur Ästhetik von Schiller und Novalis* (Stuttgart: Metzler, 1973) 118–123; Walter Jens, »Novalis: Die Christenheit oder Europa: ‚Ein großes Friedensfest auf den rauchenden Walstätten'«, *Dichtung und Religion*, hrsg. v. Walter Jens u. Hans Küng (München: Kindler, 1985) 183–202; Hans Küng, »Novalis: Die Christenheit oder Europa: Religion im Spiegel romantischer Poesie« (ebd.) 162–182; Eberhard Lämmert, »Bürgerlichkeit als literarhistorische Kategorie«, *Bürger und Bürgerlichkeit im 19. Jahrhundert*, hrsg. v. Jürgen Kocka

(Göttingen: Vandenhoeck & Ruprecht, 1987) 196–219; Georg Lukács, *Die Theorie des Romans* (Berlin: Cassirer, 1920); Hans-Joachim Mähl, *Die Idee des goldenen Zeitalters im Werk des Novalis* (Heidelberg: Winter, 1965); Wilfried Malsch, »*Europa*«. *Poetische Rede des Novalis* (Stuttgart: Metzler, 1965); Odo Marquard, »Die arbeitslose Angst. Der Antimodernismus in der postmodernen Gesellschaft«, *Die Zeit* 51 (12.12. 1986) 47; Richard Samuel, *Die poetische Staats- und Geschichtsauffassung Friedrich von Hardenbergs (Novalis)* (Frankfurt a. M.: Diesterweg, 1925); Gerhard Schulz, *Novalis in Selbstzeugnissen und Bilddokumenten* (Reinbek: Rowohlt, 1969); Barbara Steinhäuser-Carvill, »Die Christenheit oder Europa – Eine Predigt«, *seminar* 12.2 (Mai 1976) 73–88; Fritz Strich, »Die Romantik als europäische Bewegung« (1924), *Begriffsbestimmung der Romantik*, hrsg. v. Helmut Prang (Darmstadt: Wissenschaftliche Buchgesellschaft, 1972) 112–134.

II.

Primärliteratur: Friedrich Schlegel, »Reise nach Frankreich«, *Studien zur Geschichte und Politik*, eingel. u. hrsg. v. Ernst Behler, Bd. 7 der Kritischen Friedrich-Schlegel-Ausgabe (München/Paderborn/Wien: Schöningh, 1966) 56–79.

Sekundärliteratur: Ernst Behler, »Das Indienbild der deutschen Romantik«, *Germanisch-Romanische Monatsschrift* NF 18/1 (1968) 21–37; ders., »Einleitung«, *Europa. Eine Zeitschrift. Herausgegeben von Friedrich Schlegel bei Friedrich Wilmans, Frankfurt a. M. 1803* (Stuttgart: Cotta, 1963) 5–58; Klaus Behrens, *Friedrich Schlegels Geschichtsphilosophie (1794–1808)* (Tübingen: Niemeyer, 1984); Richard Brinkmann, »Deutsche Frühromantik und Französische Revolution«, *Deutsche Literatur und Französische Revolution*, hrsg. v. Richard Brinkmann u. a. (Göttingen: Vandenhoeck & Ruprecht, 1974) 172–191; Henri Chelin, *Friedrich Schlegels »Europa«* (Frankfurt a. M.: Lang, 1981); Ernst Robert Curtius, »Friedrich Schlegel und Frankreich«, *Kritische Essays zur europäischen Literatur* (Bern: Francke, 1950) 78–94; René Gérard, *L'Orient et la pensée Romantique Allemande* (Paris: Didier, 1963); Gunter E. Grimm / Ursula Breymayer / Walter Erhart, *Ein Gefühl von freierem Leben. Deutsche Dichter in Italien* (Stuttgart: Metzler, 1990); Karl S. Guthke, »Benares am Rhein – Rom am Ganges: Orient und Okzident im Denken A. W. Schlegels«, *Das Abenteuer der Literatur* (Bern/München: Francke, 1981) 242–258; Werner Halbfass, *Indien und Europa. Perspektiven ihrer geistigen Begegnung* (Basel/Stuttgart: Schwabe, 1981); Hans Joachim Heiner, *Das Ganzheitsdenken Friedrich Schlegels. Wissenssoziologische Deutung einer Denkform* (Stuttgart: Metzler, 1971); Ingrid Oesterle, »Paris – das moderne Rom?«, *Rom – Paris – London. Erfahrung und Selbsterfahrung deutscher Schriftsteller und Künstler in* *den fremden Metropolen. Ein Symposion*, hrsg. v. Conrad Wiedemann (Stuttgart: Metzler, 1988) 375–419; Ursula Oppenberg, *Quellenstudien zu Friedrich Schlegels Übersetzungen aus dem Sanskrit* (Marburg: Elwert, 1965); Klaus Peter, *Idealismus als Kritik. Friedrich Schlegels Philosophie der Unvollendeten Welt* (Stuttgart: Kohlhammer, 1973); Edward Said, *Orientalism* (New York: Vintage, 1979); Ronald Taylor, »The East and German Romanticism«, *The Glass Curtain Between Asia and Europe*, hrsg. v. Raghavan Iyer (London: Oxford Univ. Press, 1965) 188–200; A. Leslie Willson, *A Mythical Image: The Ideal of India in German Romanticism* (Durham, NC: Duke Univ. Press, 1964).

III.

Primärliteratur: Ernst Moritz Arndt, *Germanien und Europa* (Altona: Hammerich, 1803); François René de Chateaubriand, »De Buonaparte et des Bourbons«, *Œuvres complêtes*, Bd. 26: *Mélanges politiques*, Bd. 1 (Paris: Pourrat, 1837) 11–58, deutsch: *Buonaparte und die Bourbons* (Berlin: Hayn, 1814); Samuel Taylor Coleridge, »Comparison of the Present State of France with that of Rome under Julius and Augustus Caesar«, *The Collected Works of Samuel Taylor Coleridge*, Bd. 1, hrsg. v. David V. Erdman (London: Routledge Kegan Paul, 1978) 311–339, deutsch v. Ursula Fischer: »Frankreich und das Rom der Cäsaren«, *Europa. Analysen und Visionen der Romantiker*, hrsg. v. Paul Michael Lützeler (Frankfurt a. M.: Insel, 1982) 107–136; Friedrich von Gentz, *Fragmente aus der neusten Geschichte des Politischen Gleichgewichts in Europa* (Petersburg: Hartknoch, ²1806); Joseph von Görres, »Napoleons Proclamation an die Völker Europas vor seinem Abzug auf die Insel Elba«, *Politische Schriften*, Bd. 1, hrsg. v. Marie Görres (München: Literarisch-artistische Anstalt, 1854) 379–408; ders., »Resultate meiner Sendung nach Paris im Brumaire des achten Jahres« (ebd.) 25–112; A[ugust] W[ilhelm] S[chlegel], *Über das Continentalsystem und den Einfluß desselben auf Schweden* (o. O., 1813); Anne Germaine Baronin von Staël Holstein, *Deutschland*. 1. Bd, 1. u. 2. Abt. (Berlin: Hitzig, 1814); William Wordsworth, »Concerning the Relations of Great Britain, Spain, and Portugal, to Each Other, and to the Common Enemy, at this Crisis; and Specifically as Affected by the Convention of Cintra«, *The Prose Works of William Wordsworth*, Bd. 1, hrsg. v. W. J. B. Owen u. Jane Worthington Smyser (Oxford: Oxford Univ. Press / Clarendon, 1974) 224–249, deutsch v. Ursula Fischer: »Der Vertrag von Sintra«, *Europa. Analysen und Visionen der Romantiker* (a. a. O.) 181–224.

Sekundärliteratur: Jacques Droz, *Le Romantisme allemand et l'Etat. Résistance et collaboration dans l'Allemagne napoléonienne* (Paris: Payot, 1966); Kurt Eisner, *Das Ende des Reichs. Deutschland und*

Preußen im Zeitalter der großen Revolution (Berlin: Vorwärts, 1907); Rolf Hellmuth Foerster, »Europapläne im Troß Napoleons«, *Europa. Geschichte einer politischen Idee* (München: Nymphenburger, 1967) 234–237; Heinz Gollwitzer, »Das europäische Gleichgewicht«, *Europabild und Europagedanke. Beiträge zur deutschen Geistesgeschichte des 18. und 19. Jahrhunderts* (München: Beck, [2]1964) 71–77; Leo Just, »Joseph Görres und die Friedensidee des 18. Jahrhunderts«, *Görres-Festschrift*, hrsg. v. Karl Hoebes (Köln: Bachem, 1926) 25–45; Hans Gustav Keller, *Das »Junge Europa« 1834–1836* (Zürich/Leipzig: Niehaus, 1938); Paul Michael Lützeler, »Napoleon-Legenden von Hölderlin bis Chateaubriand«, *Geschichte in der Literatur* (München/Zürich: Piper, 1987) 264–299; Robert Minder, »Madame de Staël entdeckt Deutschland«, *Kultur und Literatur in Deutschland und Frankreich* (Frankfurt a. M.: Insel, 1962) 94–105; Denis de Rougemont, »Madame de Staël et ›l'esprit européen‹«, *Cadmos* 10 (1980) 5–11; Luigi Salvatorelli, »Napoleon und Europa«, *Napoleon und Europa*, hrsg. v. Heinz-Otto Sieburg (Köln/Berlin: Kiepenheuer & Witsch, 1971) 171–200; Karl Heinz Schäfer, *Ernst Moritz Arndt als politischer Publizist* (Bonn: Röhrscheid, 1974) 182–186; Theodor Schieder, »Das Jahr 1813 und das heutige Europa«, *Napoleon und Europa* (a. a. O.) 344–358.

Metternichs Restaurationsepoche (1815–1829)

I.

Primärliteratur: Joseph Görres, *Europa und die Revolution* (Stuttgart: Metzler, 1821); William Hazlitt, »Whether the Friends of Freedom can Entertain any Sanguine Hopes of the Favourable Results of the Ensuing Congress?«, *The Collected Works*, Bd. 3: *Political Essays* (London: Dent, 1902) 103–109 [zitiert nach: »Der europäische Kongreß«, deutsch v. Ursula Fischer, *Europa. Analysen und Visionen der Romantiker*, hrsg. v. Paul Michael Lützeler (Frankfurt a. M.: Insel, 1982) 311–322]; Claude Henry de Saint-Simon / Augustin Thierry, »Von dem Wiederaufbau der europäischen Staaten-Gesellschaft. Aus dem Französischen von F. Bernhard«, *Europäische Annalen* I/II (1815); August Wilhelm Schlegel, »Abriß von den Europäischen Verhältnissen der Deutschen Litteratur«, *Kritische Schriften* (Berlin: Reimer, 1828) 1–14.

Sekundärliteratur: *Die Idee Europa 1300–1946*, hrsg. v. Rolf Hellmut Foerster (München: dtv, 1963); Heinz Gollwitzer, *Europabild und Europagedanke* (München: Beck, [2]1964); Friedrich Heer, »Eine deutsche Tragödie: Görres«, *Europa, Mutter der Revolutionen* (Stuttgart: Kohlhammer, 1964) 595–609; Werner Näf, »Versuche gesamteuropäischer Organisation und Politik in den ersten Jahrzehnten des

19. Jahrhunderts«, *Staat und Staatsgedanke. Vorträge zur neueren Geschichte* (Bern: Lang, 1935) 9–27; Reinhard Wittmann, »Joseph Görres«, *Ein Verlag und seine Geschichte. Dreihundert Jahre J. B. Metzler Stuttgart* (Stuttgart: Metzler, 1982) 457–478.

II.

Primärliteratur: Franz von Baader, »Kurzer Bericht an das deutsche Publicum über meine im Herbste des Jahres 1822 unternommene literarische Reise nach Russland und deren Erfolg«, *Biographie und Briefwechsel. Sämtliche Werke*, Bd. 15, hrsg. v. Franz Hoffmann (Leipzig, 1857, Nachdruck Aalen: Scientia, 1963) 75–101; Ludwig Börne, *Sämtliche Schriften*, Bd. 2, neu bearb. u. hrsg. v. Inge u. Peter Rippmann (Düsseldorf: Melzer, 1964); Johann Wolfgang von Goethe, »Den Vereinigten Staaten«, *Werke*, Bd. 1: *Gedichte und Epen I* (München: Beck, 1982) 333; Victor Hugo, »Fragment d'Histoire«, *Œuvres complêtes*, Bd. 39: *Philosophie I (1819–1834). Littérature et philosophie mêlées* (Paris: Hébert, o. J.) 293–304 [zitiert nach: »Betrachtungen zur Geschichte«, deutsch v. Andreas Beyer, *Europa. Analysen und Visionen der Romantiker* (a. a. O.) 437–449]; C. F. von Schmidt-Phiseldek, *Europa und Amerika oder die künftigen Verhältnisse der civilisirten Welt* (Kopenhagen: Brummer, 1820); ders., *Der Europäische Bund* (ebd., 1821).

Sekundärliteratur: Ernst Benz, *Franz von Baader und Kotzebue. Das Rußlandbild der Restaurationszeit* (Mainz/Wiesbaden: Verlag der Akademie der Wissenschaften u. der Literatur, 1957); Franz Hoffmann, *Biographie Franz von Baader's* (Leipzig: Bethmann, 1857); *Deutschlands literarisches Amerikabild*, hrsg. v. Alexander Ritter (Hildesheim/New York: Olms, 1977); *Europa und Rußland. Texte zum Problem des westeuropäischen und russischen Selbstverständnisses*, hrsg. v. Dmitrij Tschizewskij u. Dieter Groh (Darmstadt: Wissenschaftliche Buchgesellschaft, 1959).

III.

Primärliteratur: Ludwig Börne, *Sämtliche Schriften*, Bd. 2, neu bearb. u. hrsg. v. Inge u. Peter Rippmann (Düsseldorf: Melzer, 1964); Georg Wilhelm Friedrich Hegel, »Einleitung«, *Vorlesungen über die Philosophie der Geschichte* (Stuttgart: Reclam, 1961) 39–176; ders., »Das Christentum« (ebd.) 439–461; Heinrich Heine, *Reisebilder* (Frankfurt a. M.: Insel, 1980).

Sekundärliteratur: *Heinrich Heine. Epoche – Werk – Wirkung*, hrsg. v. Jürgen Brummack (München: Beck, 1980); Rolf Geißler, »Heines Napoleon als Herausforderung unseres Denkens«, *Heine-Jahrbuch* 29 (1990) 92–110; Clara Hallosi, »The Image of Russia in Heine's *Reisebilder*«, *Heine-Jahrbuch* 15 (1976) 23–37; Jost Hermand, *Der frühe Heine. Ein Kommentar zu den »Reisebildern«* (München: Winkler,

1976); Walter Hinck, *Die Wunde Deutschland. Heinrich Heines Dichtung im Widerstreit von Nationalidee, Judentum und Antisemitismus* (Frankfurt a. M.: Insel, 1990); Rolf Hosfeld, *Die Welt als Füllhorn: Heine. Das neunzehnte Jahrhundert zwischen Romantik und Moderne* (Berlin: Oberbaum, 1984); Jean Pierre Lefebvre, *Der gute Trommler. Heines Beziehung zu Hegel,* deutsch v. Peter Schöttler (Hamburg: Hoffmann & Campe, 1986); Erich Loewenthal, *Studien zu Heines »Reisebildern«* (1922) (New York/London: Johnson, 1967); Paul Michael Lützeler, »Napoleon-Legenden von Hölderlin bis Chateaubriand«, *Geschichte in der Literatur* (München/Zürich: Piper, 1987) 264–299; Joachim Müller, »Heines Napoleondichtung«, *Wissenschaftliche Zeitschrift der Friedrich-Schiller-Universität Jena* 21 (1972) 235–243; Günter Oesterle, *Integration und Konflikt. Die Prosa Heinrich Heines im Kontext oppositioneller Literatur der Restaurationsepoche* (Stuttgart: Metzler, 1972); Klaus Pabel, *Heines »Reisebilder«. Ästhetisches Bedürfnis und politisches Interesse am Ende der Kunstperiode* (München: Fink, 1977); Jeffrey L. Sammons, »Reisen und ‚Reisebilder' 1824–1831«, *Heinrich Heine* (Stuttgart: Metzler, 1991) 43–62; Ronald Schneider, »Themis und Pan. Zu literarischen Strukturen und politischem Gehalt der *Reisebilder* Heinrich Heines«, *Annali* 18.3 (1975) 7–42; Edward A. Zlotkowski, »Die Bedeutung Napoleons in Heines Reisebilder II«, *Etudes Germaniques* 35 (1980) 145–162.

Die Jahre nach der Revolution von 1830 (1830–1839)

I.

Primärliteratur: Ludwig Börne, »Briefe aus Paris«, *Sämtliche Schriften,* Bd. 3, neu bearb. u. hrsg. v. Inge u. Peter Rippmann (Düsseldorf: Melzer, 1964); ders., »Félicité de Lamennais' Worte des Glaubens« (ebd.) Bd. 2, 1157–1240; ders., »Einleitung« (zur *Balance*), *Französische Schriften und Nachtrag. Mit einer Biographie des Verfassers. Gesammelte Schriften,* Bd. 17 (Leipzig: Weller, ²1849) 68–87; Heinrich Heine, »Französische Zustände«, *Sämtliche Schriften,* Bd. 3, hrsg. v. Klaus Briegleb (München: Hanser, 1971) 89–279; Theodor Mundt, »Tagebuch aus Paris«, *Spaziergänge und Weltfahrten,* Bd. 1 (Altona: Hammerich, 1838) 185–411; ders., »Deutschland in Frankreich« (ebd.) Bd. 2, 1–215.

Sekundärliteratur: Albrecht Betz, »Publizistik: Französische Zustände«, *Ästhetik und Politik. Heinrich Heines Prosa* (München: Hanser, 1971) 50–68; Helmut Bock, »Briefe aus Paris – Kampfschrift des Demokraten (1830–1833)«, *Ludwig Börne. Vom Gettojuden zum Nationalschriftsteller* (Berlin: Rütten & Loening, 1962) 175–329; Rutger Booß, *Ansichten der Revolution. Paris-Berichte deutscher Schriftsteller*

514

nach der Juli-Revolution 1830: Heine, Börne u. a. (Köln: Pahl-Rugenstein, 1977); Klaus Briegleb, »Heine und Preußen. Notierungen zur ‚Vorrede' vom 18. Oktober 1832«, *Opfer Heine? Versuche über Schriftzüge der Revolution* (Frankfurt a. M.: Suhrkamp, 1986) 45–70; *Heinrich Heine. Epoche – Werk – Wirkung*, hrsg. v. Jürgen Brummack (München: Beck, 1980); Lucien Calvie, »La révolution française dans l'œuvre de Henri Heine«, *L'inscription de l'histoire dans les œuvres directement ou indirectement inspirées par la révolution française* (Paris: Belles Lettres, 1987) 233–258; Paolo Chiarini, »Heinrich Heine: il letterato e il politico. Note in margini ai *Französische Zustände*«, *Studi Germanici* 10 (1972) 561–589; J. Dresch, »Louis Börne, historien de la Révolution Française«, *Etudes Germaniques* 5 (1950) 257–268; *Ludwig Börne und Heinrich Heine. Ein deutsches Zerwürfnis*, bearb. v. Hans Magnus Enzensberger (Nördlingen: Greno, 1986); Walter Hinderer, »Ludwig Börne, der Apostel der Freiheit«, *Über deutsche Literatur und Rede. Historische Interpretationen* (München: Fink, 1981) 126–153; Ludwig Marcuse, *Heinrich Heine in Selbstzeugnissen und Bilddokumenten* (Reinbek: Rowohlt, 1960); Fritz Mende, *Heine Chronik. Daten zu Leben und Werk* (München: Hanser, 1975); Norbert Oellers, »Die zerstrittenen Dioskuren. Aspekte der Auseinandersetzung Heines mit Börne«, *Zeitschrift für deutsche Philologie* 91, Sonderheft *Heine und seine Zeit* (1972) 66–90; Ingrid Oesterle, »Der ‚Führungswechsel der Zeithorizonte' in der deutschen Literatur«, *Studien zur Ästhetik und Literaturgeschichte der Kunstperiode*, hrsg. v. Dirk Grathoff (Frankfurt/Bern: Lang, 1985) 11–75; Henri Roger Paucker, *Heinrich Heine, Mensch und Dichter zwischen Deutschland und Frankreich* (Bern: Lang, 1970); Inge u. Peter Rippmann, »Nachwort«, Ludwig Börne, *Sämtliche Schriften*, Bd. 3 (a. a. O.) 1056–1137; *»Die Kunst – eine Tochter der Zeit«. Neue Studien zu Ludwig Börne*, hrsg. v. Inge Rippmann u. Wolfgang Labuhn (Bielefeld: Aisthesis, 1988); Jeffrey L. Sammons, »Heine ‚over' Börne«, *Heinrich Heine. A Modern Biography* (Princeton: Princeton Univ. Press, 1979) 233–242; Manfred Schneider, »Nachwort«, Ludwig Börne, *Briefe aus Paris. Auswahl* (Stuttgart: Reclam, 1977) 229–261; Werner Vordtriede / Uwe Schweikert, *Heine-Kommentar*, Bd. 2: *Zu den Schriften zur Literatur und Politik* (München: Winkler, 1970); Johannes Weber, »Literarisch-politische Fronten im Jahre 1835«, *Libertin und Charakter. Heinrich Heine und Ludwig Börne im Werturteil deutscher Literaturgeschichtsschreibung 1840–1918* (Heidelberg: Winter, 1984) 1–21; Harald Weinrich, »Heinrich Heines deutsch-französische Parallelen«, *Heine-Jahrbuch* 29 (1990) 111–128; Elmar Werner, *Die Europaidee in Ludwig Börnes Schrifttum*, Diss. Mainz, 1963; Benno von Wiese, »Goethe und Heine als Europäer«, *Signaturen. Zu Heinrich Heine und seinem Werk* (Berlin: Schmidt, 1976) 196–220; Manfred Windfuhr, *Heinrich Heine. Revolution und Reflexion* (Stuttgart: Metzler, [2]1976); Hans Wolffheim, »Heine und das deutsch-französische Verhältnis«, *Text + Kritik* 18/19 (1971) 14–30; Susanne N. Zantop, »*Vorarbeiten zu einer Geschichtsschreibung der Gegenwart*«. *Heinrich Heines »Französische Zustände« und José de Larras »Articulos«*, Diss. Harvard Univ., 1984.

II.

Primärliteratur: Giuseppe Mazzini, »D'una letteratura Europea«, *E i democratii scrittori politico dell'ottocento*, Bd. 1, hrsg. v. Franco della Peruta (Neapel: Ricciardi, o. J.) 271–305 [zitiert nach: »Über eine europäische Literatur«, deutsch v. Andreas Beyer, *Europa. Analysen und Visionen der Romantiker*, hrsg. v. Paul Michael Lützeler (Frankfurt a. M.: Insel, 1982) 385–435]; ders., »Verbrüderung der Völker« (1832), *Die Idee Europa 1300–1946*, hrsg. v. Rolf Hellmut Foerster (München: dtv, 1963) 196–200; Friedrich Schlegel, »Einleitung« zu »Geschichte der europäischen Literatur (1803/04)«, *Wissenschaft der europäischen Literatur*, hrsg. v. Ernst Behler, Bd. 11 der Kritischen Friedrich-Schlegel-Ausgabe (München/Paderborn/Wien: Schöningh, 1958) 3–18; Carl Schurz, *Lebenserinnerungen* (Zürich: Manesse, 1988).

Sekundärliteratur: Fernand Baldensperger, »Le grand schisme de 1830: ‚Romantisme' et ‚Jeune Europe'«, *Revue de Littérature Comparée* 10 (1930) 5–16; Benedetto Croce, *Geschichte Europas im neunzehnten Jahrhundert* (Zürich: Europa, 1935); Gunther F. Eyck, »Mazzini's Young Europe«, *Journal of Central European Affairs* 17 (1957/58) 356–377; Rolf Hellmut Foerster, *Europa. Geschichte einer politischen Idee* (München: Nymphenburger, 1967); Gwilym O. Griffith, *Mazzini: Prophet of Modern Europe* (New York: Fertig, 1970); E. E. Y. Hales, *Mazzini and the Secret Societies. The Making of a Myth* (London: Eyre & Spottiswoode, 1956); Walter Imhoof, *Der »Europamüde« in der deutschen Erzählungsliteratur* (Zürich/Leipzig: Münster, 1930); Hans Gustav Keller, *Das »Junge Europa« 1834–36. Eine Studie zur Geschichte der Völkerbundsidee und des nationalen Gedankens* (Zürich/Leipzig: Niehaus, 1938); W. J. Linton, *European Republicans. Recollections of Mazzini and His Friends* (London: Lawrence & Bullen, 1893); Luigi Salvatorelli, »Mazzini e gli stati uniti d'Europa«, *Mazzini e l'Europa* (Rom: Accademia Nazionale dei Lincei, 1974) 29–35; Giuseppe Tramarollo, *Nazionalità e Unità Europea nel programma mazziniano* (Neapel: Centro Napoletano di Studi Mazziniani, 1970).

III.

Primärliteratur: *Europa. Chronik der gebildeten Welt. In Verbindung mit mehren Gelehrten und Künstlern herausgegeben von August Lewald* (Stuttgart: Literatur-Comptoir, 1835ff.); August Lewald, »Europa.

1838«, *Europa* I.1 (1838) 1–7; [anonym], »An die Leser«, *Europa*,
Extra-Nummer: *Als Festgabe zum Beginn des 26. Jahrgangs, 7. Januar
1860* (Leipzig: Lorck, 1860) 1; Ludwig Kalisch, »August Lewald's
Europa«, *Das Buch der Narrheit* (Mainz: Wirth, 1845) 99; Theodor
Mundt, »Briefe aus London«, *Spaziergänge und Weltfahrten*, Bd. 1
(Altona: Hammerich, 1838) 1–184.
Sekundärliteratur: Ulrich Cruse, »Lewald und die ‚Europa'«,
August Lewald und seine zeitgeschichtliche Bedeutung (Breslau: Prie-
batsch, 1933) 95–104; Friedrich Sengle, *Biedermeierzeit*, Bd. 2: *Die
Formenwelt* (Stuttgart: Metzler, 1972).

Im Umkreis der Revolution von 1848 (1840–1870)

I.

Primärliteratur: Jahrgänge 1848/49 von *Europa. Chronik der gebilde-
ten Welt*, hrsg. v. F. Gustav Kühne.
Sekundärliteratur: Kurt Haß, *Gustav Kühne als Herausgeber der
»Europa« (1846–1859)* (Frankfurt a. M.: Humanitas, 1973); *Gustav
Kühne, sein Lebensbild und Briefwechsel mit Zeitgenossen*, hrsg. v.
Edgar Pierson (Dresden/Leipzig: Pierson, o. J.).

II.

Primärliteratur: Charles Mackay, »The United States of Europe«,
*Fourty Year's Recollections of Life, Literature, and Public Affairs from
1830 to 1870*, Bd. 2 (London: Chapman & Hall, 1877) 35–49
[überarbeitete Fassung der – hier zitierten – Erstveröffentlichung
in *The London Telegraph*, Dienstag, 28.3. 1848 (S. 2), u. Samstag, 1.4.
1848 (S. 2)]; Giuseppe Mazzini, *Schriften*, deutsch u. Vorwort v.
Ludmilla Assing, 2 Bde. (Hamburg: Hoffmann & Campe, 1868);
Giuseppe Mazzini u. a., »Comitato Centrale Democratico Europeo«, *Scritti editi e inediti*, Bd. 8 (Mailand: Robecchi Levino, 1871)
18–27; Giuseppe Mazzini, »La santa alleanza dei populi«, *I problemi
dell'epoca. Scritti politici e sociali* (Rom: Politica Moderna, 1920)
168–174; Wolfgang Menzel, *Europa im Jahr 1840* (Stuttgart: Sonne-
wald'sche, 1839); Arnold Ruge, »Rede in der 45. Sitzung der Deutschen Nationalversammlung in der Frankfurter Paulskirche (22.7.
1848)«, *Der Patriotismus*, hrsg. v. Peter Wende (Frankfurt a. M.:
Insel, 1968) 99–113; ders., »Über Gegenwart und Zukunft der
Hauptmächte Europa's. Bei Gelegenheit von Menzels *Europa im
Jahr 1840* (1840)«, *Gesammelte Schriften*, Bd. 3 (Mannheim: Grohe,
1846) 341–396.
Sekundärliteratur: Anton Ernstberger, »Charles Mackay und die
Idee der Vereinigten Staaten von Europa im Jahre 1848«, *Historische
Zeitschrift* 146 (1932) 263–302; David Heald, »Wolfgang Menzel –

the ‚Denunziant' revalued«, *New German Studies* 5 (1977) 25–48; Walter Hinck, *Die Wunde Deutschland. Heinrich Heines Dichtung im Widerstreit von Nationalidee, Judentum und Antisemitismus* (Frankfurt a. M.: Insel, 1990); Fritz Mende, »Heine und Ruge. Ein Kapitel Heine-Rezeption in der Zeit des Vormärz«, *Weimarer Beiträge* 14 (1968) 797–827; Walter Neher, *Arnold Ruge als Politiker und politischer Schriftsteller* (Heidelberg: Winter, 1933); Veit Valentin, *Die 48er Demokratie und der Völkerbundgedanke* (Berlin: Engelmann, 1919); Peter Wende, »Nachwort«, *Der Patriotismus* (a. a. O.) 115–134.

III.

Primärliteratur: Konstantin Frantz, »Nothwendigkeit einer großen Gleichgewichts-Coalition«, *Untersuchungen über das Europäische Gleichgewicht* (Osnabrück: Biblio, 1968; Nachdruck der Ausgabe v. 1859) 148–178; Julius Fröbel, *Wien, Deutschland und Europa* (Wien: Keck, 1848); ders., *Amerika, Europa und die politischen Gesichtspunkte der Gegenwart* (Berlin: Springer, 1859); ders., »Das europäische Staatensystem und die politische Weltordnung der Gegenwart«, *Theorie und Politik als Ergebniß einer erneuerten Prüfung demokratischer Lehrmeinungen*, Bd. 2 (Wien: Gerold's Sohn, 1864) 176–198; Victor Hugo, *Œuvres complêtes. Actes et paroles*, 3 Bde. (Paris: Michel, 1937f., 1940) [die Übersetzungen sind entnommen: Victor Hugo, *Thaten und Worte. Gesammelte Reden*, 3 Bde. (Stuttgart: Auerbach, 1876f.); im einzelnen: »Friedens-Kongreß zu Paris. 1849. I. Rede bei der Eröffnung. 21. August 1849«, Bd. 1, 317–326; »Fünfter Jahrestag des 24. Februar 1848. Den 24. Februar 1854«, Bd. 2, 61–66; »Sechster Gedächtnißtag des 24. Februar 1848. Februar 1855«, Bd. 2, 90–105; »Der Friedens-Kongreß in Lausanne«, Bd. 2, 267–273; »An die Mitglieder des Friedens-Kongresses zu Lugano (20. September 1872)«, Bd. 3, 103–105]; Theodor Mundt, *Pariser Kaiserskizzen* (Berlin: Janke, 1857).

Sekundärliteratur: Raymond Escholier, *Hugo, roi de son siècle* (Paris: Arthaud, 1970); Rolf Hellmut Foerster, *Europa. Geschichte einer politischen Idee* (München: Nymphenburger, 1967); Sander L. Gilman, »Der literarische Nachlaß Robert Blums«, *Archiv für Kulturgeschichte* 52 (1970) 114–120; Friedrich Heer, *Europa, Mutter der Revolutionen* (Stuttgart: Kohlhammer, 1964); Walter Imhoof, *Der »Europamüde« in der deutschen Erzählungsliteratur* (Zürich/Leipzig: Münster, 1930); Matthew Josephson, *Victor Hugo. A Realistic Biography of the Great Romantic* (Garden City/New York: Doubleday, 1946); Hildegard Stengel, *Robert Blum und sein Kreis in der Paulskirche* (Diss. Erlangen, 1948).

Die Friedenszeit nach dem Deutsch-Französischen Krieg
(1871–1913)

I.

Primärliteratur: Constantin Frantz, *Der Föderalismus* (Mainz: Kirchheim, 1879); Friedrich Nietzsche, *Sämtliche Werke. Kritische Studienausgabe in 15 Bänden*, 2., durchgesehene Aufl., hrsg. v. Giorgio Colli u. Mazzino Montinari (München/Berlin: dtv/Gruyter, 1988) [nach dieser Ausgabe wird zitiert, indem die erste Zahl die Bandnummer und die zweite die Seitenangabe mitteilt].

Sekundärliteratur: Dieter Borchmeyer, »Die Götter tanzen Cancan. Heinrich Heines und Richard Wagners Venusberg-Pantomimen«, *Ruperto Carola* 42.82 (Dezember 1990) 41–55 [siehe darin den Anfangsabschnitt »‚Europäer der Zukunft‘. Nietzsche über Heine und Wagner«]; C. A. Emge, »Das Wesen Europas und des Europäers nach Äußerungen Nietzsches«, *Kölner Zeitschrift für Soziologie* 4 (1951/52) 310–318; Raymond Furness, »Nietzsche's View on the English and His Concept of a European Community«, *German Life and Letters* 17 (1964) 319–325; Sander L. Gilman, »Nietzsche, Heine, and the Otherness of the Jew«, *Studies in Nietzsche and the Judaeo-Christian Tradition*, hrsg. v. James C. O'Flaherty u. a. (Chapel Hill: Univ. of North Carolina Press, 1985) 206–225; Martin Heidegger, *Nietzsche: Der europäische Nihilismus*, Gesamtausgabe, Bd. 48 (Frankfurt a. M.: Klostermann, 1986); Peter Heller, »Nietzsche and the Jews«, *Nietzsche heute: Die Rezeption seines Werkes nach 1968*, hrsg. v. Sigrid Bauschinger u. a. (Bern: Francke, 1988) 149–160; Karl Jaspers, »Erfordernisse des Nietzsche-Studiums«, *Nietzsche und das Christentum* (München: Piper, 1952) 79f.; Fritz Krökel, *Europas Selbstbesinnung durch Nietzsche. Ihre Vorbereitung bei den französischen Moralisten* (München: Nietzsche-Gesellschaft, 1929); Gert Mattenklott, »Nietzscheanismus und Judentum«, *Nietzsche heute* (a. a. O.) 161–175; Jost Nolte, »Wir guten Europäer. Nationalkritik und Kulturethik bei Nietzsche«, *Wir guten Europäer. Historisch-politische Versuche über uns selbst* (Tübingen: Narr, 1991) 195–210; Walter Schmiele, »Nietzsche: Der gute Europäer«, *Auf der Suche nach Frankreich. Der Nachbar im Westen und die deutsche Kultur*, hrsg. v. Horst Lehner (Herrenalb: Erdmann, 1963) 87–103; Hans Ulrich Wehler, *Bismarck und der Imperialismus* (Frankfurt a. M.: Suhrkamp, [2]1985).

II.

Primärliteratur: Otto Flake, *Fortunat. Roman in zwei Büchern. Mit einem Nachwort des Verfassers*, Nachwort v. Max Rychner, *Werke*, Bd. 2, hrsg. v. Rolf Hochhuth u. Peter Härtling (Frankfurt a. M.: Fischer, 1974); Hermann Hesse, *Aus Indien* (Berlin: Fischer, 1913);

ders., »Konfuzius«, *Hermann Hesse. Eine Literaturgeschichte in Rezensionen und Aufsätzen*, hrsg. v. Volker Michels (Frankfurt a. M.: Suhrkamp, 1975) 30f.; Hermann Graf Keyserling, *Das Reisetagebuch eines Philosophen* (Darmstadt: Reichl, [7]1923); Heinrich Mann, »Der deutsche Europäer«, *Essays*, Bd. 3 (Berlin: Aufbau, 1962) 546–554; Alfons Paquet, *Asiatische Reibungen. Politische Studien* (München/Leipzig: Verlagsgesellschaft München, 1909); René Schickele, »Romain Rolland. Eine Rede«, *Werke in drei Bänden*, Bd. 3 (Köln/Berlin: Kiepenheuer & Witsch, 1959) 681–699; Ernst Stadler, »Romain Rolland: Jean-Christophe«, *Die Weißen Blätter* 1 (1913/14) 168–172; Miguel de Unamuno, »En torno al casticismo«, *Obras completas*, Bd. 1: *Paisajes y ensayos* (Madrid: Escelicer, 1966) 755–871; ders., »España y los españoles«, *Obras completas*, Bd. 3: *Nuevos ensayos* (ebd. 1968) 718–729; ders., »Sobre la europeización« (ebd.) 925–938; *Vechi. Wegzeichen. Zur Krise der russischen Intelligenz. Essays von Nikolaj Berdjaev, Sergeij Bulgakov, Michail Gersenzon, Aleksandr Izgoev, Bogdan Kistjakovskij, Petr Struve und Semen Frank*, deutsch u. eingel. v. Karl Schlögel (Frankfurt a. M.: Eichborn, 1990); Stefan Zweig, *Die Welt von Gestern. Erinnerungen eines Europäers* (Frankfurt a. M.: Fischer, 1970).

Sekundärliteratur: Jean Paul Boyer, *Hermann von Keyserling, le personnage et l'œuvre* (Paris: Champion, 1979); Gordon A. Craig, *Deutsche Geschichte 1866–1945* (München: Beck, [2]1980); Ernst Robert Curtius, »Romain Rolland«, *Französischer Geist im zwanzigsten Jahrhundert* (Bern/München: Francke, [2]1960) 73–155; Martin Franzbach, *Die Hinwendung Spaniens zu Europa. Die generación del 98* (Darmstadt: Wissenschaftliche Buchgesellschaft, 1988); Vridhagiri Ganeshan, *Das Indienbild deutscher Dichter um 1900* (Bonn: Bouvier, 1975); Heinz Gollwitzer, *Die Gelbe Gefahr. Geschichte eines Schlagworts. Studien zum imperialistischen Denken* (Göttingen: Vandenhoeck & Ruprecht, 1962); Christiane C. Günther, *Aufbruch nach Asien. Kulturelle Fremde in der deutschen Literatur um 1900* (München: iudicium, 1988); Adrian Hsia, *Hermann Hesse und China* (Frankfurt a. M.: Suhrkamp, 1974); Yoshio Koshina / Teruaki Takahashi, *Deutsche Sprache und Literatur in Japan. Ein geschichtlicher Rückblick* (Tokio: Ikubundo, 1990); Claude Manfredini, »Hermann Hesse et l'Orient«, *Cahiers d'Etudes Germaniques* 15 (1988) 141–154; Gerhart Mayer, *Die Begegnung des Christentums mit den asiatischen Religionen im Werk Hermann Hesses* (Bonn: Röhrscheid, 1956); Carl H. Pegg, *Evolution of the European Idea, 1914–1932* (Chapel Hill/London: Univ. of North Carolina Press, 1983); Henry H. H. Remak, »Franco-German Polarities and Compensations in XXth Century Literary Texts: Rolland, Giraudoux, Vercors, Camus, Thomas Mann«, *Sinn und Symbol. Festschrift für Joseph P. Strelka zum 60. Geburtstag*, hrsg. v. Karl Konrad Polheim (Bern: Lang, 1987) 357–370; Helene Kastinger Riley, »The Quest for Reason: Stefan Zweig's and Romain Rolland's Struggle for Pan-European Unity«, *Stefan Zweig. The World of Yesterday's Humanist Today. Proceedings of the Stefan Zweig Symposium*, hrsg. v. Marion Sonnenfeld (Albany: State Univ. of New York Press, 1983) 20–31; David Roberts, »The Essays of Hermann Hesse«, *Jahrbuch für Internationale Germanistik* 10.1 (1978) 57–78; Wolfgang Sachsenröder, *Adrien Mithouard und seine Theorie des »Occident«. Zum Traditionalismus in der französischen Literatur vor dem ersten Weltkrieg* (Diss. Bonn, 1973); Helmut Winter, *Zur Indien-Rezeption bei E. M. Forster und Hermann Hesse* (Heidelberg: Winter, 1976).

III.

Primärliteratur: Alfons Paquet, »Der Kaisergedanke«, *Der Neue Merkur* 1.1 (1914) 45–62; Friedrich Schlegel, »Über die neuere Geschichte«, *Studien zur Geschichte und Politik*, eingel. u. hrsg. v. Ernst Behler, Bd. 7 der Kritischen Friedrich-Schlegel-Ausgabe (München/Paderborn/Wien: Schöningh, 1966) 125–407; Ernst von Wildenbruch, »Deutschland und Frankreich. Historisch-politische Meditation«, *Blätter vom Lebensbaum* (Berlin: Grotesche, 1910) 371–382.

Sekundärlitertur: Ernst Behler, »Austria erit in orbe ultima (1808–1812)«, *Friedrich Schlegel in Selbstzeugnissen und Bilddokumenten* (Reinbek: Rowohlt, 1966) 103–117; Guy Stern, *War, Weimar, and Literature. The Story of the »Neue Merkur« 1914–1925* (University Park: Pennsylvania State Univ. Press, 1971).

Der Erste Weltkrieg (1914–1918)

I.

Primärliteratur: Giovanni Agnelli / Attilio Cabiati, *Féderation Européenne ou Ligue des Nations?* (Paris: Giard & Brière, 1919); *Die Dichter und der Krieg. Deutsche Lyrik 1914–1918*, hrsg. v. Thomas Anz u. Joseph Vogl (München: Hanser, 1982); Yvan Goll, »Requiem für die Gefallenen von Europa. Romain Rolland gewidmet«, *Dichtungen. Lyrik, Prosa, Drama*, hrsg. v. Claire Goll (Neuwied/Berlin: Luchterhand, 1960) 23–41; Gerhart Hauptmann, »Der Fluch Europas. Offener Brief an das italienische Volk«, *Nachgelassene Werke. Fragmente. Sämtliche Werke*, Bd. 11, hrsg. v. Hans-Egon Hass (Frankfurt/Berlin: Propyläen, 1974) 850–864; Hermann Hesse, »O Freunde, nicht diese Töne!«, *Betrachtungen. Gesammelte Werke*, Bd. 10 (Frankfurt a. M.: Suhrkamp, 1970) 411–416; Annette Kolb, »Briefe einer Deutsch-Französin«, *Internationale Rundschau* 1 (1915) 160–165; dies., »Die Internationale Rundschau und der Krieg«, *Briefe* *einer Deutsch-Französin* (Berlin: Reiss, [2]1916) 132–160; Thomas Mann, »Gedanken im Kriege«, *Nachträge. Gesammelte Werke*, Bd. 13 (Frankfurt a. M.: Fischer, 1990) 527–545; Robert Musil, »Europäertum, Krieg, Deutschtum«, *Gesammelte Werke*, Bd. 2, hrsg. v. Adolf Frisé (Reinbek: Rowohlt, 1978) 1020–22; Romain Rolland, »Lettre ouverte à Gerhart Hauptmann«, *Au-dessus de la mêlée* (Paris: Ollendorff, 1915) 5–8; ders., »Au-dessus de la mêlée«, *Au-dessus de la mêlée* (ebd.) 21–38; ders., *Das Gewissen Europas. Tagebuch der Kriegsjahre 1914–1919*, 3 Bde. (Berlin: Rütten & Loening, 1963, 1965, 1974); René Schickele, »Romain Rolland. Eine Rede«, *Werke in drei Bänden*, Bd. 3 (Köln/Berlin: Kiepenheuer & Witsch, 1959) 681–699; Nico van Suchtelen, »Europa eendrachtig«, *Verspreide Geschriften. Verzamelde Werken*, Bd. 12 (Amsterdam/Antwerpen: Wereld-Bibliotheek, 1956) 74–103; Frank Wedekind, »Deutschland bringt die Freiheit«, *Prosa. Erzählungen, Aufsätze, Selbstzeugnisse* (Berlin/Weimar: Aufbau, 1969) 260–265; Stefan Zweig, »Das Gewissen Europas«, *Romain Rolland. Der Mann und das Werk* (Berlin: Rütten & Loening, 1923) 187–260; ders., »Der Turm zu Babel«, *Internationale Rundschau* 2 (1916) 266–270.

Sekundärliteratur: André Banuls, »Der Dichter und die Politik«, *Heinrich Mann* (Stuttgart/Berlin/Köln/Mainz: Kohlhammer, 1970) 123–134; Hans Bürgin / Hans-Otto Mayer, *Thomas Mann. Eine Chronik seines Lebens* (Frankfurt a. M.: Fischer, 1974); Maurice Colleville, »Hermann Hesse und Frankreich«, *Deutschland – Frankreich*, hrsg. v. Deutsch-Französischen Institut Ludwigsburg (Stuttgart: Deutsche Verlagsanstalt, 1954) 209–227; Karl Corino, »1914–1918. Die Flucht vor dem Frieden«, *Robert Musil. Leben und Werk in Bildern und Texten* (Reinbek: Rowohlt, 1988) 219–259; Ernst Robert Curtius, »Romain Rolland«, *Französischer Geist im zwanzigsten Jahrhundert* (Bern/München: Francke, [2]1960) 73–155; Claude David, »Hermann Hesses Beziehungen zu Frankreich«, *Text & Kontext* 6.1/2 (1978) 335–354; Rolf Hellmut Foerster, *Europa. Geschichte einer politischen Idee* (München: Nymphenburger, 1967); Irma Hanke-Tjaden, *»Der Freie Geist und die Politik«. Zum Problem des Politischen bei Robert Musil* (Diss. Freiburg i. Br., 1961); Jürgen Haupt, »Heinrich Mann, Henri Barbusse und andere. Eine deutsch-französische Freundschaft zwischen den Weltkriegen«, *Heinrich-Mann-Jahrbuch* 1 (1983) 51–66; Ernst Keller, *Der unpolitische Deutsche. Eine Studie zu den »Betrachtungen eines Unpolitischen« von Thomas Mann* (Bern/München: Francke, 1965); Marcelle Kempf, *Romain Rolland et l'Allemagne* (Paris: Debresse, 1962); Richard Lemp, *Annette Kolb. Leben und Werk einer Europäerin* (Mainz: Hase & Koehler, 1970); Hermann Lübbe, *Politische Philosophie in Deutschland* (München: dtv, [2]1974); Julie Meyer, *Vom elsässischen Kunstfrühling zur utopischen Civitas Hominum. Jugendstil und Expressionismus bei René Schickele (1900–1920)*

(München: Fink, 1981); Helene M. Kastinger Riley, *Romain Rolland* (Berlin: Colloquium, 1979); Volker Michels, *Hermann Hesse. Leben und Werk im Bild* (Frankfurt a. M.: Insel, 1973); Carl H. Pegg, *Evolution of the European Idea, 1914–1932* (Chapel Hill/London: Univ. of North Carolina Press, 1983); Doris Rauenhorst, *Annette Kolb, ihr Leben und ihr Werk* (Fribourg: Universitätsverlag, 1961); Rolf Sältzer, »Heinrich Mann und Emile Zola«, *Entwicklungslinien der deutschen Zola-Rezeption von den Anfängen bis zum Tode des Autors* (Bern/Frankfurt/New York/Paris: Lang, 1989) 277–290; Jochen Schmidt, *Die Geschichte des Genie-Gedankens in der deutschen Literatur, Philosophie und Politik 1750–1945*, Bd. 2: *Von der Romantik bis zum Ende des Dritten Reichs* (Darmstadt: Wissenschaftliche Buchgesellschaft, 1985); Kurt Sontheimer, *Thomas Mann und die Deutschen* (Frankfurt a. M.: Fischer, 1961); Theo Stammen, »Thomas Mann und die politische Welt«, *Thomas-Mann-Handbuch*, hrsg. v. Helmut Koopmann (Stuttgart: Kröner, 1990) 18–53.

II.

Primärliteratur: Rudolf Borchardt, »Gedanken über Schicksal und Aussicht des europäischen Begriffs am Ende des Weltkrieges«, *Prosa V*, hrsg. v. Marie Luise Borchardt u. Ulrich Ott (Stuttgart: Klett-Cotta, 1979) 325–334; Hugo von Hofmannsthal, »Die Idee Europa. Notizen zu einer Rede«, *Reden und Aufsätze II. 1914–1924* (Frankfurt a. M.: Fischer, 1979) 43–54; ders., »Aufzeichnungen zu Reden in Skandinavien« (ebd.) 28–42; ders., »Die österreichische Idee« (ebd.) 454–458; Annette Kolb, »Um René Schickele«, *Neue Rundschau* (1950) 278–282; Ferdinand Lion, »Gedanken über Europa«, *Geist und Politik in Europa. Verstreute Schriften aus den Jahren 1915–1961* (Heidelberg: Schneider, 1980) 31–46; Heinrich Mann, »Der Europäer (1916)«, *Macht und Mensch. Essays*, Nachwort v. Renate Werner, Materialienanhang v. Peter-Paul Schneider (Frankfurt a. M.: Fischer, 1989) 129–135; Max Scheler, »Europa und der Krieg«, *Die Weißen Blätter* 2 (1915) 124–127, 244–249, 376–380; René Schickele, »Der Mensch im Kampf«, *Die Weißen Blätter* 4 (1916) 1–23.

Sekundärliteratur: Bernhard Blume, »A Source of Hofmannsthal's *Aufzeichnungen zu Reden in Skandinavien*«, *Modern Language Notes*, 70.3 (1955) 157–165; Jonathan Cott, *Wandering Ghost: The Odyssey of Lafcadio Hearn* (New York: Knopf, 1991); Helmut A. Fiechtner, »Hofmannsthal der Europäer«, *Wort in der Zeit* 2.7 (1956) 33–40; *Elsässer, Europäer, Pazifist. Studien zu René Schickele*, hrsg. v. Adrien Finck u. Maryse Staiber (Kehl/Straßburg/Basel: Morstadt, 1984); Alfred Kantorowicz, »Zola-Essay – Betrachtungen eines Unpolitischen. Die paradigmatische Auseinandersetzung zwischen Heinrich und Thomas Mann« [1960], *Heinrich Mann. Werk und Wirkung*, hrsg. v.

Rudolf Wolff (Bonn: Bouvier, 1984) 54–76; Heinz Lunzer, *Hofmanns-thals politische Tätigkeit in den Jahren 1914–1917* (Frankfurt/Bern: Lang, 1981); Julie Meyer, *Vom elsässischen Kunstfrühling zur utopi-schen Civitas Hominum* (a. a. O.); Julie Meyer-Boghardt, »‚Cher maî-tre': Die Korrespondenz zwischen René Schickele und Romain Rolland mit einigen ergänzenden Dokumenten«, *Literaturwissen-schaftliches Jahrbuch* 29 (1988) 85–137; Ulrich Ott, »Anmerkungen«, *Rudolf Borchardt, Prosa V* (a. a. O.) 592f.; David Roberts, »Heinrich Mann und die Französische Revolution«, *text + kritik*, Themenheft Heinrich Mann (1971) 81–89; Joachim W. Storck, »René Schickele – eine europäische Existenz«, *Frankfurter Hefte* 25 (1970) 577–588; Yvain S. J. Vitus, »L'Idée d'Europe chez Hugo von Hofmannsthal«, *Les Langues modernes* 75.4 (1981) 449–460; Horst Weber, *Hugo von Hofmannsthal Bibliographie* (Berlin/New York: Gruyter, 1972); Rena-te Werner, »Nachwort«, Heinrich Mann, *Macht und Mensch. Essays* (Frankfurt a. M.: Fischer, 1989) 231–248; Hartmut Zelinsky, »Hugo von Hofmannsthal und Asien«, *Fin de Siècle. Zu Literatur und Kunst der Jahrhundertwende*, hrsg. v. Roger Bauer u. a. (Frankfurt a. M.: Klostermann, 1977) 508–566.

III.

Primärliteratur: Theodor Lessing, *Europa und Asien* (Berlin-Wil-mersdorf: Verlag der Wochenschrift DIE AKTION, 1918); Rudolf Pannwitz, *Die Krisis der europaeischen Kultur* (Nürnberg: Carl, 1917); ders., *Deutschland und Europa. Grundriß einer deutsch-europäischen Politik* (ebd., 1918); Oswald Spengler, *Der Untergang des Abend-landes. Umrisse einer Morphologie der Weltgeschichte* (München: Beck, 1980 [Neuausgabe]).
Sekundärliteratur: Richard Grützmacher, »Spengler und Nietz-sche«, *Die Sammlung* 5 (1950) 590–608; Christiane C. Günther, *Auf-bruch nach Asien. Kulturelle Fremde in der deutschen Literatur um 1900* (München: iudicium, 1988); Alfred Guth, *Rudolf Pannwitz. Un Européen, penseur et poète allemand en quête de totalité 1881–1969* (Paris: Klincksieck, 1973); Jacques Leenhardt, »Welchen Sinn hat heute die Frage nach dem Untergang Europas?«, *Warten auf die Barbaren. Essays über die Zukunft des geistigen Europas*, hrsg. v. Hilmar Hoffmann (Frankfurt a. M.: Athenäum, 1989) 143–150; Henry Cord Meyer, *Mitteleuropa in German Thought and Action 1815–1945* (Den Haag: Nijhoff, 1955); Udo Rukser, *Über den Denker Rudolf Pannwitz. Mit einer Selbstbiographie von Pannwitz und einer Bibliographie* (Mei-senheim am Glan: Hain, 1970); Werner Volke, »Rudolf Pannwitz«, *Hugo von Hofmannsthal in Selbstzeugnissen und Bilddokumenten* (Rein-bek: Rowohlt, 1967) 152–155; Helmut Zelinsky, »Hugo von Hof-mannsthal und Asien« (a. a. O.).

Die Nachkriegsjahre (1919–1923)

I.

Primärliteratur: René Arcos, *Pays du soir* (Genf: Sablier, 1920); ders., *Abendland* (Berlin: Reiss, 1920); Henri Barbusse, *Der Schimmer im Abgrund. Ein Manifest an alle Denkenden*, deutsch v. Iwan Goll (Basel/Leipzig: Rhein, [2]1921); Albert Demangeon, *Le Déclin de l'Europe* (Paris: Payot, 1920), englisch v. Arthur Bartlett Maurice: *America and the Race for World Dominion* (Garden City/Toronto: Doubleday, Page, 1921); Kasimir Edschmid, »Aufruf an die revolutionäre französische geistige Jugend«, *Frühe Schriften* (Neuwied/Berlin: Luchterhand, 1970) 162–170; ders., »René Schickele und Europa«, *Frühe Manifeste. Epochen des Expressionismus* (Hamburg: Wegner, 1957) 91–97; ders., »Chronique d'Allemagne«, *Europe* (15.8. 1923) 364–371; T. S. Eliot, »Die Einheit der europäischen Kultur«, *Essays I* (Frankfurt a. M.: Suhrkamp, 1988) 98–113; André Gide, »Les Rapports intellectuels entre la France et l'Allemagne«, *Nouvelle revue française* 9 (1921) 513–521; Jean Giraudoux, *Siegfried oder die zwei Leben des Jacques Forestier. Roman* (Berlin/Frankfurt/Wien: Propyläen, 1962); Iwan Goll, »Das neue Frankreich«, *Gefangen im Kreise. Dichtungen. Essays und Briefe* (Leipzig: Reclam, 1982) 295–310; Willy Haas, »Deutschland – Frankreich«, *Das Spiel mit dem Feuer. Prosaschriften* (Berlin: Schmiede, 1923) 73–89; Maximilian Harden, *Deutschland, Frankreich, England* (Berlin: Reiss, 1923); Hugo von Hofmannsthal, »An Henri Barbusse, Alexandre Mercereau und ihre Freunde«, *Reden und Aufsätze II. 1914–1924* (Frankfurt a. M.: Fischer, 1970) 462–465; Heinrich Mann, »An Henri Barbusse und seine Freunde«, *Essays*, Bd. 2 (Berlin: Aufbau, 1956) 262f.; ders., »L'Europe, Etat suprême«, *Europe* (15.6. 1923) 129–140; Thomas Mann, »Das Problem der deutsch-französischen Beziehungen«, *Reden und Aufsätze 4. Gesammelte Werke*, Bd. 12 (Frankfurt a. M.: Fischer, 1990) 604–624; Rudolf Pannwitz, »Europäische Politik, nicht Weltpolitik«, *Der Neue Merkur* 3.5 (Oktober 1919) 297–307; ders., *Europa* (München/Feldafing: Carl, 1920); Romain Rolland, »Pour les affêmes d'Allemagne«, *Europe* (15.2. 1924) 233f.; Felix Stössinger, »Was ist uns Frankreich?«, *Die Weltbühne* 18.1 (1922) 397–400; Ernst Toller, »An die Jugend aller Länder«, *Kritische Schriften. Reden und Reportagen. Gesammelte Werke*, Bd. 1 (München: Hanser, 1978) 46–49; ders., »Henri Barbusse« (ebd.) 121–125.

Sekundärliteratur: Félix Bertaux, »Heinrich Mann et les Lettres Françaises«, *Europe* (15.1. 1925) 57–65; Ekkehard Blattmann, *Heinrich Mann und Paul Desjardins. Heinrich Manns Reise nach Pontigny anno 1923* (Frankfurt/Bern/New York: Lang, 1985); Ernst Robert Curtius, »Deutschfranzösische Kulturprobleme«, *Der Neue Merkur* 5 (1921/22) 145–155; Adrien Finck, »Zeittafel zu Leben und Werk

René Schickeles«, René Schickele, *Überwindung der Grenze. Essays zur deutsch-französischen Verständigung* (Kehl: Morstadt, 1987) 121–124; Rolf Hellmut Foerster, *Europa. Geschichte einer politischen Idee* (München: dtv, 1963); Ernst Friedländer, *Wie Europa begann: Die geistigen und politischen Wurzeln der europäischen Einigung* (Köln: Europa Union, 1962); Wolfgang Grothe, »Die Neue Rundschau des Verlages S. Fischer. Ein Beitrag zur Publizistik und Literaturgeschichte der Jahre von 1890 bis 1925«, *Archiv für Geschichte des Buchwesens* 4 (1963) 809–996; E. Kohler, »Jean Giraudoux et l'Allemagne«, *Bulletin de la Faculté des Lettres de Strasbourg* 32 (1954) 310–320; Carl H. Pegg, *Evolution of the European Idea, 1914–1932* (Chapel Hill/London: Univ. of North Carolina Press, 1983); Georges Pistorius, *L'Image de l'Allemagne dans le roman français entre les deux guerres, 1918–1939* (Diss. Paris, 1964); Fritz Schlawe, »Die Neue Rundschau«, *Literarische Zeitschriften 1910–1933* (Stuttgart: Metzler, 1962) 50–52.

II.

Primärliteratur: Maurice Barrès, *Le Génie du Rhin* (Paris: Plon-Nourrit, 1921); Drieu la Rochelle, *Mesure de la France* (Paris: Grasset, 1922); Gerhart Hauptmann, »Der Friedensvertrag von Versailles«, *Nachgelassene Werke. Fragmente*, Bd. 11. *Sämtliche Werke*, hrsg. v. Hans-Egon Hass (Frankfurt/Berlin: Propyläen, 1974) 931–934; ders., »An das Gewissen der Welt« (ebd.) 990–992; ders., »Appell an den amerikanischen Präsidenten Harding« (ebd.) 986–990; ders., »Zur Schmach Europas« (ebd.) 997–1001; ders., »Offener Brief an den Kongreß der Alliierten in Paris«, *Erzählungen. Theoretische Schriften*, Bd. 6. *Sämtliche Werke* (Frankfurt/Berlin: Propyläen, 1963) 707–711; Heinrich Mann, »Coopération économique seulement?«, *La Nouvelle revue française* 10.119 (1923) 248–253; ders., »Deutschland und Frankreich. Antwort an Jacques Rivière«, *Neue Rundschau* 34.2 (1923) 769–777; ders., »Europa. Reich über den Reichen«, *Neue Rundschau* 34.2 (1923) 577–602; ders., »Die Literatur und die deutsch-französische Verständigung«, *Sieben Jahre. Chronik der Gedanken und Vorgänge* (Berlin/Wien/Leipzig: Zsolnay, 1929) 329–349; Thomas Mann, »Der ‚autonome' Rheinstaat des Herrn Barrès«, *Reden und Aufsätze 4. Gesammelte Werke*, Bd. 12 (Frankfurt a. M.: Fischer, 1990) 624–626; Jacques Rivière, »Pour une entente économique avec l'Allemagne«, *La Nouvelle revue française* 10.115 (1923) 725–735.

Sekundärliteratur: Waltraud Berle, *Heinrich Mann und die Weimarer Republik* (Bonn: Bouvier, 1983); Ernst Bertram, *Rheingenius und Génie du Rhin* (Bonn: Cohen, 1922); Ekkehard Blattmann, *Heinrich Mann und Paul Desjardins* (a. a. O.); Ernst Robert Curtius, »Rheinische Schicksalsfragen«, *Die Tat* 14.II (1922/23) 932–939; Elke Emrich, *Macht und Geist im Werk Heinrich Manns* (Berlin: Gruyter, 1981); Julien Hervier, *Deux individus contre l'histoire: Pierre Drieu la Rochelle, Ernst Jünger* (Paris: Klincksieck, 1978); Ulrich Linse, *Barfüßige Propheten. Erlöser der zwanziger Jahre* (Berlin: Siedler, 1983); Helmut Mörchen, *Schriftsteller in der Massengesellschaft. Zur politischen Essayistik und Publizistik Heinrich und Thomas Manns, Kurt Tucholskys und Ernst Jüngers während der Zwanziger Jahre* (Stuttgart: Metzler, 1973); Armin Mohler, *Die Konservative Revolution 1918–1932. Ein Handbuch* (Darmstadt: Wissenschaftliche Buchgesellschaft, [3]1989); Robert Soucy, *Fascist Intellectual Drieu la Rochelle* (Berkeley/Los Angeles/London: Univ. of California Press, 1979); Hans Wyßkirchen, »Vom Vernunfttraum zur Diktatur der Vernunft. Zur politischen Entwicklung Heinrich Manns zwischen 1910 und 1925«, *Heinrich-Mann-Jahrbuch* 6 (1988) 31–51.

III.

Primärliteratur: Walter Benjamin, »Gedanken zu einer Analysis des Zustands von Mitteleuropa«, *Gesammelte Schriften*, Bd. VI.2, hrsg. v. Tillman Rexroth (Frankfurt a. M.: Suhrkamp, 1981) 916–928; André Gide, »Die Zukunft Europas«, *Neue Rundschau* 34.2 (1923) 602–610; Hermann Hesse, »Die Brüder Karamasoff oder Der Untergang Europas«, *Betrachtungen und Briefe. Gesammelte Schriften*, Bd. 7 (Frankfurt a. M.: Suhrkamp, 1958) 161–178; ders., »Die Schlafwandler von Hermann Broch«, *Neue Zürcher Zeitung* (15.6. 1932), auch in: *Materialien zu Hermann Brochs »Die Schlafwandler«*, hrsg. v. Gisela Brude-Firnau (Frankfurt a. M.: Suhrkamp, 1972) 102–104; Hugo von Hofmannsthal, »Blick auf den geistigen Zustand Europas«, *Reden und Aufsätze II* (Frankfurt a. M.: Fischer, 1979) 478–481; Robert Musil, »Das hilflose Europa oder Reise vom Hundertsten ins Tausendste«, *Gesammelte Werke*, Bd. 2, hrsg. v. Adolf Frisé (Reinbek: Rowohlt, 1978) 1075–94; Alfons Paquet, »Chinesierung«, *Rom oder Moskau. Sieben Aufsätze* (München: Drei Masken, 1923) 95–104; Paul Valéry, »Die Krise des Geistes«, *Die Krise des Geistes. Drei Essays*, hrsg. v. Herbert Steiner (Frankfurt a. M.: Insel, o. J.) 5–23; ders., »Europäischer Geist« (ebd.) 24–45; Gustav Wyneken, »Der europäische Geist und die Moral der Zukunft«, *Der europäische Geist* (Leipzig: Neuer Geist, 1926, 2., vermehrte Aufl.) 1–13.
Sekundärliteratur: Dieter Bachmann, *Essay und Essayismus: Benjamin, Broch, Kassner, H. Mann, R. Musil, Rychner* (Stuttgart: Kohlhammer, 1969); Georges Bonneville, *Prophètes et témoins de l'Europe. Essai sur l'idée d'Europe dans la littérature Française de 1914 à nos jours*, Vorwort v. Jules Romains (o. O.: Sythoff-Leyde, 1961); Hans-Günther Brüske, »Europa in der französischen Literatur«, *Europäische Zeitzeichen. Elemente eines deutsch-französischen Dialogs*, hrsg. v. Joseph Rovan u. Werner Weidenfeld (Bonn: Europa Union, 1982)

51–80; Pascal Dethurens, »Gide et la question européenne«, *Bulletin des Amis d'André Gide* 18 (1990) 109–126; Jacques Leenhardt, »Welchen Sinn hat heute die Frage nach dem Untergang Europas?«, *Warten auf die Barbaren. Essays über die Zukunft des geistigen Europas*, hrsg. v. Hilmar Hoffmann (Frankfurt a. M.: Athenäum, 1989) 143–150; Herbert Steiner, »Nachwort«, Paul Valéry, *Die Krise des Geistes* (a. a. O.) 46–50.

Vor und nach der Weltwirtschaftskrise (1924–1932)

I.

Primärliteratur: W. Ackermann, »Paneuropa – eine Gefahr!«, *Die Weltbühne* 22.2 (1926) 499–503; Richard Coudenhove-Kalergi, *Eine Idee erobert Europa. Meine Lebenserinnerungen* (Wien/München/Basel: Desch, 1958); ders., »Maximilian Harden (zu seinem 60. Geburtstag)«, *Krise der Weltanschauung* (Wien: Pan-Europa, 1923) 125f.; ders., »Heinrich Mann als Politiker« (ebd.) 127–132; ders., »Offene Antwort an Kurt Hiller«, *Die Weltbühne* 25.2 (1929) 229–233; ders., *Pan-Europa* (Wien/Leipzig: Pan-Europa, 1924); Alfred H. Fried, *Pan-Amerika. Entwicklung, Umfang, Bedeutung der pan-amerikanischen Bewegung (1810–1910)* (Berlin: Maritima, 1910); Oskar Garvens, »Mythologisches«, *Mythos Europa. Europa und der Stier im Zeitalter der industriellen Zivilisation* (Bremen: Kunsthalle, 1988) 357; Joseph Goebbels, »Das nationalsozialistische Deutschland als Faktor des europäischen Friedens«, *Europäische Revue* 10.7 (1934) 401–417; Willy Haas, »Europäische Rundschau«, *Neue Rundschau* 35.1 (1924) 181–192; Kurt Hiller, »Abschied von Paneuropa«, *Der Sprung ins Helle* (Leipzig: Lindner, 1932) 203–211; ders., *Leben gegen die Zeit* (Reinbek: Rowohlt, 1969); ders, »Offener Brief an Coudenhove«, *Die Weltbühne* 25.2 (1929) 86–90; ders., »Thesen zu Paneuropa«, *Die Weltbühne* 23.1 (1927) 112; Hugo von Hofmannsthal, »*Europäische Revue*. Eine Monatsschrift, herausgegeben von Karl Anton Rohan«, *Reden und Aufsätze III. 1925–1929. Gesammelte Werke*, Bd. 10 (Frankfurt a. M.: Fischer, 1980) 78–83; *Die Anschlußfrage in ihrer kulturellen, politischen und wirtschaftlichen Bedeutung*, hrsg. v. Friedrich F. G. Kleinwaechter u. Heinz von Paller (Wien: Braumüller, 1930); Heinrich Mann, »Paneuropa, Traum und Wirklichkeit«, *Sieben Jahre. Chronik der Gedanken und Vorgänge* (Berlin/Wien/Leipzig: Zsolnay, 1929) 381f.; ders., »VSE«, *Essays*, Bd. 2 (Berlin: Aufbau, 1956) 275–285; Klaus Mann, »Auf der Suche nach einem Weg. 1928–1930«, *Der Wendepunkt. Ein Lebensbericht* (Frankfurt a. M.: Fischer, 1952) 215–261; ders., *Heute und Morgen. Zur Situation des jungen geistigen Europas* (Hamburg: Enoch, 1927); ders., »Coudenhove-Kalergi: ‚Europa erwacht!' (Paneuropa-Verlag, Zürich–Wien.)«, *Die Samm-*

lung 2 (1935) 442–444; Thomas Mann, »Lübeck als geistige Lebensform«, *Reden und Aufsätze 3. Gesammelte Werke*, Bd. 11 (Frankfurt a. M.: Fischer, 1990) 376–398; ders., »Pariser Rechenschaft« (ebd.) 9–97; ders., »Die Bäume im Garten. Rede für Pan-Europa« (ebd.) 861–869; Carl von Ossietzky, »Coudenhove und Briand«, *Die Weltbühne* 26.1 (1930) 783–785; Karl Anton Rohan, *Heimat Europa. Erinnerungen und Erfahrungen* (Düsseldorf: Diederichs, 1954); ders., *Das geistige Problem Europas von heute* (Wien: Wila, 1922); ders., *Die Aufgabe unserer Generation* (Köln: Bachem, 1926); ders., »Europas Verantwortung«, *Europäische Revue* 2.1 (1927) 205–208; ders., »Fascismus und Europa«, *Europäische Revue* 2.2 (1926) 121–124; ders., »Das junge Europa«, *Europäische Revue* 2.8 (1926) 101f.; ders., »Westeuropa«, *Europäische Revue* 5.8 (1929) 298–317; ders., »Das andere Europa«, *Europäische Revue* 10.1 (1934) 48–58; Herman Sörgel, *Atlantropa* (Zürich/München: Fretz & Wasmuth / Piloty & Loehle, 1932); ders., *Spuren, Stufen und Gestade. Dichtungen aus verschiedenen Lebensaltern* (München: Atlantropa-Institut, 1950); Hilde Spiel, »Das Sternbild Europa«, *Europa persönlich. Erlebnisse und Betrachtungen deutscher P.E.N.-Autoren*, hrsg. v. Thilo Koch (Tübingen/Basel: Erdmann, 1973) 279–296; Siegfried von Vegesack, »Bemerkungen. Paneuropäischer Kongreß«, *Die Weltbühne* 22.2 (1926) 630f.; Theodor Wiesengrund-Adorno, »Abschied vom Jazz«, *Europäische Revue* 9.5 (1933) 313–316; ders., »Notiz über Wagner«, *Europäische Revue* 9.7 (1933) 439–442; Karl Wolfskehl, »Mussolini und sein Fascismus«, *Europäische Revue* 4.2 (1928/29) 565–568.
Sekundärliteratur: Ewald Geißler, *Paneuropa in der deutschen Dichtung der Gegenwart* (Langensalza: Beyer, 1930); Franz Leschnitzer, »Bemerkungen. Coudenhove und Thomas Mann«, *Die Weltbühne* 22.2 (1926) 352; Carl H. Pegg, *Evolution of the European Idea, 1914–1932* (Chapel Hill/London: Univ. of North Carolina Press, 1983); Kurt Sontheimer, *Thomas Mann und die Deutschen* (Frankfurt a. M.: Fischer, 1965); ders., *Anti-demokratisches Denken in der Weimarer Republik* (München: Nymphenburger, 1968); Siegfried Sudhof, »Heinrich Mann und der europäische Gedanke«, *Heinrich Mann 1871/1971. Bestandsaufnahme und Untersuchung. Ergebnisse der Heinrich-Mann-Tagung in Lübeck*, hrsg. v. Klaus Matthias (München: Fink, 1973) 147–162; Wolfgang Voigt, »Weltmacht Atlantropa. Herman Sörgels geopolitische Strategie für die Einheit Europas«, *Die Zeit* (31.5. 1991); Hans Wysling, »Thomas Mann – Der Unpolitische in der Politik«, *Neue Rundschau* 91.2/3 (1980) 36–57.

II.

Primärliteratur: Gottfried Benn, »Frankreich und wir«, *Essays. Reden, Vorträge. Gesammelte Werke*, Bd. 1, hrsg. v. Dieter Wellershoff (Wiesbaden: Limes, 1959) 58–65; Richard Nicolas Coudenhove-

Kalergi, *Europa erwacht!* (Zürich/Wien/Leipzig: Paneuropa, [2]1934); Georges Duhamel, »Vom europäischen Geist«, *Neue Rundschau* 39.2 (1928) 235–248; Bruno Frank, *Politische Novelle* (Frankfurt a. M.: Suhrkamp, 1982); Harry Graf Keßler, *Tagebücher 1918–1937*, hrsg. v. Wolfgang Pfeiffer-Belli (Frankfurt a. M.: Insel, 1961); Annette Kolb, *Versuch über Briand* (Berlin: Rowohlt, 1929); Heinrich Mann, »Das Bekenntnis zum Übernationalen«, *Der Haß. Deutsche Zeitgeschichte*, Nachwort v. Jürgen Haupt u. Materialienanhang v. Peter-Paul Schneider (Frankfurt a. M.: Fischer, 1987) 11–47; ders., »Ein geistiges Locarno«, *Sieben Jahre. Chronik der Gedanken und Vorgänge* (Berlin/Wien/Leipzig: Zsolnay, 1929) 424–435; ders., »Gespräch mit Briand«, *Das öffentliche Leben* (Berlin/Wien/Leipzig: Zsolnay, 1932) 285–291; ders., »Die Literatur und die deutsch-französische Verständigung«, *Sieben Jahre* (a. a. O.) 329–349; ders., »Die Memoiren Napoleons« (ebd.) 258–264; ders., »Gustav Stresemann. Ansprache im Reichstag zugunsten seines Ehrenmals«, *Das öffentliche Leben* (a. a. O.) 33–36; Thomas Mann, »Pariser Rechenschaft«, *Reden und Aufsätze 3* (a. a. O.) 9–97; Victor Margueritte, »Ein Europäer spricht«, *Neue Rundschau* 43.1 (1932) 101–109; Rudolf Olden, *Stresemann* (Berlin: Rowohlt, 1929); ders., »Hat Stresemann betrogen?«, *Die Sammlung* 2 (1935) 231–241; Carl von Ossietzky, »Abschied von Briand«, *Die Weltbühne* 27.1 (1931) 711–713; Romain Rolland / Stefan Zweig, *Briefwechsel 1910–1940*, Bd. 2 (Berlin: Rütten & Loening, 1987); Saint-John Perse, *Œuvres complêtes* (Paris: Gallimard, 1972); René Schickele, »Europäisch reden«, *Werke in drei Bänden*, Bd. 3, hrsg. v. Hermann Kesten unter Mitarbeit v. Anna Schickele (Köln: Kiepenheuer & Witsch, 1959) 931–934; Friedrich Sieburg, *Gott in Frankreich? Ein Versuch* (Frankfurt a. M.: Sozietäts-Verlag, 1929); Kurt Tucholsky, »D'une autre barrière. – (A propos d'un article de André Suarès)«, *Europe* (15.4. 1925) 503–505; Arnold Zweig, »Zur deutsch-französischen Verständigung«, *Deutsch-französische Rundschau* 3.12 (1930) 999–1002; Stefan Zweig, »Internationalisme ou cosmopolitisme?«, *Europe* (15.6. 1926) 352–356.

Sekundärliteratur: Dieter Bachmann, »Heinrich Mann«, *Essay und Essayismus* (Stuttgart: Kohlhammer, 1969) 67–90; Helga Bemmann, *Kurt Tucholsky. Ein Lebensbild* (Berlin: Verlag der Nation, 1990); Albrecht Betz, *Exil und Engagement. Deutsche Schriftsteller im Frankreich der dreißiger Jahre* (München: text + kritik, 1986); Frank Fechner, *Thomas Mann und die Demokratie* (Berlin: Duncker & Humblot, 1990); Rolf Hellmut Foerster, *Europa. Geschichte einer politischen Idee* (a. a. O.); Erwin Koppen, »Nationalität und Internationalität im *Zauberberg*«, *Thomas Mann 1875–1975. Vorträge in München – Zürich – Lübeck*, hrsg. v. Beatrix Bludau, Eckhard Heftrich u. Helmut Koopmann (Frankfurt a. M.: Fischer, 1977) 120–134; Louis Leibrich, »Thomas Mann in Frankreich. Rezeption, persönliche Beziehungen, Wirkungsgeschichte« (ebd.) 387–397; Tilman Krause, »Weg von den deutschen Dunkelheiten. Friedrich Sieburgs Blick auf Frankreich und den Westen«, *Frankfurter Allgemeine Zeitung* (3.8. 1991); Carl H. Pegg, *Evolution of the European Idea* (a. a. O.); Eva Philippoff, *Kurt Tucholskys Frankreichbild* (München: Minerva, 1978); Jürgen Schmidt-Radefeldt, »Valéry und Deutschland oder: Die Rolle der Intellektuellen zwischen den Kriegen«, *Dokumente. Zeitschrift für den deutsch-französischen Dialog* 45.2 (1989) 151–158; Kurt Sontheimer, »Heinrich und Thomas Mann«, *Auf der Suche nach Frankreich. Der Nachbar im Westen und die deutsche Kultur*, hrsg. v. Horst Lehner (Herrenalb: Erdmann, 1963) 141–158; Werner Weidenfeld, »Die Sorge um Europa: Bleibt dies ein Thema der Generationen?«, *Europäische Zeitzeichen. Elemente eines deutsch-französischen Dialogs*, hrsg. v. Joseph Rovan u. Werner Weidenfeld (Bonn: Europa Union, 1982) 105–120.

III.

Primärliteratur: Hermann Broch, »Zerfall der Werte«, *Die Schlafwandler. Kommentierte Werkausgabe*, Bd. 1, hrsg. v. Paul Michael Lützeler (Frankfurt a. M.: Suhrkamp, 1978) 418–421, 435–437, 444f., 461–464, 470–475, 495–499, 533–540, 578–583, 618–624, 689–716; Ernst Robert Curtius, *Deutscher Geist in Gefahr* (Stuttgart/Berlin: Deutsche Verlags-Anstalt, 1932); Otto Flake, »Wir bleiben Europäer«, *Neue Rundschau* 42.1 (1931) 13–27; Claire Goll, *Der Neger Jupiter raubt Europa. Ein Liebeskampf zwischen zwei Welten* (Berlin: Ullstein, 1926); Iwan Goll, *Die Eurokokke* (Berlin: Wasservogel, 1927); ders., *Der Mitropäer* (Basel/Zürich/Leipzig/Paris/Straßburg: Rhein, 1928); Ödön von Horváth, »Der ewige Spießer. Roman«, *Lyrik, Prosa, Romane. Gesammelte Werke*, Bd. 3, hrsg. v. Dieter Hildebrandt, Walter Huder u. Traugott Krischke (Frankfurt a. M.: Suhrkamp, 1971) 145–278; H[ermann] K[asack], »Jahrmarkt Europa«, *Europa-Almanach*, hrsg. v. Carl Einstein u. Paul Westheim (Potsdam: Kiepenheuer, 1925) 5f.; Hermann Graf Keyserling, *Das Spektrum Europas* (Heidelberg: Kampmann, ³1928); Rudolf Leonhard, *Die Ewigkeit dieser Zeit. Eine Rhapsodie gegen Europa* (Berlin: Schmiede, 1924); Emil Ludwig, »Europas Vorurteile gegen Amerika«, *Die Weltbühne* 24.1 (1928) 861–866; Klaus Mann, »Die Jugend und Paneuropa«, *Auf der Suche nach einem Weg. Aufsätze* (Berlin: Transmare, 1931) 59–92; Thomas Mann, »Deutsche Ansprache. Ein Appell an die Vernunft«, *Reden und Aufsätze 3* (a. a. O.) 870–890; José Ortega y Gasset, *Der Aufstand der Massen* (Hamburg: Rowohlt, 1956); ders., »Wer herrscht in der Welt?«, *Neue Rundschau* 42.1 (1931) 433–449; Carl von Ossietzky, »Das bißchen Europa«, *Die Weltbühne* 22.2 (1926) 797–800; Rudolf Pannwitz, *Die deutsche Idee Europa* (München/Feldafing: Carl, 1931); Max Rychner, »Amerikanisierung Europas?«, *Neue Rundschau* 39.2 (1928) 225–235; Ina Seidel, »Die Entwicklung der Friedensbewegung in Europa bis zur Entscheidungsstunde der Gegenwart«, *Die Frau* 39.4 (Januar 1932) 193–209; Oswald Spengler, *Der Untergang des Abendlandes* (München: Beck, 1980 [Neuausgabe]); Alfons Steiniger, »Europas Ende?«, *Die Weltbühne* 21.2 (1925) 113–115; André Suarès, »Europäische Perspektiven«, *Neue Rundschau* 40.1 (1929) 505–526; ders., *Goethe. Le Grand Européen* (Paris: Emile-Paul, 1932); Fritz von Unruh, »An die europäische Jugend«, *Mächtig seid ihr nicht in Waffen. Reden* (Nürnberg: Carl, 1957) 87–95; Robert Walser, »Brief eines Europäers«, *Prosa aus der Berner Zeit (I) 1925–1926*, hrsg. v. Jochen Greven (Genf/Hamburg: Kossodo, 1967) 118–124; ders., »Der Europäer«, *Der Europäer. Prosa aus der Berner Zeit (III) 1928–1933*, hrsg. v. Jochen Greven (Genf/Hamburg: Kossodo, 1968) 289–291; Victor Wittner, »Landkarte von Europa«, *Die Weltbühne* 24.1 (1928) 631; Stefan Zweig, »Der europäische Gedanke in seiner historischen Entwicklung«, *Die schlaflose Welt. Aufsätze und Vorträge aus den Jahren 1909–1941. Gesammelte Werke in Einzelbänden* (Frankfurt a. M.: Fischer, 1983) 185–210.

Sekundärliteratur: Klaus Amann / Helmut Grote, *Die Wiener Bibliothek Hermann Brochs* (Wien/Köln: Böhlau, 1990); Gisela Brude-Firnau, »Der Einfluß jüdischen Denkens im Werk Hermann Brochs«, *Hermann Broch und seine Zeit*, hrsg. v. Richard Thieberger (Bern: Lang, 1980) 108–121; René Cheval, »Romain Rolland und Stefan Zweig, eine europäische Freundschaft«, *Österreichische Literatur des 20. Jahrhunderts. Französische und österreichische Beiträge*, hrsg. v. Sigurd Paul Scheichl u. Gerald Stieg (Innsbruck: Inst. für Germanistik der Univ. Innsbruck, 1986) 115–126; Robert Dumont, *Stefan Zweig et la France* (Paris: Didier, 1967); Hugo Dyserinck, *Graf Hermann Keyserling und Frankreich. Ein Kapitel deutsch-französischer Geistesbeziehungen im 20. Jahrhundert* (Bonn: Bouvier, 1970); Martin Franzbach, *Die Hinwendung Spaniens zu Europa. Die generación del 98* (Darmstadt: Wissenschaftliche Buchgesellschaft, 1988); Anna Hausdorf, »Claire Goll und ihr Roman ,Der Neger Jupiter raubt Europa'«, *Neophilologus* 74.2 (1990) 265–278; Nobuo Iizuka, »Stefan Zweig und der europäische Geist«, *Doitsu Bungaku* 18 (1957) 121–129; Arnim Kerker, *Ernst Jünger – Klaus Mann* (Bonn: Bouvier, 1974); Paul Michael Lützeler, *Hermann Broch. Eine Biographie* (Frankfurt a. M.: Suhrkamp, 1985); Fritz Machlup, *A History of Thought on Economic Integration* (New York: Columbia Univ. Press, 1977); Rita Mielke, »Nachwort«, Claire Goll, *Der Neger Jupiter raubt Europa. Roman* (Berlin: Argon, 1987) 147–152; Uwe Naumann, *Klaus Mann mit Selbstzeugnissen und Bilddokumenten* (Reinbek: Rowohlt, 1984); Margarita Pazi, »Stefan Zweig, Europäer und Jude«, *Modern Austrian Literature* 14.3/4 (1981) 291–311; Donald Prater, *Stefan Zweig.*

Das Leben eines Ungeduldigen, deutsch v. Annelie Hohenemser (München: Hanser, 1981); Monika Ritzer, *Hermann Broch und die Kulturkrise im frühen 20. Jahrhundert* (Stuttgart: Metzler, 1988); Ernestine Schlant, *Die Philosophie Hermann Brochs* (Bern/München: Francke, 1971); Thomas Spring, »Nachwort«, Yvan Goll, *Der Mitropäer. Roman* (Berlin: Argon, 1987) 161–165; Friedrich Vollhardt, *Hermann Brochs geschichtliche Stellung. Studien zum philosophischen Frühwerk und zur Romantrilogie ‚Die Schlafwandler' (1914–1932)* (Tübingen: Niemeyer, 1986); Harry Zohn, »Stefan Zweig, the European and the Jew«, *Year Book. Publications of the Leo Baeck Institute* 27 (1982) 323–336.

Die Zeit der Hitler-Diktatur (1933–1945)

I.

Primärliteratur: Julien Benda, *Discours à la nation européenne* (Paris: Gallimard, 1933, erneut 1979); Hermann Broch, »Völkerbund-Resolution«, *Politische Schriften. Kommentierte Werkausgabe*, Bd. 11, hrsg. v. Paul Michael Lützeler (Frankfurt a. M.: Suhrkamp, 1978) 195–232; Gerhart Hauptmann, »Zum Austritt Deutschlands aus dem Völkerbund«, *Sämtliche Werke*, Bd. 11: *Nachgelassene Werke. Fragmente*, hrsg. v. Hans-Egon Hass, fortgeführt v. Martin Machatzke (Frankfurt/Berlin: Propyläen, 1974) 1133f.; Edmund Husserl, »Die Krisis des europäischen Menschentums und die Philosophie«, *Die Krisis der europäischen Wissenschaften und die transzendentale Phänomenologie*, hrsg. v. Walter Biemel (Den Haag: Nijhoff, ²1962) 314–348; Ferdinand Lion, »Altes Europa – Neues Deutschland«, *Geist und Politik in Europa. Verstreute Schriften aus den Jahren 1915–1961* (Heidelberg: Schneider, 1980) 148–163; Emil Ludwig, »Briand. Der französische Europäer«, *Führer Europas. Nach der Natur gezeichnet* (Amsterdam: Querido, 1934) 88–114; Heinrich Mann, »Der eigenen Kraft bewußt sein!«, *Verteidigung der Kultur. Antifaschistische Streitschriften und Essays* (Hamburg: Claassen, 1960) 89f.; ders., »Nation und Freiheit« (ebd.) 96–103; ders., »Das Friedenstreffen« (ebd.) 207–213; ders., »Antwort an viele« (ebd.) 300–303; ders., »Deutsche Arbeiter! Ihr seid die Hoffnung!« (ebd.) 344–354; Klaus Mann, »Woran glaubt die europäische Jugend?«, *Recherches germaniques* 13 (1983) 237–267; Thomas Mann, »Achtung, Europa!«, *Reden und Aufsätze 4. Gesammelte Werke*, Bd. 12 (Frankfurt a. M.: Fischer, 1990) 766–779; ders., »Der Humanismus und Europa«, *Nachträge. Gesammelte Werke*, Bd. 13 (Frankfurt a. M.: Fischer, 1990) 633–635; ders., »Rede vor der Europa-Union in Basel (1934)« [unveröffentlichtes siebenseitiges Typoskript, Fondation Archives Européennes, Genf]; Alfred Rosenberg, *Krisis und Neubau Europas* (Berlin:

Junker & Dünnhaupt, 1934); Ernst Toller, »Rede im Englischen jungen Pen-Club«, *Kritische Schriften. Reden und Reportagen. Gesammelte Werke*, Bd. 1 (München: Hanser, 1978) 189–193; Fritz von Unruh, »Europa erwache!«, *Mächtig seid ihr nicht in Waffen. Reden* (Nürnberg: Carl, 1957) 98–115.

Sekundärliteratur: Max Bense, »Julien Benda«, *Rationalismus und Sensibilität* (Krefeld/Baden-Baden: Agis, 1956) 55–60; Frank Fechner, *Thomas Mann und die Demokratie* (Berlin: Duncker & Humblot, 1990); Rolf Hellmut Foerster, *Europa. Geschichte einer politischen Idee* (München: dtv, 1963); Michael Grunwald, »Klaus Manns ,Woran glaubt die europäische Jugend?'«, *Recherches germaniques* 13 (1983) 215–236; Wolfgang Leppmann, *Gerhart Hauptmann. Leben, Werk und Zeit* (Bern/München/Wien: Scherz, 1986); Paul Michael Lützeler, »Einleitung«, Hermann Broch, *Menschenrecht und Demokratie* (Frankfurt a. M.: Suhrkamp, 1978) 7–30; Gerd Müller, »Geschichte, Utopie und Wirklichkeit. Vorstudie zu Heinrich Manns *Henri Quatre*-Roman«, *Heinrich Mann. Das Werk im Exil*, hrsg. v. Rudolf Wolff (Bonn: Bouvier, 1985) 104–133; A. Voigt, »Gerhart Hauptmann unter der Herrschaft des Nazismus«, *Monatshefte* 38 (1946) 298–303; Renate Werner, »Nachwort«, Heinrich Mann, *Macht und Mensch. Essays* (Frankfurt a. M.: Fischer, 1989) 231–248.

II.

Primärliteratur: *The City of Man. A Declaration on World Democracy*, hrsg. v. Herbert Agar u. a. (New York: Viking, 1940); Albert Camus, *Lettres à un ami allemand* (Paris: Gallimard, 1948); Richard Coudenhove-Kalergi, *Eine Idee erobert Europa. Meine Lebenserinnerungen* (Wien/München/Basel: Desch, 1958); Alfred Döblin, »Programmatisches zu Europa«, *Schriften zur Politik und Gesellschaft* (Olten/Freiburg: Walter, 1972) 419–422; Kurt Hiller, »Die Zukunft des Erdteils«, *Ratioaktiv. Reden 1914–1964. Ein Buch der Rechenschaft* (Wiesbaden: Limes, 1966) 116–132; Heinrich Mann, »Der deutsche Europäer«, *Essays*, Bd. 3 (Berlin: Aufbau, 1962) 546–555; ders., »Größe und Elend Europas« [sechsseitiges Manuskript, Heinrich-Mann-Nachlaß, Akademie der Künste, Berlin]; ders., *Ein Zeitalter wird besichtigt*, Nachwort v. Klaus Schröter, Materialienanhang v. Peter-Paul Schneider (Frankfurt a. M.: Fischer, 1988); Klaus Mann, »The Fortress of Europe. Radioansprache vom 15.7. 1943« [sechsseitiges Typoskript mit handschriftlichen Korrekturen, Klaus-Mann-Archiv, Handschriften-Abteilung der Stadtbibliothek, München]; ders., »France and Germany, can they be Friends?« [24seitiges Typoskript, ebd.]; ders., »,The United States of Europe'. Entwurf zu einem Film« [elfseitiges Typoskript mit handschriftlichen Korrekturen, ebd.]; ders., »Auf der Suche nach einem Weg. 1928–1930«, *Der Wendepunkt. Ein Lebensbericht* (Frankfurt a. M.:

Fischer, 1952) 215–261; Thomas Mann, »Europäische Hörer!«, *Nachträge* (a. a. O.) 749f.; ders., *Tagebücher 1937–39*, hrsg. v. Peter de Mendelssohn (Frankfurt a. M.: Fischer, 1980); ders., »Der Untergang der europäischen Juden«, *Nachträge* (a. a. O.) 498–502.

Sekundärliteratur: A. Baltès, »*Le silence de la mer*. Ein Beitrag zum Deutschlandbild der Franzosen«, *Die neueren Sprachen* N.S. 8 (1959) 70–76; André Banuls, »Weltpolitik (II) Stalin, Henri IV, Bismarck«, *Heinrich Mann 1871–1971*, hrsg. v. Klaus Matthias (München: Fink, 1973) 148–162; Konrad Bieber, »Albert Camus et le refus de la haine«, *L'Allemagne vue par les écrivains de la Résistance Française* (Genf/Lille: Droz, 1954) 102–122; ders., »Un ami exigeant de l'Allemagne: Vercors« (ebd.) 123–146; Frank Fechner, *Thomas Mann und die Demokratie* (a. a. O.); *Europa-Föderationspläne der Widerstandsbewegungen 1940–1945. Eine Dokumentation*, gesammelt u. eingel. v. Walter Lipgens (München: Oldenbourg, 1968); Radivoje D. Konstantinovic, *Vercors, écrivain et dessinateur* (Paris: Klincksieck, 1969); Henry H. H. Remak, »Franco-German Polarities and Compensations in XXth Century Literary Texts: Rolland, Giraudoux, Vercors, Camus, Thomas Mann«, *Sinn und Symbol. Festschrift für Joseph P. Strelka zum 60. Geburtstag*, hrsg. v. Karl Konrad Polheim (Bern: Lang, 1987) 357–370; Klaus Schröter, »Ein Zeitalter wird besichtigt. Zu Heinrich Manns Memoiren«, *Akzente* 16.5 (1969) 416–433; Elsbeth Wolffheim, »Abschied von Europa«, *Heinrich-Mann-Jahrbuch* 1 (1983) 103–119.

III.

Primärliteratur: Hans Friedrich Blunck, »Grundlagen und Bereich einer geistigen Einheit Europas«, *Europäische Revue* 20 (Juli/August 1944) 195–208; *Europa. Kontinent der Jugend. Festliche Veröffentlichung zur Begründung des Europäischen Jugendverbandes in Wien 1942*, im Auftrage des Reichsleiters Baldur von Schirach hrsg. v. Gebietsführer Günter Kaufmann (Wien/Leipzig: Pause / Bibliographisches Institut, o. J.); Erich Kahler, *Der deutsche Charakter in der Geschichte Europas* (Zürich: Europa, 1937).

Sekundärliteratur: Bernhard Decker, »,Europäischer Jugendkongreß', Wien 1942«, *Mythos Europa. Europa und der Stier im Zeitalter der industriellen Zivilisation*, hrsg. v. Siegfried Salzmann (Bremen: Kunsthalle, 1988) 132–137; Hermann Dorowin, *Retter des Abendlands. Kulturkritik im Vorfeld des europäischen Faschismus* (Stuttgart: Metzler, 1991); Richard Faber, *Abendland. Ein ,politischer Kampfbegriff'* (Hildesheim: Gerstenberg, 1979); Michael Wortmann, »Baldur von Schirach – Studentenführer, Hitlerjugendführer, Gauleiter in Wien«, *Die Braune Elite*, hrsg. v. Ronald Smelser u. Rainer Zitelmann (Darmstadt: Wissenschaftliche Buchgesellschaft, 1989) 246–257.

Die Nachkriegszeit (1945–1960)

I.

Primärliteratur: Alfred Andersch, »Das junge Europa formt sein Gesicht«, *Der Ruf. Unabhängige Blätter für die junge Generation. Eine Auswahl,* Vorwort v. Hans Werner Richter, hrsg. u. eingel. v. Hans A. Neunzig (München: Nymphenburger, 1976) 19–25; Werner Bergengruen, »Über abendländische Universalität«, *Mündlich gesprochen* (Zürich/München: Arche/Nymphenburger, 1963) 331–348; Joseph von Eichendorff, »Das Schloß Dürande«, *Werke,* hrsg. v. Wolfdietrich Rasch (München: Hanser, 1971) 1326–64; T. S. Eliot, »Die Einheit der europäischen Kultur«, *Essays I* (Frankfurt a. M.: Suhrkamp, 1988) 98–113; ders., »Einheit und Mannigfaltigkeit: Die regionalen Kräfte« (aus: »Beiträge zum Begriff der Kultur«) (ebd.) 49–67; Hans Magnus Enzensberger, »Brüssel oder Europa – eins von beiden«, *Der fliegende Robert* (Frankfurt a. M.: Suhrkamp, 1989) 117–125; Ernst Jünger, »Der Friede«, *Essays I. Betrachtungen zur Zeit. Sämtliche Werke,* Bd. 7 (Stuttgart: Klett-Cotta, 1980) 193–236; Hans Werner Richter, »Churchill und die europäische Einheit«, *Der Ruf* (a. a. O.) 256–262; Stephen Spender, »Auf der Suche nach Europas Bestimmung«, *Der Ruf* 1.14 (1.3. 1947) 5f.; Frank Thiess, »Europa als geistige Einheit«, *Vulkanische Zeit. Vorträge, Reden, Aufsätze* (Neustadt: Corona, 1949) 82–87; ders., »Europa als politisches Problem. Betrachtungen über die Verwirklichung einer Utopie« (ebd.) 87–104.

Sekundärliteratur: J.-F. Angelloz, »Ernst Jünger apôtre de la paix«, *Etudes germaniques* 1 (1946) 280–286; Hans Peter de Condres, »Zur Geschichte der ersten Drucke der ‚Friedensschrift'«, *Antaios* 5/6 (1965) 516–523; Hoimar von Ditfurth, »Noch einmal das Problem Ernst Jünger«, *Deutsche Rundschau* 71 (April 1948) 50–54; Klaus Harpprecht, »Die machtlose Unlust«, *Warten auf die Barbaren. Essays über die Zukunft des geistigen Europas,* hrsg. v. Hilmar Hoffmann (Frankfurt a. M.: Athenäum, 1989) 42–53; Gerhard Loose, »Zur Entstehungsgeschichte von Ernst Jüngers Schrift ‚Der Friede'«, *Modern Language Notes* 74 (1959) 51–58; Wilfried Loth, *Der Weg nach Europa. Geschichte der europäischen Integration* (Göttingen: Vandenhoeck & Ruprecht, 1990); Karl Prümm, »Vom Nationalisten zum Abendländler. Zur politischen Entwicklung Ernst Jüngers«, *Basis* 6 (1976) 7–29; *Europäische politische Einigung 1949–1968. Dokumentation von Vorschlägen und Stellungnahmen,* zusammengestellt v. Heinrich Siegler (Bonn/Wien/Zürich: Siegler, 1968).

II.

Primärliteratur: Bertolt Brecht, »Eine Einigung«, *Schriften zur Politik und Gesellschaft. Gesammelte Werke,* Bd. 20 (Frankfurt a. M.: Suhr-

kamp, 1967) 348; Alfred Döblin, »Das permanente geistige Europa«
[Rede im Saarländischen Runkfunk vom 29.6. 1952, drei Typoskriptseiten, freundlicherweise überlassen durch Anthony W. Ri-
ley]; Max Frisch, »Unsere Arroganz gegenüber Amerika«, *Gesammelte Werke in zeitlicher Folge*, Bd. 3 (Frankfurt a. M.: Suhrkamp,
1986) 222–229; Eugen Kogon, »Die Aussichten Europas«, *Neue
Rundschau* 60 (Winter 1949) 1–17; Ferdinand Lion, »Betrachtungen
zum deutsch-französischen Problem«, *Merkur* 3.22 (1949) 1220–33;
Salvador de Madariaga, *Porträt Europas* (Stuttgart: Deutsche Verlagsanstalt, 1952); Klaus Mann, »Deutschland und seine Nachbarn« [Vortrag in Den Haag vom 12.4. 1948, zwölf Typoskriptseiten,
Klaus-Mann-Archiv, Handschriften-Abteilung der Stadtbibliothek, München]; ders., »Die Heimsuchung des europäischen Geistes«, *Heute und Morgen. Schriften zur Zeit*, hrsg. v. Martin Gregor-
Dellin (München: Nymphenburger, 1969) 317–338; Jean-Paul Sartre, »Verteidigung der französischen Kultur durch die europäische
Kultur«, *Schwarze und weiße Literatur. Aufsätze zur Literatur 1946–
1960*, hrsg. u. Nachwort v. Traugott König (Reinbek: Rowohlt, 1984)
110f.; Arno Schmidt, »Massenbach. Historische Revue«, *Belphegor.
Nachrichten von Büchern und Menschen* (Frankfurt a. M.: Fischer,
1985) 310–453; ders., »Das schönere Europa«, *Tintenfaß* (1980)
63/65.
Sekundärliteratur: Hans-Werner Engels, »Nachwort. Christian
von Massenbach. Notizen zu einem vergessenen Preußen«, Christian von Massenbach, *Historische Denkwürdigkeiten* / Friedrich
Buchholz, *Gallerie Preussischer Charaktere* (Frankfurt a. M.: Zwei-
tausendeins, 1979) 771–859; *Goethe. UNESCO's Homage on the Occa-
sion of the Two Hundredth Anniversary of His Birth* (Paris: UNESCO,
1949); Katharina Mommsen, »,nur aus dem fernsten her kommt die
erneuung'«, *Internationaler Germanisten-Kongreß in Tokyo. Anspra-
chen, Plenarvorträge, Berichte*, hrsg. v. Eijiro Iwasaki u. Yoshinori
Shichiji (München: iudicium, 1991) 23–43.

III.

Primärliteratur: Kasimir Edschmid, »Europa durch die Jahr-
hunderte«, *Europa. Das Gesicht seiner Städte und Landschaften* (Gü-
tersloh: Bertelsmann, 1957) 1–7; Ferdinand Lion, »Der europäische
Pluralismus«, *Geist und Politik in Europa. Verstreute Schriften aus den
Jahren 1915–1961* (Heidelberg: Schneider, 1980) 288–295; Rudolf
Pannwitz, *Aufgaben Europas* (Bremen: Angelsachsen, 1956); ders.,
Beiträge zu einer europäischen Kultur (Nürnberg: Carl, 1954); George
Saiko, »Europa als Wunsch und Wirklichkeit«, *Drama und Essays.
Sämtliche Werke*, Bd. 4, hrsg. v. Adolf Haslinger (Salzburg: Residenz,
1986) 196–202; Edzard Schaper, »Die baltischen Länder im gei-
stigen Spektrum Europas« [15seitiges Typoskript; Vortrag, ge-

halten in Zürich am 9.5. 1964], hrsg. v. der Baltischen Gesellschaft in Deutschland e. V.; Reinhold Schneider, »Europa als Lebensform«, *Schwert und Friede* (Frankfurt a. M.: Insel, 1977) 420–444; Peter Sloterdijk, *Eurotaoismus. Zur Kritik der politischen Kinetik* (Frankfurt a. M.: Suhrkamp, 1989); Frank Thiess, *Die geschichtlichen Grundlagen des Ost-West-Gegensatzes* (Frankfurt/Bonn: Athenäum, 1960).

Vom Mauerbau bis zum Ende des kalten Krieges (1961–1991)

I.

Primärliteratur: »Europa – aber wo liegt es? Ein Interview mit Heinrich Böll«, *Merkur* 33 (1979) 343–355; Hermann Broch, *Politische Schriften*, hrsg. v. Paul Michael Lützeler (Frankfurt a. M.: Suhrkamp, 1978); György Dalos, »Die Befreiung der Sowjetunion von ihren Satelliten. Entwurf einer mitteleuropäischen Konföderation«, *Kursbuch* 81 (1985) 1–11; ders., »Über die Verwirklichung der Träume«, *Demokratischer Umbruch in Osteuropa*, hrsg. v. Rainer Deppe, Helmut Dubiel u. Ulrich Rödel (Frankfurt a. M.: Suhrkamp, 1991) 182–188; Reto Hänny, *Am Boden des Kopfes. Verwirrungen eines Mitteleuropäers in Mitteleuropa* (Frankfurt a. M.: Suhrkamp, 1991); Peter Härtling, »Mein Europa«, *Europa persönlich. Erlebnisse und Betrachtungen deutscher P.E.N.-Autoren*, hrsg. v. Thilo Koch (Tübingen/Basel: Erdmann, 1973) 116–131; Václav Havel, »The Future of Central Europe«, *The New York Review of Books* (19.3. 1990) 18f.; György Konrád, *Antipolitik. Mitteleuropäische Meditationen*, deutsch v. Hans-Henning Paetzke (Frankfurt a. M.: Suhrkamp, 1985); ders., »Der Traum von Mitteleuropa«, *Aufbruch nach Mitteleuropa*, hrsg. v. Erhard Busek u. Gerhard Wilflinger (Wien: Atelier, 1986) 87–97; ders., »Mein Traum von Europa«, *Kursbuch* 81 (1985) 175–193; Milan Kundera, »Die Tragödie Mitteleuropas«, *Aufbruch nach Mitteleuropa* (a. a. O.) 133–144, erstmals unter dem Titel »The Tragedy of Central Europe«, *The New York Review of Books* (12.4. 1984) 33–38; Claudio Magris, *Donau. Biographie eines Flusses*, deutsch v. Heinz-Georg Held (München: Hanser, 1988); ders., »Literatur und europäische Identität. Kleines Memorandum«, *Neue Rundschau* 101.2 (1990) 160–168; Czesław Miłosz, *West- und Östliches Gelände* (München: dtv, 1986); *Im blinden Winkel. Nachrichten aus Mitteleuropa*, hrsg. v. Christoph Ransmayr (Wien: Brandstätter, 1985); Karl Schlögel, *Die Mitte liegt ostwärts. Die Deutschen, der verlorene Osten und Mitteleuropa* (Berlin: Siedler, 1986); György Sebestyen, *Notizen eines Mitteleuropäers* (Wien: Atelier, 1990); Manès Sperber, »Ende der Verführbarkeit Europas«, *Aufbruch nach Mitteleuropa* (a. a. O) 123–

132; Hilde Spiel, »Das Sternbild Europa«, *Europa persönlich* (a. a. O.) 279–296; Oswald Wiener, *Die Verbesserung von Mitteleuropa* (Reinbek: Rowohlt, 1969).

Sekundärliteratur: François Bondy, »Das Phantom Mitteleuropa und die politische Wirklichkeit«, *Frankfurter Allgemeine Zeitung* (21.12. 1985); Erhard Busek / Emil Brix, *Projekt Mitteleuropa* (Wien: Überreuter, 1986); Curt Gasteyger, *Europa zwischen Spaltung und Einigung 1945–1990* (Köln: Wissenschaft u. Politik, 1990); Wolf Lepenies, »Fall und Aufstieg der Intellektuellen in Europa«, *Neue Rundschau* 102.1 (1991) 9–22; *Europa und die Civil Society. Castelgandolfo-Gespräche 1989,* hrsg. v. Krysztof Michalski (Stuttgart: Klett-Cotta, 1991); Edgar Morin, *Europa denken* (Frankfurt/New York: Campus, 1988); Hubert Orłowski, »Das verstoßene Kind Europas. Polen zwischen Rußland und Frankreich«, *Frankfurter Rundschau* (3.8. 1991); *Im Osten erwacht die Geschichte. Essays zur Revolution in Mittel- und Osteuropa,* hrsg. v. Frank Schirrmacher (Stuttgart: Deutsche Verlagsanstalt, 1990); George Schöpflin / Nancy Wood, »Milan Kundera's Lament«, *In Search for Central Europe,* hrsg. v. George Schöpflin u. Nancy Wood (Cambridge: Polity, 1989) 139–142; Egon Schwarz, »Central Europe – What It Is and What It Is Not« (ebd.) 143–156.

II.

Primärliteratur: Arthur Adamov, »Sainte Europe«, *Théâtre III* (Paris: Gallimard, 1966) 187–289; Carl Amery, »Wegweisung Europa. Eine kritische Reflexion (1984)«, *Bileams Esel. Konservative Aufsätze* (München: List, 1991) 63–88; Peter Bichsel, »Des Schweizers Schweiz«, *Ein Traum von Europa,* hrsg. v. Hans Christoph Buch (Reinbek: Rowohlt, 1988) 111–114; Hans Magnus Enzensberger, *Ach Europa!* (Frankfurt a. M.: Suhrkamp, 1987); ders., »Brüssel oder Europa – eins von beiden«, *Der fliegende Robert* (Frankfurt a. M.: Suhrkamp, 1989) 117–125; ders., »Europäische Peripherie«, *Deutschland, Deutschland unter anderm* (Frankfurt a. M.: Suhrkamp, 1968) 152–176; ders., »Eurozentrismus wider Willen. Ein politisches Vexierbild«, *Politische Brosamen* (Frankfurt a. M.: Suhrkamp, 1982) 31–53; Françoise Giroud / Günter Grass, *Wenn wir von Europa sprechen. Ein Dialog* (Frankfurt a. M.: Luchterhand Literaturverlag, 1989); Günter Grass, »Arbeitsgruppe ‚Literatur'«, *Das KSZE-Kulturforum in Budapest. Dokumentation* (Bonn: Auswärtiges Amt, 1986) 42; ders., »Chodowiecki zum Beispiel«, *Die Zeit* (21.6. 1991) 17f.; ders., »Deutschland – zwei Staaten – eine Nation?«, *Deutscher Lastenausgleich. Wider das dumpfe Einheitsgebot* (Frankfurt a. M.: Luchterhand Literaturverlag, 1990) 58–71; ders., »Die kommunizierende Mehrzahl« (ebd.) 89–107; ders., »Kurze Rede eines vaterlandslosen Gesellen«, *Ein Schnäppchen namens DDR* (Frankfurt

a. M.: Luchterhand Literaturverlag, 1990) 7–14; ders., »Lasten-
ausgleich«, *Deutscher Lastenausgleich* (a. a. O.) 7–12; Christoph
Hein, *Die fünfte Grundrechenart. Aufsätze und Reden 1987–1990*
(Frankfurt a. M.: Luchterhand Literaturverlag, 1990); Hermann
Kant, *Die Summe. Eine Begebenheit* (Berlin: Rütten & Loening, 1989);
György Konrád, »Mein Traum von Europa«, *Kursbuch* 81 (1985)
175–193; ders., »Unabhängigkeitserklärung europäischer Schriftsteller«, *Ein Traum von Europa* (a. a. O.) 11f.; Kum'a Ndumbe III,
»Damit der Traum von Europa kein Alptraum für die Welt wird«
(ebd.) 91–96; Hans Jörg Mettler, *Der Europutsch oder Die Konferenz
von Florenz* (Gümlingen: Zytglogge, 1985); Heiner Müller, »Stirb
schneller, Europa«, *Zur Lage der Nation. Heiner Müller im Interview
mit Frank M. Raddatz* (Berlin: Rotbuch, 1990) 25–42; Adolf Muschg,
»Fräulein Blechschmidt und Europa«, *Ein Traum von Europa*
(a. a. O) 97–103; Peter Schneider, »Plädoyer für eine Kultur des
Zweifels« (ebd.) 14–24; Peter Sloterdijk, *Versprechen auf Deutsch.
Rede über das eigene Land* (Frankfurt a. M.: Suhrkamp, 1990); Susan
Sontag, »Noch eine Elegie«, *Ein Traum von Europa* (a. a. O.) 131–136;
Patrick Süskind, »Deutschland, eine Midlife-crisis«, *Der Spiegel*
(17.9. 1990) 116–126; Martin Walser, »Deutsche Gedanken über
französisches Glück«, *Neue Rundschau* 92.1 (1981) 50–58; ders., *Über
Deutschland reden* (Frankfurt a. M.: Suhrkamp, 1989); Joseph von
Westphalen, »Der Ideenberg. Unsubventionierte Gedanken zu
Europa«, *Moderne Zeiten. Blätter zur Pflege der Urteilskraft 1981–
1989. 2. Folge* (Zürich: Haffmanns, 1989) 9–37; Christa Wolf, *Im
Dialog. Aktuelle Texte* (Frankfurt a. M.: Luchterhand Literaturverlag,
1990).

Sekundärliteratur: Steve Austen / Hajo Cornel, »Vorwort: Kultur-
Markt Europa«, *Kulturmarkt Europa. Jahrbuch für europäische Kulturpolitik* 1 (1990) 10–14; Uwe C. Benholdt-Thomsen, »Arthur Adamov«, *Französische Literatur der Gegenwart in Einzeldarstellungen*,
hrsg. v. Wolf-Dieter Lang (Stuttgart: Kröner, 1971) 650–673; François Bondy, »In Budapest trafen sich Schriftsteller trotz offiziellem
Verbot. Mit Freunden in der Altbauwohnung«, *Weltwoche* (24.10.
1985) 11; Hans-Günter Brüske, »Europa in der französischen Lite-
ratur«, *Europäische Zeitzeichen*, hrsg. v. Joseph Rovan u. Werner
Weidenfeld (Bonn: Europa Union, 1982) 51–80; »Interview Martin
Chalmers, Robert Lumley: Enzensberger's Europe«, *new left review*
178 (1989) 87–103; Paul Engel, »Die Poesie der ersten Begegnung.
Erstes Europäisches Schriftsteller-Festival«, *Europäische Zeitung*
(Dezember 1987) 35; Johan Galtung, *The European Community: A
Superpower in the Making* (London: Allen & Unwin, 1973); Ulrich
Greiner, »Kulturpolitik: Europa in Paris. Ach Europa!«, *Die Zeit*
(29.1. 1988); Hilmar Hoffmann, »Hat das geistige Europa abge-
dankt? Ein assoziationsreiches Thema«, *Warten auf die Barbaren.*

Essays über die Zukunft des geistigen Europas, hrsg. v. Hilmar Hoffmann (Frankfurt a. M.: Athenäum, 1989) 9–19; Karl-Rudolf Korte, *Über Deutschland schreiben. Schriftsteller sehen ihren Staat* (München: Beck, 1992); Eva Krings, »Kulturpolitik im ‚Reich der Zwölf'«, *Kultur-Markt Europa* (a. a. O.) 92–101; Fritz Rumler, »Narrenschiff – Traumschiff für Arme«, *Der Spiegel* (18.6. 1984) 159; Olaf Schwencke, »Waren statt Geschichten«, *Kultur-Markt Europa* (a. a. O.) 241–246; Thomas Steinfeld / Heidrun Suhr, »Die Wiederkehr des Nationalen: Zur Diskussion um das deutschlandpolitische Engagement in der Gegenwartsliteratur«, *The German Quarterly* 62.3 (1989) 345–356.

III.

Primärliteratur: Ingeborg Bachmann, »Böhmen liegt am Meer«, *Werke*, Bd. 1, hrsg. v. Christine Koschel, Inge von Weidenbaum u. Clemens Münster (München/Zürich: Piper, 1982) 167f.; Werner Bergengruen, »Über abendländische Universalität«, *Mündlich gesprochen* (Zürich/München: Arche/Nymphenburger, 1963) 331–348; Thomas Bernhard, *Auslöschung. Ein Zerfall* (Frankfurt a. M.: Suhrkamp, 1986) 232, 511; Hans Magnus Enzensberger, *Ach Europa! Wahrnehmungen aus sieben Ländern. Mit einem Epilog aus dem Jahre 2006* (Frankfurt a. M.: Suhrkamp, 1987); ders., »Zwei Randbemerkungen zum Weltuntergang«, *Kursbuch* 52 (1978) 1–8; Willy Haas, »Europäische Rundschau«, *Neue Rundschau* 35.1 (1924) 90–94; Heiner Müller, »Stirb schneller, Europa«, *Zur Lage der Nation* (a. a. O.) 25–42; William Shakespeare, *The Winter's Tale*, III/3.

Sekundärliteratur: Matei Calinescu, *Five Faces of Modernity* (Durham: Duke Univ. Press, 1987); Martin Chalmers / Robert Lumley, »Interview: Enzensberger's Europe«, *new left review* 178 (1989) 87–103; Reinhold Grimm, *Texturen. Essays und anderes zu Hans Magnus Enzensberger* (New York/Bern/Frankfurt: Lang, 1984); Jürgen Habermas, »Die Moderne: Ein unvollendetes Projekt«, *Die Zeit* (26.9. 1980); ders., *Der philosophische Diskurs der Moderne* (Frankfurt a. M.: Suhrkamp, 1985); Ihab Hassan, *The Postmodern Turn* (Columbus: Ohio State Univ. Press, 1987); Linda Hutcheon, *A Poetics of Postmodernism: History, Theory, Fiction* (New York: Routledge, 1988); Jean-François Lyotard, *La Condition postmoderne* (Paris: Minuit, 1979); Rainer Paslack, »… ‚da stellt ein Wort zur rechten Zeit sich ein'. Die Karriere des Chaos zum Schlüsselbegriff«, *Kursbuch* 98 (1989) 121–139; Wolfgang Welsch, *Unsere postmoderne Moderne* (Weinheim: VCH, 1988); Rudolf von Woldeck, »Formeln für das Tohuwabohu«, *Kursbuch* 98 (1989) 1–26.

Nachwort

I.

Karl Jaspers, *Vom europäischen Geist* (München: Piper, 1947); ders., »Die Achsenzeit«, *Vom Ursprung und Ziel der Geschichte* (München: Piper, 1966) 19–42; Jörn Rüsen, *Lebendige Geschichte. Grundzüge einer Historik III: Formen und Funktionen des historischen Wissens* (Göttingen: Vandenhoeck & Ruprecht, 1989); Edward W. Said, *Orientalism* (New York: Vintage, 1979); Peter Sloterdijk, *Eurotaoismus. Zur Kritik der politischen Kinetik* (Frankfurt a. M.: Suhrkamp, 1989).

II.

Julien Benda, *Der Verrat der Intellektuellen. La trahison des clercs*, Vorwort v. Jean Améry, deutsch v. Arthur Merin (München: Hanser, 1978); David Blackbourn / Geoff Eley, *Mythen deutscher Geschichtsschreibung* (Berlin: Ullstein, 1980); Jacques Derrida, »Kurs auf das andere Kap – Europas Identität«, *Liber* 2.3 (Oktober 1990) 11–13; Frantz Fanon, *Die Verdammten dieser Erde*, deutsch v. Traugott König (Frankfurt a. M.: Suhrkamp, 1981); Bernd Faulenbach, *Ideologie des deutschen Weges. Die deutsche Geschichte in der Historiographie zwischen Kaiserreich und Nationalsozialismus* (München: Beck, 1980); Alain Finkielkraut, *Die Niederlage des Denkens*, deutsch v. Nicola Volland (Reinbek: Rowohlt, 1989); Martin u. Sylvia Greiffenhagen, *Ein schwieriges Vaterland. Zur politischen Kultur Deutschlands* (München: List, 1979); Jürgen Kocka, »German History before Hitler. The Debate about the German ‚Sonderweg‘«, *Journal of Contemporary History* 23 (1988) 3–16: Wolf Lepenies, *Die drei Kulturen. Soziologie zwischen Literatur und Wissenschaft* (München: Hanser, 1985); Helmuth Plessner, *Die verspätete Nation. Über die politische Verführbarkeit bürgerlichen Geistes* (Stuttgart: Kohlhammer, [5]1969); Werner Weidenfeld, *Der deutsche Weg* (Berlin: Siedler, 1991); Wolfgang Welsch, *Unsere postmoderne Moderne* (Weinheim: VCH, 1988); Heinrich August Winkler, »Der deutsche Sonderweg: Eine Nachlese«, *Merkur* 35.8 (1981) 793–804.

III.

Peter Bender, *Das Ende des ideologischen Zeitalters. Die Europäisierung Europas* (Berlin: Severin & Siedler, 1981); *Concepts of National Identity. An Interdisciplinary Dialogue*, hrsg. v. Peter Boerner (Baden-Baden: Nomos, 1986); *Europa und das nationale Selbstverständnis. Imagologische Probleme in der Literatur, Kunst und Kultur des 19. und 20. Jahrhunderts*, hrsg. v. Hugo Dyserinck u. Karl Ulrich Syndram (Bonn: Bouvier, 1988); Peter Glotz, *Der Irrweg des Nationalstaats. Europäische Reden an ein deutsches Publikum* (Stuttgart: Deutsche Verlagsanstalt, 1991); Karl Jaspers, *Vom europäischen Geist* (a. a. O.);

Hartmut Kaelble, *Auf dem Weg zu einer europäischen Gesellschaft. Eine Sozialgeschichte Westeuropas 1880–1980* (München: Beck, 1987); Edgar Morin, *Europa denken*, deutsch v. Linda Gränz (Frankfurt/New York: Campus, 1988); Jens Reich, *Rückkehr nach Europa. Zur neuen Lage der deutschen Nation* (München: Hanser, 1991); Joseph Rovan, »Wo ist die vierte Etage?«, *Rheinischer Merkur/Christ und Welt* (23.6. 1989); Heinrich Schneider, *Leitbilder der Europapolitik 1. Der Weg zur Integration* (Bonn: Europa Union, 1977); Dieter Senghaas, *Europa 2000. Ein Friedensplan* (Frankfurt a. M.: Suhrkamp, 1990); Hagen Schulze, *Die Wiederkehr Europas* (Berlin: Corso bei Siedler, 1990); *Die Identität Europas*, hrsg. v. Werner Weidenfeld (München: Hanser, 1985); Werner Weidenfeld, »Europa-Projektionen: Nachdenken über die Zukunft des Kontinents«, *Neue Rundschau*, 102.1 (1991) 76–86.

Personenregister

Ackermann, Werner 330, 528
Adamov, Arthur 461, 539f.
Adenauer, Konrad 15, 315, 403,
  422, 473
Adler, Alfred 234
Adler, Friedrich 234
Adler, Max 234
Adorno, Theodor W. 25, 326, 432,
  508, 529
Aetius, Flavius 485
Agar, Herbert 534
Agnelli, Giovanni 240, 521
Aischylos 436
Albertus Magnus 399
Alexander der Große 34, 49, 57,
  102f.
Alexander I., Zar von Rußland
  79, 84f., 97
Alkibiades 195
Amann, Klaus 532
Amery, Carl 464f., 472, 539
Améry, Jean 542
Andersch, Alfred 7, 411f., 450,
  473, 492, 536
Anderson, Benedict R. 11,
  508
Angelloz, J.-F. 536
Antommarchi, Francesco 100f.
Anz, Thomas 225, 521
Archibugi, Daniele 15, 508
Archimedes 485
Arcos, René 206, 231, 282, 525
Arndt, Ernst Moritz 5, 58–62, 65,
  491, 501, 511f.
Asquith, Herbert 226
Assing, Ludmilla 517
Attila 67, 77, 229, 485
Auerbach, Berthold 131
Auernheimer, Raoul 316
Augustinus 313
Augustus 30f., 511
Austen, Steve 471, 540
Axmann, Artur 397

Baader, Franz von 5, 84f., 92, 97,
  186, 488, 513

Babeuf, François Noël 118
Bachmann, Dieter 310, 508, 527,
  530
Bachmann, Ingeborg 476, 482, 541
Bacon, Francis 24f., 38, 63
Bakunin, Michail Alexandro-
  witsch 180
Baldensperger, Fernand 128, 516
Baltès, A. 535
Balzac, Honoré de 99
Banuls, André 237, 522, 535
Barbusse, Henri 6, 272–277, 317,
  489, 522, 525
Barrès, Maurice 7, 213, 225, 249,
  284–287, 340, 493, 526
Bartók, Béla 446
Bassermann, Friedrich Daniel 170
Bauer, Roger 524
Baumann, Hans 396
Bauschinger, Sigrid 519
Bazalgette, Léon 282
Becher, Johannes R. 225
Beckerath, Hermann von 170
Beethoven, Ludwig van 195, 231,
  384
Behler, Ernst 51, 53, 510, 516, 521
Behrens, Klaus 510
Bemmann, Helga 530
Benda, Julien 7, 36, 6l, 367, 410,
  496, 533f., 542
Bender, Peter 542
Benedict, Julius 136
Beneš, Eduard 315
Benholdt-Thomsen, Uwe C. 540
Benjamin, Walter 7, 28, 310f., 473,
  508, 527
Benn, Gottfried 7, 342f., 364, 402,
  529
Bennett, Benjamin 509
Bense, Max 25, 508, 534
Benz, Ernst 513
Berdjajew, Nikolai Alexandro-
  witsch 211, 520
Bergengruen, Werner 7, 408, 414–
  417, 419, 421f., 431, 474, 484,
  487, 536, 541

544

Peter Demetz

Worte in Freiheit
Der italienische Futurismus
und die deutsche literarische Avantgarde (1912–1934)
Mit einer ausführlichen Dokumentation.
422 Seiten. Serie Piper 1186

Peter Demetz beschäftigt sich in diesem umfangreichen Essay mit der
widersprüchlichen Wirkung des Futurismus in Deutschland und wirft die
Frage auf, ob der Futurismus faschischtisch war oder nicht. Diese Frage
gewinnt besonders dadurch Aktualität, daß über Autoren wie Döblin und
Grass eine Tradition des Futurismus bis in die Gegenwart reicht. Der
ausführlichen Untersuchung der literarischen und politischen Hintergründe
und Zusammenhänge der futuristischen Bewegung in Italien und
Deutschland schließt sich ein umfassender Anhang an, der ein
eigenständiges Lesebuch zur Geschichte des Futurismus und seiner
Aufnahme in Deutschland darstellt.

Vom selben Autor ist lieferbar:

Fette Jahre, magere Jahre
Deutschsprachige Literatur der Gegenwart von 1965–1985
Aus dem Amerikanischen von Christiane Spelsberg.
492 Seiten. Leinen

»Fette Jahre, magere Jahre« versucht, die zweite Phase der
Nachkriegsliteratur in den deutschsprachigen Ländern in ihren großen
Linien aufzuzeigen – eine Literatur, die bestimmt ist von der
Neuformulierung der Themen, die in der unmittelbaren Auseinandersetzung
mit dem Krieg und dem Nationalsozialismus Epik, Dramatik und Lyrik der
fünfziger Jahre geprägt hatten.

PIPER

Uwe Wittstock

Von der Stalinallee zum Prenzlauer Berg
Wege der DDR-Literatur 1949–1989
303 Seiten. Serie Piper 1136

Durch drei Generationen zeichnet dieses Buch den Weg der
DDR-Literatur nach, von den Anfängen in Peter Huchels »Sinn
und Form« bis zu den jungen, aufbegehrenden Poeten der
achtziger Jahre, deren Musensitz der Prenzlauer Berg ist. Unter
den Autoren, die abwechslungsreich und lebendig in
Interviews, Porträts oder kritischen Würdigungen einzelner
Werke vorgestellt werden, finden sich u. a.: Franz Fühmann,
Günter de Bruyn, Christa Wolf, Heiner Müller, Günter Kunert,
Jurek Becker, Volker Braun, Christoph Hein, Fritz Rudolf Fries,
Wolfgang Hilbig, Lutz Rathenow, Uwe Kolbe. Ein Buch zum
Nachschlagen und Nachlesen, informativ und anregend
zugleich.

Piper